普通高等教育“十一五”国家级规划教材

普通高等教育精品教材

“十二五”江苏省高等学校重点教材

江苏省高等学校精品教材

“十三五”江苏省高等学校重点教材

高等学校市场营销专业主干课程系列教材

市场营销学

（第三版）

李金生　李晏墅　主编

高等教育出版社·北京

内容提要

本书是近年来备受关注的一本市场营销学教材，是国内众多高校选用的课程教材。作为普通高等教育“十一五”国家级规划教材和“十二五”“十三五”江苏省高等学校重点教材，本书被教育部评为“2009年度普通高等教育精品教材”，同时被评为“2009年江苏省高等学校精品教材”。

本书共分五篇，包括营销导论篇、营销战略篇、营销组合篇、营销发展篇和营销管理篇；由绪论，市场营销环境，市场营销调研，消费者行为，市场细分、目标市场与市场定位，市场营销战略，4Ps营销组合，4Cs营销组合，4Rs营销组合，4Vs营销组合，服务营销，绿色营销，知识营销，网络营销，全球营销，营销理论创新，营销工程与应用，营销策划、组织与控制，组织市场的营销管理组成，共二十章，构成了全新的营销理论体系。

本书是面向经济管理类专业本科生和硕士研究生编著的教材，也可作为非经济管理类专业学生的学习用书和企业经营管理人员的参考用书。

图书在版编目(CIP)数据

市场营销学／李金生，李晏墅主编. --3版. --北京：高等教育出版社，2019.10(2025.1重印)
ISBN 978-7-04-052245-7

Ⅰ.①市… Ⅱ.①李… ②李… Ⅲ.①市场营销学-高等学校-教材 Ⅳ.①F713.50

中国版本图书馆CIP数据核字（2019）第140744号

Shichang Yingxiaoxue

策划编辑 韦寅蕾　　责任编辑 韦寅蕾　　封面设计 李小璐　　版式设计 马敬茹
责任校对 窦丽娜　　责任印制 刁 毅

出版发行 高等教育出版社
社　　址 北京市西城区德外大街4号
邮政编码 100120
印　　刷 天津嘉恒印务有限公司
开　　本 787mm×1092mm 1/16
印　　张 28.5
字　　数 620千字
购书热线 010-58581118
咨询电话 400-810-0598
网　　址 http://www.hep.edu.cn
　　　　 http://www.hep.com.cn
网上订购 http://www.hepmall.com.cn
　　　　 http://www.hepmall.com
　　　　 http://www.hepmall.cn
版　　次 2008年10月第1版
　　　　 2019年10月第3版
印　　次 2025年1月第7次印刷
定　　价 59.00元

物 料 号 52245-00

李金生 生于1974年，江苏盐城市人，现任南京师范大学商学院副院长、教授、硕士生导师；兼任南京师范大学医药经济研究所所长、能力研究所副所长，江苏省企业发展与管理工程学会副秘书长、江苏省价格决策专家委员、江苏省价格认证协会理事、全国高等师范院校《资本论》研究会常务理事、江苏省《资本论》研究会常务理事。李金生教授长期从事市场营销、技术创新管理等领域的教学与研究，承担国家自然科学基金项目、教育部人文社会科学研究项目、江苏省社会科学基金重点项目、江苏省软科学技术项目等科研课题7项；承担国家发展和改革委员会经济研究所、江苏省发展和改革委员会、中国价格协会等单位委托的横向合作课题10多项；出版专著3部，合作出版著作和教材3部；发表论文60余篇；获国家级奖项4项、省部级奖项3项，曾指导学生团队获得全国“挑战杯”大学生创业策划大赛“金奖”多项，被评为江苏省大学生创业计划竞赛创业计划优秀指导教师、南京师范大学“百人计划”“青蓝工程”优秀青年骨干教师培养对象、南京师范大学第七届“奕熙精英教师”；获高等教育国家级教学成果二等奖、江苏省高等教育教学成果一等奖。

李晏墅 生于1952年，江苏盐城市人。现任南通理工学院党委副书记、副校长，二级教授、博士生导师。历任南京师范大学工商管理系主任、出版社总编辑、商学院院长，南京师范大学泰州学院院长。江苏省首批“333跨世纪学术、技术带头人培养工程”培养对象。兼任中国土地与国情研究会常务理事、中国市场学会常务理事、江苏省《资本论》研究会常务副会长、江苏省城市经济学会副会长、江苏省品牌学会副会长、江苏省市场营销学会会长、江苏省企业发展工程协会会长、江苏省人大立法咨询委员、江苏省人民政府督学。主持或参与国家自然科学基金项目、江苏省哲学社会科学基金重点项目、江苏省“十三五”工商管理一级重点建设学科、江苏省高校通沪产业协同发展研究基地等30多个项目。出版学术专著、教材25部，发表学术论文300余篇，其中40多篇被《新华文摘》《经济学文摘》《高等学校文科学术文摘》及中国人民大学复印报刊资料转载，原创性地提出了“快乐管理”“道德营销”等思想。曾获中国霍英东教育基金会青年教师奖，江苏省优秀研究生导师、优秀共产党员、教学名师、哲学社会科学优秀成果二等奖、高等教育教学成果一等奖，“市场营销学”课程被评为江苏省精品课程、《市场营销学》教材被评为江苏省精品教材和教育部精品教材。

第三版前言

时代的车轮滚滚向前，互联网、大数据、人工智能、量子通信等新一代技术迅猛革新，互联网经济持续推动着经济社会的快速发展，人工智能经济正蓬勃兴起，我国的经济发展方式正由要素驱动和投资驱动向创新驱动转变，新时代的顾客需求、市场竞争、技术进步、企业经营管理等各个方面发生着深刻变化，企业的市场营销面临着创新型经济带来的全新机遇和挑战。企业的市场营销与新时代的经济社会发展息息相关，本次修订正是顺应了科技革命、经济转型、产业升级和企业创新发展的时代要求。

本书的第一版是普通高等教育“十一五”国家级规划教材，被评为“普通高等教育精品教材”和“江苏省高等学校精品教材”。本书的第二版在高等教育出版社的鼎力支持下，被评为“十二五”江苏省高等学校重点教材，赢得了广泛的社会好评；2016年被评为“十三五”江苏省高等学校重点教材。此次修订保留了前两版的特色和优势，并且紧跟技术、经济和社会发展的新时代要求，形成了教材的新特色：提升市场营销的理论性，构建市场营销学习的框架感，彰显市场营销发展的时代性，完善市场营销的新领域，激发市场营销实践的新思想，等等。

1. 提升市场营销的理论性。市场营销经常被认为是“企业以消费者需求为中心而展开的一系列经营销售活动的统称”，这主要从“术”的层面强调了市场营销的职能、流程、技术和方法等，而难以回答市场营销策略和营销措施的“背后的逻辑”。本次修订突出“市场营销是为顾客创造和传递价值，并与之建立稳固关系”的营销思想，从发展创新型经济的角度，强调创造新需求和顾客价值创造，从“理”的层面分析市场营销规律，对市场营销的内容体系加以优化和丰富。

2. 构建市场营销学习的框架感。很多学生在学习过程中感到市场营销学的知识较为零碎，不易掌握和运用。针对学生的这一学习体验，本次修订除了提升市场营销的理论性外，采用结构图和流程图等图形将各个市场营销理论加以系统梳理，使营销理论和营销知识得以模块化；同时，运用框架图将市场营销的内容体系加以归纳和总结，便于学生从整体层面掌握市场营销体系，增强市场营销学习和运用的框架感。

3. 彰显市场营销发展的时代性。近年来新的市场营销现象层出不穷，很多人通常难以运用营销理论分析和解释新的营销现象。本次修订从多个方面将市场营销理论与新的营销现象相结合，以彰显市场营销发展的时代性。例如，在各章开头列举最新的营销事件或营销问题，以问题导向启发学生对各章营销理论的思考；在关键的营销概念与重要的营销理论的分析和阐述中增加了最新的营销案例和营销现象；课后的学习思考题等考虑最新的营销环境；等等。

4. 完善市场营销的新领域。现有的大多数市场营销学教材主要关注消费品市场，强调终端消费品的市场营销，而忽视了工业品市场、工业品营销等组织市场的营销领域。企业与企业等组织之间的市场营销，所涉及的销售金额和产品项目数量要远远高于消费品市场。因此，本书增加了关于“组织市场的营销管理”，分析了组织市场和组织市场营销的内涵与特性，剖析了组织市场营销行为的类型，阐述了组织市场营销管理的基础、原则与流程等内容，进一步完善了市场营销领域。

5. 激发市场营销实践的新思想。创新驱动的经济发展方式要求企业能够有创造性思维。本次修订一方面强调从市场营销“术”的层面向“理”的层面去探寻市场营销背后的逻辑，另一方面更强调从“理”的层面向“道”的层面形成市场营销的新思想，激发学习者在市场营销实践中引导潜在市场需求，更重要的是创造新的市场需求，谋求新模式和新业态，激发学习者在“道”的层面形成具有独特性和创新性的营销思想和营销思路，在“术”“理”“道”层面将市场营销的理论和实践融为一体。

我们为本次修订付出了很大的努力，希望能为市场营销学的丰富和发展做出应有的贡献，但由于时间和水平有限，书中难免有不当之处，恳请广大读者批评指正。

李金生　李晏墅

2019 年 6 月 1 日

第二版前言

本书第一版是近年来备受关注的一本市场营销学教材，在短短的几年内已加印多次，成为国内多所高校选用较为广泛的课程教材之一。本书为普通高等教育“十一五”国家级规划教材和“十二五”江苏省高等学校重点教材，本书第一版亦被教育部评为“2009年度普通高等教育精品教材”，同时被评为“2009年江苏省高等学校精品教材”。本书的第一版取得广泛的社会认可，使我们备受鼓舞。

随着经济增长方式不断从“投资驱动”向“创新驱动”转变，产业结构不断优化和升级，我国经济发展步入“新常态”。“新常态”对我国经济增长、产业发展、市场格局和企业经营等方面带来了一系列新变化。伴随互联网、物联网和云计算等新兴技术的不断创新与普及，电子商务和云媒体等新型营销模式层出不穷，对企业传统的商业模式提出新的挑战。与此同时，新常态下的经济社会发展对培养高层次复合型创新创业人才提出了更高要求。作为建立在经济学、管理学、哲学和行为科学等学科理论基础之上的应用型课程，市场营销学应确立研究型创新教育理念，在经典理论学习的基础上，更好地鼓励学生进行营销理论和营销实践的“两翼”创新。根据经济社会发展对培养高层次复合型创新创业人才提出的更高需求，我们秉持研究型创新教育理念，结合自身在市场营销学的教学实践探索和理论研究积累，对《市场营销学》进行修订。

本书在继续坚持第一版前沿性、研究性、新颖性、实践性和思想性等特点的基础上，更为注重研究型创新创业教育。本书一方面对市场营销学理论和知识进行全面修订，以适应自主性学习的需要，同时精心选编增添了近年来全新的企业营销实践的内容，对市场营销案例进行了较为系统的更新，充分反映了近年来科学技术进步和经济社会发展的新动态和新形势及其对企业市场营销的影响，以帮助读者更好地联系变化发展中的市场营销实践，更为深刻地理解市场营销学的理论内涵，更为有效地运用市场营销策略、技术和方法，以在紧密联系市场营销实践的基础上对市场营销学进行理论诠释。另一方面，在各章的理论阐述之后新增了“科研练笔”“营销实战”“关键术语对译”“推荐阅读”和“经典链接”等多项内容。其中，“推荐阅读”能够启发读者在更广范围内阅读市场营销理论经典；“关键术语对译”旨在推广读者拓展市场营销学理论知识和国际化视野；“科研练笔”和“推荐阅读”旨在进一步推进研究性“教”和“学”，启发读者在理论知识学习中接触市场营销学前沿，尝试市场营销学的理论创新；“营销实战”和“经典链接”可以引导读者接触实践高端，在感悟企业营销变化之中开展市场营销实践，并期待读者进行营销实践创新；等等。我们希望通过这些内容的修订，能够促进启发式教学和自主性学习；

同时，也希望通过我们的努力来推进市场营销学的理论创新，为工商管理学科的建设和发展尽绵薄之力。

李晏墅　李金生

2015年6月10日

第一版前言

市场营销学是建立在经济学、管理学、哲学和行为科学等学科理论基础之上的应用型学科，其核心内容是研究以满足市场需求为中心的企业营销活动过程及其规律性，以使企业在激烈竞争的市场环境中获得生存和发展，是一门集理论性、实践性为一体的管理学科。该学科于20世纪初发端于美国，一个世纪以来，市场营销理论、方法与技巧被广泛应用于企业和各种非营利组织。20世纪80年代初，编者就开始从事市场营销学的理论研究和教学工作，先后多次出版《市场营销学》，并获得部、省级多个奖项；同时，该课程的教学改革成果于2005年荣获江苏省优秀教学成果一等奖。

随着科学技术的迅猛发展，经济全球化的进程加快，以及知识经济、网络经济等新经济形态的冲击，市场竞争更趋激烈，各行各业迫切需要大量理论功底扎实、富有应用和创新能力的高级营销人才。因此，培养高级营销人才成为高等院校的一项紧迫任务。作为普通高等教育“十一五”国家级规划教材，编者在本书的编著中充分考虑了这一社会需求。在总结理论研究和教学改革经验的基础上，编者根据市场营销学的学科特点，对近年来市场营销理论进行了系统的梳理，在本书的内容设计上既吸收了传统市场营销学教材的经典理论，又涵盖了市场营销的最新研究成果，分五篇介绍市场营销学理论，即“营销导论篇”“营销战略篇”“营销组合篇”“营销理论发展篇”和“营销管理篇”，形成了全新的内容体系。本书主要具有以下几个方面的特点。

1. 前沿性。市场营销学是一门发展速度较快的学科。本书在传统营销理论的基础上，增加了营销战略、4Cs营销组合、4Rs营销组合、4Vs营销组合、知识营销、绿色营销、全球营销、营销创新和营销工程等最新营销理论，突出了市场营销学前沿性的特点。

2. 研究性。根据研究型教学的需要，本书在设计了学习思考题的基础上，更注重学生进行研究型学习，即在营销实践上本书增设了“案例评析”和“案例实训”，启发学生进行营销实践创新；在营销理论上本书增设了“专业研讨题”和“推荐阅读材料”，引导学生进行营销理论研究，使教材更好地辅助研究型“教”与“学”。

3. 新颖性。本书在内容的编写上将“史”“论”“图”相结合，使营销理论和营销知识的表述更为生动形象；在每章的开头增设了“营销寓言”和“营销启示”，在每章的结尾增加经典案例和案例评析，激发读者对各章内容的阅读兴趣，加深对营销理论的理解和运用。

4. 实践性。遵循市场营销学的应用性特点，本书在章节的编写中注重营销理论联系营销实际，侧重于营销技术、营销方法和技巧的介绍，以更好地培养和提高学生对营销实际问题的分析能力、解决能力和实际操作能力。

5. 思想性。本书在介绍营销理论中，既在“术”的层面注重营销技术和营销方法的介绍，又在“道”的层面强调营销思想和营销理念，使市场营销的“道”和“术”相长，培养学生形成独特的营销思维范式。

由于编者能力有限，书中纰漏在所难免，恳请广大读者批评指正。

李晏墅

2008年2月

教 学 建 议

教学目的

使学生较为系统地掌握市场营销学的基本理论和基础知识，了解市场营销学的理论前沿，熟悉现代企业市场营销的实践动态，树立市场营销的基本理念，合理运用市场营销策略、原则、程序和方法，力争在理论学习和营销实践中有所创新，培养从事综合市场营销管理的心智模式和专业素养。

教学内容	学习要点	教学安排			
		经济管理类专业本科	非经济管理类专业本科	MBA研究生	学术型硕士研究生
第一章 绪论	1. 理解市场和市场营销的内涵 2. 理解市场营销学的形成与发展 3. 掌握市场营销学的研究对象、研究内容和研究方法	讲授	讲授	自学	自学
第二章 市场营销环境	1. 了解市场营销环境的内涵和类型 2. 掌握营销环境的构成体系 3. 分析营销机会与威胁	讲授	讲授	自学	自学
第三章 市场营销调研	1. 了解营销调研的深刻内涵 2. 掌握营销调研的原则、程序和方法 3. 运用营销数据分析和预测的方法	选讲	讲授	自学	自学
第四章 消费者行为	1. 了解消费者行为的特点和模式 2. 掌握消费者行为的影响因素 3. 理解消费者行为的决策过程	讲授	讲授	讲授	讲授
第五章 市场细分、目标市场与市场定位	1. 掌握市场细分的条件和程序 2. 掌握目标市场的选择策略和程序 3. 掌握市场定位的程序和策略	讲授	讲授	讲授	讲授

续表

教学内容	学习要点	教学安排			
		经济管理类专业本科	非经济管理类专业本科	MBA研究生	学术型硕士研究生
第六章 市场营销战略	1. 了解市场营销战略的概念和特征 2. 掌握市场营销战略的基本类型 3. 理解营销战略管理的内涵 4. 把握企业营销战略的设计程序	选讲	选讲	讲授	讲授
第七章 4Ps 营销组合（上）	1. 理解 4Ps 营销组合的内涵和作用 2. 理解产品策略和价格策略的内涵 3. 掌握和运用产品策略 4. 掌握和运用价格策略	讲授	讲授	研讨	研讨
第八章 4Ps 营销组合（下）	1. 理解分销渠道和促销的内涵 2. 掌握分销渠道的选择原则和策略 3. 掌握和运用促销策略 4. 掌握和运用分销渠道策略 5. 掌握和运用 4Ps 营销组合	讲授	讲授	研讨	研讨
第九章 4Cs 营销组合	1. 理解 4Cs 营销组合策略的内涵 2. 掌握 4Cs 营销组合策略的运用 3. 整合 4Ps 和 4Cs 营销组合	讲授	讲授	讲授	讲授
第十章 4Rs 营销组合	1. 理解 4Rs 营销组合的内涵 2. 掌握 4Rs 营销组合策略 3. 整合 4Ps、4Cs 和 4Rs 的营销组合	选讲	选讲	案例研讨	研讨
第十一章 4Vs 营销组合	1. 理解 4Vs 营销组合的内涵 2. 掌握 4Vs 营销组合策略的构成 3. 掌握 4Vs 与 4Ps 的营销组合	选讲	选讲	案例研讨	研讨
第十二章 服务营销	1. 理解服务营销的内涵 2. 了解服务营销策略的制定原则 3. 掌握服务营销的 7Ps 策略 4. 掌握客户关系管理策略	讲授	讲授	研讨	讲授

续表

教学内容	学习要点	教学安排			
		经济管理类专业本科	非经济管理类专业本科	MBA研究生	学术型硕士研究生
第十三章 绿色营销	1. 理解绿色营销的内涵和特征 2. 掌握和运用绿色营销的策略体系 3. 运用绿色营销的管理	选讲	选讲	研讨	讲授
第十四章 知识营销	1. 了解知识营销的形成和发展 2. 理解知识营销的内涵和特征 3. 理解和运用知识营销策略和方法 4. 设计和实施知识营销	讲授	讲授	讲授	讲授
第十五章 网络营销	1. 认识网络营销与传统营销的异同 2. 理解网络营销的内涵 3. 掌握网络营销策略的价值及其应用	讲授	选讲	案例教学	自学
第十六章 全球营销	1. 理解全球营销的概念及其特性 2. 掌握全球营销体系的内涵及其框架 3. 理解全球营销管理的内容 4. 运用全球营销管理方法	选讲	选讲	讲授	讲授
第十七章 营销理论创新	1. 理解创新与营销创新的内在关系 2. 了解三个经济时代的营销创新 3. 领悟营销理念创新的历程 4. 理解并掌握营销创新策略	讲授	选讲	讲授	研讨
第十八章 营销工程与应用	1. 理解营销工程的内涵 2. 掌握营销决策模型的内涵和类型 3. 了解营销工程的发展趋势 4. 掌握并运用营销决策模型	选讲	自学	研讨	研讨
第十九章 营销策划、组织与控制	1. 理解市场营销策划的内涵和原理 2. 掌握市场营销策划的原则和程序 3. 设计有效的市场营销组织 4. 掌握并实施市场营销控制	讲授	讲授	自学	自学
第二十章 组织市场的营销管理	1. 组织市场的内涵 2. 组织市场营销的内涵和行为管理 3. 组织市场的营销管理基础和流程	选讲	自学	讲授	研讨

目　录

第一篇　营销导论篇

第二篇　营销战略篇

第三篇　营销组合篇

第四篇 营销发展篇

第一篇　营销导论篇
Part Ⅰ　Introduction:Marketing

第一章
绪　论

营销寓言

把梳子卖给和尚

有一家木梳厂快倒闭了，于是雇了四个营销员，硬性派了推销定额，甚至要他们把梳子卖到寺庙里去。第一个营销员空手而归。他说："开玩笑！和尚都是光头，怎么会要梳子呢？他们以为我嘲讽他们，打了我一顿，并把我赶了出来。"第二个营销员厉害，他卖掉了几十把梳子。怎么卖的？原来他动了脑筋，想和尚虽然没头发，但经常梳头有利于头部的血液循环，有利于延年益寿。把道理讲清楚，每个和尚都同意买一把。第三个营销员更厉害，卖掉了几百把梳子。他的脑筋更活，觉得和尚就那么些人，不能光打和尚的主意。他说服方丈，说香客来烧香，头发常沾满香灰，倘若庙里多备些梳子供香客梳头，她们感受到庙里的关心，香火就会更旺盛。第四个营销员最绝！他不光打香客的主意，还打起游客的主意；不光不要寺庙花钱，还帮寺庙赚钱。他的能耐是，说服方丈把木梳作为纪念品卖给游客，把最受欢迎的寺庙对联刻在梳子上，再刻"积善梳"三个字。寺庙可以赚钱，自然大举订购。①

学习启示

四个营销员在同样的市场上取得截然不同的营销业绩。市场营销不是吹嘘欺诈，不是强买强卖，不是简单地满足顾客显而易见的需要……市场营销是企业的经营道德的体现，是分析和挖掘市场的核心价值，是一种营销智慧的价值创造……面包、智能手机、银行、京东商城、手机 App 等商品的市场营销有何区别，有何相同或相近之处？如何才能真正领悟市场营销学的内在魅力？这就需要通过本章的学习，了解市场的构成要素，理解市场和市场营销的内涵；在系统地分析市场营销观念的演变中，理解市场营销学的形成与发展，进而掌握市场营销学的研究对象、研究内容和研究方法。

---

① 蒋光宇. 把梳子卖给和尚［M］. 哈尔滨：北方文艺出版社，2006.

第一节 市场与市场营销

一、市场

1. 市场的概念

市场营销的概念来自美国，其英文表述为“Marketing”，是“Market”（市场）的动名词形式。可见市场营销是与市场紧密相连的。但是，市场营销和市场存在较大差异，这就要对市场及其构成要素进行分析。

在经济社会发展的过程中，市场经历了一个不断发展和完善的过程。在传统意义上，市场是产品买卖双方进行商品交换的场所。据史料记载，我国在神农氏时代就出现了市场。“庖牺氏没，神农氏作……日中为市，致天下之民，聚天下之货，交易而退，各得其所。”这是对我国古代市场、产品交换及其当时的社会生产等情况进行的描述。这是一种原始的市场形态，是以物物交换为主的“集贸市场”。

随着社会经济的发展，市场的内涵不断得到丰富和发展。市场不仅仅是物物交换的场所，而且在市场上还出现了货币；商品买卖不再仅仅局限于有形的交换场所，任何从事所有权交换的场所都属于市场范畴；商品买卖双方无须将交换的商品集中于有形的交易场所，只需要通过商谈达成交易便可。因此，从经济学意义来讲，市场是商品买卖双方各种交换关系的总和。

从市场营销学的理论视角来看，卖方的集合被称为产业，买方的集合被称为市场，产业与市场的关系构成了简单的市场营销系统（见图 1-1）。在图 1-1 中，买卖双方由四种流程连接起来，产业（卖方集合）将商品、服务及相关信息传送到市场（买方集合），市场（买方集合）把货币和相关信息传送到产业（卖方集合）。内环表示了钱物交换，外环表示了信息交换。例如，淘宝网是大型网购零售平台，淘宝店铺是卖方集合，淘宝用户是买方集合。

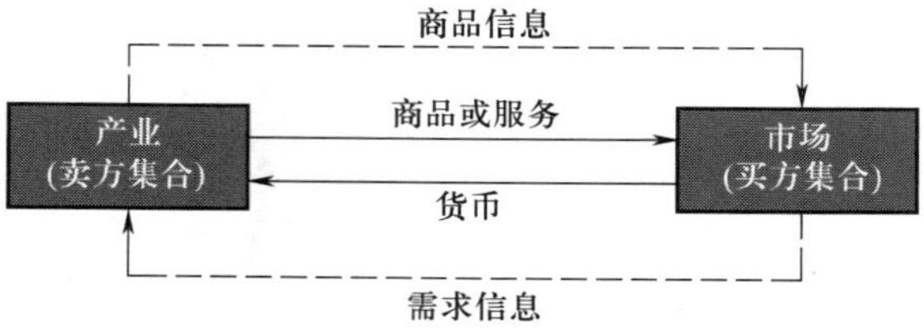

图 1-1 简单的市场营销系统

随着社会经济的发展，市场已经形成了复杂的营销体系，包括资源市场、制造商市场、中间商市场、消费者市场和政府市场五个市场，并形成了相应的商品交换关系及其交换流程（见图 1-2）。

在复杂的市场营销系统中，生产者从资源市场（原材料、劳动力、资金市场等）购买生产所需要的原材料、设备等生产资源，通过组织研发和生产转变成商品和服务后销售给中间商，中间商再将商品和服务销售给消费者。消费者在资源市场出售劳动

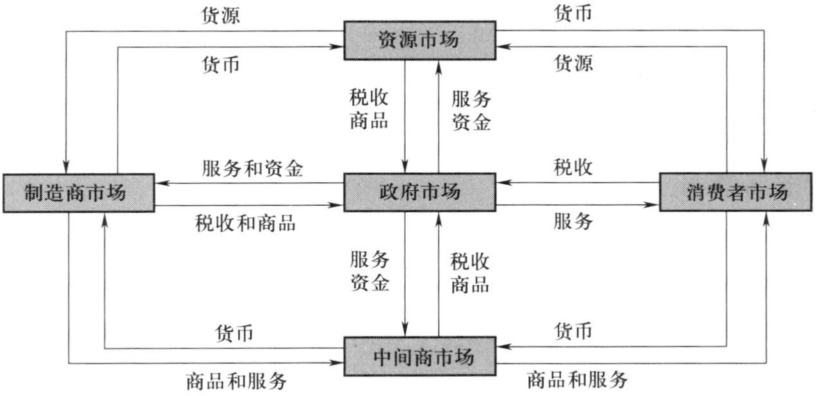

图 1-2 复杂的市场营销系统

力获取货币后，再从中间商处购买所需要的商品和服务。其中，政府作为一种市场，从各个市场收税，同时再从资源市场、制造商市场、中间商市场购买商品和服务，并将这些商品和服务提供给社会公众。

因此，在现代经济社会发展中，企业生产商品的目的在于在市场上实现商品交换，创造经济效益。市场是企业生产、经营和管理活动的出发点和归宿，是企业开展经营管理活动的依据。

2. 市场的构成要素

从宏观经济的角度来看，市场是建立在社会化生产和社会分工基础之上的商品交换关系的总和，最终反映了人与人之间的关系。因此，从这个角度来看，市场的构成要素主要有商品和服务、对他人商品的需求、构成交换活动的人或机构。其中，商品和服务是人们进行交换的物质基础，市场上必须有一定量的商品和服务存在，才能使交换成为可能；对他人商品的需求主要来源于商品存在着不同的所有者，只有对他人的商品和服务产生需求时，商品交换才能实现；作为交换活动，必须由不同的参与者组成。例如生产者、消费者和中间商，他们根据各自的不同需求制定交换规则并完成交换的过程。

从市场营销学的角度来看，市场通常是指对某种商品或服务具有共同有效需求的消费者群体。其中，有效需求是指对商品或服务具有购买欲望并具有支付能力的需求。因此，市场的构成要素包括人口、购买欲望和购买力，用公式表示为：

市场=人口+购买欲望+购买力

（1）人口。消费者不仅是组成市场的必要因素，而且消费者人口的数量决定着市场的规模，从而才能形成一定的消费者群体。相对而言，人口多，市场绝对的需求量就会增加，市场规模和容量就大；反之，就会缩小市场规模和容量。

（2）购买欲望。购买欲望是消费者对某种商品或服务的购买需要，是内部需要和外部刺激的结果，是形成购买的关键因素。如果消费者将货币储存起来或者持币待购，即使人口再多也不能形成现实的市场。

（3）购买力。购买力是对消费者购买商品或服务的货币支付能力，是实现购买行为的直接因素，决定着市场交换能否得以完成的基本条件。市场的大小、消费的结构和方式都依赖于消费者的购买能力。

人口、购买欲望和购买力构成了市场的主要因素。它们相互制约，缺一不可；它们不同的构成状态，便会形成不同类型的市场状况。①

二、市场营销

1. 市场营销的含义

作为一门学科，市场营销学于20世纪初产生于美国，后来在发达的日本和西欧各国得到广泛而深入的发展，并迅速发展成为一门具有崭新内容的管理学科。发展中国家在经济发展中相继引入市场营销思想和市场营销学学科。

市场营销学译自英文 Marketing。Marketing 在我国有两种译法：第一种是译作营销管理或市场营销，是指企业的市场经营管理活动；第二种译法受到日本等国家和地区的影响，将 Marketing 译作市场学。

菲利普·科特勒
(Philip Kotler)

菲利普·科特勒（Philip Kotler）等专家和学者对市场营销概念提出了不同的看法。美国经济学家道格拉斯·格林沃尔德认为，市场营销是指一整套相互联系的经济活动，其目的在于满足消费者、企业和政府对商品及服务的需求。营销过程包括估计需求，生产产品，为产品制定达到利润标准的价格，以及推销产品……履行明文规定的或没有明文规定的保修和检修义务也是营销过程的一部分。菲利普·科特勒认为，市场营销就是个人和集体通过创造，提供出售，并同别人进行交换产品和价值，以获得其所需所欲之物的一种社会和管理过程。② 美国市场营销协会认为，市场营销是计划和执行商品、服务和创意的观念、定价、促销和分销，以创造符合个人和组织目标的交换的一种过程。③

由此可见，市场营销是一个集合概念，是企业在以消费者需求为中心的前提下所展开的一系列经营销售活动的统称。这些活动包括市场调研、产品开发、销售渠道选择、促销、销售服务等。随着经济发展方式逐渐从要素驱动和投资驱动向创新驱动转型，市场营销过程是通过创造和递送卓越的顾客价值建立客户关系，并从顾客获得价值来创造利润和顾客权益。④ 我们认为，市场营销是一种通过商品交换实现其所创造的价值，有针对性地满足个人和团体需要的经营管理过程。市场营销的目的在于理解顾客需求，为顾客创造价值，兼顾社会利益，具有创造性和自愿性等特点，是系统化的管理职能。

（1）市场营销目的在于理解顾客需求，兼顾社会利益。消费者的各种需要和欲

① 张群，石宝丽. 市场营销学［M］. 西安：西北工业大学出版社，2005.

② 菲利普·科特勒. 营销管理（第11版）［M］. 梅清豪，译. 上海：上海人民出版社，2003.

③ Peter D. Bennett. Dictionary of Marketing Terms［M］. 2nd ed. Chicago：American Marketing Association，1995.

④ 菲利普·科特勒，加里·阿姆斯特朗. 市场营销：原理与实践（第16版）［M］. 楼尊，译. 北京：中国人民大学出版社，2015.

望是企业营销工作的出发点。因此，企业必须对市场进行调研，了解、识别并研究和理解顾客的需要和欲望，从而创造新的市场需求。同时，企业在制定营销策略和营销计划时必须权衡企业、合作伙伴、顾客和社会等多方的利益关系。只有满足合作伙伴、顾客和社会的利益和要求，企业才能顺利达到自身的经营目标。

（2）市场营销的创造性和自愿性。一方面，市场营销不仅要寻找和满足市场上消费者已经存在的需求，而且要激发和满足消费者的潜在需求，并创造消费者的新需求。正如索尼公司的创始人盛田昭夫所说，市场营销不是服务于市场而是创造市场，从而体现出市场营销的创造性。另一方面，商品买卖双方自愿通过市场完成自由交换，使各方通过创新卓越顾客价值而获得价值回报，反映了市场营销活动自愿性的特征。

（3）市场营销是系统化的管理职能。市场营销不仅包括生产经营之前的具体经济活动，例如市场调研、分析市场机会、进行市场细分、选择目标市场、设计开发新产品等，而且包括生产过程完成后进入销售过程的一系列具体的经营活动，如产品定价、选择分销渠道、开展促销活动、提供销售服务等，以及销售过程之后的售后服务、信息反馈等一系列活动。可见，市场营销过程远远超出了流通领域，涉及生产、分配、交换和消费的总循环过程。

2. 市场营销的相关概念

市场营销活动既涉及个人，也涉及团体；不仅涉及实物产品，而且涉及无形服务和思想观念，它是建立在一系列的核心概念之上的，即需要、欲望和需求，产品或服务，交换和交易及市场。

（1）需要、欲望和需求。需要是指个人没有得到某种满足的感受状态。欲望是指对个人基本需要的具体满足物的追求。需求是指人们对以商品和服务形式存在的消费品的需要和欲望。需求可分为现实需求和潜在需求。其中，现实需求是指具有明确意识和足够支付能力的需求，潜在需求是指未来即将出现的消费需求。当个人具有购买能力且愿意购买他所期望的产品时，欲望就变成了需求。市场营销的实质就是不断开发潜在的需求，并努力满足消费者的这种需求。

（2）产品或服务。市场营销学中所讲的产品是广义的，任何能满足人们某种需求的东西都可以称为产品或服务。除了实体的物品之外，还包括无形的服务和人物、地点、组织、事件、活动及观念等。例如，当一个人感到烦闷，需要消遣轻松时，他可以去观看表演或去旅游度假，还可以参加一些俱乐部的活动，或接受某种不同的价值观、审美观等。从消费者的角度来讲，这些都满足了消费者消遣轻松的需求，因而被称为产品或服务。

（3）交换和交易。企业围绕目标顾客开展的一切营销活动都与商品的交换有关。交换是指从他人处取得所需之物而以某些东西作为回报的行为，通常需要具备五个条件：① 具有商品交换的双方；② 具有交换价值的商品；③ 交换双方的信息沟通和商品传递；④ 交换双方是一种自愿的行为；⑤ 交换结果是双方认为是合适的或是称心的。具备了这五个条件，就有可能发生交换行为。由此可见，交换是十分复杂的经济行为和社会行为。交易是交换活动的基本组成单位，是由双方的价值交换所构成的行为。一项交易要包括这样几个方面：至少有两个有价值的事物；双方同意的条件、时间和地点；共同遵守的交易规则。

（4）市场。从交易的概念可推导出市场的概念。市场是商品交换的场所及商品买卖双方各种交换关系的总和。①

第二节　市场营销观念的演变

市场营销观念是指企业从事市场营销活动的指导思想，指导着企业从产品设计到售后服务等一系列的营销活动。市场营销观念的核心问题是：企业以什么经营思想为中心来开展市场营销活动。市场营销观念是随着市场经济的发展和市场规模的扩大而不断发展变化的。市场营销观念的演变经历了六个阶段，形成生产导向型、产品导向型、推销导向型、顾客导向型、社会营销导向型和大市场营销六种市场营销观念（见图 1-3）。②

图 1-3　市场营销观念的演进与发展

一、生产导向型营销观念

生产导向型营销观念是以生产为中心的市场营销的指导思想，盛行于 19 世纪末和 20 世纪初。这种营销观念的形成主要有三个市场条件：一是社会生产能力严重不足，商品供给小于需求，具有卖方市场的特点；二是社会需求不断增加，商品供给与需求之间存在较大的差距；三是商品生产的成本较高，企业需要通过提高劳动生产率来降低生产成本，使商品价格能够被消费者所接受。

因此，生产导向型营销观念的基本内容是：生产能力是最为重要的因素，只要生产出有用的产品，就会有销路；企业以改进、增加生产为中心，生产什么产品，就销售什么产品。当消费者或客户期望能购买到有用的产品，而不计较该产品的具体特色或特性时，就产生这种市场营销思想。这种营销观念具有四个方面的特点：一是生产导向型营销观念主要适用于生产水平低、供不应求和卖方市场等市场环境；二是生产导向型营销观念的经营模式主要是生产什么就销售什么；三是生产导向型营销观念的竞争手段主要是提高生产效率和降低产品成本；四是生产导向型营销观念的核心是以企业为出发点，即生产中心论。生产导向型营销观念在供不应求的卖方市场时代具有生命力，是指导企业制定经营战略的重要营销思想。③

在这种市场营销观念指导下，企业的中心任务就是组织所有资源，集中一切力量

① 刘厚钧. 市场营销学［M］. 北京：北京理工大学出版社，2006.

② 李晏墅，胡海. 营销创新：企业经营智慧的觉醒［M］. 北京：人民出版社，2004.

③ 张群，石宝丽. 市场营销学［M］. 西安：西北工业大学出版社，2005.

增加产量，降低成本，提高销售效率，而很少考虑或者说不必考虑是否存在不同的需求，因而就谈不上市场调研活动。例如，美国福特汽车公司创始人福特说："不管顾客需要什么，我的汽车都是黑的。"这是因为，当时的社会生产力水平还不高，多数商品处于供不应求的"卖方市场"状态，市场经营权掌握在卖方手中。所以，统一规格的黑色汽车照样源源不断地销售出去，取得理想的目标利润。这种情况除了19世纪初是如此，第二次世界大战以后的一段时间内由于物资短缺，需求旺盛，许多产品供不应求，这种观点也流行过一段时间。

二、产品导向型营销观念

随着社会生产力的不断提高，供不应求的卖方市场状况得到改变，市场的供给与需求逐渐趋于均衡，生产导向型营销观念逐渐丧失其应用价值。消费者可以对商品消费进行选择，企业的生产经营思想开始从关注产品生产的数量转变为追求产品的质量、样式、功能、性质等。

产品导向型营销观念认为，在企业的生产经营中，消费者不仅关注产品数量的要求，而且会更多地关注产品的质量、功能和样式等方面；企业只要在这些方面加以提高和改进，就能够顺利地实现商品销售。产品导向型营销观念在商品经济不发达的时代具有其合理性，主要具有以下几个特点：一是产品导向型营销观念适应的环境主要是商品经济不发达和产品种类单一化；二是产品导向型的营销观念经营模式主要是注重产品本身；三是产品导向型营销观念的竞争手段主要是通过提高产品质量和改进产品性能来实现；四是产品导向型营销观念的核心是以企业为出发点，即产品中心论。

产品导向型营销观念关注的中心是产品本身，而忽视了顾客需求和需求变化，容易使企业忽视市场环境的变化，尤其是消费者的需求及其变化。在现代市场经济发展的条件下，产品导向型营销观念已经不适应社会经济环境。首先，产品的质量、样式和功能等方面的变化不能等同于顾客需求的变化，尽管这在一定程度上体现了需求的差异性，但并不是源于顾客的需求。其次，在现代市场环境中，消费者的需求呈现个性化、多元化和动态性的发展特点，产品导向型营销观念就很难与外部市场环境相符合。最后，随着市场竞争日趋激烈，先进技术不断在生产中加以运用，技术竞争和产品竞争给产品导向型营销观念在成本、技术等方面形成较大的压力，降低了产品导向型营销观念的实践价值。①

三、推销导向型营销观念

推销导向型营销观念大约存在于20世纪30年代到第二次世界大战结束。推销导向型营销观念是以推销为中心，主要强调：如果不经过努力销售，消费者就不会大量购买。在这种市场营销观念指导下，企业十分注意运用推销术和广告术，向现实买主和潜在买主大肆兜售商品，以期获得竞争优势，提高市场占有率，取得较为丰厚的利润。这是因为，由于科学技术的发展，当时的生产力水平有了较大的提高，商品产量

---

① 张群，石宝丽. 市场营销学［M］. 西安：西北工业大学出版社，2005.

大大增加。但是社会购买力却没有相应地提高，逐步出现了供过于求、卖方市场向买方市场转化的状况。所以，商品的推销问题就成为影响企业生存和发展的关键问题。值得注意的是，推销活动与推销观念并不是一回事。在产品不为消费者或客户所了解、所熟悉的情况下，企业为了占领市场，通常都会加强推销工作，但这并不意味着企业奉行的是推销观念。推销导向型营销观念具有四个方面的特点：一是推销导向型营销观念主要适用于生产过剩的买方市场的市场环境；二是推销导向型营销观念注重销售环节，强调销售促进；三是推销导向型营销观念注重运用广告、直销、推销访问等各种市场竞争手段；四是推销导向型营销观念的核心是以企业为出发点，即推销中心论。

与生产导向型营销观念相比，推销导向型营销观念在营销理论和营销实践上得到了发展。生产导向型营销观念主要是强调提高产品产量，以适应供不应求的市场需要，通过扩大产量和降低成本来获取利益，实质上是企业主要重视生产环节；而推销导向型营销观念开始重视销售环节，通过市场宣传、营销信息传播来促进商品销售，提高销售规模。因此，推销导向型营销观念是对生产导向型营销观念的理论发展。但是，这两者均没有以消费者需求为起点，仍然是以企业为中心，没有摆脱以产定销的本质。因此，推销导向型营销观念是一种发展的生产导向型营销观念。

四、顾客导向型营销观念

顾客导向型营销观念是与市场营销学的“革命”同时进行的，盛行于20世纪50年代到70年代。顾客导向型营销观念是以顾客为中心的市场营销观念，其基本思想是：消费者或用户需要什么产品，企业就应该生产、销售什么产品。企业思考问题的逻辑顺序不是从既有的生产出发，不是以现有的产品去吸引或寻找顾客，而是颠倒过来了：从反映在市场上的消费需求出发，按照目标顾客的需要与欲望，比竞争者更有效地去组织生产与销售。企业生产销售的主要目标不是单纯追求销售量的短期增长，而是着眼于长期占领市场。这是由于当代新科学技术革命的深入和普及于民用工业，社会生产力迅速提高，社会产品日新月异，消费者的消费需求千变万化，产品更新周期不断缩短，生产与消费的矛盾更加突出，从而产生了这种市场营销观念。在这种市场营销观念的指导下，“顾客至上”“顾客需要什么，我就生产什么、销售什么”“始于顾客需求，终于顾客满意”等一系列市场营销口号被提了出来。

在这种观念指导下，企业十分重视市场的调查研究和市场预测，在消费需求的动态变化中不断发现那些尚未得到满足的市场需求，并集中企业一切资源和力量，千方百计地去满足这种需求，以不断地扩大销售，实现长期利润最大化的市场营销目标。市场营销学家们认为，这种以顾客为中心的市场营销观念，与以生产为中心和以推销为中心的市场营销观念相比，是市场营销观念的一种质的变化，也是市场营销学的一场革命。

顾客导向型营销观念是对推销导向型营销观念的理论发展，但两者在营销起点、诉求中心、营销手段和营销目的等方面存在明显的区别。

（1）营销起点不同。推销导向型营销观念将企业生产作为营销的起点，顾客需求是营销的终点，即先有生产，后有市场。而顾客导向型营销观念是以顾客需求为起点，以满足顾客需要为终点，即“始于顾客需求，终于顾客满意”，市场贯穿于企业生产经营过程之中。

（2）诉求中心不同。推销导向型营销观念主要注重产品的宣传，通过多种促销手段让消费者产生购买欲望，实现产品销售，而忽视顾客实际需求和需求变化。而顾客导向型营销观念始终强调以消费者的需求为中心，根据消费者的需求研究、设计、开发和生产产品，并以此满足消费者的需要。

（3）营销手段不同。推销导向型营销观念主要通过广告、直销、销售访问等各种促销手段来刺激消费者的购买欲望，从而扩大销售量。由于没有考虑到消费者需求，因而推销导向型营销观念明显带有单向性和盲目性。而顾客导向型营销观念强调在充分考虑消费者需求的基础上，通过整体营销组合的手段进行营销宣传，全方位地为消费者服务。

（4）营销目的不同。推销导向型营销观念是以企业能否实现产品销售作为衡量达成营销目的与否的标准，其营销目的在于销售产品或服务并获取利润。而顾客导向型营销观念是以能否满足消费者需求作为衡量达成营销目的与否的标准，其营销目的在于满足顾客需求，并通过满足需求而获得利润，企业经营活动具有互动性和针对性。

由此可见，顾客导向型营销观念是立足于目标市场、顾客需求、整合营销和盈利能力四个重要环节。在生产者和消费者关系上，消费者是起支配和决定作用的一方，生产者应该根据消费者的需求组织生产。从根本上说，顾客导向型营销观念是一种以顾客需求为中心的经营哲学。①

五、社会营销导向型营销观念

社会营销导向型营销观念是从20世纪70年代起所形成的一种对顾客导向型的营销观念的补充修正和完善的市场营销观念。因此，西方学者把顾客导向型和社会营销导向型的营销观念，统称为现代市场营销观念。社会营销导向型的营销观念是以满足消费者的需要与社会利益相一致的市场营销的指导思想，是市场营销学在成熟时期的产物。

在顾客导向型营销观念指导下，有些企业片面强调满足消费者的需求，忽视企业自身的资源和能力，结果生产出来的往往不是自己所擅长的产品，不能比竞争者的产品更能满足消费者的需要。有的企业在满足消费者需要时，可能不自觉地与社会公众的利益发生矛盾，造成社会损失。于是，一些市场营销学家就对顾客导向型营销观念进行了修正与完善，强调企业的市场营销活动应该像生物适应自然环境那样，与市场环境相适应。这样，企业既能扬长避短，充分发挥本企业的优势，生产销售市场需要的产品，又能满足消费者的需求。他们还强调，企业在发挥优势、拓展市场和夺取高额利润的过程中，必须维护社会公众的利益，否则，企业的生产发展与公众的利益就会发生矛盾。例如，汽车工业的发展是为了满足人们的需要，过量地生产汽车，结果

① 张群，石宝丽．市场营销学［M］．西安：西北工业大学出版社，2005．

造成环境的严重污染，因而要求企业在生产汽车过程中应当提高生产技术水平，研发清洁能源汽车降低有害气体的排放。

社会营销导向型营销观念是以社会为中心代替以消费者为中心，企业的生产经营不仅要对消费者负责，而且要对整个社会负责，包括对社会环境污染的防治、生态平衡的保护以及能源和各种资源的节约等。社会营销导向型营销观念强调将企业利润、消费者需要和社会利益三个方面统一起来。这种观念比以消费者为中心的观念更加全面。

六、大市场营销观念

20 世纪 80 年代以来，西方发达国家的生产过剩，市场竞争日益激烈，但是市场有限。为了保护本国的工业，许多国家的政府干预加强，贸易保护主义抬头，人为设置了一系列关税和非关税贸易壁垒。在这种封闭型或保护型的市场上，已经存在的参与者和批准者往往会设置种种障碍，使得那些能够提供类似产品，甚至能够提供更好的产品和服务的企业难以进入市场，无法开展经营服务。在这样的背景下，菲利普·科特勒于 1984 年提出了“大市场营销”的观念。

大市场营销观念是在实行贸易保护的条件下，企业采取 6Ps 的营销组合策略，即“产品”“价格”“促销”“分销渠道”“政治力量”和“公共关系”。这种营销组合策略被称之为“大市场营销”。“大市场营销”是企业为了成功地进入特定市场或者在特定市场经营，应用经济的、心理的、政治的和公共关系技能，赢得若干参与者合作的观念。

大市场营销观念认为，企业可以通过自身的生产经营活动来影响外部市场环境，而不是简单地适应市场环境的变化。因此，为了更好地满足消费者的需求，大市场营销观念更强调采取所有营销策略和营销手段，开拓和进入某一目标市场，并在一定程度上要能够改变和创造消费者的需要。从营销手段上，大市场营销观念注重整合各种营销手段，使各种营销手段实现优势互补，充分地影响消费者的需要，从而满足消费者的需要。

第三节　市场营销学的产生与发展

市场营销学是在社会经济迅速发展与市场现实矛盾日益突出的条件下逐步形成和发展起来的。20 世纪初，市场营销学作为一门独立的学科从经济学的殿堂中分离出来，市场营销学的形成和发展经历了四个阶段，即萌芽期、成长期、形成期和成熟期。

一、市场营销学的萌芽期

从 19 世纪末到 20 世纪 20 年代，是市场营销学的探索和初创阶段。在这个时期，西方发达国家先后完成了工业革命。随着生产社会化与市场供求之间的矛盾进一步尖锐化，以及生产过剩导致的商品销售危机，使企业为了给产品找出路而重视销售研究。此时，西方发达国家曾出现一批总结商业经验的著作。特别是 20 世纪初，美国许多大企业推行泰罗的“科学管理”，大大提高了生产效率，使生产能力增长速度超过了市场需求增长速度，产品销售遇到的困难日益加深。一些经济学家根据企业销售实践活动的需要，开始从理论上研究商品销售问题。

在1902—1903年，美国的密歇根大学、加州大学和伊利诺伊大学的经济系正式开设了市场销售学的课程。作为一门学科，市场营销学第一次出现在美国的大学讲台上。以后十年间，美国的高等财经院校普遍重视研究市场营销学。1912年美国哈佛大学教授赫杰特齐（J. E. Hagertg）在深入调查研究的基础上，撰写了世界上第一本以“Marketing”（市场营销学）命名的教科书。这本书侧重研究广告和商业网点的设置，并没有像今天这样既研究生产经营，又研究市场销售。但是，它的问世却是市场营销学（Marketing）从经济学（Economics）中分离出来作为一门独立学科出现的里程碑。此后，有关市场营销的著作不断问世。然而，那时的市场营销学还没有形成独立完整的体系，研究的内容侧重于推销方法，所以当时的市场营销学未能引起社会各界的广泛重视，相关的研究活动仅限于高等院校。

二、市场营销学的成长期

从20世纪30年代到第二次世界大战结束，是市场营销学的应用并得到发展的阶段。1929—1933年的世界特大经济危机，使产品销售成为严重的问题，使企业普遍关心产品的销售活动，市场营销学受到企业家的青睐。与此同时，市场营销学的理论体系已逐步建立起来，引起了社会的进一步重视。当时的美国成立了若干个市场营销研究中心。

1926年“全美广告协会”改为“全美市场营销学和广告学教员协会”。1937年美国正式成立了全国性的“市场营销学会”，吸收了企业界、理论界的实际工作者和理论工作者，共同研究企业的市场营销问题，并在美国全国成立若干个分会。但是，在这个时期，市场营销学从讲台走向应用，仍然是研究如何大规模地推销已生产出来的产品，侧重研究商品销售的组织机构和推销策略，但未研究生产如何符合市场需要的问题。然而，市场营销学从学校走向社会，从大学讲台进入流通领域的实际应用，使更多的企业家和经济学家加入了市场营销学的研究队伍，在理论与实践相结合方面进行探讨。这既有助于企业的经营活动，也促进了市场营销学的发展。

三、市场营销学的形成期

从20世纪50年代至70年代，是市场营销学的变革和最终确立阶段。第二次世界大战后，美国急剧膨胀的军事工业转为民用工业，使民用品生产在短短几年内出现严重的相对过剩。随着第三次科技革命的发展，劳动生产率大大提高，产量急剧增加，花色品种不断翻新，企业之间的竞争因此也更加激烈。美国政府吸取20世纪30年代经济危机的教训，试图推行高工资、高福利、高消费的“三高”政策，刺激社会购买力，来缓冲生产与消费的矛盾。

由于消费者的需求和欲望不断变化，使原有市场营销学的研究已不能适应新形势的需要，开始突破流通领域的局限，进入生产领域和消费领域。企业要在市场上赢得竞争的优势，仅仅注重推销技术已经行不通，必须注重调查、分析和预测消费者需求的发展变化趋势，按照消费者的需求组织生产和销售，产品才能在市场上得到更多顾客的欢迎。市场营销学的研究从侧重市场推销开始转向市场营销，发生了深刻的变革。市场营销的范围始于产品被生产之前，终于产品实现销售之后。在产品生产之前，需要分析市场，按照消费者的需要确定生产什么，生产多少，如何生产；产品生产出来后，要研究营销策略，实现销售；产品销售后，要提供售后服务，使顾客满意，提高重复购买率，同时搜集反馈，为再生产提供依据。市场营销观念的确立，研究对象的明确和拓展，使市场营销学的地位最终得到确认，并获得了很大的发展，迅速从美国传到西欧、日本和其他资本主义国家，遂成为一门新兴的现代学科。

四、市场营销学的成熟期

从 20 世纪 70 年代至今是市场营销学的成熟期。20 世纪 70 年代以来，第四次科技革命，加速了西方发达国家社会生产的科学化、自动化、高速化和连续化，社会产品丰富多彩，市场竞争空前激烈。由于社会生产力的迅速发展和企业营销的实际需要，市场营销学作为一门专门研究企业的生产经营和市场销售的学科，越来越受到许多学科的学者和企业经理人员的重视，使市场营销学的内容不断充实，营销概念时有更新，营销体系渐趋成熟。现代市场营销学，已经不只是企业营销实践的一般性经验概括和总结，已与经济学、管理学、社会学、心理学、行为科学、运筹学、系统工程学、经济计量学等学科的有关知识紧密结合，相互渗透，形成了一门比较成熟的实用性很强的专门学科。

目前，在西方发达国家市场营销学所分析的理论、思路与方法，已成为经济管理人才、工商业界人士必备的专门知识。西方国家的企业家普遍地认为，不懂市场营销学，就不配当一位企业家。因此，在今天，市场营销学不仅是培养经济管理人才的一门必修课，而且是经济理论工作者学习和工商业界人士研究的主要内容。

市场营销学在 20 世纪 30 年代传入我国，一些高等院校开设过类似的课程。由于商品经济不发达，对市场营销学的研究与运用未受到足够的重视。中华人民共和国成立后至党的十一届三中全会以前，由于政治和经济体制的种种原因，这门学科曾经受到冷遇而销声匿迹。党的十一届三中全会以后，我国开始发展社会主义商品经济。尤其是 1992 年以后，在邓小平南方谈话和党的十四大精神的指引下，我国确立了社会主义市场经济体制的改革目标，国有企业资产的经营管理改革也开始步入了新的阶段。1993 年 11 月，党的十四届三中全会通过了《中共中央关于建立社会主义市场经济体制若干问题的决定》，提出了建立适应社会主义市场经济要求的产权清晰、权责明确、政企分开、管理科学的现代企业制度，是我国国有企业改革的方向。这一改革的核心是要建立新的国有企业产权制度，使企业拥有全部法人财产权，真正成为自主经营、自负盈亏、自我发展、自我约束的法人实体，在市场上独立地从事商品生产和经营活动，实现市场在资源配置中的基础性作用。正是我国市场经济的快速发展和国有企业的深化改革，为市场营销学在我国的研究和应用奠定了基础，市场营销学迅速发展成为我国管理学教育中的一门重要学科。

第四节 市场营销学的研究对象与方法

一、研究对象

市场营销学是研究市场营销活动及其规律的一门学科，是以市场为中心，研究为满足消费者的需要而开展各种经营活动的科学。但是，市场营销学在美国有许多流派。① 威斯康星学派主要研究农产品营销；哈佛大学学派倡导案例研究；中西部学派强调对传统市场的综合分析；纽约学派侧重于对批发零售机构的研究等。1915 年成立的美国全国广告教师协会侧重从广告的角度研究营销传播和沟通，直到 1950 年以后开始重视对生产领域营销的研究。

随着现代市场营销学的建立，市场在生产经营过程中的重要地位才真正确立起来。过去，人们把市场看成是生产过程的终点；现在，市场成为生产过程的起点。以市场为中心，实质上就是以市场需求为中心，也就是一切为了满足消费者的需要。

所谓满足市场需要，包括产品、价格、时间、地点等各个方面。也就是说，它要求企业能够生产出适合顾客需要的产品，制定出可以被顾客接受的价格，并且在适当的时间，把产品运送到适当的地点，用适当的方式，去满足消费者或用户的需要。只有在以上各个方面都满足了顾客的要求，才算做到了满足市场的需要，体现了以市场需求为中心的基本准则。

二、研究内容

市场营销学涉及生产、流通和消费的全过程，包含的内容十分丰富广泛。如果概略地加以归纳，市场营销学的基本内容有以下几方面。

1. 研究市场

研究市场是研究市场结构、营销环境、市场细分，研究如何运用市场调查和市场预测等各种方法获取市场信息，进而确立经营目标市场，进行恰当的市场定位。

2. 研究顾客

研究顾客是研究消费者和用户的各种需要及其发展变化，了解和理解消费者现实和潜在的需要，研究消费者的购买动机、购买行为以及影响购买行为的诸多因素。

3. 产品策略

产品策略是研究产品概念、产品生命周期规律、新产品开发、产品的竞争策略（包括产品包装和商标策略）和如何选择产品策略。

4. 定价策略

定价策略是研究企业定价的基本目标、定价方法和营销活动中的定价技巧。

5. 促销策略

---

① 托马斯·L. 柯林斯，斯坦·拉普. 最大化营销［M］. 邓盛华，译. 北京：中国标准出版社，2000.

促销策略是研究促进销售观念、人员推销、营业推广、广告、公共关系和销售技术服务等。

6. 分销渠道策略

分销渠道策略是研究分销渠道的结构，分析影响分销渠道的因素，选择适当的销售渠道，以及选择销售产品的路线和方式，包括仓储、运输等物流路线。

7. 市场营销决策

市场营销决策是研究企业的营销活动如何与市场环境相适应，使各项营销策略得到合理的组合。

8. 市场开发

市场开发是研究企业如何在深度和广度上开拓市场，包括对国际市场的开拓。

9. 营销工程

营销工程是营销分析与研究的统称，是针对市场各因素（主体、行为、结构），利用数学和数理统计方法建立营销应用模型，并通过调节营销参数，动态地模拟市场运行和行为效果，从而模拟和改进营销决策的过程。同时基于营销模型，可精准地把握市场结构和趋势，提供更为准确的预测。

10. 营销策划和控制

营销策划和控制是研究企业如何进行市场营销策划、市场营销组织设计、市场营销控制和市场营销审计。

……

上述内容的总结如图 1-4 所示。为了更加简明地理解现代市场营销学的基本内容，可以把企业的营销活动概括为“六个适当”。即：适当的顾客群（选择目标市场）、适当的产品、适当的地点（选择销售渠道）、适当的时间、适当的价格、适当的信息传递方式（选择广告宣传和推广方式等）。

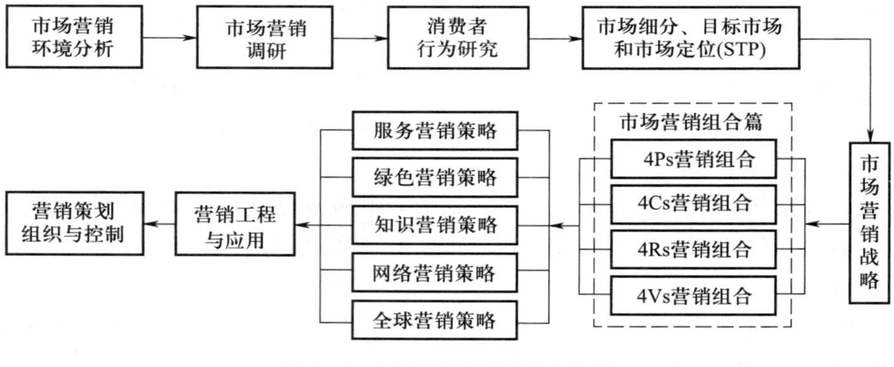

图 1-4 市场营销学的基本内容

三、研究方法

随着市场营销理论和实践的不断创新和发展，市场营销的研究方法层出不穷。市场营销学的研究方法主要包括产品研究法、功能研究法、管理研究法、机构研究法和社会研究法等。

1. 产品研究法

产品研究法是研究特定产品（或服务）及其种类的问题，根据不同类型的产品（或服务）研究不同的产品（或服务）策略、价格策略、分销渠道策略和促销策略。例如，生产资料的产品和生活资料的产品具有不同营销策略和营销手段。

2. 功能研究法

功能研究法是研究市场营销过程的各个环节的营销职能及其变化和发展情况，以及不同类型的企业或个人如何更好地履行这些营销职能。例如，市场调查、目标市场定位、营销计划、营销管理、营销审计和营销控制等职能。

3. 管理研究法

管理研究法是从管理决策的角度来研究市场营销，主要是强调市场调查、市场细分、目标市场定位、市场营销分析、营销计划、营销组织、营销实施和控制措施。在市场营销活动中，企业要把各种因素分为可控因素和不可控因素，着重研究如何使不可控因素与可控因素相互适应，以及各种可控因素之间的协调。

4. 机构研究法

机构研究法是针对现代复杂的市场营销系统中的各种机构的性质、作用和地位，包括制造商、批发商、零售商、消费者、政府及社区等机构为研究对象，着重分析其市场营销活动的特性问题。

5. 社会研究法

社会研究法是研究企业及其市场营销活动对社会的影响，例如市场营销的社会成本和社会贡献率、企业诚信体系、营销对生态环境的影响等。

营销案例

天然工坊：如何与“粉丝”共创价值？①

（一）案例介绍

2016 年 8 月 31 日，按照以往生活用纸行业的规律，6—8 月是消费市场淡季，四川沐川竹海的造纸工厂应只工作半天。只因为湖南天然工坊电子商务有限公司（以下简称“天然工坊”）所属的“竹妃”品牌带动，竹纤维纸巾市场呈现爆发式增长，2016 年 6—8 月，整个西南地区生产竹纤维纸巾的工厂全部满负荷运行。“竹妃”的快速崛起成了社交电商领域的爆品级现象。2016 年销售额实现 4.6 亿元左右，2017 年销售额达 5.7 亿元左右，会员突破 2 000 万，购买会员 400 万，会员复购率 70%以上。

2016 年年底，环境保护部发布了《关于实施工业污染源全面达标排放计划的通知》，整个造纸行业的环保压力加大，大量不合格的中小企业被淘汰，直接导致了造纸

① 周文辉，何佳. 天然工坊：如何与“粉丝”共创价值？[J]. 销售与市场·管理版，2018（12）：89-92.

企业的限产。转变发展方式成了造纸行业的共识，技术革新、上游原材料价格上涨，造纸行业的生产成本也随之增加。天然工坊也在这一阶段经历了4次“涨价潮”。天然工坊创始人苏路江分享创业历程时说：“团队信念非常重要，天然工坊以传统文化为根基，以传递环保理念为核心，这是创业团队这辈子要做的最有意义的事业。”天使投资人王刚说：“新时代最大的赢家是能够把结构性创新和匠心融为一体的人。”对于上游供应商，苏路江团队希望他们不要缩减员工的福利待遇，保证100%纯竹浆品质，保证供货数量不发生变化，自愿接受了每一次的涨价。前面3次原材料价格上涨，股东们一致同意压缩自己的利润，他们认为这是正常的商业行为，虽然股东收益缩减，但还是在盈利。天然工坊的产品决策以“粉丝需求驱动”为核心，真实存在的需求，只能来自实实在在的粉丝，来自粉丝需求反馈。应“竹粉”们的呼声，天然工坊决定更换“竹妃”纸巾包装。

2017年12月22日，“我的天然工坊”服务号发出《竹妃4款新包装，你选中的那款将会被送到工厂》的文章，提供了4款新包装，“竹粉”们可以投票选出自己喜欢的包装。这次活动让粉丝有很强的参与感，引发了20多万粉丝的关注，其中有1万多人参与了留言互动，增加了产品与粉丝之间的连接。换包装营销事件是一个有策划有节奏的品牌活动，2017年12月22日只是抛出一个话题，在2018年5—6月会有持续3波的传播和营销，最终新包装落地。

2018年，天然工坊提出“家有宝贝用竹妃”的价值主张，聚焦高度关注用纸健康的宝妈人群，稳扎稳打抢占核心用户心智。2018年2月2日，农历腊月十七，“我的天然工坊”服务号发出了一篇文章，给出了“家有宝贝用竹妃”的品牌标语作为上联，通过微信公众号在留言区征集下联，与粉丝一起进行对春联互动。2018年2月27日21:30，天然工坊粉丝突破2 000万。

据统计，天然工坊2 000万粉丝中，女性粉丝占比72%左右，而且大部分是宝妈。她们对生活品质有要求，承担了家庭的主要采购任务。她们也是产品真正的使用者，70%的复购率、99%的好评率，足够说明产品的好口碑。2018年3月，165位“竹粉”从全国各地汇聚长沙参加天然工坊组织的传统文化学习，对于“竹粉”们来说，天然工坊是精神家园，是归属，“竹粉”们把这一次学习当作回家。2018年春节过后，天然工坊把“竹妃”品牌纸巾植入都市情感剧《美好生活》，该剧由张嘉译、李小冉、宋丹丹主演，在北京卫视、东方卫视开播，因在生活与工作场景巧妙嵌入，随着热播收视率的上升，美好生活“纸”用“竹妃”不断深入人心。

苏路江经常说：“赚钱是有方法的，千金财富必须是千金之人才能承载。德在前，财在后，修德比赚钱更重要。”靠谱的产品、正确的价值观，让2 000万粉丝产生了共鸣，真正走到了一起，成为了事业共同体、利益共同体、命运共同体、精神共同体。

（二）案例实训

1. 天然工坊的营销之道有哪些成功之处？

2. 这些营销之道为我们应对激烈的市场竞争具有哪些借鉴价值？

学习思考

1. 如何正确理解市场营销的内涵？
2. 市场营销观念主要经过了哪几个发展阶段？每个阶段各有什么特点？
3. 市场营销学主要经历哪几个发展时期？分别取得哪些成就？
4. 市场营销的研究对象是什么？主要运用了哪些研究方法？

科研练笔

1. 国内外营销理论研究的新进展（撰写有关市场营销理论综述的论文）。
2. 高技术产品的营销策略研究。

营销实战

调查一家企业的市场营销现状，分析这家企业营销观念的演变历程，并提出相关的营销咨询建议。

关键术语对译

市场　Market　　市场营销　Marketing
顾客　Customer　　顾客需求　Customer demand
生产观念　Production concept　　产品观念　Product concept
推销观念　Selling concept　　营销观念　Marketing concept
营销管理　Marketing management　　商业部门　Business sector
政府市场　Government market　　营销组合　Marketing mix
产品　Product　　价格　Price
渠道　Place　　促销　Promotion
品牌　Brand　　推销/销售　Selling
销售管理　Sales management　　营销研究　Marketing research
美国市场营销协会　American Marketing Association（AMA）

推荐阅读

1. 菲利普·科特勒，凯文·莱恩·凯勒，等. 营销管理（亚洲版·第5版）[M]. 吕一林，王俊杰，译. 北京：中国人民大学出版社，2010.

2. 李晏墅，胡海. 营销创新：企业经营智慧的觉醒［M］. 北京：人民出版社，2004.

经典链接

1.《哈佛商业评论》

2. 销售与市场网站

参考文献

［1］李晏墅. 市场营销学［M］. 北京：高等教育出版社，2008.

［2］刘苏鑫. 啤酒企业：如何突围行业困局［J］. 销售与市场（管理版），2011（10）：76-79.

［3］托马斯·L. 柯林斯，斯坦·拉普. 最大化营销［M］. 邓盛华，译. 北京：中国标准出版社，2000.

［4］Peter D. Bennett. Dictionary of Marketing Terms［M］, 2nd ed. Chicago: American Marketing Association, 1995.

［5］The Board of Directors of the American Marketing Association. New Marketing Research Definition Approved［J］. Marketing News, 1987, 21 (January 2).

［6］Engel J. F., Blackwell R. D., Minard P. W.. Consumer Behavior［M］. New York: Dryden Press, 1995.

［7］李晏墅. 国家统计局全国统计科学研究计划重点项目"现代企业的营销发展与统计应用体系研究"的研究成果.

［8］贾利军，李晏墅，李金生. 系统论视觉下的营销发展进程解析［J］. 南京社会科学，2009（9）：34-39.

［9］菲利普·科特勒，加里·阿姆斯特朗. 市场营销：原理与实践（第16版）［M］. 楼尊，译. 北京：中国人民大学出版社，2015.

［10］李晏墅，李金生. 基于技术形成机理的自主创新决策模型研究［J］. 中国工业经济，2007（6）：107-114.

［11］李金生，李晏墅，周燕. 现代营销决策研究新进展及启示［J］. 南京社会科学，2013（12）：29-35.

［12］李晏墅. 知识经济时代市场营销理念与战略创新探析［J］. 苏州大学学报，2002（1）：17-21.

第二章
市场营销环境

营销寓言

盲人摸象

一个印度的国王把盲人召集在一起。等他们到齐了，国王就让他们参观自己驯养的大象。这些盲人来到象房，开始摸起大象来。他们分别摸到大象的腿、尾巴、尾巴梢、肚皮、耳朵、象牙和鼻子。然后，国王把这些盲人叫到跟前，问他们："我的大象怎么样?"摸到象腿的人说，"你的象就像一些柱子。"摸到象尾巴的人说，"它就像一根鞭子。"摸到象尾巴梢的人说，"你的象就像一些树枝。"摸到象肚皮的人说，"你的象就像一堵墙。"摸到象耳朵的人说，"你的象就像一把蒲扇。"摸到象牙的人说，"你的象就像一把梭镖。"摸到象鼻子的人说，"你的象就像一根粗绳子。"这些盲人开始争论起来，最后吵得一团糟。①

学习启示

几个盲人摸的是同一只大象，得出不同的结论，没有一人能够认识大象的全貌。市场营销环境犹如一只大象。只有对市场营销环境了如指掌，企业才能做出明智的营销决策。例如，随着汽车保有量的快速攀升，我国汽车后市场需求会发生哪些变化?药品研发、医疗服务如何满足人民对美好生活的需要?随着人工智能时代的技术创新，哪些人将面临失业，他们的收入会发生哪些变化?在认识市场营销环境中，企业如何才能"一叶知秋"，而不是"一叶遮目"?这就需要通过本章的学习，了解企业营销与营销环境的关系，理解市场营销环境的内涵，掌握市场营销环境的类型；通过深入理解市场营销的宏观环境和微观环境，全面掌握营销环境的构成体系，掌握营销环境的分析方法，进而科学地调查和理解顾客的价值需求，科学地把握营销机会与威胁。

① 陈志刚. 影响人一生的100个营销寓言［M］. 北京：光明日报出版社，2005.

第一节 市场营销环境概述

一、市场营销环境的含义

企业的营销活动不可能在真空中实施，而要受到机遇的摆布及瞬间变化的影响和干扰（美国营销学家雷德里克·拉斯和查尔斯·柯克帕特里克）。因此，企业在开展营销活动时必须系统而全面地分析市场营销环境，从而提高企业认识环境、了解环境和适应环境的能力。

菲利普·科特勒认为，市场营销环境是影响企业市场营销管理能力，即能否卓有成效地发展和维持与其目标顾客交易及其关系的外在参与者和影响力。从这个观点可以看出，市场营销环境是指与企业营销活动具有潜在关系的所有外部力量和企业内部相关因素的集合，即与企业经营有关的各种外界客观因素的综合，包括影响企业生存和发展的各种外部条件和内在因素。① 吴世经认为，市场营销环境是影响企业营销能力和营销效果的外在的各种参与者和社会影响力。② 吴健安认为，企业营销环境是企业营销职能外部的不可控制的因素和力量，这些因素和力量是与企业营销活动有关的影响企业生存和发展的外部条件。③

对企业而言，市场营销环境具有不可控制性和不可改变性等特征，企业的营销活动只有更好地适应市场环境，才能得以顺利开展。但是，企业在市场营销环境面前并不是完全被动的和无能为力的，可以通过各种营销努力主动适应市场环境，甚至可以影响外部市场环境。

我们研究市场营销环境是把上述概念从三个角度加以综合运用的。以企业的各种外部力量和内部要素为主，构成了影响企业的市场营销环境。这里最主要的是企业市场营销的外部环境。因此，市场营销环境是指与企业营销活动具有潜在关系的直接或间接影响企业营销活动的所有外部力量和内部要素的集合体。

二、市场营销环境的特点

市场营销环境决定了企业的生存和发展的空间，企业营销活动也会对营销环境产生一定的影响。市场营销环境具有差异性、动态性、系统性、不可控性和可影响性等特点。

1. 差异性

差异性是指市场营销环境会随空间和时间的不同而发生相应的变化，包括空间差异性和时间差异性。空间差异性是市场营销环境在不同的国家之间和同一国家不同地区之间存在一定的差别。时间差异性是市场营销环境在同一国家或地区的不同时期发

---

① 王信东，杭建平，等．市场营销学［M］．北京：社会科学文献出版社，2006．

② 吴世经，曾国安，陈乙．市场营销学．［M］．修订本．成都：西南财经大学出版社，2000．

③ 吴健安．市场营销学［M］．北京：高等教育出版社，2000．

生的差异。例如，2014 年开始实施《中华人民共和国消费者权益保护法》，针对网络购物等新型消费方式，设立了七日无理由退货制度，加大消费者权益保护力度。2015 年，国务院发布《国务院关于大力发展电子商务加快培育经济新动力的意见》，明确提出研究制定七日无理由退货实施细则。自 2017 年 3 月 15 日起施行《网络购买商品七日无理由退货暂行办法》，实行网络购物七日无理由退货，以保护消费者合法权益，促进电子商务健康发展。我国七日无理由退货政策的实施前后构成了企业营销环境在时空上的差异性。

2. 动态性

市场营销环境是处于不断演进、发展的过程中，并不是一成不变的和静止的。例如，在 1992 年中共十四大提出了“发挥市场在资源配置中的基础性作用”；后来在中共十五大、十六大提出“进一步加强市场在资源配置中的作用”；而在 2013 年中共十八届三中全会指出“要紧紧围绕使市场在资源配置中起决定性作用，深化经济体制改革”。市场在资源配置的作用从“基础性”发展到“决定性”。因此，市场营销环境是处于动态的发展变化中的。

3. 系统性

各种市场营销环境之间及其内部构成因素之间相互影响、相互作用，形成了市场环境的系统性。这种系统性表现在两个层面：一是某一市场环境的变化，会引起其他市场环境的连锁反应和变化，例如，家庭汽车消费剧增引起对汽车维修、银行信贷、财产保险等需求的增加。二是各种市场环境共同影响企业的营销活动。例如，5G 手机是指使用第五代通信系统的智能手机。2018 年 4 月，中兴通讯和中国移动打通首个 5G 电话。5G 手机市场将会受到消费者需求、国家产业政策、国际市场惯例等多方面的环境因素的共同影响。

4. 不可控性

对于企业而言，自然环境、国家的法律法规、经济发展政策和消费者需求等多方面的环境变化，企业是无法改变的，表现出企业对市场营销环境的不可控性。在不可控的市场环境面前，企业只能努力地认识和适应。但是，市场营销环境的不可控性是相对而言的，企业并不是就一点也不能影响环境。例如，随着我国高压输电、高铁、煤炭清洁高效利用技术等领域的快速发展，这些领域的企业在 2018 年中美贸易战爆发后会受到国外市场、贸易政策等多方面不可控因素的影响。

5. 可影响性

从市场营销环境不可控性的辩证分析可以看出，市场营销环境具有可影响性。企业可以通过对自身内部环境及其要素的调整与控制，对外部环境施加一定的影响，最终促使某些环境要素向预期的方向转化。实际上，企业可以积极主动、能动地认识环境、了解环境和适应环境，甚至可以运用自己的营销资源去影响和改变营销环境，能动地创造一个更有利的市场营销空间。

三、市场营销环境的类型

市场营销环境可以根据环境影响范围的大小和可控制的难易程度进行不同的

划分。

1. 按环境影响范围的大小分

市场营销环境分为宏观营销环境和微观营销环境。宏观营销环境由企业外部的社会约束力量所构成，主要包括自然环境、人口环境、经济环境、技术环境、政治环境、法律环境和社会环境等。微观营销环境是由企业的供应商、营销中间人（中间商、物流企业、融资企业及其他营销服务机构）、顾客、竞争者以及企业内部影响营销管理决策的各个部门（如财务、人力资源等部门）所构成（见图 2-1）。

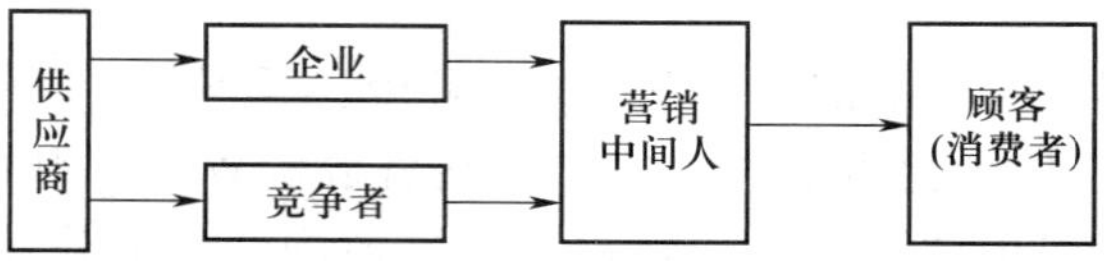

图 2-1 企业微观环境中的主要影响力量

2. 按环境可控制的难易程度分

市场营销环境分为可控营销环境和不可控营销环境。可控营销环境是指企业可以控制的各种内部环境因素，如企业经营方向、经营目标、目标市场定位、营销策略等。不可控营销环境是指企业难以控制和改变的各种外部环境因素，包括自然环境、政治环境、经济环境和技术环境等。

四、企业营销与营销环境的关系

作为一个独立的开放系统，企业一方面受到外部营销环境的制约，另一方面能反作用于外部营销环境。

1. 营销环境对企业的影响或制约

外部营销环境的变化常常对企业形成新的制约条件，甚至威胁企业的生存。由于这种变化是不以企业的意志为转移的客观规律，企业除了适应制约条件以外，别无他途。例如，我国节能减排政策、《国家中长期科学和技术发展规划纲要（2006—2020年）》的颁布和实施，会对企业产生制度性的影响或制约。当然，这些市场营销环境的变化并非都是坏事，它还能够为企业经营发展、管理创新、营销转型等创造机会。例如，在《国家中长期科学和技术发展规划纲要（2006—2020 年）》中提出“建成若干世界一流的科研院所和大学以及具有国际竞争力的企业研究开发机构，形成比较完善的中国特色国家创新体系”，这将有利于企业提高技术创新能力。

2. 企业对营销环境的反作用

企业在受到营销环境制约的同时，也反作用于营销环境。企业可以发挥员工的智慧并运用各种可控因素反作用于市场营销环境，影响并引导营销环境朝着对企业有利的方向转化。例如，企业开发出“移动支付”服务，允许手机用户使用其移动终端对所消费的商品或服务进行账务支付，使得消费过程更加简单便捷，消除了支付障碍之后，诱发消费者的潜在需求，形成新的流行热潮。企业通过积极的努力在环境制约中谋求稳定的发展。

值得注意的是，在企业和营销环境的相互作用中，营销环境对企业的制约作用远远大于企业对营销环境的反作用。因此，建立适应营销环境的柔性系统是企业营销战略的基本目标，否则，企业的市场营销会陷入困境。因此，企业应该重视营销环境信息的收集，预测营销环境的变化趋势，分析企业营销环境的机会与威胁。只有这样，企业才能抓住机遇，避免威胁，取得市场营销的成功。

第二节 宏观营销环境

企业的营销活动在很大程度上受到外部客观环境特别是宏观环境的影响。宏观营销环境亦称为间接营销环境，由人口环境、经济环境、政治法律环境、自然环境、科学技术环境和社会文化环境六大要素构成（见图 2-2）。① 企业及其微观营销环境都处在宏观营销环境中。

图 2-2 企业市场营销活动的宏观环境

一、人口环境

人口环境影响目标市场的现实规模和潜在容量，主要包括人口总量、地理分布、年龄结构、人口性别、文化程度、家庭结构等因素。

1. 人口总量

人口总量决定市场消费需求规模的大小。假如收入不变，人口总量与市场需求总量成正比。随着人口总量的增加，市场需求总量也会相应增加；反之，情况则相反。同时，人口总量的增长速度对市场需求量也有一定的影响。2015 年中共十八届五中全会决定全面实施一对夫妇可生育两个孩子的政策后，我国出生人口明显增加。全国人口变动抽样调查结果显示，2016 年和 2017 年，我国出生人口分别为 1 786 万人和 1 723 万人，比“全面两孩”政策实施前的“十二五”时期年均出生人数分别多出 142 万人和 79 万人。②

① 刘厚钧．市场营销学［M］．北京：北京理工大学出版社，2006.

② 新华社．2017 年我国二孩出生人数比 2016 年明显增加［EB/OL］．中华人民共和国中央人民政府网，2018-01-21.

2. 地理分布

人口在不同区域的分布状况与市场需求有着密切的联系。由于不同地理区域在经济发展水平、气候、自然环境和风俗习惯的差异，人们的消费需求具有明显差异。例如，北方居民对住房供暖、加湿器、皮衣等御寒商品的需要量较大，南方居民对空调、防晒霜等防暑用品需要量较大；江苏苏南居民爱吃甜食，四川居民爱食辣味等。

3. 年龄结构

不同年龄的消费者由于爱好、兴趣不同，对各种消费品的需求也有所差异。因此，企业的市场营销根据消费者的年龄结构可以划分为儿童市场、少年市场、青年市场、中年市场、老年市场等。这些细分市场具有各自的需求特征。以老年市场为例，我国人口老龄化正加速发展，呈现高龄化、空巢化等特点。据推算，2020 年我国老年人护理服务和生活照料的潜在市场规模将超过 5 000 亿元，养老服务就业岗位的潜在需求将超过 700 万个。①

4. 人口性别

人口性别的差异给消费需求带来明显的差异。例如，男性比较喜爱汽车，即使收入并不宽裕，往往会通过家人帮助或银行贷款等方式考虑优先购买汽车；而女性则对服装、首饰和护肤化妆品等商品比较感兴趣，甚至会引起她们的冲动性消费。一个地区男性较多，则男性用品的需求就较多，反之，女性用品的需求就较大。

5. 文化程度

消费者的文化程度的差异会引起消费需求有所差别。在一定地区内，受教育程度较高的消费者通常会对文教用品和文化艺术欣赏比较感兴趣。尽管人们的收入水平均得到稳步提高，但是由于城乡和地区间的不平衡，在许多贫困和边远地区仍有大量的文盲、半文盲人口。这种情况是我们工商企业必须重视的。

6. 家庭结构

家庭是社会的细胞，也是商品购买和使用的基本单位。家庭单位和家庭人口的多少直接影响到市场消费需求量的大小，因为许多商品的购买通常是以家庭为购买单位的。例如，中国人购买汽车通常是以家庭为单位，希望汽车能有 5~7 座以满足全家出行的需要。因此，家庭户数增加，家庭生活用品的消费量必然增加。

二、经济环境

经济环境是指企业进行市场营销时所面临的外部经济社会条件。一个国家社会经济运行状况及其发展变化趋势将直接或间接地对企业市场营销活动产生影响。

1. 社会购买力

一个国家、地区社会的购买力的大小，决定着市场容量的大小。从市场营销的角度来看，经济方面最主要的环境力量是社会购买力。同人口一样，一定时期内社会各方面用于购买商品（或服务）的货币支付能力，即社会购买力，是构成市场的要素之一。

---

① 王佳昕．护理服务业改革直指痛点：引导社会力量投入，提升基层护士待遇［N］．21 世纪经济报道，2018-07-11.

（1）社会购买力与国民经济发展水平的关系。社会购买力的大小取决于国民经济的发展水平以及由此决定的国民平均收入水平。国民经济发展加快，人均国民收入增高，市场物价趋于稳定，利率变动正常，社会购买力就大，企业的营销机会就会增多；反之，国民经济衰退，市场规模缩小，市场物价上涨，通货膨胀加剧，利率变动频繁，则会给企业的市场营销带来威胁，使许多企业不得不缩小其营销规模。

（2）社会购买力与市场供求状况的关系。市场供求状况包含着商品或服务总量的比例和结构比例，两者对企业均产生着明显的影响。通常情况下，企业在营销活动中能直接感受到的是市场供求结构比例的影响。当某企业的商品处于供不应求状况时，商品销售量的增加就相对容易得多；而处于供过于求状况时，企业所面临的营销压力则大得多。

（3）社会购买力与通货膨胀的关系。如果出现通货膨胀就意味着货币贬值，物价上涨，货币的购买能力下降，从而恶化企业的营销环境：一是通货膨胀会引发恐慌心理，导致市场上出现以保值为目的的抢购风潮，从而给企业输入大量混乱、虚假的需求信息，增加了企业未来发展的风险。二是各种生产要素涨价，不仅会增加产品的成本，而且会对企业的资金周转、投资组合、营销组合等形成冲击，增大营销活动的难度。这两种情况均有碍于市场营销活动的开展。

（4）社会购买力与居民储蓄的关系。居民储蓄来源于消费者的货币收入，最终会用于消费。在一定时期内，居民储蓄的增加会降低近期的社会购买力；反之，会增加近期的社会购买力。所以，居民储蓄的增减会引起市场的需求规模和结构的变动，对企业的营销活动会产生影响。因此，企业在制定市场营销战略时，应考虑到这一点。

2. 消费者收入与支出

（1）消费者收入与市场营销。消费者收入是指消费者个人从各种来源所得到的货币收入，包括个人的工资、奖金、红利等。消费者收入的多少不仅决定着消费者市场购买力水平的高低，而且直接影响消费者支出的行为模式。消费者收入的变化，不仅影响生产和销售终端产品的企业，而且会间接影响生产中间产品或原材料的企业。

（2）个人可支配收入、可任意支配收入与市场营销。消费者收入并不会全部用于购买商品。对企业市场营销来说，有必要将消费者个人收入与个人可支配收入和个人可任意支配收入区别开来。个人可任意支配收入越高，消费者的消费支出就越高，企业市场营销的机会也会相应增多。所以，企业不仅要重视消费者收入的研究，更要重视消费者可支配收入和消费者可任意支配收入的研究。

（3）消费者的货币收入、实际收入与市场营销。由于消费者收入往往要受到商品价格变化的影响，因而对消费者收入还要区别为货币收入和实际收入。在消费者的货币收入不变时，如果物价下跌，消费者的实际收入就会上升；反之，消费者的实际收入就会下降。另外，货币收入虽然增加，但通货膨胀率超过货币收入增长率，消费者的实际收入就会减少。分析消费者的实际收入变动的意义在于：这种变动直接影响消费者的支出行为和购买意向，进而影响企业的市场营销。

3. 商品供应因素

商品供应因素是指企业向市场提供的商品数量、质量、规格、品种及其服务等因素。商品数量的充裕与短缺、商品质量的优劣、商品结构的合理与失调、商品规格品种的齐全与单调、服务质量的优劣等，都会促进或抑制消费需求，影响消费需求的增减或购买力的转移。

4. 商品的价格因素

商品的价格因素是影响消费需求较为敏感的因素。在购买力既定的情况下，商品价格变动对消费需求的变化有两种情况：一种情况是价格和需求相互推动，价格下降，消费需求量增加，价格上升，消费需求量降低；另一种情况是某种商品价格下降，会把同类商品的购买者吸引过来，某种商品价格上升，会使消费者将购买力转向其他同类商品。一般来说，价格高低对需求弹性小的生活必需品影响较小，对需求弹性大的享受性商品影响较大。

5. 交通运输和公用事业的发展状况

交通运输的发展状况对企业的生产和经营具有直接的影响。如果交通不发达，所买到的原材料、设备运不进来，所生产的产品运不出去，就会增加企业的生产经营成本或降低生产经营的规模和速度，从而影响消费需求的实现。公用事业发展快慢，也会影响到企业的生产经营或商品消费的便利程度。一般来说，公用事业发展越快，就越能促进企业的生产经营，促进消费需求的实现；反之，情况则相反。

6. 对外贸易的发展状况

对外贸易的发展状况对国内市场消费需求影响很大。如果出口商品数量大于进口的商品数量，商品的需求会增大，国内的商品生产和销售就比较顺利；反之，则相反。例如，2008 年美国爆发金融危机后，引发了全球经济全面衰退，也导致我国外贸环境的急剧恶化。在中美贸易摩擦发生后，2018 年中国对美出口额同比增长 8.6%，自美国进口额下降 2.3%，贸易顺差扩大 14.7%。① 这种对外贸易的状况，必然会导致我国商品需求的减少，国内的商品生产和销售就会不太顺利。

三、政治法律环境

在特定的社会制度下，企业的市场营销活动会受到政治法律环境的强制和约束。政治法律环境是由强制及影响各种组织和个人行为的法律、政府机构、社会团体等方面所组成的。政治法律环境包括以下四个方面。

1. 政治体制、经济管理体制和政府

政治体制一般指一个国家政府的组织结构和管理体制及相关法律和制度；经济管理体制是指在一定的社会制度下生产关系的具体形式以及组织、管理和调节国民经济体系、制度、方式和方法的总称。就我国的情况来看，与企业密切相关的是：全面深化改革的总目标是完善和发展中国特色社会主义制度，推进国家治理体系和治理能力现代化……要紧紧围绕使市场在资源配置中起决定性作用深化经济体制改革，坚持和

① 佚名. 2018 年中国对美贸易顺差再创历史新高［EB/OL］. 黄金网，2019-01-14.

完善基本经济制度，加快完善现代市场体系、宏观调控体系、开放型经济体系，加快转变经济发展方式。

2. 经济立法

经济立法一方面是指调整经济关系的有关法律、法规，另一方面是指经济方面的立法活动，即起草、拟定、颁布及修改等工作。经济立法旨在建立并维护社会主义市场经济秩序，保障所有权，保护竞争和保护消费者利益。每一项新的法令法规的颁布，或者原有法令法规的修改，都会影响企业的营销活动。目前，我国经济立法还不够完备，为了适应改革开放的需要，新的立法将会陆续颁发，日臻完善。

3. 政治主体的目标、纲领及方针政策

政府方针政策会对企业的营销活动产生直接或间接的重大影响。例如，2015 年，我国根据供给侧结构性改革，推行“三去一降一补”的政策，即去产能、去库存、去杠杆、补短板。这些改革政策推动企业进行营销创新，进行价值创造。

4. 社会团体

社会团体是指为了维护某一部分社会成员的利益而组织起来的，旨在影响立法、政策和舆论的各种团体。我国有全国性社会团体近 2 000 个。例如，中国消费者协会于 1984 年 12 月经国务院批准成立，是对商品和服务进行社会监督的保护消费者合法权益的全国性社会团体。中国互联网协会于 2001 年 5 月 25 日成立，由国内从事互联网行业的网络运营商、服务提供商、设备制造商、系统集成商以及科研、教育机构等 70 多家互联网从业者共同发起成立。这些社会团体的活动会促使企业按照经济法规办事，讲究职业道德和企业信誉。

四、自然环境

自然环境是由一切直接或间接影响人类的自然形成的物质、能量和现象的总体，即地球的空间环境、阳光、地磁、空气、气候、水、土壤、岩石、动植物、微生物以及地壳的稳定性等自然因素的总称。自然环境对企业的企业选址、原材料供应、设备和生产技术的采用有密切的关系。目前企业的市场营销面临诸多自然环境问题：自然原材料日益短缺，能源成本趋于上升，环境污染日益严重，政府对自然资源管理的干预不断加强，等等。这些问题直接或间接地给企业带来威胁或机会。

随着企业的发展和技术的进步，我国的环境污染日趋严重，在许多地区已经严重影响到人民的身体健康、自然生态的平衡和长远的生产发展，越来越引起全社会的密切关注。如何保护自然环境，合理利用资源，加强企业的社会责任感等问题，已经成为企业决策的重要内容。与此同时，资源趋于短缺，生态环境问题日趋严重，必然导致政府对自然资源管理干预的日益加强。在我国，一方面，由于缺乏法治等原因，乱开滥挖、乱采滥伐之风愈演愈烈，屡禁不止，企业对环境保护的意识相当薄弱；另一方面，资源利用率极低，浪费相当严重，高投入、低产出，好原料、次产品的情况也屡见不鲜。这就要求政府必须利用法律手段、行政手段进一步加强管理。这样会使一部分企业面临极大的压力，而另一部分企业却获得发展的机会。因此，企业要想有效地开展市场营销活动，就必须高度重视对自然环境的研究。

五、科学技术环境

在科学技术环境中，科学技术的进步以及新技术手段的应用会对企业发展产生重要影响。世界的科学技术迅猛发展的特点是：一是以微电子为标志的尖端技术发展速度快；二是应用技术的发展速度加快；三是重视在民用产品上采用最新科技成果；四是未来科技的研究受到人们的普遍关注，人们已经在能源、交通、生物工程等方面做出了巨大努力，甚至开始期待进行星际旅行。例如，智能汽车是一种正在研制的新型高科技汽车，将提高车辆利用率，降低汽车总销量，减轻汽车对环境的污染。根据谷歌无人驾驶汽车团队的统计，传统汽车在大部分时间内（96%）处于空闲状态，利用率较低。① 显然，科学技术的进步给人们的需求带来更新更广阔的天地，企业有责任加速和引导这个过程。

科学技术的进步给市场营销带来的影响主要表现为：大部分产品的生命周期有明显缩短的趋势；技术贸易的比重日益增大；劳动密集型产业面临的压力将加大；发展中国家劳动力费用低廉的优势在国际经济联系中将削弱；流通方式将向更加现代化发展；对企业的领导结构及人员素质提出更高的要求；等等。能否有效地迅速开发和应用新技术，是决定企业营销成功与否的重要因素。因此，企业必须重视科学技术环境的研究。

六、社会文化环境

社会文化环境是在社会长期发展过程中形成的知识、信仰、艺术、道德、法律、价值观念、风俗习惯的综合反映。不同国家、民族和地区文化环境具有较大的差异性和复杂性，并时刻影响着企业的市场营销活动。例如，在我国社会的传统中，家庭起着极为重要的作用，往往成为人们日常活动的中心。正是因为这个因素，家庭对人们的消费行为具有重要的影响。

企业在开展市场营销活动中必须充分重视社会文化环境。历史上长期形成的一些社会伦理观念使人们比较关心自己或亲属的地位及声誉；社会公众的行为对个人消费者的影响较强，容易引发“大众化”的消费倾向；西方发达国家的外来文化在一部分消费群体中产生诸多冲击，使许多消费者对国外品牌趋之若鹜；等等。因此，现代企业需要充分认识和研究社会文化环境，才能更好地适应社会需要。

第三节 微观营销环境

微观营销环境是指对企业营销活动产生直接影响的组织和力量，包括企业内部环境、供应商、营销中间人、顾客、竞争者和一般公众。

① 董鹏，杨光，郑奥柯. 智能汽车时代将来临，保险业如何发挥推动作用？[EB/OL]. 搜狐网，2018-06-14.

一、企业内部环境

企业内部环境是指企业内部的物质、行为、制度、文化环境的总和，包括企业资源、企业能力、企业文化等因素，企业开展营销活动要充分考虑企业内部的环境力量。企业通常设立了总经理办公室、人力资源部、财务部、产品开发部、供应部、生产部、营销部等职能部门。其中，营销部履行市场调研、产品宣传、品牌管理、营销策划、销售管理等营销职能。

企业在制定和执行营销战略和营销策略的过程中，必须充分考虑和运用企业自身的资源、能力和条件，并与其他职能部门互相配合、共同协作，才能更为有利地开展营销活动。例如，产品开发部要帮助营销部门，研究和开发满足顾客的需求的新产品；供应部负责采购企业生产所需要的各种原辅材料；生产部负责完成各项产品的生产，确保向市场提供优质的产品；等等。所有部门均对企业营销活动产生影响。由此可以看出，市场营销工作主要是企业市场营销部门的职责，但从根本上说，企业营销工作的成败最终将取决于企业的综合素质和整体工作状况。

二、供应商

供应商是指向企业提供产品生产和经营所需资源的企业或个人。供应商所提供的资源主要包括原材料、设备、能源、劳务、资金等方面。供应商对企业营销活动的影响程度主要表现在以下两个方面：① 资源供应的可靠性，即从资源供应的数量、质量和时间等方面能够保证企业产品生产的正常进行。② 资源供应的价格及其变动趋势。资源供应的价格直接关系到企业的生产成本，资源价格变动趋势影响到企业的生产调度和产品开发等方面。

三、营销中间人

营销中间人是指直接或间接地参与企业产品分销活动的其他企业或个人，包括中间商、物流机构、营销服务机构和金融机构等。

1. 中间商

中间商是指把商品从生产者流向消费者的中间环节和渠道，包括商人中间商和代理中间商。其中，商人中间商是从事商品购销活动，并对所经营的商品拥有所有权的中间商，例如批发商和零售商等；代理中间商是推销商品、协助买卖成交，但对所经营的商品没有所有权的中间商，如经纪人和制造商代表等。中间商的主要任务是帮助企业寻找顾客，为企业建立营销渠道。

2. 物流机构

物流机构是指为协助企业运输、储存产品生产资源和把商品从产地运往市场的机构或个人，包括运输公司和仓储公司。一般情况下，企业在委托中间商销售产品的时候，仓储服务往往由中间商承担，仓储公司储存并保管要运送到下一站的货物。运输公司包括铁路、公路、航空、货轮等货运公司，生产企业主要通过权衡成本、速度和安全等因素来选择成本效益最佳的货运方式。

3. 营销服务机构

营销服务机构涉及面较为广泛，包括营销咨询公司、广告公司、财务公司、市场调研公司等。这些机构是企业在市场营销方面的“外脑”，为企业的营销活动提供咨询服务，帮助企业提高市场营销水平。例如，市场调研公司通过市场调研为企业经营决策提供支持；营销策划公司为企业产品推向市场进行整体营销策划、营销诊断等服务。

4. 金融机构

金融机构是指为企业的营销活动提供金融、信用和保险等金融服务的机构。在现代经济生活中，企业与金融机构具有密切的合作关系。例如，企业间的财务往来要通过银行账户进行结算；企业的财产和货物要通过保险公司进行保险等。

四、顾客

顾客是企业的产品和服务要满足的对象。企业的顾客包括消费者、生产者、市场中间人、政府和国际市场等类型。这些顾客的需求具有多样性、动态性和复杂性等特点，要求企业以不同的服务方式提供不同的商品（或服务），从而影响和决定企业的营销决策和服务能力的形成。在互联网经济时代，消费者需求具有在线化、碎片化、社群化、去中心化和去中介化等特点。这种环境是企业市场营销活动的起点和终点，决定着市场营销的成败与否。因此，企业必须重视研究目标市场，充分掌握顾客的需求。

五、竞争者

从行业的角度来看，企业的竞争者包括现实竞争者和潜在竞争者。其中，现实竞争者是指与本企业生产相同产品或提供相同服务的企业，例如，同为生产彩电的TCL、海尔、康佳等企业之间互为现实竞争者。潜在竞争者是指在未来一段时间可能生产本企业产品或提供同类服务的企业，例如，某公司计划引进彩电生产线，开始彩电生产，它就成为目前彩电生产企业的潜在竞争者。另外，替代品厂商是指生产具有功能替代的其他产品的企业，也会与企业形成竞争关系。例如，巨幕电影（IMAX，即Image Maximum的缩写）是一种放映比传统胶片电影更大并且解像度更高的电影放映系统，它与家庭影院之间就是互为替代品的竞争关系。

六、一般公众

一般公众是指除社团公众和内部公众以外的居民、员工或组织团体。一般公众会通过多种方式和途径对企业的市场营销行为产生影响。因此，企业必须在一般公众心目中树立良好的企业形象。这些公众力量的存在决定了企业必须处理好与周围公众的关系。

综上所述，企业在开展市场营销活动时，必须正确认识企业市场营销活动的宏观环境与微观环境，把握企业与营销环境之间的相互关系，做到与宏观营销环境和微观营销环境保持最佳的协调状态，并创造优化的营销环境。只有这样，才能使企业的营销活动获得预期的营销效果。

第四节　企业营销机会与威胁

市场营销环境并不是一成不变的，而是处于动态的变化和发展之中。市场营销环境的变化，既能够给企业的市场营销造成挑战和威胁，也能给企业的市场营销带来发展机遇。企业要想营销活动能够顺利开展，就必须善于调查和认识市场营销环境，从中把握市场机会，同时努力避免营销威胁。因此，企业必须重视对营销机会和威胁的研究。

一、认识营销机会与威胁

研究市场营销环境的最终目的，就是要认识企业市场营销活动中的机会与威胁。吴世经认为，营销机会是指在营销环境中所出现的对企业的营销活动具有吸引力的领域，在这一领域内企业拥有竞争的优势或有得到更多营销成功的可能性。营销威胁是指营销环境中所出现的不利的发展趋势及由此形成的挑战。① 吴健安认为，营销机会是指对企业营销活动富有吸引力的领域，在这些领域中，企业拥有竞争优势；营销威胁是指环境中不利于企业营销的因素的发展趋势，对企业形成挑战，对企业的市场地位构成威胁。② 认识企业市场营销的机会与威胁应注意以下几点。

1. 分清营销机会与威胁的类别

企业市场营销中的机会与威胁，大体说来可以分为两类，短期机会与威胁和长期机会与威胁。正确辨别这两类性质不同的机会与威胁，对于企业的市场营销决策具有十分重要的作用。如果企业把短期的机会与威胁判断为长期的机会与威胁，那就会给企业的市场营销决策造成巨大的失误。例如，把短期的市场虚假需求当作长期的机会，而进行大规模设备投资和增加人员，那么必然会在短期需求减退以后，导致产能过剩和资源浪费，使企业的市场营销陷入困境。企业研究市场营销环境中的机会与威胁，主要是要寻找长期的机会与威胁，因为长期机会与威胁对企业的市场营销会发生深远的影响。

2. 立足企业的综合实力

市场营销环境的变化，究竟是机会还是威胁，对于不同企业是不同的。机会与威胁和企业的综合实力密切相关。市场环境变化对甲企业来说可能是威胁，而对乙企业来说可能是机会。例如，市场原材料价格上涨，对于使用原材料多而且内部消化能力差的企业来说是一个威胁；而对于使用原材料少、内部消化能力强、生产高附加价值商品的企业来说，这个营销威胁却是一个难得的市场机会。又如，本国货币升值时，对以出口为主的企业来说则是一个营销威胁，而对于以进口为主的企业来说则是一个营销机会。所以，认识市场营销的机会与威胁，必须从企业的实际情况出发，综合考

---

① 吴世经，曾国安，陈乙．市场营销学［M］．修订本．成都：西南财经大学出版社，2000.

② 吴健安．市场营销学［M］．北京：高等教育出版社，2000.

虑企业综合实力、发展潜力和营销机会或营销威胁之间的对比关系，从而正确判断市场营销环境对企业带来的影响。

3. 运用科学的思维方式

对营销机会与营销威胁的认识，是借助于企业的经营思维对客观市场营销环境做出分析和预测的结果。如果企业缺乏科学的思维方式，习惯主观臆想，那么对营销机会与营销威胁的判断就失去了客观性，给企业的市场营销决策带来极大的损失。因此，企业必须确立科学的思维方式，既要克服对营销机会的淡漠和对营销威胁的惧怕，又要培养企业对环境变化的敏锐的洞察力，树立立足企业实际，进行营销创新和勇于开拓的精神。只有这样，才能正确识别市场营销环境给企业带来的营销机会与营销威胁。

二、辨别营销机会与威胁的方法

辨别营销机会与营销威胁是贯穿于研究市场营销环境的全过程。这个过程包括对市场营销环境中日常信息的收集、分析与处理，开展市场机会与营销威胁问题的专题调研；在初步分析市场机会与营销威胁的基础上，再运用科学的辨别方法进行深入的分析和论证。辨别营销机会与威胁的方法主要包括产业魅力评价法、地区魅力评价法和竞争者评价法等（见图 2-3）。

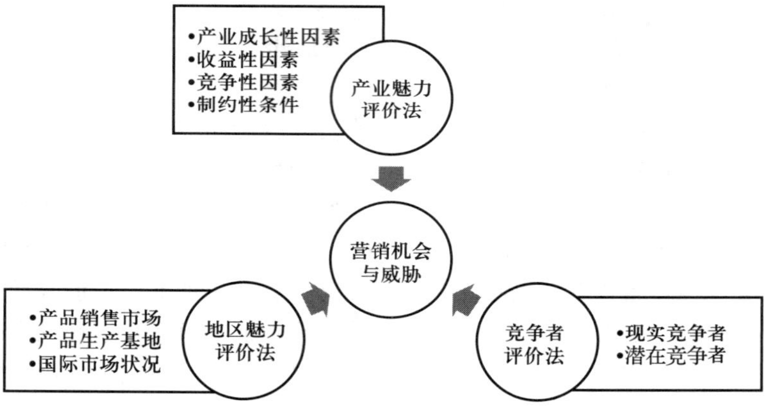

图 2-3 辨别营销机会与威胁的方法

1. 产业魅力评价法

产业魅力是指某一产业中产品的市场综合状况。通过该产业对企业吸引的程度来评价被称为产业魅力评价法。一般来说，某一产业魅力越大，对企业参加该产业市场的吸引力程度也就越大。产业魅力评价法可以从四个角度来认识。

（1）产业成长性因素。评价产业成长性的指标主要有市场规模的大小、销售增长率的高低、产品生命周期所处的阶段以及进入国际市场的可能性大小等。

（2）收益性因素。收益性因素是指企业在某一产业中可以获得利润水平的高低。一般利用该产业中市场占有率最大的企业的资本利润率或销售利润率来衡量。在通常情况下，高收益的产业具有很大的市场吸引力，能将众多企业吸引来参与该产业市场的营销活动。

(3) 竞争性因素。竞争性因素可以用竞争企业的数量、企业集中度、产品差别化程度、价格弹性、参与市场竞争的难易程度及设备利用率等指标来评价。对于一个企业来说，产业中的竞争对手越少越好。如果某一产业竞争特别激烈，那么它的市场魅力也不会很大，即使高成长性产业也是如此。

(4) 制约性条件。制约性条件常常表现为多种形式。例如，政策法规的制约、原材料和能源供应的制约、劳动工会的制约及公害问题的制约等。由于这些制约性条件的存在，往往使企业难以利用该产业的成长机会。

2. 地区魅力评价法

地区魅力是指某一地区对企业的重要性和利用性的指标。这种评价方法的内容与企业运用该地区的营销目的有关。营销目的不同，评价的内容也就不同。地区魅力评价法可以从三个方面来衡量。

(1) 产品销售市场。企业在把某一地区作为目标市场时，必须要研究该地区的市场特征。评价产品销售市场的主要指标有人口数量与年龄结构、收入水平与消费水平、平均文化程度、风俗习惯与爱好、流通机构及竞争状况等。通过各地区产品销售市场的评价，可以为企业寻找开辟新地区的市场机会。

(2) 产品生产基地。一家企业想在某地区建立产品生产基地，必须调查和分析该地区的生产要素的供给情况。评价产品生产基地的指标有劳动力的来源与素质、工资水平、产品质量与制造成本、原材料的供应及交通运输条件等。通过评价这些指标，可以为企业寻找合适的产品生产基地的机会。

(3) 国际市场状况。国际市场状况是指某国的政治、经济、社会、文化、产业等条件，评价该国的政治体制、政局的稳定性、对外国企业的政策、进出口的限制等因素。通过这些评价，可以为企业在国际市场寻找合适的营销机会。

3. 竞争者评价法

竞争者评价法主要从现实竞争者和潜在竞争者两个方面来认识。

(1) 现实竞争者评价。现实竞争者评价主要评价行业地位及市场占有率变化趋势；现有产品在性质、质量、成本方面的优缺点及产品结构的调整方向；新产品的研究开发的方向、结构及投放市场的时间；技术革新及设备投资方向；采用新技术的可能性；渗入新领域、新地区的市场目标；等等。通过对现实竞争者的评价，可以从竞争者的竞争经验中获得启示，作为改进本企业竞争策略的借鉴，寻找适合本企业的市场营销机会。

(2) 潜在竞争者评价。潜在竞争者的实力一旦崛起，将会对本企业市场营销产生极大的威胁。潜在竞争者主要包括外国企业、零件生产企业或产品装配企业、与本企业设备和技术密切关联的企业、与本企业的用户及销售渠道有关联的企业等。认真评价潜在竞争者，对于巩固和提升本企业的市场营销地位具有重要的战略意义。

在对机会与威胁进行评价的基础上，企业需要整理和归纳企业调查、预测和分析市场营销环境的结果，撰写市场营销环境的评价报告，将评价报告提供给企业的最高决策层，作为构想企业市场营销决策方案的重要依据。这个评价报告应包括企业在今后面临怎样的环境，是市场机会还是营销威胁；各个环境因素将会发生怎样的变化，对市场机会与营销威胁将造成怎样的影响；未来环境对企业有哪些市场机会与营销威胁，它们出现的概率是多少；企业适应未来环境，利用市场机会，避免营销威胁的对策是什么；等等。评价报告应力求简明扼要，论证尽量运用数据和事实加以说明。

营销案例

华为式创新启示录①

（一）案例介绍

从 2010 年的 300 万台到 2017 年的 1.52 亿台，再到 2018 年的 2 亿台，8 年间华为手机的发货量增速惊人。自 2018 年第二季度起，华为超越了苹果，成为全球第二大智能手机供应商。事实上，在中国市场，华为手机份额已连续四年第一。

值得关注的是，在消费者换机意愿下降，手机行业经历整体收缩的当下，华为手机取得这一战绩，实属不易。市场研究公司国际数据公司（IDC）的统计数据显示，2018 年第三季度，全球智能手机出货量为 3.55 亿部，同比下降 6%。这是全球智能手机市场连续四个季度同比下滑。然而，华为手机同期出货量逆势增长 32.9% 至 5 200 万部，是主流手机玩家里增速最快的一家，全球市场份额达到 14.6%。

为什么华为手机能实现“反周期生长”？这种突破与进化背后，究竟是什么样的力量在支撑？

2003 年开始，华为手机一直专注运营商定制机，即所谓“白牌机”。当时，消费者看到的是运营商品牌，看不到华为品牌。直到 2011 年年底，华为决定做自有品牌手机，聚焦做精品，并尝试发力中高端手机市场。

华为的终端战略，是从过去 20 年间的网络业务延伸到终端业务。B2B 业务是一种集团性作战文化，理论上其客户在全球只有 600 多家。而 B2C 业务严格来说是面对全球几十亿消费者，需求各异。B2B+B2C 这样的商业模式，在整个通信历史上都少有成功案例。然而，行业魔咒在前，华为却只花了 7 年时间，在 B2B 与 B2C 业务上都取得成功。

华为非常清楚未来要面对的挑战是什么，华为既不想只做一个硬件组装厂，也不想依靠低价来攫取市场份额。最终华为手机选择了最难走的一条路——通过基础研发和技术创新为消费者带来价值。2011 年，苹果、三星两家独大，有运营商抱怨 90% 的利润都交给了苹果和三星，希望华为做自有品牌的手机，改变市场格局。当时，华为面临三大挑战和转型：从低端到高端，从运营商渠道到公开渠道，从贴牌到自有品牌。于是，华为制定了铁三角战略来应对，即精品、品牌、渠道零售。

渠道方面，当时有运营商希望华为一方面维持现有的贴牌业务，另一方面抽调人

① 谭璐．华为式创新启示录［J］．21 世纪商业评论，2019，（1）：15-19.

力开发自有品牌。但是双线作战无疑会分散研发火力，华为手机当机立断把优质的研发资源调去做自有品牌，1年之内将自有品牌的机型占比从此前的20%左右，提升到80%左右。当时欧洲有13家运营商选择华为做贴牌，由于华为停止贴牌业务，有12家运营商放弃合作，只有1家留下来。有意思的是，6个月以后，运营商看到华为的自有品牌手机做得不错，又陆续开始销售华为品牌的手机。

2013年华为手机更是一战成名。当年华为P6发布，该机型采用超薄全金属机身设计，厚度仅6.18 mm，并配备华为自研处理器，一经发布就受到消费者的喜爱和好评，至此，P6成为华为手机第一款销量过600万的旗舰产品。此后，通过Mate 1和Mate 2两款产品，华为手机研发团队越来越了解消费者需求，也为此后Mate 7的成功奠定基础。

伴随着产品实力的快速突进，其对品牌的反哺效应就变得顺理成章。此前，大多数中国品牌，尤其是科技产品在海外消费者的印象中是“低价、低质、山寨”，然而作为一家已经凭借B2B业务在全球站稳脚跟的科技品牌，华为能否在B2C业务上打破这种认知偏见成为关键。2012年，全球权威品牌咨询机构Interbrand在与华为交流时指出，B2B和B2C无法在榜上并存，但有一种情况例外——如果树根特别深，有可能长出B2B和B2C两棵树。这种情况下，B2B业务可以成为B2C的信任背书。凭借在B2B领域已经取得的品牌积累和认知，华为在B2C业务产品力上的持续发力，让品牌的逆势爆发成为可能。

2014年8月，华为成为中国第一个上榜Interbrand“最佳全球品牌排行榜”的品牌，排名第94位，B2C业务对于华为品牌整体知名度、美誉度的提升作用不言而喻。Interbrand全球首席执行官Jez Frampton表示：“华为品牌的飞速成长及针对品牌的长期投资帮助其在全球顶尖品牌中争得一席之地。”2018年华为在此榜单中上升至第68位，已连续5年上榜。

华为能够在几乎完全陌生的B2C领域，通过短短几年的时间，在产品和品牌上取得如此快速的发展，离不开其在创新方面的深厚内功，这份内功并非一朝一夕所习，而是华为从创立之初开始，经过30年不断摸索、实践形成的。华为能够在B2B和B2C方面同时收获硕果，得益于30年来一直坚持的创新理念。华为的创新从现实主义、生存哲学再到仰望星空，背后一以贯之的是以客户为中心的主线。

华为从2017年开始规定每年研发经费的20%~30%要投入基础研究，对于如此巨大的研发投入，如何选择创新的方向和路线，让研发投入发挥出最大的效应成为最为关键的课题。根据欧盟的数据报告显示，华为2017年的研发投入已经超过苹果公司，排名全球第六。持续的高研发投入和技术创新成为华为增长的基石，而围绕“以消费者为中心”的创新理念，则指导着华为手机的创新方向。然而作为竞争已经超越白热化，进入洗牌期的手机行业，创新的脚步一刻不能停歇。2019年2月，华为发布5G手机，消费者不仅能体验到更快的网速，更能通过屏幕形状的改变，体验到更新奇的交互方式。

（二）案例实训

1. 对于华为手机来说，我国智能手机市场主要面对哪些宏观营销环境和微观营销环境？

2. 结合智能手机市场的实际情况，你认为华为手机面临哪些营销机会和威胁？

学习思考

1. 如何正确理解市场营销环境的内涵和特点？
2. 企业营销与营销环境之间存在哪些关系？
3. 宏观营销环境主要由哪些因素构成？
4. 微观营销环境主要由哪些因素构成？
5. 企业应当如何把握市场营销环境的机会和威胁？

科研练笔

1. 经济转型背景下的快速消费品营销环境研究。
2. 小微企业发展电子商务的现状分析与发展对策。

营销实战

选择你所熟悉的一家小微企业，围绕该企业计划发展电子商务业务的营销目标，设计该企业有关电子商务营销环境方面的调查计划。（要求：调查内容要系统而全面）

关键术语对译

市场环境　Market circumstances
外部环境　External environment
国内市场　National market
潜在市场　Potential market
中间商　Reseller
零售商　Retailer
销售代理商　Sales agents
替代品　Substitute goods
宏观环境　Macro environment
政府市场　Government market
消费品市场　Consumer markets
现实竞争者　Present competitors
市场机会分析　Market opportunity analysis
市场吸引力　Market attractiveness
营利性分析　Profitability analysis
市场演变　Evolution of market
市场人口分布/统计特征　Market demographics
市场潜力测度　Market potential measurements

推荐阅读

1. 菲利普·科特勒，凯文·莱恩·凯勒，等. 营销管理（亚洲版·第5版）[M]. 吕一林，王俊杰，译. 北京：中国人民大学出版社，2010.
2. 李晏墅，胡海. 营销创新：企业经营智慧的觉醒 [M]. 北京：人民出版社，2004.

经典链接

1. 宾夕法尼亚大学沃顿商学院
2. 营销传播网

参考文献

[1] 李晏墅. 市场营销学 [M]. 北京：高等教育出版社，2008.

[2] 李蕾. 中银租赁回抢国内市场 [N]. 中国经营报，2012-01-30.

[3] 王信东，杭建平，等. 市场营销学 [M]. 北京：社会科学文献出版社，2006.

[4] 吴世经，曾国安，陈乙. 市场营销学 [M]. 修订本. 成都：西南财经大学出版社，2000.

[5] 吴健安. 市场营销学 [M]. 北京：高等教育出版社，2000.

[6] 刘厚钧. 市场营销学 [M]. 北京：北京理工大学出版社，2006.

[7] 中国共产党第十八届中央委员会第三次全体会议公报（2013年11月12日中国共产党第十八届中央委员会第三次全体会议通过）。

[8] 李伟，雷衍华. 美金融危机对中美贸易的影响及启示 [EB/OL]. 商务部国际贸易经济合作研究院官网，2008-11-26.

[9] 李晏墅. 江苏省社会科学基金重点项目“江苏现代服务业优势集聚发展的对策研究”的研究成果.

[10] 贾利军，李晏墅. 基于后工业视觉营销本质的研究 [J]. 南京社会科学，2006 (1)：25-30.

[11] 李金生，李晏墅，周燕. 基于技术创新演进的高技术企业内生文化模型研究 [J]. 中国工业经济，2009 (5)：108-118.

[12] 李晏墅，任晓峰. 市场份额、顾客忠诚与赢利能力 [J]. 财贸经济，2005 (8)：63-67.

[13] 盛宇华，李金生. 基于人际关系的营销控制力模型及其实证分析 [J]. 经济管理，2007 (20)：8-13.

[14] 李晏墅. 我国企业经营诚信的缺失与重建 [J]. 南京师大学报（社会科学版），2002 (4)：52-57.

第二篇　营销战略篇
Part Ⅱ　Marketing Strategy

第三章 市场营销调研

营销寓言

羊皮上的跳蚤

一只跳蚤生活在狗身上。一天，它嗅到了羊毛的鲜膻味，姿势优美地一跳，就离开了狗，跳到散发鲜膻味、舒适的羊皮上。“妙极了，妙极了！这张皮才是我需要的！”伶俐的跳蚤说，“它又厚实，又柔软，特别是比狗身上安全多了。在这里不必担心狗爪子搔痒，也不必怕那个没有教养、汪汪叫的家伙用牙齿咬了。羊皮真使我感到十分称心。”跳蚤没有更多地想一想，就钻进它的新卧室——厚厚的羊毛里。时间不久，跳蚤饿了，就发现了问题：在厚厚的羊毛里，毛是那么密，爬到毛根上很不容易。“我应当有些耐心。”跳蚤安慰自己。它试了一次又一次，分开一根羊毛又一根羊毛，渐渐地开出一条通路，最后才来到毛根。遗憾的是它没有找到可吃的东西，而且厚密的羊毛闷得跳蚤喘不过气来。这时狗已经跑了，跳蚤已无法回到狗身上，最后饿死在羊皮上。①

学习启示

在选择自己生存住所时，跳蚤凭借自己的直觉选择了更为舒适的羊皮。尽管跳蚤为了生存具有坚定的毅力，但终究改变不了羊皮的虚假繁荣，而命丧于自己草率的决策。科学而合理的营销决策需要对市场具有充分的了解，否则会轻易葬送企业的大好前程。如何才能有效地了解市场，真正地读懂市场，理解顾客需求？现代企业如何利用大数据进行市场调研而发现有价值的市场需求？如何利用市场信息挖掘并创造新需求？企业如何通过市场营销调研，寻找到解决市场营销问题的方案？这就需要通过本章的学习，了解市场营销调研的深刻内涵，把握市场营销调研的基本原则、程序和方法，学会灵活运用营销数据分析和预测的各种方法。

① 陈志刚. 影响人一生的100个营销寓言［M］. 北京：光明日报出版社，2005.

第一节 市场营销调研概述

一、市场营销调研的内涵

随着社会经济的发展，市场营销处于不断发展中，人们对于市场营销调研的认识和理解也会发生相应的变化。关于市场营销调研的内涵，国际商会/欧洲民意和市场研究协会于 1986 年在《市场营销和社会调查业务国际准则》中明确提出了市场营销调研的目的在于收集信息，认为市场营销调研是指个人或组织（工商企业、公共团体等）对有关其经济、社会、政治和日常活动范围内的行为、需要、态度、意见、动机等情况的系统收集、记录、分类、分析和提出数据资料。美国市场营销协会则认为，市场营销调研是企业的一项重要的营销职能，旨在有效地连接顾客、消费者和社会公众与市场营销主体，认为市场营销调研是一种通过信息识别和明确市场营销的机会和问题，形成、优化和评估市场营销活动，监督市场营销运作，增强对市场营销整个过程的理解。① 菲利普·科特勒认为，市场营销调研是系统地设计、收集、分析和报告与公司所面临的特定的营销状况有关的数据及发现的调查研究结果。② 德国大多数学者强调市场调查的目的是要获得市场信息，认为市场营销调研是指企业对经营各方面的影响因素，运用系统的原理和方法，去获取信息的一项活动。法国大多数学者主要强调了市场营销调研的范围和内容，认为市场营销调研应分为广义和狭义两种情况。其中，广义市场营销调研是指有计划、有步骤地收集市场信息的一项活动；狭义的市场营销调研是指对消费群的调查。

我国许多专家和学者对此也提出了各自的看法。吴世经认为，市场营销调研是指采用科学的方法对与市场营销有关的资料和信息，进行系统的和客观的收集、记录、处理、分析和报告的活动，旨在帮助企业的营销管理者进行有效的营销决策。③ 吴健安认为，市场营销调研就是运用科学的方法，有目的、有计划、系统地收集、整理和分析研究有关市场营销方面的信息，提出解决问题的建议，供营销管理人员了解营销环境、发现机会与问题，作为市场预测和营销决策的依据。④ 这些定义不仅强调了市场营销调研的过程，更重要的是明确了市场营销调研在市场营销乃至在企业经营管理中的作用，突出了市场营销调研是服务于营销决策的重要特征。

综合国内外专家和学者的不同观点，我们认为，市场营销调研是企业或个人为了市场营销决策的需要，明确所需营销信息，并运用科学的调查技术和方法，系统地开展营销信息收集、整理、分析和研究，并得出营销结论的活动与过程。市场营销调研具有狭义和广义之分：从狭义层次来看，市场营销调研是对市场的调研，即企业为了

---

① The Board of Directors of the American Marketing Association. New Marketing Research Definition Approved [N]. Marketing News, 1987, 21 (January 2).

② 菲利普·科特勒. 营销管理（第 11 版）[M]. 梅清豪，译. 上海：上海人民出版社，2003.

③ 吴世经，曾国安，陈乙. 市场营销学 [M]. 修订本. 成都：西南财经大学出版社，2000.

④ 吴健安. 市场营销学 [M]. 3 版. 北京：高等教育出版社，2007.

销售产品，对用户和消费者购买和使用商品的情况的调查；从广义层次来看，市场营销调研是对市场营销整体状况的调研，除了对消费者的调研以外，还包括对企业的经营环境和经营状况进行调研。本书分析的市场营销调研是指广义的市场营销调研，而非狭义的市场营销调研。①

通过市场营销调研，企业可以获得大量关于市场营销活动的各类信息。但是，市场营销调研的目的不仅仅是获得各类市场营销信息，而是在于寻找解决市场营销问题的方案。在企业的市场营销管理体系中，市场营销调研只是一项基本的管理职能，是实现市场营销目的的一个手段，获取市场营销信息并不是市场营销调研的最终目的所在。市场营销调研在获得各种市场营销信息后，通过对各类信息的综合分析，最终要发现解决市场营销问题的思想、理念、策略、技术或办法等。例如，某文艺期刊要进行读者调查，那么，该期刊通过市场营销调查获得有关读者阅读需求方面的信息只是市场营销调研目的的一个方面，而更重要的是通过市场营销调研寻找到期刊栏目、阅读主题等方面的策划方案。

二、市场营销调研的特征

市场营销调研是一项基本的营销管理职能，具有调查内容的广泛性、调研目标的具体性、调研方法的多样性、调研程度的伸缩性和调研结论的参考性等特征。

1. 调研内容的广泛性

市场营销调研既可以是调查一国的政治环境、经济环境、社会环境和文化环境，也可以调查消费者的态度；既可以调查对同类企业的产品、促销、价格和渠道等营销策略，也可以预测市场的发展趋势。作为一种决策辅助工具，市场营销调研是对市场营销的综合过程及其各个环节进行调查和研究，为市场营销决策提供相关的市场信息和研究结论，表现出市场营销调研内容的广泛性。

2. 调研目标的具体性

市场营销调研通常是对一个具体的营销问题进行调查和分析。营销决策需要获得哪些营销信息？营销信息应当通过什么调查方式获得？调研经费预算是多少？需要多少调查人员？等等。这些问题必须根据营销决策的要求在市场营销调研中加以明确，不能模棱两可。因此，市场营销调研目标具有具体性。

3. 调研方法的多样性

市场营销调研从调研准备、调研方案设计、数据收集与整理到数据分析，每个阶段都有多种不同的方法可供选择。例如，在数据分析阶段，可以采取的方法有聚类分析、因子分析、判别分析、参数估计、假设检验等方法。这些数据分析方法既可以根据调研项目的特点和要求单独使用，还可以组合使用，表现出调研方法的多样性。

4. 调研程度的伸缩性

市场营销调研在调查范围、调查时间、调查空间等方面具有较大的伸缩性。以调查时间为例，一项市场营销调研要分析一个产品在过去一段时间内的生产经营情况，

① 陈启杰. 市场调查［M］. 北京：高等教育出版社，上海：上海社会科学院出版社，2001.

既可以调研过去 2 年的市场数据，也可以调研过去 5 年的市场数据。以调查空间为例，一项市场营销调研要分析和说明某个产品在区域市场的竞争力水平，既可以调查某个市县，也可以调查某个或几个省份。这些方面均表现出调研程度的伸缩性。

5. 调研结论的参考性

市场营销调研在市场营销中的作用越来越重要，但是市场营销调研也存在一些局限性。成功的市场营销调研需要投入大量的财力，需要受过专门训练的市场研究人员花费较长的时间，对营销调研过程及其各个环节进行精心策划和实施，等等。然而，在一项市场营销调研中很难同时具备这些条件，会不可避免地出现各种各样的误差。这些局限性要求营销调研结论只能是企业决策的重要依据和参考，而绝不能将调研结论等同于企业决策。①

三、市场营销调研的作用

国际知名的市场调研专家、美国得克萨斯大学阿灵顿分校市场营销系主任卡尔·迈克丹尼尔在《当代市场调研》指出，市场营销调研具有三种功能，即描述、诊断和预测。市场营销调研在企业运行中为经营决策活动提供重要依据。企业经营的重点是决策，决策的前提是信息，信息的来源是市场营销调研。由此可见，企业开展市场营销调研在营销活动中的意义，主要表现在以下几个方面。

1. 市场营销调研是企业制定正确营销决策的基础

企业的任何一项正确的营销决策，都必须基于对特定条件下对客观市场情况的正确认识和对经济规律的自觉运用。企业的营销决策一般来说取决于三个条件，即企业内部条件、企业外部环境和决策者的主观能力。企业内部条件和决策者的主观能力通常是已知的或相对明确的，而企业外部环境却是经常变动的或不确定的。企业外部环境的认识，离不开市场营销调研。只有通过市场营销调研，弄清企业在特定条件下的外部营销环境，才能使企业紧跟市场形势，做出正确的市场营销决策，并及时调整企业的营销策略，把企业面临的风险降到最低。

2. 市场营销调研有利于企业发现市场机会

通过市场营销调研，企业可以随时掌握市场营销环境的变化，并从中寻找到新的市场机会，为企业带来新的发展机遇。随着科学技术的进步，新技术、新工艺不断涌现，企业只有通过市场营销调研，了解国际和国内市场的需求情况，才能确定在什么时候开发研制、生产和销售新产品，以满足消费者的需求，把握市场机会，使企业不断开拓新市场。

3. 市场营销调研有利于企业提高市场营销的经济效益

企业营销活动的直接目的就是要以较少的劳动耗费和资金占用，取得较多的符合社会需要的产品，提高营销效益。要做到这一点，企业必须开展市场营销调研，弄清市场需求的变化，了解同行中先进企业的经营状况，学习他们的管理经验，提高本企业的管理水平，加强营销人员配置、训练和管理，采取有效的广告和销售手段，实行

① 景奉杰. 市场营销调研［M］. 北京：高等教育出版社，2001.

正确的销售策略，选择合理的销售方式，等等。

4. 市场营销调研有利于企业提高竞争能力

随着市场经济的不断发展，市场竞争越来越激烈。企业要想在竞争中立于不败之地，就必须开展市场调查研究，自觉地、及时地和准确地掌握市场信息，发现市场机会，提高企业自身的竞争能力。例如，市场供求关系发生了什么变化，企业产品在市场上是不是赢得消费者的喜爱，消费者对本企业产品的售后服务有什么要求……要解决这些问题就需要通过市场营销调研，将这些信息及时反馈给企业，使企业及时地调整营销策略，最终在竞争中取胜。①

四、市场营销调研的类型

区分不同的市场营销调研类型，是为了正确设计市场营销调研方案，保证市场营销调研的顺利实施。按照区分的标准不同，市场营销调研可以分为不同的类型。

1. 按照营销调研功能的不同，市场营销调研可分为探索性调研、描述性调研、因果性调研和预测性调研

（1）探索性调研。探索性调研是指对所研究的市场营销问题在不确定的情况下进行的试探性调研，掌握和识别所要研究的营销问题的基本特征及其相关因素。探索性调研的目的在于发现问题，找出关键所在，明确调查对象，确定调查重点，为深入研究做必要的准备，以回答“营销问题出在哪里”。探索性调研主要采用次级资料收集、专家或相关人员的访谈、试点调查等方法。

（2）描述性调研。描述性调研是对所研究的市场营销问题做出结论性的描述，目的在于客观地反映调研对象的实际情况，以回答“营销问题是什么”。常见的描述性调研有产品调研、价格调研、渠道调研、促销调研、企业形象调研等。

（3）因果性调研。因果性调研是指研究某种市场现象及其各种影响因素之间的关系，以回答“为什么”的问题。因果性调研是在探索性调研和描述性调研的基础上进一步研究产生该市场现象的原因，以更深入地认识营销问题。

（4）预测性调研。预测性调研是在说明研究对象的状况及变量之间关系的基础上，通过收集、分析和研究过去和现在的各种市场情况，运用预测方法，进一步研究和推测发展趋势的一种市场营销调研。预测性调研通常采用专家意见集成法、经验判断法等定性预测方法和线性预测、非线性预测等定量预测方法。

2. 按照营销调研范围的不同，市场营销调研可分为专题性调研和综合性调研

（1）专题性调研是为了解决某个具体的营销问题而开展的市场营销调研。它所涉及的范围较小，调研目的明确，所需投入的资源较少，时间较短。例如，消费者购买意向调研、产品质量评价、市场滞销原因调研等。

（2）综合性调研是企业为了掌握市场总体情况而开展的全面调研。综合性调研涉及的营销问题比较多，具有调研时间长，调研费用高，数据分析复杂，决策难度大等特点。例如，企业为开发某个新产品所进行或为进入一个新市场领域所进行的全面

---

①　李晏墅，乔均. 现代市场营销学［M］. 南京：东南大学出版社，2006.

市场调查。①

3. 按照营销调研形式的不同，市场营销调研可分为可行性性调研、检验性调研和试验性调研

（1）可行性调研。可行性调研是企业在开拓市场、试制、生产和投放新产品之前开展的营销调研。通过调研市场的动态及消费者的反应，掌握企业内部和外部的主客观条件，对新产品、新市场进行可行性研究，提出选择性方案。

（2）检验性调研。检验性调研是检查分析、验证既定商品购销的政策和营销决策的适应性，包括对企业的营销成果和经济效益的检验。通过对企业产品与竞争产品的成本、利润的分析比较，总结成功经验，找出营销不足及其成因，以便采取相应的措施，提高决策水平。

（3）试验性调研。试验性调研是通过一定的仪器和设备观察与检查商品的物理性能、化学性能等商品质量性的数据和指标，或了解消费者对商品性能的反映，从而为改善生产工艺流程，提高商品质量提供科学的依据。

4. 其他分类

对市场营销调研还可以从其他角度进行分类。例如，按调研使用的数据性质不同可分为定性调研和定量调研；按调研的区域范围不同，可分为地方性市场调研、地区性市场调研、全国性市场调研和国际性市场调研；按市场营销调研的时间不同，可分为一次性调研、定期调研和经常性调研；等等。市场营销调研的类型不同，调研的内容、特征、要求和方法等均有差异。

五、市场营销调研的原则

市场营销调研是一项极其复杂的工作。要使市场营销调研卓有成效，必须遵循以下原则。

1. 科学性和客观性原则

人们对客观事物的本质和规律的认识，需要经过一个不断深化的发展过程。如果市场调查的信息不充分、不真实，样本的代表性不强，由此做出的市场营销决策就不科学、不准确，容易产生偏差和失误。这就要求企业在市场营销调研过程中，必须以科学的态度，运用科学的方法，实事求是地调查市场营销决策所需要的信息，杜绝缺乏事实依据的想象和推理，更不能以虚代实，以假乱真。

2. 系统性和针对性原则

市场营销调研应该针对企业市场营销决策的需要来进行，应有计划地明确先调研什么，后调研什么，再调研什么。市场营销调研要对市场做系统地观察，对庞杂的市场信息进行全面的分析和筛选，抓住本质和主流，不能把一时一事或者个别现象作为普遍现象，要确保市场营销调研的系统性和针对性，以避免营销决策的失误。

3. 时效性和经济性原则

市场营销调研必须及时，要做到收集信息及时、数据分析及时、反映情况及时，

① 许以洪，严辉武，等. 市场营销调研［M］. 武汉：武汉理工大学出版社，2006.

以及营销决策和调整及时，否则调研就会失去其应有的价值。市场营销调研要考虑到经济效果，用尽可能少的调研经费取得相对满意的资料。所以，市场营销调研要根据调研的目的和要求，选择合理的调研途径和方法，做到经济性和时效性的统一。

市场营销调研的科学性和客观性、系统性和针对性、时效性和经济性，在一定程度上是一个两难问题。例如，企业在强调调查的经济性时，往往会在一定程度上牺牲其他调研原则，反之亦然。所以，为了营销决策的科学性和合理性，市场营销调研应在保证科学性、系统性和客观性的前提下，突出营销调研的时效性和针对性，并尽可能追求经济性。

六、市场营销调研的程序

市场营销调研是一项系统性的调研工作，主要包括确定调研问题和调研目标，初步调研，制定调研计划，设计调研问卷或调研表，选择调研人员，收集调研资料，整理与分析资料，撰写调研报告等步骤（见图 3-1）。[①]

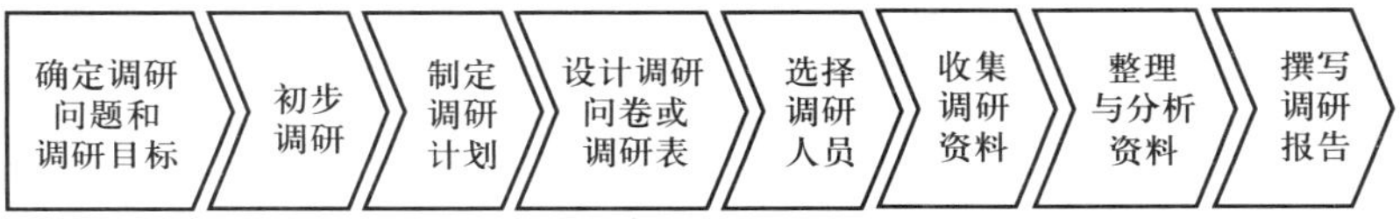

图 3-1　市场营销调研流程图

1. 确定调研问题和调研目标

准确地提出市场调研问题是市场营销调研最基础的一步。每一次市场调研研究能否达到预期的目的，首要的前提条件就是选题是否正确。企业根据营销决策问题来明确市场营销调研的具体问题，从而合理地确定调研目标。

2. 初步调研

初步调研就是根据确定的调研问题，先进行一般性的摸底调研。初步调研可以为制定调研计划指出调研方向或缩小调查范围。初步调研只能了解“是什么”，不能回答“为什么”和“怎么办”。

3. 制定调研计划

经过初步调研，接着就要制定调研计划。调研计划通常包括：① 确定调研时间、地点、范围和对象；② 确定信息搜集的来源；③ 确定调研的方式和方法；④ 确定调研人员；⑤ 调研费用预算等。根据市场营销调研的目的（即寻找市场营销问题的解决方案），市场调研计划的相关调研内容是围绕市场营销问题的解决方案而提出的相关假设，在市场营销调研结束后就能找到解决市场营销问题的方案。

4. 设计调研问卷或调研表

调研问卷或调研表的设计如何，直接影响到调研内容能否得到正确的答案。设计问卷或调研表应根据调研计划，针对调研问题，同时考虑到市场信息收集的可行性。

---

① 李晏墅，乔均. 现代市场营销学［M］. 南京：东南大学出版社，2006.

5. 选择调研人员

调研人员水平的高低，直接关系到调研质量的高低。所以，要做好对调研人员的选择、培训和管理工作。

6. 收集调研资料

收集调研资料是市场营销调研的核心阶段和主体部分，是调研人员根据调研计划采用各种手段和方法获取所需信息的过程。

7. 整理与分析资料

整理与分析资料是根据调研的目的和要求，对收集到的原始资料和次级资料按照一定的程序和方法，进行资料和信息的校核、分类、计算、分析和预测，并得出一定的结论，为正确的市场营销决策提供依据。

8. 撰写调研报告

市场营销调研的最后一个程序就是撰写调研报告，以供营销决策。市场调研报告一般包括：① 导言。导言主要说明市场调研的原因、问题、目的、意义等内容。② 调研概况。简要说明调研的时间、地点、对象、范围、过程以及调研方式和方法等内容。③ 资料分析。资料分析一般可以分为统计分析和理论分析。统计分析主要对调研内容予以客观的描述，着重对经过整理的调研资料做出简述性介绍，回答“是什么”的问题。理论分析是依据翔实的资料数据，运用科学的研究方法，系统地展开分析，着重回答“为什么”的问题。④ 提出建议。依据前面的分析，提出具有必要性、可行性的解决问题的建议，或做出某种预测，回答“怎么办”的问题。

第二节 营销数据收集

营销数据收集是指市场调研人员在实际调研过程中收集信息资料所采取的具体方法。市场营销数据收集的方法多种多样，主要包括次级资料收集方法和原始资料收集方法。

一、次级资料收集方法

次级资料，也称为“第二手资料”，是指营销调研人员收集到的其他机构或个人就别的目的而提供的现成的资料和信息。次级资料的收集相对比较容易，调研成本比较低，并且能够很快地获取。次级资料来源于企业内部和企业外部。企业内部资料包括技术资料、财务资料、生产资料、人力资源资料、管理资料和市场资料等。企业外部资料是指从企业外部获得的资料，主要包括出版物资料和数据库资料等。其中，出版物资料主要包括政府出版物、社会组织出版物、图书、期刊（杂志）、研究报告等；数据库资料是指用来满足特定信息需要的相关信息的集合。对于次级资料的收集主要采用文案调研法。

文案调研法是指营销调研人员在办公桌上对现成的信息资料进行收集、分析和研究的调研活动。文案调研法一般采取先内部后外部、由近及远、先易后难的原则。文案调研法的特点是获取资料速度快，调查费用少，资料较为全面；但是收集的资料通常针对性较差，准确性和客观性不高，需要采用适当的方法来验证这类资料。

二、原始资料收集方法

原始资料，也称为“第一手资料”，是指营销调研人员根据具体的营销调研决策的需要亲自实地调查所获得的资料。原始资料通常针对性、准确性和客观性较高，但是资料收集的费用高，时间长，调查速度比较慢。原始资料的调研方法主要有访问调研法、观察调研法、实验调研法和网络调研法等。

1. 访问调研法

访问调研法是以访问作为收集资料的手段，以被访问人的答复作为调研资料依据的调研方法。采用这种调研法，一般是以事先准备好的调研事项，要把所有要问的问题简要、准确地传达给被调研者，并要创造一种让被调研者乐于回答问题的气氛。根据访问内容和传送方式不同，访问调研法可以分为以下几种具体方法。

（1）面谈调研法。面谈调研法是指调研者与被调研者面对面地讨论有关问题，当场记录所需的情况资料的一种调查方法。按照调研人员数目，面谈调研法又分为个人访问和集体访问两种。面谈调研法的优点是：① 比较容易了解被调研者的真实态度，增加感性认识，促进感情联络；② 可以根据被调研者的性格，创造被调研者乐于合作的气氛，便于采用灵活多样的调查形式；③ 询问的回答率高；④ 可以根据具体情况扩大提问范围，打消被调研者的误解，使收集到的资料比较全面准确。

面谈调研法的缺点是：① 调研费用较高，尤其是集体访问费用更高；② 调研结果受调研人员业务水平和态度的影响较大，对调研人员控制较难；③ 面对面的调研，有些被调研者会产生一种被质问的压迫感；④ 被调研者因出差错或工作关系或表达不准确，往往影响调研的效果等。

（2）邮寄调研法。邮寄调研法是调研者将设计好的问卷或表格邮寄给被调研者，请被调研者根据要求填好后按预定的时间寄回的方法。采用这种方法的关键是调研对象的选择。邮寄调研法的优点是：① 调研的区域广阔，提问范围较广，内容含量较大，可以避免调研人员先入为主的影响；② 被调研者可以获得充分时间作答，调研的成本较低；③ 调研的真实性较强，调研者与被调研者不直接见面，被调研者很可能对某些敏感的、隐私的问题回答出自己的真实情况和想法等。

邮寄调研法的缺点是：① 调研问卷的表格回收率较低，影响调研的效果；② 难以判定被调研者的性格特征，信息反馈时间较长；③ 被调研者可能不是目标被调研者，会失去调研对象的代表性，影响调研的效果等。

（3）电话调研法。电话调研法是由调研人员按照预先规定的内容，用电话询问被调研者意见的一种调查方式。这种调研方式常常运用于试探性调研阶段。电话调研法的优点是：① 调研时间短，费用低；② 征求意见快，回答率较高，有利于访问不易接触到的被调研者；③ 坦白性强，易于控制；④ 电话访问者的语气、声调及措辞等是否恰当，可以由研究人员帮助纠正等。

电话调研法的缺点是：① 不易得到对方的合作，难以访问到较为复杂的问题；

② 受到电话设施发展条件限制，调研总体欠完整；③ 电话交谈时间不能太长，被调研者的意见只能做简要说明。

（4）留置问题调研法。留置问题调研法是由市场调研人员将调研问卷或表格当面交给被调研者，说明调研的要求，留给被调研者自行填写，再由调研者按期收回的方法。留置问卷调研法的优点是：① 费用较少，在某种程度上可以预测被调研者的性格特征；② 争取被调研者的合作；③ 询问的内容可以较为详细等。

留置问题调研法的缺点是：① 回收率虽高于邮寄调研法，但所得到的资料明显少于面谈调研法；② 难以同时调研许多项目等。

2. 观察调研法

观察调研法是由调研者对调研对象的行为及反应感受进行侧面观察和记录的一种调研方式，主要包括直接观察调研法和行为记录法。

（1）直接观察调研法。直接观察调研法是由调研者自己或者派人员直接对调研对象的行为、反应、感受进行观察，调研、记录调研对象的全部实际活动的方法。例如，在对顾客的询问和观察中了解顾客对商品的品种、花色、式样、包装等方面的要求。这种方法有时会被调研对象察觉，容易引起误会。

（2）行为记录法。行为记录法是调研人员借助于一些仪器设备与某种手段、方法记录调研对象的行为和反应的方法。例如，通过照相机、录像机、录音机等设备观察调研对象的行为和反应。

观察调研法的优点是：① 能够保持顾客正常活动的自然性；② 观察者不仅可以了解顾客对商品的各种反应，而且可以注意到当时当地的特殊环境；③ 观察者置身于顾客之中，收集到的资料既原始又真实，准确性较高。

观察调研法的缺点是：① 观察者往往看到的是表面现象而不能了解顾客的心理活动，不易得出正确的结论；② 对观察进行记录描述时，观察者难免带有主观性和片面性；③ 由于观察者往往处于被动地位，其客观的内容往往缺乏系统性和完整性。

3. 实验调研法

实验调研法是通过小规模的实验并对实验结果进行分析，来了解产品及其发展前途的一种调研方法。例如，为了调研消费者对新产品的意见、要求和评价，就可以选择一部分消费者做试用实验；消费者在试用后，必须对该产品的改进提出建议。实验调研法的优点是：方法比较科学，调研者处于主动地位，较为精确地调研营销现象，获得的信息既具体又精确，客观价值高。实验调研法的缺点是实验费用较高，取得资料较慢，实验组织难度较大。

4. 网络调研法

网络调研法是营销调研人员通过互联网有组织、有目的地收集、调查、记录、整理分析市场信息的方法。网络调研法具有实时性、互动性、便捷性、准确性和娱乐性等优点。因此，它具有传统调研方法所无法比拟的优势，是符合现代商业节奏的调研方法。网络调研法可以采用在线访谈法、电子邮件法、网页调研法等方式。

（1）在线访谈法。在线访谈法是营销调研人员在网民中征集被访谈者，并在约定时间举行网上访谈。该方法适用于需要进行深度或探索性研究的营销问题。在线访谈可以通过专题讨论或在线问卷等方式进行。

(2) 电子邮件法。电子邮件法主要是以电子邮箱地址清单作为样本框，采取随机抽样的方法发放电子邮件问卷，然后再对被调研者进行调研。这种方法简单、方便，容易实施，而且调研的结果准确可靠。

(3) 网页调研法。网页调研法是营销调研人员将事先设计好的问卷放在某个网站的网页上，对浏览网页的人进行调研。这类问卷通常都设计得比较吸引人，而且易于回答。

网络调研法的优点是：① 更加准确的统计效能，更高的调研效率，更低的成本；② 更好的接触效果，调研结果比较真实；③ 调研的周期较短，不受时间、地域的限制。网络调研法的缺点是：① 样本数量难以保证；② 样本的代表性难以符合调研要求；③ 调研问卷设计受到限制；④ 被调研者的作弊行为难以控制。①

第三节 营销数据分析

一、营销数据分析的内涵

营销数据分析是指营销调研人员运用合理的数据分析技术和方法，对调查获得的原始资料和次级资料进行分析，并得出营销结论。营销数据分析能够最大化地开发调查数据和资料的信息价值，发挥调查数据和资料在营销决策中的作用。

二、营销数据分析的原则

在营销数据分析中，营销调研人员需要遵循客观性、系统性、趋势性和整合性等原则。

1. 客观性原则

营销数据分析不仅是对调查数据和资料的提炼，更是科学、合理地判断经营策略的基本依据。如果营销调研人员不以客观事实及调查资料为基础，不适当地掺杂个人的主观认识，就会导致整个分析结果与实际情况的严重背离。因此，营销数据分析必须严格遵循客观性的原则。

2. 系统性原则

营销数据分析是一项综合性很强的工作，不仅是对调查资料的本身进行局部分析，而且要系统地考察各种相关因素的现状及趋势，综合得出最后的调研结论。如果孤立地研究问题，就可能以偏概全，使分析结果产生较大的偏差。

3. 趋势性原则

市场营销调研不仅要研究某个产品的市场销售现状，而且要动态地分析市场的发展趋势，只有这样才能更好做出正确的经营安排。因此，在营销数据分析中一定要注意考察各相关因素的变化趋势，用发展的眼光、动态地把握事物发展规律。

---

① 李晏墅，乔均. 现代市场营销学［M］. 南京：东南大学出版社，2006.

4. 整合性原则

每种数据分析方法均各有优势和不足，各有其适用的范围和说明问题的角度。这就要求调研人员能够充分了解每种分析方法的优点和缺点，将多种分析方法整合起来，形成就某个营销问题分析的一套较为满意的方法体系，以做出全方位、多角度的调研结论。

三、营销数据分析的方法

营销数据的分析可以借助计算机运用统计分析软件 SPSS（Statistical Package for Social Science）来实现。常用的数据分析方法主要有描述分析、交叉列表分析、判别分析、聚类分析、因子分析和方差分析等。

1. 描述分析

描述分析是营销调研人员通过反映总体集中趋势和离散程度等指标对市场营销问题的总体分布特征和内部结构进行分析。其中，集中趋势指标包括算术平均数、几何平均数、调和平均数、众数、中位数等；离散程度指标包括极差、平均差、标准差、方差和标准误差等。

2. 交叉列表分析

交叉列表分析是营销调研人员同时将两个或两个以上具有一定营销意义的变量交叉排列在一张统计表中，从中分析变量之间的相关关系，并得出营销结论。交叉列表分析过程可以显示两个或多个变量的联合频数或频率分布表。

3. 判别分析

判别分析是营销调研人员判断样本所属类型的一种多元统计方法，是在已知营销问题分为若干类型、并已经取得各种类型的相关数据基础上建立把属于不同类型的数据区分开来的判别函数，然后利用差别函数来判别未知营销问题应该属于哪种类型。

4. 聚类分析

聚类分析是指营销调研人员依据两个营销变量之间的距离或相似类程度对个体进行分类的一种多元统计分析方法，目的在于把物体或人分成很多相对独立且较为固定的组或类别。

5. 因子分析

因子分析是营销调研人员把多个变量简化为少数几个主成分因子或公共因子的多元分析方法，目的在于用有限的不可观测的隐性变量来解释原始变量之间的相关关系。

6. 方差分析

方差分析是营销调研人员用以推断两组或多组资料的总体均数是否相同，检验两个或多个样本均数的差异程度是否有统计学意义，其基本原理是不同处理组的均数判别基本来自随机误差或由于实验条件的不同。

第四节 市场营销预测

一、市场营销预测的内涵

市场营销预测是对市场未来发展趋势的推测、判断。具体地说，市场营销预测是营销调研人员采用科学合理的数据分析方法，在对影响市场供求关系的诸多因素进行系统调查、整理、分析的基础上，掌握市场发展、变化规律，并借以推测其发展趋势。市场营销预测在整个经营活动中占有十分重要的地位。它是企业制定战略目标及各项经营决策的先决条件，能够使企业的内部环境与外部环境经常保持动态平衡，合理组织产、供、销等一系列经济活动，实现经营目标，提高企业经济效益和社会效益的重要条件。

二、市场营销预测的类型

企业应先根据预测内容的不同性质或特性，从不同的角度进行分门别类，然后再根据需要，选择不同的预测类型。市场营销预测可以分为以下几种类型。①

1. 按预测时间的长短不同，市场营销预测可以分为近期预测、短期预测、中期预测和长期预测

（1）近期预测。近期预测是预测市场在今后一段时间内可能出现的状况和变化，这是一种期限最短的预测，一般是以季、月、旬为单位。它适用于企业安排短期行为，如制订季、月指标分解计划。近期预测不仅可以为产品生产和经营计划确定一个最适当的量，并且可以根据市场偶然发生的变化，对原计划及时做出相应的调整和修正。

（2）短期预测。短期预测是指一年或半年的预测。一年预测又称年度预测，它一般是为制订企业年度经营计划而对市场需求进行的预测。半年预测则是为调整、补充年度计划提供依据，主要是对市场需求量在本年度内变化趋势的预测。

（3）中期预测。中期预测是指 1~5 年的预测，适用于产品的自然生命周期或市场生命周期较长，且处在较前阶段，市场供求关系较稳定的商品市场营销预测。

（4）长期预测。长期预测是指 5~10 年或更长一些时间的预测。例如，引进全套生产线、添置大中型辅助设备、动力能源投资、扩建厂房等，都必须在安排投资计划前对市场供求发展趋势进行长期预测。只有如此，才能保证投产效益，增强企业发展后劲。

2. 按预测项目的不同，市场营销预测可以分为单项预测和复项预测

（1）单项预测。影响市场供求关系的因素很多，例如实际的和潜在的供应量、价格与现实购买力、消费结构变化、新产品发展情况等。单项预测就是在各种因素中选择其中的一项进行预测。

---

① 李晏墅，乔均. 现代市场营销学［M］. 南京：东南大学出版社，2006.

（2）复项预测。复项预测是在影响市场供求关系因素中选择两项以上同时进行的综合性预测。例如，服装商品对花色和规格这两个因素同时进行预测；又如，钟表商品对款式、价格、质量等因素进行综合预测。

3. 按预测范围的不同，市场营销预测可以分为宏观预测和微观预测

（1）宏观预测。宏观预测一般以全国市场为对象，是指对整体市场的综合性预测。它可以用于掌握、控制国内市场供求关系的平衡；掌握宏观的政治、经济、文化和社会环境对企业营销的影响。

（2）微观预测。微观预测是指某一企业对一定地区或某一系统市场的预测。它适用于掌握企业经营范围内的商品在市场上的供求状况及变化趋势，为经营决策提供依据；为合理使用人、财、物及合理确定企业发展规模和产品品种、产量、制定正确的销售策略并为组织有效的营销活动提供依据。

三、市场营销预测的方法

随着市场经济和科学技术的发展，市场营销预测具有多种不同的方法。常用的市场营销预测方法大体可归纳为定性预测法和定量预测法两大类（见图 3-2）。

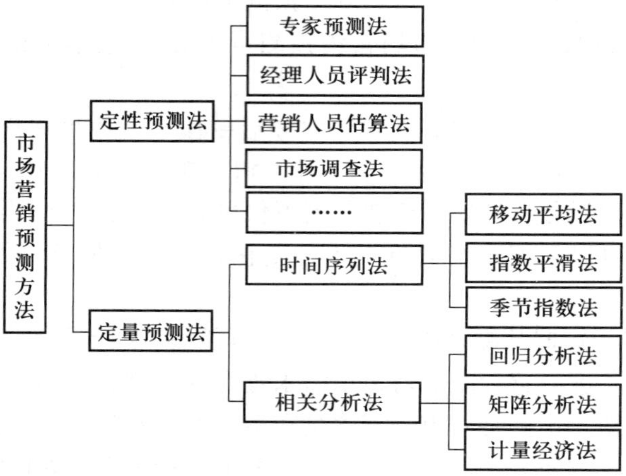

图 3-2 市场营销预测方法

1. 定性预测法

定性预测法是人们凭借积累的经验及数据来对市场进行分析、推理、判断，以测定市场未来发展趋势的方法。定性预测法比较适用于下列情况：市场总体形式的演变、科技成果的推广与应用、新产品的开发、企业未来发展方向、企业经营环境分析和战略决策、企业市场营销策略的调整等。常用定性预测法主要有：

（1）专家预测法。专家预测法是依据专家的经验和直观，对市场过去和现在的情况进行分析与综合，并对未来发展变化的趋势做出个人判断的方法。专家预测法有两种具体形式。

① 专家会议法。专家会议法是根据预测的目的和要求，邀请有关专家（如推销

专家、产品设计专家、产品使用专家、产品经营管理专家等），通过会议形式，就产品本身情况、市场动态、产品适用情况等问题，进行集体讨论和分析，最后提出预测结果。专家会议法的优点是可以集思广益，弥补个人知识的不足；缺点是与会人员有限，代表性受到限制，“权威者”可能左右与会者的意见。

② 专家小组法。专家小组法也称为德尔菲法，是通过对专家匿名的几轮函询调查（每次函询，企业都提供预测需要的资料），逐步将预测结果集中到某一种数值，最后由企业领导根据专家意见与自己的经验和资料确定预测值。德尔菲法成败的关键是专家的选择。德尔菲法的优点是专家之间互不见面，避免了发表意见会受到约束、改变意见怕有损自己威望的局限性，从而可以充分发挥专家独立思考的能力和集中专家们的智慧；缺点是信函来往麻烦，分类处理工作量大，耗费时间长。

（2）经理人员评判法。经理人员评判法是由企业负责人将与市场有关的或熟悉市场情况的生产、采购、销售、储运、市场研究与财务等部门具有较高素质的经理人员，召集在一起交换意见，共同讨论，然后将各种意见汇总分析，以做出判断的预测方法。经理人员评判法的优点是：经理人员可以相互启发、互为补充，发挥集体的智慧，不需要进行复杂的计划，在资料不足的情况下亦可进行；缺点是凭个人经验，偏重于主观估计预测趋势，易受当时市场形势的影响。

（3）营销人员估算法。这是由营销人员根据自己的经验估计市场需求量和企业产品销售量的预测方法。由于营销人员最接近市场，对消费者、竞争对手和所在地区的市场活动的动向比较了解，能够反映多数消费者的意见，所以，他们的预测是较有价值的。营销人员估算法的优点是适合于任何部门或企业，简单易行，尤其是对一些不可控因素较多的商品销售量的预测效果较好；缺点是主观随意性大，预测结果的精确度不够理想。

（4）市场调查法。市场调查法是在缺乏销售历史资料或历史资料不够完备的情况下，通过市场调查获取资料进行预测的方法。市场调查法主要有：① 典型调查法。② 抽样调查法。③ 直接调查法。这三种调查法各有其优缺点，在具体运用过程中应相互配合，尽可能选择比较科学、调查时间快、费用省、结果准确的方法，为市场营销预测提供可靠的依据。此外，还有历史类推预测法、预购预测法、用户预测法等。

2. 定量预测法

定量预测法是依靠数据资料，使用数学模型或数理统计的方法，来判断市场发展趋势和数量关系的一种预测方法。这种方法的优点是客观、准确可靠，科学性较强，用途较广。定量预测常用的方法主要有以下两种。

（1）时间序列法。时间序列法是根据企业过去几个时期产品销售的数据资料进行分析，预测未来的销售趋势。这种方法的前提是假定事物从过去延续到未来是有联系的，主要适用于短期市场营销预测和近期市场营销预测。时间序列法的具体方法很多，常用的方法主要有移动平均法、指数平滑法和季节指数法三种。

① 移动平均法。移动平均法是假定预测值同预测期相邻的若干观察期数据有密切联系，利用过去若干时期的实际销售量相加求其平均值，在时间上根据时间序列逐

项推移，依次计算包含一定项数的序时平均数或动态平均数，以此进行预测的方法。移动平均法包括一次移动平均法、加权移动平均法和二次移动平均法。

② 指数平滑法。指数平滑法是在移动平均法基础上发展起来的一种时间序列分析预测法，是以某种指标的本期实际数和本期预测数为基础，引入一个简化的加权因子，即平滑系数，以求得平均数的一种时间序列分析预测法。因为运用的资料数据较少，资料比较容易取得，而且计算又比较简单，所以指数平滑法目前较广泛地运用于企业短期销售的预测。

③ 季节指数法。季节指数法是根据这些产品季节变动的规律性，预测其销售量。运用这种方法进行预测时，应先根据历史资料，求出该产品各季的销售量构成比例，再用这个比例来预测未来季节的销售量。

（2）相关分析法。相关分析法是运用相关分析理论，从经济发展过程中各种因素的内在联系，分析市场变化的原因，找出原因同结果之间相联系的方法，并据此来预测市场未来的变化趋势。相关分析法中最常用的有回归分析法、矩阵分析法和计量经济法。回归分析法是研究两个以上变量之间关系的数学分析法；矩阵分析法是通过矩阵形式对市场的未来发展趋势进行回归分析；计量经济法是用经济分析与数学分析方法相结合的市场营销预测方法。

市场定性预测和定量预测是相互补充的。人们在进行定性预测时，往往尽可能地采用数学方法，对事物发展变化的趋势进行综合估计。而在进行定量预测时，也常用定性方法进行判断。例如，在预测期内发生了重大变化或出现新的影响因素，就需要运用定性预测来补充，在市场定量预测基础上，根据新的因素加以修正。所以，在实际市场营销预测中，只有把定量预测同定性预测方法正确结合起来，才能取得较好的预测结果。①

营销案例

2017 年电动物流车行业调研分析②

（一）案例介绍

2017 年，在新能源汽车补贴日益减少以及新能源客车行业日益逼近天花板的形势下，纯电动物流车却出现了产量“井喷”的场面。究其背后原因包括：政策的刺激和市场认可度的提高。从政策方面来看，2017 年以来，国家先后发布了《“十三五”现代综合交通运输体系发展规划》《促进道路货运行业健康稳定发展行动计划（2017—2020 年）》等文件，明确要求推动城市物流配送领域新能源汽车的快速发展；另外，据不完全统计，2017 年已经有 20 多个省市对纯电动物流车给予补贴并开

① 李晏墅，乔均. 现代市场营销学［M］. 南京：东南大学出版社，2006.

② 方继开，刘光辉. 2017 年电动物流车行业分析［J］. 汽车工业研究，2018，（5）：42-46.

辟了“绿色通道”。以四川省成都市为例，2017 年 7 月，成都市人民政府办公厅印发《关于成都市支持新能源汽车推广应用的若干政策的通知》明确提出：3 年内逐步取消燃油货运车辆入城证发放（除认定的特种货运车辆外），纯电动城市物流配送车入城不受限。同时，纯电动物流车经过前两年的推广应用，其市场的认知度和接受度逐渐提高了。在以上两方面因素的驱动下，国内物流巨头相继提出了物流电动化的计划，传统物流企业以及体量很小的车企和新造车企业甚至是跨界造车企业也纷纷加入进来，使得 2017 年纯电动物流车市场呈现繁荣景象。这里首先根据中国汽车技术研究中心汽车产量数据库资料，分析了 2017 年纯电动物流车产量情况及其构成；其次结合“电动物流车规模化推广及车网一体化支撑平台建设”项目实地调研了电动物流车的应用区域、场景等；最后根据电动物流车实际运行数据从纯电动物流车运行区域、日均行驶里程、充电方式及时间、空重货物车速和运输货物选择五个方面进行了数据分析。

1. 市场分析

据中国汽车技术研究中心汽车产量数据库资料，2016 年全年累计生产纯电动物流车 58 026 台，2017 年全年累计生产 148 320 台，1.5 倍的增速说明了电动物流车市场异常火爆。较 2016 年，2017 年各月份电动物流车的产量数据增长迅速。自 2017 年 4 月份开始，电动物流车产量环比出现正增长；7 月份环比增长达到 1 528%；2017 年下半年延续此增长状态，11 月份环比增长 149%。

从车型底盘类别上看，2017 年的客车类底盘产品产量比例接近 60%，比 2016 年同期高出 10 个百分点，市场产品结构以封闭式货车类为主。

2017 年的企业产量排名与 2016 年发生了很大的变化，除东风继续稳居首位外，其他企业排名变化很大，湖北楚风、陕汽通家 2017 年上升势头明显，预计整年产量破万；市场集中度方面，2016 年前十企业集中度为 73%，2017 年变化为 61.6%，市场参与者增加，企业产能提升。

2017 年电动物流车车辆长度分析中，5.995 米产品最多，达到 1 万台以上；4 米左右、4.5 米左右、5.5 米左右、5.8~5.9 米产品是主要的长度分布。2016 年同期的生产车辆长度中，4.5 米和 5.5 米是主要的分布区间。

2. 应用场景分析

回顾 2017 年一年中频频传出的需求单位大批量采购电动物流车计划，可以肯定电动物流车在未来几年仍会持续热销。

2 月 5 日，陕西通家与西安新青年正式签订战略合作框架协议，西安新青年将作为陕西总代理，双方将在新能源汽车销售、融资租赁等方面展开合作，预计 2017 年将达 2 万辆销售目标。

4 月 26 日，郑州比克新能源汽车有限公司与河南中航之星新能源有限公司隆重举行签约暨交车仪式，签署年度销售 3 000 辆新能源物流车的战略合作协议，联手拓展河南新能源汽车市场。

5 月 4 日，广通汽车拟采购九龙汽车生产的纯电动艾菲汽车和 4.9 米艾菲厢式物流车，采购金额合计为 26.55 亿元，本次采购合同已经双方签署并生效。

5月4日，刘强东透露，当年京东已经列装100多辆电动货车，此外他还承诺，在未来的5年里，京东把数万辆货车全部替换成电动物流车。

5月8日，河南一微新能源汽车销售服务有限公司与江淮汽车就新能源纯电动物流车现场签订了运营渠道商合作协议，并现场签署了2017年度车辆采购意向合同书，计划采购5 000台新能源纯电动物流车。

5月16日，成都雅骏新能源汽车科技股份有限公司2017年首批1 000辆新能源物流车交付仪式在雅骏汽车通途工厂举行。

5月22日，2017全球智慧物流峰会上，菜鸟网络发布了一项代号为“ACE”的未来绿色智慧物流汽车计划，该计划的目标是打造100万辆搭载“菜鸟智慧大脑”的新能源物流汽车。

电动物流车根据自身技术特点与使用环境，主要定位于城市内配送与快递、快运服务，是城市功能的功能型服务终端，是可移动的城市物流小微节点。从目前市场运行车辆的属性看，电动物流车多采用租赁运营模式，究其原因主要是产品购置成本较高、充电设施不健全、产品技术不成熟等方面，随着各方面条件的不断成熟，从产品整体生命周期成本和城市通行限制方面考虑，将会逐步过渡到企业购买模式。

3. 电动物流车实际运行数据分析

通过对市场上实际运营的270台电动物流车产品进行实地走访调研，我们对其行驶区域、行驶里程、运行次数、平均实际载货量、空车及重车车速、单日平均行驶时间、充电方式、充电时间以及实际载货品种等指标进行了分析，现总结为：

(1) 行驶区域。电动物流车以城市内行驶为主，占总体调研样本的67%，城乡结合部占比26%，郊区农村占比7%。

(2) 不同区域的行驶里程。城市内行驶时，基本单日行驶里程在70~120千米区间为主，城乡接合部在30~60千米区间居多，郊区与农村在30千米左右为主。

(3) 空车及重车车速。电动物流车重车车速40~50千米/小时为主要区间段，空车车速55~65千米/小时为主要区间段，小部分用户达到过80千米/小时。

(4) 充电方式及充电时间。交流慢充是用户选择最多的充电方式，一般为家中充电，时间在8小时以上，直流快充高比例区间为4~6小时。

(5) 运输货物类型。第一选择货物类型主要集中在快递、食品饮料、五金建材和水果蔬菜等；第二选择货物类型主要集中在家用电器和服装等。

(二) 案例实训

1. 根据上述电动物流车行业调研分析报告，你认为电动物流车行业具有哪些市场机会？对我国电动物流车企业的市场营销策略可提出哪些建议？

2. 根据该市场调研的目的，你认为上述市场调研内容是否全面，有没有需要补充和完善的方面？

学习思考

1. 市场营销调研的内涵是什么？具有哪些特点？
2. 市场营销调研主要具有哪些类型？
3. 在市场营销调研中，应当遵循哪些原则和程序？
4. 营销数据收集可以采用哪些方法？
5. 营销数据分析应当遵循哪些原则？可以采用哪些数据分析方法？
6. 市场营销预测主要有哪些类型？可以运用哪些预测方法？

科研练笔

1. 市场营销调研方法的选择与应用。
2. 经济转型条件下房地产营销创新之路——基于××市的房地产市场调查。

营销实战

选择合适的次级资料收集方法，调查和分析我国平板电脑市场的竞争状况。

关键术语对译

市场　Market　　市场营销　Marketing
市场营销调研　Marketing research　　探索性研究　Exploratory research
数据收集　Data collection　　描述性研究　Descriptive research
数据来源　Data sources　　实验性研究　Experimental research
外部数据来源　External data sources　　内部数据来源　Internal data sources
第二手资料　Secondary data　　信息来源的可信度　Source credibility
观察调研法　Observational survey　　文案调研法　Desk research survey
描述分析　Descriptive statistics　　判别分析　Discriminate analysis
SPSS　Statistical Package for Social Science
交叉列表分析　Crosstabs analysis　　聚类分析　Cluster analysis
因子分析　Factor analysis　　方差分析　Analysis of variance
市场预测　Market forecasting　　市场机会分析　Market opportunity analysis
营销信息系统　Marketing information system
营销研究协会　the Marketing Research Association
美国调查研究组织委员会　the Council of American Survey Research Organization

推荐阅读

1. 阿尔文·C. 伯恩斯，罗纳德·F. 布什. 营销调研：网络调研的应用（第4版）[M]. 梅清豪，王承，曹丽，译. 北京：中国人民大学出版社，2007.

2. 景奉杰，曾伏娥. 市场营销调研 [M]. 2版. 北京：高等教育出版社，2010.

经典链接

1. 尼尔森公司（中国）
2. 市场调查网

参考文献

[1] The Board of Directors of the American Marketing Association. New Marketing Research Definition Approved [J]. Marketing News, 1987, 21 (January 2).

[2] 陈志刚. 影响人一生的100个营销寓言 [M]. 北京：光明日报出版社，2005.

[3] 菲利普·科特勒. 营销管理（第11版）[M]. 梅清豪，译. 上海：上海人民出版社，2003.

[4] 樊志育. 市场调查 [M]. 上海：上海人民出版社，1995.

[5] 吴世经，曾国安，陈乙. 市场营销学 [M]. 修订本. 成都：西南财经大学出版社，2000.

[6] 陈启杰. 市场调查 [M]. 北京：高等教育出版社，上海：上海社会科学院出版社，2001.

[7] 景奉杰. 市场营销调研 [M]. 北京：高等教育出版社，2001.

[8] 李晏墅，乔均. 现代市场营销学 [M]. 南京：东南大学出版社，2006.

[9] 许以洪，严辉武，等. 市场营销调研 [M]. 武汉：武汉理工大学出版社，2006.

[10] 高云龙，郎启扬. 营销谋略与经典案例 [M]. 北京：社会科学文献出版社，2005.

[11] 李晏墅，任晓峰. 市场份额、顾客忠诚与赢利能力 [J]. 财贸经济，2005 (8)：63-67.

[12] 李晏墅. 营销创新的灵魂：理念创新 [J]. 经济管理，2006 (16).

[13] 李金生. 国家自然科学基金面上项目"高技术企业自主创新的风险传递、公众风险认知与创新投资关系研究"阶段性研究成果.

[14] 李晏墅. 知识经济时代市场营销理念与战略创新探析 [J]. 苏州大学学报，2002 (1)：17-21.

第四章 消费者行为

营销寓言

完美的厕所

有一户人家，住在市镇与市镇之间的路上，以种菜为生，颇为肥料不足所烦恼。有一天，家长灵机一动："在这条路上，来往贸易的人很多，如果能在路边盖一个厕所，一方面给过路的人提供方便，另一方面也解决了肥料的问题，这不是一举两得吗？"于是他用竹子与茅草盖了一间厕所，果然来往的人无不称便，种菜的肥料从此不缺。路对面有一户人家，也以种菜为主，看了非常羡慕，心想："我也应该在路边盖个厕所，为了吸引更多的人来上厕所，我要把厕所盖得清洁、美观、大方、豪华。"于是，他用上好的砖瓦搭盖，内外都抹上石灰，还比对面的厕所大上一倍。完工之后，他觉得非常满意。奇怪的是对面的茅厕人来人往，自己盖的美观厕所却无人问津，后来问了过路人，才知道因为他的厕所盖得太美，太干净，一般人以为是神庙，内急的人当然是跑茅厕，不会跑神庙了。①

学习启示

两户人家都在路边盖厕所，但却遭遇了不同的结果。为什么会有这样的差异？市场营销是针对顾客的心理和行为所进行的工作，如果没有对消费者行为的特点、规律及发展趋势进行全面深入系统的研究，企业的营销活动必然失败。现代市场营销观念强调以消费者为中心，消费者是决定企业生存和发展的命运之神。小米、华为、苹果等品牌的智能手机为什么能令顾客拥有热切的产品购买欲望和很高的品牌忠诚度？如何激发顾客对产品或服务的购买欲望？如何让顾客产生购买行为？如何让顾客形成品牌偏好？……市场营销的目的是为顾客创造价值，并在满足顾客的需求中获得利益回报。为了实现这一目标，关键在于企业必须清楚了解顾客的消费心理和消费行为。通过本章的学习，了解消费者行为的特点和模式，特别是影响消费者行为的因素是什么，以及消费者行为的决策过程，才能有效地开展营销行为。

① 佚名. 营销故事：完美的厕所［EB/OL］. 搜狐网，2018-02-25.

第一节 消费者行为模式

消费者具有狭义和广义之分。狭义的消费者是指购买、使用各种产品或服务的个人。广义的消费者是指购买、使用各种产品和服务的个人、家庭或组织。在现实生活中，常常会有这样一种情况，即到商店买商品的人并不一定是在生活中使用商品的人。例如，丈夫穿着妻子从外地买回的服装，孩子阅读父母购买的书籍，等等。那么，究竟谁是消费者？实际上消费是一个动态的过程，包括三种互相关联的行为：一是产生需要的行为；二是购买商品的行为；三是使用商品的行为。因此，参与过程中的某一个活动或全过程的人都称为消费者。这里所说的消费者就是指实际参与消费活动的某一个行为或全过程的人。

一、消费者行为的概念和特点

1. 消费者行为的概念

关于什么是消费者行为，目前国内外并没有一个统一的、被普遍接受的定义。美国市场营销协会认为，消费者行为是指感知、认知、行为以及与环境因素的互动过程，是人类履行交易职能的行为基础。林建煌认为，消费者行为是指消费者为了满足其需求和欲望而进行产品与服务的选择、采购、使用与处置，因而所发生的内心里、情绪上以及实体上的活动。① 詹姆斯·F. 恩格尔等人认为，消费者行为是指消费者为获取、使用、处置消费物品或服务所采取的各种行为，包括先于且决定这些行动的决策过程。② 本书比较赞同詹姆斯·F. 恩格尔的观点。消费者行为是与产品或服务的交换密切联系在一起的，通常发生在消费者与企业的交换过程之中，即从获取产品或服务的活动开始，到消费产品或服务的活动，最后以对产品或服务的处置而告终。

企业研究消费者行为是为了与消费者建立和发展长期的交换关系。在探讨消费者获取产品的活动时，分析影响消费者选择产品和服务的因素；在研究消费者消费产品的活动时，主要分析消费者在何地、何时以及在何种状况下如何消费产品；在研究消费者处置产品的活动时，要了解消费者在使用完产品之后如何处理产品本身及其包装，以及消费者在购买商品或服务后所体验到的满意程度和由此所引发的反应。企业之所以强调对消费者获取产品或服务，消费产品或服务以及处置产品或服务的研究，是因为随着对消费者行为研究的深化，人们越来越深刻地意识到，消费者行为是一个整体，是一个过程，获取或者购买只是这一过程的一个阶段。因此，研究消费者行为，既应调查和了解消费者在获取产品或服务之前的评价与选择活动，也应重视在产品获取后对产品的使用、处置等活动。只有这样，对消费者行为的理解才会趋于完整。

---

① 林建煌. 消费行为学 [M]. 北京：北京大学出版社，2004.

② Engel J. F., Blackwell R. D., Minard P. W.. Consumer Behavior [M]. New York: Dryden Press, 1995.

2. 消费者行为的特点

一般来说，消费者行为具有差异性和复杂性、经常性和重复性、非专业性和可诱导性、伸缩性和季节性的特征。

（1）消费者行为的差异性和复杂性。由于消费者在性别、年龄、职业、教育背景、收入、价值观念等方面存在不同程度的差异，因此，不同消费者在需求、偏好以及选择产品的方式等方面各有侧重，不可避免地存在较大的差异，表现出消费者行为的差异性。同一消费者会受到各种文化的、经济的、个体的因素的影响。这些影响有的是直接的或间接的，有的是单独的或交叉的，通常难以识别和把握。因此，这些影响因素的复杂性决定了消费者行为的复杂性。

（2）消费者行为的经常性和重复性。由于消费者家庭日趋小型化，住宅逐渐公寓化，储藏处所有限，加之财力和习惯等因素的影响，消费者每次购买商品的数量不会太大。同时，消费者的消费具有日常性和随意性的特点，因此消费者必然要重复购买，购买频率非常高，表现出经常性和重复性。

（3）消费者行为的非专业性和可诱导性。大多数消费者购买商品活动缺乏专门的商品知识，对商品本身的性能、特点、使用、保养和维修等相关知识缺乏了解，尤其在电子产品、机械产品、新型产品层出不穷的现代市场，一般消费者很难判断各种产品的质价是否相符，因而对商品的购买表现出较强的情感性和可诱导性，容易受广告宣传、降价或人员推销等促销因素的影响，产生冲动性消费行为，所以消费者行为具有非专业性和可诱导性的特点。

（4）消费者行为的伸缩性和季节性。由于消费者受收入水平、商品的价格和促销、储蓄利率变动等因素的影响，无论在商品的数量还是品种的选择上都会出现较大的弹性。当收入增加、商品降价或者利率下调时，消费者就会增加购买行为，反之，则会降低购买行为。同时，由于季节性气候的变化以及传统节日、风俗习惯等因素的影响，导致消费者行为呈现出季节性消费的特点，冬季买冬季的消费品，夏季买夏季的消费品，元宵节吃汤圆，中秋节吃月饼，年年如此。

二、消费者行为的模式

市场营销的基本思想是企业通过为消费者创造价值来实现盈利。消费者每天都在制定购买决策，如何促进消费者做出购买决策，是企业市场营销的价值所在。为了有效地促进消费者做出购买决策，首先必须了解消费者行为。

消费者行为是一种满足自身需要的行为，受消费者心理活动的支配。按照“刺激反应”的观点，人们在遭遇外界的刺激后，要经过内在的心理活动过程，而这个过程就像一只“黑箱（心理活动过程）”，是一个不可捉摸的神秘过程（见图 4-1）。

图 4-1 表示了一个系统的投入和产出过程。消费者在接受了企业发出的市场营销刺激和客观存在的“宏观环境刺激”后，进入“心理黑箱”，然后根据自己的个人特征去处理这些信息，再经过某种心理活动过程的“转换”，最终表现为可见的消费者行为反应。

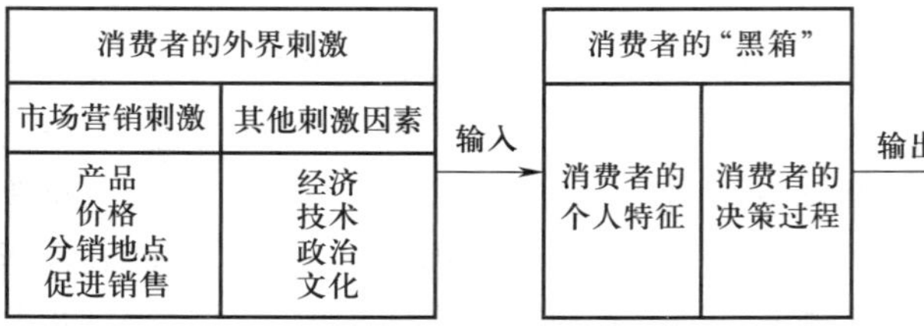

图 4-1 消费者行为模式

1. 消费者的外界刺激

消费者行为中的刺激因素，首先是各种不可控制因素形成的总体环境刺激，包括一个国家的经济、技术、政治和文化等要素，制约着整个消费需求的发展走向，并对消费者的“黑箱”产生显著的影响。其次是由各种企业可控因素，如产品、价格、渠道和促销等市场营销手段组成的市场营销刺激，通过不同变换和组合形式与环境因素交织，形成了影响消费者“黑箱”的最直接因素。

2. 消费者的“黑箱”

消费者行为中的“黑箱”，虽然难以窥测其完整的内幕，但它至少包括两方面的内容，即消费者的个性特征和决策过程。

（1）消费者的个性特征。消费者的个性特征表现为对事物的认识、情绪和意志。经济、政治、技术、文化等外界刺激因素，会影响消费者的个人特征，进而影响消费者对各种事物的认识、情绪和意志，并制约其反应。

（2）消费者的决策过程。消费者行为是从消费者认识商品到产生需要开始，然后经过挑选购买，再到使用，消费完毕告一段落，循环往复又不断发生新的变化。在这个过程中，消费者必须做出一系列的判断和决策。这些活动一方面受到外部刺激的影响，另一方面受到个体心理特征的制约。

3. 消费者的反应

在多种因素的共同作用下，消费者最终将做出一定的反应，以满足消费者的需求和欲望。消费者所面临的各种各样的问题，可以归纳为六个方面，即“4W2H”。

（1）为什么买（Why）。为什么买即确定购买的原因。即使是同一样商品，消费者购买的动机也往往不同，实施购买行为的原因也多种多样。例如，同样是购买住房，有的人是为了居住，而有的人是为了投资。因此，消费者购买或消费的动机，受制于消费者的需要与欲望。

（2）买什么（What）。买什么即确定购买对象。它不仅包括购买哪类产品，而且包括选择商品的品牌、款式、规格、价格、服务等。例如，为了御寒，人们可以选择棉衣或者羽绒服，在决定购买哪一种后，还有选择品牌、款式和价格的问题。因此，它受制于具体的消费需求，是满足欲望的实质内容。

（3）何时买（When）。何时买即确定购买时间。何时购买取决于商品的使用季节、消费者需求的迫切性以及市场行情的变化状况等。例如，饮品在夏季销售旺盛，月饼在中秋节集中销售等。此外，消费者需求还与商业、服务业的营业时间以及消费者自身的习惯有关系。

（4）到哪儿去买（Where）。到哪儿去买即确定购买地点。消费者在确定购买地点时往往会考虑：交通是否便利，商品是否齐全，价格是否合理，服务是否周到，等等。此外，在市场竞争异常激烈的今天，商家的声誉对消费者选择的影响也越来越大。

（5）如何买（How）。如何买即确定购买方式，是选择函购、邮购、预购、代购，还是网购或团购等，并决定是分期付款还是一次付清。随着人们经济收入的增加，生活节奏的加快，以及网络时代的到来，人们在消费支付的方式上发生了很大的变化。从现代商业营销方式来看，越是方便和有利于消费者的购买方式，就越能促进商品的销售。例如，网上购物正成为很多消费者认可的消费方式。

（6）买多少（How many）。买多少即确定购买数量。消费者在确定购买商品或服务的数量时，将考虑其实际需要、支付能力以及市场的供应状况。在商品日益丰富的今天，人们更多的购买倾向是次数多而数量少。因此，小包装商品和个性化商品大受青睐。

消费者行为的模式表明，消费者的消费心理虽然是复杂和难以捉摸的。但是由于这种神秘莫测的心理作用可在消费者行为上反应显现出来，因而企业要善于分析消费者处理外部刺激和做出购买决策的规律性，这样才能制定有效的市场营销战略，发出合适的市场营销信息，去刺激和影响消费者的心理过程及其购买行为。

第二节　消费者行为的影响因素

消费者行为虽然看似复杂，但并不是在真空里做出自己的购买决策，必然在很大程度上受到文化、社会、个人、心理等因素的影响。只要用现代营销观念指导，掌握科学的方法，分析影响消费者行为的各种因素（见表 4-1），就能揭示消费者行为的一般规律。

表 4-1　影响消费者行为的因素

文化因素	社会因素	个人因素	心理因素
文化 亚文化 社会阶层	相关群体 家庭 角色	年龄和家庭生命周期 职业 经济状况 生活方式 个性和自我观念	需要与动机 知觉 学习 态度与信念

一、文化因素

菲利普·科特勒（Philip Kotler）认为，文化是人类欲望和行为最基本的决定因素。作为宏观环境的重要组成部分，文化对消费者行为的影响是深远的。分析消费者行为，如果不考虑其文化背景，有时简直无法理解。因此，只有对文化及其对消费者行为的影响有所了解，才能有效地开展营销活动。

1. 文化

文化有广义和狭义之分。广义的文化是指人类创造的一切物质财富和精神财富的总和。狭义的文化是指人类精神活动所创造的成果，如哲学、宗教、科学、艺术、道德等。在消费者行为研究中，一般将文化定义为人类在社会发展中经过学习获得的，用以指导消费者行为的信念、价值观和习俗的总和。企业通常需要研究文化变迁、观念转变和消费升级对消费者行为的影响。例如，当人们更多地关注健康和健身时，一个提供健康健身服务、运动器械和服装、有机食品和瘦身饮食的巨大产业随之建立。

（1）价值观。价值观是人们对社会生活中各种事物的态度和看法。消费者的行为深受价值观的影响。例如，西方国家的人们普遍追求现实生活的物质享受，讲求提前消费，追求个人生活的最大自由；而东方国家的人们则不同，生活讲求克勤克俭，重视计划，主张“精打细算，细水长流”，尽量做到“年年有余”。因此，大多数人的消费行为比较理智，计划性强，较少冲动和冒险，讲究实用。企业应根据东西方不同的价值观进行不同的营销活动才能取得理想的成效。

（2）风俗习惯。风俗习惯是指人们在一定的社会物质生活条件下，根据自己的生活内容、生活方式和自然条件，长期形成并世代相传，成为约束人们思想和行为的规范。它在饮食、服饰、居住、风俗、信仰等方面都表现出独特的心理特征，并影响着消费者的行为。

（3）审美观。审美观通常指人们对事物的好坏、美丑、善恶的评价。不同的国家、民族、阶层和个人，都会有不同的审美标准，并且影响人们的消费行为。例如，我国出口的黄杨木刻常以传统的福禄寿星或古装仕女等为题材，用料讲究、精雕细刻，行销日本。但出口到欧美国家后，却发现那里的消费者对上述传统的图案题材等并不感兴趣，后来生产商涂上欧美人喜欢的色彩，用以迎合欧洲人的口味，结果这种产品在欧美市场上大受欢迎。

2. 亚文化

亚文化是文化的细分。根据人口特征、地理位置、政治信仰、宗教信仰、国家和伦理背景等，可以将一个文化划分成若干个亚文化。亚文化通常指在较大的社会集团中有较小的团体，这种较小的团体既遵从较大的核心文化，也有自己独特的信仰、态度和生活方式。通常可以按民族、宗教、地理、种族、年龄、性别、职业、收入、受教育程度等因素将消费者划分为不同的亚文化群体（见表 4-2）。

表 4-2 中国亚文化群体举例

人口统计指标	亚文化群体举例
年　　龄	儿童、青年、中年、老年
宗教信仰	佛教、天主教、基督教、伊斯兰教
民　　族	汉族、蒙古族、维吾尔族

续表

人口统计指标	亚文化群体举例
收入水平	贫困阶层、温饱阶层、小康阶层
性　　别	男性、女性
家庭类型	单亲家庭、离异无子女家庭、双亲有子女家庭、丁克家庭
职　　业	工人、农民、教师、经理人、公务员
地理位置	东南沿海、西部地区、中部地区
社　　区	农村、小城市、大都市

每个亚文化群在喜好偏好、消费习惯上都有其特点。例如，从地区亚文化群来看，由于受自然环境的影响，不同地区范围内的人有着不同地方特色的生活方式。就中国而言，北方人对食物追求丰盛、热辣，而南方人却注重精美、鲜活。从性别亚文化群来看，男性消费者购买行为的目的性很强，一般不易受感情的支配，多数属理性消费，且购买过程较为迅速，独立性强。相对而言，女性消费者的购买目的较为模糊，购买行为容易受环境因素的影响，情绪色彩比较浓。因此，企业应根据这些特点进行市场细分，发现市场机会，然后根据本企业的实际情况选择一个或几个细分市场进行有目标的生产和销售。因此，许多亚文化形成了重要的细分市场，企业需要根据他们的需要设计并制定有效计划，除了以特定的营销方案瞄准特定的细分市场之外，企业可以采用跨文化营销，在营销计划中涵盖多个民族、多个地区的文化，针对不同亚文化消费者采取差异化营销策略。

3. 社会阶层

（1）社会阶层的概念。

社会阶层是指在一个社会中具有相对的同质性和稳定性的群体，他们按等级排列，每个阶层成员具有类似的价值观、兴趣爱好和行为方式。社会阶层是一种社会现象，一切人类社会都存在着社会阶层。它有时以社会等级形式出现，更为常见的是以社会阶层的形式出现。它也是存在于人的观念中的社会等级系统。

产生社会阶层最直接的原因是个人获取社会资源的能力和机会的差别。所谓社会资源，是指人们所能占有的经济利益、政治权力、职业声望、生活质量、知识技能以及各种能够发挥能力的机会和可能性，也就是能够帮助人们满足社会需求、获取社会利益的各种社会条件。导致社会分层的根本原因是社会分工和财产的个人所有。社会分工形成了不同的行业和职业，并且在同一行业和职业内形成领导和被领导、管理和被管理等错综复杂的关系。当这些关系与个人的所得、声望及权力联系起来时，就会在社会水平分化的基础上形成垂直分化，从而造成社会分层（见图 4-2）。

（2）社会阶层对消费行为的影响。

在现代社会中，人们所处的社会阶层不同，常常使他们的价值观念以及生活方式都产生很大的差别（见表 4-3），这些差别必然影响其购买行为。例如，处在高收入阶层的人士，由于经济宽裕，生活悠闲，他们是各种高档商品、娱乐设施的主要购买

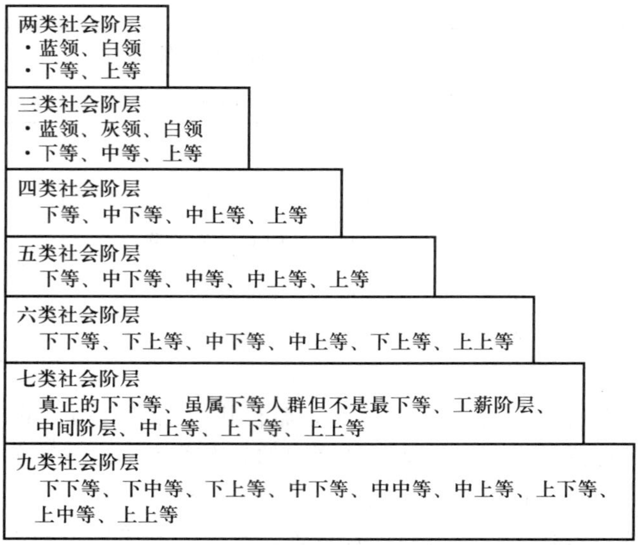

图 4-2 社会阶层分类数量和类别的变化

者。而处于低收入阶层的人们，由于生活节奏紧张，收入较低，因而成为各种廉价商品的主要购买者。不同社会阶层除了在产品的选择和使用上存在差异外，对于媒体信息的搜集和处理上也存在差异。例如，上层消费者由于受教育程度比较高，看电视的时间较少，而阅读报纸和杂志的时间比较多，因此，往往可以更多地利用不同类型的宣传媒介来了解商品行情；而下层消费者由于受教育程度比较低，在看电视上花的时间比较多，因而对电视广告依赖比较大。正因为如此，市场营销人员应该采取相应的市场营销策略，如在产品开发上，可集中全力于某些阶层的需求品；在商业网点上，可考虑建立适当类型的企业以便更有力地吸引目标市场的消费者；在促进销售上，可考虑采用不同阶层人士最易接触的广告媒体；在定价上可制定最符合各不同社会阶层经济状况及心理状况的价格；等等，从而提高企业的竞争地位，获取更大的经济效益。

表 4-3 美国中等阶层和下等阶层的心理差异①

中等阶层	下等阶层
• 着眼于将来	• 着眼于过去和现在
• 具有长远时间观	• 时间观不如中等阶层那么长远
• 理智的和井然有序的生活感	• 情绪化和模糊的生活感
• 视野较开阔，有自由选择感	• 视野较狭窄，感到选择余地小
• 充满自信，愿意冒险	• 不如中等阶层那么自信

① Hendon D., Williams E., Huffman D.. Social Class System Revisited [J]. Journal of Business Research, 1988 (11): 268.

续表

中等阶层	下等阶层
• 对世界和国家大事较关心 • 工作导向而非快乐导向 • 具体和现实的思维方式 • 宗教不很重要 • 认同城市生活	• 不太关心国家大事 • 更强烈的工作导向 • 更具体和更现实的思维方式 • 宗教不重要 • 更强烈地认同城市生活方式

二、社会因素

消费者行为不仅受到广泛的文化因素的影响，而且受到社会因素的影响，这些社会因素包括相关群体、家庭、角色等。

1. 相关群体

相关群体是指直接或间接影响一个人的态度、行为或价值观的群体。

(1) 相关群体的类型。

按照不同的标准，相关群体可以划分为不同的类型。

① 按照成员的身份可以将相关群体分为会员群体和非会员群体。会员群体是指相关群体和被影响的对象都是具有同样身份的人，例如，某个家庭的成员、某个单位的同事、某个俱乐部的会员等。非会员群体是指和被影响者虽不具有同样身份，但也会影响被影响者行为的群体。

② 按照接触的程度和群体对成员的重要性可以将相关群体划分为主要群体和次要群体。主要群体指成员之间具有经常性的面对面的接触和交往，形成亲密关系的群体，如家庭成员、亲朋好友、同窗同事、邻里等。次要群体是指人们有目的、有组织地按照一定社会契约建立起来的社会群体，规模一般比较大，人数比较多，群体成员之间不能完全接触或者接触比较少。例如，消费者参加的各类协会、社团等组织。

③ 按照个体的会员资格和群体对个体行为、态度的正面或负面影响可以将相关群体划分为接触群体、渴望群体、否定群体和避免群体。① 接触群体是消费者具有会员资格，群体的态度、价值观和行为标准被该消费者认同、接受的群体。例如，各种俱乐部的会员有彼此认同的价值观。渴望群体是指消费者虽不具有会员资格，但仰慕和希望加入的群体。例如，明星就是“粉丝”们仰慕和希望加入的群体，明星会强烈地影响其追随者的偏好，“粉丝”们会模仿明星的穿着消费行为。否定群体是指消费者虽然具有会员资格，但对其行为标准、态度和价值观持否定或反对态度的群体。避免群体是消费者力图避免加入或对其持否定态度的群体。例如，人们会排斥同性恋者的穿着与出入的场所。

(2) 相关群体对消费者行为的影响。

① 消费信息的影响。消费信息的影响是指相关群体的价值观和行为被消费者作

① Schiffman L. G., Kanuk L. L.. Consumer Behewior [M]. New York: Prentice-Hall, 1995.

为有用的信息加以参考。当消费者对所购产品缺乏了解，仅凭眼看和手摸是难以对产品品质做出判断时，别人的使用和推荐将被视为非常有用的证据。群体在这一方面对个体的影响力的大小，取决于被影响者与群体成员的相似性，以及施加影响的群体成员的专长性。例如，某人发现好几位朋友都在使用某种品牌的产品，于是她决定试用一下，因为这么多朋友使用它，意味着该品牌一定有其优点和特点。2012 年伦敦奥运会期间，耐克公司在全球创造了巨大的蜂鸣效应，它赞助的 400 位运动员穿上了令人惊艳的绿/黄 Volt Flyknit 鞋，这款鞋成了这届奥运会的热点。

② 行为规范的影响。规范行为的影响是由于群体规范的作用而对消费者的行为产生影响。[①] 规范指在一定社会背景下，群体对其所属成员行为合适性的期待，是群体为所属成员确定的行为标准。规范性影响之所以发生和起作用，是由于奖励和惩罚的存在。为了获得赞赏和避免惩罚，消费者会按群体的期待行事。

③ 价值认同的影响。价值认同的影响指个体自觉遵循或内化相关群体所具有的信念和价值观，从而在行为上与之保持一致。例如，韩流盛行时，青少年消费者穿着宽大的上衣和肥腿裤，刻意模仿韩国人的穿着风格，就是为了得到他人的认同。信赖的朋友、亲人和其他消费者提供的人际信息和推荐网文，比如广告或销售人员等商业来源的信息更可靠。一项最新的研究表明，92%的消费者对亲朋好友的推荐的信任程度远远超过任何形式的广告。

④ 社交网络的影响。社交网络是人们交流或交换信息和意见的在线交流社区。社交网络媒体的范围从淘宝、京东等，到社交平台（微博、微信等）以及虚拟世界。这种新型的 B2B 和 B2C 对话方式给营销人员带来了很大的启示。企业开始利用新出现的社交网络和其他“网络语言”来推销它们的产品，建立更紧密的客户关系。例如，捷蓝航空在美国社交网站推特上倾听顾客心声并及时回复，一位乘客最近在推特上说“我即将登上捷蓝的飞机”，捷蓝立刻回复“等会儿你该尝尝烤杏仁”。

2. 家庭

(1) 家庭的含义及其类型。

家庭是指两个或两个以上的个体由于婚姻、血缘或者收养关系而共同生活的社会单位。社会学家认为，社会上的家庭主要有以下几种类型：① 配偶家庭。配偶家庭是指只有一对夫妇而没有子女的家庭，包括两种情况：一种是尚未生育子女的一对夫妇所组成的家庭；另一种是子女已经另立门户，只剩下夫妇俩人的空巢家庭。② 核心家庭。核心家庭是指由夫妇和其未婚子女组成的家庭。③ 复合式家庭。复合式家庭是指有两代人以上的夫妇及其未婚子女组成的家庭。如三代同堂的大家庭。④ 其他类型的家庭。如未婚兄弟姐妹组成的家庭等。

(2) 家庭购买决策的方式及影响因素。

家庭购买决策一般可以分为四种方式：① 妻子主导型，即在决定购买什么的问题上，妻子起主导作用。② 丈夫主导型，即在决定购买什么的问题上，丈夫起主导作用。③ 自主型，即对于不太重要的购买，由丈夫或妻子各自独立做出购买决定。

---

① Mowen J. C.. Consumer Behavior [M]. New York: Macmillan, 1993.

④ 联合型，即丈夫和妻子共同做出购买决策。①

影响家庭决策方式的主要因素是：家庭成员对家庭的财务贡献、决策对特定家庭成员的重要性、夫妻性别角色取向等因素。一般来说，成员对家庭的财务贡献越大，他（她）在家庭购买决策中的发言权也就越大。某一决策对特定家庭成员越重要，换句话说也就是关系到他（她）的切身利益，他（她）对该决策的影响也就越大。性别角色取向是指家庭成员在多大程度上会按照传统的男、女性别角色来行动。在具体购买活动中，夫妻购买决策的形式会因商品性质的不同而有所不同。一般来说，在购买价格昂贵的耐用消费品或高档商品时，丈夫的影响较大；在购买生活必需品方面，妻子的影响较大。丈夫通常在决定是否购买以及何时何地购买方面有较大的影响，妻子则在决定所购买商品的颜色等外观特征方面有较大影响（见表 4-4）。

表 4-4 丈夫和妻子对购买因素的影响

购买因素	汽车	礼服用白衬衫	电视机	洗衣机
品　牌	H	=	H	W
功　能	H	W	H	W
式　样	W	H	W	W
规　格	H	H	H	W
维修保证	=	-	H	W
价　格	H	W	H	H
商　店	H	=	W	H
服　务	H	-	H	H

注："H" 表示丈夫影响大；"W" 表示妻子影响大；"=" 表示丈夫和妻子影响相同；"-" 表示没有意义。

3. 角色

每一个人都在社会和群体中占据一定的位置，围绕这一位置，社会对个体会有一定的要求或期待。当个体依照社会的期待去履行义务、行使权利时，他就是在扮演一定的角色。所谓角色是指个体在特定的社会或群体中占有的位置和被社会或群体所规定的行为模式。一个人在一生中会参加许多群体，如家庭、班级、俱乐部及其他多种社团组织。每个人在各个群体中的位置可用角色身份来确定，并随着不同阶层而改变，在不同的环境中扮演不同的社会角色，塑造不同的自我，具有不同的行为。例如，某人在父母面前是女儿，在子女面前是母亲，在丈夫面前是妻子，在工作单位是总经理……每一种角色都对应一种地位，反映社会对他的评价和尊重程度。

消费者往往依据自己的角色和社会地位做出购买选择，许多产品和品牌由此成为一种身份和地位的标志或象征。因此，角色的不同会在很大程度上影响消费者的购买行为。所以，营销人员应该弄清哪些产品有变成地位标志的可能性，以便采取相应的市场营销策略打入新市场，或提高原有市场的占有率。

---

① Davis H. L., Rigaux B. P.. Perception of Marital Roles in Decision Processes [J]. Journal of Consumer Research, 1974, June (4): 51-62.

三、个人因素

消费者行为除了受上述文化因素和社会因素的影响外，还受到个人因素的影响，其中比较明显的因素有：消费者所处家庭生命周期阶段、职业、经济状况、生活方式、个性和自我观念等。

1. 消费者所处家庭生命周期阶段

消费者行为明显受到家庭生命周期的影响。大多数家庭都会经历结婚成家、生儿育女、儿女成年后自立门户、夫妻退休、丧偶等变化，家庭发展过程中所经历的一系列阶段被称为家庭生命周期。根据消费者的年龄、婚姻和子女等状况，传统的家庭生命周期理论将家庭的发展划分为五个阶段，即单身、新婚、满巢、空巢和解体等阶段①。

（1）单身阶段。这一阶段是以年轻人为主。随着结婚年龄的推迟，这一群体的数量正在增加。虽然收入不多，但由于没有其他方面的负担，所以他们往往拥有较多的可支配收入。收入的大部分用于支付房租，购买护肤、服装用品及度假等。这一群体比较关心时尚、崇尚娱乐和休闲。

（2）新婚阶段。这一阶段从新婚夫妻正式组建家庭开始，到他们的第一个孩子出生结束。在这个阶段，两人一方面要共同决策和分担家庭的责任，另一方面对许多新的问题如储蓄、购买住房和家具等，必须认真思考并做出决策。这个阶段的特点是年轻、无子女，经济比下一阶段要好，购买力最强，耐用品购买力高。他们是昂贵服装、高档家具、餐馆饮食、休闲度假等产品和服务的主要消费对象。

（3）满巢阶段。这一阶段从第一个孩子出生开始，到所有孩子长大成人和离开父母结束。由于这一阶段持续时间较长，一般超过 20 年，所以研究人员根据孩子的年龄将它进一步分为满巢Ⅰ、满巢Ⅱ和满巢Ⅲ。

① 满巢Ⅰ。这一阶段家庭是指年幼（6 岁以下）孩子和年轻夫妇组成的。第一个孩子的出生常常会给家庭生活方式和消费方式带来很多变化：一方面，婴儿服装、家具、食物和保健用品等成为家庭的主要购买对象；另一方面，生活方式也大大改变，家庭随意性支出减少，度假、餐饮、汽车的选择均要考虑小孩的需要。

② 满巢Ⅱ。在这一阶段，家庭中最小的孩子一般已超过 6 岁，大多数在学校读书。因此，家庭不仅要为孩子准备衣、食、住、行等方面的各种物品，更主要的是用于孩子教育的支出，如参加各种课外辅导班的费用。

③ 满巢Ⅲ。这一阶段家庭通常由年纪较大的夫妇和仍未完全独立的孩子所组成。在此阶段，孩子中有的已经工作，家庭财务压力有所减轻。由于夫妻双双工作，加上孩子也能不时地给家里一些补贴，所以家庭经济状况明显改善。通常家庭会更新一些大件商品，购买一些更新潮的家具，还会花钱外出就餐、旅游等。

（4）空巢阶段。空巢期从孩子独立开始，这一阶段延续的时间比较长。父母用于

---

① 参见 Engel J. F., Blackwell R. D., Miniard P. W.. Consumer Behavior [M]. New York: Dryden Press, 1995; Schiffman L. G., Kanuk L. L.. Consumer Behavior [M]. New York: Prentice-Hall, 1995: 361-367; Mowen J. C.. Consumer Behavior [M]. New York: Macmillan, 1993.

身体保健、继续接受教育、培养新的嗜好、夫妻单独出外旅游、买一些高档的物品等方面的支出会上升。在这一时期，家庭支出更多地侧重于健康类产品与服务。年纪大一点的消费者花相当多的时间看电视，看电视成为他们主要的信息来源和娱乐方式。

（5）解体阶段。当夫妻中的一方去世，家庭进入解体阶段。如果在世的一方身体尚好，有工作或有足够的储蓄，并有亲朋的关照，家庭生活的调整会容易些。由于收入减少，他们会更加节俭。而且，这样的家庭会有一些特殊的需要，如更多的社会关爱和照看，各种上门服务等。

随着各种新型家庭形式的大量出现，传统的家庭生命周期理论正面临挑战（见表 4-5）。

表 4-5　非传统的家庭生命周期①

家庭生命周期阶段	定义/评论
家庭型住户	
• 无小孩的夫妇	由于推迟结婚或女方重事业的缘故，暂时不要孩子
• 30 岁后结婚的夫妇	以事业为重，生育的孩子较少甚至不要孩子
• 有第一个小孩的夫妇	重视高质量的生活方式
• 单亲父母 Ⅰ	年轻的有小孩的单身父母，高离婚率部分地导致单亲父母的增加
• 单亲父母 Ⅱ	离婚的中年男性或女性，家有未成年孩子
• 单亲父母 Ⅲ	未婚者抚养一个或多个孩子
扩展家庭	单身成年子女在着手建立自己事业生涯时，为避免独居的生活开销与父母同住；离异的子女带着其儿女回家与父母同住；不能自理的年迈父母搬到孩子家住；新婚夫妇与父母同住
非家庭型住户	
• 未婚同居者	社会对异性或同性同居采取越来越宽容的态度
• 无小孩的离婚者	高的离婚率导致家庭解体，但双方没有孩子
• 年轻的单身独居者	主要是由于延迟结婚和独身所引起
• 鳏寡独居者	期望寿命的延长尤其是女性寿命，使 75 岁以上的独居者住户增多

处于家庭生命周期不同阶段的群体有着各不相同的购买习惯。家庭生命周期阶段细分市场为各行各业的市场营销者提供了更有力的营销工具来更好地寻找、理解和吸引消费者的价值需求。凭借消费者生命阶段的数据，企业可以根据人们如何消费、如何与品牌和周围的世界互动，制定切实可行的、个性化的营销宣传运动。

2. 消费者的职业

不同的职业决定着人们的不同需要和兴趣。例如，蓝领工人与大学教授的需要肯定不同，公司总裁和出租车司机的需要也会有很大差别。这不仅是由于不同的工作性质和劳动环境所造成的，而且与人们所处的社会阶层、不同的价值观念、生活方式、

① Schiffman L. G., Kanuk L. L.. Consumer Behavior［M］. New York: Prentice-Hall, 1995.

经济状况等有着密切的关系。因此，营销人员应该对各种不同职业群体的需要进行深入的调查研究，找出对自己产品或服务感兴趣的职业群体，并根据其职业特点制定适当的营销组合策略。

3. 消费者的经济状况

消费者的经济状况，包括消费者个人可支配的收入、存款与资产和借债能力。经济状况的好坏直接决定了消费者的购买力，消费者通常会在可支配收入的范围内考虑以最合理的方式安排支出，以便更有效地满足自己的需求。例如，刚毕业的年轻人更多考虑的是租房而不是买房，因为后者对他而言实在是力不从心。一般来说，收入较低的消费者往往比收入较高的消费者更关注商品价格的高低。因此，企业应该经常注意消费者个人收入、储蓄及存款利率的变化，根据社会经济状况的变化，采取适当的步骤来重新设计产品，重新定价，重新决定目标市场，采取相应的措施来维持或提高自己产品的销售量。

4. 消费者的生活方式

生活方式是指个体在成长过程中，在与社会诸因素交互作用下表现出来的活动、兴趣和态度模式。① 简单地说，生活方式就是一个人如何生活。生活方式对消费者行为的影响是显而易见的。例如，现在的年轻人不愿意或者不会做饭，他们可以在美团、大众点评上点外卖，因而外卖行业兴起并发展。企业必须探明产品或品牌与消费者生活方式之间的关系，并对目标消费者的生活方式有一个清晰的把握，然后才能适应消费者各种不同生活方式的商品需求和服务需求，在整体市场营销活动中做出相应的决策，以便尽可能吸引相关生活方式下消费者的注意和购买。

5. 消费者的个性和自我观念

（1）消费者的个性。个性是指人的气质、性格、能力和兴趣等心理特征的统一体，是个人带有倾向性的、比较稳定的、本质的心理特征的总和。它是个体独有的、并与其他个体区别开来的整体过程。消费者千差万别的购买行为往往是以他们各具特色的个性心理特征为基础的。一般来说，气质影响消费者行为的方式，性格决定着消费者行为的方向，能力标志着消费者行为活动的水平。企业应结合消费者自身的因素，通过对消费者的态度、情绪及购买方式进行观察、分析和判断，然后针对消费者不同个性进行差异化的营销，才能提高企业的竞争力。

（2）消费者的自我观念。自我观念是指个人对自己的能力、气质、性格等个性特征的感觉、态度和评价。每一个人都会自认为自己是属于什么类型的人，或认为别人会把自己看作是属于什么类型的人，因而在行为表现上应与自己的身份相符。因此，企业所塑造的产品形象，必须与目标市场消费者的自我形象相符。

---

① 符国群. 消费者行为学［M］. 武汉：武汉大学出版社，2000.

四、心理因素

消费者行为除受个人因素影响外，还会受到心理因素的影响。心理因素包括：需要与动机、知觉、学习、态度与信念等。

马斯洛
(Abraham H. Maslow)

1. 需要与动机

动机是一种驱使人满足需要、达到目标的内在驱动力，能够及时引导人们去探求满足需要的目标。人的行为是由动机支配的，而动机又是由需要引起的。消费者需要是指消费者生理和心理上的匮乏状态，即感到缺少些什么，从而想获得它们的状态。人的需要是多种多样的，可以从多个角度予以分类。美国人本主义心理学家马斯洛（Abraham H. Maslow）将人类需要按由低级到高级的顺序分为五个层次，如图 4-3 所示。

图 4-3　马斯洛需要层次理论

（1）生理的需要。生理的需要是维持个体生存和人类繁衍所必需的一种最基本的需要。例如对食物、氧气、水、睡眠等的需要。生理的需要是人类最低层次的需要，也是最基本、最原始的需要。

（2）安全的需要。生理的需要获得满足以后，人们就会产生希望自己在生理及心理方面免受伤害，获得保护、照顾和安全感的需要，即安全的需要。例如要求身心健康、安全有序、稳定的工作和有保障的生活等。

（3）社交的需要。安全的需要得到保障以后，人们就会追求社会交往的需要，即在社会生活中，希望给予或接受他人的友谊，得到各个群体的承认。例如结识朋友，交流情感，表达和接受爱情，融入某些社会团体并参加他们的活动等。

（4）尊重的需要。社交的需要得到满足后，一个人就希望在社会上获得荣誉，受到尊敬，得到好评，拥有一定的社会地位，即尊重的需要。尊重的需要是与个人的荣辱感紧密联系在一起的，包括独立、自信、地位、名誉等多方面的内容。与前面三个层次的需要不同，尊重的需要是人类高层次的发展需要。

（5）自我实现的需要。自我实现的需要是希望发挥自己的潜能，实现自己的理想和抱负的需要。自我实现是人类最高级的需要，涉及求知、审美、创造、成就等内容。

马斯洛认为，一个人会同时存在多种多样的需要，包括物质和精神需要。但是每种需要的重要性，在特定时期并不一样。每一个人都会首先寻求满足他的最重要、最迫切的需要，即需要结构中的主导需要。这个主导需要形成的驱动力就是他的行为动机，在他成功地满足这个主导需要以后，该需要就会失去激励的作用，他势必转而注意下一个相对较为重要的需要。一般来说，人对需要的满足，是从较低的层次向较高的层次，从基本的需要向发展的需要发展的。

马斯洛的需要层次理论有一定的合理因素，在一定程度上揭示了人的需要变化的一般规律，以及需要结构中各种需要之间的关系，对分析消费者行为的发展趋势有一定的借鉴意义。

2. 知觉

消费者的需要引起购买动机，动机导致行为，而消费者行为会受到认识过程的影响。所谓认识过程是指消费者通过自身的感觉、知觉、印象、思维等活动对与消费有关的现实世界的综合反映过程，包括消费者的感觉、知觉、记忆、想象和思维等心理活动。消费者的认识过程是从对商品的感觉开始的。人脑对直接作用于感觉器官（眼、耳、鼻、舌、身各部位皮肤等）的客观事物的个别属性的反应，这就是感觉。例如，人们看到某种颜色、听到某种声音、闻到某种香味、感受到一定的温度等。人在感觉的基础上形成知觉。知觉是人脑对直接作用于感觉器官的客观事物的各种属性的整体反应。例如，人们的不同感官分别对苹果的颜色、香味、形状、口感、触感产生感觉，而知觉对感觉信息进行综合，再加上经验的参与，就形成了对苹果的完整映像。

通常，人们对同一刺激物会产生不同的知觉，这是因为知觉过程是一个有选择性的心理过程，要经历三种知觉加工处理程序，即选择性注意、选择性曲解和选择性记忆。选择性注意是指一个人不可能对所有的刺激物都能给予注意并进行反应。例如西方人平均每天见到的广告超过 1 500 条，不可能都引起人们注意，大多数的刺激物都会被筛选掉。选择性曲解是指人们对于注意到的事物，往往容易按照自己的意愿、逻辑做出解释。选择性记忆是指人们对其接触、了解过的许多东西常常会遗忘，仅仅记得那些与其观点相投的信息。例如购买者往往会记住自己喜爱品牌的优点，而忘掉其他竞争品牌的优点，这种心理机制，就是选择性记忆。

正是由于上述三种知觉加工处理程序，使得同样数量和内容的信息，对不同的消费者会有不同的反应，并且在一定程度上阻碍消费者对信息的接收。因此，营销人员要加大广告宣传的力度，不断提高和改善商品的质量和外观造型、包装装潢等，打破各种知觉障碍，使企业的商品信息更容易被消费者所关注和接收。

3. 学习

所谓学习，是指人在生活过程中，因经验而产生的行为或行为潜能的比较持久的变化。一般来说，消费者学习的模式主要包括五个阶段，如图 4-4 所示。

其中，驱使力是引发人行动的内在动力；刺激物和诱因是决定人们何时、何处以及如何反应的微弱刺激因素；反应则是消费者为满足某一动机所做出的选择；强化则是指如果某一反应能使消费者获得满足，那么消费者便会不断做出相同的选择。

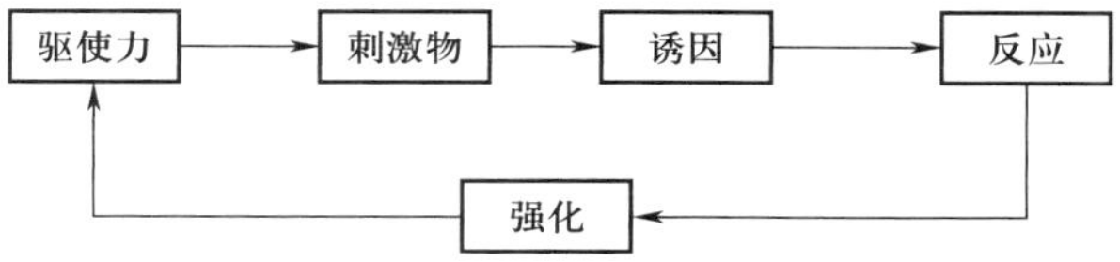

图 4-4 消费者学习的模式

4. 态度与信念

态度是人们对客观事物所持的主观评价与行为倾向。人们几乎对所有事物都持有态度，不是与生俱来的，而是后天习得的。例如，我们对某人有好感，可能是因为他外表英俊，也可能是因为他谈吐得体，还可能是因为他知识渊博，等等。不管出自何种缘故，这种好感都是通过接触、了解逐步形成的，而不是天生固有的。态度一经形成，具有相对持久和稳定的特点，并逐步成为个性的一部分，使个体在反应模式上表现出一定的规则和习惯性。正因为态度所呈现的持久性、稳定性和一致性，使态度的改变较为困难。因此，企业应尽可能使其产品适应消费者的意向，激起消费者的购买动机，从而赢得更多的顾客和市场。

信念是指人们对事物所持的认识。消费者对商品的信念可以建立在科学的基础上，例如认为“吸烟有害健康”；也可以建立在某种见解的基础上，例如认为“汽车越小越省油”；还可以建立在信念的基础上，例如认为“名牌产品质量总是有保证的”；等等。不同消费者对同一事物也可能拥有不同的信念，而这种信念又会影响消费者的态度。例如，一些消费者认为名牌是质量的象征，要买就买名牌，而另一些消费者并不认为名牌和一般产品有多大区别。很显然，上述不同的信念会导致对名牌产品不同的态度。因此，作为企业营销人员应关注消费者对其产品或服务所持的态度和信念，运用促销活动尽可能为本企业树立良好的产品品牌形象。

综上所述，文化、社会、个人、心理等因素，是影响消费者行为的主要因素，也是企业营销活动中要重点分析的因素。通过分析，可以使企业更好地识别哪些消费者对自己的产品和服务最感兴趣，从而为市场细分和选择目标市场提供必要的线索，也为制定恰当的营销组合策略提供依据。

第三节 消费者行为决策

企业除需了解消费者的行为模式以及影响消费者的各种因素之外，还必须了解消费者如何做出购买决策及消费者行为决策的过程，以便采取相应的措施，实现企业的营销目标。消费者的购买决策是指消费者感受到问题的存在，寻找解决方案，对诸多方案进行比较和选择并对选择结果进行评价的过程。消费者决策有的很复杂，需要持续很长时间，有的则比较简单，只需要很短时间就可以完成。

一、购买者角色

消费者消费虽然是以一个家庭为单位，但参与购买决策的通常并非一个家庭的全体成员，许多时候是一个家庭中的某个成员或某几个成员，他们分别扮演了不同的角色，即发起者、影响者、决定者、购买者和使用者。

（1）发起者。发起者是指首先想到或提议购买某种产品或服务的人。

（2）影响者。影响者是指其看法或建议对最终决策具有一定影响的人。

（3）决定者。决定者是对部分或整个购买行为做出最后决策的人。

（4）购买者。购买者是实际执行购买决策的人。

（5）使用者。使用者是实际消费或使用产品或服务的人。

作为企业必须了解每一购买者在购买决策中所扮演的角色，并针对其角色地位与特性，采取有针对性的营销策略，才能较好地实现营销目标。例如购买一辆汽车，提出这一要求的是孩子，是否购买是由夫妻共同决定，而丈夫对汽车的品牌做出决定，妻子在汽车的造型、颜色方面则有较大的决定权。只有了解购买决策中参与者的作用及其特点，企业才能制订出有效的生产计划和营销计划。

二、消费者购买决策类型

1. 根据购买决策过程的复杂程度进行划分

消费者在购买不同商品时，由于重视和关心程度的不同，使得购买决策过程的复杂程度有所不同。例如，消费者购买一双皮鞋和购买一辆汽车的重视和关心程度肯定不同。我们把消费者由某一特定购买需要而产生的对决策过程关心或感兴趣的程度称为购买介入程度。当消费者的购买介入程度由低到高变化时，他的决策过程也会随之变得更加复杂。根据决策过程的复杂程度，可以将消费者购买决策的类型划分为：

（1）名义型决策。名义型决策就其本身而言实际上并未涉及决策。当一个问题被认知后，凭借记忆经过内部搜索，消费者的大脑就浮现出某个偏爱的品牌之后，该品牌就会被选择和购买。例如，当消费者在超市购物时，想起家中食用油快没了，自然就会到货架上去寻找经常使用的“金龙鱼”调和油，而根本不会想到要用别的牌子去替代。名义型决策通常发生在购买介入程度很低的情况下，决策过程较为简单。

（2）有限型决策。有限型决策是对一个有着几种选择方案的问题的认识。信息的搜索主要来自内部，外部信息的收集比较少，备选的方案也不多，且应用简单的决策规则和很少的购后评价。例如，如果消费者选择商品时，把价格作为主要衡量指标，那么在选购商品时，就会购买最便宜的一种，其余不加考虑。这种决策有时会因情感性需要或环境性需要而产生。例如，消费者可能因为对某个品牌感到厌倦，或看到别人都去选择另一个牌子的商品，自己就想改改口味，换个品牌试试。

（3）扩展型决策。扩展型决策是消费者最复杂的购买决策方式。当消费者面对不熟悉、价格昂贵或不常购买的商品时，通常选择此类决策方式。这种决策方式涉及广泛的内外部信息搜索，对多种备选方案进行复杂的比较和评价。消费者在购买了产品后，经常会对购买决策的正确性产生怀疑，进而对购买决策进行全面评价。例如，消费者在购买住房、汽车等大件商品时，多采用扩展型决策。

2. 按照消费者的购买行为特征进行划分

消费者在购买商品时，会因商品价格、购买频率的不同而投入购买的程度不同。

根据购买者在购买过程中的介入程度和产品品牌之间的差异程度，可以将消费者的购买行为分为四种类型（见图 4-5）。

	高介入	低介入
品牌间差异显著	复杂的购买行为	广泛选择的购买行为
品牌间差异较小	减少不协调感的购买行为	习惯性的购买行为

图 4-5 四种购买行为类型

（1）复杂的购买行为。复杂的购买行为是指消费者在购买时投入很大的时间与精力进行产品比较选择，并注重各个品牌之间的差异的购买行为。当消费者对所购买的商品不了解，感到风险比较大，或者所购买的商品价值比较高，而不同厂家所提供的产品差异性越大时，消费者就越会采取复杂的购买行为。例如对汽车的购买，由于消费者对产品的性能缺乏了解，不同品牌之间的差异又较大，为慎重起见，他们会投入较多的时间，广泛地收集有关信息，考虑不同品牌之间的差异，最后形成比较明显的品牌偏好，做出购买决策。对于复杂的购买行为，企业应尽可能给消费者提供必要的商品信息，以帮助消费者学习和了解产品的性能和属性，搞清产品的差别优势及其给消费者带来的切实利益，并通过广告与促销工作来突出本企业产品的特点，以影响消费者对不同品牌产品的选择。

（2）减少不协调感的购买行为。有些产品品牌差异不大，消费者也不经常购买，但商品的价值比较高，购买时风险比较大，这时，消费者一般会货比三家，只要价格公道、购买方便、机会合适，消费者就会决定购买。这种行为称为减少不协调感购买行为。例如购买商品房，消费者不一定会注重哪个房地产商开发的房子，但会花较多的时间对商品房的地点、户型、结构、建筑质量进行比较分析，再决定购买。购买以后，可能因为产品自身的某些方面不称心，或者是得到了其他产品更好的信息，消费者也许会感到一些不协调或不满意，产生不该购买这一产品的后悔心理。为了改变这种心理，他会主动寻求种种理由来减轻、化解这些不协调，以证明自己的购买决定是正确的。针对这种类型的消费者行为，企业应通过调整价格和选择售货网点，并向消费者提供有利的商品信息，帮助消费者消除不平衡心理，使其在购买后相信自己做出的决定是正确的。

（3）广泛选择的购买行为。广泛选择的购买行为又称寻求多样化的购买行为。有些产品品牌差异虽大，但消费者并不愿意花费太多的时间来选择和评价，而是经常变换购买的品牌或品种，这种行为称为广泛选择的购买行为。例如购买面包，他们上次购买的是肉松面包，而这次却购买了鲜奶面包。这种品种的更换并不是对上次购买的不满意，而是想寻求多样化，换换口味而已。针对这种类型的消费者，企业一方面应该通过把商品摆满货架以避免脱销，通过经常性的广告来鼓励消费者习惯性的购买行为；另一方面，要通过各种有吸引力的促销活动和有特色的广告来刺激消费者进行产品品牌的选择。

（4）习惯性的购买行为。对于价格低廉、经常购买、品牌差异小的产品，消费者不需要花费太多时间进行选择，也无须经过收集信息、评价产品特点等复杂过程。他们也许会长期购买某个品牌的商品，但只是习惯或者出于方便，而不是因为对某个品牌的忠诚。这种行为称为习惯性的购买行为。对于这种类型的消费者，企业应通过反复的广告促销活动来刺激消费者的记忆，同时在销售网点的布置、商品的包装和陈列上尽可能地引起消费者的注意，并能方便消费者购买。

三、消费者行为决策过程

消费者的每一项消费行为，都会有一个决策过程，只是因所购买的产品类型以及购买者类型的不同而使购买决策过程有所区别。典型的购买决策过程一般包括确认需要、收集信息、选择评估、购买决策和购后感受五个阶段（见图 4-6）。

图 4-6 消费者行为决策过程

1. 确认需要

确认需要是消费者购买决策过程的起点。当消费者发现现实情况和理想状态之间的差距后，便产生要解决这一问题的需要。这时，购买的决策过程便开始了。这种需要的产生可能是由个体内部刺激所引起的。例如个人的正常需要强烈到一定程度，变成了一种动力，像饥饿引发购买食品、干渴引发购买饮料等；也可能是由外部刺激所引起。企业需要了解哪种产品类型与品牌可以满足消费者哪些内在的需要；通过哪些外在刺激，能够引发消费者对某种产品和品牌的需要。例如，汽车可以满足人们方便快捷的交通需要，同时也可以满足人们对地位、权势、自我肯定等其他心理的需要。在此基础上，就可以制定恰当的营销策略，唤起和强化消费者的需要，并诱发购买动机。

2. 收集信息

消费者产生需要后，他就会为了满足这种需要而去关注有关商品。例如想买手机的人会变得注意手机的信息，包括手机的品牌、朋友用的手机以及手机的最新功能等。消费者在搜索商品信息时，所花的力量是不同的。花多大精力搜索信息，要看消费者购买的驱动力有多大。一般来说，信息搜索的多寡，视认知风险的高低而定；而认知风险的高低，主要由商品价格的高低和商品技术含量的多少来决定。认知风险越高，信息收集就会越详尽，时间也会越久。通常情况下，消费者会通过各种渠道，采取各种方式进行有关信息的收集，主要的信息来源包括以下几种。

（1）个人来源。个人来源又称人际来源，包括家庭、朋友、邻居和熟人等。这方面的信息对购买决策最具影响力。

（2）商业来源。商业来源包括广告、推销员、经销商、包装品和展销会等。这方面的信息数量最多，会给消费者提供大量有关商品的信息，起到提醒、强化品牌印象等作用。

（3）公共来源。公共来源包括报刊、电视等大众传媒和消费者协会等。这方面的信息最具客观性和权威性，具有导向作用，有助于树立品牌形象。

（4）经验来源。经验来源包括消费者从产品或服务的使用或体验中得到的经验、教训或阅历。这方面信息比较真实、可靠，是消费者做出购买决策的直接支撑点。

这些信息来源之间的影响，取决于具体的产品和购买者。一般情况下，消费者得到的信息多数来自商业来源，其次为公共来源和个人来源，经验来源的信息相对较少。但是，消费者对经验来源和个人来源的信息最为相信，然后是公共来源，最后才是商业来源。在消费者购买决策中，商业来源的信息更多地扮演传达和告知的角色，而其他非商业性来源信息起到验证和评价的作用。在此阶段，企业要通过有效的促销活动提供给消费者有关的信息，使本企业的产品能成为消费者可供选择的品牌。随着网络时代的到来，消费者获取信息的渠道更加广泛。网络传媒作为一种新的传播方式，不仅可以为企业提供产品信息发布与广告宣传，同时还能与消费者开展各种互动。因此，企业应高度重视网络口碑对消费者决策的影响。

3. 选择评估

当消费者从不同渠道收集到各种信息后，就要对各种购买方案进行分析和比较，并对各种品牌的产品做出评价，最后选出满意的购买方案。一般来说，消费者评价、比较购买方案主要涉及以下几个问题。

（1）分析产品属性。产品属性是指产品能够满足消费者需要的特性。消费者可以在一个产品上面找到一组产品属性。例如牙膏，产品属性可能包括味道、洁齿、防蛀、价格等方面；手表包括准确性、式样、耐用性等方面；洗衣机包括容量、洗涤效果、耗电量、耗水、外观、价格等。哪些产品属性有用，不同的消费者会有不同的看法。消费者最关心与自己需要相关的部分。市场营销人员要分析本企业的产品具备哪些属性，不同类型的消费者对哪些属性感兴趣，以便进行市场细分和市场定位，从而满足不同消费者的需求。

（2）建立属性权重。属性权重是指消费者对产品各种属性所赋予的相应的重要性权数。通常情况下，对于消费者特定的需要来说，不同属性的重要程度是不同的。例如照相机，摄影爱好者往往会考虑其性能的高低，而旅游者则主要考虑便利程度。当消费者被问及如何考虑某一产品属性时立刻想到的属性，叫作产品的特色属性。例如，问及消费者购买鲜奶应考虑什么属性时，“营养”就应该是鲜奶的特色属性。在非特色属性中，有些可能被消费者遗忘，而一旦被提及，消费者就会认识到它的重要性。因此，营销人员应更多地关心属性权重，而不是属性特色。

（3）确定品牌信念。品牌信念是指消费者对商品品牌优劣程度的总体看法。消费者会根据自己的经验和掌握的信息，作为选择品牌的依据，建立起对商品的品牌信念。同时，品牌本身的言行也会决定消费者的态度。例如，2018 年 11 月意大利奢侈品品牌杜嘉班纳（Dolce & Gabbana，简称 DG）被迫取消了在上海的年度大秀，该品牌的产品遭到中国消费者的抵制，这是因为，DG 为上海大秀推出的宣传片让人感觉不是向中国文化“示好”，而是侮辱！公司合伙人 Stefano Gabbana 却拒不道歉，竟然说出丧心病狂侮辱中国人的话，这种言行极大地伤害了中国人的感情，触碰了消费者的价值底线，因此消费者会毫不留情地抛弃该品牌。①另外，由于消费者受个人经验以及知觉过程中的选择性注意、选择性曲解和选择性记忆的影响，消费者的品牌信念可能与产品的真实属性并不一致。

（4）形成“理想产品”。消费者所期望的产品满足感是随产品属性的不同而变化的。这种满足程度与产品属性的关系，可用效用函数描述，即描述消费者所期望的产品满足感随产品属性的不同而形成相应的函数关系。它与品牌信念既有区别又有联系。品牌信念是指消费者对某品牌的某一属性已达到何种水平的评价，而效用函数则表明消费者要求该属性达到何种水平才会接受。每个消费者对不同产品属性的满意程度不同，形成不同的效用函数。例如，消费者购买一台照相机，其满足感会随着质量性能好、功能齐全、图像清晰、操作方便等方面而得以实现。把效用的各最高点连接起来，便成为消费者最理想的相机效用函数。

（5）做出最后评价。消费者通过一定的评价方法，从众多的可供选择的品牌中，对各种品牌进行评价，从而形成对产品的态度和对某种品牌的偏好，最终选出最佳购买方案。

4. 购买决策

经过对可供选择品牌的评价比较后，消费者会对某一品牌的商品产生偏好，即会倾向于购买某一品牌的商品。但是，消费者对某一品牌偏好的形成与实际进行购买之间会存在差距，还会受其他一些因素的影响，例如他人的态度和意外的情况等。

消费者修改、推迟或取消某个购买决定，往往受到已察觉的风险影响。觉察风险的大小由购买金额的大小、商品性能的确定程度和购买者的自信心强弱而定。因此，营销人员应该设法减少消费者所承担的风险，促使消费者做出最后的购买决定。

5. 购后感受

消费者希望通过自己的购买行为使自己的需要得到满足。这种希望的实现程度决定了消费者对自己购买的行为是否感到满意，这就是消费者的购后感受。

消费者的满意程度，取决于消费者对商品的预期性能与商品使用中的实际性能之间的对比。也就是说，如果购后在实际消费中符合预期的效果，则感到满意；超过预期，则很满意；未能达到预期，则不满意或很不满意。购后的满意程度决定了消费者是否重复购买这种商品，决定了消费者对这一品牌的态度，并且会影响到其他消费者。商界有句谚语：“最好的广告是满意的顾客。”因此，企业应该通过有效的营销活动来增强消费者对所购产品的满意感，同时也要重视对消费者购后的营销活动。

消费者购买的实现是确认需要、收集信息、选择评估、购买决策和购后感受等阶段共同作用的结果。在每个阶段，消费者都可能改变主意，影响购买的实现。因此，企业必须了解消费者行为决策的全过程，把握购买过程中各种参与者及其对购买行为的影响，善于根据各个阶段的不同情况，制定有效的营销策略，影响消费者实现购买行为。

---

① 佚名. 杜嘉班纳辱华事件全记录：官方推特仍未删除涉事视频［EB/OL］. 新浪财经，2018-11-21.

营销案例

中国消费者境外旅游的行为分析①

（一）案例介绍

去哪儿网和招商银行信用卡联合发布的《2014年上半年境外旅游及消费指数报告》（以下简称《报告》），揭示了上半年中国消费者出境游在人群特征、消费习惯和支付手段等三方面的新趋势。

《报告》数据显示，2013年出境游总人数为284万，同比增长30.9%，其中有130万人连续两年出境，超过总数的45%。多次参与出境游旅客的比例不断上升，标志着中国出境游市场逐步走向成熟。

来自去哪儿网国际机票平台的数据显示，香港、首尔、曼谷、台北、新加坡、东京、伦敦、洛杉矶、纽约和吉隆坡入选2014年上半年出境游热门目的地前十位。香港仍是最受消费者欢迎的旅游目的地，据统计，2013年度中国内地访客全年入境香港4 050万人次，同比增长16.8%。去哪儿网数据显示，2013年度消费者通过去哪儿网搜索前往香港的机票达2 000万次。

依据不同年龄层对移动支付和在线旅游的接受难易度，去哪儿网用户也呈现出非常年轻化的趋势，这和《报告》中出境旅行用户年龄分布不谋而合。《报告》显示，24~33岁的用户更爱出境旅行，占总人数的41.25%。随着在线预订机票越来越普及，去哪儿网平台便捷的购票体验吸引了更多年龄层次的消费者，以80后、70后、90后为主，00后、60后、50后消费者的占比也在迅速提升。

性别分布方面，男女比例为44∶56，显然女性消费者对价格变化更敏感，更青睐出境游。以出境游最受欢迎目的地香港为例，去哪儿网国际机票平台的数据显示，在2013年度的赴港机票搜索预订中，女性消费者的比例较男性高出17个百分点。出行人数方面，68%的用户单独出行，23%的用户双人出行，年轻的自由行人群更青睐一个人旅行。《报告》还显示，首次出境游客的目的地多为亚洲国家，随着自由行的方式越来越深入，欧美深度游越来越受欢迎，多次出境游用户更倾向于选择欧美国家，伦敦、纽约、洛杉矶、旧金山、温哥华、巴黎、多伦多、芝加哥、莫斯科、法兰克福依次为欧美游热门目的地前十位。

在购物方面，中国的港澳台以及韩国、日本理所当然地成为亚洲区境外消费排名前五位。而从暑期打折季到每年最疯狂的“黑色星期五”折扣日的8—11月是欧美地区的旅游旺季，此期间奥特莱斯和租车商户优惠受到客户的最大青睐。

从出境游客的消费习惯来看，78.14%的消费者使用信用卡支付出境游机票并进

① 蒋诗舟. 二线城市出境游消费迅速增长［N］. 国际商报，2014-09-03.

行境外消费。去哪儿网的数据显示，招行信用卡为用户出境游机票预订最常用的支付方式。出境旅行预订首选卡种为招行全币种信用卡，因该卡拥有“免货币兑换手续费”功能，对于购物中频繁用卡的消费者，此卡能省去平均每笔消费1.5%的手续费。招行信用卡持卡人境外户均消费已高达11万元。

在招行全币种信用卡的使用人群分布中，上海和北京分别以22.5%和18%分列第一、二位，深圳、杭州、成都、广州、武汉、南京、天津、苏州位列第三至第十位。去哪儿网统计的出境游机票预订客源城市中，北上广深一带人群仍是出境旅行消费的主力军，占据市场份额的55%。随着航空公司新开航线及签证利好等因素刺激，厦门、成都、杭州、昆明、青岛、南京、重庆成为第二梯队，消费迅速增长。

（二）案例实训

1. 根据该调查报告的数据，请对目前国内旅游者的行为进行简要分析。
2. 上述数据和分析可以给旅游市场营销人员带来哪些启示？

学习思考

1. 消费者行为的内涵是什么？具有哪些特征？
2. 消费者行为模式的内涵是什么？
3. 消费者行为主要受哪些因素的影响？
4. 消费者购买决策主要有哪几种类型？
5. 如何理解消费者行为的购买决策过程？

科研练笔

1. 基于体验经济的消费者行为模式研究。
2. 网络购物中消费者决策模型研究。

营销实战

调查一家汽车4S店针对消费者的购买决策实施了哪些营销策略？你认为还可以从哪些方面加以改进？

关键术语对译

消费者行为	Consumer behavior	消费者需求	Consumer needs
消费者测试	Consumer tests	消费者感知	Consumers’ perceptions

动机　Motivation
文化　Culture
社会阶层　Social classes
家庭生命周期　Family life cycle
价值及生活方式　Values and lifestyle
购后评估　Post purchase evaluation
心理过滤　Psychological screens
刺激　Stimulus
选择性需求　Selective demand
消费者（购买）决策　Consumer decision-making
消费者决策过程　Consumer decision making process

需要　Needs
亚文化　Subculture
相关群体　Reference groups
个性　Personality
角色　Role
潜在顾客　Potential customers
参照人群　Reference groups
消费心态　Psychographic
人际影响　Interpersonal influences

推荐阅读

1. 菲利普·科特勒，加里·阿姆斯特朗. 营销学导论（第4版）［M］. 俞利军，译. 北京：华夏出版社，1999.
2. 刘飞燕. 消费者心理学［M］. 北京：中国商业出版社，2002.

经典链接

1. 加州大学伯克利分校哈斯商学院
2. EPS 全球统计数据/分析平台

参考文献

［1］李晏墅. 市场营销学［M］. 北京：高等教育出版社，2008.

［2］菲利普·科特勒，凯文·莱恩·凯勒. 营销管理（第12版）［M］. 梅清豪，译. 上海：上海人民出版社，2006.

［3］林建煌. 消费行为学［M］. 北京：北京大学出版社，2004.

［4］Engel J. F., Blackwell R. D., Minard P. W.. Consumer Behavior［M］. New York：Dryden Press，1995.

［5］Hendon D., Williams E., Huffman D.. Social Class System Revisited［J］. Journal of Business Research，1988，17（3）：259-270.

［6］Gronhaug K., Trapp P. S.. Perceived Social Class Appeals of Branded Goods［J］. Journal of Consumer Marketing，1989，5（4）：25-30.

［7］Schiffman L. G., Kanuk L. L.. Consumer Behavior［M］. New York：Prentice-

Hall, 1995.

[8] Mowen J. C.. Consumer Behavior [M]. New York: Macmillan, 1993.

[9] Davis H. L., Rigaux B. P.. Perception of Marital Roles in Decision Processes [J]. Journal of Consumer Research, 1974, 1 (1): 51-62.

[10] Qualls W.. Household Decision Behavior: The Impact of Husband's and Wives Sex Role Orientation [J]. Journal of Consumer Research, 1987, 14 (2): 264-279.

[11] 符国群. 消费者行为学 [M]. 武汉: 武汉大学出版社, 2000.

[12] 蒋诗舟. 二线城市出境游消费迅速增长 [N]. 国际商报, 2014-09-03.

[13] 刘飞燕. 消费者行为学 [M]. 南京: 南京师范大学出版社, 2011.

[14] 刘飞燕. 消费者心理学 [M]. 北京: 中国商业出版社, 2002.

[15] 李晏墅. 三个经济时代的营销创新 [J]. 经济管理, 2004 (5): 71-74.

[16] 李晏墅, 胡海. 营销创新: 企业经营智慧的觉醒 [M]. 北京: 人民出版社, 2004.

[17] 贾利军, 李金生, 李晏墅. 从主体性管理到主体间性管理: 管理范式的后现代转型 [J], 江苏社会科学, 2010 (1): 73-78.

第五章
市场细分、目标市场与市场定位

营销寓言

情侣苹果

元旦，某高校俱乐部前，一老妇守着两筐大苹果叫卖。因为天寒，问者寥寥。一教授见此情形，上前与老妇商量几句，然后走到附近商店买来节日织花用的红彩带，并与老妇一起将苹果两个一扎，接着高叫道："情侣苹果哟！两元一对！"经过的情侣们甚觉新鲜，用红彩带扎在一起的一对苹果看起来很有情趣，因而买者甚众。不消一会儿，全卖光了，老妇感激不尽，赚得颇丰。①

学习启示

这位教授对俱乐部前来往的人群进行的市场细分可谓别出心裁。他观察到，占比很大的情侣们将是最大的苹果需求市场，而其对产品的定位更是奇巧，用红彩带两个一扎，唤为"情侣苹果"，对过往的情侣产生强大的吸引力，让苹果在不好销的大冷天里也能畅销。成功的企业既要明确为何种需要而服务，更要明确为谁的需要服务，即确定科学的目标市场。这需要运用市场营销的STP理论。STP理论中的S即市场细分（Market Segmenting）、T即目标市场（Market Targeting）、P即市场定位（Market Positioning）。STP是市场营销战略的基础，是企业在一定的市场细分的基础上，确定自己的目标市场，最后把产品或服务定位在目标市场中的确定位置上。如何分清众多细分市场之间的差别？如何选择一个或几个细分市场开发产品并制定营销组合？这就需要通过本章的学习，了解市场细分的含义及作用，掌握市场细分的条件和程序，掌握目标市场的选择策略和程序，合理运用市场定位的程序和策略。

---

① 佚名．市场细分小故事［N］．市场报，2006-07-14．

第一节 市场细分

一、市场细分的内涵

1. 市场细分的含义

对于任何一家现代化企业来说，正确选择自己的目标市场是成功的开始。确定目标市场的过程主要是对市场细分的过程。“市场细分”是在20世纪50年代中期由美国市场营销专家温德尔·史密斯首先提出来的。这个概念的提出，顺应了第二次世界大战结束以后美国众多产品由卖方市场转化为买方市场的新形势，是当时市场营销观念的新发展，是企业的生产经营活动贯彻市场导向营销观念的新发展。

所谓市场细分，是指企业根据一定的标准，将某一产品的市场整体划分为各具明显特点的小市场的分类过程。这种分类的依据是消费者的需要与欲望、购买动机、购买行为和购买习惯。在这里的每一个消费者群就是一个细分市场，或称为“亚市场”或“子市场”。每一个细分市场都是由具有类似需求倾向的消费者群所组成的。他们都有相同或相近的消费需求、消费欲望、购买动机、购买行为和购买习惯。例如，有的消费者要求手表计时准确；有的消费者要求手表价格便宜；还有的消费者则要求手表奢华大气。因此，手表的消费者就分成三类消费者群，手表市场也就被细分为三个细分市场。可见，市场细分不是对产品进行分类，而是对同种产品需求各异的消费者进行分类的活动过程。

同一产品的消费需求的多样性是市场细分的客观基础。从消费需求状况的角度来考察，整个社会各种产品的市场可以分为两类：一类叫作同质市场，另一类叫作异质市场。凡消费者在某一产品的需要、欲望、购买动机、购买行为、购买习惯等方面具有相同或相似性，这种产品的市场就是同质市场。例如，所有消费者对普通食盐的消费需求及其消费习惯和购买行为等都是大体相同的，普通食盐的市场就是同质市场。实际上，绝大多数社会产品的市场是异质市场，即消费者对某种产品的质料、特性、规格、档次、花色、款式、质量、价格、包装等方面的需要与欲望以及消费者的购买动机、购买行为、购买习惯等方面是不相同的。市场细分正是要把一个异质市场划分为若干个相对同质的细分市场。市场细分是将某一产品的市场整体划分为各具明显特点的小市场。但是，它并不是把一个整体市场加以分解，而是一个聚集的过程，即把对某种产品特点最易做出反应（敏感）的人们或用户集合成群的过程。

2. 市场细分的作用

市场细分是为企业市场经营活动中的分析市场、研究市场和选择目标市场提供依据，具有以下几个方面的作用。

（1）市场细分有利于研究潜在需求，开拓新市场，提高市场占有率。通过市场细分，可以了解各个消费群体的需要和购买潜力，及时发现那些存在需要但尚未得到满足的或根本还没有人进入的市场，为这些市场生产和推销产品，既可为新客户创造价值，开拓新市场，提高市场占有率，也有利于开阔视野，提高企业竞争能力。

（2）市场细分有利于企业制定经营方案和调整生产、销售计划。随着人民生活水平的提高和社会生产规模的扩大，市场对商品的需求日益扩大且多样化。通过市场细分，有利于为企业产品的设计、生产、定价、分配路线和销售推广等活动计划提供依据。

（3）市场细分有利于企业根据市场细分的特点，用最少的经营费用取得最大的经营效益。任何一家企业，都不可能满足所有消费者的全部需要。只有借助于市场细分，根据本企业的经营能力和条件，确定生产经营方向和服务对象，将有限的资源集中使用在“刀刃”上，才能以最少的经营费用取得最大的经营效益。

（4）市场细分有助于企业制定特定的销售策略。在市场细分的情况下，由于市场面较小，对市场需求情况的变化能及时发现，并灵活而及时地做出反应，有利于使企业的特长与某些细分市场的需要相结合，制定出特定的销售策略。

二、市场细分的依据

市场细分对企业的市场营销活动具有重要意义。市场细分的关键是要把握市场细分的依据。

1. 消费品市场细分的依据

消费品市场细分标准大致可归纳为三类：行为细分、心理细分和概况细分。①

（1）行为细分。行为变量（如追求的利益和购买模式等）是市场细分的基础。

① 追求的利益。一般来说，运用利益细分法，首先必须了解消费者购买某种产品所寻找的主要利益是什么；其次要了解寻求某种利益的消费者是哪些人；再者还要调查市场上的竞争品牌各符合哪些利益，以及哪些利益还没有得到满足。通过上述分析，企业能更明确市场竞争格局，挖掘新的市场机会，通过为顾客创造价值来留住和发展顾客。利益细分是最基本的细分方法，为划分消费品市场提供了总体框架，因为市场营销的目的就是向消费者提供他们想要的利益。所以，了解消费者的不同利益是了解市场的先决条件。

② 购买时机。即使在地理环境、人口状态等条件相同的情况下，由于购买时机不同，仍可以细分出不同的消费群体。例如，“购买时间习惯标准”，就是根据消费者产生购买需要或使用产品的时间来细分市场的。新学期开学前学习用品热销，春节前副食品销售达到高峰，重阳节前各类老年保健食品紧俏。

③ 购买行为。购买行为差异表现在购买时间和购买模式上。新产品上市后的一个主要任务就是找到创新者细分市场，这些人或组织可能具有明显的性格特征使其更容易沟通，可能更愿意购买新上市的产品，而其他细分市场顾客会等创新者使用过以后观察产品的效用才会购买。

④ 使用量。顾客可以根据使用量分为大量使用者、少量使用者和不使用者。确定大量使用者，并给予更多的关注以赢得他们的忠诚，但也会付出一定的代价，因为如果只用这个策略就没有优势可言了，而分析少量使用者会发现其他竞争者无法照搬

---

① 大卫·乔布尔. 市场营销学：原理与实践（第3版）[M]. 胡爱稳，译. 北京：机械工业出版社，2003.

的新视点。

⑤ 感知、信念和价值观。市场细分可以把用相似的方式观察市场产品的人归类（感知细分），也可以根据其相似的信念将其归类（信念细分）。价值观细分可以依据人们以什么原则和标准来判定生活中最重要的事情。价值观相对来说比较稳定，它决定人们的生活态度及生活方式，这些都表现为不同的行为方式。例如，某个调查小组提出七种价值分类：自我探究型、实验型、怀疑型、趋附型、愤世嫉俗型、得过且过型、漫无目的型。

（2）心理细分。在地理环境和人口状态相同的条件下，消费者之间存在着截然不同的消费习惯和特点。这往往是消费者的不同消费心理所导致的，尤其是当人们生活水平比较富裕时，顾客购物已不限于满足基本生活需要，消费心理对市场需求的影响更大。

① 生活方式。生活方式是人们对消费、工作和娱乐的特定习惯。由于人们生活方式不同，消费者倾向的消费需求也不一样。例如，美国一家服装公司把女性分为"朴素型"（简洁、素雅）；"时髦型"（时尚、前卫）；"有男子气质型"（精干、强势）三种类型，分别为她们设计制造出不同式样和颜色的服装。

② 性格。不同性格购买者在消费需求上具有不同特点（见表 5-1）。

表 5-1　不同性格消费者类型

性格	消费需求特点
习惯型	偏爱、信任某些熟悉的品牌，购买时注意力集中，定向性强，反复购买
理智型	不易受广告等外来因素影响，购物时头脑冷静，注重对商品的了解和比较
冲动型	易受商品外形或促销的刺激而购买，对商品评价以直观为主，购买前并没有明确目标
想象型	感情丰富，善于联想，重视商品造型、包装及命名，以自己丰富想象去联想产品的意义
时髦型	易受流行时尚的影响，以标新立异、赶时髦为荣，注重引人注意，或显示身份和个性
节俭型	对商品价格敏感，力求以较少的钱买较多的商品，购物时精打细算、讨价还价

③ 品牌忠诚程度。消费者对企业和产品品牌的忠诚程度，可作为细分市场的依据，并据此采取相应的营销对策（见表 5-2）。

表 5-2　顾客忠诚程度细分

忠诚程度类型	购买特征
专一品牌忠诚者	始终购买同一品牌
几种品牌忠诚者	同时喜欢几种品牌，交替购买
转移忠诚者	不固定忠于某一品牌，一段时间忠于 A 品牌，一段时间忠于 B 品牌
犹豫不定者	从来不忠于任何品牌

（3）概况细分。根据地理位置、人口因素、自然环境、数量大小等市场概况对消费品市场进行细分。

① 地理依据。这是依据消费者所处的地理位置和自然环境进行市场细分。生活在同一地区的消费者有很多相同的特点，而不同地区的消费者又存在很多明显差异，地区的范围大小对于人们的消费活动也构成一定的限制。例如，通用食品公司的麦氏速溶咖啡畅销美国，但同时注意到了各地的不同口味，西部地区销售的咖啡比东部销售的咖啡口味醇厚。市场细分的地理依据主要包括六个方面的因素（见表 5-3）。

表 5-3 细分市场的地理依据

地理因素	细分市场类型
地理特点	平原、山区、高原、沿海、江河流域、湖区
区域位置	东部沿海地区、中部内陆地区、西部内陆地区
气候特点	南方、北方；多雨地区、干旱地区、多雪地区、多风地区；炎热地区、温和地区、寒冷地区
人口密度	小于 100 人/平方千米、101～200 人/平方千米、201～300 人/平方千米、301～400 人/平方千米等
都市和乡村	特大城市、大城市、中小城市；直辖市、省会城市、县镇城市、郊区农村等
行政区	省、自治区、地区、县、乡、街道等

② 人口依据。按照人口依据进行市场细分，简便易行，并且人口统计指标的含义都有明确的规定，资料也容易获得。人口统计可以用表 5-4 来表示。

表 5-4 人口统计

人口因素	细分市场类型
性别	男、女
年龄	5 岁以下、5～10 岁、11～18 岁、19～28 岁、29～34 岁、35～44 岁、45～55 岁、55 岁以上等；或婴儿、儿童、青年、中年、老年等
家庭规模	1 人、2～3 人、4～5 人、6 人以上
家庭生命周期	单身家庭、新婚家庭（无子女）、完整家庭（有子女）、不完整家庭（子女独立）、老年孤寡家庭等
收入	人均月收入 500 元以下、500～1 000 元、1 000～3 000 元、3 000 元以上等
职业	工人、农民、技术人员、国家公务员、教师、学生、个体户、私营主、企业经营管理人员、军人、离退休人员等
民族	回族、汉族、蒙古族、维吾尔族等
文化程度	初中以下、初中、高中或中专、大专、本科、硕士、硕士以上等

③ 环境依据。人的需求偏好随环境变化，是由于人们在不同环境中担任着不同的角色。一般来说，在特殊环境中，人们可能选择购买普通场合根本不会购买的东西。按环境依据进行市场细分，一般适合于企业增加产品的销售量，不适合用于开辟新市场。例如，在家里请客时，人们都准备好各种美味可口的饭菜，使用最好的餐具，拿出最好的烟酒，而自己平常吃饭则是很简单的。

④ 数量依据。数量依据市场细分是根据某一产品顾客的不同用量来划分市场的方法。这可以帮助企业根据用量的大小来确定自己的目标市场。人们在长期的经营活动中，总结出一条规律——“二八”法则。所谓“二八”法则就是绝大多数的产品，其总量的80%是由20%的顾客买走的。所以，如果能够确定20%的顾客是谁，也就找到了最大的买主。例如，亚马逊网上书店成千上万的商品书中，一小部分畅销书占据总销量的一大半，而其他的非畅销书籍虽凭借种类的繁多积少成多，却只占据了总销量的一小半。

2. 生产资料市场细分的依据

生产资料市场与消费品市场的性质不同，市场细分的依据也有差异。生产资料市场可以根据行业类别、需求量和地理位置进行细分。

（1）行业类别。不同行业生产者对某种生产资料的需求，是为了生产不同的产品。因此，行业类别是生产资料市场细分最通用的方法。国民经济可划分为工业、农业、商业、交通运输业等行业，每个行业还可进一步细分。通过这种划分，可鉴别出使用本企业产品的行业户，有利于制定生产计划与经营策略。

（2）需求量。根据企业需要购买的生产资料来确定生产规模的大小，是市场细分的重要标志。大客户数量可能不多，但购买量却不小。按用户生产规模大小细分市场，不仅有利于选择目标市场，而且有利于选择不同的销售方式。

（3）地理位置。每个国家或地区由于气候、物产、历史传统等方面的不同，形成了若干个不同的工业地带。例如，有的以钢铁工业为主，有的以轻纺工业为主。按用户的地理位置不同来细分市场，有利于企业把经营领域放在用户集中的地区，也可以集中利用销售力量，节约推销费用和运输费用。

企业不能只用单一的细分变数进行市场细分，只有分层次从不同的角度综合进行市场细分，才能更准确地划分企业的目标市场。

3. 产业服务市场细分的依据

产业服务是一个组织提供给另一个组织的基本无形的，不会导致任何所有权改变的行为或活动。① 产业服务市场细分的依据可以从表5-5中看出。通过分析我们可将产业服务市场分为四个类别，即关系导向型、客户导向型、高期望型和价格敏感型。

① 李桂华. 产业服务市场细分研究［J］. 天津师范大学学报（社会科学版），2006（6）13-17.

表 5-5 产业服务购买者关注要素的因子分析结果

因子和要素	要素负荷系数	可靠性系数
因子 1：客户导向		
没有价值的客户对待	0.86	0.82
整体绩效	0.79	
供应商的技巧、知识和技术	0.69	
创新能力	0.68	
因子 2：供应商规模		
提供的教育层次	0.71	0.72
供应商组织规模	0.70	
现场人员的储备	0.69	
供应商的声誉	0.67	
因子 3：核心服务需求		
服务质量	0.84	0.67
服务可靠性	0.83	
反应时间	0.55	
因子 4：价格要素		
提供的服务价格可谈判	0.81	0.75
价格应放在最重要地位	0.79	
服务的性价比	0.74	

（1）关系导向型企业。这是相对比较复杂的服务市场，关系导向型企业对服务使用者与服务供应商之间的关系非常看重，对服务要求的期望水平属于“现实主义”，该类企业在价格谈判中只有最低的期望。相对于价格来说，该类企业似乎对服务水平和价格的平衡有最清晰的理解。正是从这个意义上说，它们似乎有现实的期望水平。

（2）客户导向型企业。客户导向型企业在客户导向和供应商规模方面得分最高，在核心服务需求方面得分也很高。鉴于其低价格得分较低，表明该类企业已准备好为较好的服务买单。总之，这类企业属于那种要求获得平均水平或高于平均水平的服务，并准备为此付费的企业。

（3）高期望型企业。这是要求最苛刻的一类企业。首先，高期望型企业在低价格、核心服务需求方面打分最高；其次，供应商的规模、客户导向以及与服务供应商间的关系等方面，一般会当然要求供应商提供高质量的服务。在一定意义上，它们要求一切都要好，最好的服务且最低的成本。

（4）价格敏感型企业。价格敏感型企业的主要特点是对“低价格”有很高的打分，平均分值是6.5分（满分7分）。相反，它们对客户导向、核心服务需求、供应商规模以及关系等要求不高。价格敏感型企业具有较低的服务要求，主要兴趣在于以最低的成本完成采购工作。

上述四类细分市场只是一般的划分，企业可以据此将现有的和潜在的客户归入其中的某个类别。为方便起见，我们可以通过一个定位图来简单地说明这四个细分市场（见图5-1）。

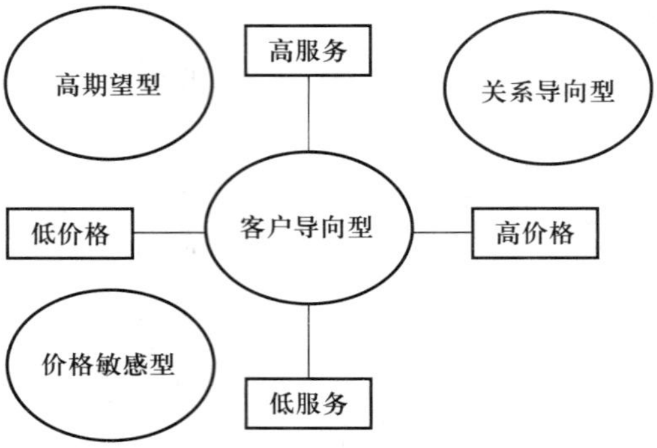

图5-1 产业服务细分市场定位图

该定位图以价格和服务为轴线，高服务在上部，高价格在右部。图5-1中，价格敏感型企业在左下角区域；高期望型企业在左上角区域；关系导向型企业在右上角区域；客户导向型企业在中部区域。

三、市场细分的程序

1. 市场细分的条件

市场细分的条件包括消费者需求的差异性、可衡量性、需求足量性、易进入性和易反应性等方面。

（1）需求的差异性。消费者需求的差异性是市场细分的首要条件，也是能进行市场细分的基础。

（2）可衡量性。这是指细分的市场不仅范围比较明晰，而且能大致判断出市场规模的大小。因此，据以细分市场的各种特征应是可以识别和衡量的。然而，也会有一些因素是不易测量的。例如，要测量有多少消费者是“豪华型”的，那就相当困难。凡是企业难以识别、难以测量的因素或特征，都不能据以细分市场，否则，细分的市场将会因无法界定和度量而难以描述，市场细分也就失去了意义。所以，恰当地选择细分变量是十分重要的。

（3）需求足量性。这是指细分出来的市场必须大到足以使企业实现它的利润目标。在进行市场细分时，企业必须考虑细分市场顾客的数量、消费者的购买能力和产品的使用频率，使企业能够降低生产销售成本，取得预期的目标利润。例如，波音747飞机是按军用、商用、货用、客用四个方面来细分市场的。

（4）易进入性。这是指细分市场应该是企业能够进入的市场。企业通过细分市场，应该能够通过一定的媒体（如广告）和一定的分销渠道把企业生产经营的产品送达到该市场广大消费者手中。如果无法进入或难以进入，再详细的市场细分也是毫无意义的。

（5）易反应性。这是指细分市场在对企业市场营销活动的变项组合中，对任何要素的变动都能做出差异性反应。这就要求对细分的消费者群体，应统筹考虑他们对所有市场营销组合因素的各种反应，而不能以单一的变项为基础加以考虑。

2. 市场细分的程序

市场细分是一件相当复杂的事情，要使这一活动顺利进行，必须遵循一定的程序。

（1）选择一种产品或市场范围加以研究。这种研究必须与企业的市场营销目标和任务相联系，而不能脱离企业的实际，孤立地进行市场细分。

（2）选择符合企业实际的市场细分依据。如何有效地进行市场细分，很重要的是把各种市场细分的依据有机结合起来进行思考，根据历史上市场营销实践的结果和经验，将有关市场细分的依据结合使用。

（3）确定市场细分依据后，挑选出具体的细分单位。

（4）调查设计并组织调查。通过认真的调查研究，取得与已选的细分市场变量有关的信息资料。

（5）分析评价调查后确定的各个细分市场的规模和性质。通过调查，各个细分市场的情况已清楚掌握，这时就要分析评价各细分市场的规模大小、竞争状况及变化趋势。

（6）选择细分市场，确定市场营销策略。通过市场细分，将若干有利可图的细分市场按盈利程度排列并选择目标市场，直至企业能力不能满足为止。然后确定市场营销的各种策略，以有效地占领每个已选择的目标市场。

最后，需要指出的是，要使细分市场取得成功，应该把握市场细分的层次，讲究细分市场的效益，防止过分细分而增大成本，避免一些不必要的细分或难以细分的市场，力争企业始终以最大的和最易进入的细分市场作为目标市场，避免竞争对手的仿效，必要时还可放弃某些细分市场，以争取实现其规模效益。

四、市场细分的方法

企业在进行市场细分时，可以使用单一变量因素法、多个变量因素组合法和系列变量因素法。

1. 单一变量因素法

单一变量因素法是根据影响消费者需求的某一个重要因素进行市场细分。例如，服装企业按年龄细分市场，可分为童装、少年装、青年装、中年装、中老年装、老年装；按气候的不同，可分为春装、夏装、秋装、冬装。

2. 多个变量因素组合法

多个变量因素组合法是根据影响消费者需求的两种或两种以上的因素进行市场细分。例如，在生产者市场，锅炉生产厂主要根据企业规模的大小、用户的地理位置、产品的最终用途及潜在市场规模来细分市场。

3. 系列变量因素法

系列变量因素法是根据企业经营的特点并按照影响消费者需求的诸因素，由粗到细地进行市场细分。这种方法可使目标市场更加明确而具体，有利于企业更好地制定相应的市场营销策略。例如，自行车市场可按地理位置、性别、年龄、收入、职业、购买动机（健身、代步）等变量因素细分市场。

另外，市场细分通常分为“对号入座”式细分和“愿者上钩”式细分。“对号入座”就是用人们所熟悉的地理位置和人口特征等维度把市场分成若干个子市场，比如，把奶粉市场细分成婴幼儿的、儿童的、学生的、中老年的、女性的等。而“愿者上钩”则是相对复杂且抽象的细分方法，用这种方法细分出来的市场在现实生活中并不存在，只是顾客愿意付钱去购买。运用这种方法细分产生的产品才会形成市场。例如，OPPO 手机“充电五分钟，通话两小时”，将智能手机市场分为“快速充电的智能手机”市场和“非快速充电的智能手机”市场。

在理论界，通常以购买行为产生的那一刻为分割线，再切成“购买前”细分和“购买后”细分。这样，我们就可以找到这样的矩阵，即“对号入座”式“购买前”细分、“对号入座”式“购买后”细分、“愿者上钩”式“购买前”细分和“愿者上钩”式“购买后”细分（见图 5-2）。在这四个象限里，我们可以找到很多从来没有想过的细分维度，诸如价值取向细分、生活方式细分、使用态度细分、顾客个性细分等。

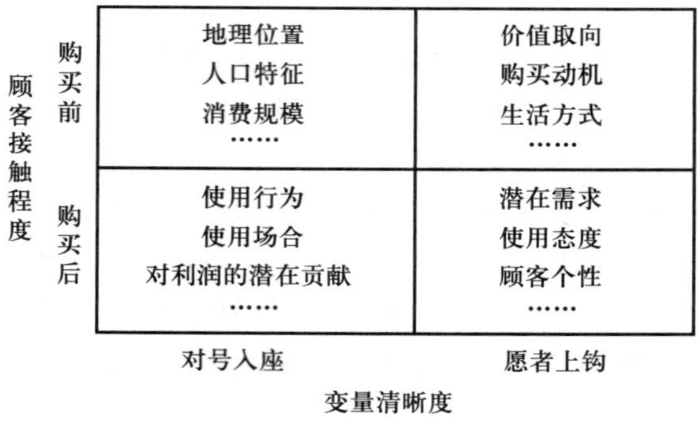

图 5-2 市场细分矩阵图

第二节 目标市场

一、目标市场的概念

市场细分后企业必须评价各种细分市场并决定为多少个细分市场服务，即必须寻找企业的目标市场。所谓“目标市场”，就是企业在市场细分的基础上，从满足现实的或潜在的目标顾客的需求出发，依据企业自身经营条件而选定的一个或多个的特定市场。简单地说，目标市场就是企业产品或服务的消费者。

任何企业都选择目标市场，因为并非所有的市场企业都能或都愿意进入，也就是说并不是所有的细分市场对企业都具有同等的吸引力。

二、细分子市场的评估

并非所有的细分市场都适合企业。因此，企业有必要在确定目标市场之前，对细分出来的子市场进行分析评估。细分子市场的评估主要从四个方面进行。

1. 市场潜量分析

市场细分的依据是消费者的差异化需求，所以细分出来的市场的规模，主要由消费者的数量和购买力所决定，同时要考虑市场潜力是否巨大。例如，别克 GL8 陆上公务舱就是找准了商务用车市场的空缺，成为中国商务车市场的领跑者。

2. 企业自身特征分析

分析企业的资源条件和经营目标能否与细分市场的需求相吻合。如果企业在某个细分市场中的某个或某些方面缺乏必要的能力，就要放弃这个市场。例如，海尔在洗衣机和空调市场上之所以通过细分取得了巨大的成功，是因为海尔本身有家电方面的优势，但如果海尔要像吉利一样去制造在家用轿车市场细分出来的家用低档跑车，就难以取得成功。

3. 竞争优势分析

竞争优势分析是在划定的细分市场中分析是否有强大的竞争对手。如果细分市场上竞争者很少，而且进入障碍不多，则对企业而言是个好机会；或者该市场已有了竞争者，但对手实力较弱，企业也可以选择该市场作为目标市场。如果对手实力雄厚、竞争激烈，企业要想进入并获得发展就必须付出一定的代价。

4. 获利状况分析

细分的子市场应该带给企业预期的合理的利润，企业才可以选择其作为目标市场。如果某个细分市场存在潜在的替代产品或此产品容易复制，将会对企业的产品产生巨大的冲击，也会使这个细分市场失去吸引力。例如，某企业专门生产供大学实验室、政府实验室和工商企业实验室用的显微镜，并取得了很好的业绩。

三、目标市场的选择策略

通过市场细分来选择并确定目标市场，一般采用“产品-市场”矩阵图进行。例如，一家电视机生产企业根据市场潜在销量、本厂优势、市场竞争状况等，决定进入电视机市场。该公司运用“产品-市场”矩阵图对电视机的整体市场进行分析：将消费者收入水平分为中下收入、中等收入、中上收入、高收入四个层次，产品有 25 英寸①和 29 英寸两种。消费者收入和产品构成八个细分市场。根据调查和预测，该企业认为未来市场中 29 英寸的将畅销，并且我国绝大多数居民的消费水平将不断提高。

① 1 英寸 = 0.025 4 米。

于是，它决定将 5、6、7 三个细分市场作为本厂近期的目标市场，开发中、低档 29 英寸电视机以满足目标市场的需求，如图 5-3 所示。

产品（型号）	市场(顾客群) 中下收入	中等收入	中上收入	高收入
25英寸	1	2	3	4
29英寸	5	6	7	8

图 5-3 市场细分后的目标市场选择

1. 目标市场的选择策略

（1）无差异性市场营销策略。无差异性市场营销策略是企业把一种产品的整体市场看作一个大的目标市场，营销活动只考虑消费者或用户在需求方面的共同点。假设顾客个体都拥有同样的需求，他们能在同样的市场交易中得到满足。产业发展中最初成立的企业有时会用无差异性市场营销策略。在没有竞争的条件下，企业不需要使市场交易适应市场偏好。亨利·福特的一句话是无差异性市场营销策略的经典例子："他们能让他们的车变成他们需要的任何颜色，只要它是黑色。"

无差异性市场营销策略的最大优点是营销的经济性。因为大批量地生产和储运，必然会降低单位产品的成本；无差异的广告宣传等推销活动可以节省促销费用；即使不做市场细分，也会减少市场调研、产品调研、制定多种市场营销组合方案等所要耗费的人力、财力与物力。因此，企业不仅在同质市场上运用这种策略是合理的，而且即使在异质市场，只要产品能够大量生产、大量销售，实行这种策略多半也是有效的。但是，这种策略常常会暴露出敷衍的迹象，反映出在细分过程中的决策失误，因为消费需求客观上是千差万别并不断变化的，缺乏新意的产品对任何人都没有多少吸引力。同时，无差异性市场营销策略会使得企业更容易受到竞争的负面影响。

（2）差异性市场营销策略。差异性市场营销策略是以市场细分为基础，把产品的整体市场划分为若干细分市场，从中选择两个以上乃至全部细分市场作为自己的目标市场，并为每个选定的细分市场制定不同的市场营销组合方案，同时多方位或全方位地分别开展针对性的营销活动。例如，荷氏糖果公司销售一些额外的糖果，像用金色锡箔纸包装的金杏仁巧克力棒，瞄准的是成人顾客市场。采用这种策略，进行小批量，多品种生产，具有很大的优越性。它可以有针对性地分别满足不同顾客群的需要，提高产品的竞争能力，有利于企业扩大销售。例如，美宝莲公司定位于不同的主线，像十几岁的女孩、年轻的女性和年龄较大的女性，以及黑人女性等。

差异性市场营销策略为企业带来了很多潜在利益，包括扩大销量、获取更高利润、赢得更大的市场份额，树立起良好的市场形象，大大提高消费者或用户对该企业产品的信赖程度和购买率。这一策略的不足之处有两个方面：一是增加营销成本，比如产品改善成本、生产成本、管理费用、库存成本和促销成本。二是可能使企业的资源配置不能有效集中，顾此失彼，甚至在企业内部出现彼此争夺资源的现象，使拳头产品难以形成优势。因此，差异性市场营销策略的运用只能限制在销售额的扩大所带来的利润超过营销总成本费用的增加时才能采用，并且只有大中企业可以采用，实力不足的小企业不宜采用。

（3）集中性市场营销策略。中小企业一般较多地选用集中性市场营销策略。企业不是面向整体市场，也不是把力量分散使用于若干个细分市场，而是集中力量进入一个细分市场，为该市场开发一种理想的产品，实行高度专业化的生产和销售的做法。利用集中性市场营销策略，企业就为定位目标市场而对市场做一次细分，因为企业需要一种单一的细分，会专注于市场需求、顾客动机和细分市场成员的满足感，并且会发展和维持一种高度细分化的市场交易。一些企业发现，集中资源满足狭义上的细分市场需求比分散资源满足不同的细分市场投入资源获益更多。例如，传奇航空公司已经走出了达拉斯，它采用一种 56 座的喷气机，配以专业的一流服务、美味的食品和卫星电视，从而抓住了一个获益颇多的细分市场——频繁出差的人。小公司常常会采用集中性市场营销策略来与比他们大得多的公司竞争，追求在大企业尚未顾及或不想占领的较小细分市场上的较大市场占有率。

集中性市场营销策略也存在一些不足，例如违背了“不要把鸡蛋放在同一个篮子”这句谚语。因此，这一策略的不足之处在于：它潜伏着较大的风险。如果选择的目标市场太小，或者目标市场因为环境的变化而突然不景气，企业会因为没有回旋余地而立即陷入困境。因此，采用这一策略的企业必须密切注意目标市场的动向，并制定适当的应急措施，使企业遇到困境后能迅速摆脱。

（4）顾客化市场营销策略。① 在某些市场中，个别顾客群体的需求比较独特，购买力却很大，可以为每一个顾客群体提供单独的营销组合。这种不同水平上的细分导致顾客化营销方式的使用，其优越性是通过提供特色产品、优异质量和超值服务满足顾客需求，提高顾客忠诚度。广告代理机构、市场营销调研代理机构、建筑师和律师，都是根据不同的顾客来提供服务的。他们可以和顾客面对面地交谈，根据其要求相应地修改服务内容。顾客化营销也可用于组织市场，因为订单和顾客的特殊需要有很高的价值。例如，火车头制造商可以根据个别铁路运输公司的要求来设计制造产品。

一家企业究竟应当采用上述哪一种目标市场营销策略，取决于企业资源状况、产品性质、产品寿命周期、市场竞争态势、变动的市场供求关系等多种因素。目标市场的营销策略既要相对稳定，又要根据上述因素的变动进行适当调整。只有这样，才能赢得市场营销的主动权，取得市场营销的成功。

2. 选择目标市场的策略类型

上述目标市场的四种选择策略，可以进一步具体分为以下五种常用的策略类型（见图 5-4）。

---

① 顾客化营销（Customized Marketing）：企业决定把单个顾客作为目标市场，并针对每位顾客制定营销策略组合的市场涵盖策略。

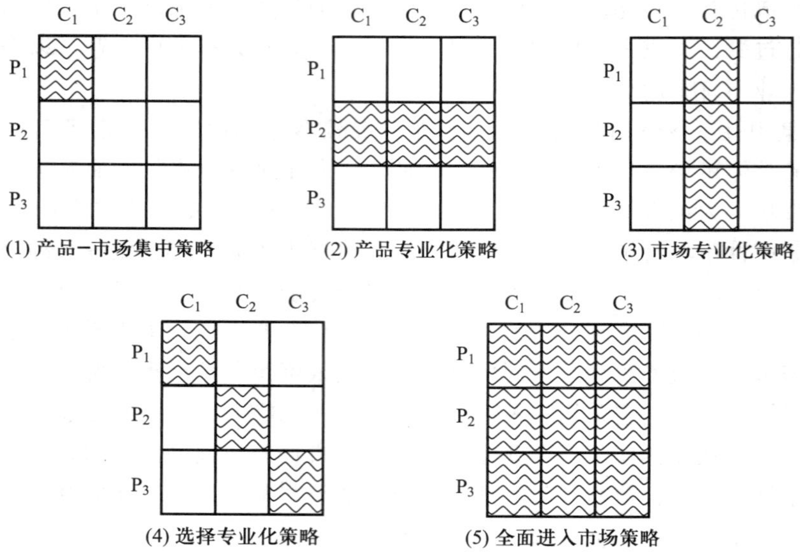

注：P代表产品，C代表顾客群。

图 5-4 选择目标市场的策略类型

（1）产品-市场集中策略。产品-市场集中策略是企业的目标市场无论从顾客，或是从产品角度，都是集中于一个细分市场。这种策略意味着企业只生产一种标准化产品，只适应某一顾客群，以取得企业在某一市场上的优势。这个策略适宜在企业实力较小时采用。

（2）产品专业化策略。产品专业化策略是企业向各类顾客同时供应某种产品。当然，由于面对着不同的顾客群，产品在档次、质量或款式等方面会有所不同。采用这一策略有利于提高产品质量，降低产品成本，提高企业的经济效益。

（3）市场专业化策略。市场专业化策略是企业向同一顾客群供应性能有所区别的同类产品。采用这种策略有利于企业与顾客建立起稳固的联系。

（4）选择专业化策略。选择专业化策略是企业以生命力较强的产品有所选择地进入几个不同的有吸引力的细分市场，为不同的顾客群提供不同性能的同类产品。采用这种策略应当十分慎重，必须以这几个细分市场均有相当的吸引力、亦均能实现一定的利润为前提。

（5）全面进入市场策略。全面进入市场策略是企业决定全方位进入各个细分市场，为所有顾客群提供他们所需要的性能不同的系列产品。这是大企业为在市场上占据领导地位甚至力图垄断全部市场而采取的目标市场策略。

四、影响目标市场选择的因素

目标市场选择类型的多样性和企业情况的复杂性，决定了企业在具体选择目标市场时必须考虑企业的资源状况、产品的同质性、产品所处寿命周期阶段、市场的同质性、竞争对手的营销策略。

1. 企业的资源状况

在企业资源不足的情况下，采用集中性市场营销策略效果较好。如果企业的资源充足，拥有较强的技术力量和雄厚的资源实力，则可采用无差异性营销策略。

2. 产品的同质性

对于像钢铁那样的同类性质产品，比较适当的战略是无差异性市场营销；而对于那些可有不同设计的产品，如计算机、汽车、食品等，则更适于差异性市场营销策略或集中性市场营销策略。

3. 产品所处寿命周期阶段

当某种新产品处于导入期时，厂商可采取的最为现实的做法是仅强调产品的一种特点，因此无差异性营销或集中性市场营销成效最大。而当此产品进入寿命周期的成熟阶段时，由于竞争者的加入，采用差异性市场营销策略，开拓新市场更能奏效，也可用集中性市场营销策略设法保持原有的市场，延长产品寿命周期。

4. 市场的同质性

如果市场上的购买者喜好相同、同时期内采购数量相同、对营销刺激的反应也相同，则最适当的战略是无差异性市场营销。反之，市场需求的差别很大就应该选择差异性市场营销策略或集中性市场营销策略。

5. 竞争对手的营销策略

公司在其竞争对手纷纷积极进行市场细分的情况下，采取无差异性市场营销战略实际上是自我毁灭。相反，当竞争厂商都采取无差异性市场营销时，借此机会推行差异性市场营销或集中性营销策略的公司则会谋取利润。

因此，企业要把握确定目标市场的原则：① 企业所选择的目标市场，应能充分发挥企业的特点或优势，生产出符合市场需要的产品。② 目标市场应根据企业的市场经营战略，即市场渗透战略、市场开拓战略、产品开发战略和多种经营战略来确定。③ 应选择新产品和老产品能相互促进、充分利用企业资源，彼此都能增大销量、经济效益最佳的目标市场。

第三节 市场定位

目标市场的选定，并不意味着企业寻找和确定自身市场位置的工作已经完成，因为一方面目标市场本身尚待进一步剖析，包括市场结构和竞争者；另一方面企业营销最终要落实于具体产品的生产和销售，还需从产品出发真正明确企业的业务发展目标。因此，企业需要引入市场定位的概念。

一、市场定位的概念

“定位”一词源于1972年两位广告经理艾尔·里斯和杰克·特劳特在《广告时代》中所发表的系列论文。他们认为，市场上的产品一般都会在顾客心目中占据一定的不同位置。定位始于产品，而后延伸到一系列的商品、服务、公司、机构甚至个人。

市场定位，又称产品市场定位，是为了适应消费者心目中某一特定的看法而设计企业、产品、服务及其营销组合的行为，包括企业定位、产品定位、服务定位等。它是一个会影响潜在顾客对于商标、产品线或者组织的整体理解的过程。市场定位实际上是在已有基础上深一层次的市场细分和目标市场的选择，即从产品特征出发对目标市场进行进一步细分，进而按照消费者需求确定的目标市场，以确定企业产品的目标市场。也就是说，市场定位的实质就是差异化，即有计划地树立本公司产品与竞争对手不同的某种特点。

二、市场定位的方式

确定市场定位的方式有很多，总的来说，主要是根据产品特性与利益、产品质量与价格、产品用途、使用者、产品类别和竞争者等方面进行市场定位。

1. 根据产品特性和利益定位

根据产品特性和利益定位就是根据产品自身的特性及其能给消费者带来的利益而对产品进行的定位。例如，佳洁士牙膏的“防蛀功效”，劳力士手表的“尊贵高雅”。这种定位方式是一种新产品进入市场时常用的方式，通过强调产品独特的性质和能给消费者带来的特殊利益进行产品的目标市场定位。

2. 根据产品质量和价格定位

根据产品质量和价格定位是根据质量和价格这两者的组合而创造出产品的不同市场定位。产品的质量通常由制造原料、设计、工艺技术、操作标准等因素决定，而价格则通常与产品品质、产品形象、企业战略及竞争需要等相联系。高质高价的市场定位往往向消费者传递一个“高价优质”的产品信号，而高质低价的市场定位则多与企业抢占市场份额的目的有关，它向消费者传递一个“物超所值”的产品信号。

3. 根据产品用途定位

根据产品用途定位是将产品用途作为产品市场定位的一种方式。它有利于突出本企业产品与市场上其他产品的差异，便于消费者选购。例如，美国杜邦公司的尼龙制品，在战争时期公司主要将其定位于军用物品如降落伞，而在战后则主要定位于女性丝袜、服装面料、汽车轮胎内衬等。

4. 根据使用者定位

根据使用者定位是以市场上使用者的个性、偏好及消费类型为基础，能够将企业的产品或服务引向特定的使用者，在这些使用者心目中树立起产品和劳务的形象和地位。例如，世界著名的化妆品公司——露华浓公司就曾在20世纪80年代，根据使用者进行了香水的定位，先后推出了体现女性“浪漫”的“琼秀”牌香水和体现女性“力量”的“雅奇”牌香水。

5. 根据产品类别定位

企业产品在定位时还可以借助另一种已被大家熟悉的产品，将自己的产品定位在与这种熟悉产品相近的位置上。例如，大家对奶油都很熟悉而对麦激凌(Margarine)往往不甚了解，但若将麦激凌比作人造奶油，则大家就会迅速了解并对它产生印象。

6. 根据竞争者定位

根据竞争者定位是将自己的产品与竞争者的产品进行比较后，针对竞争者产品定位的方式，来决定一种既能突出自己产品特性又能对抗竞争者产品的定位方式。例如，美国一家专门经销红色鲑鱼罐头的商家针对竞争对手在市场上推出粉红色鲑鱼罐头的情况，在原有罐头的标签上增加了一句话："正宗挪威红鲑鱼，保证不会变成粉红色！"间接地暗示自己的产品是正宗的，而对手的产品不是正宗的。

三、市场定位的程序

1. 以产品的特征为变量勾画出目标市场的结构图

产品的特征有价格、质量、规格、功能等方面的差异。选用两个不同的变量指标组合便可以画出多个目标市场平面图。图 5-5 是产品的价格和质量组合成的平面图，假定这一产品是某种容量的电冰箱。图 5-6 是根据不同的规格型号（规格和速度）组合成的平面图，假定这一产品是某种旅游用客车。前者有九个小区，后者分四个小区。事实上根据企业市场营销需要，使用不同的产品特征组合，可以画出多种平面图。

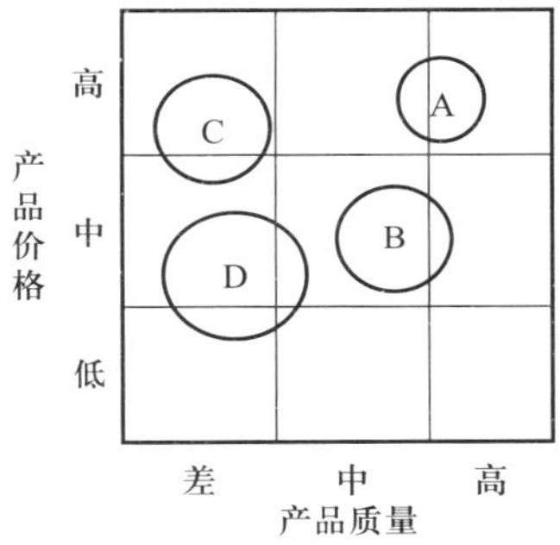

图 5-5 按价格和质量的市场定位

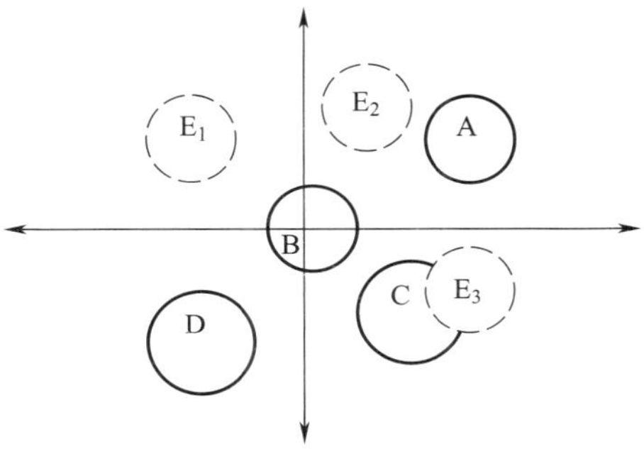

图 5-6 按规格和速度的市场定位

2. 描绘出目标市场的竞争状况

企业选中的目标市场可能是还没任何企业或个人涉足的新市场，但在更多情况下是目标市场内已经竞争对手林立。目标市场的第二个操作阶段，就是要在调查分析的基础上，将现有竞争状况反映到目标市场平面图上，以便进行图上操作（见图 5-5 和图 5-6）。图中 A、B、C、D 四个圆圈分别代表目标市场已有的四个竞争者，圆圈面积的大小表示各个竞争者销售额的大小，圆圈的位置则表明各个竞争者在目标市场上的实际区位。以图 5-6 为例，竞争者 A、B、C、D 分别生产和推销小型高速客车、中型中速客车、小型低速客车和大型低速客车。其中竞争者 D 规模最大，竞争者 B 规模最小。通过第二阶段的工作，目标市场的整个竞争态势便一目了然。当然，在企业选定的目标市场内竞争对手会很多，竞争结构将更为复杂，在实际操作中应将竞争状况尽可能描绘得详尽一些。

3. 分析各种可能的方案并进行初步的定位

剪一片圆纸块，在目标市场平面图的各个位置上试放，看看可以有几种放置方案，哪种放置方案比较可行和理想。经过分析研究之后，便可初步确定企业产品在目标市场上的位置。目标市场的初步定位应该看作是企业的一项重大决策，方案必须通过企业和有关部门的详细论证，最后由企业最高层领导拍板定案。

4. 目标市场正式定位

由于市场定位是否正确往往会影响企业的兴衰成败，一失足而成千古恨的现象也并不少见。因此在初步定位完成后，为了谨慎起见还可以做一些内外调查，包括对企业外的专家做一些征询，对消费者做一些问卷调查，甚至进行小量的试销。通过调查分析，如果发现初步定位存在偏差，应立即进行修正并进行二次定位。重新定位一般能做到基本正确，至此目标市场的定位工作才最终完成。随着目标市场供求状况的不断变化，企业的产品在目标市场上的定位将不断得到修正，因此这里所讲的正式仅是在一段时期内相对而言的。

四、市场定位的策略

企业的市场定位并不是随心所欲的行为，必须是在对竞争者有正确的了解，对消费者有充分的分析，对企业自身有客观的评价之后做出的抉择。

1. 填补市场空位策略

这种策略是将自己产品的位置确定在目前目标市场的空白地带。例如，目前小型高速客车、中型中速客车、小型低速客车和大型低速客车都已有竞争者生产推销，唯有大型高速客车市场目前尚未有企业涉足。这显然是个机会，企业可以将自己的产品确定在大型高速客车的市场空位上。填补市场空位策略的明显优势是企业不仅可以避开激烈竞争压力，而且可以比较潇洒地与竞争者在目标市场上形成鼎立之势。

在决定采用填补市场空位策略之前，企业必须搞清三个问题：① 目标市场空白区位是否有相应数量的潜在顾客。② 企业是否有足够的技术力量去开发目标市场空白区域的产品。③ 企业开发新产品以填补市场空位经济上是否合算。

2. 与现有竞争者并存策略

与现有竞争者并存策略是企业将产品的位置确定在现有竞争产品的旁边。在市场营销中，一些实力不太雄厚的中小企业在产品定位时大多采用这个策略。与现有竞争者并存的产品定位策略具有以下三条明显的优势：① 企业无须具有较高的生产技术水平，仿制现有产品，用自己的品牌向市场推销即可。② 由于无须开发新产品，甚至对现有产品不必做任何改进，因而企业可以节省大量的开发研究费用。③ 由于现有产品已畅销市场，企业不必承担产品不适销的风险。

企业实行与现有竞争者并存的策略需要具备两个前提条件：① 在企业产品欲进入的目标市场区域还有未得到满足的需求，这些需求足以吸引新进入的产品。② 由于消费者对现有产品已比较了解，因而企业推出的产品必须在各方面能与竞争产品媲美，否则消费者是不会接受的。

3. 逐步取代现有竞争者策略

这个策略是将竞争者赶出原有位置，并取而代之，占有它们的市场份额。采用这种策略一般有两种原因：① 企业选定的目标市场区位已为竞争者占领，并且其中已没有进一步发掘的潜在需求。② 一些实力雄厚的大企业自信有足够的力量打败竞争者，进而扩大自己的市场范围。

这个策略是富有挑战性的。采用这种策略企业要有充分的思想准备：① 新投入的产品必须明显优于现有产品。② 企业必须做大量的宣传推销工作，大造舆论以冲淡消费者对原有产品的印象和好感；在宣传推销时应充分利用企业已有的卓著的声誉。

营销案例

小米手机的市场细分策略

（一）案例介绍

国际调研机构 IDC 的报告显示，在 2014 年的第三季度中，三星仍然位居首位，拥有 7 810 万台的出货量以及 23.8%的市场份额，但相比 2013 年第三季度，其出货量下降了 8.2%；苹果市场份额变化不大，只下降了 0.9%，但是出货量显著增长了 16.1%；中国的小米公司出货量则惊人地增长了 211.3%，市场份额由去年同期的 2.1%飙升至 5.3%。[①]

小米手机是小米公司（全称北京小米科技有限责任公司）研发的高性能智能手机。小米公司成立于 2010 年，对于一个创业者来说，最重要的决定之一就是细分市场以及确定目标顾客。低风险和易预见的客户更容易让一个新创企业站稳脚跟。这类客户就是新兴经济中的新生中产阶级。首先，随着经济地位的提高，他们的购买欲增强。虽然没有能力负担顶级品牌，但他们乐意多花点钱购买自己认为接近顶级的产品。其次，因为他们还不能负担高利润的顶级品牌，对于担心赚不到足够的钱来支付高额固定成本与可变成本的现有企业来说，他们不是最具吸引力的消费群体。而小米早已注意到这一群体，并以此席卷整个智能手机行业。小米手机现研发的主要产品有，小米 M1、小米手机青春版、小米手机 1S、小米手机 1S 青春版、小米手机 2、小米手机 2S、小米手机 2A、红米手机 1、小米手机 3、小米手机 4 等。品牌种类多样，其超高的性价比和时尚的外观受到年轻人的追捧，对市场的细分和精准把握成为小米取得巨大成功的重要因素。对小米手机的市场细分发现，在消费者中，男性顾客对手机的功能、配置方面要求较高，对于小米这个品牌的手机还是比较关注和了解的，大部分男性顾客偏好小米手机的 1.5 GHz 高通双核 CPU；女性顾客对手机的质量、外观、款式方面要求较高，对于小米这个品牌的手机了解程度比较低，大部分女性顾客偏好小米手机的 800 万像素摄像头和 4.0 英寸屏幕。在年龄层方面，小米手机主要服务于 18~30 岁的年轻群体，18~23 岁的顾客较注重小米手机的功能和外观；23~30

① 佚名. 小米市场份额位居全球第三，出货量超华为［EB/OL］. 长江商报，2014-11-07.

岁的顾客会比较注重小米手机的外观、配置和品牌。在收入层面，小米手机服务于收入水平处于中低阶层的消费者，这一类的消费者在选购手机时往往将价格作为一个重要的参考因素，而他们中的很大部分人除了考虑价格外，还会比较看重手机的质量、品牌、外观和性能等方面。在消费心理方面，18～30 岁这一年龄阶段的群体消费时比较不仔细，且有较强的比较心理。一些权威人士称，小米是苹果在中国的山寨版，这不无道理。比如，小米的手机发布会与苹果一样怪异，正因如此，小米手机创始人之一雷军又被称为“雷布斯”。还有人指出小米的操作系统 MIUI 和苹果的操作系统 iOS 有着惊人的相似。而这些因素正好满足了消费者的比较心理。尽管在青少年中苹果手机具有很大吸引力，但大多数青少年还是青睐小米手机，因为它的质量不错，但是价格比苹果至少低 60%，几乎不用支付溢价。通过细分市场，实行差异化战略，小米手机在中国市场获得巨大成功。似乎小米手机并不满足于国内市场，而是将目光锁定在全球发展中国家的新兴中产阶级，比如，小米手机在印度市场就发展得风生水起。

但是，对目前智能手机市场分析不难发现，各大智能手机厂商正在不断专注市场细分，摆脱红海纠缠，致力蓝海创新，真正实现差异化。例如，VIVO 公司专注于 Hi-Fi 级音乐市场，将专业级独立音频解决方案——CS8422+CS4398 芯片组首次用在手机里，在 32 欧负载 AP 音频测试中，VIVO 手机的信噪比、动态范围数据等都超过 100 dB，失真不到万分之一，音频性能指标已经超过了一般 Hi-Fi 音响的标准。“VIVO 专注 Hi-Fi 级市场”可谓是目前最成功转型的厂商案例。OPPO 公司专注于手机拍照，OPPO Ulike 2 这款以自拍为卖点的产品也引发了用户的喜爱，特别是其“美颜”功能更是受女孩子的青睐，被冠以“自拍神器”的称谓。随后出品的 R819T 采用 f/2.0 的大光圈镜头，独有的“PI 原画引擎”优化技术，使得其在黑暗环境下的成像质量堪比国际品牌的旗舰级产品，也号称国产手机中的“独一款”夜晚灯光环境下的拍照专用手机。“云狐”这个新品牌又将细分市场定位在户外用户人群，主打的产品以“三防”功能为卖点。户外运动的这个细分市场人群目前看来并不大，但胜在回报丰厚，竞争对手不多，技术门槛高。虽然像索尼这些大厂商也盯着这块肥肉，但实际上产品的竞争优势并不明显。像云狐这样的，与其在传统的大众市场与其他厂商拼价格拼硬件拼性能，不如寻找一个空白市场，拼创新拼服务拼对消费者特殊需求的满足，也体现出一个细分市场的可贵之处。①

从当前的发展形势看，小米手机仍需要不断加强细分市场差异化，提高细分市场的技术门槛。智能手机市场的发展变幻莫测，企业要想立于不败之地，关键在于实行“价值创新”战略，把精力全部放到为买方和企业自身创造价值飞跃上，并由此开创新的无人争抢的市场空间，树立自身的领导地位，彻底甩脱竞争。

（二）案例实训

1. 你认为小米手机在市场细分中的成功之处在哪里？

2. 你认为在今后的发展中，小米手机应如何深化其细分市场差异化？

---

① 佚名. 垦鑫达三防手机，聚焦细分市场［EB/OL］. 搜狐网，2017-01-02.

学习思考

1. 市场细分的含义和作用是什么？
2. 简述市场细分的条件和程序。
3. 如何理解市场定位的内涵？
4. 在目标市场选择中可以采用哪些策略？
5. 市场定位应遵循哪些步骤？
6. 对于创业公司来讲，如何通过有效的市场细分找到有潜力的目标市场？

科研练笔

1. 网络营销中的市场细分策略研究。
2. 高技术产品的市场定位策略研究。

营销实战

当代社会已经变成一个传播过度的社会，仅仅依靠广告等方式是无法改变预期消费者的头脑的。请你选择一家你较熟悉的企业，设计合适的市场定位策略，以改变过度依赖广告促销的营销窘境。

关键术语对译

市场定位　Market positioning
市场细分　Market segment
行为分析　Behavioral analysis
行为层级　Behavioral hierarchies
利益群体　Benefit clusters
差别反应　Different responses
消费品市场　Consumer markets
同质市场　Homogeneous market
社会目标　Social objectives
潜在目标市场　Potential target market
竞争优势　Competitive advantage
市场机会分析　Market opportunity analysis
目标市场　Market targeting
市场定位分析　Market positioning analysis
国内目标市场定位的营销战略　Domestic target marketing strategies

推荐阅读

1. 屈云波，高媛. 市场细分：找对你的顾客［M］. 北京：企业管理出版社，1999.

2. Warren J. Keegan. 全球营销管理（第 7 版）［M］. 段志蓉，钱珺，等，译. 北京：清华大学出版社，2004.

经典链接

1. 中国市场学会
2. 亚利桑那州立大学雷鸟全球管理学院

参考文献

［1］大卫·乔布尔. 市场营销学：原理与实践（第 3 版）［M］. 胡爱稳，译. 北京：机械工业出版社，2003.

［2］李桂华. 产业服务市场细分研究［J］. 天津师范大学学报（社会科学版），2006（6）：13-17.

［3］陈启杰. 市场调查［M］. 北京：高等教育出版社，上海：上海社会科学院出版社，2001.

［4］景奉杰. 市场营销调研［M］. 北京：高等教育出版社，2001.

［5］李晏墅，乔均. 现代市场营销学［M］. 南京：东南大学出版社，2006.

第六章

市场营销战略

营销寓言

谁的医术高

魏文王有一次对名医扁鹊说:“先生你有兄弟三人,每个人都精通医术,到底哪一位医术更高明呢?”扁鹊回答:“我的长兄最高明,次兄次之,我的医术最差。”魏文王感到很奇怪,他问:“那么为什么你的名气最大呢?”扁鹊答:“长兄为人治病,总是治病于病情发作之前。由于一般人都在病痛发作之前被他所治愈了,所以往往觉察不出他的医术,故他的名气无法传出去;次兄治病,通常是治病于病情初起时。此刻病状较为轻微,一般人仅仅只能觉察到他只能治疗轻微的小病,所以他的名气只波及本乡。而我是治病于病情严重之时。一般人都看到我在做经脉上穿针管放血、皮肤上敷药等大手术,并且以此来挽救病人的性命。所以都认为我的医术高明,因此名气也响遍全国。”魏文王说道:“先生所言,寡人明白了。”①

学习启示

这个故事告诉我们许多事情在事后控制不如在事中来加以控制,而事中控制不如进行事前控制。事前进行控制就属于战略设计和管理的范畴,而事后、事中进行的控制则是属于战术管理的范畴。企业或公司只有制定出适合的战略,才能正确地指导自己在激烈的市场竞争中,成功地实现既定的目标,企业在STP的基础上要设计好顾客导向的市场营销战略,与顾客建立良好的关系,以得到最大盈利的市场份额。企业如何合理地设计市场营销战略?何种类型的市场营销战略更适合企业的市场定位?如何有效实施企业营销战略?……这需要通过本章的学习,理解市场营销战略的内涵和特征,了解市场营销战略的意义,掌握营销战略的不同类型和设计原理,从而可以制定出适用于企业的市场营销战略。

---

① 佚名. 谁的医术高[EB/OL]. 凤凰网,2013-01-28.

第一节 市场营销战略概述

“战略”一词最早是军事术语，意为作战的谋略，后来被许多企业界与学术界的专家学者们引入企业管理领域。企业战略是企业站在战略的高度，在企业经营思想和理念的指导下，通过调查和分析企业的内外部环境，由企业高层经营人员所制定的，具有全局性、长期性的企业活动的决策方案。企业战略是对企业各种战略的统称，包括市场营销战略、发展战略、融资战略、技术开发战略、人才开发战略等。企业的市场营销战略作为企业战略的重要构成部分，对企业顺利开展营销活动具有全局性和指导性作用。

一、市场营销战略的内涵

关于营销战略的内涵，有不少专家和学者从各自不同的研究角度做出了相应的概述。菲利普·科特勒和加里·阿姆斯特朗提出，市场营销战略是指公司借以创造顾客价值和实现有利可图的客户关系的市场营销逻辑。公司决定自己将为哪些顾客服务（市场细分和目标市场选择）以及如何为他们服务（差异化和定位）。① 戴维·W. 克雷文斯和奈杰尔·F. 皮尔西提出，营销战略包括战略分析、战略制定和实施，具体的活动包括：界定市场对企业的意义，选择目标市场战略，确定营销的目标，并制定和实施市场定位战略以满足各个目标市场顾客的价值需要。② 姜朝阳认为，营销战略是企业为了适应环境、市场变化，站在战略的高度从全局出发来研究市场营销问题，策划整体的市场活动，是业务单位意欲在目标市场上用以达成它的各种营销目标的广泛的原则。③ 吕化周等人认为，市场营销战略是指企业在分析外部环境和内部条件的基础上，确定企业营销发展的目标，做出营销活动总体的、长远的谋划，以及实现这样的谋划所应采取的重大行动措施。④

根据上述专家和学者对市场营销战略的界定，我们可以归纳出市场营销战略的概念：市场营销战略是根据企业总体战略规划，在经营思想的指导下，通过对企业内部和外部环境的调查和分析，从全局上制定企业未来市场营销的发展目标和运作方案，以期达成创造顾客价值和稳定顾客关系的预期目标。

二、市场营销战略的特征

企业的市场营销战略是企业在市场上开展营销活动的指南和纲要。只有在市场营销战略的引导下，企业才能有针对性地制定出相应的营销策略，才能使得企业营销运作的方向得以保证，才能使企业更有效地利用资源，实现企业最大化创造顾客价值的

---

① 菲利普·科特勒，加里·阿姆斯特朗. 市场营销：原理与实践（第16版）[M]. 楼尊，译. 北京：中国人民大学出版社，2015.

② 戴维·W. 克雷文斯，奈杰尔·F. 皮尔西. 战略营销（第7版）[M]. 韦福祥，译. 北京：机械工业出版社，2004.

③ 姜朝阳. 企业营销战略研究的思路探讨 [J]. 科技与经济，2006（4）：55.

④ 吕化周，柳兴国，范应仁. 市场营销学 [M]. 武汉：武汉理工大学出版社，2006.

营销战略目标。一般而言，企业的市场营销战略具有以下七个特征。

1. 目标性

目标性是指企业的市场营销战略不论是从构思、设计、运作还是到调整或修正，所有这些活动都是围绕着企业总体目标而进行的。战略是为目标而服务的，有什么样的目标，就应该有什么样的战略与之相适应、相匹配。企业市场营销战略的终极目标就是要最大化的创造顾客价值。

2. 前瞻性

企业市场营销战略应具有前瞻性，是对企业市场营销活动路径、方法等的预先描述，是对企业市场营销活动结果的预先估计。它的着眼点往往不是短期或中期的市场营销结果，而是远期营销目标的达成。

3. 全面性

企业市场营销战略是站在一定的高度上，从系统论和企业整体观角度进行全方位思考，规划出企业未来运行的目标和路径，这是企业营销战略全面性的重要体现。它特别注重企业各部门运作的协同效应，不仅考虑到过去、现在和将来企业的整体运作，而且应充分考虑企业内部与外部环境之间的相互作用；不仅考虑到企业的局部，而且考虑到企业的全局。

4. 指导性

企业市场营销战略是企业在未来营销活动运作的总体战略，被用来指导企业各项具体营销活动的开展。企业通常会以此总体战略为蓝本，并将这个总体战略进行分解，形成企业产品的研发战略、制造战略、价格战略、分销渠道战略和促销战略等一系列子战略，并且会就每个子战略来制定出不同的战术，进行不同的活动安排。

5. 动态性

动态性反映企业市场营销战略的设计、运作是一个动态的不断完善、不断调整的过程。有人认为，市场营销战略一旦被制定出来后，就不会被改变。其实这种观点是片面的。这是因为，市场环境是处于变化之中的，是不稳定的，会受到诸多因素的影响，如政府的干预、消费者偏好的转移、技术的进步、市场的竞争等。这势必会使市场无时无刻不在发生着变化。而企业的营销战略是基于某一时刻环境的具体情况所进行分析而制订的长远经营规划。因此，企业在制定市场营销战略时要注重战略与环境的动态适应性。

6. 增值性

任何企业所制定出来的营销战略，必须充分考虑企业的盈利（有形和无形的增值）问题，必须制定出企业未来营销活动所应达到的获利盈亏平衡点。简而言之，企业的营销战略都应使方方面面为企业达到增值的效果。如果不是那样，那么企业所制定出来的战略就是一个失败的战略，一个会给企业带来重大损失的战略。因此，在设计和运作市场营销战略时，企业应该将这个特征考虑进去。

7. 竞合性

企业所制定的市场营销战略，不仅应该包含市场或产品环境竞争性的特征，而且还应该包含有合作性的特征。企业要将竞争与合作两个方面相结合，必须学会在竞争中求生存，学会在合作中谋出路、求发展，不仅要会运用“零和博弈”的竞争模式，而且要学会努力去创造“共赢”的局面。企业要学会通过去创造一个有序的竞争环境，来避免陷入盲目的无序竞争，以期维持和谐的“双赢”或“多赢”的竞争局面。

三、市场营销战略的意义

企业要想生存和发展，除了制定正确的企业战略外，就是要分析和重视其重要的构成部分——市场营销战略。成功的市场营销战略的制定，对于企业的生存和发展具有重要意义。

1. 营销战略有利于保证企业营销工作稳定、持续地开展

营销战略的制定为企业未来的营销工作指明了运作的目标、路径、方式和方法，对企业未来营销运作思路做了预先的规划，保证企业在今后营销运作的平稳性和持续性。

2. 营销战略有利于企业利用企业资源培育核心竞争力

营销战略有利于企业在充分考虑内部资源的拥有及其利用能力，以及外部环境诸多因素的基础上，更为有效地利用企业的相关资源（包括企业原有竞争优势）来培育企业的核心竞争力①，以达成顾客价值最大化的营销战略目标。

3. 营销战略有利于增强企业营销活动对环境的适应性

营销战略的制定，不仅可以使企业适应未来环境变化的可能性大大增加，而且可以通过对环境的预先判断，针对未来环境的变化提前就做好充分的应对准备，甚至企业还可以通过相关的营销活动来诱导环境，使之有利于企业生存和发展。

4. 营销战略有利于企业全面增强竞争优势

营销战略的制定，可以使企业在开展营销活动的过程中，能够从整体上、多角度、全方位地进行思考，能够充分发挥企业内部各个部门、各个员工的协同作用，从而全面提高企业的竞争力。

5. 营销战略有利于企业从整体上对营销成果进行评估和考核

由于营销战略包括未来营销工作的预期目标，企业可以将预期的目标作为企业营销工作成果的评估和考核的标准，从而来判断企业营销工作的优劣，为营销工作的改进和完善奠定基础。

第二节 市场营销战略的类型

一、竞争型和合作型营销战略

企业的市场生存和发展理念是企业设计其市场营销战略的指导思想，有什么样的营销理念就会设计出什么样的市场营销战略。一般来说，根据企业不同的理念，可以

① 韩枫. 市场营销战略的类型选择及其规划方案的制订［J］. 中外企业家，1999（8）：58-59.

设计出两种不同的市场营销战略，即竞争型营销战略和合作型营销战略。

1. 竞争型营销战略

企业将目标市场上现有的竞争者视为自己生存和发展的障碍，针对竞争者的营销战略而针锋相对地制定出自己的营销战略，以期在目标市场上将他们击垮或者将他们彻底挤出该目标市场，从而使得自己企业获得独享收益的机会。根据企业在市场竞争中的地位不同，竞争型营销战略可分为四种类型，即市场领导者战略、市场挑战者战略、市场追随者战略和市场拾遗补缺者战略。

（1）市场领导者战略。市场领导者战略是在行业中实力最强、市场占有率最高、在市场竞争中处于最大优势地位的企业所采用的营销竞争战略。运用市场领导者战略的目标在于扩大整体市场规模、保护市场份额或提高市场占有率。市场领导者战略包括改良市场，扩大市场规模；改良原有产品，不断推出创新的产品；改变人们的传统习惯性思维、培育消费者的忠诚度等子战略。例如，海尔集团采用了 SAP（思爱普）公司为之搭建的国际物流中心，成为国内首家达到世界领先水平的物流中心。

（2）市场挑战者战略。市场挑战者战略是市场份额（占有率）仅次于市场领导者的企业积极进攻市场领导者而采取的竞争战略。市场挑战者战略涉及两方面的决策：一是确定进攻对象和目标；二是选择适当的进攻战略。关于进攻战略的选择，科特勒和辛格（1981）定义了五种主要的进攻战略，即正面进攻、侧翼进攻、包围进攻、迂回进攻和游击进攻。①

（3）市场追随者战略。市场追随者是在市场占有率、产品开发能力和市场适应力等方面均不及市场领导者和市场挑战者的企业。市场追随者战略的选择是以模仿竞争对手先前的创新产品或经营模式为立足点，力求占领部分市场，维持原有的市场竞争地位。市场追随者战略包括三种类型：一是紧密跟随；二是有距离的跟随；三是有选择的跟随。

（4）市场拾遗补缺者战略（或市场利基者战略）。这种战略是那些存在于各个行业中实力规模最小、从事本小利微经营的小型企业所常选择的策略。这种策略虽然表面上看上去不是一个极具进攻型的策略，但对那些刚准备或即将进入新市场的企业来说，这个策略是最稳妥的，也是市场渗透的一个最好选择。市场拾遗补缺者战略的成功关键在于实现专业化市场营销，使自己的产品或服务与竞争者区别开来。市场拾遗补缺者战略的形式有：最终用户专业化、服务专业化、产品特色专业化和客户订单专业化等。

2. 合作型营销战略

企业在目标市场上现实竞争者在某个或某些方面可以与本企业的营销战略互为补充。因此，企业可以在特定的时间或空间将某些竞争者视为自己的合作伙伴，采取合作型营销战略。通过充分利用彼此之间的长处，以获取“双赢”或“多赢”的局面。合作型营销战略包括四种类型。

---

① 格雷厄姆·胡利，约翰·桑德斯，奈杰尔·皮尔西. 营销战略与竞争定位（第 3 版）[M]. 楼尊，译. 北京：中国人民大学出版社，2007.

（1）企业与其他竞争者之间在核心资源互补和整合方面合作的营销战略。这种营销战略的典型是在新产品研发方面的技术互补的合作。

（2）企业与其他竞争者之间在产品合作方面的营销战略。这一战略包括两个方面的子战略：① 产品影响力互补的合作战略，如在肯德基快餐店卖冰镇的可口可乐；② 无形资产和有形资产的合作战略，如麦当劳公司通过输出无形的品牌、专利、技术、诀窍等无形资产与目标市场当地的企业进行合作，共同开发市场。

（3）企业与其他竞争者之间在市场进入方面合作的营销战略。这种战略通常运用于企业所开展的国际市场营销活动。

（4）企业与社会其他各方所进行合作的营销战略。这种营销战略是企业与利益相关者之间所进行合作的营销战略。例如，企业与政府有关机构之间进行合作的营销战略、企业与公众之间进行合作的营销战略等。

二、目标市场战略

根据企业进入目标市场的过程，市场营销学把目标市场战略分为目标市场选择战略和市场定位战略两大子战略。这两大子战略在时间上具有承接性，在内容上具有关联性。

1. 目标市场选择战略

进入一个新的市场，企业首先面临的难题就是如何选择目标市场。目标市场的选择正确与否，直接决定了企业的未来发展走向。因此，企业在选择目标市场时应当评估各细分市场的竞争状况和发展潜力，选择与自身相适应的目标市场战略。关于目标市场的选择，一般有三种基本战略，即无差异性市场营销战略、差异性市场营销战略和集中性市场营销战略。

（1）无差异性市场营销战略。无差异性市场营销战略是企业将产品或服务的整个市场视为一个目标市场，用单一的营销策略开拓市场，以吸引尽可能多的消费者购买。这种营销战略把市场看成是同质或近似同质市场，企业的营销活动只关注消费者或用户在需求方面的共同点，而不关心他们在需求上的差异性；同时，这种营销战略的市场适应性较低，难以满足千差万别的消费者需求，因此标准化的产品会因缺乏新意而逐渐被特色产品所取代。这种营销战略最大的优点是市场营销的经济性，能够在扩大市场需求规模中获得规模经济效益。

（2）差异性市场营销战略。差异性市场营销战略是以市场细分为基础，把产品的整体市场划分为若干细分市场，从中选取两个以上乃至全部市场作为目标市场，并为每个选定的细分市场制定一套独立的营销方案。差异化市场营销战略为企业带来了很多潜在利益，包括扩大销量、获取更高利润、树立良好的市场形象等，从而可以大大提高消费者或用户对产品的信赖程度与重复购买率。但是，这种营销战略也存在不足：一是营销成本太高。企业为了满足不同细分市场的需求，必须针对不同的市场制定相应的市场推广策略，势必会增加营销成本。二是企业的资源配置不能有效集中，顾此失彼，甚至在企业内部出现彼此争夺资源的现象，导致核心产品难以赢得竞争优势。

(3) 集中性市场营销战略。集中性市场营销战略是中小企业较多采用的目标市场选择策略，是企业集中力量进入某一个或少数几个细分市场，并为之开发一种理想的产品，实行生产与销售的高度专业化。这种营销战略最大的优势在于：一是企业可以集中资源实现专业化生产或销售。二是企业通过向特定的细分市场投入资源获益更多。但是，这种营销战略会因细分市场的不确定性而带来较大的经营风险。企业可以适当把经营资源分散到不同的细分市场，合理规避经营风险。

2. 市场定位战略

企业在选择目标市场后，就必须为该目标市场进行科学的、正确的市场定位。一般来讲，市场定位的战略主要有三种，即填补市场空位战略、与竞争者共存战略和逐步替代现有竞争者战略。

(1) 填补市场空位战略。填补市场空位战略是企业通过对现有目标市场上竞争态势进行分析，找出其中的空隙，然后将自己的市场定位在这个空隙之处，以避开竞争，求得和谐发展的市场环境。

(2) 与竞争者共存战略。与竞争者共存战略是企业与竞争对手在相同的目标市场上共同发展的营销战略。当企业在目标市场上遇到竞争者，企业或竞争者均无法独立满足目标消费群体的消费需求，而出现企业与竞争对手共同存在相同的目标市场。

(3) 逐步替代现有竞争者战略。逐步替代现有竞争者战略是企业在目标市场上具有优于竞争者的优势，并且借此逐步替代竞争对手的营销战略。在激烈的市场竞争中，企业通过发挥其自身竞争优势，凭借着自己强大的实力，逐步取代原有竞争对手的地位。

三、产品生命周期阶段的营销战略

产品生命周期理论反映了产品在不同时期的市场需求状况和产品特点，因此企业在制定营销战略时应当根据产品在生命周期的不同阶段，制定相应的营销战略。根据产品生命周期不同阶段的销售特点，市场营销战略可以分为投入期营销战略、成长期营销战略、成熟期营销战略和衰退期营销战略。

1. 投入期营销战略

在新产品的投入期，由于生产企业较少，产品设计、生产工艺、制造等方面还未成熟，企业生产该产品的成本较高，在市场上新产品的通晓度还较低。针对这个时期的具体特征，企业可以从 4Ps 营销组合角度采用如下的营销战略。

(1) 产品层面的定型战略。这是企业在新产品的投入期中尽快进行小范围的市场测试，根据目标市场上消费者的需求，而对新产品的设计、生产工艺、技术和制造等方面做必要的改动，以期尽早使得产品生产工艺能够确定，生产过程能够稳定下来。

(2) 价格层面的低价渗透战略、中价满意战略和高价撇脂战略。在产品价格方面企业可以采用三种战略，即低价渗透战略、中价满意战略和高价撇脂战略：① 当市场上竞争十分激烈时，出于抢占市场占有率的目标，企业可以采取低价渗透战略。② 当企业与竞争对手在市场上处于势均力敌的情况下，企业可以采用中价满意战略。

这样做企业一方面可以获得合适的收益；另一方面可以与竞争对手和平共处。③ 当企业具备有一定的实力，且在某个或某些方面具有独特的核心竞争优势时，企业可以考虑采用高价撇脂战略，以期在短期内最大限度地获取高额的收益。

（3）分销渠道层面的最大信息传递的渠道战略。这是通过采用短渠道、直接渠道的方式，将传统的店铺销售渠道的方式与互联网等新兴无店铺销售渠道方式相结合，最大限度地将该新产品的信息在目标市场的某一区域进行传播，使得该区域中的消费者能够通晓该种新产品。

（4）促销层面的差别信息的促销战略。在产品投入期，由于目标市场上的消费者对新产品还没有充分了解，企业促销的重点应该放在介绍产品上，通过广播、电视、报纸、杂志、POP 现场促销和互联网促销等多种促销手段相结合，向广大目标顾客介绍该新产品与目标市场上竞争对手原有产品的差异，突出其独特性，以此来赢得目标顾客的注意、试用和青睐。在这个战略实施之前，企业应该通过市场调研预先弄清目标顾客收集此类产品信息的市场途径，以便在战略运作时提高运作的效率与效益。

2. 成长期营销战略

在产品处于生命周期的成长期，新产品已为目标市场上的顾客所熟知，产品设计、工艺技术和制造趋于稳定，生产成本此时呈现下降趋势，企业的销售额和利润大幅度提升，越来越多的竞争者不断进入该目标市场。面对这个阶段的特征，在产品、价格、渠道、分销和促销方面企业可以采用如下营销战略。

（1）产品层面的品牌战略。在产品成长期，企业产品战略的重心应该从有形的实体转到无形的整体设计上来，在不断提高产品质量和产品性价比的基础上，通过品牌形象的树立和产品差异化的正确定位，使之与竞争对手的产品品牌相区别，为培育目标顾客的指牌消费，企业后续产品的顺利推出，企业整体产品的品牌塑造，乃至企业社会形象的树立奠定了基础。

（2）价格层面的逐步降价战略。产品进入了成长期以后，竞争对手的纷纷进入导致了市场竞争十分激烈。此时，企业可以将前一个阶段所推出的新产品进行适当的降价：一方面可以赢得对产品价格较为敏感的目标顾客的好感，增加他们的购买量；另一方面可以削减后来进入者的收益，为后来（潜在）竞争者进入设置了障碍。

（3）分销渠道层面的拓宽渠道和寻求新市场战略。由于在这个阶段，目标市场上的竞争者大量涌入，市场竞争异常激烈。此时，企业应该首先锁定上游资源的来源，通过与上游的有关企业签订排他的协议或合同，使得自己生产所需的资源能够及时地获得。在企业下游方面，企业应该将渠道战略的重点放在拓宽分销渠道上，尽可能利用更多的中间商来销售本企业的产品，从而在一定程度上将目标市场上的需求空间在短时间内快速填满，从而为后来的进入者设置渠道的进入障碍。此外，企业还应积极寻找新的细分市场，争取进入新的未被发掘的、有着巨大需求的目标市场。

（4）促销层面的产品/品牌知名度和形象战略。在这个阶段，企业促销的重点应该从投入期的产品差异性的宣传上，转到全面树立企业的产品、品牌和企业自身的形象上来。通过一系列的促销活动以赢得目标市场上顾客的好感和认同，并且为企业以后品牌延伸、生产线延伸等战略的运用奠定基础。

3. 成熟期营销战略

当产品处于生命周期的成熟期，市场需求趋于饱和，企业产品的销量和利润均达到顶峰以后开始逐步下滑。在这个阶段市场上通常会爆发“三战”，即价格战、广告战和服务战，产品已经实现了“三化”，即标准化、系列化和通用化。企业面临的市场竞争尤为激烈，此时，企业可以采用以下的营销战略来帮助自己获得成功。

（1）产品层面的改良型战略。在这个阶段，在产品战略设计方面企业应该重视多个方面的因素：产品质量的提高和品种的变化；努力挖掘产品的新功效和新用途；重视产品外观设计（如包装、颜色、形状、款式和规格）的改变，以期再一次赢得顾客的注意和喜爱。

（2）价格层面的逐步降价战略。企业在降低价格的同时，要注意保证产品的质量。企业要通过价格的逐步降低，来吸引目标市场上对价格敏感的顾客群的购买和青睐，从而通过扩大销售额，来全面实现企业的收益。

（3）分销渠道层面的拓宽和延伸以及寻求新市场战略。在这个阶段，企业要根据目标市场上顾客的需求特征，进一步实施分销渠道的拓宽战略，以方便顾客的选择，从而争取更多的顾客。同时，对原有的目标市场进行重新审视，发现或挖掘消费者市场的新需求，重新进行市场细分，寻求新的目标市场，将分销渠道延伸到新的目标市场领域中去。

（4）促销层面的多种组合型战略。企业可以将价格战和多种促销手段如营业推广等相结合，重新树立产品/品牌形象，增加无形的服务，以促进目标市场上的顾客再购买与口碑宣传。

4. 衰退期营销战略

当产品处于生命周期的衰退期时，企业的销售额和利润大幅度下滑，各种促销手段基本上已经失灵，越来越多的企业逐渐退出了原有市场，市场上已经出现了更新产品或更为优异的替代产品，目标顾客的需求已经发生了变化。对于这种情形，企业可以采用以下四种营销战略来保证企业的收益不会遭受到损害或确保企业的亏损降到最低。

（1）产品层面的降低产品生产规模直至停产的战略。根据产品处于衰退期的特征，企业的生产规模应该逐步收缩，逐渐停止该产品的生产。当产品处于衰退期时，企业不能立即停止该产品的生产，应该逐步降低产量。在完全停止整机生产后，其零配件的生产还应该维持一段时间，以满足顾客售后服务方面的需求。

（2）价格层面的降价战略。在这个阶段，产品定价应该逐步下降。此时许多目标顾客的偏好已经发生了改变，企业往往通过进一步的降价，以期激发中低收入人群的注意并购买。值得注意的是，在这个阶段价格只要能接近变动成本，企业就可以进行定价。

（3）分销渠道层面的收缩撤退战略。处于产品生命周期的衰退期，消费者对产品或服务的需求不再旺盛，中间商或批发商的订货量呈逐渐下降的趋势。因此，企业在目标市场上应进一步收缩战线，将产品的销售集中到少数几个相对销售较好的子市场上去，与此同时还应该从销售额和利润额较小的子市场上退出，逐步从所有目标市场上撤退。

（4）促销层面的收缩放弃战略。在这个阶段，企业的销售额和利润全面大幅度下滑，企业采用一系列的促销手段基本上失灵了。针对这种情况，企业应该采用精减该产品的营销人员，缩减促销费用，直至停止对该产品的营销促销工作。

四、产品/品牌延伸战略

产品/品牌延伸战略是企业将已经在市场上取得成功的产品/品牌运用到市场上新推出来的产品。企业选择这种战略的目的主要有两点，一是可以降低促销成本；二是希望充分利用消费者“爱屋及乌”的消费心理，来促进新产品在市场上的销售。从企业的角度来讲，企业产品/品牌的延伸战略可以分为产品线延伸战略和品牌延伸战略。

1. 产品线延伸战略

产品线是具有基本相同的使用功能，但规格不同的一组密切相关的产品项目。① 产品线延伸通常包括三种延伸战略形态，即向下延伸战略、向上延伸战略和双向延伸战略。

（1）向下延伸战略。向下延伸战略是企业从市场上消费者的需求和自身的竞争需要来考虑，在原先定位于较为高端的产品线中增加中低端产品的生产，以期填补中低端市场的消费需求。

（2）向上延伸战略。向上延伸战略是企业根据市场上消费者的高层次需求，充分考虑到提升企业品牌和产品的形象，进一步增加企业收益的情况下，在原先定位于较低档次的产品线中增加高档次产品的生产。

（3）双向延伸战略。双向延伸战略是企业原先的产品线处于中档位置，生产中档的产品，为了进一步满足高端和低端目标顾客的需求，追求全方位地获取收益的目标，企业在原有生产线中既增加高档次产品，又增加低档次产品的生产。

2. 品牌延伸战略

品牌延伸战略是企业通过将原有成功的品牌，运用到企业所生产的其他产品或新产品上去，以期带动其他产品的销售。国外资料显示，一些出类拔萃的消费品公司在所开拓的新产品中，有 95% 是采用了品牌延伸战略进入市场。另一项由尼尔森（Nielsen）公司做的调查表明，1977—1984 年，进入超级市场的新产品有 40%运用了品牌延伸战略。② 从严格的意义上来讲，品牌延伸战略是企业寻求在两条线上同步延伸的可能性战略：一是寻求在产品线或多品种之间延续采用原有品牌的延伸；二是寻求对原有成功品牌忠诚的目标顾客对延续品牌后其他产品忠诚度的延伸。一般来讲，品牌延伸战略有两种：

（1）品牌的专业化延伸战略。品牌的专业化延伸战略是将原有成功的品牌延伸

① 陶鹏德，吴作民. 市场营销［M］. 南京：河海大学出版社，1994.

② 王晓明. 品牌延伸战略［J］. 中国企业家，2004（2）：44-48.

到具有共同核心能力的其他产品的品牌延伸战略。例如，海尔公司是从冰箱起家，当海尔冰箱获得市场认可并获得成功后，公司就将这种海尔品牌延伸到它所生产的其他家电产品上去。

（2）品牌多角化延伸战略。品牌多角化延伸战略是将原有已经成功的品牌延伸到与原先产品几乎无关联的产品的品牌延伸战略。例如，苏宁公司是以销售空调起家，苏宁这个品牌首先是在家电销售行业中打响并获得成功的，但后来该公司又将其作为房地产开发公司的品牌。

五、整合营销战略

整合营销是将各种营销工具和手段进行系统化整合，根据环境进行即时性动态修正，以使交互双方实现价值增值的营销理念与方法。菲利普·科特勒认为，整合营销发生在两个层次：一是不同的营销功能即销售力量、广告、产品管理、市场研究等方面必须共同工作；二是营销部门必须和企业的其他部门相协调。① 整合营销战略就是对各营销战略（子战略）进行有效组合，以达到企业营销目标的系统性战略。整合营销战略包括整合营销总体战略和整合营销传播战略。

1. 整合营销总体战略

整合营销总体战略包括增长战略、保持战略、收缩战略和创新战略，并注重四者之间的有效组合，使整合营销战略的适用范围更宽，同时也更有效。

（1）增长战略。任何成功的企业都会经历长短不一增长型战略实施期，因为从本质上说，只有增长战略才能不断地扩大企业规模，使企业从小企业发展成为实力雄厚的大企业。提升公司的经营层次、提高销售额、扩大市场份额是增长战略的主要表现形式。企业可以通过直接扩张、兼并其他企业和实行多元化经营等方式来实施增长战略。

（2）保持战略。在实施保持战略中，企业在营销等活动方面很少采取较大规模的推广活动，比较安于现状，很少发生重大的营销推广情况。企业采取这种战略的立足点在于“求稳”。企业一般采用三种方式来实现保持战略：一是保持产品种类的不变，二是维持特有的细分市场，三是设置进入障碍，抵制竞争者的进入。

（3）收缩战略。收缩战略选择与否的决定性因素是市场环境和企业自身的竞争力。当市场技术革新、企业的产品技术远远落后于市场技术的要求时，企业可以考虑采用收缩战略，以稳步退出市场。当企业面临一些不可避免的危机时，可以通过清理和变卖某些阻碍公司发展的业务，减少经营规模和合并与兼并的方式来化解难题，避免危机进一步恶化。

（4）创新战略。创新战略是以产品的创新以及产品生命周期的缩短为导向的一种竞争战略。采取这种战略的企业通常强调风险承担和新产品的不断推出，并把缩短产品由设计到投放市场的时间看成是自身的一个重要目标。这种战略是企业主动适应

---

① 菲利普·科特勒，加里·阿姆斯特朗. 市场营销：原理与实践（第16版）[M]. 楼尊，译. 北京：中国人民大学出版社，2015.

环境变化，培养市场需求的一种积极性竞争战略。运用创新战略的先决条件主要有：一是企业能够分析出顾客的潜在需求和欲望，同时能预测出欲望和需求的新趋势；二是公司具备雄厚的技术研发实力和创新能力，同时能促进公司的文化鼓励创新；三是企业的员工具有勇于创新的精神。

2. 整合营销传播战略

整合营销传播战略是企业经营活动过程中以由外而内的战略观点为基础，在信息技术的支持下，为了与利害关系者进行有效的沟通，由营销传播者所开展的传播战略。① 整合营销传播战略不局限于传播手段的整合，更加注重内外部环境的变化，特别注重与目标受众（从业人员、投资者、社区、大众媒体、政府、同行业者等）的有效沟通，以实现企业品牌形象的统一性目标。运用整合营销传播战略需要遵循以下几个步骤。②

（1）确定制定战略所需要的要素。制定成功的整合营销传播战略需具备的要素有：① 要充分考虑有关人员的意愿；② 要广泛积累相关对战略有用的资料；③ 成立整合营销传播的战略制定小组；④ 获得公司的支持；⑤ 为战略制定小组成员进行相关的培训。

（2）设立整合营销的传播目标。在设立整合营销传播目标时，企业需要对各个单独子战略的目标进行整合，统一协调，以“综合目标”作为整合营销传播实施的目标。

（3）整合战略。营销战略的各个组成部分是独立的，如广告战略、销售战略、公共关系战略和客户关系管理战略等。而整合营销战略是一个整体的计划，各个子战略之间是相互联系、相互一致的。因此，企业在制定整合营销传播战略时要从综合目标的角度来考虑各子战略之间的结构关系。

（4）确定重点战术。战略是导向的，最终要落实到战术的执行上。因此，整合营销传播战略需要确定一个核心战术作为操作层面的标准，最终确保整合营销传播战略的有效落实。

第三节 营销战略设计与管理

营销战略的成功不仅取决于营销战略的精心设计，而且依赖于营销战略实施过程中的有效管理。营销战略设计是企业为了实现其长远的营销经营目标，在企业总体战略的指导下，根据目标市场上消费者需求的特征，对企业未来的营销目标和活动所做出的一个预先的设定和安排。虽然市场营销战略要求具有相对的稳定性，但是由于环境的易变性，营销战略的设计其实是粗线条的，并且强调营销战略的方向性，而营销战略的子战略则要求贴近实际、富于弹性。同时，由于环境的多变性，企业应根据内外部的情况定时对市场营销战略进行动态管理，以保证企业整体战略的有效实施。

---

① 申光龙，柳映珍，何克敏．整合营销传播战略评估指标体系研究［J］．管理科学，2006（2）：42-49.

② 王峰．如何进行整合营销［M］．北京：北京大学出版社，2004.

一、营销战略的设计原则

一般来讲，企业在设计营销战略时应当遵循市场性、方向性、稳定性与动态性等原则。

1. 市场性原则

市场营销战略设计的出发点是目标市场上消费者的需求，而不是企业自身的产品。满足目标市场上广大消费者的需求是企业开展营销工作的中心理念，也是企业从事营销活动、考虑诸多营销问题的出发点。因此，企业在设计市场营销战略时应当注重目标市场的消费需求。

2. 方向性原则

市场营销战略设计首先应该明确正确的营销活动方向，其次考虑其精确性。由于营销战略的重心主要是放在企业长远营销活动的路径、方式、方法和目标的达成上，因此企业在设计营销战略时应保证战略方向正确，否则就会给企业后续的营销工作带来巨大的损失。

3. 稳定性与动态性相结合原则

市场营销战略设计应力争能较好地将稳定性与动态性相结合。在设计营销战略时，人们通常希望所设计出来的营销战略是一个稳定的战略，以保证企业营销运作的平稳。但是由于环境是变化的，给企业设计营销战略带来了不小的决策困难。如何既考虑到营销战略的稳定性，又兼顾到营销战略适应环境的动态性，是企业在设计营销战略时应考虑的重要问题。

二、营销战略的设计程序

根据营销战略设计的基本内涵，市场营销战略设计的程序主要包括以下六个步骤。

1. 市场调研和预测分析

企业市场营销战略的制定是建立在对市场进行调研和分析预测的基础之上。由于所面临环境的复杂性，企业可以从三个层面进行调研：

（1）宏观环境调研。宏观环境主要包括自然地理环境、人口环境、社会文化环境、经济环境、政治和法律环境、科技环境等。

（2）中观环境调研。中观环境通常是指产业环境，主要包括产业现行政策、产业结构、产业中本企业的上游企业、下游企业、本企业产品的替代产品生产企业、产业中可能进入本企业活动领域的潜在进入企业、本企业现有的竞争企业等。

（3）微观环境调研。微观环境包括企业内部、与企业有着一定利益关联的人、组织、团体和机构。

通过对市场的调研，企业可以弄清楚消费者真正的显性需求，挖掘出其潜在需求，甚至可以洞察出消费者需求的变化趋势，从而创造出需求，将其引导到所创造出的新需求上来。此外，通过市场调研，企业可以摸清市场的运行规律，尤其是可以弄清楚消费者需求的变化情况，并在此基础上进行科学的预测，将对于企业正确地设计市场营销战略大有裨益。

2. 市场细分和目标市场的确定

（1）市场细分。在市场调研和预测分析的基础上，企业要根据市场调研与预测的成果，结合自身的资源拥有和利用能力等实际情况，来正确地进行市场细分。一般来讲，市场细分要按照一定的细分标准来进行，以消费品市场为例，这些细分标准主要有地理标准、人口标准、心理标准、行为标准和环境标准等。

（2）目标市场的确定。目标市场的确定是在市场细分的基础上进行的。根据各子市场的实际情况和企业自身的资源，来选择本企业能较好地为之提供产品和服务的子市场，以此作为自己的目标市场。

3. 市场定位战略的选择

企业可以根据自身竞争实力以及在目标市场上的竞争地位，决定采用哪种定位战略。

4. 各种营销战略的选择

企业可以将其内部具体情况与外部环境相结合来进行分析，选择出适当的战略类型，用于指导企业实际的营销战略工作。

5. 营销战略的经济性和可行性评估

营销战略设计的经济性评估主要评价营销战略是否能够实现企业预定的市场目标和预期的经济效益。企业可以将该种营销战略在一个预先选定的局部市场中实施，通过一段时间的运作，来检验其收益情况。一般来讲，如果营销收益超出了营销成本，则表明这种战略的设计是较为成功的，该种战略可以实施。反之，则是必须对设计的战略做进一步的修正，甚至需要重新设计。在这里需要注意两个方面的问题：一是这里的营销收益不仅仅是指有形的收益，还包括无形的收益，例如品牌、企业形象、通晓度、知名度和美誉度等。二是在进行经济性评估测试的过程中，企业所选择的测试范围应该具有代表性，这样在测试完成以后，企业对以后进行大规模实施的结果就能进行较为准确的预测，有利于企业从战略的高度对未来的发展进行把握。

营销战略的可行性评估是评价所制定出来的营销战略是否与企业的总体战略相一致，同时，该营销战略是否有利于企业有效利用所拥有的各种资源，是否有利于企业发挥并增强原有的竞争优势，是否有利于开发出新的核心能力，形成新的竞争优势。如果设计出来的营销战略方案，脱离了企业的实际，那么再好的营销战略也只能是空中楼阁，中看不中用。

6. 营销战略的调整

由于企业内外环境的不断变化，在实施营销战略的过程中，企业通常会发现原先设计出来的营销战略，会存在着这样或那样的问题。此时，企业应该对营销战略进行及时的调整，以使设计出来的营销战略更为有效。值得注意的是，由于环境变化是无时无刻不在发生的，因此，企业对营销战略的调整是一个动态的过程。企业可以采用滚动的调整方式，即根据时间将营销战略的实施分为若干个阶段，距目前时间较近的营销战略应制定得较为详细一些，而距目前时间较远的营销战略则应制定得较为宽泛一些。当营销战略实施了一段时间后，根据具体运作的情况，决定对后期原先制定的较为宽泛的营销战略进行修改，使之详尽起来，同时又将距离目前时间较远的营销战略再一次设计得宽泛一些，使营销战略的设计可以不断随着时间向未来推进。

一般来讲，上述六个步骤是企业营销战略设计的一般程序。在制定营销战略的实践中，企业可以根据自身情况对这个设计程序进行适当的调整，既可以对设计程序进行分解和细化，也可以将其中部分步骤加以合并。

三、营销战略管理

在实施营销战略的过程中，企业需要根据企业内外部环境的变化，对营销战略进行管理，使之长期地产生效益，保证企业营销工作长期、稳定地向前发展。因此，加强营销战略的管理，对于企业未来的生存和发展极其重要。

美国著名的战略学专家弗雷德·R. 戴维将战略管理定义为，战略管理是制定、实施和评价使组织能够达到其目标的，跨功能决策的艺术与科学。战略管理致力于对市场营销、财务会计、生产作业、研究与开发及计算机信息系统进行综合的管理，以实现企业的成功。① 可见，战略管理包含了营销战略管理的内容。也就是说，营销战略管理隶属于企业战略管理。因此，营销战略管理是企业为了达成营销目标，而进行营销战略的设计、实施、评价和管理。营销战略管理应使营销战略能够与企业的内外部环境相匹配，与企业的生存和发展成功的进程相吻合，并使营销战略能够发挥出最大的效益，为企业的不断发展壮大而服务。企业在营销战略管理中需要注意三个方面的问题。

1. 对市场变化的及时洞察和反应

企业对市场变化的及时洞察和反应是营销战略管理成功的关键。对企业的营销战略管理首先体现在对市场变化的及时洞察和反应的管理上。市场的变化主要是由四个方面的因素引起的，即技术进步与创新、政府政策的变化、消费者偏好的转移和竞争对手营销战略的改变。在日常的营销战略管理过程中，要密切注意这些市场的变化，通过对变化的及时分析，力争从中寻找出机会，避开可能出现的威胁。在及时洞察市场变化的基础上，企业要通过成本与收益的分析，来决定是否要采取相应的反应，从而决定是否要对原先所制定的营销战略进行修正或调整，以保证该战略能够发挥出应有的作用。

2. 重视营销战略的方向性

企业在对内外环境分析和研究的基础上设计并实施营销战略，应该将市场分析与自身所拥有的资源和利用能力相结合，充分考虑到自身的竞争优势，选择正确的、符合本企业生存和发展的营销战略，从而为营销目标的顺利实现奠定基础。值得注意的是，企业不仅要在设计、选择和实施营销战略时，注意营销活动的方向性研究，还要根据企业内外环境的变化趋势，不断对原有营销战略所制定的营销活动方向进行修正，以保证营销工作能够沿着正确的方向进行。

---

① 弗雷德·R. 戴维. 战略管理（第6版）[M]. 李克宁，译. 北京：经济科学出版社，1998.

3. 关注客户关系管理

关注客户关系管理是企业通过实施营销战略管理，以赢得长期、稳定收益的保证。客户是企业的衣食父母，要保证营销战略的成功实施，企业就必须时刻关注着客户，尤其是那些目标客户。企业不仅要关注客户的显性和潜在需求，而且要通过一系列的营销活动，培植企业与他们之间的情感，对客户尤其是重要的大客户进行专门的客户关系管理，如定期回访，生日问候等。只有这样，才有可能全面提升目标客户对企业产品和品牌的忠诚度，为企业未来营销战略的顺利实施，收益的长期、稳定地获取奠定可靠的基础，为企业的生存和不断发展壮大创造条件。

营销案例

娃哈哈“小陈陈”饮料能成功吗?①

（一）案例介绍

2013 年，娃哈哈集团销售额为 780 亿元，基本实现了预期目标。2014 年，娃哈哈能不能实现销售预期目标 1 023 亿元？这是娃哈哈面临的最大难题。如果仅依靠原有品类，无疑难度极大。在这种情形下，企业通常的选择是采取创新战略，推出新产品，谋求新的消费需求。娃哈哈也不例外，相继开发了新产品启力、格瓦斯，花了巨大的代价，但两者都收效甚微。娃哈哈并没有因此选择放弃，而是一如既往地选择了新产品策略，于 2014 年年初推出新品“小陈陈”饮料。此种饮料将甄选两种传统功效性食材陈皮与青梅作为原料，精心煮制，不添加任何色素、香精、防腐剂。口感自然清爽，具有生津益气、下气安心的作用，适合日常饮用，是真正的健康饮料。娃哈哈集团的营销策略主要体现在以下两大方面。

1. 目标市场定位和品牌定位

中国目前饮料行业已经进入了白热化阶段，企业为了能在激烈的市场竞争中站稳脚跟，就必须充分细分市场，挖掘潜在需求或未满足的需求，以赢得新的发展机会。“小陈陈”在充分分析了主要竞争对手（康师傅、统一、天喔茶庄等）市场分布后，发觉现有市场“养生”饮料是一片空白，同时这也迎合了现代消费者绿色健康消费理念。因此，“小陈陈”把目标市场定位在细分市场上，生产“养生”饮料以迎合目标受众的需求。它以“淡定应对生活”为口号，主张为消费者“理理气、顺顺心”，戳准了年轻消费者的兴趣点。

“小陈陈”拥有个性化的产品包装设计、清新的产品形象和健康的产品理念。在产品外观设计方面，选择了绿色作为产品的主色调，主张绿色生活；在产品形象设计方面，选择“卡通人物”作为产品的品牌形象，彰显年轻个性；在产品理念方面，提出“理气、顺气、安心”产品理念。因此，“小陈陈”在饮料市场上具有

① 蒋军. 娃哈哈“小陈陈”能成功吗？[J]. 企业文化，2014（9）：58-59.

明确产品定位。

2. 独特的营销渠道策略

娃哈哈一直引以为傲的是其渠道联销体模式，借助于强大的网络覆盖和控制能力，快速地将新品推上全国市场，7天左右时间可以做到全面覆盖，这种掌控力，就算是互联网当道的今天，也绝对算是非常了不起的一件事情；同时我们要知道，联销体模式的成功，要借助于强大的品牌力和优秀的产品集群效应。也就是说，除了大量的高空广告之外，还需要不断有成功的新品推出，有足够的利润空间维持渠道的稳定性，并成为完成销售目标具有决定性的推动力量。“小陈陈”青梅陈皮饮料，就像当年的酸枣汁、酸梅汤、柠檬饮品一样属于流行时尚类饮品，经过一定的炒作，短期内可能会流行起来。从这个角度来讲，“小陈陈”应该选用渠道联销体模式（传统渠道与网络渠道）。但“小陈陈”并没有选择这种联销体模式，而是选择了网络渠道。原娃哈哈集团策划总监肖竹青对此渠道方式这样评价道：“在网上首发饮料新品是个很好的营销手段，销售可以不限制时间，也没有规模限制，再加上‘小陈陈’这种包装的饮料本身就是卖给年轻人的，在网上售卖将能够产生更好的效果。”

“小陈陈”尚处于市场初期，未来的市场前景如何，还需要时间来检验。娃哈哈“小陈陈”能成功吗？这个问题，相信未来一段时间内一定会是营销界讨论的一个热点。

（二）案例实训

1. 根据娃哈哈集团营销实践，你认为“小陈陈”饮料有哪些优势和劣势？

2. 从市场定位战略和企业总体发展战略来看，你认为“小陈陈”饮料的前景如何？应当如何实施营销战略管理？

学习思考

1. 简述企业营销战略的内涵和主要特征。
2. 如何理解企业制定营销战略设计的意义？
3. 简述企业营销战略的主要类型。
4. 产品生命周期各个阶段应分别采取哪些营销战略？为什么？
5. 简述营销战略设计的一般程序。
6. 你认为应当如何开展有效的营销战略管理？

科研练笔

1. 房地产企业营销战略的有效分析研究。
2. 中小企业的整合营销传播战略研究。

营销实战

结合“吉利收购沃尔沃事件”，从市场营销战略的角度分析吉利公司收购沃尔沃的经济性和可行性。

关键术语对译

市场营销战略 Marketing strategy
市场定位 Market positioning
市场细分 Market segmentation
产品生命周期 Product life cycle
品牌延伸 Brand extension
营销管理 Marketing management
市场领导者 Market leader
市场挑战者 Market challenger
市场追随者 Market second mover
市场利基者 Market nicher
整合营销传播 Integrated marketing communications (IMC)
客户关系管理 Customer relationship management (CRM)

推荐阅读

1. Atuahene-Gima K., Murray J. Y.. Antecedents and Outcomes of Marketing Strategy Comprehensiveness [J], Journal of Marketing, 2004, 68: 33-46.

2. 吴健安. 市场营销学 [M]. 3 版. 北京: 高等教育出版社, 2007.

经典链接

美国市场营销协会官网

参考文献

[1] 戴维·W. 克雷文斯，奈杰尔·F. 皮尔西. 战略营销（第 7 版）[M]. 韦福祥，译. 北京：机械工业出版社，2004.

[2] 姜朝阳. 企业营销战略研究的思路探讨 [J]. 内蒙古科技与经济，2006 (4): 55-57.

[3] 姚新庄. 企业市场营销战略的制定与实施 [J]. 集团经济研究，2006 (7X): 62-63.

[4] 吕化周，柳兴国，范应仁. 市场营销学 [M]. 武汉：武汉理工大学出版社，2006 (8).

[5] 韩枫. 第四讲 市场营销战略的类型选择及其规划方案的制订 [J]. 中外企业家，1999 (8)：58-59.

[6] 格雷厄姆·胡利，约翰·桑德斯，奈杰尔·皮尔西. 营销战略与竞争定位(第3版) [M]. 楼尊，译. 北京：中国人民大学出版社，2007.

[7] 陶鹏德，吴作民. 市场营销 [M]. 南京：河海大学出版社，1994.

[8] 申光龙，柳映珍，何克敏. 整合营销传播战略评估指标体系研究 [J]. 管理科学，2006，19 (1)：42-49.

[9] 王峰. 如何进行整合营销 [M]. 北京：北京大学出版社，2004.

[10] 弗雷德·R. 戴维. 战略管理 (第6版) [M]. 北京：经济科学出版社，1998.

[11] 菲利普·科特勒，加里·阿姆斯特朗. 市场营销：原理与实践 (第16版) [M]. 楼尊，译. 北京：中国人民大学出版社，2015.

[12] 李晏墅. 服务营销：21世纪企业营销立足之道 [J]. 南京师大学报 (社会科学版)，2001 (5)：30-35.

[13] 李晏墅. 我国企业经营诚信的缺失与重建 [J]. 南京师大学报 (社会科学版)，2002 (4)：52-57.

[14] 李晏墅. 营销创新的灵魂：理念创新 [J]. 经济管理，2006 (16)：16-20.

[15] 李晏墅. 知识经济时代市场营销的理念与战略创新探析 [J]. 苏州大学学报 (哲学社会科学版)，2002 (1)：17-21.

第三篇　营销组合篇

Part Ⅲ　Marketing Mix

第七章
4Ps 营销组合（上）

营销寓言

猎人被吃

动物中，鹿怕貙①，貙怕虎，虎又怕罴②。罴披头散发，就像人一样站立，气力特别大，又最能伤害人。楚国南方猎人，能用竹管吹出各种野兽的叫声。有一天，他带弓箭、罐子和灯火到深山里去。起初他模仿鹿叫，用来引诱鹿群，等鹿一到，便举起灯火发箭射它们。貙听到鹿的叫声，赶快跑了过来。这人非常害怕，就模仿老虎的叫声来恐吓。貙被吓跑了，却招来了一只老虎。这个更害怕了，猎人连忙又模仿罴叫，老虎也吓跑了。罴听到叫声，就来寻找它的伙伴。罴跑来一看，却是一个人，于是就一把抓住他，把他撕成碎片吃掉了。③

学习启示

猎人为了保命，不停地变换方法，但是最后还是被吃掉了。不是因为猎人不够机灵，打猎方法偏少，而是因为他只想到每种方法的优点，没有考虑到这些方法的缺陷。遇到复杂的狩猎环境，猎人需要将不同的方法加以组合，形成优势互补，发挥整体效能，以避免单一方法的不足之处。企业在市场营销中应当注重将产品、价格、促销和渠道等方面的营销策略和手段加以整合，形成有效的营销组合，以综合提高企业的营销实力。有效的营销组合的实质是什么？有效的营销组合策略是向顾客传递什么？企业如何制定合理的产品策略、价格策略、分销渠道策略和促销策略？如何将这四个方面营销策略进行有效组合……这需要通过本章的学习，理解4Ps营销组合的内涵和作用，了解产品和价格的内涵，掌握产品策略和价格策略的内涵和制定方法，进而能够灵活运用产品策略和价格策略。（注：下一章将介绍分销渠道策略和促销策略。）

---

① 古书上说的一种虎属猛兽。

② 棕熊。

③ 陈志刚. 影响人一生的100个营销寓言［M］. 北京：光明日报出版社，2005.

第一节 4Ps营销组合概述

一、4Ps营销组合的内涵

20世纪60年代，是市场营销学的兴旺发达时期，市场态势完成了由卖方市场向买方市场的转变，企业经营观念实现了由传统生产观念向市场营销观念转变。与此相适应，企业的营销手段也多种多样，并将多种营销手段加以组合。市场营销组合是美国尼尔·思·博登（N. H. Bordern）教授于1964年最先提出的概念。同年，美国伊·杰·麦卡锡教授首先将市场营销组合概括简化为易于记忆的“4Ps”，此后便在西方市场营销学中广为运用。4Ps是由产品、价格、分销渠道和促销构成的营销组合，由于产品（Product）、价格（Price）、分销渠道（Place）和促销（Promotion）中的第一个字母均为“P”，所以简称为“4Ps”。4Ps营销组合是企业为了实现营销目标，运用产品、价格、分销渠道和促销等营销要素及其组合，选择并实施最优的和综合性的营销决策。4Ps营销组合包括四个策略，即产品策略、价格策略、分销渠道策略和促销策略（见图7-1）。

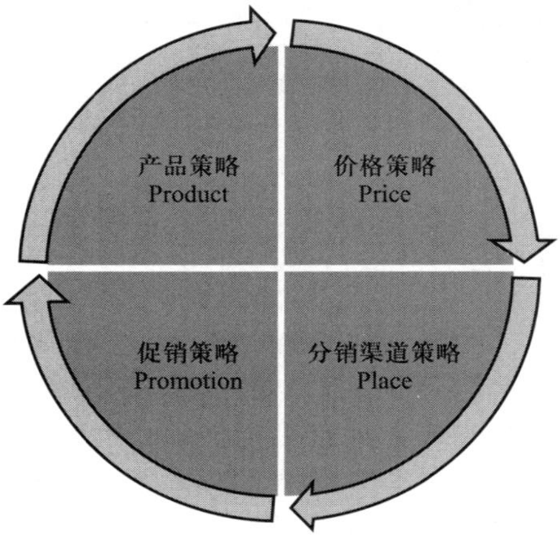

图7-1 4Ps营销组合

1. 产品策略

产品策略是指企业应做出与产品相关的计划与策略。产品是为目标市场而开发的有形商品及其相关服务的统一体。产品领域的核心问题是如何满足顾客的需要。因此，企业必须在产品种类、质量标准、产品特性、产品品牌、包装设计以及维修、安装、退货、指导使用、产品担保等方面进行新产品开发活动。企业在开发有形的物质实体时需要重视衍生服务的开发。

2. 价格策略

价格是指消费者购买商品时的价格。从市场营销角度，价格是消费者满意企业的营销组合时所支付的款项，包括定价目标、影响因素、价格策略与技巧等内容。价格策略是影响企业促进销售、获取收益的一个关键因素，直接决定着企业的销售量、销售收入、市场份额和利润的大小，关系到企业营销目标的实现。价格策略的核心内容是合理选择定价目标，在特定阶段将以确保生存为主的短期目标与追求盈利最大化的长期目标相结合。

3. 分销渠道策略

分销渠道是指选择产品从生产者转移到消费者的通路，包括分销渠道的结构、特点、类型、影响因素等内容。分销渠道策略在企业整个市场营销战略中占有重要地位。分销渠道合理与否，依赖于企业与外部购销关系的协调。因此，企业要结合影响分销渠道的因素，重点分析分销渠道各种类型、特点及相应策略。

4. 促销策略

促销是指企业宣传商品的优点，以说服目标顾客购买其商品所开展的各种活动，包括人员推销、广告宣传、公共关系、营业推广等。企业要把合适的产品、在适当地点、按适当的价格出售等信息，传送到目标市场。

以上四个策略是4Ps营销组合的基本构成要素。在动态的市场营销环境中，它们互相依存，处于同等重要的地位。虽然它们各自均具有独特的功能，但真正重要的意义在于它们因势而异的配套组合，即把它们组合起来形成的独特的营销方式。①

二、4Ps营销组合的特点

4Ps营销组合是企业实施市场营销战略的一个重要组成部分，是一个企业非常重要的营销管理策略，具有可控性、多层次性、整体性和动态性等特点。

1. 可控性

4Ps营销组合的可控性是指企业可以根据经营目标，自主地选择产品结构，决定产品价格，规划分销渠道和制定促销策略。对于这些营销策略和营销手段的运用及其风险，企业可以自主地加以预测、分析、管理和控制。

2. 多层次性

4Ps营销组合的多层次性是指企业在产品、价格、分销渠道和促销对营销策略、营销计划、营销手段、营销技术和营销方法等层面进行合理的选择和组合。企业在运用营销组合策略时，不仅可以选择4Ps之间的最佳组合，而且还可以适当安排4Ps的内部组合，在各个层次的组合做到更为具体、实用和灵活。

3. 整体性

企业必须在准确地分析、判断特定的市场营销环境、企业资源、企业能力及目标市场需求的基础上，才能制定最佳的营销组合。因此，最佳的4Ps营销组合绝不是产品、价格、分销渠道和促销的简单叠加，而是使它们形成一个整体协调的有机体，发挥它们的整体协同性。

4. 动态性

4Ps营销组合的各个变量是影响和决定市场营销效益的决定性因素，而4Ps营销组合随着市场环境的变化会形成不同的营销结果。从这个关系来看，4Ps营销组合是适应市场环境变化的动态组合，适时、适地调整和改变营销组合及其内在构成要素，以追求理想的营销效果。

三、4Ps营销组合的作用

4Ps营销组合在企业的经营管理中发挥着重要作用。营销组合是企业营销人员用

① 刘厚钧. 市场营销学［M］. 北京：北京理工大学出版社，2006.

来实施市场营销战略和传递顾客价值的战术工具①。4Ps 营销组合的作用主要表现在以下几个方面。

1. 4Ps 营销组合是制定和实施经营战略规划的基础

企业在实施经营战略的过程中需要将经营战略转化为具有可操作性的营销行动方案（即市场营销组合及其策略），才有可能实现企业的经营战略规划。

2. 4Ps 营销组合是企业参与和应对市场竞争的有力武器

在现代市场竞争中，企业不能孤立应用某一个营销变量。例如，仅以价格作为市场营销手段，会诱致企业为降低价格而使用低劣原材料来降低生产成本，使企业陷入恶性的市场竞争。综合应用 4Ps 营销组合，企业就能避免单一营销因素或手段的不足，在特定的市场条件下形成综合竞争优势。

3. 4Ps 营销组合是协调企业内部各职能部门工作的纽带

营销计划是部门业务战略规划的关键和基础，而营销组合策略最终需要转化为企业的产品研发策略、生产管理策略、物流管理策略、资金运营策略、人力管理策略等诸多部门管理策略。企业通过制定和实施 4Ps 营销组合策略，不仅可以协调营销部门自身的工作，还可以协调营销部门与研发、生产、财务、人力资源、物流等其他职能部门的工作关系。

第二节 产 品 策 略

产品是企业营销活动的基础。如果产品质量很高，但不适合市场需求，那么再好的营销策略都会徒劳无功。企业产品策略的合理与否，直接影响企业市场营销乃至整个经营活动的全局，关系企业的成败兴衰。② 因此，产品策略是企业整个营销策略的基础和关键。

一、产品的概念

1. 产品

对于产品的概念，科特勒认为，产品是指能提供给市场以引起人们注意、获得、使用或消费，从而满足某种欲望或需要的一切东西。产品在市场上包括实体产品（如汽车、书籍）、服务（如理发、音乐会）、人（如迈克尔·乔丹）、地点（如夏威夷、威尼斯）、组织（如美国心脏协会、女童子军）和主意（如家庭计划、安全驾驶）。③ 例如，华为手机、格力空调、茅台酒、机械手/机械臂全自动设备是产品，Windows 操作系统、新年音乐会、智能投资顾问（对普通客户，智能投资顾问系统可以对客户的年龄、消费轨迹、经济基础、风险偏好等指标进行采集，运用

① 菲利普·科特勒，加里·阿姆斯特朗. 市场营销：原理与实践（第 16 版）[M]. 楼尊，译. 中国人民大学出版社，2015.

② 李晏墅，乔均. 现代市场营销学 [M]. 南京：东南大学出版社，2006.

③ 菲利普·科特勒. 营销管理：分析、计划、执行和控制（第 9 版）[M]. 梅汝和，梅清豪，张桁，译. 上海：上海人民出版社，1999.

机器学习等人工智能技术来构建数学模型，为客户提供个性化的金融服务）也是产品。吴健安认为，产品是通过交换而满足人们需求和欲望的因素或手段，包括提供给市场，能够满足消费者或用户某一需求和欲望的任何有形物品和无形物品。[①]在市场经济的条件下，企业生产出来的基本上都是商品。从市场营销角度来说，产品是指能够满足消费者某种需求的商品，包括有形的物品、无形的服务、营销理念、品牌等要素的组合。因此，产品具有实体性、效用性、可靠性和经济性等特点。

（1）产品的实体性。产品的实体性是指市场上产品的具体物质形态，包括产品的实体、功能、品质、式样和包装等。它是产品的自然属性，是产品的物质承担者。

（2）产品的效用性。产品的效用性是指产品提供给消费者的某种基本效用和利益。它是人们一种主观价值的体现。例如，一家小微企业购买计算机，并不是买一台机器放在桌子上观赏，而是希望计算机和 ERP（企业资源计划）软件能够充分应用于企业的经营管理中去，以给企业带来更高的运行效率和效益。可见，人们所需要的并非仅仅是产品本身，更重要的是满足某种消费需求。

（3）产品的可靠性。产品的可靠性是指产品在一定时间内无故障地实现其效用的能力或可能性。产品的可靠性既包括产品在使用期间内没有发生故障的可靠程度，也包括使用者对产品的满意程度或对企业的依赖程度。因此，产品的可靠性包含设计可靠性、使用耐久性和可维修性。

（4）产品的经济性。产品的经济性是指消费者购买和使用产品过程中所耗费的成本与产品的使用价值之比。消费者购买某种产品比较关注经济性。一个购买者，不论购买消费品还是购买生产资料，都希望用尽量少的费用，购买尽量多的使用价值。

2. 产品的整体概念

产品的整体概念是包括一切能满足购买者某种需要和利益（含购买前希望获取的利益）的有形产品实体、无形服务、经验、人、地点、组织、信息、理念、财产和事件。科特勒认为，产品的整体概念包括五个层次：核心利益、一般产品、期望产品、附加产品和潜在产品。[②] 根据产品的基本内涵，产品的整体概念包括五个层次：核心产品、实体产品、期望产品、附加产品和潜在产品（见图 7-2）。

（1）核心产品。核心产品是指产品给消费者带来的基本效用和利益，是消费者所希望获得的核心利益或服务，即产品的核心顾客价值。例如，购买一款苹果 iPad，可不只是购买了一台平板电脑，消费者在购买娱乐、自我表达、效率以及与亲朋好友的关系——简直就是一个面向世界的个人的移动窗口[③]。因此，设计实体产品的目的在于创造核心顾客价值，也就是创造卓越顾客价值和最满意的顾客体验。

---

① 吴健安. 市场营销学［M］. 北京：高等教育出版社，2000.

② 菲利普·科特勒. 营销管理：分析、计划、执行和控制（第 9 版）［M］. 梅汝和，梅清豪，张桁，译. 上海：上海人民出版社，1999.

③ 菲利普·科特勒，加里·阿姆斯特朗. 市场营销：原理与实践（第 16 版）［M］. 楼尊，译. 中国人民大学出版社，2015.

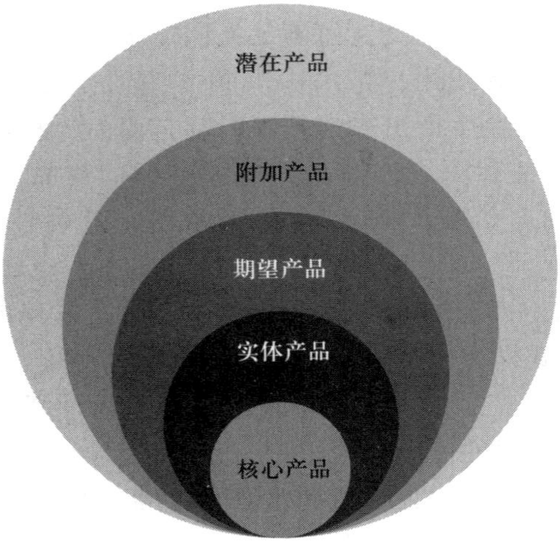

图 7-2 产品的整体概念

（2）实体产品。实体产品是指产品的实体和功能，还包括外观、包装、商标、式样、规格、功能、质量、颜色等方面。例如，化妆品的外观、包装、品牌、形状、色泽等。实体产品是产品承载核心顾客价值的物质载体，通过将产品的名称、功能、质量、包装、风格、特征等各个方面精心组合在一起，是用来传递核心顾客价值并与顾客保持联系。

（3）期望产品。期望产品是指消费者在购买产品时，希望在使用产品后所达到的使用效果。例如，女性在购买化妆品时希望通过涂抹化妆品使自己达到的美的效果。

（4）附加产品。附加产品是指消费者在购买产品时和购买后所能获得的快捷的服务，包括产品售后的保证、运输、安装和维修等方面的服务。国内有的学者将此理解为是附加产品，即指企业在提供产品时所包含的各种附加服务和利益，是消费者在购买产品时所得到的附加服务和附加利益的总和。①

（5）潜在产品。潜在产品是指一个产品最终可能实现的全部附加部分和新的功能。② 这是指顾客在购买产品或服务之后所获得的超出原购买承诺之外的利益，或者在再次购买同一产品或服务时所能得到的前次购物所没有或没有及时获得的有关利益。超额利益部分主要是对消费者心理上的满足。例如，一位长期出差的旅客，第一次入住某集团下属的某大饭店时，对住宿提出了一些要求，当他第二次入住该集团下属的大饭店时，他惊奇地发现给他所安排的房间套型与他所喜欢的相一致，同时房间内一切布置同他第一次入住后所提出的要求相符，甚至还赠送了水果，让他享受到了比第一次住宿更多的温馨，获得了更多的利益。

① 吴世经，曾国安，陈乙. 市场营销学［M］. 修订本. 成都：西南财经大学出版社，2000.
② 吴世经，曾国安，陈乙. 市场营销学［M］. 修订本. 成都：西南财经大学出版社，2000.

二、产品生命周期的营销策略

1. 产品生命周期的内涵

科特勒认为，产品生命周期是认识产品销售历史上各个不同阶段的一种尝试。①吴世经认为，产品生命周期是产品从开始进入市场营销直到退出市场营销所经历的时间过程。② 还有人认为，产品生命周期是指产品从进入市场到退出市场所经历的市场生命循环过程，是指产品的市场生命，而不是指使用寿命。③ 因此，产品生命周期是指产品从投入市场开始到被淘汰退出市场为止所经历的全部过程。如同人有童年、少年、青年、壮年和老年等阶段一样，产品也有一个从投入、成长、成熟到衰老，最后在市场消失的发展过程。这一发展过程称为产品的生命周期，又称为产品的市场生命。描绘产品在其生命周期中发展变化过程的曲线，称为产品生命周期曲线，如图 7-3 所示。

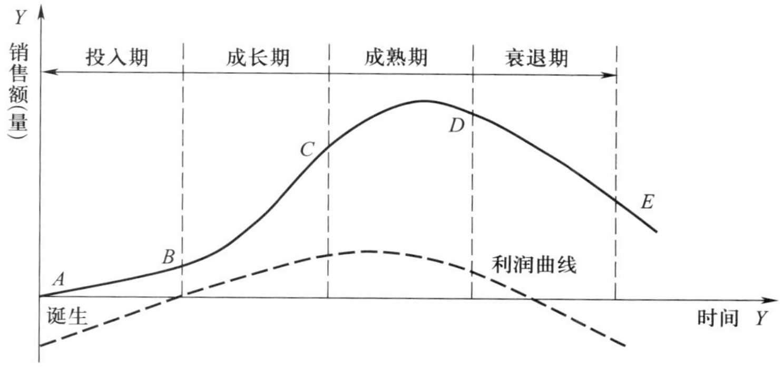

图 7-3 产品生命周期曲线

（1）投入期。投入期（A-B），也称为引进市场阶段，是指产品引入市场时销售缓慢成长的时期。在这一阶段，由于产品引入市场需要支付巨额费用，企业几乎难以获得利润。一种新产品经过发明、试验和制造，便可以投入市场，便进入了产品的投入期。

产品处在投入期具有多个市场特点：① 生产企业少。在产品投入期，市场可能只有少数几家企业，甚至只有独家生产。② 产品的设计还没有完全定型。投入期的产品通常是新产品，在产品设计上可能还存在着某些不合理、不完善的地方，或者需要根据消费者的意见，对产品的某些方面加以适当的改进。③ 生产工艺还不成熟，工人的生产熟练程度低，废品率相对较高。④ 生产批量小，产品成本高。⑤ 消费者对这种产品比较陌生，企业需要投入较多的资金做广告或进行其他促销活动。⑥ 由于生产成本较高，销售费用较大，处在这一阶段的产品一般获利很少，有的甚至处于

① 菲利普·科特勒，营销管理：分析、计划、执行和控制（第 9 版）[M]. 梅汝和，梅清豪，张桁，译. 上海：上海人民出版社，1999.

② 吴世经，曾国安，陈乙. 市场营销学 [M]. 修订本. 成都：西南财经大学出版社，2000.

③ 张静中. 现代市场营销学教程 [M]. 银川：宁夏人民出版社，2002.

亏本状态。

(2) 成长期。成长期（$B-C$），也称为发展期，是产品被市场迅速接受和利润大量增加的时期。产品经过投入期后，越来越为广大消费者所了解，用户对其性能感到满意，销售量随之增长，由此进入了成长期。

产品在成长期一般具有以下特点：① 销售额增长速度很快。② 产品设计已基本定型。③ 工艺流程已基本确定，专用设备已经配齐，生产线已经形成，市场需求量扩大，开始大批量生产。④ 工人的熟练程度提高，废品率降低，生产成本大幅度下降。⑤ 产品销路已经打开，销售费用减少。⑥ 生产成本下降，销售费用减少，企业开始获得利润。⑦ 竞争者开始进入该市场，并生产出许多同类产品。

(3) 成熟期。成熟期（$C-D$），也称为饱和期，是产品被大多数的潜在购买者所接受、销售增长缓慢的时期。为了应对市场竞争，维持产品的地位，销售费用日益增加，利润趋于稳定或有所下降，产品进入成熟期。

产品在成熟期一般具有的特点是：① 需求量虽然还在增长，但销售增长的速度已经缓慢。② 产品在原有的技术水平上不断加以改进，生产技术已经成熟。③ 市场已处于饱和状态，新增需求不多，市场需求多数属于替换性需求。④ 市场竞争趋向激烈，企业的销售费用大幅上升，产品在总销售额有所增加或保持相对稳定的情况下，产品利润额开始下降。

(4) 衰退期。衰退期（$D-E$），也称为下降期或淘汰期，是销售下降的趋势增强和利润不断下降的时期，一般是指产品更新换代阶段。

产品处在衰退期一般有以下特点：① 总销售额迅速下降。② 产品在技术、经济上已经老化。③ 降低产品价格已成为竞争的主要手段。④ 新的替代产品在市场上出现，并逐渐代替原有产品。⑤ 利润锐减，甚至亏损。

产品生命周期是市场营销学中一个重要的概念，是营销学者以统计规律为基础进行理论推导的结果。在现实生活中，并不是所有商品的生命周期都完全符合上述曲线模型。有些产品刚进入市场，很可能迅速跳过销售额缓慢增加的投入阶段；有些产品又可能由投入阶段直接进入成熟阶段；也有些产品经过成熟期以后，再次进入第二次迅速增长，并没有进入衰退期。所以，在产品生命周期运动中，由于企业发展产品新用途，改变营销战略，或采取有效的营销措施等，会使产品生命周期经常出现“循环—再循环”的现象。由此可见，产品生命周期阶段不是必须经过这四个阶段。一般来讲，产品的生命周期都要经过四个阶段。随着科学技术的进步，产品生命周期越来越短，因此，我们必须重视产品生命周期策略的研究。

2. 产品生命周期的营销策略

根据产品生命周期的基本规律，企业应在不同阶段采取相应的营销策略。所以，产品生命周期的营销策略可以分为投入期营销策略、成长期营销策略、成熟期营销策略和衰退期营销策略。

(1) 投入期营销策略。在这个时期企业所应采取的基本策略是：积极搜集市场对新产品的反应，甚至采取赠送、试用、折扣等方式来搜集消费者对产品的意见，争取尽快改进定型；同时要搞好市场试销，大力开展广告宣传活动，尽力疏通销售渠道，以打开市场销路。在产品的投入期，企业应根据市场情况，灵活采用不同的营销组合策略。

① 双高策略。双高策略是以高价格和高促销把产品投入市场。由于价格高，获利多，从而可以迅速收回投资，开创企业经营的新局面。由于高促销，广泛开展宣传推销活动，从而迅速提高产品的知名度，迅速占领市场，科特勒称之为快速撇取战略。

② 选择性渗透策略。选择性渗透策略是产品以高价格、低促销进入市场。采用这一策略，一般应具备下述条件：产品的市场规模小，例如，某些“高、精、尖”的专用仪器仪表、特殊材料等；市场供不应求，竞争不激烈；价格弹性不大，对于消费者来说主要是解决有无问题，选择余地很小。

③ 密集性渗透策略。密集性渗透策略是产品以低价格、高促销投入某一特定的市场。采用这个策略，一般应具备下述条件：产品市场规模大，竞争激烈，价格弹性较大。此时，只有采取这一策略才能在某一特定的目标市场内形成竞争优势，达到以廉取胜、薄利多销的目的。

④ 双低策略。双低策略是产品以低价格、低促销投入市场。采用这个策略，一般应具备下述条件：产品知名度比较高；市场规模比较大；竞争者比较少；价格弹性比较大；替代产品比较多。此时采取低价格策略能够迅速占领市场，采用低促销策略可以节约销售费用，保证企业获得必要的利润。

（2）成长期营销策略。产品成长期是指产品已大批量进入市场的时期，是产品生命周期的黄金时期。这个时期的主要策略有：

① 努力拓展新产品市场。企业通过疏通流通分销渠道，扩大销售网点，增加供应，补充货源，扩大市场产品的覆盖面；推出多种包装，防止产品单调而弱化消费者的兴趣；努力挖掘产品的新用途，使产品不断向市场的深度发展；采用多种优质服务措施方便购买，积极做好售后服务工作，以吸引更多的消费者重复购买，维护企业的市场地位。

② 努力从价格和质量上应对市场竞争。企业应灵活运用价格策略和产品策略，一方面提高产品质量，另一方面适当降低销售价格，以争取更多的顾客和在竞争中保持有利的地位。急功近利，是失败的前奏。许多企业在兴旺时期往往不注意提高产品质量，适当降低产品价格，而是反其道而行之，结果是显而易见的。

③ 努力提高企业和产品信誉。企业应及时地从介绍产品性能和质量转向突出宣传产品的优点和企业的形象，以提高产品的信誉度和企业的声誉，因而广告必须突出企业的特色和产品的可靠性，使产品和企业的形象在消费者心目中同样完美，引导消费者对本企业产品的偏爱。

（3）成熟期营销策略。在产品成熟期，产品已趋于普及并逐步达到市场饱和状态。企业要想维护原来的市场地位，获得发展，应采取以下策略。

① 寻找新的市场机会，向市场的深度和广度发展。在深度上，企业应注意运用市场细分化原则，开辟和发展新的目标市场，创造新的消费方式，使产品的用途更为广泛。在广度上，应遵循“堤内损失堤外补”的原则，积极开拓远方市场，从城市

转向农村，从沿海转向内地，从国内转向国外，以有效地拓展市场。

② 积极进行产品创新，使产品具有新的特色。这种创新主要包括：一是对产品品质加以改进，如提高产品的耐用程度、可靠程度和安全程度；二是对产品性能进行创新，如增加产品新的用途，提高产品的方便性和适应性，使产品具有新的特色；三是对产品风格进行创新，如在产品的外观设计、造型、色彩、包装等方面进行创新，以维护其市场地位；四是采用灵活的价格策略，适时降低售价。通过采用包装策略、分销渠道策略、销售服务策略等，以延长产品生命周期。

（4）衰退期营销策略。在产品衰退期，产品在功能上处于老化，在市场上面临淘汰的态势。企业的领导者必须审时度势，采取有效的营销策略，使企业度过营销困境。

① 逐步缩减生产计划，实行集中销售。企业应从实际出发，缩减原有的生产计划，保留部分仍有销路的品种，把人、财、物集中到最有利的目标市场和分销渠道上，以争取后期的消费者，从中获得较多的利益。

② 积极扩大出口，简化分销路线。企业可在一些经济发展水平较低和人民生活水平较差的国家或地区开拓新市场；同时应努力简化分销路线，只保留一些经济效益和流量较大的分销渠道。

③ 采用灵活的销售策略，有效选择退场时机。企业可以降低产品的售价，积极推销与处理库存商品，把死钱变活，把产品经营权转让或把产品线淘汰给一些经济不发达地区的中小企业。在努力开发新产品的同时，拟定退出市场的时机。

三、产品组合策略

1．产品组合

产品组合问题是指一家企业如何对生产经营的全部产品进行有机结合，确定企业的经营方向和目标的问题。产品组合包括广度、长度、深度和关联度四个方面。

（1）产品组合的广度（宽度）。产品组合的广度（宽度）是指产品线的总量，说明企业生产经营的产品类别（产品线）的多少，多者为广，少者为狭。产品线越多意味着企业的产品组合的广度就越宽。例如，某家用电器公司的产品组合广度就是6条产品线。如果另一家企业的产品线是8条，则其产品组合广度就要宽于具有6条产品线的家电公司。产品组合的广度表明了企业经营的产品种类的多少及经营范围的大小。

（2）产品组合的长度。产品组合的长度是指产品项目的总和，即所有产品线中的产品项目相加之和，是说明企业生产经营的各产品类别内产品项目的总数，多者为长，少者为短。以某家电公司为例，该公司的电视机产品线有6个产品项目，音响产品线有8个产品项目，洗衣机有3个产品项目，吸尘器有4个产品项目，电冰箱有6个产品项目，空调有4个产品项目。这家公司的产品组合长度就是：$6+8+3+4+6+4=31$（个）。

（3）产品组合的深度。产品组合的深度是指企业的产品线上每种产品有多少花色品种和规格。例如，某一公司产品线上的A品牌产品，假设它有4种规格和3种配方，则该品牌产品的深度为 12。通过计算每一品牌产品的深度，然后将其加总，再除以品牌产品总数，就可得出该企业产品组合的平均深度。

（4）产品组合的关联度。产品组合的关联度是指企业生产经营的各种产品线在最终用途、生产条件、分销渠道等方面的相关程度，关联性大者为密，小者为疏。最终用途是指各个产品线的产品所提供的使用价值，生产技术包括产品的生产、工艺流程、加工技术等方面。产品组合的关联度与企业开展多元化经营有密切关系：关联度大的产品组合有利于企业开展多元化经营管理，容易取得较好的经济效益；反之，情况则相反。

2. 产品组合的策略

根据产品组合的基本内涵，企业在市场营销可以结合自身的资源、能力和条件采取适当的产品组合策略。

（1）广度扩展策略。广度扩展策略是指有选择地增加产品大类，扩大产品组合的广度。具体来说，企业可向两个方面发展：一是横向发展，即以现有的技术和经验为基础，发展与现有产品大类相关联的产品大类；二是侧向扩展，即发展与现有产品大类完全不相关的产品大类。采用广度扩展策略，可以充分利用企业的资金、技术、人才、设备、市场、销售渠道等方面的潜力，并可以分散经营风险。如果产品组合广度过大，经营管理就会较为复杂，企业力量就会较为分散，经营得好，不同产品之间可以相得益彰；经营不善，则可能影响企业的竞争能力。

（2）深度扩展策略。深度扩展策略是指以现有产品大类为基础，向纵深发展，增加产品大类的品种和规格。采用这种策略，可以比较容易地实现产品的系列化、通用化和标准化；能够用较少的资金、较快的速度发展新产品，满足市场各类用户的不同需要；可以充分利用本企业的设备、技术和经验，形成某类产品的优势；可以利用增加高档产品的生产和销售，提高现有产品声誉和销量；还可以利用高档名牌产品的声誉，生产和销售中低档产品，以吸引购买力较低的顾客。

（3）广度收缩策略。广度收缩策略是指缩小产品组合的广度，以缩小经营范围，实现生产专业化。采用这种策略的企业，可以是在市场营销活动中选择了对企业有利的产品大类，淘汰了对企业不利的产品大类；可以根据自己的专长和特殊的生产条件，采用较窄的产品大类，以满足某一特殊的需要。这种策略对中小企业尤为适用。

（4）产品细分策略。产品细分策略是指企业在市场细分的基础上，专门为某一类需求未能得到满足的消费者生产和销售某种产品。例如，自行车厂把自行车分为运动车、轻便车、儿童车等细分市场。每一类细分市场都为满足某一类消费者的需要，销售某一特定种类的自行车。

（5）产品差异化策略。产品差异化策略是指在同类产品市场上，企业为突出某一产品与市场上其他同类产品的不同特点，而采用不同设计、不同配方或不同包装，以显示产品的特殊效用。

（6）产品定位策略。产品定位策略是指根据消费者对产品的印象和重视的程度，给产品确定新的市场定位。这也就是找出消费者心目中理想点的位置，同时找出本企业和同行业现有产品在主要属性方面所存在的差距。这样，企业可以据此改进原有产品或开发新产品，使产品具有新的特色。

四、新产品开发策略

1. 新产品

开发新产品是企业产品策略中重要的组成部分，对企业的生存和发展有十分重要的意义。它不仅有利于适应市场需求的变化，保证企业的稳定发展，而且有利于企业扩大产品市场占有率，提高企业的市场地位；同时，开发新产品还有利于企业提高市场竞争能力，促使企业稳定发展和壮大。

市场营销中认识的新产品与科学技术意义上认识的新产品并不完全相同：前者含义包含了后者；后者是以新的科学技术的应用为标志的，前者是以现有消费品市场的存在为标志的。因此，新产品是指在结构、性能、材质、技术特征等某一个方面或几个方面有显著改进、提高或独创，在一个省、市、自治区范围内第一次试制成功，经有关主管部门鉴定确认并在市场上初次出现的产品。新产品主要有以下几种类型。

（1）完全创新产品。完全创新产品是指完全应用新的科学原理、新的生产技术、新的原材料生产出来的与已有产品毫无相同之处，具有划时代意义的产品。例如，电话、飞机、电视机、电子计算机、真空管、激光器、核反应堆等第一次问世，都被公认为完全创新新产品。完全创新新产品与科学意义上的新产品的含义是一致的。

（2）换代新产品。换代新产品是指在原有产品基础上，部分采用新技术、新材料生产出来的在性能、质量上有明显提高的产品。例如，平面电视机改换为曲面电视机，4G手机改换为5G手机，传统电动玩具改换为智能玩具等均属于换代产品。

（3）改进新产品。改进新产品是指在改变原有产品功能、结构的基础上，使产品的性能、质量有所改进以及花色品种有所翻新等。例如，药物牙膏、变速自行车、落地电风扇、中央空调等就是在普通牙膏、普通自行车、台扇、柜式空调基础上经过改进后的新产品。

（4）仿制新产品。仿制新产品是指企业模仿他人生产的产品，在商品外形、颜色等方面做少许改变。例如，自行车尺寸的高低、服装口袋、领口、袖口的变化都属仿制新产品。从整个市场来说，它已不是新产品；但对尚未生产这类产品的企业来说，它仍然是新产品。

2. 新产品开发策略

企业要按照自身的实际情况，制定新产品的长远发展规划和近期计划，运用远近结合、配补结合、高低结合和集散组合等策略。

（1）远近结合策略。远近结合策略是要求企业应该具有开发新产品的长远规划和近期目标。由于开发新产品需要相当长的时间，企业一般应在第一代产品的成长期或成熟期就要着手进行第二代产品的试制工作。企业可以对第一代产品做某些改进，同时还有必要开始第三代产品的研制和第四代产品的预研工作。这就是人们常说的“四代同堂”，即“生产一代，改进一代，研制一代，预研一代”。

（2）配补结合策略。配补结合策略是要求企业尽量生产辅助产品和短线缺门产品，可以采取配角策略和补缺策略。其中，① 配角策略。企业一般不在某一类产品的生产经营活动取得主导地位，而甘当配角，主动地为主导企业研究、生产和经营某种产品服务，大力发展主导企业所需的配套产品，提供必要的服务。② 补缺策略。企业一般应回避那些供给充足或供求平衡产品的诱惑，而应把注意力放到积极开发市场急需的短线缺门产品，以及外贸需要且供应不足的产品。

（3）高低结合策略。高低结合策略是指企业开发新产品，要注意高档产品和低档产品相结合，尤其是生活资料，更要注意这一点。这样做能够满足不同层次消费者的需要，适应不同市场的需求。

（4）集散组合策略。集散组合策略是企业在新产品开发成功后，不断采用同心扩散和重新组合策略，开发出各种新产品，主要采取扩散策略和组合策略。① 同心扩散策略。企业以现有产品为中心，开发出各种变型产品、系列产品、配套产品和延伸产品。② 重新组合策略。采用这种策略，企业并不着力于追求新的发明创造，而是将现在的已经成熟的技术和产品加以组合，开发出别具一格的新产品。这个策略成功的关键在于：细心地研究市场的需求，富于想象，匠心独运，独辟蹊径，发现各种产品重新组合的可能性。

五、产品的包装和商标策略

（一）产品包装策略

1. 产品包装

产品包装是指为了运输、保管、陈列、销售、携带的需要，用各种容器或其他包装物把商品盛装或包裹起来的一系列活动。它是整体商品的一部分，即外形商品。良好的商品包装，既具有良好的物理功能，又具有不可忽视的心理功能。商品包装的作用主要有：① 保护商品；② 方便运输和储存；③ 便于消费者的携带和使用；④ 美化商品，促进销售；⑤ 增加商品的价值和提高企业的经济效益。

产品包装主要考虑产品的物理方面和心理方面的要求。① 在产品的物理方面，产品包装应当能够做到坚固可靠，方便运载和装卸，主要选择质量轻、体积小和价廉的材料；② 在产品包装的心理方面，产品包装应当使用安全便利，突出商品的形象，富有时代感，符合消费者的消费习俗和社会道德规范。①

2. 产品包装策略

无数实践证明，产品包装在企业发展中具有特殊的作用，因而企业间的竞争，正日益向包装方面渗透和延伸。许多企业为了争夺包装方面的优势，往往不惜重金投入巨大的人力、物力和财力，搜集包装信息，研究和制定包装策略。目前企业常用的包装策略有：

（1）配套包装策略。这是根据消费者的消费习惯和消费中的连带性，把几种相互关联的商品配套包装于一个包装物中一起出售。例如，成套餐具、酒具、茶具、整体家居等。这种包装策略既能大大地方便消费者，又能以一物带多物，扩大商品的销

① 李晏墅，乔均. 现代市场营销学［M］. 南京：东南大学出版社，2006.

售，提高企业的经济效益。

（2）类似包装策略。这是企业把全部或大部分产品的包装，采用相同的或类似的图案、色彩、式样等。采用这个包装策略，能使企业的产品在零售货架上形成庞大的产品阵容，扩大企业的影响，在销售中以多取胜，并且能节省包装费用，提高企业的经济效益。当然，采用这个包装策略必须注意产品品质相近。如果名优产品与一般产品采用相类似的包装，则会失去名优产品的特色。

（3）再使用包装策略。这是指当产品消费以后，其包装物还可用作其他用途的包装。如一些药盒、药瓶等包装物就可用作家居生活用品。一些高级化妆品和珠宝的包装物可用作工艺品欣赏。当然，采用这个策略也必须适度，否则，就会导致成本加大。

（4）附赠商品包装策略。这是在包装物内，根据消费者的特点偏好附赠他们喜欢的一些小礼品，如玩具、彩票、化妆品、美术品等。这种策略有助于联络企业与消费者的感情，激发他们的好奇心，从而达到扩大销售的目的。

3. 产品包装的发展趋势

从产品包装的策略和做法来看，企业的产品包装具有三个方面的发展趋势。

（1）包装材料不断翻新。随着社会经济的发展和科学技术的进步，陈旧的包装材料日益为新的包装材料所取代。一些延续了几千年的粗纸、木板、柳条、瓦罐等包装材料正在消失，而性能良好、应用广泛、美观耐用的塑料、金属材料已成为主要的包装材料。

（2）包装手段越来越先进。随着科学技术的发展，手工操作的包装方式已日益为机械化的操作方式所取代，高度现代化、自动化的包装手段正在蓬勃发展。

（3）包装设计日益具有时代特色。在今天，包装设计正在从单纯地保护商品向科学性、卫生性、实用性、艺术性全面发展，使包装的物理功能和心理功能实现了与时代的优化组合，如透明包装、真空包装、挂式包装、折叠包装、携带包装等层出不穷。

（二）产品商标策略

1. 商标

商标是一个专门的法律术语，是品牌或品牌的一部分，是在政府有关部门依法注册、取得专用权后形成的。商标受到法律的保护，是一项重要的工业产权和知识产权。商标是商品的标志，由商品的视觉图案符号“品标”和语言文字符号“品名”两部分构成。根据商标的构成不同，商标可以分为：① 文字商标，即只用文字组成的商标，如“英雄”“格力”“天猫”等。② 图案商标，即仅用图案组成的商标，如三棱牌手表，其商标即是“△”。③ 符号商标，即用一种符号组成的商标，如“川”是刀具的商标。④ 数字商标，即用数字表示的商标，如“555”（三五牌）香烟。⑤ 组合商标，即由文字和图形相互结合而组成的商标，如“熊猫”牌电视机商标中，既有“熊猫”两字，又有“熊猫”图案。

随着商品经济的发展，商标具有十分重要的作用：① 商标便于消费者认识和购买商品；② 商标可以消除消费者的不信任感；③ 商标可以树立企业的形象；④ 商标有利于企业扩大市场占有率；⑤ 商标可以降低产品的价格弹性；⑥ 商标有利于国家加强市场管理。

2. 商标的设计

商标的设计是一门艺术性很强的工作，企业应当注意以下几个方面的要求：① 独具特色。只有独具特色，才能使自己的商标与别人的商标明显地区别开来，并给消费者留下深刻的第一印象。② 符合商标法规定和道德习俗的要求。商标设计不能与社会法律、伦理道德相冲突。③ 商标必须能体现产品内在特性，符合消费者的心理特点。商标的设计要努力体现商品的内在特性，符合消费者的心理特点。④ 必须考虑当地的风俗习惯和宗教信仰。商标的设计必须考虑不同地区不同民族的风俗习惯和宗教信仰，采用当地人喜闻乐见的题材。出口商品还要注意中外文的区别。⑤ 简洁明了，便于理解和记忆。商标设计要求语言精练，生动有趣；图案清晰，一目了然；符号数字简明，便于记忆。

3. 商标策略

商标策略也是产品策略的一个组成部分。常用的商标策略有以下几种。

（1）统一商标策略。统一商标策略是指企业生产的一切产品均使用统一的商标。这种策略可节约大量的广告费用，利用各种产品的推销，扩大商标的声势；同时又可利用市场上已经知名的商标将新产品推入市场。

（2）分类商标策略。分类商标策略是指企业将产品按其用途或档次分类，不同类产品分别使用不同商标。这种策略的优点在于：便于各类产品竞争，防止不同档次产品的混淆，避免某些产品不成功的商标对其他产品的影响。

（3）多商标策略。多商标策略是指企业生产各种产品分别采用不同的商标命名。这种策略的优点在于：不同商标可用于不同质量水平的产品，企业声誉建立在各种商标的基础上，某种商标的失败不会造成全局性的影响，从而分散了风险；同时扩大了企业商标阵容，有利于壮大企业声势。

（4）平行商标策略。平行商标策略是指企业生产的各种产品使用企业商标和各种产品的商标。采用这种策略可以使新产品借助企业商标的知名度而显示出该产品的正宗性，同时又可使各种不同的商标表现出各种产品诱人的特性。例如，通用汽车公司的商标别克，其豪华版的别克商务；中高档的别克君威和林荫大道；中低档的别克凯越；低档的别克赛欧等。

（5）扩展商标策略。扩展商标策略是指利用已经获得成功的商标把新产品和改进型产品推入市场。有时可以利用已经知名的商标扩展到其他非同类产品上去，如美加净牙膏成为名牌以后，又推出美加净洗涤精、美加净洗衣粉、美加净银耳珍珠霜等。

（6）使用他厂商标策略。使用他厂商标策略是指本企业生产的产品使用其他企业商标出售。这种策略尤其适用于中小企业，企业可以与某些名牌产品企业合作经营，在它们的指导监督下，生产出产品用名牌产品的商标出售。

（7）无商标策略。无商标策略是指某些产品在制造过程中，其物理化学特性无法与其他企业生产的产品相区别，即无差别产品，或消费者购货时并无选择的要求，因而可以不用商标进入市场。例如，自来水、电力、煤炭、天然气、钢材、食盐、小农具等。采用这种策略的优点在于：节省包装、广告等费用，降低成本，从而降低价格，扩大销售。

六、产品品牌及品牌策略

1. 品牌的内涵

随着市场竞争的日益加剧，产品品牌在营销中的地位越来越重要。一家企业在行业中的竞争优势取决于有无核心竞争力，建设一个差异化特色的品牌是打造企业核心竞争力非常有效的手段。从某种程度上说企业的竞争就是企业产品品牌的竞争。品牌不只是潜在的买主辨认或回忆某一品牌属于某一产品类的能力，它包含了品牌与产品类别之间的联系。菲利普·科特勒认为，“品牌指一个名称、标记、符号、设计或它们的联合使用，以便消费者能辨识厂商的产品或服务，并与竞争者的产品有所区别”。① 商标、品牌名称以及品牌视觉符号标志是品牌的组成部分，又称品牌三要素。从不同角度看品牌能得出不同结论。

好名称有助于产品营销的成功。要找出最佳的品牌名称首先必须考察产品、产品利益、目标市场和所要采取的策略。一般来讲，选择品牌名称应当满足下列条件：① 品名应当显示产品利益和质量。② 品名好念、好认和好记。③ 品名应当相当独特。④ 品名应当易于转化成外语，以利于日后产品走向国际化市场。⑤ 品名是否可以注册从而受到法律保护。产品名称应该独一无二，若是侵犯他人的商标专利便无法登记；品牌名称仅仅是描述性的或可能引发其他联想的，也可能会不被保护。

2. 品牌策略

（1）多品牌策略。多品牌策略是指公司在同一种产品项目中有两个或多个品牌。采取多品牌策略的重要性在于：① 厂商可以掌握更多的货架空间，加重零售商对该公司的依赖。② 很少有消费者对某一品牌的忠诚度高到不去使用其他品牌，因此把握住品牌转换者的唯一方式就是推出集中品牌。③ 创造新的品牌会使公司内部具有士气和效率。④ 多品牌策略就是针对不同的利益和要求而定位的，因此每一个品牌都可以吸引一个特定的目标市场。例如，宝洁公司是最早采用此种策略的公司，它以奇尔（Cheer）牌清洁剂来和已经成功的汰渍（Tide）牌竞争，虽然此举使得汰渍牌的销售额稍微下降，但两种品牌的销售额却比原来只有一种品牌时的销售额高。

（2）家族品牌策略。家族品牌策略是指决定企业的所有各种产品使用一个或几个品牌，还是分别使用不同的品牌的策略。制造商若决定使用自己的品牌，至少还有四种品牌策略可供选择。

① 个别品牌名称，即同一个制造商为其下属的各种产品分别起不同的品名。如：吉利汽车将它的汽车分别命名为博越、帝豪、远景等。个别品牌策略最主要的好处就是可以将公司的声誉和个别产品的成败分开，万一某种产品失败，也不会严重损害到

① 菲利普·科特勒. 营销管理（第11版）[M]. 梅清豪，译. 上海：上海人民出版社，2003.

公司的声誉。

② 所有产品都用单一家族品牌。例如，亨氏公司和通用电气公司就采取这种政策。采取单一家族品牌策略的好处是不需要再费心去替产品找名字，也不必为认识品牌和建立其偏好去花费昂贵的广告费，所以推出的产品成本较低。此外，如果该公司已经有良好的声誉，对产品的销售将大有帮助。

③ 所有产品分别用数个家族品牌，根据产品的种类、产品的品质来创立各种不同的家族品牌。因为如果公司所生产的产品种类各异且相差很大，就不合适使用同一个家族品牌。例如，吉利控股集团在汽车领域有“吉利”系列品牌，在教育、体育和文旅等领域使用“铭泰”品牌。

④ 公司名称加个别产品名称，即公司可以在每一个产品品牌之前再冠上公司名称，公司名称说明新产品的出处，以个别品牌表示产品的个别性。如凯洛格公司，它的产品有凯洛格玉米片、凯洛格饼干、凯洛格葡萄干等。

(3) 品牌延伸策略。一种品牌延伸策略是利用已经成功的品牌，推出修正过的产品或者全新的产品。制造商利用这种策略可以节省宣传、介绍新产品的费用，使新产品迅速、顺利进入市场。另一种品牌延伸策略是，制造商在其耐用品类的低档中增加一种式样过于简单的产品，以宣传其品牌中各种产品的基价很低。

(4) 品牌重定位策略。当出现下列情况时，公司需要进行品牌重定位策略：① 竞争者或许已经推出与公司的品牌十分接近的品牌，从而提高公司的市场占有率。② 消费者的偏好已经改变，以致对于公司原有品牌的需求降低。在引入新品牌之前，营销人员应该考虑是否只需要将既有的品牌重新定位。重定位策略意味着可以继续利用过去的营销努力以及所建立起来的品牌认知率和消费者的忠诚性。品牌重定位方法可以改变产品本身及其形象，但切忌让产品的新定位与旧的定位相冲突，以免失去或使现有的忠诚使用者感到疑惑。同时应当注意权衡品牌重定位的成本与费用支出。

第三节 价格策略

在市场营销活动中，价格直接影响消费者（或客户）的购买行为动机。价格策略是否为消费者（或客户）接受，决定了企业的市场占有率和企业的盈利水平。企业应该把产品策略同价格策略、分销渠道策略以及促销策略联系起来，以便为整个营销活动制定一个完整综合性的营销战略。

一、定价目标

企业的定价目标是指企业通过制定特定水平的价格，凭借价格产生的效用所达到的预期目的。定价目标是企业市场营销体系中的一个子目标，制定价格必须服从企业市场营销的总目标，并与其他营销目标相协调，才能收到预期的效果。在企业的市场营销活动中，定价目标主要有以下几种。

1. 追求盈利最大化

追求盈利最大化是指企业在一定时期内所可能获得的最高盈利总额。最大的盈利往往更多地取决于合理价格所推动产生的需求量和销售规模。以盈利最大化为定价目标，一般是追求长期最大利润，而不是追求短期最大利润，并且必须有更好的市场环境时才能采用。

2. 维持或提高市场占有率

市场占有率是指产品销售量在同一产品市场销售总量中所占有的比率，综合反映企业经营状况和产品竞争力状况。市场占有率有两种表示方法：一是产品销售量的市场占有率；二是产品销售额的市场占有率。这两种方法的区别在于：前者不涉及产品价格，后者则反映了产品的价格关系。企业在制定价格时，应当对维持或提高市场占有率目标进行慎重的考虑。企业若以维持市场占有率为定价目标，则应以市场供求、市场竞争状况为转移，灵活地制定价格。事实证明，高市场占有率的往往是高盈利率，这种定价目标比短期高盈利定价目标更为有意义。

3. 提高市场竞争能力

价格竞争是市场竞争的重要方面。处在激烈竞争中的企业经常采用适应价格方面的竞争作为定价目标。以提高市场竞争能力为定价目标有三种情况：① 进攻性定价，是以价格为手段打击竞争对手，经常采用成本定价法，使竞争对手无法维持经营而自动退出市场，然后再提高价格，形成垄断。② 防御性定价，是在竞争者采取价格竞争攻势以后，为了应付竞争，被动地保持与竞争者相近的价格。③ 预防性定价，是在产品上市之初，企业为了维护自己产品的市场优势地位，常常采用低价方法以抵制更多的企业加入竞争，有时也采用特别高价方法出售商品，排斥其他竞争者进入同一市场。

4. 确保目标利润

确保目标利润是以成本定价为主的定价目标。确保目标利润为定价目标与追求盈利最大化为定价目标的主要区别是：前者的利润目标是具体的，后者的利润目标没有具体的要求。企业在确定目标利润的时候，必须考虑目标利润的时间和企业设备变动的情况：如果是短期目标，问题比较简单；如果是长期目标，需要考虑未来新产品开发初期的大量投资没有利润可得的情况，目标利润定得过高，难以实现。在一般情况下，企业应该分情况制定定价目标。短期目标可以定得稍高一些，长期目标定得稍低一些。

5. 实现预期的投资收益率

企业对于所投入的资金，都希望在预期时间内分批收回。这种定价目标是以企业投资额为出发点，以预期产量为基础，根据投资额规定一定的投资收益率，然后计算出各单位产品的利润额，把它加到产品成本上，作为该产品出售价格的定价目标。采用这一定价目标，是追求长期稳定的不低于银行利息的预期利润，这种定价目标风险较小。

6. 保持价格稳定

保持价格稳定是一种从长远利益来考虑的定价目标，是指在产品的市场竞争和供求关系比较正常的情况下，企业为了巩固自己的市场经营阵地，避免不必要的价格竞争，以便在稳定的价格中取得理想的利润。过度的价格竞争，容易引起“价格疲惫"，造成不必要的损失，甚至两败俱伤。因此，绝大多数企业都希望有一个比较稳定的价格，以减少价格竞争的恶性循环。

此外，还有以保持营业（通常是在企业处于不利环境中实行的一种缓兵之计）和维护企业形象（如考虑价格水平要与目标顾客需求量相符，顾及协作企业及中间商的利益等）为定价目标。企业究竟采用什么定价目标，应从内外环境的实际出发，不可盲目套用。

二、定价方法

定价方法是企业为实现其定价目标所采取的具体做法。鉴于价格的高低主要受成本费用、市场需求和竞争状况等因素的影响。因此，定价方法主要有成本导向定价法、需求导向定价法和竞争导向定价法。①

1. 成本导向定价法

成本导向定价法是以企业生产商品的全部成本为基础，加上企业预期利润的定价方法。它的主要优点是：① 原则单纯，简便易行。成本是通过核算准确地得出并且与社会成本比较接近。② 将本求利，定出的价格风险较小。成本导向定价法的缺点是：① 难以确定各行各业的加成比例。各行各业的资本有机构成不同，生产规模不一样，用同一方法定价各行各业所获得的利润水平就会不一样，从而影响企业生产经营的积极性。② 灵活性不大，市场竞争不得力。这种定价方法没有考虑市场需求的强度、季节周期、竞争状况及产品的生命周期等因素。

成本导向定价法具体可以分为成本加成定价、收支均衡定价和投资报酬率定价及系列产品定价等定价方法。

（1）成本加成定价法。成本加成定价法，亦称完全成本定价法，是以产品的单位成本加上预期利润的定价方法。销售价格与成本之间的差额称为"加成"；差额占成本的十分之几称为"成数"，又称加成率；差额占成本的百分比称为"毛利率"。根据确定利润的内容不同，成本加成定价法又有三种方法。

① 以成本利润为基础的定价法，其计算公式为：

$$产品价格=部门平均成本\times（1+社会平均成本利润率）$$

② 以工资利润为基础的定价法，其计算公式为：

$$产品价格=部门平均成本\times（生产该产品的平均工资\times社会平均工资利润率）$$

③ 以资金利润为基础的定价方法，其计算公式为：

$$产品价格=部门平均成本\times（生产该产品的平均资金占用量\times社会平均资金利润率）$$

（2）收支均衡定价法。收支均衡定价法，又称损益平衡定价法，是依据盈亏均衡点的原理作为定价依据，用于确定企业产品销售价格最低限度的定价方法，以企业投资总成本与市场销售收入保持平衡不亏不盈的定价方法，其计算公式为：

$$产品单价=\frac{固定成本/预计产量或销售量+单位产品变动成本\times预计产量或销售量}{1-税率}$$

① 李晏墅，乔均．现代市场营销学［M］．南京：东南大学出版社，2006．

这种定价方法只是在市场产品供过于求，企业生产任务不足时才能使用。

（3）投资报酬率定价法。投资报酬率定价法是依据企业投资总额和预计的总销售量，确定一个投资报酬率作为定价标准的方法。投资报酬是指投资总额与投资报酬率的乘积。投资报酬的多少，一般由投资者或企业确定，具有一定的技巧，但一般不低于银行的存款利率。

（4）系列产品定价法。系列产品定价法，又称价格阵线法，是指将不同规格型号的产品，按档次或按规格型号的组距分为若干组，每组规定统一的价格的定价方法。系列产品的材料成本与产品规格往往成正比或接近正比。但是，由于不同规格的产品的加工复杂程度相同或基本相同，工费成本往往相差不大。因此，价格虽然随规格的增大而递升，但一般小于规格的变动率递升。

2. 需求导向定价法

需求导向定价法要求企业定价时不仅考虑到成本，而且注意到市场的需求强度和消费者的价值观念。需求导向定价法主要有以下几种具体方法。

（1）理解价值定价法。理解价值定价法是根据消费者所理解的商品价格，而不是根据卖方的成本来定价的方法。采用这种定价方法，企业应当根据自己产品的投资额、销售量、单位产品成本和盈利来研究该种商品在消费者心目中的地位，做出较为恰当的判断，进而有针对性地运用市场销售组合中的非价格因素去影响消费者，使消费者形成一定的价格观念，制定消费者需求的希望价格。采用这种定价方法，企业要充分考虑消费者的心理和商品的需求弹性。如果企业对消费者的理解价格估计过高，制定高价必然影响产品的销售量；反之，如果定价过低，又无法实现企业的经营目标。

（2）需求差异定价法。需求差异定价法，又称区分需求定价法，是指同一质量、功能、规格的商品，对待不同的消费者及不同的需求采用不同价格的定价方法，即对不同的产品、地点、时间、顾客而制定不同的价格。例如，对外观不同的同种商品，可以确定不同的销售价格；对不同的消费者，可以制定不同的价格，甚至可以讨价还价；对于不同的销售区域和服务区域，可以采用不同的地区差价；对不同季节消费的商品，可以制定不同的季节差价；等等。采用这种定价方法必须具备下列条件：必须根据市场需求强度搞好市场细分，细分后的市场相对独立，互不干扰；高价市场中不存在低价竞争者，不存在转手倒卖现象；价格差异要适度，应征得消费者的支持和理解。

（3）比较定价法。比较定价法是在比较不同价格所能获得的最终利益大小的基础上来制定价格的一种方法。采用这种方法，应当努力把握商品的需求弹性。在通常情况下，价格高，利润率也就高，但销售量则会相应减少，从而影响总盈利水平。不过，低价格对需求量的扩大也不是无止境的。当扩大的需求量并不能带来比高价格更大的总体利益，就不如定高价。同时，不同商品的需求弹性是不一样的。需求弹性相对大的商品可以将价格定得低一些，实行薄利多销，而需求弹性相对小的商品可将价格定得稍高些，以增加总收入。

（4）习惯定价法。习惯定价法是根据消费者长期使用某种产品对其价格形成的习惯定价的方法。某些特殊的商品由于长期使用某种价格，就会在消费者中形成一种习惯。例如，打火机的定价，生产打火机的企业只能遵循这一习惯。又如，礼品包装的定价必须考虑不同地区人们送礼轻重的习惯，保证其礼品售价与人们习惯送礼的金额相适应。

（5）可销价格倒推法。产品的可销价格是消费者或进货企业习惯接受和理解的价格。可销价格倒推法就是企业根据消费者可接受的价格或后一环节买主愿接受的利润水平确定其销售价格的定价法。一般在两种情况下企业可采用这种定价法：① 为了满足在价格方面与现有类似产品竞争的需要，而设计出在价格方面能参与竞争的产品。② 对新产品的推出，先通过市场调查确定出购买者可接受的价格，然后反向推算出产品的出厂价格。

3. 竞争导向定价法

竞争导向定价法是指企业在定价时，以竞争厂商同类商品的价格为主要依据，根据企业产品的市场竞争能力，选择有利于市场竞争的定价方法。这种定价方法具有以下几种具体的做法。

（1）随行就市定价法。随行就市定价法，又称通行价格定价法，是一种广为流行的根据本行业平均定价水平作为本企业定价标准的一种定价方法。采用这种定价方法，主要适用于一些需求弹性比较小或供求关系比较平衡的商品。一般是在企业难以对消费者和竞争对手的反应做出准确估计的时候运用，这样能够避免与同类企业进行价格竞争，既能减少风险，又能大体上反映该种商品的社会必要劳动时间，补偿平均成本，获得平均利润，如果企业努力降低成本，还能获得超额利润。

（2）高于/低于竞争者商品价格的定价方法。高于竞争者商品价格的定价方法是指生产特种商品和高质量商品的企业，依靠其商品本身性质的优点和声誉，以及企业所能为消费者提供特有服务，制定高于竞争者商品价格的定价方法。采用这一定价方法的企业，一般都是实力雄厚，拥有高质量的服务设施，能够提供特殊的服务，或者享有专利的保护权，经营某种特殊商品的企业。这些企业采用高于竞争者商品价格的定价方法是有利的。这是因为，在很多消费者的心目中，这类企业的高价格是商品高质量的表现；相反，如果价格定低了，反而会有损于企业和商品的形象。低于竞争者商品价格定价的方法是指那些生产成本低于社会平均成本的生产企业和经营很有成效的流通企业，为了提高竞争能力和扩大商品的销售而采用的定价方法。企业若不具备一定的优势，则不宜采用低于竞争者商品价格定价的方法。

（3）密封投标定价法。密封投标定价法主要用于投标交易方式，是指企业不预先制定价格，而是运用种种方式引导消费者竞争，从而选择有利成交的定价方法。密封投标定价所考虑的因素，主要是在保证不低于成本条件下，竞争者可能的出价，它的要求是为了中标。因此，采用这种方法，投标报价时要尽可能准确，预测竞争者的价格意向，然后在正确估算招标任务所耗费成本的基础上，定出最佳报价。报价时既要考虑实现目标利润，又要结合竞争状况，考虑中标概率。

（4）变动成本定价法。变动成本定价法，又称边际贡献定价法，是指企业以变动成本为依据，考虑市场环境，对付竞争对手的一种定价方法。一般在市场产品严重过剩，竞争十分激烈的条件下才采用这一定价方法。采用这个定价方法的观念，即要求售价能够保证收回全部变动成本后还有剩余，就可以对固定成本作一定的补偿，这比停产后固定成本全部不能补偿合算，并能够在特殊情况下稳定职工队伍，保持企业实力。

以上各种定价方法只是大体上的分类，在企业的营销活动中，有些定价方法则是相互渗透的。因此，企业在采用这些方法时，必须注意它们的关联性。

三、常用价格策略

灵活的价格策略是根据具体的营销情境将定价的科学性与艺术性协调结合的体现。针对不同的商品、消费心理、销售条件、销售数量及不同的销售方式而灵活变动价格，是保证企业价格策略制定成功的极为重要的条件。

1. 新产品的定价策略

企业生产的新产品能否打入市场，并在市场上站稳脚跟，与定价策略的选择关系极大。具体的新产品定价策略具有以下三种定价策略。

（1）撇脂定价策略。撇脂定价策略是指企业在新产品上市之初，把价格定得高一些，争取在短期内获得厚利，全部补偿固定成本，并迅速获取盈利的一种定价策略。它就像煮牛奶把上面的一层油撇取出来一样。这种方法适合于需求缺乏弹性的产品，购买者很多、市场上没有替代品、生产企业拥有产品的专利技术、企业生产能力有限等情况下生产的产品。这种定价策略的优点是能利用人们的求新心理，在短期内获取厚利，收回投资，主动性较大，当这种高价不利于销售时，适当降价也不会影响企业获取利润。它的缺点是：如果新产品市场吸引力不足，加之价格较高，就不利于打开市场，并且由于高价厚利，因而容易引来新的竞争对手。

（2）渗透定价策略。渗透定价策略是在新产品上市之初，把价格定得低一些，尽快打开销路的一种定价策略。这种定价策略普遍用于市场已有同类或相关产品的情况。这种定价策略的优点是：低价低利，薄利多销，易为消费者所接受，能够迅速打开销路，提高市场占有率，并把竞争产品挤出市场，从而可以达到独占市场的目的。它的缺点是：新产品一开始实行低定价，会冲击企业已有的旧商品的销路，造成同类旧商品的市场生命周期缩短；同时，从低定价投资收回期限较长，企业若资金不足，采用这一策略是不利于企业发展的。

（3）满意定价策略。满意定价策略是在撇脂定价与渗透定价之间选择一种能使生产者和消费者都能接受（比较满意）的定价策略。所谓满意定价，是指确定产品的价格使生产者、中间商和消费者都满意，价格水平适中，既不是撇脂的高价，又不是渗透的低价，使三方的利益都得到兼顾，都乐于接受，容易实施。这种定价策略风险性小，选用得当能给消费者以良好的印象，从而可以吸引更多的消费者，很快地打开产品销路，占领新商品市场。但这种定价策略比较保守，不适于需求复杂多变和竞争激烈的市场环境。

2. 心理定价策略

心理定价策略是指在企业的定价活动中，考虑消费者对价格的心理反应，使制定的价格具有心理效应的一种价格策略。企业应该考虑价格的心理学，而不能简单地考虑他们的经济学，许多顾客把价格作为衡量质量的一种指标。根据消费者购买商品的不同心理要求，心理定价策略具有以下几种形式。

（1）整数定价策略。整数定价策略是指采用合零凑整的方法，将商品价格定成整数，不带零头数。例如，某产品定价 100 元或 110 元，而不定 99.50 元，因价格超过某一位数，更能使消费者感到产品的名贵，购买和使用该商品使自己的身份也提高了。这种价格策略只适用于名店、名牌或消费者不太了解的商品，一般消费品则不宜采用这一定价策略。这是针对消费者的虚荣心理而采取的一种定价策略。相反，如果将这类商品定成非整数，就会使消费者产生商品质量不高，使用时会影响自己身份的感觉，从而放弃购买。

（2）非整数定价策略。非整数定价策略是指保留价格尾数，将商品价格定成一个带有零头数结尾的非整数价格。例如，将商品价格的尾数定成 1、3、5、7、9。这种定价策略会使消费者产生这样的心理效果：零头数定价给消费者的心理感觉是定价严肃，态度认真，从而对这种价格产生信任感，给消费者以价格偏低的心理感受。非整数定价应有意识地选择消费者偏爱的数字，避免其忌讳的数字，使价格数字能符合消费者的心意，满足其心理要求。由于不同国家不同地区消费者的风俗习惯和价值观念不同，运用非整数定价应有具体差别。美国多采用奇数定价法，其心理作用是单比双少。中国港澳地区对“八”字也特别喜欢，因为“八”的谐音按广州话为“发”，意即发财。当然，非整数定价并非是万灵的。如果定价过于琐碎，不仅会给交易上带来不便，而且会给消费者造成心理上的反感，认为企业是在故弄玄虚。

（3）声望定价策略。声望定价是指企业利用人们质量好、价格必高的心理，对消费者心目中声望比较高的产品制定比较高的价格的方法。这是根据消费者对某些商品、某些商店的信任心理而使用的价格策略。许多消费者认为“价高质必优”，“店大品必精”。所以，对一些名牌商品或一些声誉很高的商店，可以利用其在消费者心目中的声望，把该产品或几类产品的价格定得高于其他同类产品或同类商店的产品价格，这样既能巩固消费者对该种商品、该家商店的信任感，又不会因为高价而失去顾客。当然，采用声望定价也必须以商品和服务的高质量为基础，否则就会丧失声望，失去市场。

（4）招徕定价策略。招徕定价策略是利用消费者的求廉心理有意将一些“明星商店”的价格定得比市场同类产品低，以招徕顾客的定价策略。消费者自然对低于市价的商品感兴趣，往往在那里买了便宜货以后，又购买了其他商品。这种定价策略在购买高峰期和节假日，效果非常明显。但用于招徕顾客的商品，应选择需求弹性较小又能引人注目的商品；否则，不是招徕顾客不足，就是顾客感到失望，从而达不到招徕的目的。

3. 折扣定价策略

价格有基本价格（价目表标明的价格）和成交价格之分。折扣定价是对购买数量较多或金额较多的顾客给予一定价格优惠的策略。折扣定价具有以下几种方法。

（1）数量折扣。数量折扣是根据购买数量或金额的差异给予不同的价格折扣，分为“累计数量折扣”和“一次数量折扣”两种。前者是指在一定时期内，累计购货总数达到一定数量时给予折扣，有利于建立长期的客户关系。后者是指一次购货达到一定数量时给予折扣，有利于形成购买大户。数量折扣的关键在于合理确定给予折扣的起点、折扣档次及每一档次的折扣率。

（2）现金折扣。现金折扣是对按约定时期付款或提前付款者给予一定价格折扣的定价策略。用这种定价策略有利于鼓励顾客提前付款，加速资金周转，从而降低呆账的风险。折扣的大小一般根据付款期间的利息、风险、成本等因素来确定。例如，合同条款“2/10，n/30”，表示付款期为30天，如客户提前10天付款，给2%折扣。

（3）交易折扣。交易折扣，又称功能折扣，是厂商依据各类中间商（批发、零售等）在市场营销活动中担负的不同功能而给予的不同的价格折扣。科特勒提出，这是由制造厂商向履行了某种功能，如推销、储存和账务记载的贸易渠道成员所提供的一种折扣。[①] 采用这种定价策略，有利于充分调动中间商的积极性。

（4）季节折扣。季节折扣是对在非消费旺季购买产品的客户提供价格优惠的定价策略。采用这种定价策略，有利于批发商和零售商在淡季进货，消费者淡季多购买，解决淡旺季问题，减少厂商的仓储费用，有利于产品均衡生产，均衡上市。

（5）推广折扣。推广折扣是厂商以中间商为产品推广进行的各项促销活动，给予一定让价作为报酬。这只是生产企业采用的定价策略，有利于调动中间商推销商品的积极性，尤其是新产品的导入期更适宜采用这种定价策略。

4. 地理定价策略

运费是企业制定价格时考虑的重要因素，特别是当运费占成本的比例较大时，更要注意合理摊算运输成本。它包含着企业给全国各地的顾客如何决定其产品的定价。常用的地理定价策略有以下几种。

（1）生产地定价法。生产地定价法是由生产厂家定统一价格，由需方负担全部运费。这种方法对卖方最为单纯、便利，适用各地的买主，应用最为广泛，因而也称为原产地定价或非送货制价格。

（2）统一运送定价法。统一运送定价法是由卖方定统一价格，对所有买主实施相同价格，运费由卖方统一计算在成本内。不论运费多少，路程远近，均一视同仁，与邮政服务相类似，故也称为“邮票定价法”。采用这种方法，适宜于运费占总成本比例较小的产品。买主往往认为运费是一项免费的附加服务，有利于促进销售。

（3）区域运送定价法。区域运送定价法是卖方将市场划分为几个大的区域，在每一个区域内，实行统一定价法。运费计算类似邮政包裹、长途电话的收费方法。

（4）津贴运费定价法。津贴运费定价法是卖方对距离产地较远的中间商或用户，津贴一部分或全部运费，以促进买方购买。这种方法可以弥补生产地定价法的不足，鼓励距生产地较远的中间商或用户的购买。

---

① 菲利普·科特勒. 营销管理：分析、计划、执行和控制（第9版）[M]. 梅汝和，梅清豪，张桁，译. 上海：上海人民出版社，1999.

5. 相关产品价格策略

相关产品具有销售上的相互联系性。生产经营多种产品的企业就可以利用这种联系性来制定价格。

(1) 替代产品价格策略。替代产品价格策略是指企业有意识地安排本企业消费替代性产品间的价格比例，用以实现某种营销目标。具有替代关系的产品，降低一种产品的价格，不仅会使该产品的销售量增加，而且会同时降低替代产品的销售量。例如，一家企业生产不同型号的汽车、不同型号的电冰箱、不同型号的照相机就属这种情况。如果企业为了把需求转移到某些产品上去，它可以提高那些准备淘汰的产品价格，或者用相对价格诱导需求，以牺牲某一品种，稳定和发展另一些品种；企业也可以利用这种效应，提高某一知名产品的价格，突出它的豪华、高档，创造一种声望，从而利用其在消费者心目中的良好形象而增加其他型号产品的销售量。

(2) 互补产品价格策略。互补产品价格策略是指利用价格对消费连带品市场需求的调节、诱导功能，运用一定的定价技巧，使营销目标的实现由一个“点”扩展到一个“面”。具有互补关系的产品很多，如汽车与轮胎，手机与电池，旅游活动中的食、宿、购物，等等。在互补关系中，一般存在起主导作用的内容，观光是主要目的，食、宿、购物是辅助消费项目。互补产品价格策略就是降低连带消费关系中起主导作用的产品或服务项目的价格，来促进系列产品的销售。

(3) 一揽子价格策略。一揽子价格策略是把相关产品进行搭配销售定价的策略，主要有以下两种方法。

① 分级定价策略。分级定价策略是把企业的产品只分成几个价格档次，而不提供过多价格种类的策略。例如，服装公司可以把自己的产品按大、中、小号分级定价，也可以按大众型、折中型、时尚型划分定价。这种明显的等级，便于满足不同的消费需要，还能简化企业的计划、订货、会计、库存、推销工作。关键是分级要符合目标市场的需要，级差不能过大或过小，否则都起不到应有的效果。

② 配套定价策略。配套定价策略是把有关的多种产品，搭配好后，一起卖出。例如，多件家具的组合、礼品组合、化妆品组合等。成套的定价，多种产品有赔有赚，但总体上保证企业赢利，而且使消费者感到比单件购买便宜、方便，从而促进销售。

6. 价格调整策略

商品价格策略制定以后，并非就可以一成不变。价格策略的调整并非易事，必须认真研究相关因素对原有价格策略的影响（见图 7-4)，采用有效的价格调整策略。常用的价格策略调整主要有以下几种情况。

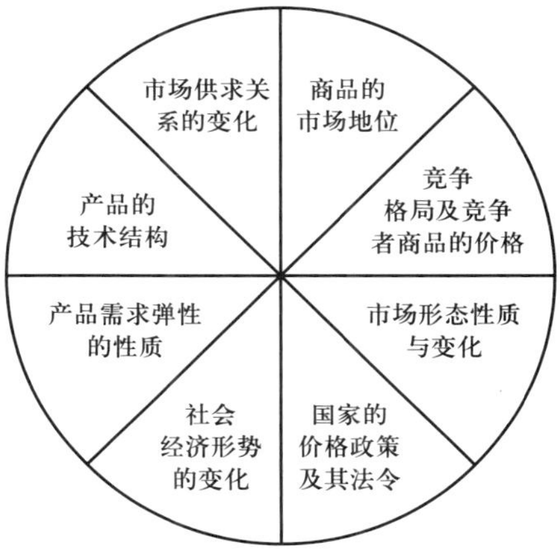

图 7-4　价格策略调整的决定性因素

(1) 一次性调整策略。一次性调整策略主要有一次性提高或降低价格两种形式，目的是调整原来的高价策略和低价策略，使之更符合经营的实际。这种策略调整的特点是：

① 事先绝对保密，以使竞争对手和消费者措手不及，待他们反应过来时，时机已经过去。② 为了在短期内收到调整的效果，一般提价和降价的幅度都较大，否则，难以充分强化市场吸引力，当然，调整幅度的大小也不是任意的，而必须以调整价格能给企业带来的总体利益为转移。对于那些需求弹性较小，甚至需求弹性完全不足的商品，无论采用何种调整价格的策略也无济于事。

（2）渐进性调整策略。渐进性调整策略是企业根据一定时期的定价目标，把现行价格分阶段调整，使原有价格策略失去效应。采用这种调整策略，或者是因为一些产品成本和质量较低，随着工艺技术的完备，产品质量不断提高，而产品成本相应提高了，为了使产品价格和价值基本相适应，必须调整原有的低价策略；或者是因为批量生产，产品成本下降，为了扩大市场销量，必须调整原有的高价策略；或者是竞争者和消费者的原因，迫使企业改变原有的价格策略。但是，不论调整的原因如何，采用这一调整策略的特点是渐进性的，即调整的幅度不宜过大，否则，会引起消费者的不满，达不到调整的目的。

（3）特殊性调整。特殊性调整是企业采用特殊方式改变原有价格策略的调整策略。例如，企业根据市场需求情况，对原有产品的式样，在颜色与包装装潢等方面进行改革，使之具有新的特色。即使在这样的情况下，企业也不马上改变自己原有的价格策略，而是采用变相调整的做法，无形中使低价的策略丧失其功能，按照调整后的新的价格策略定价。这种特殊性调整价格的策略，如果企业运用得当，能够收到意想不到的效果，这已为企业市场营销的实践所证明。

营销案例

腾讯公司的产品新生态①

（一）案例介绍

2017 年 11 月 8 日，2017 腾讯全球合作伙伴大会在四川成都西部博览中心开幕，《西部世界》导演、编剧乔纳森·诺兰等 350 位国内外行业领袖，与 1 万多名合作伙伴和行业精英一起，围绕“开放·创想”这一主题共话内容生态与前沿科技。在为期两天的会议中，随着 21 个分论坛逐渐展开，QQ、微信、应用宝、腾讯云、QQ 音乐、LBS 等数十个腾讯产品线发布最新的开放政策和生态战略，并与业界领袖展开探讨。近年来，腾讯的战略布局，正随着互联网科技的发展不断演进。未来的腾讯生态究竟会发展成什么样？

1. 云化分享：“智能+”模式形成行业深度连接

2017 年，马化腾多次提到“云”，并说：“‘云’，已经成为数字时代的一种基本需求。”的确，“用云量”逐渐成为数字经济的重要指标，而一家企业的“云化”程

① 陈喆．腾讯新生态最全解读：内容力+科技力究竟有多酷［J］．新营销，2017，（12）：37-40.

度则体现了与互联网的融合深度。腾讯云以“智能+”模式，助力超过100万开发者，形成覆盖能源、工业、汽车、游戏、视频、金融、政务等领域的行业连接。2017年11月11日，就在电商激战正酣的时候，腾讯正式发布了腾讯智能营销云。如今，营销技术已经从传统的精准化向智能化发展。

蘑菇街正是通过腾讯智能云的解决方案，成功构建了完整的“电商+直播+小程序引流+数据搭建”链条，一方面借助深耕直播技术的腾讯云服务，将优质内容通过当下热门的视频直播呈现给消费者；另一方面借助社交场景轻松为电商导流，同时借助腾讯云计算等基础设施的技术加持，累积用户行为，有效执行商业运营和搭建商业链条。腾讯云提供云服务器、数据库、云存储和域名基础云计算服务，以及游戏、视频、移动应用等行业解决方案。

2. 智慧连接：不是要大举进军电商

马化腾特别提到“智慧连接”一词：“以往我们在电商平台选购商品，在社交媒体浏览品牌广告，以及在线下门店购物，这些场景都是孤立分割的。腾讯将把社交平台、内容平台与京东的交易体系全面打通，有望实现零售行业线上线下跨场景的智慧连接。”腾讯将提供强大的场景、大数据、AI（人工智能）技术支持，并汇聚腾讯全产品线之力，帮助商家量身定做解决方案，帮助线下门店实现数据化和智能化，让消费者与商品之间实现跨场景的智慧连接。

3. 大内容：企鹅号要让一部分人先富起来

马化腾说，以互联网为基础的数字平台，正在从“多用户”平台转变为“全用户”平台，而只有内容足够大，才能匹配全用户的需求。腾讯发布以泛内容为核心的“大内容”平台开放战略，并推出腾讯内容开放平台，借助腾讯AI的智能分发能力，帮助内容创业者实现“一点接入、全网接通”的目标。同时，全新推出的“百亿”计划，将以100亿流量、100亿资金和100亿产业资源，在流量和变现、投资孵化、线下文创基地等领域全面扶植内容创业者。

4. 新科技：推动“共享AI的发展路径”

近年来，以AI为代表的新技术集群正在成为全球经济新的驱动力，不少公司在谈及未来时都会用“All in AI”这个词。此次论坛，腾讯发布了“AI生态计划”，通过开放100项AI技术，孵化100个AI创业项目，推出300个“云+创业百万扶持计划”，为1 000个合作伙伴赋能。

5. 腾讯社交广告：打造共赢商业生态

腾讯社交广告一直致力于与合作伙伴一起打造共赢商业生态。覆盖10亿用户的腾讯社交广告，更是通过数据和技术能力加持，不断拓展营销生态边界，扮演好营销生态中枢的角色。在技术方面，腾讯社交广告通过系列创新尝试，致力于营销突破。2017年6月，腾讯社交广告成立IDEA+创意实验室。

6. QQ：社交玩法+黑科技，激活年轻新生态

在网络使用频率上，95后用户已经成为最活跃的一群人，追求更具科技感的社交技术，追求更具个性化的资讯及更有趣的互动方式。QQ将已经成熟的年轻内容和创新技术平台全面开放。在年轻内容上，QQ拥有QQ看点、NOW直播、企鹅电竞、

QQ空间、厘米游戏等内容平台，并且在其中融入很多年轻人喜爱的社交玩法。

7. 应用宝：发布“启明星”计划，点亮游戏新生态

2017年游戏市场持续保持高速增长，但整体行业却凸显出渠道流量不健康的问题，导致新型游戏无法获取流量支持、成熟游戏流量价值不能实现最大化。在这一背景下，腾讯应用宝正式发布“启明星”计划，不仅通过产品孵化、大数据处理两大核心能力助力新型优质游戏成长，还利用内容运营、玩家运营方式帮助成熟游戏实现流量价值最大化。

8. 企鹅电竞：专注做“电竞生态连接器”

电竞已成为年轻人的生活方式。自2016年推出以来，企鹅电竞一直专注于电竞直播领域，短短一年时间已拥有超过150万名注册主播，日活跃用户达到1 200万。同时，企鹅电竞刚刚宣布将以更开放的姿态，连接内容生产者、游戏厂商、公会、赛事主办方、高校、政府等合作伙伴，做“电竞生态连接器”。

（二）案例实训

1. 根据上述案例内容，请绘制出腾讯公司的产品新生态的框架图。

2. 你认为腾讯公司的产品新生态体现了什么产品策略或价格策略？

学习思考

1. 4Ps营销组合的内涵是什么？具有哪些特点和作用？

2. 产品生命周期主要包括哪些阶段？每个阶段应当采取何种产品策略？

3. 在产品组合中，企业应当如何处理产品组合的广度、长度、深度和关联度之间的关系？

4. 新产品开发可以采用哪些营销策略？

5. 如何正确理解品牌及品牌策略？

6. 产品定价主要有哪几类定价目标和定价方法？

7. 新产品和相关产品应当采取哪些定价策略？

8. 心理定价、地理定价、折扣定价分别有哪些策略？

科研练笔

1. 基于产品生命周期的产品品牌策略研究。

2. 新产品的价格竞争策略研究。

营销实战

调查并诊断某家公司的产品组合（或价格）现状，并为该公司在今后两年的产

品组合策略（或价格策略）提出相关建议。

关键术语对译

产品 Product　　价格 Price
渠道 Place　　促销 Promotion
营销组合 Marketing mix　　品牌 Brand
产品策略 Product strategy　　产品组合策略 Product portfolio strategy
产品生命周期 Product life cycle　　产品生命周期曲线 Product life cycle curve
产品生命周期的成长期 Growth stage of product life cycle
产品生命周期的成熟期 Mature stage of product life cycle
产品线的广度（宽度） Breath of product assortment
产品类别 Product category　　产品的可获得性 Product availability
产品线 Product line　　产品线扩展 Line extension
新产品线 New product lines　　新产品开发 New-product development
品牌策略 Brand strategies　　重新定位产品 Repositioning
价格策略 Price Strategy　　成本导向定价法 Cost-oriented pricing
撇脂定价 Skimming pricing　　需求导向定价法 Demand-oriented pricing
渗透定价 Penetration pricing　　竞争导向定价法 Competition-orientated pricing
成本加成/溢价定价法 Cost-plus/mark-up pricing
定价调整 Pricing adjustments　　心理定价策略 Psychological pricing

推荐阅读

1. Cagan J., Vogel C. M.. 创造突破性产品：从产品策略到项目定案的创新[M]. 辛向阳，潘龙，译. 北京：机械工业出版社，2004.

2. Nagle T. T., Holden R. K.. 定价策略与技巧：盈利性决策指南（第 3 版）[M]. 应斌，吴英娜，译. 北京：清华大学出版社，2003.

经典链接

中国管理案例共享中心

参考文献

[1] 陈志刚. 影响人一生的100个营销寓言 [M]. 北京：光明日报出版社，2005.

[2] 刘厚钧. 市场营销学 [M]. 北京：北京理工大学出版社，2006.

[3] 李晏墅，乔均. 现代市场营销学 [M]. 南京：东南大学出版社，2006.

[4] 菲利普·科特勒. 营销管理分析、计划、执行和控制（第9版）[M]. 梅汝和，梅清豪，张桁，译. 上海：上海人民出版社，1999.

[5] 吴健安. 市场营销学 [M]. 北京：高等教育出版社，2000.

[6] 吴世经，曾国安，陈乙. 市场营销学 [M]. 修订本. 成都：西南财经大学出版社，2000.

[7] 张静中. 现代市场营销学教程 [M]. 银川：宁夏人民出版社，2002.

[8] The Board of Directors of the American Marketing Association. New Marketing Research Definition Approved [J]. Marketing News，1987，21（January 2）.

[9] Cagan J.，Vogel C. M.. 创造突破性产品：从产品策略到项目定案的创新 [M]. 辛向阳，潘龙，译. 北京：机械工业出版社，2004.

[10] 李金生. 高技术企业的内生能力研究 [M]. 北京：人民出版社，2011.

[11] 李晏墅，李金生. 基于技术形成机理的自主创新决策模型研究 [J]. 中国工业经济，2007（6）：107-114.

[12] 菲利普·科特勒，加里·阿姆斯特朗. 市场营销：原理与实践（第16版）[M]. 楼尊，译. 中国人民大学出版社，2015.

[13] 李金生，李晏墅. 高技术企业原始创新风险传递效应模型研究 [J]. 中国工业经济，2012（1）：110-119.

[14] 潘镇，李晏墅. 联盟中的信任：一项中国情景下的实证研究 [J]. 中国工业经济，2008（4）：44-54.

[15] 李晏墅. 知识经济时代市场营销理念与战略创新探析 [J]. 苏州大学学报，2002（1）：17-21.

[16] 李晏墅，陈晓东. 核心竞争能力研究若干学术流派述评 [J]. 经济学动态，2003（3）：83-85.

[17] 李晏墅，陈晓东. 基于全球战略的组织结构变迁 [J]. 中国工业经济，2004（2）：94-100.

第八章
4Ps 营销组合（下）

营销寓言

马价十倍

有个人要卖一匹骏马，一心想卖个好价钱。但是，他接连三天站在马市上，却没有人知道他的马是骏马，甚至都没有什么人感兴趣。于是这人找到相马的专家伯乐说：“我有匹好马要卖掉，接连三天待在市上，没有人来问过。希望您给帮帮忙，去围着我的马转个圈儿看看它，临走的时候再回过头来看它一眼，我愿意奉送您一天的花费。”伯乐接受了这个请求，就走过去围着那匹骏马转圈儿看了一看，临走的时候又回头看了一眼。这匹骏马的价钱立刻暴涨了十倍。①

学习启示

一匹骏马“无价无市”。卖马的人借助伯乐的名人效应，这匹骏马成为市场新宠，并且“马价十倍”。好的产品策略和价格策略只有与促销策略相结合，乃至整合分销渠道策略，才能实现顾客和企业的“双赢”市场营销的目的在于为顾客创造价值，并管理有价值的顾客关系。分销渠道策略和促销策略分别在价值营销中发挥哪些作用？在发展创新型经济的形势下，分销渠道策略和促销策略有何新内涵？如何制定有效的分销渠道策略和促销策略？在“第七章 4Ps 营销组合（上）”的产品策略和价格策略基础上，需要通过本章的学习，深入理解分销渠道策略和促销策略内涵，掌握分销渠道的选择原则和策略，灵活运用各类促销策略，从而在产品策略、价格策略、分销渠道策略和促销策略四方面形成 4Ps 营销组合。

---

① 陈志刚. 影响人一生的 100 个营销寓言［M］. 北京：光明日报出版社，2005：165-166.

第一节 分销渠道策略

一、分销渠道的含义

分销渠道，又称经销渠道、销售渠道等，是指商品从生产者向消费者转移时所需要的流通途径和路线。在现代市场经济条件下，大部分企业并不是把商品直接销售给最终消费者或客户，而是借助于一系列中间商的转卖活动将生产者同市场最终消费者联系在一起。商品从生产领域向消费领域转移的一系列分销活动由“五流”构成，即商流、物流、货币流、信息流和促销流（见图8-1）。①

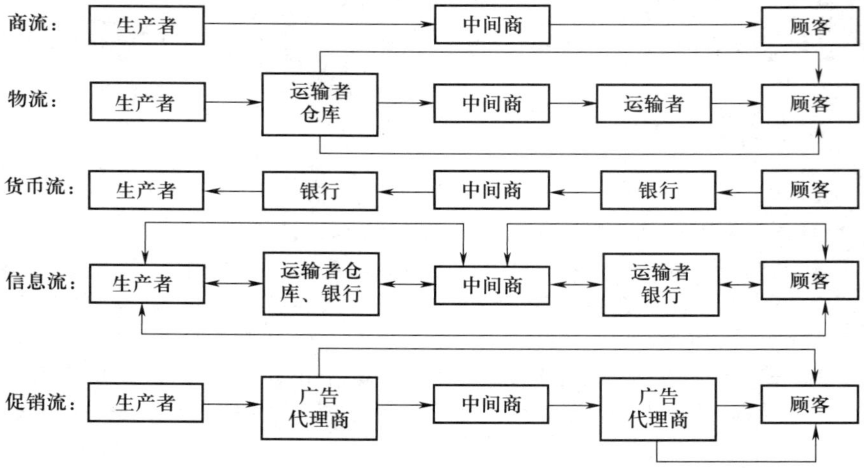

图8-1 分销渠道中的“五流”

1. 商流

商流是指商品从生产领域向消费领域转移中的买卖交易活动。商流实现的是商品的所有权在生产者、中间商和顾客之间的转移，而没有涉及商品所有权转移的机构，就不能列入商流。例如，有些中间商以代销的方式经营某一商品的交易活动，并不拥有商品的所有权，所以就不在商流之列。例如，淘宝网、京东商城、苏宁易购等是各类商品的商流汇集的平台。

2. 物流

物流是指商品在从生产领域向消费领域转移过程中的商品实体运动，包括商品实体的运输、储存、装卸、搬运、包装、流通加工、配送等活动，保证了商品由生产领域向消费领域的安全转移。例如，随着互联网经济的快速发展，第三方物流成为物流行业的新业态。所谓第三方物流是具有实质性资产的企业对其他公司提供物流相关的服务。EMS（邮政特快专递服务）、顺丰快递、中通物流等都是从事第三方物流的快

① 李晏墅，乔均．现代市场营销学［M］．南京：东南大学出版社，2006.

递公司。

3. 货币流

货币流是指商品在从生产领域向消费领域转移中所发生的货币流动。它一般是同商流的方向相反的，即由顾客将货款支付给中间商，再由中间商扣除佣金或差价后支付给生产者（制造商），其中一般要以银行或其他金融机构作为中介。例如，中国银行、招商银行、支付宝、微信支付等金融机构提供了线下或线上的货币流。

4. 信息流

信息流是指商品在从生产领域向消费领域转移中所发生的信息收集、传递和处理活动，既包括生产者向中间商或顾客的信息传递（如产品、价格、销售方式等方面的信息），也包括中间商或顾客向生产者所进行的信息传递（如购买力、购买偏好、对产品及其销售状况的意见反馈等）。所以，信息流的流动是双向的。

5. 促销流

促销流是指产品在从生产领域向消费领域的转移中，生产者通过广告公司或其他宣传媒体向中间商或顾客所进行的促销活动，包括利用广告、推销或公共关系等手段向中间商或顾客传递有利于产品销售信息的一切活动。电视广告、手机 App 推送广告、搜索引擎推送广告等以不同的方式形成促销流。

商流、物流、货币流、信息流和促销流构成的“五流”，发挥了分销渠道的媒介交易、运转实体、周转资金、分担风险和传递价值等功能。

（1）媒介交易。各类中介机构能沟通生产者与消费者的联系，为消费者提供有关商品的供应信息，为生产者寻找潜在的顾客，并促进和实施他们之间的商品交易活动。

（2）运转实体。通过物流渠道不但能及时地把产品运送到销售市场和消费者的身边，还能根据消费者的需要对产品进行分等分类，合理组配，并通过包装和储存使产品的使用价值在实体运转过程中不受损害，以期在适当的时候投放市场。

（3）周转资金。通过中介机构的活动，能加速资金在各个环节之间的周转，减少资金的积压和呆滞，使资金发挥更大的作用和产生更大的效益。

（4）分担风险。分销渠道中介环节的增加，能将原先由生产者所承担的风险分散到各个中介机构，从而使产品销售风险通过各中介环节之间的利益调整和专业化经营效率的发挥而得以减缓。

（5）传递价值。分销渠道不仅是物理层面上的商流、物流、货币流、信息流和促销流的集合体，在创新驱动的经济发展方式下逐步形成新的思想内涵。市场营销是向顾客创造并传递卓越价值，分销渠道在价值营销体系下成为价值传递网络，即企业根据顾客的价值诉求，通过配置和优化供应链来实现企业的价值主张，满足顾客价值需求。

通过分销渠道的这些功能的发挥，就能使生产者更有效地将他们的商品广泛地打入各个目标市场，并通过对分销渠道合理地选择运用来实现最佳的经济效益。因此，分销渠道策略是实现企业市场营销战略、满足顾客价值需求、维持顾客关系的企业价值传递网络，是创造和输送顾客价值的重要支撑。

二、分销渠道的类型

1. 直接渠道和间接渠道

直接渠道和间接渠道的区别在于企业的分销活动是否通过中间商。直接渠道是指企业在分销活动中不通过任何中间商，而直接把商品销售给消费者的分销渠道。例如我国有许多服装生产厂都设有自己的销售门市部，直接向消费者销售各类服装；有些厂家派出销售人员进场进店，以租借柜台或进行展销的形式直接向消费者推销自己的产品；等等。这些都属于直接渠道。此外，直接渠道还包括生产厂家以电视直销、电话营销、网络销售、邮购等方式向消费者销售产品。间接渠道是指企业通过一个或多个中间商向消费者销售商品的分销渠道，中间商将商品买进后再转手卖出。如果只是以代销的形式帮助厂家销售商品，则不属于间接渠道。

2. 短渠道和长渠道

根据中间商介入的层次，分销渠道可以划分为短渠道和长渠道。根据中间商介入层次的数量，分销渠道可以分为零级渠道、一级渠道、二级渠道和三级渠道等（见图 8-2）。

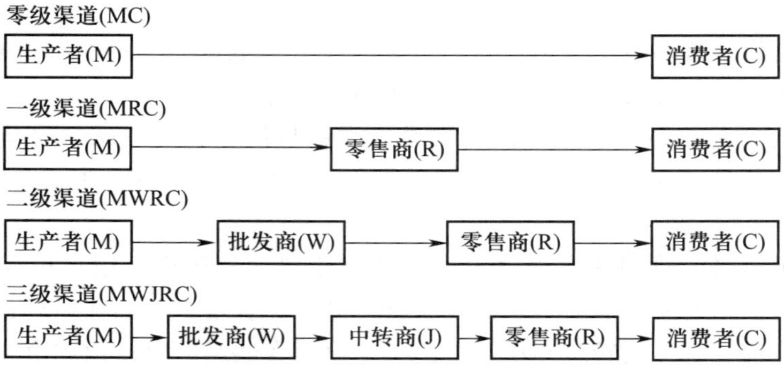

图 8-2 不同级数的渠道

零级渠道是指生产者直接将商品销售给消费者，中间没有任何中间商介入。通常所说的“B2C”就是一种零级渠道。B2C 的 B 是 Business，意思是企业，2 是 to 的谐音，C 是 Customer，意思是消费者，B2C 是企业对消费者的电子商务模式，一般以网络零售业为主，主要借助于互联网开展在线销售活动。一级渠道是指生产者直接将产品销给零售商，再由零售商转卖给消费者，其中只有一个层次的中间商介入；二级渠道是指有两个层次的中间商介入，一般是有一个批发商层次和一个零售商层次；三级渠道是指有三个层次的中间商介入，例如我国由于地域辽阔，往往除了有产地批发商之外，还有销地批发商，他们从产地批发商处购进商品再转卖给销地的零售商。依次类推，渠道的级数越高，渠道就越长，即为长渠道；渠道的级数越低，渠道就越短，即为短渠道。一般而言，渠道越长，企业产品市场的扩展可能性就越大，但企业对产品销售的控制能力和信息反馈的清晰度就越差；反之则相反。

3. 宽渠道和窄渠道

根据企业在同一层次上并列使用的同类中间商的多少，分销渠道可分为宽渠道和窄渠道。使用的同类中间商越多，企业产品在市场上的分销面就越广，故称为宽渠道，例如，一般日用消费品（如毛巾、牙刷、洗涤用品、内衣等）都是通过宽渠道进行销售的，由多家批发商经销，又转卖给更多的零售商去进行销售，从而能大量地接触消费者，大批地销售商品。而使用的同类中间商越少，分销渠道就越窄，例如有些企业的产品在某一个地区只由一家中间商统包，独家经销，这就是窄渠道。窄渠道对生产企业来讲，比较容易控制，但市场的分销面就受到限制。因此，窄渠道一般仅适用于专业性较强的产品或较贵重的耐用消费品。

4. 单渠道和多渠道

根据生产者所采用的渠道类型的多少，分销渠道可以分为单渠道和多渠道。所有产品全部由自己直接销售或全部交给批发商经销，称为单渠道。我国过去有很长一段时期，生产企业的产品全部由国营批发企业统购包销，实行的就是单渠道的分销方式。而有的生产者则根据不同层次或地区消费者的不同情况采用不同的分销渠道。例如，在本地区采用直接渠道，对外地则采用间接渠道；在有些地区利用独家经销，而在另一些地区则利用多家分销；对消费市场采用长渠道，对工业市场则采用短渠道；等等。市场营销学经常把采用多渠道的分销系统称作双重分销系统。一些企业在同一层次中利用不同类型的销售组织形式。例如，在零售商中，既利用百货商店，又利用专业商店，也利用超级市场，这就可称为多渠道分销系统。①

三、分销渠道的构成方式

由于产品在属性上有生活资料和生产资料之分，它们的分销渠道的构成方式也有所不同。

1. 生活资料分销渠道的构成方式

生活资料从生产者到达消费者，经常随着产品类型不同和市场面的大小，采用不同的分销渠道，其主要构成方式有：

（1）生产者—消费者。这是一种产需直接见面，由生产者直接销售给消费者的方式。

（2）生产者—零售商—消费者。这是生产者把产品出售给零售商，由零售商再转卖给消费者的方式。

（3）生产者—批发商—零售商—消费者。这是由生产者把产品经过批发商销售给零售商，零售商再把商品卖给消费者的方式。

（4）生产者—代理商—零售商—消费者。这是由生产者把产品经过代理商销售给零售商，零售商再把商品卖给消费者的方式。

（5）生产者—代理商—批发商—零售商—消费者。这是由生产者把产品经过代理商销售给批发商，再由批发商把商品销售给零售商，最后由零售商把商品销售给消

① 李晏墅，乔均. 现代市场营销学［M］. 南京：东南大学出版社，2006.

费者的方式。

2. 生产资料分销渠道的构成方式

由于生产资料的特殊性（如体积大、精度高、规格多、专用性强、成套性高等），因而生产资料从生产者到客户之间的中间环节相对较少，主要具有以下几种构成方式。

（1）生产者—客户。这是生产者把生产资料直接销售给客户的方式。

（2）生产者—物资企业—客户。这是生产者把生产资料出售给物资企业，再由物资企业销售给客户的方式。

（3）生产者—商业企业—客户。这是生产者把生产资料出售给商业企业，再由商业企业销售给客户的方式。

（4）生产者—生产企业销售机构—客户。这是由生产者设立专业销售机构，经销本部门生产资料的方式。

四、分销渠道的选择原则与要求

1. 分销渠道的选择原则

合理选择分销渠道是一项非常复杂的工作，必须遵循一定的原则，根据商品、市场以及企业本身的具体情况，在综合分析的基础上做出选择。企业选择分销渠道一般应遵循经济性、控制性和适应性等原则。

（1）经济性原则。追求营销活动的经济效益是企业营销决策的基本出发点，因此在选择分销渠道中也应遵循经济性原则。也就是说，企业应将分销渠道决策所可能引起的销售收入增长同实施该分销渠道方案所花费的成本做比较，以评价分销渠道的合理性。这种比较可从两个角度进行：① 静态效益的比较，即在同一时点对各种分销渠道方案可能产生的经济效益进行比较，从中选择经济效益较好的方案。② 动态效益的比较，即对各种不同的分销渠道方案在实施过程中所引起的成本和收益的变化进行动态比较，以在不同情况下采取较为合理的分销渠道方案。无论是静态比较还是动态比较，都是为了保证分销渠道方案的决策能促使企业经营效益的增长。

（2）控制性原则。从长远的目标考虑，企业对分销渠道的选择不仅要考虑经济效益，还要考虑企业能否对分销渠道进行有效的控制。这是因为，分销渠道是否稳定，对于企业能否维持其市场份额、实现长远目标是至关重要的。例如，企业自建销售系统是很容易控制的，但是渠道成本较高，市场覆盖面较窄。利用中间商来进行分销，就应当充分考虑中间商的可控程度：建立特约经销或特约代理关系的中间商比较容易控制，但企业在特定地区不再利用其他中间商；同时利用多家中间商在同一地区进行销售，企业利益风险比较小，但对中间商的控制能力就会相应削弱。因此，企业对分销渠道的控制应讲究适度，充分考虑渠道控制的必要性和控制成本，以达到最佳的控制效果。

（3）适应性原则。分销渠道的适应性主要包括地区适应性、时间适应性和中间商的适应性。① 地区适应性。俗话说“入乡随俗”，在某一特定地区建立产品的分销渠道，应充分考虑该地区的消费水平、购买习惯和市场环境，以建立与之相适应的分销渠道。② 时间适应性。根据产品在市场上不同时期的适销状况，企业可采取不同的分销渠道。③ 中间商的适应性。企业应根据各个市场上中间商的不同状况采取相应的渠道策略。总之，适应性原则要求企业在分销渠道决策时，应保留适度的弹性，能根据市场环境的变化，对分销渠道进行适当的调整，做到稳而不乱，活而不死，以更有效地实现企业的营销目标。

2. 分销渠道的选择要求

在选择并构建分销渠道时，企业应当充分考虑分销渠道的连续性、辐射性、配套功能和经济效益等方面。因而，好的分销渠道需要符合以下几个方面的要求。

（1）分销渠道具有较高的连续性。企业所选择的分销渠道应能保证企业的产品能连续不断地从生产领域转移到消费领域，中间尽可能不发生脱节、阻塞和不必要的停滞现象。这就要求企业在选择自己的分销渠道时，应注意所选的渠道是否环环紧扣，一通到底。

（2）分销渠道能够具有较强的市场辐射性。分销渠道的辐射功能直接影响企业产品的市场覆盖面和渗透度。分销渠道是以企业为起始点向中间商进行辐射，再由各中间商为起点向外辐射而形成的多层次扇形网络。由于不同产品对市场的覆盖面要求不同，所以对分销渠道辐射功能的要求应视产品而定。

（3）分销渠道具有完善的配套功能。由于产品的分销活动包括商流、物流、货币流、信息流和促销流“五流”，所以分销渠道要兼有分销活动所需的各种配套功能，才能更有效地保证企业的产品顺利地完成从生产领域到消费领域的转移。

（4）分销渠道具有较高的经济效益。分销渠道应以较少的流通费用获得较高的经济效益。产品的流通费用一般包括交易成本、物流成本和资金成本等。交易成本的降低取决于交易环节的减少和交易成功率的提高，前者可以使产品流通的转手费用减少，后者可以使无效的推销费用降低；物流成本的降低有赖于合理组织商品实体的运转，要求商品运输速度快、距离短、费用低、损耗小；资金成本的降低在于加快资金的周转速度和提高资金的利用效率。企业评估分销渠道的经济效益应从总体上考察分销渠道综合效益的最优化。

五、分销渠道选择策略

因分销渠道长短、出口宽窄及产品销售情境不同，企业会采取不同的分销渠道策略（见图 8-3）。

1. 分销渠道长短的选择策略

商品从生产者到消费者或使用者手中，由于所经过中间环节的形式与数量不同，形成了长短不同的分销渠道。企业在哪些情况下适合选用短分销渠道进行直接销售？哪些情况下适合选用长分销渠道进行间接销售？

（1）短渠道策略的适用范围

根据商品、市场和企业等方面的因素差异，企业选择短分销渠道主要有以下几种情况。

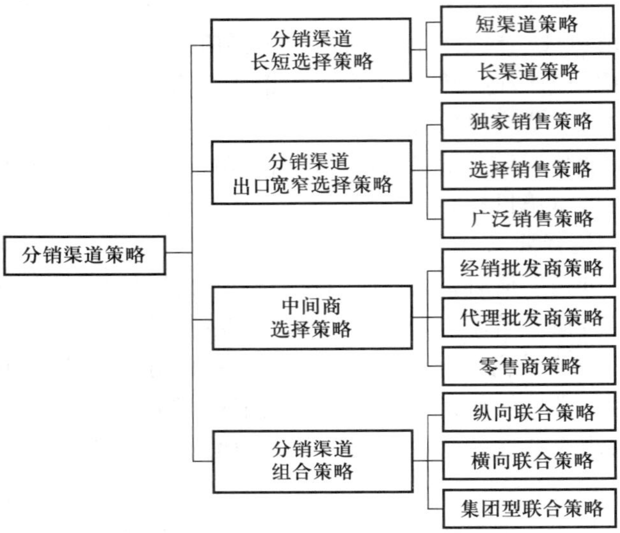

图 8-3 分销渠道策略的构成

① 从商品因素来看，单价昂贵、体积庞大、形体笨重、款式变化快、易损易腐、构造复杂、要求附加技术服务的商品，以及新投入市场的新产品可选用短分销渠道。

② 从市场因素来看，商品市场销路窄的、顾客比较集中或距离生产企业较近的、市场季节性明显、顾客的购买量又较大的市场，以及不经常购买的某种耐用品可选用短分销渠道。

③ 从企业本身的因素来看，企业资金雄厚、声誉大、销售力量强的，有能力或有必要建立自行销售系统的企业，以及必须为顾客提供更多售前/售后服务的可选用短分销渠道。

（2）长渠道策略的适用范围

① 从商品因素来看，商品单价较低、体积较小、重量较轻、款式变化较慢、容易运输储存、构造不过于复杂或附加技术服务较少等，可选用长分销渠道。

② 从市场因素来看，市场销路广的、顾客分散或距离生产企业较远的、顾客需要经常购买或日常必需的、市场季节不明显或需求不集中等情况，可选用长分销渠道。

③ 从企业本身的因素来看，企业资金力量薄弱、销售力量不足或没有必要建立自行销售系统、没有能力或没有必要直接为最终客户或消费者提供较多服务且必须依靠中间商扩大市场，以及从经济效益分析认为使用中间商更为有利等情况，可选用长分销渠道。

2. 分销渠道出口宽窄的选择策略

分销渠道出口的宽窄是指商品分销所使用的零售出口的多少。宽的分销出口就是使用零售出口的数量较大，即利用较多的批发商和大量的零售商，使商品在广泛的市场上销售；窄的分销出口就是使用零售出口的数量较小，即利用较少的批发商和零售商，使商品在有限的市场面上销售。对于分销渠道出口宽窄的选择，主要取决于商品的类型、产量和价格，一般有三种策略可供选择。

（1）独家销售策略。独家销售策略，又称专一性或专营性销售策略，即企业根据产品特点在一个地区、一定时期内仅选择一家中间商独家经营自己的商品。采用这种策略，通常双方协商签订独家经销合同，规定不得向第三方，特别是竞争者承担购销义务。这个策略的重心是控制市场和资源，应付竞争者，或者是彼此充分利用对方的商誉和经营能力，增强自己的推销能力。这种策略适用于需要售后服务的产品，例如高档消费品、多数生产资料以及专利技术、专门客户、牌号等具有优势的特异性商品。

（2）选择销售策略。选择销售策略是企业在某一地区仅通过几个精心挑选的、最合适的中间商推销产品的策略。这种销售策略相对于独家销售策略范围要大一些，但它的专一性要差一些。因此，生产者与销售者之间相互承担的义务也就不很严格。这种策略是先采用普遍性经销策略，经过一段实践，逐步淘汰效益低的渠道，再形成选择性销售渠道的策略。采用这种策略的重心着眼于企业市场竞争地位的维护，创品牌，保声誉，淘汰不合适的中间商，提高经济效益。这种策略在新产品的试销阶段尤为适用。

（3）广泛销售策略。广泛销售策略，也称普遍性或密集性销售策略，是通过能经营某种商品的所有批发商和零售商来销售企业生产的商品。这是一种既长又宽的销售渠道策略。这种销售渠道策略的重心是扩大市场覆盖面或快速进入一个新市场，使消费者随时随地买到这些商品。所以，这种策略多用于消费者经常需要的日用品的销售，例如香烟、牙膏和工业品中的通用机具等。

3. 中间商选择策略

中间商是指在商品流通领域中担任各种商业职能的商业企业和个体商人的总称。按中间商在分销渠道中的地位和作用可粗略地分为批发商和零售商两大类。其中，按照是否拥有商品所有权，可将批发商划分为经销批发商和代理批发商。企业在对分销渠道的长短、出口的宽窄进行选择的同时，必须根据各类中间商在分销渠道中的地位和职能加以选择，以降低费用，提高销售率。

（1）经销批发商策略。经销批发商，简称批发商，是独立从事批发购销业务、拥有商品所有权的中间商。其经营收入主要是通过向其他的中间商或生产企业提供对商品的集散、销售与其他技术服务，赚取进销差价及部分服务费。它与生产企业之间是买者与卖者的关系，双方之间的合作条件由经销合同确定。生产企业要保证批发商的货源和有关权利，批发商则要保证按照经销合同约束的价格和义务出售产品，商业经营的利润和风险归批发商所有与承担。

（2）代理批发商策略。代理批发商，简称代理商，是接受企业委托从事批发购销活动，但不拥有商品所有权的中间商。其经营收入主要是通过为生产企业寻找顾客和代表生产企业进行购销活动而赚取佣金或手续费。代理商与生产企业之间不是买者与卖者的关系，而是被委托人与委托人之间的委托关系。双方之间的合作关系，由代理合同确定，双方的权利与义务需要互相保证，而商业经营的利润与风险，仍归生产企业所有与承担。

（3）零售商策略。零售商是商品从生产者到消费者流通过程的最后一个商业环节，处于分销渠道出口地位，对于保证商品销售的正常进行有着重要的作用。一方面，它是生产企业和批发商的推销者，对于保证生产企业和批发商的正常经营具有重要的促进作用；另一方面，它又是消费者生活中的服务者，对于保障供给、满足需求能够做出经常性的贡献。按照商品经营范围和经营特点来划分，零售商可分为专业型、综合型和百货型。

企业在选择上述各类中间商作为自己的贸易伙伴时，除了要分析它们在分销渠道中的地位和职能外，还应考虑它们所处的地理位置是否与企业的目标市场相适应，以及它们的信誉等方面。

4. 分销渠道组合策略

由于分销渠道的各种选择策略各有利弊，在现代市场营销活动中企业通常将多种分销渠道加以组合。归纳起来，分销渠道的组合策略有以下三种情况。

（1）纵向联合策略。

企业分销渠道的纵向联合，也称作垂直营销系统，是指用一定的方式将分销渠道中各个环节的成员联合在一起，采取共同目标下的协调行动，以促使产品分销活动整体效益的提高。这种纵向联合的分销策略大致可分为两种形式，即契约型产销结合和紧密型产销一体化。

① 契约型产销结合。契约型产销结合通常是指生产企业同其所选定的中间商以契约的形式来确定各自在实现分销目标基础上的责权利关系和相互间的协调行动，以保证分销活动具有较好的整体效益。从我国的情况来看，契约型产销结合大致包括三种形式：一是特约经销，即企业同一家或几家拥有稳定市场分销网络的中间商建立长期的特约经销关系，将商品主要提供给这些中间商进行销售，并给予一定的优惠。二是厂店挂钩，即企业直接同一些大型零售企业或专业商店建立联合关系，保证向这些商店提供所需的货源，指导这些商店的经营活动，并通过这些商店建立自己的市场窗口，扩大企业影响，反馈市场信息。三是批发代理，即企业以契约的形式，委托一些大型批发企业基本代理自己的产品批发业务，企业将主要精力集中于产品的开发和生产。

契约型产销结合的主要特征在于：分销渠道中各环节的成员以契约的形式，为实现分销系统整体利益而承担相应的义务，采取统一的行动，不同于传统的产销分离的渠道形式；同时，分销渠道中各环节的成员既保持着某种形式的长期合作关系，也是相互独立的经济实体，区别于产销一体化的紧密联合，是一种比较灵活的分销渠道纵向联合方式。

② 紧密型产销一体化。紧密型产销一体化是指企业以延伸或兼并的方式建立起统一的产销联合体，使其具有生产、批发和零售的全部功能，以实现对分销活动的全面控制。产销一体化的形式也有所不同。一是自营销售系统。拥有庞大资本的企业自行投资建立自己的销售公司和分销网络，直接向市场销售产品。二是联营分销系统。企业同中间商共同投资或相互合并建立起统一的产销联合体，共同协调产品的产销

活动。

分销渠道的纵向联合可以在一定程度上缓解和避免渠道成员间由于追求各自利益而形成的相互冲突，以及由此造成分销系统整体利益的损失，而且还因减少多层谈判、重复服务等活动而提高了分销活动的效率，增强整体的协调功能，使分销活动的整体效益得以提高。

（2）横向联合策略。

分销渠道的横向联合，也称作水平营销系统，是指由两个以上的企业联合开发共同的分销渠道。这种横向联合可以分为暂时的松散型联合和长期的固定型联合。前者往往是为了共同开发一个市场机会，由相关企业联合起来，共同策划和实施以实现市场机会的分销渠道策略。例如，由某一企业负责建立商流网络，而另一企业负责物流事务等。后者则往往以建立同时为企业开展分销活动的销售公司为主要形式，例如美国的百万市场报纸公司就是一家为五家报纸实施分销业务并为它们所共有的销售公司。

分销渠道的横向联合策略可以较好地集中各有关企业在分销方面的相对优势，从而更好地开展分销活动。例如，每个企业可能都有自己的一部分分销网络，联合起来就可能同时扩大所有企业的市场覆盖面；每个企业可能有各自的分销技术优势，联合起这些技术就可能得以共享；建立共有的分销渠道，并能在一定程度上减少企业在分销渠道方面的投资；同时由于协同作用的产生而降低各自的经营风险，提高分销活动的整体效益。

（3）集团型联合策略。

集团型联合是由多个企业联合而成的，具有生产、销售、信息、服务以及科研等综合功能的经济联合体。在这种经济联合体中，往往同时含有生产企业销售机构、物流机构、科研机构甚至金融机构的功能。集团中的销售机构和物流机构同时为集团内各生产企业承担产品分销业务。企业集团的形式是多种多样的，有的是以生产企业为主体，有的是以商业企业为主体，甚至有的是以金融机构或科研机构为主体。从分销功能来看，有的企业集团只包含批发功能，有的延伸到零售功能；有的企业集团只具备商流功能，也有的同时具备物流功能；有的企业集团只经营同类产品的，也有的各种产品都经营。

集团型联合是一种比较高级的联合形式。从分销的角度看，它往往能集商流、物流、信息流于一体，分销功能比较齐全，系统控制能力和综合协调能力都比较强，对分销活动能进行比较周密的系统策划，并能建立起健全高效的运行机制，从而能促使分销活动的整体效益得到较大的提高。

第二节 促销策略

一、促销

随着经济全球化，国内市场与国际市场进一步接轨，企业面临着日益激烈的国内、国外市场竞争。因此，面对变化多端的市场需求，企业必须做好促销工作。促销有多种形式，例如人员促销、广告促销和公关促销等。无论这些形式多么不同，每种形式都是生产者与消费者，或者说与公众进行交流的一种努力。

1. 促销的含义

促销，全称为销售促进，是指企业运用人员促销或非人员促销方式，传播有关商品的信息，帮助消费者认识商品，引导、启发、刺激消费者产生购买兴趣，从而做出购买决策、采取购买行为的一种活动。仅靠制造优质的产品、确定吸引人的价格和使目标顾客能够方便地买到产品，还不足以建立有价值的顾客关系。在此基础上，企业还必须向顾客宣传和沟通企业的价值主张，并为之制定明确的价值沟通目的和价值沟通计划。① 因此，促销不仅仅是企业用于产品推广的营销技术或营销手段，而是旨在与顾客进行价值沟通、建立和维护持续的顾客价值关系。促销有以下几层含义。

(1) 促销主体。促销的主体即卖方，从广义上讲，它应包括生产者、代理商、批发商和零售商。促销主体是整个促销活动的决定性因素。

(2) 促销对象。促销的对象即买方，是促销活动的接受者，包括生产资料购买者和生活资料消费者。促销对象是一个复杂的群体，为促销活动带来了希望，也带来了困难。促销对象对企业发出的商品信息所做出的反应是对促销成效的检验。在买方市场的条件下，企业的促销活动都要围绕促销对象进行。

(3) 促销的实质是沟通价值。企业为了促进销售，把价值沟通的一般原理运用于企业的营销活动之中，在企业与顾客之间建立起稳定有价值的顾客关系。所以，企业的促销过程也是沟通价值的过程。沟通价值的过程是由生产者、经营者将商品或服务的价值通过各种媒介传播给消费者，使买方在思想上、行动上产生一定的效应，然后买方将这种效应反馈给卖方，促进卖方改进营销策略。

(4) 促销的目的是引起消费者的注意和兴趣，激发消费者的购买动机，促使消费者购买行为的产生。企业之所以要开展促销活动，就是为了引起消费者的注意和兴趣，并激起他们的购买欲望，从而达到扩大销售的目的。要做到这一点，价值传播必须选择消费者公认的和有权威的传播者来发布价值信息，并根据消费者的爱好、特点、需要和商品的性能等来确定促销的内容，否则就达不到价值沟通的目的。

(5) 促销的方式不是单一的，而是把人员促销、广告促销、公关促销和营业推广促销四种方式，有目的、有计划地配合起来，综合运用，才能收到预期效果。

2. 促销的作用

促销是企业整体市场营销活动的重要组成部分，其作用主要体现在以下几个方面。

(1) 促销有助于传递信息，为企业营销创造前提条件。在商品正式进入市场之前，促销活动就已开始，企业必须及时向消费者传递有关的商品信息。通过信息的传

① 菲利普·科特勒，加里·阿姆斯特朗. 市场营销：原理与实践（第16版）[M]. 楼尊，译. 北京：中国人民大学出版社，2015.

递，使消费者了解企业的综合实力和商品的情况，以建立起良好的企业形象和商品声誉，为中间商采购适销对路的商品提供条件，从而为企业实现市场营销目的创造前提条件。

（2）促销有助于创造需求，扩大销售。成功的促销方式的基本前提是激发潜在顾客的购买欲望，引发他们的购买行为。消费者的消费需求、购买动机具有多样性和复杂性的特点，因此，当企业针对客户的心理动机，通过采取灵活有效的促销活动，就能够激发、引导或创造消费者某一方面的需求，使市场需求朝着有利于企业产品销售的方向发展。

（3）促销有助于突出商品特色，有利于赢得市场竞争优势。随着市场经济的发展，市场竞争日趋激烈，不同的企业生产和经营着许多同类产品。企业通过促销活动，宣传本企业商品较同类竞争商品的优势和特色及其给消费者带来的特殊利益，使消费者了解并购买本企业的商品，进而提高企业市场竞争力。

（4）促销有助于反馈信息，提高经济效益。一般来说，经济效益与商品价值的实现程度是成正比例发展的。对于企业来说，在成本和价格既定的情况下，商品销量越大，销售额越高，经济效益越好；反之，经济效益则越差。要做到扩大销售，提高经济效益，企业就必须重视促销工作。通过促销活动，使更多的消费者或客户熟悉、了解和信任本企业的商品，并通过消费者对促销信息的反馈，来及时调整营销决策，使企业生产经营的商品适销对路，扩大企业的市场份额，巩固企业的市场地位，提高企业营销活动的经济效益。

3. 促销的原则

（1）从消费者出发，为消费者服务，对社会负责。企业在进行促销活动时，一切促销的内容都应从消费者的观点、要求、爱好、心理和利益出发。只有这样，才能使他们产生兴趣或感到满意，从而激发购买欲望，并购买商品。

（2）实事求是，取信于消费者。企业在促销活动中所宣传的内容，必须实事求是，不夸大其词，不弄虚作假。只有这样，才能使消费者对企业及其产品产生信任感，从而拓宽市场，扩大销售；反之，就必定会遭到消费者的唾弃，从而使销路越来越窄。

（3）了解行情，加强针对性。企业在进行促销活动时，必须对同行业同类商品和替代商品的优势与劣势全面掌握，结合企业的实际情况，采取相应的促销策略，宣传企业商品的特点和优点。同时，要注意结合客户需求和购买力，恰当地引发他们的购买欲望。

二、促销策略

为了将商品迅速销售出去，企业在促销中一般采取推式促销策略和拉式促销策略等多种促销策略（见图 8-4）。

1. 推式促销策略

推式促销策略是指企业通过自己的推销人员，针对不同的商品和不同的对象，采取相应的促销方式，将商品推入市场的一种策略。推式促销策略一般运用于单位价值

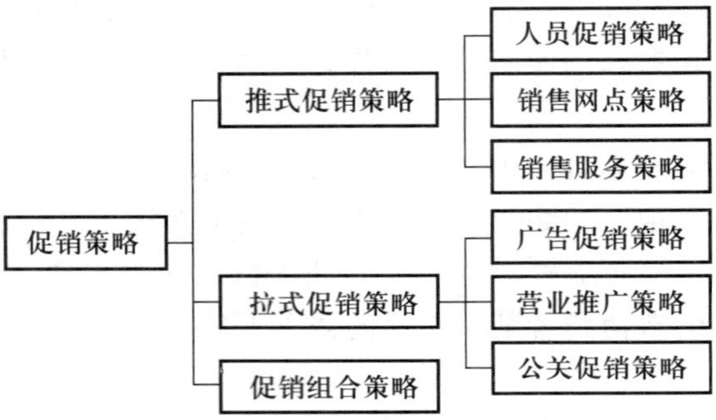

图 8-4 促销策略的构成

比较高、技术性能比较复杂、需要做示范表演的商品，或根据消费者需求特点设计的商品，或者地产地销的商品，等等。采用推式促销策略的商品的分销渠道一般比较短，市场比较集中。

采用推式促销策略，推销人员直接向消费者介绍宣传商品的性能、特点、用途和使用方法，从而指导消费行为。此外，它还可以减少商品的流通环节，缩短商品分销渠道，实现商品的快速转移。推式促销策略可采用多种方法进行促销。

（1）人员促销策略。推销人员携带样品或商品目录拜访顾客，进行商品推销。这种推销方式的优点是：推销人员可以同消费者和客户当面洽谈，介绍商品，解答消费者或客户的问题，及时排除销售障碍。

（2）销售网点策略。建立商品销售网点。这种推销方式是推销人员在销售网点等待顾客登门选购。销售网点应选择目标消费群体比较集中的地方设立，一般宜在城镇。一些特种商品（如工艺美术品、金银首饰等），因销售量比较小，设立的网点应相应少一些。选择性商品（如服装、家用电器等），因顾客在购买时要进行反复比较和挑选，所以销售网点应设立在城镇的闹市区，且应比专营性商品所设的网点要多一些。至于日常用品，销售网点设立的规模则要小而密。

（3）销售服务策略。通过售前、售中和售后服务促进销售。售前服务的任务是向消费者宣传和介绍商品，传递商品信息，刺激消费者的购买欲望，引导消费者的购买行为。售中服务的任务是通过协助消费者选择商品，进一步深入细致地宣传商品，同时解答消费者提出的有关问题，帮助消费者实现购买行为。售后服务的任务是为消费者提供送货、维修以及退货换货服务等，使他们购买以后没有忧虑和担心，对推销人员产生信任感，从而促进商品销售。

2. 拉式促销策略

拉式促销策略是指利用广告、营业推广和公共关系等非人员促销形式宣传商品，唤起消费者兴趣，由消费者引起中间商向企业订购或者选购商品的一种策略。采用拉式策略促销的商品一般流通渠道较长，流转环节较多。拉式促销策略主要有以下几种促销方法。

（1）广告宣传。当某种商品投入市场时，广告可以向消费者宣传新商品信息，介绍商品的价格、用途和使用方法等，说明商品销售中和销售后可提供的各种服务，消除消费者的各种顾虑，把顾客拉过来，实现商品销售的目的。

（2）组织商品展销会或订货会。这是以商品实物吸引中间商或客户购买的一种有效形式。这种形式可以让中间商或客户看到真实商品，了解商品的质量、规格和标准等。当他们认为某种商品确实符合市场或自己的需要时，就会订购这种商品。这种方式一般适用于大批量商品或成套设备的销售。

（3）代销或试销。企业生产出某种新商品欲投放某一市场，中间商一般不会贸然大批量采购。经过代销或试销，看清销售趋势，中间商才能决定是否大批量采购。一般来说，如果某种商品代销、试销失败，就意味着这种商品没有销路，企业应立即停止生产这种商品。

（4）创名牌、树信誉，赢得客户信任。在商品销售中，能否把顾客拉住，最关键的是企业和商品的信誉。名牌产品、高质量服务的企业，对客户自然具有吸引力。

3. 促销组合策略

企业的促销方式主要有人员促销、广告促销、公关促销和营业推广促销四种，是促销信息传递程序中的“通路”或传递途径，它们各有优点和缺点（见表 8-1）。

表 8-1 各种促销方式的优缺点

促销方式	优点	缺点
人员促销	方法直接，能深入了解情况，促成交易	人员规模大，费用高
广告促销	宣传面广，形象生动，节省人力	不能引起立即交易
公关促销	涉及面广，信任程度高	企业难以控制
营业推广促销	深入诱发购买兴趣，具有一定吸引力	容易使顾客产生怀疑

促销组合策略是决定如何选择和组合应用这几种促销方式。同 4Ps 营销组合一样，促销组合应体现整体决策思想，形成一个完整的促销组合策略。除了企业的经营条件、管理水平等因素之外，企业促销组合中还需要考虑下列因素。

（1）营销目标。在不同时期及不同的市场环境下，企业会有不同的营销目标。例如，某企业的营销目标是激发消费者的需求，扩大企业的市场份额；而另一企业的营销目标是树立企业的形象，为今后提高市场竞争地位奠定基础。这两个企业的促销组合策略会有明显不同：前者属于短期营销目标，宜采用广告促销和营业推广促销相结合的方式；后者属于长期营销目标，公关促销具有决定性意义，辅之以人员促销和广告促销。因此，促销组合策略必须根据企业的营销目标来制定，不能为了促销而促销。

（2）商品性质。商品的性质不同，消费者就具有不同的购买行为和购买习惯，促销组合策略也有所不同。① 商品的属性。根据商品的基本属性，商品可分为生产资料和生活资料。生产资料以人员促销为主，因为生产资料产品技术性较强，购买数量较少，但购买金额较高；生活资料以广告促销为主，因为生活资料的消费者人数众多，购买频率较高，产品技术性较简单，标准化程度较高。② 商品的价格。一般来说，技术性能复杂、价格较高的商品应以人员促销为主，辅以其他促销方式；一般化的、价格较低的商品应以广告促销为主，辅以其他的促销方式。③ 商品的寿命周期。在商品寿命周期的不同阶段，有不同的促销目标，因而应采用不同的促销组合决策。例如，在商品投入期，新产品投放市场应以广告促销为主，重点宣传商品的性质、牌号、功能、服务等，以引起消费者对新产品的注意；而在成熟期，企业主要采取维护性市场促销策略。

（3）市场特点。在目标市场销售范围大、涉及面多的情况下，应以广告促销为主，辅以其他促销方式。当目标市场相对集中、销售范围较小、需求量较大时，应以人员促销为主，辅以其他促销方式。如果目标消费群体的文化水准较高、经济收入宽裕，应采用广告和公关促销；反之则采用人员促销和营业推广促销。

（4）促销经费的预算。企业开展促销活动，必须事先对促销经费做出预算。人员促销、广告促销、公关促销和营业推广促销的促销费用是依次递减的。企业应从经济实力和促销期内受干扰程度大小的状况决定促销方式。如果企业促销费用宽裕，则可几种促销方式同时使用；反之则要考虑选择耗资较少的促销方式。

总之，企业的促销组合应有所侧重，并制定实施的先后顺序，分清轻重缓急，以求促销费用省，促销效益高，切忌盲目行事。

三、人员促销策略

1. 人员促销

人员促销是企业派推销人员直接与目标市场建立联系，传递信息，促进商品和服务销售的活动。这里所指的推销人员包括推销员、市场代表、商店售货员以及其他直接与消费者接触的销售人员。

人员促销的特点有：① 亲切感强。推销人员同顾客直接见面，便于交流感情，消除对立情绪，培养与顾客间的友好关系。② 劝服力强。推销人员能当场示范，解释疑虑，介绍使用方法，容易使顾客信服。③ 灵活性强。推销人员能根据时间、场合、环境及顾客心理随时调整推销手法，有的放矢地开展推销。④ 反馈及时。推销人员能及时带回顾客的意见和建议，促使企业随时调整营销策略。⑤ 竞争性强。推销人员在一定的利益机制驱动之下，相互间会展开竞争，从而促使销售实绩不断上升。但是由于人员促销接触的顾客面很窄，比利用其他促销手段的费用要高得多。

2. 人员促销的策略与方法

企业的人员促销应根据不同的目标市场和商品等情况，灵活采用不同的促销策略。人员促销策略一般有以下几种。

（1）程序式推销策略。程序式推销策略是针对顾客购买心理不同阶段的特点，有步骤地进行推销的策略。推销员向顾客推销，往往会依次碰到一系列问题：你推销的商品是什么？这种商品好在什么地方？其根据是什么？我在这次购买中得到什么益处？受益程度又如何？等等。推销员应根据顾客心理变化的特点，循序渐进地逐步展开宣传和说服工作，由引起顾客的注意开始，进而引发兴趣，激发欲望，诱发行动，促成决定，以致最后实现购买。程序式推销策略有三种推销方法。

① 试探法。试探法的特点是事先对顾客的需要不了解，推销员准备了好几套话，先讲一点对顾客进行试探，看顾客的反应，然后再进一步讲下去，再看顾客的反应。在这种刺激—反应的过程中，根据顾客反应，探测顾客的要求，不断调整和改进话题，逐步深入地进行宣传，以引起顾客的兴趣，促成顾客的购买行为。

② 针对法。针对法的特点是事先知道顾客的某种需要，推销员针对顾客关心的问题，有的放矢地着重宣传商品，以引起顾客的重视，促成交易的实现。

③ 诱导法。诱导法的特点是通过交谈引起顾客的某种需要，再说明所推销的商品如何能满足这些需要，从而诱导顾客购买某种商品的欲望。诱导法要有较高的推销技术，要注意消除顾客与推销员之间的隔阂，使顾客感到推销员是自己的好参谋，对推销员产生信任感。

（2）教育式推销策略。教育式推销策略是通过培训示范等教育方式向消费者传授有关商品的知识，使他们了解商品的用途、优点和使用方法，促使消费者购买的一种人员促销策略。运用教育式推销策略适宜于推销新产品、价格较贵的高档商品和有特殊效用、特殊使用方法的商品。

当消费者对这些商品不了解时，容易产生顾虑。通过教育的方式使消费者对商品有较全面的认识，有助于消除不必要的顾虑。企业运用教育式推销策略推销商品，须事先对推销地区的市场做认真的调查，了解消费者的购买力情况和市场的潜在需求，避免因情况不明而造成费用增大、销售不佳、经济效益不好的局面。

（3）中介式推销策略。中介式推销策略是通过顾客、相关企业和特聘人员进行再宣传的一种人员促销策略。这种推销策略灵活性大，适应范围广。中介式推销策略有三种方法。

① 利用顾客再宣传的方法。运用这种方法推销商品，推销员要选择适当的对象。在推销中，让顾客承担一定的宣传义务。例如向顾客说明整批销售比零售在价格上更优惠，希望顾客回去进行宣传，联系和鼓动更多的顾客来购买。

② 利用相关企业的推销方法。当企业自身力量不足时，可以与自己有业务关联的企业合作，互为宣传、推荐，为对方推销产品。例如家具店与床上用品，服装店与鞋帽店共同协商，在销售本店经营的商品的同时，向顾客推荐相关企业的商品。这种推销方法不需要设置专职推销员，费用低、收效好。

③ 利用消费者偶像的推销方法。这种推销方法是利用消费者不同的崇拜偶像提高企业经营商品的声誉，例如以某些权威专家或影视明星对商品的评价来扩大影响，吸引更多的消费者。这种方法较宜推销大众性的时尚商品或新产品。

四、广告促销策略

1. 广告

广告是一门科学，又是一门艺术。作为科学，广告反映商品流通的客观规律，为市场经济的发展服务；作为艺术，广告在制作过程中，应从声、光、色、形等方面正确表达企业或商品的内容，使人们在接受它的过程中得到和谐、美好的艺术感染力，陶冶人们的情操。因此，广告具有真实性、思想性和艺术性等特征。

2. 广告制作的格式

广告的制作首先要确定广告对象，然后确定广告的主题、内容和具体的表达形式。广告对象指广告针对什么样的目标市场或目标顾客，包括企业已进入的市场和尚未开发的潜在市场。广告的主题是根据商品和广告对象而确定广告的中心内容，目的是突出商品对消费者的核心利益。

任何广告以其格式来看主要包括文字、画面和音响。在广告制作的过程中，既可以单独使用文字，也可以使文字、画面与音响有机结合、互相陪衬。广告制作的格式一般包括以下几个方面。

（1）标题。标题是广告中最简洁、最突出的文字，通常以醒目的标语、口号、词语等文字形式来表示。标题表达了企业的最终意愿和推销商品与服务的本质特征及性能。例如，德芙巧克力的广告标题："牛奶香浓，丝般感受"就很简洁，便人看了便于记忆，难以忘记。

（2）短文。短文是对广告宣传的商品或服务的简单介绍。一般包括经营规模、经营项目、经营方法、技术水平、产品质量、社会信誉、使用维修和保养、商品价格、购买优惠条件等。这部分内容通称广告文稿。

（3）商标。广告必须突出商标，以使受众对商品或服务留下深刻的印象，便于购买。

（4）商品或服务的具体形象。这是广告中实物或画面的展示部分，一般以实物、图片、录像等形式表示。

（5）其他说明。这是对商品或服务的特点或复杂性，或推销过程中的特征而做的说明，如商品的产地、有效使用期限、禁忌事项、联系地址、电话号码、银行账号、邮政编码等。

3. 广告策略

企业广告策略使用得是否恰当，对企业的市场营销活动具有十分重要的意义。一般来说，企业使用广告策略时应注意以下几个问题。

（1）深入调查研究，决策是否要做广告。企业运用广告策略与其他策略一样，必须首先进行调查研究，掌握必要的经济信息，并对各种信息进行判断。对商品所处的市场地位、特性和使用对象的特点（例如消费习惯、生活方式、职业、年龄、收入水平等）做深入的研究，把握竞争对手的广告策略，经过综合分析，判断本企业是否需要制作广告。

（2）确定广告机会与广告任务。在企业的市场营销活动中，有效的广告机会与市场机会和产品定位决策密切相关。例如，生产彩电的甲企业把产品定位于高端市场上，乙企业把产品定位于大众市场上，这两家彩电企业产品定位决策不同，其广告的任务就完全不同：前者广告的宣传应注重商品的消费与消费者的财富、地位和名誉相联系，后者广告的宣传应注重商品的价格合理，消费该商品能够得到的附加利益等。企业应该努力寻找企业的市场机会，准确进行产品定位，在此基础上确定企业的广告机会和广告任务。

（3）确定广告目标。广告目标是指企业通过广告宣传所需达到的目的。企业做广告的最终目标是增加销售量和利润。但利润的实现是企业营销策略组合作用的结果。因此，企业做广告有诸多具体目标。例如，单纯促销，为新产品开路，提高企业和产品的知晓度和知名度，建立需求偏好，提高市场占有率，对付竞争对手，维持企业和产品的形象，等等。

（4）注意广告宣传的艺术性，提高广告宣传的效果。企业在广告目标确定以后必须进一步研究广告的艺术性，使企业制作的广告具有典型性、独创性和生动性，从而使企业的广告设计收到事半功倍的效果。

根据对广告制作的长期研究，总结出十六个字供广告制作者参考，即新颖、奇特、险要、趣味、美活、诱激、刚柔、逆变。新颖指广告设计应新颖幽默，不要千篇一律；奇特指广告设计应独具匠心，敢于突破人们旧逻辑思维的束缚；险要指广告设计不要平铺直叙，要具有险要感；趣味指广告设计应具有趣味性，能够引人入胜；美活指广告的语言要美，画面要活，不能空洞呆板；诱激指广告的设计要能诱导消费，激起消费者的购买动机；刚柔指广告的制作在语言表达上要刚柔结合，尤其注意语言的柔化；逆变指广告制作过程中善于运用消费者的逆反心理变换广告的宣传方式。

五、公关促销策略

公关，全称为公共关系，是一个组织与其相关公众之间的管理，是现代企业为了实现企业目标而运用的一种管理手段。企业通过开展一系列公共关系活动，例如新闻发布会、产品广告、人际沟通及信息处理咨询参谋等来协调企业内外各种公众之间的关系。社会组织在其运作发展过程中，必然置身于一种多维的关系网络中，公共关系就是处理企业与公众之间的沟通协调问题，使企业在开展某些具体的政治活动、经济活动或文化活动时，争取公众舆论的理解和支持，优化企业的生存环境。

公关由组织、公众、传播三大要素构成，具有以下几个方面的特征：以信誉、形象为目标；以诚实互惠为原则；以双向传播为手段；以网状结构为沟通渠道；以长远为方针。公关的职能是：塑造形象，沟通信息，协调关系；咨询建议和处理突发事件。

企业营销公关的内容很多，归纳起来主要有企业内部的公关和企业外部的公关两大类。因此，企业营销公关策略也就分为企业内部公关策略和企业外部公关策略。

1. 企业内部公关策略

（1）实施以人为中心的管理方法。为了使企业的营销活动取得预期的效果，企业的领导者必须强化企业管理。但是，强化企业管理，应该革除“以物为中心”，而确立“以人为中心”的管理方法。为此，企业的领导者必须注意处理好企业的各种复杂关系，团结企业所有员工，激发企业内部所有工作人员的积极性，使他们为了一个共同的目标而奋斗。

（2）加强企业内部广大员工和管理人员间的横向情感交流。在企业内部，广大员工之间的横向情感交流，有利于增强他们的主人翁意识，更多更好地为企业着想。开展管理人员之间的横向情感交流，有利于沟通各部门之间的信息，支持彼此的工作，拓宽管理人员的视野，看到自己工作的重要性。

加强企业内部上下级之间的纵向情感交流。企业的领导者应主动与下属乃至广大员工接触，加强与他们的联系，以谈话或走访的形式，在自己管理的范围内沟通各方面的信息，加强各方面的了解，摆脱自己控制范围内的家长式气氛。当然，员工也不一定要充当被动角色，也应主动地与上司接触，让上司更多地了解自己。一个企业如果上下级之间，能完全摆脱“阶层制度”，彼此以平等友好的身份进行相互交流。

加强企业内部立体交叉之间关系的情感交流。如果企业的领导者、管理者及基层员工都能跳出自己的“生活圈”，加强与企业各界人员的往来，企业必然成为一个富有朝气的团体。因此，企业在开展内部的公共关系时，不仅要加强横向（平行）与纵向（垂直）的交流，还要在企业内部形成立体交叉的关系网络，使每一个人都知晓自己所做的工作在企业中所处的地位，了解企业的整体形象如何，知道企业的奋斗目标是什么，以及自己应为企业的发展做些什么。

（3）注意企业内部非正式组织的动向。企业内部的正式组织是指为了有效地实现企业目标而规定企业各个成员之间相互关系和职责范围的一种组织体系。在正式组织中，效率的逻辑是其中每一个成员的行为标准。非正式组织是指在共同工作和接触中，通过情感的沟通和共同利益的追求而自发形成的组织形式。在非正式组织中，感情的逻辑是其中每一个成员的行为标准。实践证明，有许多问题通过非正式组织去解决比通过正式组织去解决，其效果要好得多。因此，企业的领导必须重视企业中的非正式组织的作用，注意它们活动的动向，正确诱导它们积极地发挥作用，为企业的营销活动服务。

2. 企业外部公关策略

（1）企业外部公关的内容。

从市场营销的角度来看，企业外部的公关是指与企业的营销活动发生一定联系的关系的总和，包括企业与消费者的关系、企业与经销商的关系、企业与供应商的关系、企业与金融机构的关系、企业与业务协作部门的关系、企业与各种宣传媒介的关系以及企业与政府的关系七个方面。

企业外部营销活动的核心内容是企业与消费者的关系，因此，企业的营销活动首先应深入研究消费者的心理态势，即消费者在一定社会条件下，因人与环境相互作用而出现的消费者对某一对象（人、事、物）的共同心理状态与一致的行为倾向。公关正是要把握消费者消费心理的一般活动过程，弄清消费者心理需要的基本特征，摸准消费者需要的基本模式，树立企业生产经营活动的中心，即为消费者服务的思想，采用利益吸引、新奇吸引、信息吸引、形象吸引、示范吸引和目标吸引等营销公关策略，来赢得消费者的信任与支持。

（2）企业外部公关的目的。

创造有利的“天时”，使营销活动处于良好的空间之中。“天时”不是指自然的天气条件，而是指在营销活动中企业与政府关系的协调。政府是经济建设的组织者和指挥者，运用经济的、行政的和法律的手段，对企业的经济运行进行调节和控制。企业有义务执行国家的各项路线、方针和政策，遵守国家的法律制度。在处理企业与国家关系的问题上，企业应该以国家的利益为重，以大局为重，争取得到政府有关部门对企业各项工作的指导和帮助，遵纪守法，按章纳税，认真履行企业对国家的责任。

搞好社区关系，创造良好的“地利”条件。社区关系是指企业与所在地区的金融、公安、邮政、通信、工商、税务、环保、卫生等社会团体以及其他组织之间的关系。良好的社区关系是一种优越的“地利”条件，是企业发展的重要的外部条件。企业的社区关系融洽，会使企业的士气高昂，职工的心情舒畅，生产经营发展顺利。企业要建立良好的社区关系，关键在于与社区公众的信息沟通，使彼此之间更多地了解。要建立良好的社区关系，企业须及时地、大量地搜集社区公众的赞许意见，以激励企业广大职工的士气，让更多的员工看到企业的社会地位，增强广大员工的责任感和自豪感。

树立正确的伦理观念，创造良好的“人和”环境。人们常说，“天时”“地利”“人和”是事情成功的三要素。这里说的“人和”环境主要是指人心所向，表现在企业应有正确的伦理观念。企业应该实事求是地展示自己：当企业处于上升时期，企业应当冷静分析自己的长处和短处，切忌让胜利冲昏了头脑；当企业处于低谷时期，企业应当正视现实，努力通过公关工作，使企业得到更多的社会公众的同情，帮助企业渡过难关，转危为安，使企业重新崛起，切忌悲观失望，应该懂得危机与机遇都不是永存的，危机时期并非暗淡无光，危机过后就是光明。

六、营业推广策略

营业推广是人员促销、广告和公共关系以外的促销活动，即在一个较大的目标市场中，针对顾客和其他中间商，为了刺激其需求而采取的能够迅速产生鼓励购买作用的促销措施。营业推广不像广告和人员促销那样是一种持续的、常规的促销活动，而是一种不经常的、无规则的促销活动。典型的营业推广一般用于暂时的、额外的促销工作，是为了促使消费者立即购买和使用某种商品。作为促销组合中的一个要素，营业推广带有短期刺激性的特点，因此必须与其他促销工具配合使用，才能达到预期效果。①

1. 赠送样品

通过赠送样品或请顾客试用样品，一方面可以起到介绍商品的作用；另一方面还可以获得消费者的反应，收集信息，使消费者认识本企业商品或建立对本企业商品的偏好。

2. 廉价包装

廉价包装的商品一般要降低销售价格，这样可以有效地刺激短期销路。例如，一件价格为 11 元的商品，其中包装费为 1 元，如果采用廉价包装，购买者只需支付 10 元即可买到这种商品。

---

① 李晏墅，乔均. 现代市场营销学［M］. 南京：东南大学出版社，2006.

3．商品陈列

通过商品陈列，使消费者在了解商品特点和品质的同时，能看到商品的外观，掌握其使用方法。在商品陈列的同时，若附有示范表演，则更可吸引顾客，使其有身临其境之感，有助于推动顾客实现购买。例如，聘用解说员在超市介绍某种品牌的食品，在百货公司里解释和示范如何使用家用电器，在服装店、公共娱乐场所或通过电视举办时装表演等。

4．展销

展销是一种通过实物展览推销商品的促销活动，其优点是：① 商品集中，消费者选购商品余地较大，容易购买到称心如意的商品；② 厂商可直接听到消费者的意见，了解市场需求，并有利于促进企业改善经营管理，推动产品开发，提高产品质量和服务质量；③ 有利于吸引顾客，激发购买行为。

展销的具体做法是零售商店、生产企业销售部及个体商贩在某一地点设立柜台，展出商品，并表明展出单位或生产单位，由顾客选购，其特点是边展边销，当场交易，规模大，影响广，容易吸引顾客。展销可分为固定展销（展销专柜、展销商场等）和流动展销（巡回展销、下乡下厂展销等）两种。展销的商品要求货源充足，品种丰富。展销的范围可大可小，不受地点限制，厂商可根据展销目的灵活地加以选择。

5．交易推广

交易推广主要是用来针对中间商或零售商的，具有各种形式。例如，规定一定的购买额度，多购买者则给予交易馈赠、价格折扣或价格补贴，大宗购买或订货可以得到免费商品。又如，订货 1 万元可得到 500 元免费商品，等等。这种促销手段对中间商和零售商诱惑力较大，他们一般都希望得到交易馈赠，希望给予价格折扣或价格补贴，希望得到免费商品。

6．举办业务会议

通过举办这种会议介绍产品，交流信息，沟通产需双方的联系，扩大销售范围，增加销售量。

7．举行销售竞赛

销售竞赛是鼓励中间商、零售商和推销员的一种促销手段，包括以下几种形式：① 以购买额或销售额为竞赛评比标准，对购买额或销售额最高者给予奖励。② 以上季度上年度的购买额或推销额为基数，对购买或推销增加比例最大的中间商、零售商或推销员给予奖励。③ 以购买点陈列情况为评比项目，对陈列最佳者给予奖励。

8．退款优待

退款优待是消费者或零售商按正常价格购买商品后，然后把某种证明（标签等）寄给厂商，厂商再寄去一定数额的货币，其数额的大小取决于购买的商品数量，退款优待用于鼓励消费者对新产品的第一次购买比较有效。采用此种手段，应注意配合使用广告和商品陈列等促销方法，以增加退款优待的效力。

9．搭配销售

如果营业推广以消费者试用某种新产品为目的，则可以采用搭配销售的办法，即把新产品与其他产品搭配在一起卖给消费者。搭配价格必须低于这些商品分别出售的价格之和，搭配出售的商品通常是互补的商品，例如剃须刀架和刀片，香皂和肥皂盒，等等。

10. 有奖销售

假如消费者对某种产品产生好感，为增强这种好感可使用奖券。奖券或“免费”，或标有优惠价格，不仅可以鼓励顾客重复购买，而且可以避免顾客看了货色不买或讨价还价的现象，有力地促使顾客马上就购买。此外，奖券还有成本较低的优点。

11. 赠送精美的小物品

向顾客或客户赠送印有企业名称、地址、电话号码和主要产品的袖珍日历、台历等是一种巧妙的促销手段。日历、台历的曝光频率高，能经常提醒顾客或客户，刺激其产生购买动机，日历、台历可以在销售营业地点发放，也可以邮寄、分发或由推销员赠送等。

此外，企业还可以向消费者赠送钥匙环、开瓶器、圆珠笔、温度计、气球等精美的小物品。这些小物品上面印有企业名称、地址、电话号码、主要商品及简短的促销信息等，能引起消费者对企业产品的兴趣和好感。这些小物品成本很低，又能使用几个月甚至几年时间，有助于促进商品的销售。

12. 邮寄促销资料

邮寄促销资料是一种由厂商把促销资料直接邮寄给中间商和消费者，或由零售商邮寄给消费者的促销手段。邮寄促销资料的作用主要有：① 用来推销商品和服务；② 帮助推销点确定新的顾客；③ 作为推销员拜访购买者之前的通知或作为拜访之后的备忘录式的补充；④ 使零售商得到厂商的促销计划；⑤ 联络那些失去联系的老顾客；⑥ 作为推出新产品的通知。

因此，企业应根据本企业的情况和目标市场、销售目标、产品特点来选择使用，确定符合市场营销要求，能够使企业多获利益的方式。一般来说，选择营业推广的手段并没有什么固定不变的法则，通常考虑以下几个因素。

（1）市场情况。市场情况是选择营业推广手段和制订营业推广方案时要考虑的首要因素，必须在具体准确地分析企业的市场地位、竞争情况、市场发展变化趋势等情况的基础上选择营业推广的手段，制订营业推广的方案。对市场情况了解的程度如何，分析的结果正确与否，都会影响手段和方案的实施及其效果。

（2）费用情况。营业推广是需要费用的，企业在营业推广中必须尽量用较少的费用换取较大的利益。因此，需要通过核算确定企业在营业推广上所用的费用数额。

（3）鼓励规模。企业要分析研究鼓励规模与销售之间的关系。分析其经济效益，选定费用最低，效益最高的鼓励规模和范围。

（4）鼓励对象。营业推广并非针对所有的人，而是要选择有可能成为企业的顾客即潜在顾客群为参加者，并有意识地限制那些不可能成为顾客的人参加。

（5）推广途径。营业推广的途径有多种，要通过市场调查后确定实施途径。

（6）推广期限。营业推广不可能无限期使用，每一项推广的期限大体以消费者平均购买周期作为标准为宜。时间过短，有些可能成为企业顾客的人会失去购买机会，时间过长，则会加重企业的负担，增加费用支出，造成效益下降。

营销案例

锐澳鸡尾酒的新品类上市①

（一）案例介绍

锐澳鸡尾酒作为中国预调鸡尾酒第一品牌和品类领导者，有望引领预调鸡尾酒这一新品类做大做强，业界认为这是一个几百亿级的蓝海市场。可是锐澳在经历了2014年、2015年的高速发展之后，2016年出现较大幅度的下滑和巨额亏损。锐澳忽然变得步履维艰，令人唏嘘，更让人关注的是预调鸡尾酒新品类有可能夭折，令人扼腕叹息！

锐澳遭遇滑铁卢的因果逻辑大致是：过早把产品推向广谱人群、铺货到了多种销售渠道，并启动了大力度的广告轰炸（赞助最热播综艺真人秀节目等），短期制造了品类的虚假繁荣，引起同类企业大面积大范围跟进，导致价格战及低价低质扰乱市场。大量跟进的小品牌品质低劣鱼目混珠，抱着赚一把就走的心态，破坏了鸡尾酒品类的品质感，打击和降低了消费者的期望值和消费热情。再加之鸡尾酒品类市场还未形成足够大的销量需求，更谈不上爆发，市场混乱直接对鸡尾酒品类形成灭顶之灾。行业老大锐澳首当其冲遭遇最大冲击，销量下滑，再加之大手笔的广告投入（其2016年投入广告费约3.5亿元），亏损在所难免。整个鸡尾酒行业一落千里并可能从此一蹶不振。

其实，美国营销大师里斯先生和特劳特先生的定位理论早就强调过，新品类上市要"飞机滑翔式启动、拿出时间和耐心"，"把握战略节奏、拿出足够的时间足够的钱"，这就是说，新品牌成长需要短期和长期两个战略。然而，放眼望去还有很多中国企业、品牌正在犯同样的冒进错误。

企业的常规传统思维是，自己的产品（品牌）就是好，老少皆宜，一定要把它卖给尽量多的人，最好卖给所有的人。锐澳鸡尾酒把所有年轻人作为目标人群，上市就启动全国性电视广告就是证明。

市场发展到今天的过度竞争时代，不可能所有人通吃，新品需要首先界定产品或品牌的原点人群，即最可能第一批尝试购买并会长期使用你的产品的人群，这些人可能是某一品类的专家或者重度消费群，一旦得到这些高势能人群的认可和消费，将对其他消费者群体产生影响和示范作用。那锐澳鸡尾酒的原点人群是谁呢？应该是都市中那些收入较高、有消费能力的年轻女士，像写字楼白领女士、部分女大学生（消费能力强、容易接受新事物），消费的场景应该是KTV等夜场和中高档餐饮店（含西餐厅）。

① 李传玖．锐澳鸡尾酒：新品类上市，把握节奏才能活得久［J］．销售与市场，2017，(15)：78-81.

原点人群界定好了，是不是就可以像锐澳一样在全国同步上市铺货开卖了？锐澳鸡尾酒的原点区域是哪里呢？不复杂，中国一、二线城市的部分或全部，具体根据锐澳的销售费用预算和打持久战的资金人员实力，甚至就只是公司总部所在地的上海市，或者长三角地区。这些市场消费水平高、目标消费者接受新事物速度快，并且有示范引领作用。锐澳鸡尾酒上市后，夜场、餐饮店、KA①卖场、高端便利连锁店、食杂店等都铺上了货，到处可见，看起来一片繁荣。

在分销渠道上，锐澳首选夜场，其次是高端便利店（全家、7-11类），其余可以先放一放，甚至就只先开发夜场。夜场显然是最优先渠道，高端便利店的主要顾客群中的女性也正是锐澳的目标人群。分销渠道选择之后，锐澳把营销费用、推广资源集中投入，集中兵力打歼灭战，实行饱和攻击，才会有成果。如果早早进入KA卖场、超市、餐饮店，特别是食杂店，因为鸡尾酒是新品类，大家不了解、价格偏高、大部分人不适应口感等，很可能会动销很慢，产品一天天临近保质期、上面蒙上一层尘土等，会严重影响和打击公司销售团队及经销商推广新品类的信心和行动。

企业的产品一定要陈列在竞争产品的旁边，才更容易被目标顾客关注到，才能借竞争产品的势，给消费者更多的选择机会。锐澳鸡尾酒选择陈列在低度洋酒、进口啤酒、红酒的旁边，而不是在食杂店里摆放在二、三线饮料品牌的旁边。

新品上市要像飞机起飞一样由慢到快地滑跑，达到一定速度后再腾空起飞，没有前面的积累预热就没有关键的离地而起。锐澳正是因其快速扩张裂变带来了严重的入不敷出。显然，锐澳没有投入足够的时间和耐心。

（二）案例实训

1. 根据上述案例内容，锐澳鸡尾酒在新品类上市过程采用了促销策略和分销渠道策略？

2. 你认为锐澳鸡尾酒的促销策略和分销渠道策略存在哪些不足？应当如何加以营销策略的优化？

学习思考

1. 分销渠道的内涵是什么？如何理解分销渠道中的“五流”？
2. 分销渠道应当遵循哪些原则和要求？
3. 在现代市场营销活动中，企业的分销渠道可以采取哪些策略？
4. 促销的内涵是什么？企业可以运用哪些促销策略？
5. 人员促销的特点是什么？企业应当如何开展人员促销？
6. 公关促销有哪些策略？公关促销应当注意哪些问题？
7. 营业推广主要有哪些手段？企业在营业推广中需要考虑哪些因素？

① 即 Key Account，是营业面积、客流量和发展潜力等方面都处于优势的大终端，如沃尔玛、上海联华等。

科研练笔

1. 有机农产品的分销渠道策略研究。
2. 互联网经济时代下连锁超市的促销策略研究。

营销实战

调查和分析近年来“双十一”（每年的11月11日）网上购物的发展现状，电子商务企业应当采取哪些促销策略和分销渠道策略？

关键术语对译

顾客 Customer
顾客需求 Customer demand
生产观念 Production concept
产品观念 Product concept
销售渠道 Sales channels
分销渠道 Distribution channel
分销决策 Distribution decisions
分销策略 Distribution policies
渠道冲突 Channel conflicts
渠道决策 Channel decisions
渠道功能 Channel functions
渠道组织结构 Channel institutions
销售促进 Sales promotion
公共关系 Public relationship
广告媒体 Advertising media
广告信息来源 Advertising source
代理商 Agent middleman
现金折扣 Cash discounts
折扣商店 Discount stores
特许经营 Franchising
整合营销传播 Integrated marketing communication（IMC）
促销策略 Promotion policies
多渠道分销 Multichannel distribution

推荐阅读

1. 菲利普·科特勒，凯文·莱恩·凯勒，等. 营销管理（亚洲版·第5版）[M]. 吕一林，王俊杰，译. 北京：中国人民大学出版社，2010.
2. 李晏墅，胡海. 营销创新：企业经营智慧的觉醒 [M]. 北京：人民出版社，2004.
3. 卜妙金. 分销渠道管理 [M]. 2版. 北京：高等教育出版社，2007.

经典链接

1. 全国高校市场营销大赛官方网站
2. “挑战杯”全国大学生课外学术科技作品竞赛和创业计划大赛官方网站

参考文献

[1] 陈志刚. 影响人一生的100个营销寓言 [M]. 北京：光明日报出版社，2005.

[2] 李晏墅，乔均. 现代市场营销学 [M]. 南京：东南大学出版社，2006.

[3] 托马斯·L. 柯林斯，斯坦·拉普. 最大化营销 [M]. 邓盛华，译. 北京：中国标准出版社，2000.

[4] Bennett P. D.. Dictionary of Marketing Terms [M], 2nd ed. Chicago: American Marketing Association, 1995.

[5] The Board of Directors of the American Marketing Association. New Marketing Research Definition Approved [J]. Marketing News, 1987, 21 (January 2).

[6] 罗雁飞. 珀莱雅：美丽生活的缔造者 [J]. 销售与市场（评论版），2012 (11)：78-79.

[7] 菲利普·科特勒，加里·阿姆斯特朗. 市场营销：原理与实践（第16版）[M]. 楼尊，译. 北京：中国人民大学出版社，2015.

[8] 李晏墅. 服务营销：21世纪企业营销立足之道 [J]. 南京师大学报（社会科学版），2001 (5)：30-35.

[9] 李金生，李晏墅，周燕. 基于技术创新演进的高技术企业内生文化模型研究 [J]. 中国工业经济，2009 (5)：108-118.

[10] 李晏墅，任晓峰. 市场份额、顾客忠诚与赢利能力 [J]. 财贸经济，2005 (8)：63-67.

[11] 陈燕，李晏墅. 信任的生成：理论综述与启示 [J]. 经济学动态，2009 (7)：82-85.

[12] 李金生，贾利军，李晏墅. 高技术企业的组织存货效应模型研究 [J]. 中国工业经济，2006 (3)：122-128.

[13] 李晏墅，卞曰塘，李金生. 基于经营安全的企业社会责任演化机理 [J]. 经济管理，2009 (5)：89-94.

[14] 贾利军，李金生，李晏墅. 从主体性管理到主体间性管理：管理范式的后现代转型 [J]. 江苏社会科学，2010 (1)：73-78.

第九章 4Cs 营销组合

营销寓言

医驼背

有个自称专治驼背的医生，招牌上写着："无论是驼得像弯弓那样的，像虾那样的，还是像饭锅那样的，经我医治，着手便好！"有个驼背信以为真，就请他医治。这个医生既不开药方，也不给吃药，而是把一块木板放在地上，叫驼背趴在上面，用另一块木板压在驼背的身上，然后用绳索绑紧。接着，医生跳上板去，拼命乱踩一番。驼背连声呼叫求救，医生也不理会。结果，驼背算是给弄直了，人也"呜呼哀哉"了。驼背的儿子和这个医生评理，医生却说："我只管把他的驼背弄直，哪管他的死活！"①

学习启示

专治驼背的医生在医治患者的过程中专注于履行自己的"承诺"，而没有顾及患者的核心需求。企业自认为"好"的市场营销动机，并不一定满足顾客需要。4Ps 营销组合是从企业导向的视角来考虑生产和销售什么产品、制定什么价格、设计什么分销渠道以及如何开展产品促销。企业如何换位思考，真正站在顾客的角度来谋划企业的市场营销组合？如何真正以顾客导向思考 4Ps 营销组合，使消费者剩余达到最大？企业的价值创造，只有能令顾客感知和体验到，才能是真正有意义的顾客价值创造。这就需要通过本章的学习，从顾客导向的角度对企业的 4Ps 营销组合策略进行反思，理解 4Cs 营销组合策略的内涵，掌握 4Cs 营销组合策略的运用，将 4Ps 和 4Cs 营销组合策略加以有机融合，以实现营销创新，谋求消费者对企业价值创造的感知和体验。

---

① 程雯. 医驼背 [J]. 海内与海外，1998 (9)：60.

第一节　4Cs 营销组合的提出

传统的市场营销角度来看，市场营销组合是指企业根据一定的市场营销战略，综合运用各种营销策略和手段，组合成系统化的整体策略，使企业获得最佳的经营效益。而从顾客导向的角度来看，市场营销组合是企业在创造顾客价值之后传递顾客价值、实现营销战略的各种营销策略和营销手段的整合。市场营销组合是企业创造顾客价值行为的延伸和拓展，让顾客能够感知和体验到产品及其核心价值。

市场营销组合理论是 20 世纪 60 年代初提出的，常见的市场营销组合是 4Ps 营销组合理论，即产品、价格、分销渠道和促销四个方面营销策略的组合。该营销理论大量吸取了系统论和管理科学的研究成果，并运用于市场营销实践，为营销组合理论的发展提供了重要的理论基础。几十年来，4Ps 营销理论的结构和内容在不断完善，对企业的市场营销活动发挥了重要的指导作用。到了 20 世纪 80 年代末期，随着我国市场经济体制的健全和经济发展的全球化，市场竞争的激烈程度不断加剧，4Ps 营销组合渐渐面临着新的挑战，[①] 新的营销组合理论不断出现。

一、4Ps 营销组合的实践意义

4Ps 营销组合策略自 20 世纪 60 年代初由麦卡锡概括出以来，对市场营销理论和实践产生了深刻的影响，被营销经理们奉为营销理论中的经典，绝大多数市场营销学教材和营销策划书籍把 4Ps 营销组合理论作为其核心内容，许多营销经理们在营销策划中都会自觉或不自觉地从 4Ps 营销组合理论出发考虑问题。

4Ps 营销组合理论之所以得到如此重视，主要有两个方面的原因。

（1）4Ps 营销组合比较直观，具有较高的可操作性，企业能够较为容易地计划、组织、管理和控制营销活动。它不仅包含企业营销所运用的主要方面，能够帮助企业直观地解析市场营销过程和阶段，而且紧密联系产品或服务，从产品的生产加工到交换、消费，能完整地体现商品交易的整个环节，企业比较容易掌握与监控各个营销环节，能够及时对营销问题进行诊断与纠正。

（2）4Ps 营销组合是从企业出发，以追求最大利润为原则，目的在于维护企业利益，并且能够在短期内将营销计划付诸实施，其实施效果具有较高的可预见性。

二、4Ps 营销组合的挑战

4Ps 营销组合理论是以企业利益为营销出发点，综合利用产品、价格、分销渠道和促销等可控因素去影响市场，以达到营销目标。这个营销组合理论奠定了市场细分、目标市场选择等营销策略的基础。但是，随着市场环境的发展变化，4Ps 营销组合理论受到越来越多的挑战。

---

① 马惠萍. 试论市场营销组合 4PS 向 4CS 的转变［J］. 昆明大学学报（综合版），2003（1）：24-26.

1. 消费者的需求变化

消费者的需求变化主要表现在消费者的消费心理理性化、消费需求个性化和购买行为便捷化。

（1）消费心理趋于理性化。信息经济对人们的生活方式产生了巨大影响。消费者不再是被动接受企业信息的传播，而是通过互联网主动了解企业的产品或服务及其相关的价格和促销信息，能够快速地搜索到各自所喜爱的商品或服务，通过充分的知识和信息的获取使消费者的消费心理逐步趋于理性化。

（2）消费需求趋于个性化。随着社会经济的发展和收入水平逐步增加，生活质量快速提高，消费者期望通过购买和使用个性化产品或服务，来体现各自消费层次和文化品位，低水平、同质化的消费方式已难以适应多元化、个性化的消费需求。

（3）购买行为趋于便捷化。在信息时代，人们的工作与生活方式节奏加快，时间、速度、效率充斥于社会生活的方方面面。消费者希望能够以更为省时、省力、方便的方式购买到所需商品，甚至希望购买行为足不出户，使购买行为表现出便捷化的趋势。

此外，随着互联网经济的快速发展，我国消费者对数字经济的消费日益增多，消费需求还呈现出在线化、碎片化、去中心化、去中介化等特点。其中，消费者通过互联网等技术获取产品而产生新的需求，表现出消费需求的在线化特点；消费者之间在需求时间、需求地点和需求内容等方面存在千差万别，表现出消费需求的碎片化；消费需求不再以企业为中心，呈现出去中心化的需求特点；消费需求的形成和满足直接通过互联网来实现，不再依赖市场的中介机构，从而具有去中介化的需求特点；等等。

2. 营销方式的创新

随着现代通信技术的不断发展，企业利用现代通信手段获得一系列新的营销能力。企业可以通过网站、博客、网络数据库等方式获取大量关于市场、顾客、供应商和竞争者更多的信息，也可以通过网站、微博、微信等通信手段发布产品或服务信息，将网站浏览的人数和频率信息放入数据库中与其他信息一起分析，从而提高营销决策的质量和水平，制定出更为合理的营销策略。20 世纪 80 年代以来出现的关系营销、整合营销、定制营销、水平营销、数据库营销、病毒营销、OTO 营销（Online To Offline，即“线上到线下”）等一系列新的营销策略，均反映了时代的发展和社会的需求，工业经济时代的消费方式正在发生深刻变革，企业需要更精准的市场定位，更精确的产品研发和制造，更有目的的沟通和服务。

三、4Ps 营销组合的理论不足

4Ps 营销组合是将产品、价格、分销渠道和促销组合起来的、以企业为中心的营销组合策略。从市场营销理论的发展历程来看，4Ps 营销组合产生于 19 世纪后期，盛行于 20 世纪初。在此期间，人类社会处于短缺经济时代，无论在总量还是在结构上，产品的供给都是严重小于需求。这一经济社会背景决定了企业只要增加产量和降低成本就能获得丰厚的利润。由于 4Ps 营销组合是适应短缺经济时代而形成的，企业关注的是如何生产出更多的产品，消费者主要关心的是如何以更低的价格获得生活所需商品，没有过多地考虑营销出发点。因此，这种营销关系可以用图9-1加以表示。

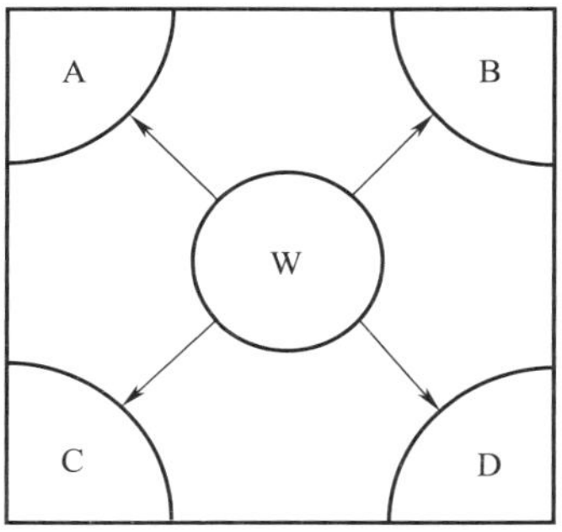

图9-1 4Ps营销组合观

如图9-1所示，A、B、C和D是不同的消费者群体。他们既对商品具有共同的需求，也存在需求的个性化差异。由于企业只生产并提供商品W，而且商品W也因供不应求而有可能脱销，企业因此而获得丰厚的利润。消费者虽然具有消费需求的差异，但是商品几乎没有选择的余地，只能选择购买商品W。企业在给不同的消费者供应同种产品时，价格没有明显差异，一般以相同的价格满足不同的消费者；在分销渠道上，企业很少供货上门，而是从企业经营的需要设立固定的办事处或批零点，需要消费者主动上门提货，甚至于上门排队与等待，真正意义上的促销及其渠道与方式十分缺乏。①

在第二次世界大战末期，尽管在世界范围出现部分商品的供给大于需求的情况，但是在结构上仍然存在商品的供不应求，并在较大程度上决定了企业的“以产定销”的营销方式，4Ps营销组合足以满足其企业的根本利益。后来，西方一些发达国家出现局部的供大于求，企业竞争开始加剧，传统的“以产定销”开始逐步转变为“以产促销”。但是，从总体上来说，商品的质量和结构方面仍然存在短缺，高质量或低价格的商品在市场上占据竞争优势，因而以生产为中心的4Ps营销组合并没有发生根本性的变化。

在改革开放以前，我国的经济发展是一种资源约束式短缺经济，属于典型的三重短缺，即商品的数量、质量和结构的短缺。改革开放以后，中国走向市场经济的改革目标取向日趋明显，市场营销观念也日益增强。我国许多企业学习和运用4Ps营销组合理论，并用于指导企业的生产、经营和管理。此时，4Ps营销组合理论也得到发展，即在4Ps的基础上，增加了“权力（Power）”与“公共关系（Public relation）”营销，形成了6Ps营销组合。从某种意义上说，4Ps营销组合和6Ps营销组合反映了短缺经济时代的商品经营管理的需要。随着短缺经济时代向过剩经济时代（或微利时代）的转变，4Ps营销组合或6Ps营销组合就逐渐面临新的市场挑战。②

随着市场供求关系的变化和消费需求的多元化，4Ps营销组合不断显现出理论的不足。4Ps营销组合的不足主要表现在以下三个方面。

（1）4Ps营销组合是以企业为出发点，以企业利益为中心，以追求利润最大化为目的。这种营销组合忽视了顾客和合作伙伴的利益和要求。市场营销的出发点应是顾客需求，最终归宿应是顾客满意，即应以顾客利益为中心，企业在满足顾客利益和需要中实现自身的经济目标。4Ps营销组合从某种意义上说是与市场营销的出

① 吴金明. 新经济时代的“4V”营销组合［J］. 中国工业经济，2001（6）：70-75.

② 吴金明. 新经济时代的“4V”营销组合［J］. 中国工业经济，2001（6）：70-75.

发点和归宿存在一定的矛盾。企业在运用 4Ps 营销理论时也会因营销出发点的不同而导致与合作伙伴之间存在矛盾。因此，4Ps 营销组合在出发点和营销目标上存在理论和实践的不足。

（2）4Ps 营销组合没有从顾客的需求出发生产商品。4Ps 营销组合认为，只要是好产品，就不存在卖不出去的问题，甚至认为“只有卖不出去的价格，没有卖不出去的产品”。一些企业不是先考虑消费者的需求，而是先建造厂房、购置设备，生产出产品，再去寻找消费者，这是一种非常典型的促销观念，而与市场营销观念存在一定的矛盾性。

（3）4Ps 营销组合的促销模式主要是向消费者单向营销信息灌输的宣传方式，从而使消费者购买企业生产的商品。这在理论界通常认为是“请消费者注意”，而不是“请注意消费者”。这种营销观念通常需要企业投入大量的营销费用，但是并不能获得理想的营销宣传效果。①

在企业的营销实践中，著名营销学者劳特朋教授于 1990 年提出了 4Cs 营销组合理论，以消费者需求导向来重新设定市场营销组合的四个基本要素，即由对 4Ps 营销组合的重视向 4Cs 营销组合的转变。②

第二节 4Cs 营销组合策略

针对 4Ps 营销组合的理论不足，美国市场营销学家、北卡来罗纳大学教授劳特朋（Lanterborn）率先于 1990 年在《广告时代》杂志发表文章，提出用 4Cs 营销组合取代以追求利润最大化为目的的 4Ps 营销组合：根据消费者的需求和欲望来生产商品或提供服务，根据顾客支付能力来进行定价决策，从方便顾客购买及方便为顾客提供服务来设计分销渠道，通过企业同顾客的情感交流和思想融通，使顾客对企业、产品或服务有更好的理解和认同，以寻求企业同顾客的契合点，③ 从而实现 4Ps 营销组合策略向 4Cs 营销组合策略的转变。

一、4Ps 向 4Cs 的营销组合转变

4Ps 营销组合向 4Cs 营销组合的转变，具体表现为产品（Production）向顾客（Consumer）转变，价格（Price）向成本（Cost）转变，分销渠道（Place）向方便（Convenience）转变，促销（Promotion）向沟通（Communication）转变（见图 9-2）。

1. 从“产品”转变到“顾客”

在 4Ps 营销组合中，产品策略是企业根据目标市场和顾客需求所做出的与产品开发有关的计划和决策，其主要内容是：为满足消费者需求而设计产品的功能、品质标准、产品特性、包装设计、品牌与商标、销售服务、质量保证，还包括产品生命周期

---

① 曾伟球．市场营销理论的发展、创新及其实践应用［J］．经济与社会发展，2004（8）：116-118.

② 马惠萍．试论市场营销组合 4Ps 向 4Cs 的转变［J］．昆明大学学报（综合版），2003（1）：24-26.

③ 周荣海：营销组合理论从 4P 到 4V 的变迁［J］．现代企业，2006（6）：61-62.

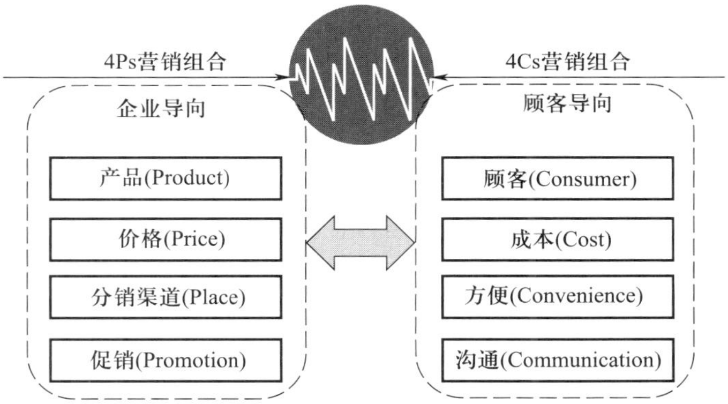

图 9-2 4Ps 向 4Cs 的营销组合转变

中各阶段的策略等。在 4Cs 营销组合中，顾客策略更强调企业从顾客需求和利益出发，生产满足消费者需要的产品价值。因此，从 4Ps 的“产品”转变到 4Cs 的“顾客”，实际上就是指在产品研发的基础上企业应当更注重消费者的需要，在满足消费需求中获取利润，实现企业和顾客之间的双赢。这是市场营销观念的转变，被公认为现代市场营销学的“第一次革命”。过去，市场是生产过程的终点；而现在，市场成为生产过程的起点。现代管理学理论的奠基人彼得·F. 杜拉克有一句经典名言：“商业的目的只有一个：创造顾客。”这句话的实质意义是企业只有在创造有效需求之后，才能形成一个现实的顾客和市场。

顾客策略就是强调“忘掉产品，考虑消费者的需要和欲望”，即企业不仅关心产品的功能如何、质量如何、包装如何，而且还要多想一想企业的产品是否符合顾客的需要，是否能够给顾客带来实际的价值；企业在设计和开发产品时要根据顾客的需求，使顾客的需求真正融入企业的投资、研究与开发、生产等方面计划的制定。例如，在全球几大移动通信运营商用客户量曾名列第三的多科莫公司，其成功的营销文化在于充分为顾客着想；该公司最大的优势来自 I-Mode 型手机用户服务的巨大成功。I-Mode 用户达到了 1 700 万，在整个日本市场的 80%以上，其成功之道有以下几方面：一是网站内容丰富，I-Mode 行动上网已有 1 000 多个志愿网站，且每天都有数百个网站加入；二是手机采用封包传输，不必拨接，速度快，收费便宜；三是手机采用大屏幕，设计精巧，方便浏览。该公司的营销策略处处体现以顾客为中心的人性化理念，以及顾客第一的营销原则，以顾客服务为己任。

2. 从“价格”转变到“成本”

在 4Ps 营销组合中，价格策略是企业根据市场因素对商品价格的影响程度，采用不同的定价方式和方法，制定适合市场变化的商品价格，从而实现定价目标的营销策略。价格策略是企业实现产品价值的策略，产品价格制定的依据是企业定价目标和定价导向。企业定价目标是获取利润目标和占有市场目标。为了保持和扩大市场占有率，企业通常考察市场环境并结合自身实力，兼顾企业的近期和远期利益，在不同时期制定不同市场的定价目标。在4Cs营销组合中，成本策略是企业考虑顾客在满足需求时需要承担的成本，而不是从企业的角度考虑应追求的利润目标。从4Ps的“价格”到4Cs的“成本”的转变，实际上是企业从考虑盈利目标转变到考虑顾客在满足需求时需要承担的成本。对于企业来说，成本策略就是强调“忘掉价格，考虑消费者为满足需求而愿意支付多少”。

3. 从“分销渠道”转变到“方便”

在4Ps营销组合中，分销渠道策略是指企业市场营销渠道策略或商品流转通道策略。企业应当考虑选择何种有效的途径，将产品从生产者转移到消费者手中。在分销渠道策略的制定中，企业主要考虑在什么地点、什么时候、由谁将产品销售给消费者。在分销渠道中，一系列的机构或个人参与商品的交换活动，他们共同构成商品流通的有序环节。这种有序环节是连接生产与消费的桥梁与纽带。在4Cs营销组合中，方便策略是企业根据顾客购买商品的方便程度来构建企业的商品分销渠道，而不是从企业销售商品的方便程度。从4Ps的“分销渠道”到4Cs的“方便”的转变，实际上是企业构建分销渠道的出发点和目的发生了明显变化，即企业从依据自身需要转变到依据顾客的方便程度来构建分销渠道。

方便策略是企业根据顾客的利益和需要构建分销渠道，以减少流通环节，降低流通成本，从而将流通成本让利给顾客。随着生产力的提高和竞争的加剧，商家越来越注重减少中间环节，减低成本，直接把产品提供给消费者。被誉为世界零售业“精神大师”的山姆·沃尔顿，创办了“沃尔玛”“山姆俱乐部”仓储超市等零售企业。他取得成功的经验之一是，拥有相当一批直接供应商；二是“方便、满意、低廉”；更为重要的是公司的店面设于地价较低的区域，并采取了选址的“方便”策略。公司的店址一般选在经济较发达的区域，可避免闹市区的地价高而引起的成本上升，又可避免偏僻地区的客流不足，同时具备便利的交通条件，并为顾客提供免费停车位，还为顾客提供极佳的购物走道，两旁陈列许多全国性的知名品牌产品，定期推出快讯，介绍商品信息，节约了顾客的时间。吸引潜在顾客，提供顾客所需产品或服务。所有这一切，正是顾客切实关心的问题，极大地“方便”了顾客。

4. 从“促销”转变到“沟通”

在4Ps营销组合中，促销即促进销售，是通过人员或非人员的方法传播商品信息，帮助和促进顾客熟悉某种商品或服务，并促使顾客对商品或服务产生好感和信任，继而产生购买的活动。促销是企业向顾客进行单向的营销信息传递，而顾客对企业促销信息的反应是无法反馈到企业，难以做到企业与顾客之间的双向沟通与交流。在4Cs营销组合中，沟通策略是企业与顾客之间进行双向的营销信息沟通，使顾客参与到企业的产品开发和生产之中。麻省理工学院从事技术创新过程研究的学者埃里·冯希佩尔仔细研究了科学仪器创新的源泉，得出以下结论：归类为第一产品的11种主要的新发明，全部来自使用者的构想；在66种主要产品改良中，85%的改良归功为使用者的构想。从中可以看出，企业营销的任务不仅仅是传递信息，而更应注重沟通。促销的目标是吸引消费者对企业或商品的注意和兴趣，激发消费者的购买欲望，加速消费者的购买行动。

从4Ps的“促销”转变到4Cs的“沟通”，实质上是企业从单向营销信息灌输转变到与顾客之间双向的、互动的信息交流。沟通策略就是强调“忘掉促销，考虑双向沟通”。从心理学角度来说，沟通就是“请注意消费者”，在市场日益成熟的今天，肯定是“请注意消费者”比“消费者请注意”更有利于企业的长期发展。宝洁公司的成功之道其中之一就是注重和消费者的沟通，他们的营销灵感就来源于顾客的意见。宝洁公司是美国第一家提供“800消费者服务免费电话”的消费产品公司，1979年该公司共接到过20万个消费者直接打进的800免费电话。其中包括对产品提出的各种意见和抱怨。宝洁在回复每一顾客时并做记录，以便于提到会上讨论。该公司改良产品的许多构想，就是源于这些消费者服务电话。

在不断深化改革中，随着经济社会的转型与发展，企业传统的营销观念正在被注入新的内涵。企业应当如何看待市场、如何看待消费者等问题，如何使企业真正认识到以顾客需要为中心的营销价值，这些问题的解决都将关系到企业在新的历史时期的生存和发展。“顾客就是上帝”，道理人人皆知，但如何服务“上帝”、方便“上帝”，这里大有学问。有人说21世纪是一个被称为“注意力经济”的时代，为了吸引和留住那些“善变”的眼神，厂家和商家无不费尽心思，投入大量资金，用于广告和促销，可是就像一个听众面对一万个、甚至更多的讲话者，每个讲话者都试图让听众听到自己的声音。于是，如何在巨大的促销“噪音”中脱颖而出，赢得听众的青睐变得至关重要。这就要求企业决策者的思维，应更加关注4Cs，真正地注重“顾客满意”。①

二、4Cs营销组合策略

营销学家菲利普·科特勒认为，企业所有部门为服务于顾客利益而共同工作时，其结果就是整合营销。这个观点的意义就是强调各种要素之间的关联性，要求它们成为统一的有机体。具体来讲，整合营销更要求各种营销要素的作用力统一方向，形成合力，共同为企业的营销目标服务。4Cs营销组合是将消费者、成本、方便和沟通加以系统的整合，将顾客策略（Consumer）、成本策略（Cost）、方便策略（Convenience）和沟通策略（Communication）加以有机组合，并更顺畅地传递价值，使消费者更直接地感知和体验企业的顾客价值创造。

1. 顾客策略

4Cs营销组合中的“顾客”是指消费者的需要和欲望。顾客策略是指根据消费者的需求及其需求的变化制定相应的产品研发、生产、销售以及提供服务的营销策略。它强调企业要把消费者放在第一位，把产品先搁到一边，要研究消费者的需要和欲求，要为消费者提供其确实想要购买的产品和服务，不要只卖企业所能生产的产品。顾客策略强调发现，满足和创造顾客需求比研发产品更重要，满足消费者的需求和欲望比产品功能更重要。

---

① 马惠萍. 试论市场营销组合4Ps向4Cs的转变［J］. 昆明大学学报（综合版），2003（1）：24-26.

2. 成本策略

4Cs营销组合中的“成本”是指消费者获得满足的成本，或是消费者满足自己的需要和欲望所肯付出的成本价格，而不仅仅是企业的生产成本。成本策略是根据消费者所愿意付出的成本来制定产品或服务价格的营销策略。其中，价格因素延伸为生产经营过程的全部成本，包括企业的生产成本，即生产适合消费者需要的产品成本；而成本因素是顾客在购买某一商品时，除耗费一定的资金外，还要耗费一定的时间、精力和体力，这些构成了顾客总成本。所以，顾客总成本包括货币成本、时间成本、精神成本和体力成本等。由于顾客在购买商品时，总希望把有关成本包括货币、时间、精神和体力等降到最低限度，以使自己得到最大限度的满足。因此，成本策略的定价模式要求：

消费者支持的价格-适当的利润=成本上限

企业要想在消费者支持的价格限度内增加利润，就必须降低成本。

3. 方便策略

4Cs营销组合中的“方便”是指顾客购买商品和享受服务的便利性，体现出更加重视服务这一环节。与传统的营销渠道相比，方便策略在营销观念上更强调为顾客购买和消费提供尽可能的方便，使消费的非货币成本降低。企业要深入了解不同的消费者有哪些不同的购买方式和偏好，强调将便利原则贯穿于营销全过程，即在营销过程中，方便策略强调为顾客提供便利，让顾客既购买到商品，也“购买”到便利。在产品销售前，企业应当及时向消费者提供充分的有关产品性能、质量、使用方法以及使用效果的准确信息；在消费者前来购买产品时，企业应当给消费者以最大的购物方便，如产品的演示、试用、免费送货等；在产品售出后，企业应当重视信息反馈和追踪调查，及时答复和处理消费者的意见，对存在问题的产品主动包退包换，对产品的使用故障要积极提供维修服务，大件商品甚至终身保修等。

4. 沟通策略

4Cs营销组合中的“沟通”是指与消费者沟通。沟通策略是企业与消费者之间应当采取适当的双向沟通渠道进行信息沟通，让消费者更多地参与到企业的生产经营过程，以便为消费者提供更好的服务，增进彼此相互的理解，从而提高消费者的忠诚度。相对“促销”而言，沟通策略认为沟通情感，比销售产品更为重要。沟通策略要求企业不再强调运用广告宣传、人员推销等或拉或推的策略，而是侧重于同消费者进行情感交流、思想融通，使消费者对企业、产品予以理解与认同，以寻求企业同消费者的共识和契合点。①②③

第三节 4Cs与4Ps的营销组合

以产品、价格、分销渠道和促销为中心的4Ps营销组合理论在过去几十年的营销

① 常永胜. 20世纪市场营销理论的变革与进展［J］. 南方经济，2000（7）：46-48.
② 傅光成. “4P”“4C”“4S”三位一体的结合与应用［J］. 华东经济管理，2004（8）：153-163.
③ 林峰，等. 市场营销策略与应用［M］. 北京：社会科学文献出版社，2004.

实践已经在世界范围内得到了广泛的认同，尽管后来有人说它过时了，甚至想用4Cs来替代它。这只是学术界一些学者从不同的角度对同一事物的不同理解而已。实际上，4Cs营销组合和4Ps营销组合之间并不矛盾。在企业的营销实践中，如果能够把这两种营销组合理论加以有机地整合，创建出一种新的营销组合模式，将有助于进一步提升企业的营销能力，从而更好地实现企业的价值传递，使企业的市场营销组合形成“企业导向”和“顾客导向”的融合。

一、以消费者为导向的产品策略

产品是市场营销组合中最重要的因素。市场营销观念是一种以消费者需要和欲求为导向的哲学。在市场营销活动中，企业需要将4Cs营销组合中的“顾客”与4Ps营销组合中的“产品”相结合，形成以消费者为导向的产品策略。

1. 新产品研发策略

新产品研发策略是企业要以能够满足特定目标消费群的需求为导向进行产品设计与开发的营销策略。一些企业在研发一种新产品时没有进行周密的市场调查，没有密切关注目标市场的需求，其结果是产品不能形成真正的有效需求，造成产品的大量积压。相反，如果企业在新产品开发前能够准确地细分市场，并且有效地调查目标消费群体的需求，那么就可以顺利地解决新产品设计与开发中的困难，并能实现满意的销售业绩。新产品的市场研究主要是明确三个基本问题，即“我们的产品是什么”“我们为谁研发产品”和“消费者将来为什么会购买我们的产品”。回答了这三个基本问题，企业能够比较明确地制定新产品研发策略，并能使开发的新产品更好地满足顾客的需要。

2. 产品组合策略

产品组合策略是企业要以消费者的需要与欲求为导向设计产品的广度、长度、深度和关联度的营销策略。很多企业的产品线都由许多产品项目组成。譬如，生产果汁饮料的企业研发奶饮料，生产白酒的企业增添红酒项目，或者说企业原本只有1~2个品种，现在快速增加了3~5个品种。这种做法的对错暂且不论，但从现代营销的视角，企业应当先确定这些产品线的目标消费者，进而开展对目标消费者开展充分的调查与研究。产品组合策略的主要目的是通过对消费者需求和其他相关的市场变量的分析，决定是否需要扩大或缩小，甚至是撤除现有的产品线。通过对消费者的调查分析，确定是否需要全部或部分地改变现有产品的市场定位。

3. 产品差别化策略

产品差别化策略是要以能够给消费者带来独特的利益和满足核心需求为导向的产品策略。在激烈的市场环境下，企业为了提高产品的竞争力、吸引消费者对产品的关注，通常都会采取产品差别化营销策略。产品差别化最重要的环节是确定产品的独特的销售主张（USP），并通过独特的销售主张来赢得消费者的青睐，以塑造产品差别化带来的竞争优势。因此，企业在推出新产品时，需要集中力量研究和确定新产品的独特的销售主张。如果产品的独特的销售主张不突出，消费者就会拒绝购买产品。

独特的销售主张是影响消费者购买心理十分重要的因素。独特的销售主张是要具有符合消费者某种或某类需求的特性，而不能把产品的某一特点未经甄别就界定为独特的销售主张。若要成为产品的独特的销售主张，必须同时满足三个基本特征：① 必须是独特的；② 必须能为消费者提供明显的利益；③ 必须能够满足消费者的首要需求。在市场营销中，企业的产品如果具备这三个基本特征，才可称之为独特的销售主张，反之就不是独特的销售主张。

二、以消费者愿付成本为导向的价格策略

在4Cs营销组合中的“成本策略”基础之上，融合4Ps营销组合中的“价格策略”，从而形成以消费者愿付成本为导向的价格策略。这种组合的价格策略主要包括两种营销手段，即以消费者的认知成本和以降低消费者购物的附加成本来制定价格。

1. 以消费者的认知成本制定价格

制定价格的关键是消费者对产品成本的认知，而不是销售成本。在现代市场营销中，企业应根据产品的认知成本来制定价格，以便产品价格更加贴近消费者，制定出对消费者更有吸引力的价格。根据消费者认知成本制定价格的程序是：企业针对某一特定的目标消费者开发出一个产品概念，并以这一产品概念在目标消费者中进行测试，以便了解他们购买此产品所愿付出的成本；然后，估计在该成本价格下所能销售的产品数量，根据这一数量再决定企业的生产能力、投资额和单位成本。根据消费者的认知成本定价，可以使产品的价格更适合目标消费者的接受水平，并能够使企业更合理、更客观地制定出具有竞争优势的产品价格。

2. 以降低消费者购物的附加成本来制定价格

在市场竞争中，许多企业在应对竞争者的降价策略时，往往采取了单纯地跟进其他竞争对手降价的做法。在面临竞争者降价时，跟进竞争对手降价的做法不一定是一种最佳的应对策略，还有一些比单纯降价更好的方法，也会达到牵制竞争对手的目的。这是因为，消费者对价格变动的理解与反应各有不同。譬如，他们可能会对降价产生这样的理解，此产品可能要被新型号所代替，或者是产品有缺陷或销售不畅，价格仍然会下跌，会再耐心地等待一段时间，即所谓的“买涨不买跌”心理。如此种种，消费者对产品降价的认知千差万别。所以，在这种情形下，直接地采取跟进降价的方式，可能会带来负面的影响。较为理想的策略是：在保持本产品价格不变或价格略有提升的基础上，想方设法采取大大降低消费者购物所支出的附加成本（即时间、精力、体力等非货币成本）的办法，来应对竞争者的降价策略。

三、以方便消费者为导向的渠道策略

在现代市场营销中，无论是企业的分销渠道还是服务渠道，都应该给消费者提供“方便”，从而制定并实施以方便消费者为导向的渠道策略。以方便消费者为导向的渠道策略主要是通过直效营销的模式来实现的。“直效营销”是以顾客数据库为依据，通过电话、直邮广告、互联网、QQ、微信等方式，将信息有选择、有针对性地

传递给目标消费者，并且通过自身的配送体系把消费者所选购的商品运送给消费者的一种营销方法。企业可以通过三种方式建立“直效营销”模式。

1. 建立顾客数据库

“直效营销”的成本主要包括人员成本、传播成本、储运成本、服务成本和退货成本。在这里，关键是控制配送和传播费用，要降低这两项成本就要提高传播的触达率与反应率，降低退换率，而成败与否的核心就在于运用好顾客数据库。顾客数据库一旦建成，将会成为企业最宝贵的财富。顾客数据库如果能够有效地运转起来，它将会为企业带来巨大的利益。

2. 传播

顾客数据库建立起来之后，企业还需要建立一个厂家与消费者之间、消费者与消费者之间互相交流、沟通的“平台”，使厂家可以把产品以及服务等相关的信息向目标消费者传递。

3. 配送

由于网上支付或网上银行已经基本普及，所以实施“直效营销”的企业可以在确保产品配送高效便捷的前提下，依托第三方物流的全国的分支机构进行产品的配送，或自建快捷高效的物流配送体系。本着将区域市场做细、做透的原则，企业相应地建立起自己的收款与配送网络，同时也负责直销产品的售后服务工作。

四、以沟通为导向的促销策略

现代市场营销不仅要求企业的产品要以消费者为导向，为产品制定有吸引力的价格，使之易于被消费者购买，而且必须同现实和潜在消费者沟通。如果企业能够制定出极富沟通力的促销方案，实施具有沟通力的促销活动，那么就会在纷繁杂乱的促销中脱颖而出，拔得头筹，也将赢得比竞争对手数量更多的忠诚顾客。

4Ps 营销组合和 4Cs 营销组合相融合的方法能够给中国企业的市场运作提供重要的实践价值，虽然它可能是企业所没有尝试过的方法，但是这一营销融合理念会引导企业向更有效于市场开发的方向发展。①

营销案例

茅台的“塔尖战略”②

（一）案例介绍

中国白酒行业是一个高度市场化、充分竞争的行业，总计 1.5 万家以上企业在争夺 6 000 亿元左右的市场份额，而规模以上企业也有 1 500 多家，这是一个典型的产

① 吴光敏. 浅论 4P+4C 的营销组合［J］. 经济问题，2004（5）：41-42.

② 陈诗江. 产品创新：向茅台学习“塔尖战略”［J］. 销售与市场（管理版），2018，（8）：79-82.

能过剩的行业。2003—2012 年是白酒行业的“黄金十年”，白酒行业突飞猛进，各品牌产品持续提价；2005 年茅台主打产品“飞天茅台”零售价约 300 元/瓶，同期五粮液主打产品“52 度五粮液”零售价约 350 元/瓶；到了 2012 年，“飞天茅台”涨至每瓶 2 000 元以上，“52 度五粮液”也涨至每瓶 1 000 元以上……随后，因为“塑化剂事件”和十八大之后对“三公消费”的严格控制，整个白酒行业步入低谷，茅台与五粮液价格大幅下跌，直到 2015 年行业触底反弹，主要企业的营业收入才再度开始正增长。到 2017 年年底，茅台的营业收入已高达 582 亿元，遥遥领先。茅台到底做了些什么？

茅台的产品体系与那些被它超越的企业迥然不同：一般酒企都是一到三个价格相对较高的常规大单品带着一群价格较低的系列酒，而茅台则在此之上持续推出了大量高价格或超高价格的文化酒产品、大事件酒产品（部分产品价格高达每瓶数万元，甚至一套产品几十万元、上百万元），构建了一个金字塔形的产品组合。这种产品组合暗合了消费升级的趋势，掀起一波营销传播的高潮，既活化了品牌，又形成了品牌氛围、品牌势能，从而拉动了茅台的上扬。这种上扬，至少包括三个方面：（1）品牌形象与品牌影响力的上扬：茅台品牌价值从 2010 年的 531 亿元上扬至 2017 年的 1 562亿元，已经七度蝉联中国酒类品牌价值第一名。（2）产品价格体系的上扬：大单品“飞天茅台”市场表现价 2008 年每瓶 650 元左右，2010 年每瓶 1 000 元左右，即使经历了 2012—2015 年的行业调整，到 2015 年其建议零售价仍达到每瓶 1 199 元，到 2018 年建议零售价已达到每瓶 1 499 元，是白酒行业唯一需要“厂家打压零售价格”的产品。（3）营业收入的稳步上扬：品牌形象和产品价格体系的上扬促进了营收的上扬，茅台股份的营业收入从 2008 年的 82 亿元到 2017 年的 582 亿元，实现了 10 年 6 倍的增长；而且，定位在大单品之下的茅台系列酒在 2014—2017 年销售也增长了 4.7 倍。

究竟是什么样的文化酒和大事件酒，具有这么大的魅力，能顺应消费升级的趋势，拉动茅台品牌形象、价格体系以及营收的快速上扬？

1. 茅台生肖纪念酒

茅台生肖纪念酒是茅台文化酒的典型之作，自 2014 年开始限量推出，截至 2018 年已经推出 5 款：甲午马年生肖纪念酒、乙未羊年生肖纪念酒、丙申猴年生肖纪念酒、丁酉鸡年生肖纪念酒、戊戌狗年生肖纪念酒。

茅台生肖纪念酒在原有瓶身的基础上导入了众多中国文化因素——生肖文化、国画艺术、五行文化，比如甲午马年生肖酒的主体元素是徐悲鸿关门弟子刘勃舒先生亲绘的国画《春风得意马蹄疾》，颜色也根据甲午马年的五行采用红色；而丁酉鸡年生肖酒则采用了国画大家陈永锵亲绘的《司晨》图，并由书法家胡秋萍题字……

正是这些文化元素的导入，使这款产品卖出了高价，而且继续被市场推高。截至 2018 年年中，茅台马年、羊年、猴年、鸡年、狗年这几款生肖纪念酒市场价分别在 17 000 元左右、24 000 元左右、7 300 元左右、5 100 元左右，均远远高于同期同酒体茅台产品的价格。

这些产品，除了满足普通酒水的“饮用需求”之外，还撬动了更高层次的“收藏需求、投资需求、馈赠需求”，从而引发了大量的社会关注和社会资本的注入，带动了茅台所有产品价格体系、销量和营业收入的上扬。

某种程度上来说，消费升级就是由基础物质消费向文化消费、精神消费升级。而茅台生肖纪念酒系列正是典型的“以文化物、文化赋值、文化消费”的案例。

2. 茅台金奖百年56个民族纪念版（“民族情 中国梦”）

2015年，为纪念茅台酒荣获巴拿马金奖一百周年，茅台推出了“民族情 中国梦——茅台金奖百年56个民族纪念版”，全套产品共56瓶，分别融合了中国56个民族的元素，采用异型瓶盖，融合瓶身立体浮雕、镂空等陶瓷工艺，并特请“民族大团结”邮票设计者周秀青教授指导设计。

这套产品贴合“世界博览”主题，展现了中国丰富的民族文化，极具珍藏价值，再加上限量发售，使得市场给了这套产品极高的溢价，全套56瓶500毫升的产品，市场零售价高达30万元以上，平均每瓶售价5 000元以上，远远高于同等规格同类酒体的茅台产品。

这款典型的茅台大事件酒，反映了茅台将“文化、事件、工艺”导入产品之中，打造塔尖产品的深厚功力，体现了“收藏需求、投资需求、馈赠需求、装饰需求”的意义，成功地提升了茅台品牌的形象。

茅台正是通过位于“塔尖”的文化酒和大事件酒的持续推出，再叠加一些基础的营销传播（比如宣传“五年才出厂、巴拿马获奖、国事用酒”等），从而掀起了持续十年的热销高潮。

可以说，“塔尖战略——文化赋值产品，提升品牌势能”正是茅台在过去十年中最重要的成功之道。

（二）案例实训

1. 在本案例中，茅台的“塔尖战略”是否运用了4Cs营销组合策略？为什么？

2. 按照4Cs营销组合理论，你认为茅台还可以采取什么营销策略？

学习思考

1. 4Ps营销组合理论具有哪些实践意义？存在哪些理论不足？

2. 4Cs营销组合的内涵是什么？4Cs营销组合包括哪些营销策略？

3. 如何从顾客价值创造的视角理解4Cs营销组合的内在本质？

4. 现代企业如何才能有机地组合运用4Cs和4Ps营销策略？

科研练笔

1. 基于顾客价值的营销策略研究。

2. 互联网经济下的市场营销组合策略研究。

营销实战

调查成人奶制品的行业发展现状，为我国从事成人奶生产的企业设计未来2~3年的营销策略。

关键术语对译

顾客 Consumer

成本 Cost

方便 Convenience

沟通 Communication

权力 Power

公共关系 Public relation

顾客价值 Customer value

顾客感知价值 Customer perceived value

感知利益 Perceived benefits

感知付出 Perceived sacrifices

顾客总价值 Total customer value

顾客总成本 Total customer cost

消费者态度 Attitudes of consumers

利益群体 Benefit clusters

品牌忠诚度 Brand loyalty

顾客分析 Customer analysis

潜在顾客 Potential customer

需求情况 Conditions of demand

核心利益方案/提议 Core benefit proposition (CBP)

推荐阅读

1. 哈维·汤普森. 创造顾客价值 [M]. 赵占波，译. 北京：华夏出版社，2003.

2. 上海质量管理科学研究院. 顾客满意的测量分析与改进 [M]. 北京：中国标准出版社，2009.

经典链接

1. 密歇根大学罗斯商学院

2. 广告人网

参考文献

[1] 马惠萍. 试论市场营销组合4Ps向4Cs的转变 [J]. 昆明大学学报（综合版），2003 (1)：24-26.

[2] 王瑜. 市场营销理论的新发展 [J]. 江苏经贸职业技术学院学报，2006 (4)：36-38.

［3］吴金明. 新经济时代的“4V”营销组合［J］. 中国工业经济，2001（6）：70-75.

［4］曾伟球. 市场营销理论的发展、创新及其实践应用［J］. 经济与社会发展，2004（8）：116-118.

［5］周荣海. 营销组合理论从4P到4V的变迁［J］. 现代企业，2006（6）：61-62.

［6］常永胜. 20世纪市场营销理论的变革与进展［J］. 南方经济，2000（7）：46-48.

［7］傅光成. “4P”“4C”“4S”三位一体的结合与应用［J］. 华东经济管理，2004（8）：153-163.

［8］林峰，等. 市场营销策略与应用［M］. 北京：社会科学文献出版社，2004.

［9］吴光敏. 浅论4P+4C的营销组合［J］. 经济问题，2004（5）：41-42.

［10］李晏墅，任晓峰. 市场份额、顾客忠诚与赢利能力［J］，财贸经济，2005（8）：63-67.

［11］李金生，贾利军，李晏墅. 高技术企业的组织存货效应模型研究［J］. 中国工业经济，2006（3）：122-128.

［12］李金生，李晏墅，周燕. 基于技术创新演进的高技术企业内生文化模型研究［J］. 中国工业经济，2009（5）：108-118.

［13］李晏墅，卞曰瑭，李金生. 基于经营安全的企业社会责任演化机理［J］. 经济管理，2009（5）：89-94.

［14］李晏墅. 知识经济时代市场营销理念与战略创新探析［J］. 苏州大学学报，2002（1）：17-21.

［15］李晏墅，陈晓东. 核心竞争能力研究若干学术流派述评［J］. 经济学动态，2003（3）：83-85.

第十章 4Rs 营销组合

营销寓言

羊性和狼性

一头羊到了天堂对圣彼得说："我的头上长着一双角，是攻击敌人和保护自己的武器，但我为什么总是被狼吃掉呢？"圣彼得说："虽然你和狼都是哺乳动物，但是你是以草、乔木树叶为生，狼以食肉为生。在地球的陆地上，只要是有水的地方，野草和乔木遍地都是，你想吃的时候只要张嘴即可，生存比狼容易得多；而狼的生存是寄托在战胜对手，吃掉对手，否则生命不保。你们太安于现状了，缺乏自我保护意识和能力，虽有羊群，但无群体合力。而从狼身上可以看到它们具有敏锐的发现猎物的嗅觉，向猎物发起攻击的时候，有那种勇往直前的勇气和不屈不挠的精神，它们把凶狠和机智结合起来，提高了战胜猎物的能力，并且狼群有协同对敌的精神和能力。换句话说，你身上只具有羊性，而狼具有狼性。这就是差别呀。"①

学习启示

"羊性"是安于现状，缺乏群体合作意愿和竞争意识；而"狼性"是积极主动富有竞争力和群体合作精神。在营销管理中，企业确立狼性意识，树立竞争观念，采取有效的市场竞争策略是抵御竞争对手进攻、战胜对手的前提。4Cs 营销组合确立了顾客导向的营销组合策略。但是，当某企业在相同的目标市场上遇到另一个同类竞争企业，它们都制定了顾客导向的营销组合策略，那么该企业如何在顾客导向的基础上与同类企业进行有效的市场竞争？如何在市场营销组合中糅入竞争元素，制定出科学合理的市场竞争策略？在市场营销中，企业需要考虑的第一核心市场对象是顾客，第二核心市场对象就是竞争者。企业在创造卓越顾客价值中需要在吸引、发展和维系顾客关系上超过竞争者，需要在

① 佚名. 羊性和狼性［J］. 旅游时代，2009：47.

创造顾客价值中建立和保持市场竞争优势。这就需要通过本章的学习，了解4Ps和4Cs营销组合的意义和不足，理解4Rs营销组合的内涵，掌握4Rs营销组合策略及其与4Ps和4Cs的营销组合，更好地均衡营销组合策略的企业导向、顾客导向和竞争导向。

第一节 4Rs营销组合的提出

20世纪90年代以来，随着信息技术的迅猛发展，市场竞争日趋激烈，产品生命周期缩短。市场环境的变化孕育了新的营销组合理论——4Rs营销组合理论，即反应(Reaction)、关联（Relativity)、关系（Relation）和回报（Retribution)。这是对4Cs营销组合策略的理论发展。

一、4Cs营销组合的实践意义

作为对4Ps营销组合的理论发展，4Cs营销组合理论从以企业为中心转移到以顾客为中心，从重视企业内部环境转移到重视外部环境（尤其是顾客导向)。4Cs营销组合理论在营销实践中加以运用和推广，显示出非常重要的理论创新价值和营销实践意义。

第二次世界大战以后，工业生产技术得到快速发展，世界主要国家开始从短缺经济向过剩经济转变，尤其是西方发达国家，市场供求关系出现重大变化，即从卖方市场转变到买方市场，商品供给开始大于商品需求。4Ps营销组合理论逐渐不能满足企业生产经营的需要，企业开始真正认识到重视顾客需求的重要性，进入“需求中心论”时代。在市场营销中，企业研发和生产既能满足顾客需求又能发挥企业竞争优势的商品。基于市场环境的变化和发展，从事市场营销研究的专家和学者从顾客导向的角度提出了4Cs营销组合理论（见图10-1)。①

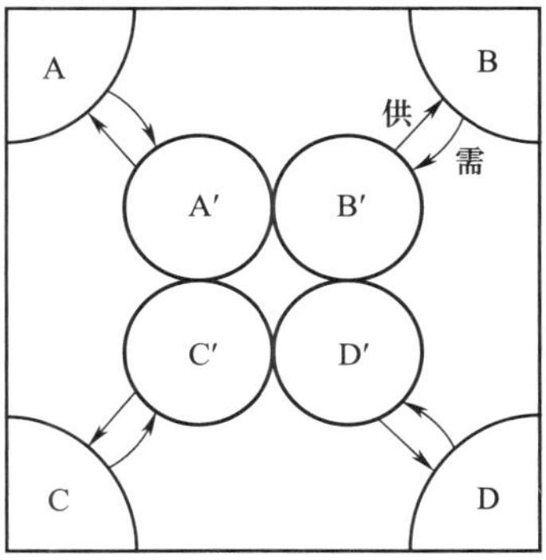

图10-1 4Cs营销组合观

20世纪80年代后期，顾客满意理论、顾客让渡价值理论②、整合营销理论③等理论不断涌现和发展，“开展整合营销、让顾客满意，为顾客创造价

① 吴金明. 新经济时代的“4V”营销组合［J］. 中国工业经济，2001（6）：70-75.

② 顾客让渡价值理论由菲利浦·科特勒于1996年首次提出，顾客让渡价值是指顾客总价值与顾客总成本之间的差额。其中，顾客总价值是指顾客购买某一产品或服务所期望获得的整体利益，包括产品价值、服务价值、人员价值和形象价值等；顾客总成本是指顾客购买某一产品所花费的货币支出和耗费的时间、精神、体力等方面的非货币支出，包括货币成本、时间成本、精神成本和体力成本等。

③ 整合营销理论是在与消费者的沟通中，统一运用和协调各种不同的传播手段，以充分发挥不同的传播手段的综合传播效果，以促进产品或服务塑造品牌，并与消费者建立长期关系。

值”成为4Cs营销组合产生的理论基础。4Cs营销组合把顾客导向看作企业一切经营活动的核心，有效地解决了企业提升顾客满意度、赢得顾客从而赢得市场的问题。①

1. 从“产品”到“顾客的需求与期望”

由于顾客需求出现多元化和个性化，图10-1中A、B、C、D表示不同的细分市场或消费者群体，A′、B′、C′与D′表示不同细分市场或消费者群体的消费需求，也可以表示为企业为适应不同市场需求而生产的不同类型的产品。这与图9-1中企业只生产同一产品W存在显著差异。这种差异表明企业通过生产或服务等要素的有效配置提供满足顾客需求的不同类型的产品，即忘掉产品，记住顾客的需求与期望。

2. 从“价格”到“顾客的成本”

在4Ps营销组合中，价格是企业生产经营成本的间接反映，是以企业为中心的直接体现。在4Cs营销组合中，顾客需要考虑满足需求的成本。这里的“成本”成为顾客的经济承受能力或支付能力。在市场营销中，企业的产品定价就需要综合考虑顾客的经济承受能力与企业生产经营成本，在两者之间进行合理定价。

3. 从“分销渠道”到“方便顾客”

“方便顾客”取代“分销渠道”，一方面要求企业能够从顾客角度设计销售方式、销售地点、销售时间、供货方式等，另一方面要求企业在商品销售过程中能够为顾客提供更多的优质服务，使顾客在支付一定成本的同时获得更多的附加值。实际上，从“分销渠道”到“方便顾客”，是企业在商品过程中以顾客为中心，放弃以企业为中心。

4. 从“促销”到“与顾客沟通”

在4Ps营销组合中，促销是一种企业向顾客进行的单向营销信息灌输，没有考虑到顾客的需求和期望。在4Cs营销组合中，企业要与顾客进行双向的营销信息沟通，增进企业与顾客之间的了解和情感，使企业能够更好地满足顾客的需求。例如，美国金佰利克拉克公司在推出好奇牌纸尿布时，采用了称之为《人之初》的印刷品简讯。该公司每三个月一次，将简讯寄发给家中需要使用纸尿布的母亲们。他们利用电脑中小孩的资料，配合这些小孩出生的时间，教育且提醒父母亲后三个月宝宝发育所需要注意的事项。虽然简讯中放有产品优惠券，但重点是附在一起的资料和信息。这些资讯体现了企业对年轻的妈妈和宝宝的关心。经过一年的测试，以《人之初》活动建立与顾客沟通的效益被证实。两年后，这项活动推广到全美国，达到每年300万个家庭。在接下来的数年中，好奇纸尿布的市场占有率稳定增长，击败了其他的纸尿布，成为市场的佼佼者。②

由于4Cs营销组合理论是在4Ps营销组合理论基础上提出的营销理念和营销策略，适应了“顾客需求中心论”时代企业营销实践的要求。因此，4Cs营销组合理论是对4Ps营销组合理论的丰富和发展，更好地体现了市场营销所倡导的“始于顾客需求，终于顾客满意”的宗旨，因而很快得到了企业的关注、运用和推广。

① 魏光兴. 营销组合的一个理论综述［J］. 商业研究，2006（1）：150-151.

② 吴金明. 新经济时代的“4V”营销组合［J］. 中国工业经济，2001（6）：70-75.

4Cs 营销组合对 4Ps 营销组合的理论发展，在更高层次上运用了“顾客利益所得与顾客成本支出相比较”的分析方法，使企业能够在营销实践中真正做到“增加顾客利益所得，减少顾客成本支出”。① 从营销本质来看，4Cs 营销组合把 4Ps 营销组合片面强调“企业利润最大化”的经营目标，转变到顾客与企业之间的共赢，企业与顾客之间不再是此消彼长的“零和博弈”。

二、4Cs 营销组合的理论不足

4Cs 营销组合的出现就普遍受到企业的关注，在 20 世纪 50—70 年代，许多企业运用 4Cs 营销组合理论创造了一个又一个奇迹。但是，作为特定经济时代的产物，4Cs 营销组合理论在营销实践中表现出多个方面的理论不足。

1. 4Cs 营销组合理论过于强调顾客的地位

由于顾客需求具有多变性和个性化，过分强调顾客的需求和期望，企业在适应顾客需求中需要不断开发新产品，调整生产工艺，更新生产设备，增加了企业生产经营成本的支出。这些生产经营成本的提高，导致企业的利润空间大大缩小，在一定程度上降低了企业满足顾客需求的能力，极易导致企业偷工减料、假冒伪劣等现象。从某种意义上说，这反而损害了顾客的利益。

2. 4Cs 营销组合理论以顾客为导向而忽视了企业之间的市场竞争

市场经济是竞争的经济，市场营销理论既要考虑顾客的需求和利益，又需要研究企业之间的市场竞争。在过剩经济时代，企业面临着众多竞争对手。如果企业在市场营销活动中仅要看到顾客的需求，而忽视竞争对手的营销策略，企业就很难在激烈的市场竞争中得以生存和发展，顾客导向就会成为一句空话。因此，企业在制定营销策略时不仅要看到顾客的需求，还要注重竞争对手，冷静思考企业自身在竞争中的优劣势，并根据竞争的态势和自身的优势制定相应的营销策略。

3. 4Cs 营销组合理论没有考虑顾客需求的合理性问题

4Cs 营销组合理论强调顾客需求，这从市场营销的一般意义来说无可厚非。但是，在营销实践中，顾客需求只在一定的时间和空间才能满足。如果顾客提出在特定时间和空间条件所不允许的需求，即顾客需求在一定历史条件下不具有合理性，企业是无法满足顾客的需求。因此，忽视顾客需求的合理性，会使企业付出更大的成本，影响企业的生存和发展，进而影响到顾客合理需求的满足。所以从长远看，企业经营要遵循双赢的原则，这是 4Cs 营销组合需要进一步解决的问题。②

4. 4Cs 营销组合理论没有考虑顾客忠诚的问题

4Cs 营销组合理论重视顾客的需求和利益，强调企业与顾客之间的沟通。但是，企业如何才能赢得目标顾客并长期地拥有目标顾客？如何在关系营销中培养顾客忠诚？如何提供整合的营销方案以对顾客需求做出快速反应？……这一系列问题不仅反映了 4Cs 营销组合理论没有解决满足顾客需求的操作性问题，而且没有考虑到基于顾

① 陆卫平，晁钢令. 营销组合理论演变的内在逻辑：基于交换障碍克服的视角 [J]. 市场营销导刊，2006 (6)：30-33.

② 曾伟球. 市场营销理论的发展、创新及其实践应用 [J]. 经济与社会发展，2004 (8)：116-118.

客忠诚的关系营销。这些问题有待营销组合理论的进一步发展。

5. 4Cs 营销组合理论强化了企业被动适应顾客需求的色彩

4Cs 营销组合理论总体上虽是 4Ps 营销组合理论的丰富和发展，但是强调了企业被动地适应客户需求的色彩较浓。根据市场的发展，需要在更高层次上、以更有效的方式在企业与顾客之间建立有别于传统的新型的主动性关系，例如互动关系、双赢关系、关联关系等。①

随着市场营销环境的变化和发展，4Cs 营销组合的理论不足使营销理论界考虑更新的营销组合理论，帮助企业适应愈为激烈的市场竞争，使企业能够以更有效的方式在企业与顾客之间建立起一种互动、双赢的关系。针对上述问题，美国学者舒尔兹（Done Schultz）提出了 4Rs 营销组合论（如图 10-2）。②

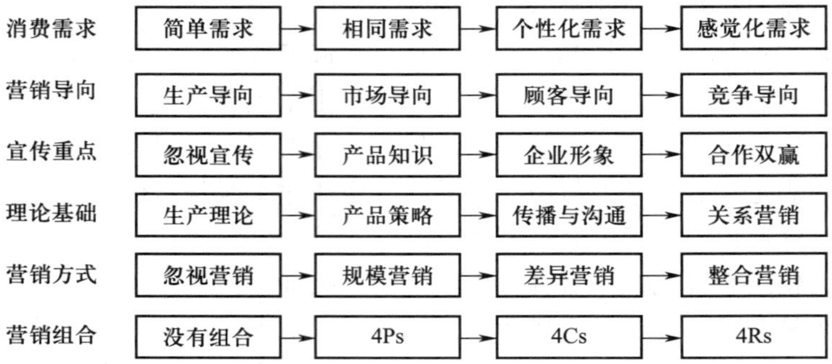

图 10-2 营销组合理论的演变框架图

第二节 4Rs 营销组合策略

一、4Rs 营销组合策略的内涵

4Rs 营销组合理论并不是对 4Cs 营销组合的颠覆，而是对 4Cs 营销组合策略的理论发展。4Rs 营销组合策略由反应策略（Reaction）、关联策略（Relativity）、关系策略（Relation）和回报策略（Retribution）构成（见图 10-3）。

1. 反应策略

反应，即市场反应速度。反应策略是企业对顾客需求变化迅速做出反应，并满足顾客需求的营销策略与能力。在新的社会经济条件下，现代通信技术的发展大大加快了信息传播的速度，提高了人们的工作和生活节奏。与此同时，企业之间的竞争变得异常激烈，许多市场机遇通常是稍纵即逝。如果企业把握不住市场机遇，或者市场机遇被竞争对手所利用，就会对企业形成威胁。因此，快速对市场机会做出反应，快速响应顾客需求，抢占市场先机，成为现代企业在营销活动中需要考虑的重要问题。正

① 李乃和 . 21 世纪营销理论的最新演变［J］. 上海管理科学，2001（6）：20-21.

② 张成考 . 21 世纪营销组合的创新思维——“4R”营销组合论［J］. 工业技术经济，2004（3）：89-90.

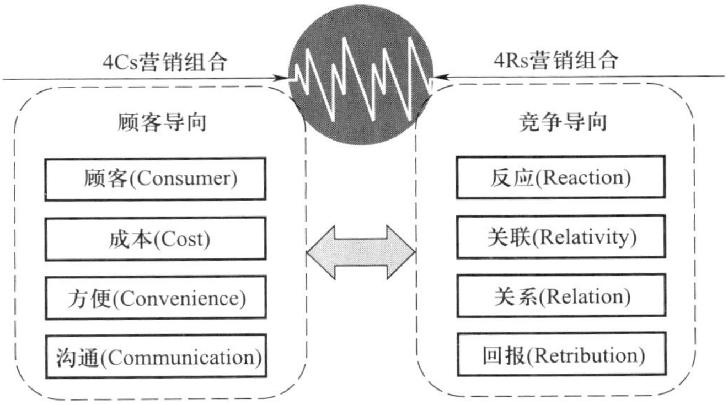

图 10-3 4Cs 向 4Rs 的营销组合转变

如美国思科公司总裁钱伯斯所言，在新经济时代，不是大的吃掉小的，而是快的吃掉慢的，以快速响应顾客需求为导向来求得生存与发展的理念成为企业新的营销观念。反应策略和反应机制为企业与顾客之间的互动与双赢，建立关联提供了基础和保证，同时也延伸和升华了满足顾客需求的便利性。

反应策略是要求企业在高度信息化、瞬息万变的市场环境中，能够快速地做出反应，做到比同类竞争对手更快、更好地满足市场多元化和个性化的需求。因此，反应策略具有反应灵敏性、执行快捷性和服务针对性等特征。

（1）反应灵敏性。在现代市场环境中，企业要能够对不断变化和发展的外部环境保持高度的敏感性，能够快速识别和利用市场机会和市场威胁，灵敏地掌握顾客需求的变化，并且及时地制定出相应的应对策略和营销措施，以更好地满足顾客的需要。

（2）执行快捷性。企业在应对市场机会和市场威胁的过程中，需要建立柔性的营销组织体系，通过高效快捷的营销信息系统快速地调查和分析市场变化，提高营销人员高效执行的工作意识和能力，从而保证既定的应对策略和营销措施能够圆满地加以实施。这就反映了反应策略具有执行快捷性的特点。

（3）服务针对性。在执行反应策略中，企业要能够根据目标市场的需求，运用即时制造系统和柔性服务体系有针对性地满足变化和发展的顾客需求，使顾客和企业达到双赢。

企业运用反应策略通常需要具备四个方面的条件：① 企业要建立快捷的营销信息系统。这是企业实施反应策略的重要前提。这种快捷的营销信息系统是一个动态的信息搜集、信息整理、数据分析、信息沟通的沟通体系，使企业与顾客之间、企业与上下游企业之间、企业与协作伙伴之间、企业与政府部门和其他机构之间进行及时、准确的信息沟通。在企业内部，横向和纵向的部门和岗位之间信息沟通实现无障碍化，从而为快速决策、高效执行创造基本条件。② 企业要建立敏捷制造系统。为了满足快速变化的市场需求，企业要具有完善的敏捷制造系统，无论是通过即时制造还是大规模定制，企业要能够快速地生产出顾客所需的产品。③ 灵活便捷的市场分销系统。企业应当建立广阔、深层的市场分销系统，必须具备产品配送功能和市场信息收集功能。分销系统应达到适应企业自身规模的深度和广度；深度就是必须深入分销系统的终端；广度就是必须广至整个分销网络的覆盖面所达到的销售量。④ 企业要实现组织结构的柔性化。组织结构柔性化是企业的组织体系要能够根据市场环境带来的不确定性不断做出反应，并且根据可能变化的结果快速进行调整的能力。这种能力是实现反应策略的组织保证。

2. 关联策略

关联策略是企业运用各种营销技术和手段建立供需之间的价值链，与顾客形成长久、稳定的互需、互助、互惠的关联关系。在知识经济时代，便捷的信息沟通渠道使顾客能快速地获得和分享信息，改变以往企业与消费者之间的信息不对称。企业在为消费者提供产品和服务信息的同时，也赋予了消费者的知情权和自由选择权，从而建立起消费者对企业的信任和支持。因此，企业要提高消费者的忠诚度，建立稳定的消费者群体，就要以各种有效的营销方式在业务、产品、需求等方面与消费者建立长期的关联。

在营销实践中，关联策略包括用户关联和产品关联等营销方式。

（1）用户关联。在传统营销策略中，企业与消费者之间的交易关系是单一的，企业提供给消费者的只是实体产品，而用户关联则强调企业向消费者提供的有形产品、服务和信息的组合体，是企业提供给消费者用以满足需求、创造更高价值的一揽子工具，其目标是实现顾客的价值实现和价值增值。用户关联的目的在于实现消费者对企业及其产品的忠诚。在传统的营销方式中，企业出售产品形成的只是一次性的交易关系，即使有“回头客”，那也只是另一次孤立的交易，不存在消费者主动对企业及其产品的忠诚。但是，用户关联是打破了传统的从一次性出售产品的交易中获取利润的思维方式，转而向在产品整个寿命期内寻求获利机会。例如，波音飞机通常可以使用几十年，为了使飞机在未来可以满足顾客变化的需求，飞机在设计之初就考虑到了它在未来的改型能力；机身的加长、发动机的改换、机翼的调换以及控制系统的改进。由于销售方案是由生产者和消费者共同制定的，双方不可避免地相互依赖、相互影响，由此形成了长久合作的关系，建立起用户关联。同时，在销售方案实施过程中，消费者不断表达自己的消费需求和期望，与企业共同对销售方案进行改进、升级和换代。这就形成了消费者与企业的关联，加深供需双方的信任与合作。这种忠诚的顾客群成为企业巨大的财富。

（2）产品关联。产品关联是企业将产品与消费者的需求进行关联，提供符合消费者特点和个性的产品。例如，在日本松下自行车制造公司的自行车计算机产品展示室中，顾客借助于CAD系统对身体进行测量，向计算机输入自己身体特性的数据，得到最适合自己的自行车尺寸和形状。同时，顾客还可以根据自己的爱好提出各种特殊要求，包括将自己的名字或赠言喷涂在车身的指定部位上，这些信息通过电子数据交换系统（EDI）直接传送到生产车间，两周以内顾客便可以骑上定制的独一无二的自行车。这种“一对一”营销是实现产品关联的最有效途径。

“一对一”营销也称“定制营销”，是企业在大规模生产的基础上，将每一位消费者的个性化需求都视为一个细分市场。企业根据消费者的个性化需求进行市场营销组合，以满足每位消费者特定需求的一种营销方式。在传统的营销模式中，以细分市场为基础的目标市场营销不可避免地会造成消费者需求的同化，使企业产品与消费者个性化需求之间形成差异。定制营销是将每位消费者的需求都视作一个细分市场。企业通常运用互联网建立互动式双向交流的平台，让消费者参与企业的产品研发和设计，使产品与消费者之间的关系从“你生产我消费”变为“你中有我，我中有你”的关系。例如，海尔集团通过电子商务，搭建了一个可供用户个性化控制的平台，用户可以根据自己的需求定制自己喜欢的外观色彩或内置设计的冰箱。用户可以选择“金王子”的外观，“大王子”的容积，“欧洲型”的内置，“美国型”的线条，极大地满足了消费者的个性化需求。①

3. 关系策略

关系策略是以系统论思想为指导，将企业置身于宏观营销环境之中来考虑企业的营销活动，认为企业营销是一个与消费者、供应商、竞争对手、分销商、政府、其他社会组织等利益相关者发生互动作用的过程。通过建立、维护和巩固企业与消费者以及其他利益群体的关系的活动，企业以诚信的交换及履行承诺的方式，使自己的营销目标在与利益相关者的协调关系中得到实现。

关系策略中的“关系”比关联策略中的“关联”具有更加广泛的营销外延和更加深层次的营销内涵。在营销外延上，“关联”的对象主体是消费者，而“关系”则包括除消费者以外的影响企业营销活动的所有利益群体，如供应商、分销商、竞争对手、政府和其他社会组织等。在营销内涵上，“关联”主要靠某种营销承诺和新颖的营销方式来吸纳顾客，“关系”强调企业既要兑现自己的营销承诺，又重视售后客户关系的维护。

在知识经济时代，关系策略在竞争中将利用现代通信技术和信息管理技术来建立和维持客户关系。企业竞争的中心发生了重大变化，即由争取市场份额转向争取消费者，从强调市场占有率转变为强调顾客占有率，即企业赢得一人一年或终身购买的百分比。长期、稳定的客户关系成为企业的竞争资源和营销财富，在制定营销战略时成为企业不可忽视的要求和目标。与选择目标市场相比，企业应当更重视客户关系的建立和维护，即识别客户需求和期望，掌握最符合企业利益的目标消费者群体，并与目标消费者群体建立和保持长期、持续的关系。企业并不是单纯地发现客户个性化的需求，而是保持与客户的长期沟通和交流，并且邀请客户参加到产品的研发、设计和生产之中，形成长期的合作关系。要实现这一合作关系，企业需要运用现代通信技术和信息管理系统与消费者建立信息沟通系统和客户关系管理系统，从而提高企业的即时决策能力和市场反应能力。

关系策略要求企业应当在营销观念和客户关系管理方面进行转变：① 转变营销观念。传统营销重视被动式的“消费者请注意”的单向促销，现代企业则应采取主动式“请注意市场”的客户关系的建立和维护，从向顾客销售产品转变与客户建立

① 汪金华，冯丽萍．4R——一种新的营销理论［J］．辽宁经济，2006（10）：86.

合作关系，从产品促销转为关系营销，从重视顾客服务转变到向客户的高度承诺。关系策略不仅强调企业一次满足客户需求，更重视建立长期、稳定的客户关系，其营销目标是为客户创造价值。② 提高客户关系管理能力。企业要合理运用维持客户关系，就需要建立系统的客户关系管理体系，实现"5A"客户关系管理，即认识客户（Acquainting）、答谢客户（Acknowledging）、欣赏客户（Appreciating）、分析客户（Analyzing）、为客户满意而行动（Acting）。最后，要有完善畅通的客户关系管理系统，建立客户数据库，跟踪客户需求动态，与客户保持长期、友好的联系与合作。①

4. 回报策略

回报策略是企业以满足顾客需求为前提，通过顾客满意、社会满意和员工满意来实现企业满意的营销策略。企业满意在很大程度上取决于企业的回报。追求回报包括了成本和双赢两个方面的内容：一方面，企业要实施低成本营销策略，充分地考虑顾客愿意付出的成本，实现顾客满足需求的愿付成本的最小化，并能够提高顾客份额形成一定的市场规模，获得市场规模效益；另一方面，企业为顾客提供价值和追求回报相辅相成，在营销实践中形成一种双赢的效果。回报策略要求企业能够整合更多的营销策略、营销技术和营销方法，优化营销方案，并对营销方案的实施进行动态控制，及时掌握市场状况，分析和控制企业的盈利水平。

在传统营销模式中，受通信技术的限制，信息传播的范围不广，市场促销是单向的，促销效果相对滞后，消费者的信息不对称，企业很难搜集和掌握市场机会，企业的营销战略与营销策略通常缺乏前瞻性，只能被动地满足目标市场的需求和期望。在知识经济时代，随着现代通信技术的发展，企业可以与顾客建立"一对一"的交互式营销沟通，实时进行信息反馈，营销沟通突破时间、空间、顾客规模等方面的限制，既解决了顾客信息不对称的矛盾，又可以使企业即时搜集市场信息，掌握和利用市场机会，提高企业对未来市场的预测能力和即时决策能力，从而创造出新的市场及新的需求。企业运用互联网等现代通信技术直接与顾客进行沟通和交流，向顾客提供更好的产品和服务，使"量身定制"在全球范围内实现了规模化生产，不仅降低了营销成本和生产成本，而且可获得更多的营销机会和外部利润。②

4Rs营销组合理论在新的经济、社会和技术条件下构建了营销组合策略的新框架。4Rs营销组合策略是根据市场不断成熟和竞争日趋激烈的形势，以竞争为导向，着眼于企业与顾客的互动与双赢，在新的营销层次上构建了营销组合的框架体系：企业不仅要积极地适应和满足顾客的需求，而且要能够主动地创造需求，运用优化和系统的思想去整合营销，通过关联、关系、反应和回报等营销策略与客户形成长期、稳定的关系，从而在市场营造企业的竞争优势。4Rs营销组合体现并实施了关系营销的思想，通过关联、关系、反应和回报等营销策略，提出了如何建立关系、长期拥有客户、保证企业与客户的长期利益的营销方式和营销方法，是对4Ps和4Cs等营销组合

① 汪金华，冯丽萍．4R——一种新的营销理论［J］．辽宁经济，2006（10）：86.

② 武东升，贾雅军．关于市场营销的新理念——4R理论理解和应用的探讨［J］．生产力研究，2004（9）：189-191.

理论的丰富和发展。①

二、4Ps、4Cs和4Rs营销组合策略的比较

与4Ps和4Cs营销组合相比，4Rs营销组合表现出鲜明的营销特点和营销意义，主要体现在营销理念、营销目标与营销工具、营销方式和营销成本等方面。

1. 营销理念

4Ps营销组合理论强调“企业导向”，从某种意义上说是将企业的利益凌驾于满足顾客需求之上，脱离了顾客利益来开展营销活动。也就是说，企业决定了制造某一产品后，设定一个能够收回成本且达到一定利润目标的销售价格，经过由企业控制的销售渠道，再由企业对顾客进行市场促销，实现产品销售。因此，以4P为基本框架的营销组合是一种由内向外的推动式营销，营销宣传的重点是“消费者请注意”。

4Cs营销组合理论强调“顾客导向”，营销宣传的重点是“请注意消费者”。企业的营销活动是以满足顾客需求为出发点，从由内向外的推动式营销转变为由外向内的拉动型营销，从而完成顾客从“营销终点”向“营销起点”的转变，使顾客获得相应的利益。企业通过以顾客需求为起点的营销活动，减少顾客需求变动的不确定性，使企业更为准确地把握顾客对产品的实际需求。

4Rs营销组合理论强调“竞争导向”，要求企业在不断成熟的市场环境和日趋激烈的企业竞争中，客观地分析企业在市场竞争中的优势、劣势、机遇和威胁，并制定相应的营销策略。4Rs营销组合是企业通过实行供应链管理的营销模式，采用整合营销，快速响应顾客需求的变化，实现企业营销的个性化和优势化，从而获得竞争优势。

2. 营销目标与营销工具

4Ps营销组合的目标是满足消费者的现实需求，但忽略了消费者的潜在需求和新需求及其在企业成长中的重要性。为了实现营销目标，企业主要采取营销手段就是4Ps，即产品、价格、分销渠道和促销。企业通过对产品、价格、分销渠道和促销等可控制因素的干预，实现对外部市场的影响，因而具有较高的可操作性和可实现性。

4Cs营销组合的目标在于满足现实消费者、潜在消费者需求和创造新需求的满足，通过实现顾客卓越价值创造，培养消费者对企业和产品的忠诚。4Cs理论的营销工具是营销过程中消费者、成本等基本因素的组合运用，努力做到产品、服务、成本的有机统一，最终使消费者满意，由于营销活动中包含外部不可控因素，企业的营销活动的可操作性减弱。

4Rs营销组合的目标在于为客户提供“一揽子”的全套解决方案，即“整体解决方案”，满足顾客多层次需求，产生某种利益回馈机制等关联、关系形式，使顾客成为企业忠实的合作伙伴。同时，运用优化和系统的思想把企业与顾客紧紧联系在一起，追求各方互惠关系的最大化，获得社会的认可和回报。4Rs营销组合强调理念型营销手段的运用，以关联、关系、反应和回报为营销工具，营销策略的实现难度

① 曾伟球. 市场营销理论的发展、创新及其实践应用［J］. 经济与社会发展，2004（8）：116-118.

较大。

3. 营销方式

4Ps营销组合理论将消费者群体需求等同或相近看待，重视对顾客需求在数量层面的满足，主要采取规模营销的方式。为了提高生产效率，企业通常实现流水线规模生产。企业通常采用金字塔式的组织结构，组织内各职能部门之间的联系不紧密。与顾客的联系由营销人员承担，而企业的其他部门的人员通常与顾客没有联系，顾客和营销人员不参与产品研发、设计和生产。

4Cs营销组合理论要求企业实行差异化营销，企业营销活动实现全员营销、全程营销，注重运用现代通信技术与顾客进行沟通，让顾客和营销人员参与产品的研发、设计和生产，使企业的产品能够满足顾客的个性化需求。在产品生产过程中，企业运用即时制造、大规模定制等系统进行适应性生产，加强对外合作。

4Rs营销组合理论强调满足顾客对购买和使用过程中综合服务的需求，企业向顾客提供一揽子的全套解决方案，强调从"规模经济"向"经济范围"转变。4Rs营销组合注重采用整合营销方式，强调企业能够快速响应市场，满足顾客需求；同时，要求企业全面应用现代通信技术和营销信息管理系统，建立和维护顾客关系，采用大规模合作性定制生产，实行敏捷制造，使产品生产适应和满足顾客需求，与企业的利益相关群体建立关联，实行扁平化、虚拟化和网络化组织结构。

4. 营销成本

短期来看，4Cs和4Rs营销组合需要较高的技术支持，同时需要企业内部和外部利益相关群体的积极配合，因而营销成本相对较高。但是从长期来看，通过通信、数据库及网络的建设，可以帮助企业更为准确地找到目标顾客群，降低营销成本，提高营销效率。

在营销实践中，4Ps营销组合建立实体营销渠道所花费用较少，但是企业容易受到突发事件的干扰；由于企业是以满足相同消费群为目标，所以在面对个别顾客的特殊需求时，会花费较高的成本，因此4Ps营销组合的营销成本在营销实践中通常比预期的费用多得多。

以上各项的对比分析在表10-1给予了概括总结。通过对比，可以看出4Ps、4Cs、4Rs营销组合具有各自的特点和优势。

表10-1 4Ps、4Cs和4Rs营销组合比较分析表①

项目	4Ps营销组合	4Cs营销组合	4Rs营销组合
营销理念	生产者导向	消费者导向	竞争者导向
营销模式	推动型	拉动型	供应链
满足需求	相同或相近需求	个性化需求	感觉需求

① 余晓钟，冯杉. 4P、4C、4R营销理论比较分析［J］. 生产力研究，2002（3）：248-249，263.

续表

项目	4Ps营销组合	4Cs营销组合	4Rs营销组合
营销方式	规模营销	差异化营销	整合营销
营销目标	满足现实的、具有相同或相近的顾客需求，并获得目标利润最大化	满足现实的和个性化需求，培养顾客忠诚度	适应需求变化，并创造需求，追求各方互惠关系最大化
营销工具	4Ps	4Cs	4Rs
顾客沟通	一对多单向沟通	一对一双向沟通	一对一双向或多向沟通或合作
投资成本和时间	短期低，长期高	短期较低，长期较高	短期高，长期低

第三节　4Ps、4Cs与4Rs的营销组合

企业的市场营销活动涉及消费者、中间商、零售商、供应商及竞争者等多个利益群体，需要在众多利益关系者之间建立价值平衡体系。因此，企业应当充分协调各个利益群体的价值关系，通过整合4Ps、4Cs和4Rs等营销组合的各自优势，将“企业导向”“顾客导向”和“竞争导向”的营销组合策略加以有机融合，形成“以4Rs为基础，以4Cs为指导，用4Ps去执行”的新的营销组合。

一、4Ps和4Rs的对应分析

在市场营销实践中，4Ps营销组合的产品、价格、促销和分销渠道与4Rs营销组合的建立关联、快速反应、关系营销和回报具有一一对应的关系，在快速消费品市场表现尤为显著（见表10-2）。

表10-2　快速消费品市场营销的4Rs-4Ps对应表①

项目	建立关联	快速反应	关系营销	回报
产品	按市场定位、营销规划进行产品销售活动	及时维护，及时整理产品包装，清理产品日期	不同市场进行合理的产品	售卖更多有消费价值的产品、有顾客/渠道利益的产品

① 陈中洁，李昌辉. 以4R为基础，以4C为指导，用XP去执行——经典市场营销理论在实践中的运用［J］. 商场现代化，2006（4）（上旬刊）：143-144.

续表

项目	建立关联	快速反应	关系营销	回报
价格	保持定价规则的稳定性（包括渠道层次定价、促销定价、竞争定价等）	建立基于竞争的零售价格调整规则；确定基于市场反应的、竞争的零售促销定价；进行基于市场的渠道价格维护和调整	建立消费者价格敏感度数据库；建立合理的渠道、各层次的价格体系和价格体系的保障手段，维护各层次合理的利益	基于竞争的价格考虑，确保厂商合理的利润水平；对供应商，不同的渠道制定不同的供应价格，保障毛利水平
促销	保持有特点的、区别性、独特的促销规范	建立基于快速反应的促销模式而不是推测的促销模式；基于竞争的促销模式；基于特殊期间的促销；基于特定消费者促销；基于不同渠道促销	根据市场区隔做促销；根据市场定位做促销；促销也是和顾客沟通的重要手段	促销必须目的明确并取得合理回报；保障合理投入产出比率的促销
分销渠道	产品（包括品牌）是企业和市场关联的最主要的载体	快速分销	将不同产品与渠道相匹配	售卖价值更高的产品

二、4Ps、4Cs和4Rs的营销组合策略

基于4Ps、4Cs和4Rs营销组合的理论联系，企业在市场营销活动中可以将这三种营销组合加以整合，构成企业所需的营销组合策略。

1. 以顾客需求为核心建立顾客关联

在市场营销活动中，企业应当从顾客需求出发，与顾客形成一种互助、互求、互惠的关系，与顾客建立并保持长期、稳定的合作关系；同时，企业应当提高对顾客需求变化做出快速反应的营销能力，从企业与顾客之间的互动关系中来实现企业的营销目标，使企业与顾客之间达到双赢的营销结果。

2. 以顾客参与为中心实施产品研制和产品组合

企业在营销活动中关注顾客的需求，通过互联网等现代通信技术与顾客建立联系，让顾客参与到产品研发之中，使生产出来的产品能够满足顾客的需要。在产品组合中，企业通过对顾客的各类需求信息的整理和分析，使单个需求合并为具有一定数量规模的顾客群，并由确定基本产品的品类组合，充分发挥企业的规模生产和提高市场份额的经济范围的双重效果。

3. 以便利顾客为主导的多元分销渠道

在分销渠道的设计，企业应当充分到顾客便利，在销售渠道的设计、开发、维护和调整中提高顾客购买产品的方便程度。同时，企业借助互联网等通信技术、第三方物流等途径，建立网上订货、货到付款、快捷配送等方便顾客的分销渠道。这与4Ps营销组合中的分销渠道与新的组合，形成多元化的分销渠道。

4. 以顾客愿付成本为基点追求顾客与企业满意的价格体系

在产品定价中，企业应首先充分考虑顾客的愿付成本，并以此为基点，兼顾员工满意、企业满意和社会满意的利益要求，在渠道中间商、零售商、消费者和竞争者等各方之间实现价格合理的平衡体系。所以，竞争定价、相对优势的渠道利润、高效的性价比等在产品定价中都应加以考虑。

5. 以顾客沟通为中心运用关系营销进行营销宣传

在市场促销中，企业应与顾客建立起双向沟通的信息渠道和途径，注重顾客关系管理，并运用POP、终端电视广告、零售品牌或企业信息传达的宣传单页、网络广告、电子邮件、在线交流、手机应用软件、微博、微信等途径向顾客从告知到沟通，综合提高营销宣传和顾客关系管理的效果。①

营销案例

先锋电器：聚焦让销量V形反转②

（一）案例介绍

面对美的这样的巨无霸对手，先锋凭借侧翼战迅速让销量止跌上扬，并有效地建立了专家认知，为未来的增长积蓄了足够的品牌势能。

冬季是取暖器产品的销售旺季，2017年是暖冬，取暖器品类的整体销量受到了不小的影响。2017年，在整个取暖市场不太景气的大环境下，先锋依旧逆势增长了近40%，其中，产品客单价的提升恰是品牌附加值的集中体现。2018年3月8日，当先锋电器二次出征AWE（中国家电及消费电子博览会）这个家电行业最高规格的大综性展会时，便正式以焕然一新的品牌形象亮相。从更精准地聚焦“取暖器专家”的品牌定位，到更鲜明有力的广告语——“今年取暖用先锋，全屋热透分分钟!”，以及更具辨识度的品牌标志和更具亲和力的品牌吉祥物……先锋电器由表及里地进行了一次颠覆性、革新性，却也是充分迎合市场需求的大升级，让外界及时感受到了其更年轻、更富活力和创造力的全新印象。面对美的这样的巨无霸对手，面对产品线高度重合、市场份额领先自己的强劲对手，先锋是怎么做到的?

先锋是一家生产两季产品的制造企业，主要产品是取暖器和电风扇。在这两个品

① 陈中洁，李昌辉. 以4R为基础，以4C为指导，用XP去执行——经典市场营销理论在实践中的运用［J］. 商场现代化，2006（4）（上旬刊）：143-144.

② 王文正. 先锋电器：聚焦让销量V形反转［J］. 销售与市场（管理版），2018，（2）：74-79.

类中，美的、艾美特和先锋三个品牌长期占据市场前三名的位置。

美的是一家综合性家电生产企业，凭借相对聚焦于白色家电，在家电领域中持续高速增长，已经成为千亿级体量的家电品牌。在消费者心中，取暖器和电风扇品类还没有公认的专家品牌出现，美的依靠在空调领域建立的品牌知名度和口碑，长期占据市场霸主地位，从中怡康的数据可以看出，取暖器销售额小幅领先于艾美特、大幅领先于先锋，电风扇销售额相当于艾美特和先锋之和。

艾美特也是一家以两季产品为主要产品的制造企业，以制造电风扇起家，长期占据高端电风扇市场，在消费者心目中有比较强的品牌认知基础。2013 年，艾美特在台湾股票市场上市，算上出口的销售额，如今已近 50 亿元的体量。凭借在电风扇领域建立的高端认知，艾美特在取暖器品类也获得了品质可靠的认知拉动，加之在增长较快的欧式快热炉品类中的产品布局，从中怡康的数据可以看出，艾美特的取暖器销售额高于先锋近五成，自身优势品类电风扇的销售额高于先锋七成左右。

从整体体量看，先锋只是十亿级的企业，与两个竞争对手不在一个"重量级"。从具体品类的市场份额看，无论是取暖器还是电风扇，先锋都处于尴尬的老三位置。根据二元定律，长期来看品类市场会被两个品牌主导，先锋怎样走出市场第三的窘境？

先锋电器是一家小家电生产企业。从 2013 年开始，因为小家电行业品牌竞争的加剧，先锋的销量出现了连续三年的小幅下滑。在行业竞争中，行业巨头美的的优势很明显：在研发上，因为产品线丰富，可以在很大程度上共享研发资源、摊薄研发投入；在品牌上，美的的品牌知名度是任何其他小家电品牌所难以企及的；在渠道上，同样因为产品线长，美的的小家电产品可以共享货架、共享导购员，渠道和促销成本很低。加上一些生产劣质产品的小厂对低端市场的冲击，先锋在腹背受敌之下，出现了销量滞涨甚至下滑。

按照定位理论的逻辑，营销的战场不在市场而在心智，心智份额最终决定市场份额。消费者对先锋品牌的认知是什么呢？经过认知调查发现，有一部分消费者不知道先锋，知道先锋的人中有许多不确定先锋主要是做什么的。因此，先锋首先要进入消费者心智，并成为某个品类的代名词，而聚焦是最有效的方法。

先锋主营产品只有两个，相比于产品线长的企业已经比较聚焦，但两个品类的认知关联性低，为更容易进入心智，必须聚焦一个品类。企业往往是做加法容易，做减法难，这里面有担忧、利益、观念、情结等诸多障碍，先锋自然也不例外。

通过对竞争对手、消费认知和企业自身优势分析对比后，先锋公司聘请里斯公司提供营销咨询。里斯公司建议先锋聚焦取暖器品类。这在先锋内部引发了质疑：首先，100 多亿元的电风扇市场远大于几十亿元的取暖器市场，不能舍大取小；其次，电风扇在先锋的销量占比要高于取暖器，最直接的销量对比让很多人想不通——为什么不聚焦于电风扇？也有人在质疑，为什么一定要聚焦，聚焦真的会好过不聚焦吗？

面对各方不同的声音，里斯公司也力求各方能达成共识，针对各方声音做出了有理有据的回应：首先，从认知基础看，无论取暖器还是电风扇，先锋的心智份额都落后于美的和艾美特处于第三位，但在取暖器品类中相对比较高。其次，从竞争的角度看，美的因为产品线过长，虽销量最大，却未能在取暖器和电风扇领域建立差异化认知，艾美特则在电风扇领域建立起了相对专业的认知，对手留给先锋可能建立差异化认知的品类只有取暖器。再次，从企业自身来看，取暖器产品是先锋主要的利润来源，同时也拥有相比对手更为领先的技术。因此，先锋品牌最佳的战略方向是，在认知和市场上逐渐主导取暖器品类，成为消费者心智中取暖器品类的代名词。

首战必胜，聚焦品类促动定位落地聚焦取暖器品类只是确定了战略方向，先锋要主导取暖器品类还需要一步一步走。消费者根据使用场景和产品类型来选择取暖器，先锋品牌也应该按照产品类型来分步实现对取暖器品类的主导。先聚焦哪个产品类型呢？

从企业自身看，电热油汀是先锋最具竞争力的品类，历史上长期占据领导者地位。同时，先锋在油汀上最具研发基础，也最有可能形成技术领先和专业壁垒。从品类容量看，油汀是第一大品类，市场份额超过全品类三成，并保持稳定。从发展趋势看，欧式快热炉是增长最快的品类，暖风机相对稳定，小太阳在下滑。

因此，里斯公司给出的建议是：第一步，聚焦油汀，成为油汀的绝对主导；第二步，主导油汀后进一步强化欧快，进而主导取暖器品类。而对于暖风机和小太阳，则聚焦于核心价位段、核心产品运营。

2015 年 7 月，在里斯中国完成提案之后，就迎来了取暖器销售季，定下的战略是否有效，还需要实战的检验。刚好先锋研发出了一款名为“热浪”的电热油汀，通过增加散热面积，可以实现快速加热。里斯公司研究了产品特性和消费需求后，对热浪的推广提出了几点建议：① 电热油汀作为品类名对消费者而言过于专业，不易理解，难以传播——“汀”字一多半的人都会念错。因此，将电热油汀这一品类名改为消费者更容易理解的电暖气片。② 为应对竞争对手的模仿，将热浪定义为“第三代快热暖气片”，以升级换代概念凸显热浪代表最新技术产品，强化先锋的专家地位。同时，将热浪价格定为普通电暖气片价格的两倍左右，以此凸显热浪的“第三代”概念和专家价值。③ 将快热的特点用数字进行量化，以数字打动消费者——比普通电暖气片快热 27.2%。④ 通过终端演示，以视觉冲击强化热浪的热效果和升温快——热浪能造成纸张、羽毛等轻质物品波动效果的展示。同时，在终端可将热浪和普通直板机对比，进一步凸显热浪作为第三代产品的优势。

通过热浪电暖气片带动取暖器产品的整体销售，2015 年当年先锋就获得了销量阶段性止跌、利润阶段性增长的成绩。聚焦不是上来就要“砍砍砍”，而是要先立后破。从先锋品牌的实际情况看，取暖器的心智份额和市场份额还不能以单季产品支撑企业运作，需要电风扇产品做补充。艾美特的诉求更侧重于“静音”和“柔”，里斯公司建议先锋的电风扇产品不能采取跟随策略，而应聚焦差异化特性——“双风叶”“大风量”。同时，聚焦于主流价格段，回避价格战——与美的、艾美特的规模优势相比，先锋在成本上没有任何优势。

从短期来看，因为热浪带动暖气片的销售，经销商赚到了利润，也清理了大部分库存，对先锋品牌的信心大增。经销商对先锋的信心带来了销售热情，2016 年夏季，先锋的电风扇销售也取得了两成以上的增长。长远来看，先锋在主导取暖器品类后，可以像美的一样（凭借在空调领域建立的品牌认知），在电风扇品类中建立“品质有保障”的认知，带动电风扇产品的销售。

小家电行业的线上销售一般能占到整体销量的四成甚至五成，先锋必须平衡好线上线下渠道的利益。此前，先锋的渠道链条相对较长，导致价格在终端没有竞争力，同时渠道的多层级也加大了监控难度。而美的在渠道成本管控上优势明显，先锋若继续保持现有渠道环节，在竞争中会越来越吃力。因此，先锋必须采取渠道扁平化策略，取消省级经销商，发展市级经销商，在部分经济发达、人口密集的地区，以区县为单位开发一级经销商。同时，线下渠道聚焦资源，以3C卖场和商超为主力销售渠道。这些渠道不仅能更多地销售高端产品，还有很强的品牌展示功能，便于更快地建立消费者对品牌的认知。

各地经销商都在要资源，但企业资源有限，也不可能平均分配，“撒胡椒面”式的市场资源分配也不会有好的产出回报。因此，企业必须以聚焦资源的理念，选择最具优势和潜力的市场作为重点市场。最终，先锋选定江浙沪作为原点市场，聚焦人力、公关、传播资源建立竞争优势和品牌认知，进而辐射周边市场。

线上渠道方面，为避免经销商在线上大打价格战，对线下渠道造成冲击，全面收回定价权。对于乱价经销商和不配合的经销商，予以处罚或收回经营权。先锋在天猫和京东的销售额占线上总销售额的九成以上，因此聚焦这两大平台进行线上销售：首先，以京东运营为基础，培养团队独立运作线上平台的能力；其次，收回天猫官方旗舰店由先锋自营，在天猫平台建立严格的价格体系标准，约束和管控其他天猫店的价格。

同时，开发针对线上和线下的不同产品组合，进行产品区隔，以减少线上对线下销售的冲击。线上平台主推中低端产品，打造爆款冲量的明星单品，线下平台主推中高端产品。另外，线上线下高端产品不做区隔，中低端产品在配置上尽量区隔，不易在配置上区隔的产品在外观上区隔。

更关键的是，通过收回定价权，先锋首先对高端产品实现线上线下同价，并严格限定中低端产品的线上线下价差，力求全产品线的线上线下同价。一系列渠道动作下来，稳定了价格体系和经销商体系，既有利于建立统一的品牌认知，又因为渠道的稳定和信心而大幅提升了销量。

（二）案例实训

1. 运用4Rs营销组合理论，你认为案例中提及先锋的营销创新成功之处？为什么？

2. 针对家电行业的新挑战，先锋如何运用4Rs营销组合策略以应对激烈的市场竞争？

学习思考

1. 4Cs营销组合具有哪些实践意义？存在哪些理论不足？

2. 4Rs 营销组合策略的内涵是什么？主要具有哪些营销策略？

3. 与 4Ps 和 4Cs 相比，4Rs 营销组合具有哪些特点和营销优势？

4. 4Ps、4Cs 和 4Rs 等营销组合策略各自体现何种营销导向？

5. 企业应当如何进行 4Ps、4Cs 和 4Rs 的有机营销整合？

科研练笔

1. 基于价值共创的市场竞争策略研究。

2. 面向互联网经济（或人工智能经济）的企业营销组合策略研究。

营销实战

调查电子商务的发展现状，为网上商店制定市场竞争策略。

关键术语对译

反应　Reaction

关联　Relativity

关系　Relation

回报　Retribution

竞争和行业演变　Competition and industry evolution

竞争优势　Competitive advantage

竞争因素　Competitive factors

竞争战略　Competitive strategy

竞争者分析　Competitor analysis

竞争者成本　Costs of competitors

对抗战略　Confrontation strategy

成本领先战略　Cost leadership strategy

市场领导者的市场增长战略　Growth-market strategies for market leaders

成长性市场战略　Growth-market strategy

竞争导向定价法　Competition-orientated pricing

竞争情报/信息　Competitive intelligence

竞争均势促销预算法　Competitive parity promotion budgeting

整合营销理论　Integrated marketing communication

推荐阅读

1. 艾略特·艾登伯格. 4R 营销：颠覆 4P 的营销新论［M］. 文武，穆蕊，蒋洁，译. 北京：企业管理出版社，2003.

2. 杰弗里·吉特默. 销售圣经［M］. 陈召强，译. 北京：中华工商联合出版社，2009.

经典链接

1. 卡耐基梅隆大学 Tepper（泰珀）商学院
2. 中国经济信息网

参考文献

[1] 吴金明. 新经济时代的“4V”营销组合 [J]. 中国工业经济, 2001 (6): 70-75.

[2] 魏光兴. 营销组合的一个理论综述 [J]. 商业研究, 2006 (1): 150-151.

[3] 陆卫平, 晁钢令. 营销组合理论演变的内在逻辑: 基于交换障碍克服的视角 [J]. 市场营销导刊, 2006 (6): 30-33.

[4] 曾伟球. 市场营销理论的发展、创新及其实践应用 [J]. 经济与社会发展, 2004 (8): 116-118.

[5] 李乃和. 21 世纪营销理论的最新演变 [J]. 上海管理科学, 2001 (6): 20-21.

[6] 张成考. 21 世纪营销组合的创新思维: “4R” 营销组合论 [J]. 工业技术经济, 2004 (3): 89-90.

[7] 汪金华, 冯丽萍. 4R——一种新的营销理论 [J]. 辽宁经济, 2006 (10): 86.

[8] 陈中洁, 李昌辉. 以 4R 为基础, 以 4C 为指导, 用 XP 去执行——经典市场营销理论在实践中的运用 [J]. 商场现代化, 2006 (4) (上旬刊): 143-144.

[9] 付志勇. 美的模式的挑战与出路 [J]. 销售与市场 (管理版), 2012 (2): 63-67.

[10] 李晏墅. 服务营销: 21 世纪企业营销立足之道 [J]. 南京师大学报 (社会科学版), 2001 (5): 30-35.

[11] 李金生, 贾利军, 李晏墅. 高技术企业的组织存货效应模型研究 [J]. 中国工业经济, 2006 (3): 122-128.

[12] 李晏墅. 知识经济时代市场营销理念与战略创新探析 [J]. 苏州大学学报, 2002 (1): 17-21.

[13] 李金生, 李晏墅. 高技术企业原始创新风险传递效应模型研究 [J]. 中国工业经济, 2012 (1): 110-119.

[14] 菲利普·科特勒, 加里·阿姆斯特朗. 市场营销: 原理与实践 (第 16 版) [M]. 楼尊, 译. 北京: 中国人民大学出版社, 2015.

第十一章 4Vs 营销组合

营销寓言

聪明的报童

某一地区，有两个报童在卖同一份报纸，两个人是竞争对手。第一个报童很勤奋，每天沿街叫卖，嗓子也很响亮，可每天卖出的报纸并不很多，而且还有减少的趋势。第二个报童肯用脑子，除了沿街叫卖，他还每天坚持去一些固定场合，一去了后就给大家分发报纸，过一会儿再来收钱。地方越跑越熟，报纸卖出去的也就越来越多，当然也有些损耗。而第一个报童能卖出去的也就越来越少了，不得不另谋生路了。①

学习启示

第二个报童的做法中大有营销蕴意：第一，在一个固定的地区，对同一份报纸，读者客户是有限的。买了我的，就不会买他的，我先将报纸发出去，这个拿到报纸的人，是肯定不会去再买别人的报纸。第二，报纸这种商品的随机性购买多，而且钱数不多，大家也不会不给钱。第三，即使有人看了报，退报不给钱，也没有什么关系，这些人还是自己的潜在客户。第二个报童根据消费者需要，提供个性化和差别化的服务，赢得自己的竞争优势。现代企业如何针对消费者的个性化需求采取有效的、差别化的营销组合策略？新一轮科技革命和产业变革形成经济社会发展新动力。新技术、新产业、新业态和新模式构成“新动能”，正深刻改变着生产和生活方式，成为中国创新发展的新标志。企业在谋求新动能中，营销组合策略需与时俱进。4Ps、4Cs 和 4Rs 营销组合分别反映了“企业导向”“顾客导向”和“竞争导向”，4Vs 营销组合反映了何种导向？在新的技术变革下，企业如何进行营销组合策略的创新？通过本章的学习，可了解 4Rs 营销组合策略的不足，理解 4Vs 营销组合的深刻内涵及其理论价值，掌握 4Vs 营销组合策略的构成及其运用，掌握如何将 4Vs 营销组合与 4Ps 营销组合有机运用于企业的营销策略创新。

---

① 胡小宁. 聪明的报童 [J]. 生意通，2005 (9)：52.

第一节 4Vs营销组合的提出

一、4Rs营销组合的评价

4Rs营销组合理论是在国际市场日趋成熟、企业竞争更加激烈、消费者需求渐趋感觉化等新的市场环境下形成的。4Rs营销组合是营销组合理论的创新和发展，具有重要的理论优势。

1. 4Rs营销组合的竞争优势

4Rs营销组合理论强调竞争导向，在新的营销环境下构建的营销组合框架。在激烈的市场竞争中，顾客需求呈现动态性的特征，顾客忠诚度具有较大的不稳定性。因此，4Rs营销组合要求企业始终树立竞争观念，通过建立客户关系管理系统，与顾客建立并保持互动、互助、互惠的关系，建立长期、稳定的客户关系，运用整合营销来提高顾客忠诚度，从而形成独特的企业竞争优势。

2. 4Rs营销组合的关系优势

4Rs营销组合中的关系策略，要求企业与顾客建立并保持持续、稳定的客户关系，培养顾客的忠诚度。科特勒认为，企业的营销应成为买卖双方之间创造更亲密工作关系和依赖关系的艺术。4Rs营销组合正是这样一门综合艺术，能够让交易变成责任，让买卖关系成为合作关系。与传统营销理论相比，4Rs营销组合在营销模式上已经发生了四个转变：① 从以产品功能为核心转向以给顾客带来更多价值为核心；② 从不重视顾客服务转向高度承诺；③ 从交易营销转向关系营销；④ 从短期利益转向长期利益。

3. 4Rs营销组合的速度优势

4Rs营销组合中的反应策略要求企业运用现代通信技术为营销工具，与顾客建立通畅信息沟通渠道，快速掌握顾客需求动向，提高企业即时决策能力和快速执行能力。与传统的营销模式相比，4Rs营销组合表现出明显的速度优势，主张企业能够比竞争对手具有更快的反应速度，从而营造企业在市场竞争中的速度优势。

4. 4Rs营销组合的效益优势

4Rs营销组合中的回报策略反映了营销成本和营销效益两个方面的内容。回报是企业营销活动的源泉，不仅是开展营销活动的内在动力，而且是维持企业与顾客建立长期合作关系的经济基础。因此，企业的营销目标要能够立足于营销活动中追求回报。这就要求企业充分考虑顾客愿付成本，在产品研发、生产和经营过程中实施低成本战略，追求生产规模经济效应，同时扩大市场份额，在客观上为企业和顾客带来双赢的效果。①

4Rs营销组合理论最大的不足就是实际操作性较差，一方面是由于它引入了较多的不可控变量，如供应商、经销商、政府等利益相关者；另一方面，它缺乏有效的实

---

① 张成考. 21世纪营销组合的创新思维——“4R”营销组合论［J］. 工业技术经济，2004（3）：89-90.

施技术和实施工具，在营销实践中企业难以有效地付诸实施。在与顾客建立关联、关系方面，企业需要借助较高通信技术和信息管理能力，营销成本较高，并不是任何企业可以轻易做得到的。

二、对4Ps、4Cs和4Rs营销组合的认识

4Ps、4Cs和4Rs营销组合理论是对营销理论的重要创新和发展。但是，在新的市场情境下，人们在4Ps、4Cs和4Rs营销组合理论中发现一个矛盾的现象：企业提供的产品或服务的功能和质量能适合顾客的需要，但顾客却更多地购买竞争对手的产品。是什么让顾客如此决策呢？因此，人们对4Ps、4Cs和4Rs营销组合理论提出新的认识。

1. 4Ps、4Cs和4Rs营销组合忽略了技术因素对营销活动的影响

现代科学技术的不断进步和发展不仅能够增强企业与顾客之间的沟通和联系，而且科技进步也在改变人们的工作和生活方式。这些营销组合忽略了技术因素，必然难以把握顾客需求的动向。

2. 4Ps、4Cs和4Rs营销组合忽略了顾客需求的合理性问题

这些营销组合过多地强调企业要满足顾客需求，而没有考虑顾客需求的合理性问题。如果完全按照购买者的需求和欲望进行产品研发和生产，势必会影响到企业的利益，进而影响到企业满足顾客需求的能力。

3. 4Ps、4Cs和4Rs营销组合理论容易忽视企业资源、能力和条件的适应性

这些营销组合过多强调适应和满足顾客需求，而没有考虑企业自身的资源、能力和条件，容易导致企业盲目进入与自身资源、能力和条件不相适宜的业务领域，从而造成竞争劣势。同时，容易使多个企业同时进入同一细分市场，导致企业重复投入和恶性竞争，造成社会资源的闲置与浪费。

从这些营销组合的不足，权变理论为人们打开了更为广阔的营销思路：一方面，并不是这些营销组合理论在实践中不具有营销价值，而是要求企业能够全面认识和掌握这些营销组合的理论价值和不足，在营销实践中使这些营销组合策略进行有效地优势互补；另一方面，企业要能够考虑到各种营销组合的不足，全面地分析各种因素对营销活动的影响，系统地整合各种因素，以更好地营造市场竞争优势。

20世纪90年代中期，现代科学技术得到迅猛发展，市场需求不仅注重经济利益，而且关注社会利益和心理利益等非经济利益，如消费场所的愉悦环境，反映顾客身份和个性的企业或品牌形象等方面需求。新的营销环境要求人们对以往的营销组合的理论不足进行反思，从而形成新的营销组合，即4Vs营销组合理论，由“差异化（Variation）”“功能化（Versatility）”“附加价值（Value）”“共鸣（Vibration）”组成。

第二节 4Vs营销组合策略

1994年，我国台湾学者罗文坤首次提出了4Vs营销组合理论，即产品的多样性

(Versatility)、价格的价值性（Value）、通路的复合性（Variation）和推广的互动性(Vibration)。2001年6月，我国中南大学吴金明在《中国工业经济》上发表了《新经济时代的4V营销组合》一文，把“4Vs”营销组合称之为第三代营销模式，认为“4Vs”是由差异化（Variation）、功能化（Versatility）、附加价值（Value）和共鸣(Vibration）构成的营销组合理论，从而使4Vs营销组合得到了广泛的认可与传播。4Vs营销组合是从“技术创新导向”对4Rs营销组合的发展（见图11-1)。

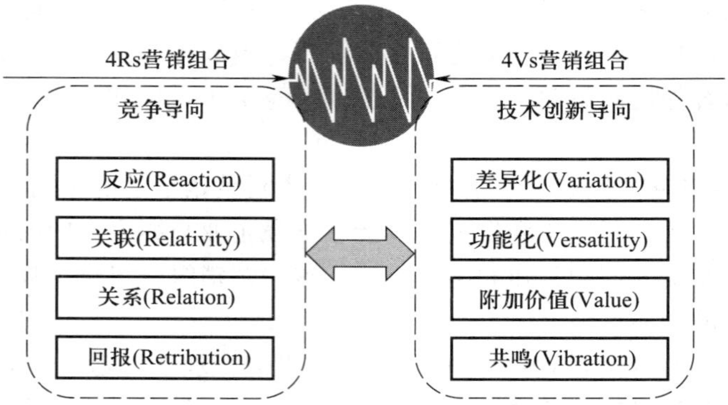

图11-1 4Rs向4Vs的营销组合转变

一、差异化策略

差异化策略是企业针对顾客需求的多样化和个性化，通过技术创新，实现产品差异化、市场差异化和形象差异化，进而满足顾客价值需求的营销策略。因此，从某种意义上说，差异化策略是强调通过技术创新差异来创造顾客需求，有差异才能有市场。

在个性化时代，顾客的需求千差万别，需求的差异性日趋显著。从表面来看，企业向不同的顾客提供同一种商品；实际上，顾客所要买的可能是根本不同的东西。例如，同样是买汽车，有的消费者购买的是交通工具，有的消费者则通过购买汽车显示社会地位和声望等；同样是买冬装，中老年人注重更多的是保暖御寒的功能，而年轻人关注款式和时尚。顾客对商品需求和期望的差异决定了他们是否作为最终消费者。对于企业来说，产品能否为顾客所购买并获得满足，取决于生产的产品能否与竞争者相区别。所以，从某种意义上说，创造顾客需求就是创造差异；有差异才能有市场，才能在激烈的市场竞争中立于不败之地。这类似于迈克尔·波特曾提出的歧异优势战略。差异化营销正是适应这种市场需要而产生的营销策略。所谓差异化营销，就是企业在资源、能力和条件等方面的优势，生产出性能和质量优于同类产品的产品，或者在价格、分销渠道或营销宣传等方面区别于竞争对手，以在消费者心目中树立起不同一般的良好形象。

对于一般商品来说，差异总是存在的，只是差异程度有所不同。差异化策略所追求的“差异”是产品的“不完全替代性”，即在产品功能、质量、服务、营销等方面，企业通过技术创新为顾客所提供的产品是部分对手不可替代的。差异化营销策略主要包括产品差异化、形象差异化和市场差异化。

1. 产品差异化

产品差异化是企业研发和生产的产品，在质量和性能等方面明显区别于并优于同类竞争对手，从而形成相对独立的市场。例如，海尔集团满足我国居民住房紧张的需要，推出小巧玲珑的小王子冰箱；格力电器集团自主研发的“光伏直驱变频离心机系统”，研制了无须用电的太阳能空调。

2. 形象差异化

形象差异化是企业实施差异化的产品形象策略和企业形象策略。企业通过强烈的产品品牌和企业品牌意识、成功的产品形象和企业形象设计，借助于媒体的宣传，使企业及其产品在消费者心目中树立起良好的形象，激发消费者对企业和产品的偏好。

3. 市场差异化

市场差异化是企业产品价格、分销渠道和售后服务等方面采取差异化策略，以区别于并优于竞争对手。更为重要的是，企业通过价值主张的差异化，进行市场的突破性创新，进而在商业模式上实现市场差异化。

二、功能化策略

功能化策略亦称“功能弹性化”，是企业根据消费者差异化需求，通过技术创新来提供具有不同功能及其组合的产品，以满足消费者一定愿付成本水平的需求和期望的营销策略。这种策略增加了消费者对产品进行选择的空间，给企业提供了更多的营销可能。

对于满足消费者需求而言，产品具有三个层次的功能：一是核心功能，即消费者选择并购买产品的价值或理由，由产品的基本功能构成。例如，住宅类商品房是用来居住的，电话是用来通话的。二是延伸功能，是产品的基本功能向纵深方向发展，即由“单功能—多功能—全功能”的方向向前发展。例如，手机在移动通话功能之外的贮存功能、收听电台节目、股市交易等功能。三是附加功能，例如，产品的审美功能等。

功能化策略是根据消费者的差异化需求，企业提供不同功能的系列化产品，适应消费者的习惯和经济承受能力。20世纪八九十年代，日本许多企业盲目追求多功能或全功能，造成产品的功能缺乏弹性或差异化，降低消费者的选择空间，从而导致营销失败。

三、附加价值策略

附加价值策略是企业在关注产品或服务的基本功能中，通过产品或服务的营销创新、技术创新、服务创新、文化创新等途径增加产品或服务的延伸功能或附加功能，以给消费者创造附加价值的营销策略。从现代营销发展的趋势和人们对产品价值的理解来看，基本价值在产品价值构成中的比重将逐步下降，而附加价值在产品价值构成中的比重则显著上升。

附加价值策略主要是通过技术创新、营销和服务创新、文化创新等营销途径来实现的。

1. 技术创新与产品的附加价值

企业通常通过技术创新来增加产品的延伸功能和附加功能，提高产品的科技含量，让消费者在满足基本功能之外享受到额外的价值，即附加价值。这种附加价值的形成是通过技术创新来实现的。

2. 营销和服务创新与顾客的附加价值

企业可以通过营销理念、营销模式、营销方式等方面的创新，或者通过服务创新，使消费者在满足基本需要的同时，在精神层面或物质层面享受更多的满足。例如，服务创新不但是衡量企业能否实现消费者“价值最大化”的重要标杆，而且是衡量企业自身能否实现“利润最大化”的参照系。这种附加价值的创造是通过营销创新或服务创新来实现的。

3. 文化创新与顾客的附加价值

随着人们的物质文化生活水平的不断提高，消费者在产品选择和使用过程中，不仅追求产品的物质层面功能，而且需要得到精神层面的满足。例如，一些商务人士在选购西装时，不仅要考虑西装的颜色、面料、做工和款式等穿着需要，而且要考虑西装的品牌、社会地位、审美水平等精神需要。因此，企业在营销实践需要通过文化创新来增加产品的附加价值，使消费者得到更多的满足。①

四、共鸣策略

共鸣策略是企业通过持续占领市场并保持竞争优势的价值创造，实现顾客“价值最大化”和企业“利润最大化”的营销策略。这种营销策略坚持把企业创新能力与顾客的价值追求统一起来，通过为顾客创造价值使其获得最大限度的满足，不断提高顾客的满意度和忠诚度，实现企业与顾客在价值提供与价值追求之间的互动与共鸣，形成基于双方利益最大化的“战略联盟”。②

共鸣策略强调的是将企业的创新能力与顾客追求的目标价值建立关联，最大限度地满足顾客的价值需求。从某种意义上说，消费者是追求效用最大化。效用最大化要求企业必须从价值层次的角度为顾客提供具有最大价值的产品和服务，即从价值层面为顾客进行价值创造。只有实现企业营销活动中各个构成要素的价值创造，才能最终实现顾客的效用价值最大化，进而培育企业的顾客终身价值，使企业与顾客之间产生共鸣。

这种价值创造是着眼于将企业的经营理念直接定位于消费者的“价值最大化”，通过强调“尊重顾客”和建立“顾客导向”，为目标市场上的消费者提供高附加值的产品和效用组合，以此实现向顾客让渡价值，在更深层次提高企业的竞争能力。这里的“顾客让渡价值”是顾客整体价值减去顾客整体成本。其中顾客整体价值是指顾客购买产品或服务所得到的全部价值或利益；顾客整体成本是顾客购买产品或服务所

---

① 吴金明. 新经济时代的“4V”营销组合［J］. 中国工业经济，2001（6）：70-75.

② 魏中龙. 营销组合理论的发展与评析［J］. 北京工商大学学报（社会科学版），2006（5）：57-61.

付出的货币和非货币成本。因此，在营销活动中，企业不仅要创造顾客整体价值，而且更要关注顾客在购买产品或服务中的整体成本。当顾客整体价值达到最大化、顾客整体成本达到最小化时，顾客才更愿意购买企业的产品或服务，从而使企业实现预期的营销目标，达到顾客与企业的共鸣。①

五、4Vs营销组合的意义

4Vs营销组合以差异化营销为中心，从三个层面进行营销创新：一是4Vs营销组合要求企业与竞争对手相区别，通过产品或服务的柔性化，满足消费者的差异化需求，确立企业的差异优势；二是4Vs营销组合要求消费者相互区别，满足消费者个性化的需求；三是4Vs营销组合更加重视产品或服务中的无形要素，通过品牌或产品文化的塑造以满足消费者的情感需求。② 因此，4Vs营销组合策略具有多个方面的理论价值和实践意义。

1. 4Vs营销组合适合于高新技术企业的营销

高新技术产品的技术更新较快，比较容易增加产品的延伸功能和附加功能，因此4Vs营销组合比较适合于高新技术企业的营销实践。高新技术企业在营销活动中通过产品功能弹性化（或差异化）和产品（或服务）的高附加值，满足消费者的差异化需求，不仅能够在消费者心目中树立良好的企业形象和产品形象，并且能够获得更高的市场回报，从而实现顾客和企业的共鸣双赢。

2. 4Vs营销组合有利于企业培育核心能力

从一般意义上说，企业核心能力至少要满足三个条件：① 价值性，即核心能力能长期稳定地给顾客进行价值提供，并创造出更多的消费者剩余和生产者剩余；② 不易模仿性，即核心能力能拥有创新并以其持续不断的创新（包含技术、管理、制度创新）形成并维持其产品或服务的独特性，竞争对手通常很难模仿；③ 衍生性，即核心能力能以其独特性（或技术或产品或服务的单一面，多面共存等）形成完整的价值增值链与产业链，亦即企业的独特性所具有的渗透力与扩展性。

4Vs营销组合能够指导企业培育核心能力，这是因为：① 4Vs营销组合的差异化策略通过产品或服务的差异化塑造了产品的不易模仿性；② 4Vs营销组合的功能化策略和附加价值策略能够帮助企业形成完整的企业价值链，增强了企业的渗透力，构成了核心能力的衍生性条件；③ 4Vs营销组合的共鸣策略能够实现消费者剩余和生产者剩余，实现顾客与企业的共赢，形成核心能力的价值性条件。③

3. 4Vs营销组合扩大了消费者剩余

每位顾客在消费产品和服务时都具有一定的价值取向，顾客的购买行为是在对成本与利益进行比较和心理评价之后才发生的。因此，在4Vs营销组合策略的指导下，企业不仅要提供产品或服务的基本功能，创造基本价值，而且要能够提供延伸功能和

---

① 吴金明. 新经济时代的“4V”营销组合［J］. 中国工业经济，2001（6）：70-75.

② 周荣海. 营销组合理论从4P到4V的变迁［J］. 现代企业，2006（6）：61-62.

③ 魏光兴. 新经济下的营销策略［J］. 甘肃科技纵横，2005（1）：78，108.

附加功能，创造附加价值；同时要关注顾客在购买产品和服务所有愿付的全部成本。只有当顾客整体价值达到最大化后，顾客才愿意付出整体成本。而企业也只有在“价值提供”上达到顾客要求时才能获得顾客整体成本的全部，从而使“利润最大化”。与以往营销模式相比，4Vs营销组合使企业为顾客提供更多的让渡价值，让顾客享受到更多的消费者剩余。

4. 4Vs营销组合创造了生产者剩余

4Vs营销组合的重心在附加价值化。这种附加价值策略促使企业进行技术创新、营销创新、服务创新和文化创新，提高顾客整体价值，获得更多的消费者剩余。在这个过程中，企业能够获得顾客愿意支付的“顾客整体成本”，赢得顾客对企业的忠诚，使企业能够长期获得相对稳定的市场份额；从某种意义上说，这也降低了企业的营销成本。因此，4Vs营销组合实现了企业与顾客之间的共赢，并为企业创造了更多的生产者剩余。①

从整体上来分析，4Vs营销组合理念不仅是典型的系统和社会营销论，即它既兼顾企业和消费者的利益，又兼顾企业、股东和员工的利益；更为重要的是，通过对4Vs营销组合的实施，可以培育和提升企业的核心能力，推动企业营销能力乃至整体能力的提升，促进经营目标的实现。

六、4Vs营销组合的应用

随着社会经济的快速发展，企业在技术、管理、营销服务等市场上竞争日益激烈。高新技术产业的迅速崛起，高技术产品、优质服务及其营销观念、营销方式已经从4Ps、4Cs、4Rs等营销组合转变到运用4Vs营销组合。企业运用4Vs营销组合需要从以下几个方面展开。

1. 确立4Vs营销组合的营销理念

从营销理念层面，企业在运用4Vs营销组合时，应当以顾客需求为中心，以市场竞争为导向，运用现代营销手段和方式，通过技术创新、服务创新、营销创新、文化创新等途径，旨在为顾客创造更多的附加价值，使顾客获得更多的消费者剩余。这应当成为企业运用4Vs营销组合策略的基本理念。

2. 注重创造差异

企业在运用4Vs营销组合的差异化策略时，应着重创造产品差异化、形象差异化和市场差异化。在实施产品差异化时，企业应从产品的质量和性能等方面区别于并优于其他同类企业，一方面可以通过提高产品的基本功能的质量和性能，另一方面可以研发和增加产品的延伸功能和附加功能。在实施形象差异化时，企业应当着力塑造企业品牌和产品品牌，通过塑造差异化的品牌策略在形象上区别于其他竞争对手。在实施市场差异化中，企业比较和分析竞争对手的价格策略、分销渠道策略、促销策略和服务策略等，注重在产品价格、分销渠道、产品宣传和服务等方面区别于竞争对手，为顾客创造更多的顾客整体价值。

---

① 范秋梅．“4V”营销组合与企业核心竞争力的培养［J］．理论界，2003（6）：111-112.

3. 加强产品功能定位

产品功能定位是企业进入目标市场的一个关键步骤，决定着企业营销的成功与否。产品功能定位是企业通过调查和分析消费者对产品功能的重视程度，从而对消费者进行市场细分，选择并确定企业向市场提供区别于竞争对手的产品功能。如果产品的功能定位不准，企业的产品就难以占有广阔的市场。在产品功能定位中，并不是要产品的所有方面都优于同类产品，而是基本功能、延伸功能或附加功能等做出部分创新或改进，从而生产出与众不同的产品。

4. 创造产品的附加价值

附加价值是企业在关注产品或服务的基本功能中，通过产品或服务的营销创新、技术创新、服务创新、文化创新等途径增加产品或服务的延伸功能或附加功能，以给消费者创造附加价值。企业在应对激烈的市场竞争中，应从三个方面采取措施：① 通过技术创新创造产品延伸功能或附加功能，把增加科技含量充分体现在价值创造中，从技术创新走向价值创新。② 通过营销创新或服务创新，企业应从精神层面或物质层面的额外享受，使顾客获得更高的附加价值。③ 通过产品文化、服务文化等方面进行创新，从精神层面给顾客创造更多的精神享受，满足顾客在物质产品消费时的精神需要。

5. 注重提供高消费者剩余

共鸣是企业通过持续占领市场并保持竞争优势的价值创造，实现顾客"价值最大化"和企业"利润最大化"。企业在实现共鸣中，应从四个方面采取措施：① 企业将自身拥有的资源、能力和条件与顾客关注的产品功能和实际效用相结合，做到顾客整体价值需求与企业创新能力相吻合；② 运用通畅的信息沟通渠道，在企业与顾客之间建立利益与情感关系；③ 企业注重塑造核心能力，在更高层次上提高企业的竞争能力，塑造竞争优势；④ 要减少顾客的货币支出和非货币支出（如时间支出、精力支出和心理支出等）。①

第三节 4Ps与4Vs的营销组合

一、4Ps、4Cs、4Rs和4Vs的比较

由于信息技术的高速发展，人们的消费方式发生巨大的变化，现代市场环境变得更为错综复杂，市场竞争异常激烈。企业在制定营销策略中需要综合掌握各种营销组合的优点和不足，以做到营销组合策略的优势互补。

1. 四种营销组合的内容及优劣比较

4Ps、4Cs、4Rs和4Vs营销组合分别具有不同的营销导向和营销侧重点。4Ps营销组合以企业为中心，从企业内部的营销要素提炼出相应的营销策略，即产品策略、价格策略、分销渠道策略和促销策略。随后理论界提出的6Ps（即在4Ps营销组合的

① 安祥林，迟桂华，谈4Vs营销组合理论在企业中的应用［J］. 商业经济，2005（9）：14-15.

基础上增加了“政治权力”和“公共关系”)、10Ps(即在6Ps营销组合的基础上增加了“探查”“分割”“优先”和“定位”)、11Ps(即在10Ps营销组合的基础上增加了“员工”)等营销组合是在4Ps的基础上增加了新的因素和变量,是对4Ps营销组合理论的扩展。4Cs营销组合是以顾客需求为中心,从企业外部的营销要素提炼出相应的营销策略,更多地强调顾客的需求和期望、成本、便利和沟通。这种营销组合在营销理念上具有很大进步,提高了企业的主动性和创造性。4Rs营销组合以竞争为导向,强调企业的关联、反应、关系和回报,将企业的营销活动提高到宏观营销环境层面,提出企业与利益相关者之间合作关系,是在新的哲学层次上概括了营销组合的新框架。4Vs营销组合是差异化为中心,注重差异化、功能化、附加价值和共鸣,有助于提高企业的核心能力,扩大和提高消费者剩余和生产者剩余。这四种营销组合各有理论优点和不足,具体见表11-1所示。

表11-1 四种营销组合的内容及优劣比较①

营销组合	基本内容	优劣比较
4Ps营销组合策略	产品:包括产品组合、产品寿命周期、产品包装、品牌等内容 价格:包括决定定价导向、做出调整价格的反应、设计价格的风险评价 分销渠道:包括渠道模式和中间商的选择、调整协调管理、实体分配 促销:包括推销、广告、营业推广等	优点: ① 使营销理论具有体系感 ② 使复杂的现象和理论简单化 ③ 为营销提供了易于操作的框架 ④ 理论上概括,实务上可操作 不足: ① 不能涵盖所有行业可控制变量 ② 只适合制造业中消费品的营销活动和生产者主权的卖方市场
4Cs营销组合策略	顾客:忘掉产品,记住顾客的需求和期望,以顾客为中心 成本:忘掉价格,记住成本与顾客的费用,让顾客在成本上相对满意 方便:忘掉地点,记住方便顾客,为其提供方便的消费通道 沟通:忘掉促销,记住与顾客沟通,培养其忠诚度	优点: ① 以顾客为中心进行一对一传播 ② 注重资源整合,宣传企业形象 ③ 以传播和双向沟通为基础 不足: ① 与市场经济的竞争导向矛盾 ② 不能形成营销个性和营销优势 ③ 未遵循企业经营的双赢原则 ④ 未解决满足顾客的操作性问题 ⑤ 被动适应顾客需求的色彩较浓

① 杜伟锦,章斌,张凤霞.市场营销策略的比较研究[J].电子科技大学学报,2004(3):327-330.

续表

营销组合	基本内容	优劣比较
4Rs营销组合策略	关联：与顾客建立关联，提高其满意度和忠诚度，减少顾客流失 反应：提高市场反应速度，倾听和满足顾客的需求与渴望 关系：与顾客保持合作关系，建立长期而稳固的关系 回报：注重利润回报与价值回报	优点： ① 以竞争为导向，概括了新框架 ② 体现并落实了关系营销的思想 ③ 反应机制为互动与双赢、建立关联提供了基础 ④ 回报兼容了成本和双赢的内容 不足：实施其营销策略需企业实力基础或某些特殊条件
4Vs营销组合策略	差异化：以不同特色的产品、周到的服务树立良好形象 功能化：提供不同功能系列产品满足不同顾客的消费习惯 附加价值：提高附加价值的产品和服务以满足顾客的需求 共鸣：使获得最大限度的满足、企业效益最大化	优点： ① 弥补了4Cs组合中的差异化问题 ② 兼顾社会和消费者的利益、企业和员工的利益 ③ 可培养构建企业核心竞争能力 ④ 是达成顾客忠诚度的具体途径 不足：进行4Vs营销策略需要企业具有实力基础

2. 四种营销组合的产生、应用和适用范围比较

4Ps、4Cs、4Rs和4Vs在产生背景、应用的市场环境和适用范围等方面存在显著差异，这些方面的理论差异如表11-2所示。

表11-2　四种营销组合策略的产生、应用和适用范围比较①

营销组合	产生背景	应用的市场环境	适用范围
4Ps营销组合	产生于短缺经济时代，数量上供不应求，是一种典型的生产者主权卖方市场	适合供不应求或竞争不够激烈的市场环境	适用行业：无显著差异的消费品制造业 适用企业：大型、中小型企业
4Cs营销组合	产生于过剩经济时代，人们的消费理念和消费行为日益感性化和个性化	适合消费者生活节奏越来越快，市场竞争空前激烈，传播媒体高度分化，信息膨胀过剩的市场环境	适用行业：竞争对手不是很多产品，易形成差异化，购买成本占消费者收入比重较大的行业 适用企业：中型和大型企业

① 杜伟锦，章斌，张凤霞. 市场营销策略的比较研究 [J]. 电子科技大学学报，2004（3）：327-330.

续表

营销组合	产生背景	应用的市场环境	适用范围
4Rs营销组合	是知识经济时代的第三代营销模式，市场环境不断变化，竞争异常激烈	适合供大于求、竞争激烈的成熟市场环境	适用行业：高新技术产业 适用企业：大型、具有一定实力基础的企业
4Vs营销组合	产生于知识经济时代，培育、保持和提高核心竞争能力	适合产品日益同质化、顾客需求日益个性化、企业之间竞争为争夺顾客忠诚度的市场环境	适用行业：高新技术产业 适用企业：大型、具有一定实力基础的企业
四者关系	由于企业层次不同，企业情况千差万别，市场、企业营销还处于不断完善、不断发展之中，所以至少在一个时期内，4Ps营销组合还是营销策略的一个基础框架，4Cs营销组合也是很有价值的理论和思路。因此，两种理论仍具有适用性和可借鉴性；4Rs和4Vs营销组合策略不是取代4Ps和4Cs营销组合策略，而是在4Ps和4Cs营销组合策略的基础上的创新与发展。所以，四种营销组合策略理论不是谁取代谁的关系，而是完善、发展的关系。在具体运用时，不可把四种营销策略割裂开来，甚至对立起来，应当进行有机结合，相互借鉴，并根据企业各自的特点，灵活地互补运用，方能发挥独特的作用，取得更好的营销效果		

从表11-2中可以看出，4Ps营销组合产生于供不应求的短缺经济时代，是一种典型的生产者主权的卖方市场，适应供不应求或竞争不够激烈的市场环境，适用于无显著差异的消费品制造业等行业，适合大型、中型和小型企业。4Cs营销组合产生于过剩经济时代，适合于消费者的消费理念和消费行为日益感性化和个性化的需要，适用于竞争对手不是很多的行业，易形成差异化，购买成本占消费者收入比重较大的行业，适合大型和中型企业。4Rs营销组合是产生于知识经济时代，适合供大于求、竞争激烈的成熟市场环境，适用于高新技术行业，适合大型、具有一定实力基础的企业。4Vs营销组合产生知识经济时代，适合顾客需求日益个性化、企业之间竞争为争夺顾客忠诚度的市场环境，适用于高新技术产业，适合大型且具有一定实力基础的企业。

虽说每一种营销组合均是对前一种营销组合的补充和完善，与前一种相比在营销理论上均有创新。然而，每一种营销组合策略都有其各自的特点、适用范围和优缺点，因而企业不能认为哪一种营销组合策略因素新颖和先进就选择该策略，而应充分考虑自身因素，根据企业自身的特点选择适合企业发展需要的市场营销组合策略，以培育和提升企业的核心竞争力。

目前我国许多企业的营销组合策略和手段还相对落后，仍然局限于以4Ps为主的营销组合的运用，甚至是单一的价格策略或促销策略的运用。随着经济社会的发展，国内市场国际化、世界经济规模化、市场竞争多极化、产品趋向高新化、营销方式现代化等新的市场环境不断出现，企业应当能够纵览各种营销组合理论，充分掌握它们的优点和不足，并整合各种营销组合的优势，制定适合特定环境和企业发展需要的营销策略，塑造企业的竞争优势。

二、4Ps和4Vs的营销组合策略

通过上述营销组合的比较，4Ps和4Vs营销组合策略各有优点和不足，企业可以将两种营销组合进行整合，在营销实践中进行营销创新。

1. 产品策略与差异化策略的组合

随着时代的发展和社会经济环境的变化，个性化消费需求逐渐向更高层次发展，从阶层个性、城乡个性、年龄个性、性别个性等具有较大群体的大个性划分，逐渐发展家庭个性、个体个性等更细的个性划分。针对新的市场环境，企业可以将4Ps营销组合的产品策略和4Vs营销组合的差异化策略相结合，着重从以下几个方面采取营销措施。

（1）深度细分顾客个性化需求。企业在研发和设计产品之前，应当对顾客差异化的需求进行深度细分，并分析这些需求的满足程度。通过对顾客个性化需求的市场细分，为企业新产品研发的性能定位、质量定位提供市场基础。

（2）注重产品性能和质量的差异化。通过与顾客的沟通和交流，根据产品的性能和质量定位，企业组织专业技术人员研究、开发和生产新产品，以满足顾客对产品的性能和质量等方面的需求。

（3）兼顾企业能力进行产品研发。在实施差异化策略时，企业要考虑到自身的资源、能力和条件，根据自身实力来研发和生产，以实现产品在质量和性能等方面的差异化，要考虑到研发、生产和销售新产品所需投入及可能实现的收益，在满足顾客差异化需求中能够兼顾到企业的经营目标。

2. 价格策略与功能化策略的组合

价格策略与功能化策略的组合是要求企业在实现顾客让渡价值最大化的过程中，能够兼顾股东和员工的利益要求，实现生产者剩余。这种营销策略组合的营销措施主要有：

（1）产品功能的系列化。企业从顾客的差异化需求出发，提供不同功能的系列化产品，以适应顾客的消费习惯和经济承受能力。产品功能的系列化包括两个方面：一是丰富产品功能的层次。企业应当从产品的核心功能、延伸功能和附加功能等层次，研发和生产适应顾客的差异化需求，提高顾客整体价值。二是产品功能的宽度和广度。企业应当丰富产品功能层次的基础上，运用4Ps营销组合中的产品策略，扩大产品的宽度和广度，增加产品品种，提供顾客的选择空间。

（2）兼顾顾客和企业利益的产品定价。在产品定价中，企业应当首先考虑顾客让渡价值，努力提高顾客整体价值，降低顾客整体成本，确定顾客愿意接受的价格水平；其次，企业测度自身的生产成本和期望利润目标，确定企业能够承受的价格空间。然后，企业运用“功能价格比”原理，对这两种价格水平进行综合衡量，寻求顾客和企业利益之间的最佳契合点，确定产品价格。

3. 分销渠道策略和附加价值策略的组合

分销渠道策略和附加价值策略的组合旨在企业的分销渠道设计和运营中能够满足

顾客基本的价值需求，向顾客提供附加价值。这种营销策略组合主要可以采取以下措施：

（1）提高分销渠道的服务质量和水平。在分销活动中，企业应当注重服务创新，通过提高服务质量和服务水平来增加顾客的附加价值。

（2）分销渠道的设计能够方便顾客。在分销渠道的设计和构建中，企业应当运用现代通信和物流技术，最大限度地方便顾客：一方面，企业在中间商、专营店等方面的选择中充分考虑顾客选购商品的便捷性，方便顾客参与到销售过程；另一方面，企业运用互联网等现代通信技术作为工具，发展电子商务、数据库营销等新的营销渠道，利用送货上门、货到付款等方式开发新型物流路径。

这些分销渠道设计和运营中要能够降低顾客在商品选择和购买中的货币、心理等方面的成本，降低顾客整体价值。例如，海尔在电子商务领域内取得的成功，以“一名两网”为基础（一靠海尔自己的品牌，二靠健全的配送网络和支付网络），与用户保持零距离，快速满足用户的个性化需求，就是高附加价值化的体现。当年海尔在大城市设的电话服务中心有30多个，营销网点有一万多个，并深入6万多个村。可以说海尔从一级市场、特大型城市，到乡镇，到村，建立起庞大的销售网络，构成了电子商务的基础。在电子商务时代，企业经营的关键就是快速满足用户的个性化需求，提供比竞争对手更好的产品，更大幅度地增加产品的附加价值。①

4. 促销策略和共鸣策略的组合

促销策略和共鸣策略的组合，要求企业在促销过程中应注重文化创新和促销方式创新，主动与顾客进行沟通，努力让顾客产生共鸣，形成对企业的价值认同。这种营销策略组合的营销主要有：

（1）注重促销理念的创新。在促销过程中，企业不能一味地向消费者灌输产品信息和企业信息，而应更新促销理念，将促销视为与顾客进行沟通的一种手段和途径，旨在增进消费者对企业和产品的了解，让消费者体验和理解产品和服务的顾客整体价值和顾客整体成本，从而促进消费者对企业的忠诚。

（2）更新促销方式的内涵。企业通常采用的促销方式主要有广告、人员促销和公共关系促销等。在使用这些促销方式时，企业应注重其内涵的更新。在广告、人员促销和公共关系促销中，企业除了宣传企业和产品信息之外，更应注重换位思考，从消费者的角度去体验消费者的感受，收集消费者对营销宣传的反馈，并及时与消费者进行联系，解释消费者对企业和产品的顾虑，达成消费者与企业的共鸣。

（3）采用新的沟通方式和方法。除了采用广告、人员促销和公共关系促销等方式以外，企业还应当运用互联网等现代通信技术，如电子商务、网络论坛、电子邮件、在线调查等方式和方法，与消费者进行“一对一”的营销沟通，从而有效地把握消费者差异化的需求，并向消费者宣传企业和产品信息，以新的促销方式建立企业与消费者之间的关联。

市场营销组合策略研究是涉及面较广的课题，市场营销方式是多种多样的。在企

① 梁辉煌. 和谐营销战略的构建——4P与4V的对接［J］. 集团经济研究，2005（11X）：101-102.

业营销活动中，营销组合策略必将对企业发展起着越来越重要的作用，新的营销组合策略和与此相对应的营销措施更是层出不穷，正处于不断完善和发展过程中。21 世纪的人类社会，高科技迅速发展和经济全球化推动市场营销环境的变迁，造就新的营销策略。因而，每个企业在选择营销策略时不是一成不变的，而是处于不断发展、不断完善过程中，营销组合也不是单纯的 4Ps 或 4Cs、4Rs、4Vs，而是 4Ps+4Cs+4Rs+4Vs+…，企业在选择营销组合策略时应去尝试按照这几种营销进行组合和创新，才能适应市场竞争和营销环境变化的需要。

营销案例

小米的“顺风车”与“慢动作”①

（一）案例介绍

小米这家年轻的互联网公司，在发展速度与内部建设不平衡的情况下，面对外部环境的变化，会有怎样的发展？

1992 年，刚刚毕业的雷军，带着对 WPS 的崇拜和“求伯君第二”的理想加入了金山软件。彼时的金山，还算顺风顺水，而雷军也很快升为了北京分部总经理。可惜好景不长，1994 年，微软带着 Word 进驻中国，并且快速占据市场。面对惨遭打压的局面，求伯君带着金山的全部家当开始对抗微软。结果我们都知道，金山败了，并且再难有起势。雷军和金山错过的互联网，被喻为中国的“第二次改革开放”。

小米 2010 年成立，2014 年便拿下了中国手机销量的冠军，究其原因，不外乎“新理念、新政策、新技术”。

（1）新理念。随着“双创”热潮拉开大幕，创业便成了无孔不入的时尚，创业动机也从以生存为主导转变为以机遇为主导，对内“改革开放”对外“改变世界”成为最响亮的口号。在工业和信息化部电信研究院发布的《移动互联网白皮书（2014）》中提到，“移动互联网已成为信息产业中发展最快、竞争最激烈、创新最活跃的领域。”在这样的背景下，雷军选择将“移动互联网”思维作为小米的核心。小米自创立之初便利用移动互联网思维进行开发和销售。不设线下渠道，最大规模地减少中间的渠道成本；同时，互联网思维下的饥饿营销和粉丝经济，使小米的品牌进一步扩张。

（2）新政策。2013 年，我国开始发放第 4 代移动通信技术（4G）业务经营许可牌照；2014 年，工信部批准了 LTE 的混合组网；2019 年 6 月 6 日，工信部正式向中国电信、中国移动、中国联通、中国广电发放 5G 商用牌照，中国正式进入 5G 商用元年……这一系列新政策引爆了移动互联网的规模扩张和迅速创新，为小米的商业理念奠定了基础。同时，国家开始鼓励出口限制进口，这一点对小米的影响在两个方

① 佚名. 小米的“顺风车”与“慢动作”[EB/OL]. 亿欧网，2018-01-15.

面：一是限制外国手机的进口数量，二是限制外国产品在本国市场上销售，这两者无疑都是从国家角度对国内手机企业进行保护。因此，小米在这样的环境下进入赛道，在国内市场上具有主场优势，不必过于担心进口方面的问题。

（3）新技术。根据美国市场研究公司 Gartner 发布的报告显示，2010 年第三季度，全球智能手机销量达到 8 048 万部，在全球手机销量中占比 19.3%，同比增长 96%，此后几年，智能机更是带来了一波换机潮。不仅如此，2010 年的智能手机市场，只有山寨机、高端机和低端机，极端的价格和用户体验，使小米强调的“性价比”的理念受到了消费者的欢迎。

2015 年到 2016 年，小米跌入谷底，其主要原因是技术与管理水平跟不上公司发展的脚步，具体来说有以下三点：

（1）商业理念落后——销售渠道。从 2015 年开始，渠道下沉不再是一句口号，线下市场已经成为国产手机的主要购买渠道。而小米专注线上销售的策略，使其丢失了大量市场。雷军曾在小米内部表示，电商仅占商品零售总额的 10%，到今天为止仍有 90%的人选择线下消费，也就是说，即便小米占据线上的 100%，也仅仅占有 10%的市场。

（2）技术落后——技术与专利。2014 年 12 月，小米侵犯爱立信 8 项标准必要专利，被印度新德里高院判决禁售。具体来说，小米在印度只可以销售搭载高通芯片的红米 1S，并不允许其销售搭载 MTK 芯片的红米 Note。专利缺失限制了小米出海的脚步，而技术落后则会带给小米致命伤。据小米内部人士透露，由小米联合创始人周光平带领的小米手机研发团队在 2015 年下半年就已跟不上潮流，例如，红米 Note3 推出指纹识别的时间太晚，其发布后又遭遇铺天盖地的差评，体验上明显不如乐视和魅族在同一时期分别发布的乐 1S 和魅蓝 Metal。

（3）管理落后——供应链。手机是一个供应链高度整合的行业，而其出货量也与供应链有密不可分的关系。2015 年，由于供应链的原因，小米 5 迟迟不能发布。当年的“双十一”，小米手中无牌，只能用红米以及 2014 年的旗舰机顶上，导致小米在 2015 年的销售量没有达到预期。

Counterpoint 的数据显示，小米在 2017 年的国内手机市场份额为 12%，相比 2016 年只增长了 1 个百分点。总而言之，小米在 2017 年的绝地反杀、触底反弹只是表象，表现最好的印度市场不过是重复了当年小米在中国的发展轨迹，恰恰是这样才埋下了现在小米在中国市场备受困扰的隐忧。在中国市场，2017 年几乎无增长的结果，说明了小米在产品升级和品牌升级上还任重而道远。有评论称基因决定命运，小米之所以会深陷险境，还是太注重营销、炒作，而没有真正练好内功。希望小米能暂时在对外传播时低调一些，而将更多的时间和精力用在提升品质、加强创新上，否则从虚幻的高峰，到现实的深渊，只在一步之间。① 可喜的是，2019 年第一季度，小米手机出货量为 1.22 亿台，稳坐全球第四的位置。

① 闫跃龙. 小米 2017 年并非绝地反杀，而是到了危险的境地［EB/OL］. 微信公众号，2018-02-03.

（二）案例实训

1. 运用所学营销理论，你认为案例中提及小米的营销策略是否合理？为什么？

2. 针对智能手机的技术创新，小米如何运用4Rs营销组合策略以应对激烈的市场竞争？

学习思考

1. 如何正确评价4Rs营销组合理论？

2. 4Vs营销组合的内涵是什么？主要由哪些营销策略构成？

3. 4Vs营销组合理论是如何对4Ps、4Cs和4Rs营销组合进行理论创新？

4. 4Vs营销组合的理论价值和实践意义是什么？

5. 4Vs营销组合策略体现何种营销导向？这种营销导向是如何体现在4Vs营销组合的四个营销策略之中的？

6. 你认为企业应当如何合理运用4Vs营销组合策略？

科研练笔

1. 居民理财产品的差异化营销策略研究。

2. 基于差异化的品牌延伸策略研究。

营销实战

调查商业银行居民理财产品的发展现状，试运用4Vs营销组合理论为××商业银行设计新的居民理财产品，并策划配套的市场营销策略。

关键术语对译

差异化　Variation

附加价值　Value

顾客需求　Customer demand

顾客忠诚度　Customer loyalty

衍生需求　Derived demand

差异化营销　Differentiated marketing

差异分析法　Discriminant analysis

新产品开发　New-product development

功能化　Versatility

共鸣　Vibration

顾客亲密度　Customer intimacy

顾客感知　Customers' perception

差别反应　Different responses

差异化战略　Differentiation strategy

情感诉求　Emotional appeals

顾客的价格敏感度 Customers' price sensitivity

差异化防御战略 Differentiated defender strategy

独家分销 Exclusive distribution

歧视价格调整 Discriminatory adjustments

推荐阅读

1. 菲利普. 科特勒，瓦得马. 弗沃德. 要素品牌战略：B2B2C的差异化竞争之道［M］. 李戎，译. 上海：复旦大学出版社，2010.

2. 丹·S. 肯尼迪. 终极营销：移动互联时代的精准营销策略［M］. 桂小黎，朱玉彬，译. 北京：当代世界出版社，2014.

经典链接

芝加哥大学布斯商学院

参考文献

［1］张成考. 21世纪营销组合的创新思维："4R"营销组合论［J］. 工业技术经济，2004（3）：89-90.

［2］吴金明. 新经济时代的"4V"营销组合［J］. 中国工业经济，2001（6）：70-75.

［3］魏中龙. 营销组合理论的发展与评析［J］. 北京工商大学学报（社会科学版），2006（5）：57-61.

［4］周荣海. 营销组合理论从4P到4V的变迁［J］. 现代企业，2006（6）：61-62.

［5］魏光兴. 新经济下的营销策略［J］. 管理科学，2005（1）：78，108.

［6］范秋梅."4V"营销组合与企业核心竞争力的培养［J］. 理论界，2003（6）：111-112.

［7］安祥林，迟桂华. 谈4Vs营销组合理论在企业中的应用［J］. 商业经济，2005（9）：14-15.

［8］杜伟锦，章斌，张凤霞. 市场营销策略的比较研究［J］. 电子科技大学学报，2004（3）：327-330.

［9］梁辉煌. 和谐营销战略的构建——4P与4V的对接［J］. 集团经济研究，2005（11X）：101-102.

［10］李晏墅. 营销创新的灵魂：理念创新［J］. 经济管理，2006（16）：16-20.

［11］贾利军，李晏墅．基于后工业视觉营销本质的研究［J］．南京社会科学，2006（1）：25-30．

［12］李金生，李晏墅．高技术企业原始创新风险传递效应模型研究［J］．中国工业经济，2012（1）：110-119．

［13］李金生，李晏墅，周燕．基于技术创新演进的高技术企业内生文化模型研究［J］．中国工业经济，2009（5）：108-118．

［14］李晏墅，任晓峰．市场份额、顾客忠诚与赢利能力［J］．财贸经济，2005（8）：63-67．

［15］李晏墅．知识经济时代市场营销的理念与战略创新探析［J］．苏州大学学报，2002（1）：17-21．

［16］李晏墅，李金生．营销类课程群创新模型的构建［J］．江苏高教，2005（4）：134-135．

第四篇　营销发展篇

Part Ⅳ　Marketing Development

第十二章　服务营销
第十三章　绿色营销
第十四章　知识营销
第十五章　网络营销
第十六章　全球营销
第十七章　营销理论创新

第十二章
服务营销

营销寓言

两家粥店

有两家卖粥的小店。左边粥店和右边粥店每天的顾客相差不多，都是川流不息，人进人出的。晚上结算的时候，左边粥店总是比右边粥店多出了百十元来，天天如此。于是，我走进了右边那家粥店。服务小姐微笑着把我迎进去，给我盛好一碗粥，问我："加不加鸡蛋?"我说加。于是她给我加了一个鸡蛋。每进来一个顾客，服务员都要问一句："加不加鸡蛋?"也有说加的，也有说不加的，大概各占一半。我又走进左边那家粥店。服务小姐同样微笑着把我迎进去，给我盛好一碗粥。问我："加一个鸡蛋，还是加两个鸡蛋?"我笑了，说："加一个。"再进来一个顾客，服务员又问一句："加一个鸡蛋还是加两个鸡蛋?"爱吃鸡蛋的就要求加两个，不爱吃的就要求加一个。也有要求不加的，但是很少。一天下来，左边这家粥店就要比右边那家多卖出很多个鸡蛋。①

学习启示

两家粥店的销售业绩差异不仅仅是由服务技巧不同引起的，更重要的是理解和掌握消费心理的差异，是服务理念的不同。给顾客留有余地，更能为自己争取尽可能大的领地。随着现代科学技术的进步，现代服务业逐渐成为世界各国进行综合国力竞争的焦点。从微观层面来看，企业必须面对全新的市场环境，应深刻认识到服务营销的作用和地位。如何区别服务营销和产品营销?如何提高企业的服务品质，塑造企业的竞争优势?服务营销和客户关系管理的最终营销目的是什么?……产品是一种有形的商品，服务是一种无形的商品。产品和服务是创造卓越顾客价值的两种不同载体。服务是看不见、摸不到、听不见的。通过本章的学习，理解服务营销的内涵，了解服务营销策略的制定原则，掌握服务营销的7Ps策略和客户关系管理策略。

---

① 佚名. 两家卖粥的小店的生意之道［EB/OL］. 网易新闻，2017-11-27.

第一节 服务与服务营销

服务是无形的和不发生所有权转移的一种交易活动，与有形产品相比，具有无形性、不可分割性、不一致性和不可储存性等基本特征。这些特征对服务营销理论的形成和发展具有十分重要的影响。

一、服务的内涵

1. 服务的定义和特征

国际知名的芬兰服务营销学家克里斯蒂·格鲁诺斯认为，服务一般是以无形的方式，在顾客与服务职员、有形资源商品或服务系统之间发生的，可以解决顾客需要的一种或一系列行为。① 菲利普·科特勒对服务的定义和本质进行了研究，认为服务是一方能够向另一方提供的、基本上是无形的任何活动的利益，并且没导致任何所有权的产生，它的生产可能与某种物质产品联系在一起，也可能是毫无联系。从这些对服务的定义中，可以归纳出服务的定义和特征。② 服务是指用以交易和满足消费者、企业、公共团体或其他社会公众的需要而提供的劳务及相关的物质产品。例如，支付宝的网上金融服务、高德导航的路况提醒、麦青锡公司的管理咨询、中科集团的房地产开发、广州恒大淘宝足球俱乐部的国际赛事等都是服务。在服务企业，顾客需要与一线服务人员互动，共同创造服务价值。区别于一般有形商品，服务具有不可感知性、不可分离性、可变性、不可储存性和不转移所有权等特征（见图 12-1）。

(1) 不可感知性。与有形商品相比，服务的不可感知性主要表现在两个层面：一是服务的特性及其构成要素是无形的，人们一般不能触摸或凭肉眼看见其存在。同时使用服务后的利益，也很难被感觉。二是服务是与有形商品同时销售。例如，顾客之所以购买某些有形产品，如汽车、电脑等，不仅是因为这些商品具有的实体功能，而且关注到这些商品所包含的各种服务，例如维修、保养等。

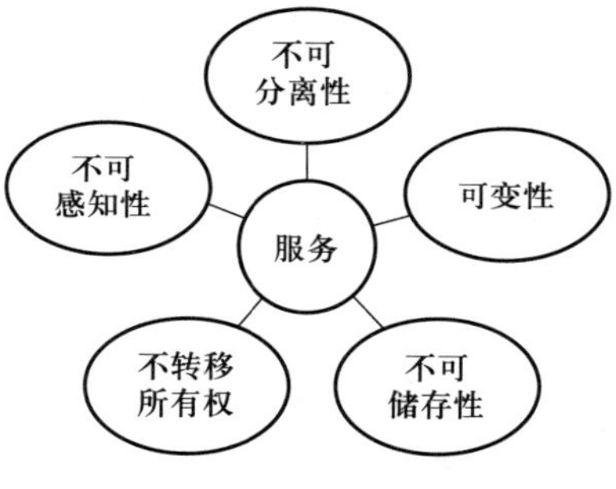

图 12-1 服务的特征

(2) 不可分离性。有形商品从研发、生产和销售到消费，通常具有一定的时间间隔。服务具有不可分离的特性，服务的生产和消费是同时进行的。也就是说，服务人员为顾客提供服务时，顾客同时消费服务，两者在时间上不可分离，在服务的过程中顾客与服务人员必须发生直接联系。例如，只有在顾客乘坐出租车时，司机才能完成运载的服务过程。

(3) 可变性。服务的可变性是指服务的构成要素和服务质量经常变化，难以统

① 克里斯蒂·格鲁诺斯. 服务市场营销管理［M］. 吴晓云，冯伟雄，译. 上海：复旦大学出版社，1998.

② 李晏墅，乔均. 现代市场营销学［M］. 南京：东南大学出版社，2006.

一界定。服务是以人为中心的经营活动。由于服务人员在知识、能力和素质等方面存在差异，同种类型的服务会因服务人员的不同而产生差异。在同一行业内，不同的服务企业会因时间和空间等条件的不同，服务质量和服务效果会有所区别。

（4）不可储存性。在提供服务之前，企业可以准备好各种服务设施，但是不能提前生产和储存，具有不可储存性。企业提供的服务如果安排不当会产生浪费，就会造成损失，例如飞机、客车、游轮的空位等。因此，服务的不可储存性要求企业必须合理处理好供给与需求的平衡关系。

（5）不转移所有权。一切服务交易实质上都不会发生服务的实物所有权的转移。例如，我们乘坐高铁抵达目的地后，高铁的服务不会产生所有权的变更。由于服务的不可感知性、不可分离性和不可储存性，因此，在服务结束时消费者不可能拥有该服务的所有权。

2. 服务的类型

根据服务的定义和特征，我们可以根据不同的标准，将服务划分为不同的类型。

（1）根据服务活动的作用对象划分。根据服务活动的作用对象和服务是否有形，服务可以分为四类：一是作用于人的有形服务，例如美容、照相、餐饮等；二是作用于物的无形服务，例如财产保险、审计等；三是作用于人的无形服务，例如博物馆、信息服务等；四是作用于物的有形服务，例如货运、家电维修等（见图 12-2）。①

（2）根据服务关系的连续性划分。根据服务关系连续性和是否会员，服务可以分为四类：一是对会员的连续性服务，例如保险、银行等；二是对非会员的连续性服务，例如广播电台、灯塔等；三是对会员的间断性服务，例如担保维修、对方付款电话等；四是对非会员的间断性服务，例如出租车、邮购等（见图 12-3）。

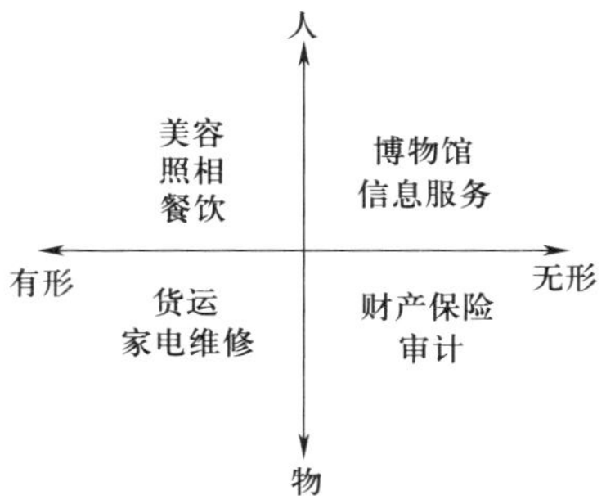

图 12-2 根据服务活动的本质划分

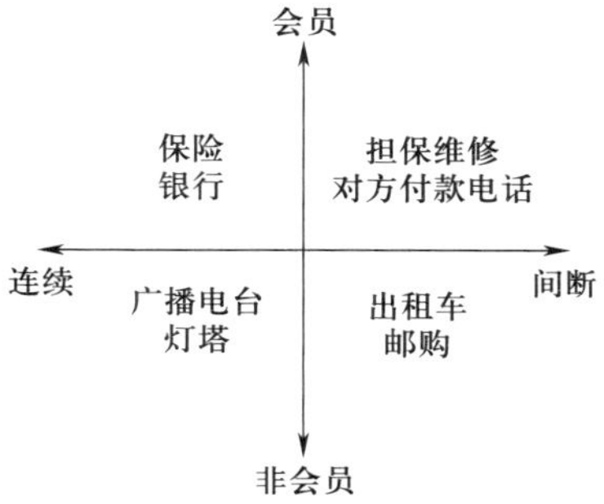

图 12-3 根据服务机构和顾客之间关系划分

（3）根据顾客选择的自由度划分。根据顾客选择的自由度，服务可以分为高选择自由度服务和低选择自由度服务。其中，高选择自由度服务主要受服务活动性质的限制，例如曲艺演出；公共交通属于低选择自由度的服务。

① 刘厚钧. 市场营销学［M］. 北京：北京理工大学出版社，2006.

二、服务营销的内涵

由于服务具有不可感知性和不可分离性等特点，服务在营销管理理论和实践方面都与有形产品不同。根据服务的内涵和类型，服务营销由核心服务、便利性服务和支持性服务构成。其中，核心服务是企业存在于市场的原因，是服务产品的基本功能。便利性服务是为了让消费者可以使用核心服务，而在核心服务基础上延伸出来的附加服务。支持性服务是为了提高服务价值，或者将服务与竞争对手区别开来的服务。支持性服务和便利性服务之间区别并不明显，它们的差异在于：便利性服务是必不可少的，若缺少便利性服务，核心服务就会失去价值；支持性服务是企业的一种市场竞争手段，它的缺失不会影响消费者对核心服务的消费。

一般来说，服务营销有狭义和广义之分。狭义的服务营销是指服务作为一种商品的营销，主要用于促进市场交换的服务；广义的服务营销不仅包括狭义的服务营销，而且包括商品的服务营销，即利用服务作为工具来促进有形商品的交换。

第二节 服务营销策略

一、服务营销策略的原则

服务具有一般商品的属性。从这个层面来看，一般商品的营销策略都可以运用于服务营销。考虑到服务具有的特性，企业在制定服务营销策略时应遵循下列原则。①

1. 服务质量管理原则

有形商品的生产和消费过程是分离的。在服务营销中，服务的提供和消费是同时进行的。消费者与服务人员相互影响，相互作用，均会影响服务的质量。同时由于服务具有不可感知性、可变性等特点，企业在制定服务营销策略时需要注重服务质量的管理，使服务水平能够满足顾客需求。

2. 服务差异化原则

与有形商品相似，服务营销同样面临着市场竞争。企业为了赢得竞争优势，需要在制定营销策略中注重服务差异化，以区别于同类竞争企业的服务质量和服务水平。实现差异化有许多形式，包括品牌形象、技术、特性、消费者服务、经销商网络以及其他形式。

3. 服务实体化原则

由于服务具有不可感知性的特点，企业在制定营销策略时要能够提高消费者对服务的感知程度。在确保满足消费者基本需求的基础上，企业通过创造良好的服务环境和气氛、改善服务包装、企业统一服务形象标志、增加服务的附加值等方式，增进消费者对服务的感知程度，提高消费者对服务的满意度。

---

① 李晏墅，乔均. 现代市场营销学［M］. 南京：东南大学出版社，2006.

4. 服务延伸化原则

服务延伸化原则是要求企业延伸服务内涵，提高消费者对企业的忠诚度。有研究报告表明，忠诚的消费者比初次消费者可为企业多带来 20%~80%的利润，忠诚的消费者每增加 5%，企业的利润则相应增加 25%~85%。稳定而忠诚的消费者对服务价格变动的承受力强，对服务失误容易持宽容的态度，无疑是企业的财富。① 因此，为了培育企业的忠诚顾客，企业在制定服务营销策略中应注重服务延伸化原则。

5. 服务价值性原则

企业向顾客提供满意而高效的服务，通过顾客满意赢得顾客忠诚。例如，华为公司通过构建应用和服务的生态系统，围绕个人健康与生活、工作、家庭、出行等各种场景，提供手机、智能手表、智能终端等产品和服务，全方位提升用户体验②。企业在服务顾客的过程中实现顾客价值创造，并向顾客传递价值，从而创造卓越的企业服务绩效。

二、服务营销 7Ps 策略

理论界对服务营销策略提出了不同的看法。格鲁诺斯认为，最近人们发现传统营销组合中的要素有很大的局限性。居德（R. Judd）认为，人（People）应该是第 5 个 P。来自服务营销的实践人员的呼声更为强烈，丽豪酒店的销售与营销服务部副主管罗根·德欧指出，服务营销的 4Ps 就是人，人，人，最后还是人。③ 美国服务营销学家布姆斯（B. Booms）和毕纳（M. Bitner）提出了 7Ps 服务营销组合，即服务产品（Product）、服务定价（Price）、服务渠道或网点（Place）、服务沟通或促销（Promotion）、服务人员与顾客（People）、服务的有形展示（Physical evidence）和服务过程（Process）。④ 英国服务营销学家佩恩也提出了 7Ps 服务营销组合，⑤ 其中 6 个 P，即服务产品（Product）、服务定价（Price）、服务渠道（Place）、服务促销（Promotion）、服务人员（People）和服务过程（Process），基本上与上述布姆斯和毕纳的观点相同；不同的是，佩恩认为，布姆斯等人提出的服务的“有形展示”（Physical evidence）可以归入“服务产品”（Product）这个要素，而没有必须作为一个与“服务产品”的并列的 P 要素；佩恩提出服务营销组合的第 7 个 P 是“顾客服务的提供”（Provision of customer）。佩恩的第一个观点是可以接受的。事实上，按市场营销学的理解，产品是应当包括包装在内，而服务的有形展示可以看成服务产品的一种包装。根据同样的道理，佩恩提出的服务营销组合的第 7 个 P，即“顾客服务的提供”（Provision of customer），实际上也可以归入“服务产品”（Product）这个要素中，因为按市场营销学的理解，整体产品包括附加产品在内，而“顾客服务的提供”正是一种附加产品。

---

① 王信东，杭建平，贠晓哲，等. 市场营销学［M］. 北京：社会科学文献出版社，2006.

② 华为. 关于华为/公司简介/愿景、使命与战略. 华为集团网站，2019.

③ 克里斯蒂·格鲁诺斯. 服务市场营销管理［M］. 吴晓云，冯伟雄，译. 上海：复旦大学出版社，1998.

④ 王超. 服务营销管理［M］. 北京：中国对外经济贸易出版社，1999.

⑤ Payne A.. The Essence of Services Marketing. Englewood Cliffs, NJ: Prentice-Hall, 1993.

综合理论界关于服务营销组合策略的研究，比较公认的提法是7Ps，即服务产品（Product）、服务价格（Price）、服务渠道（Place）、服务促销（Promotion）、服务人员与顾客（People）、服务的有形展示（Physical evidence）和服务过程（Process）。

1. 服务产品策略

服务产品包括服务的范围、服务质量、服务水准、服务品牌、保证及售后服务等方面。根据对服务要素进行整合，企业可以采取服务产品线和服务产品组合等营销策略，满足不同层次的消费者需求，为消费者提供更大的选择空间。

2. 服务价格策略

服务价格要考虑的因素包括服务成本、价格水平、服务折扣、服务方式和服务信用等方面。与有形商品相比，服务定价具有较大的灵活性。企业可以根据消费者的愿付水平和市场竞争的需求，制定具有价格竞争优势的服务价格，如高价策略、低价策略等。

3. 服务渠道策略

由于服务的生产与消费是同时进行的，服务渠道策略要更多地考虑到消费者的方便程度。在选择营销渠道时，企业需要在服务地点、服务方式、服务范围等方面进行周密研究，综合考虑服务成本与消费者的便利程度。

4. 服务促销策略

服务促销可以运用人员推销、广告、营销推广、公共关系、服务现场促销等方式进行营销宣传，注重企业与消费者之间的沟通，加深顾客对服务产品的印象，培养消费者对企业的忠诚度。

5. 服务人员与顾客策略

服务是以人为中心的经营行为。这里的“人”，既包括企业的服务人员，也包括顾客。因此，一方面企业需要重视人力资源开发，加强对服务人员的选择、培训和激励，提高服务人员的综合素质，从而改进和提升服务质量；另一方面，企业需要关注顾客的需求，处理好服务人员与顾客之间的关系，努力提高服务品质，争取顾客对企业服务的理解和支持。

6. 服务的有形展示策略

根据服务实体化原则，企业在服务营销管理中应当通过服务的有形展示，提高顾客对服务质量和服务水准的感知程度。服务的有形展示通过服务环境、服务礼仪规范和服务设施等方面物质载体来实现。

（1）服务环境。服务环境包括企业店面装饰、陈设、颜色、标志等物质文化。消费者在接受服务之前，通常会考察服务环境，通过服务环境来判断服务质量。如果企业的服务质量达不到消费者期望水平，就会影响消费者对企业服务的选择。

（2）服务礼仪规范。服务人员的着装和言行等方面的礼仪可以反映出企业的管理水平以及服务水准，从而影响到消费者对企业服务能力的判断。

（3）服务设施。服务设施是指企业提供服务时所采用的工具或设备等。先进的、功能齐备的服务设施有助于实现顾客的预期质量，有助于顾客选择接受服务水平的类别。

7. 服务过程策略

服务过程包括从服务开始到顾客满意为止的全部时间。在服务过程中，企业应注重服务的全程质量管理，重视服务的每一个细节，让消费者在享受服务中获得消费者剩余，增进消费者对企业的忠诚度。[①]

三、服务营销策略的发展

随着市场营销理论的发展，服务营销策略出现了服务标准化、服务品牌化、服务全程化、服务外包化、服务个性化和服务增值化等发展趋势。

1. 服务标准化

为了提高服务质量，许多企业实施“服务标准化”，即制定服务标准和服务规范，明确服务模式、服务程序和服务标准，从而确保服务质量的稳定性，降低服务的可变性。

2. 服务品牌化

在激烈的市场竞争中，服务品牌不仅在市场上具有较高的识别能力，而且能够赢得消费者的信任和忠诚。因此，企业开始注重挖掘服务的核心价值，提升核心服务质量，拓展便利性服务，延伸支持性服务，塑造企业的服务品牌。

3. 服务全程化

服务全程化包括两个层面：一是从狭义层次来看，服务全程化是指企业加强服务过程的全程质量管理，即实施服务过程策略。二是从广义层次来看，服务全程化是指服务不仅是售后服务，而且从售后向售中和售前延伸，实现售前服务、售中服务和售后服务的全程化。

4. 服务外包化

在市场化和社会化过程中，一些企业放弃“大而全”的发展策略，将企业的售后服务社会化，将服务外包给专业服务公司。这不仅可以降低企业在提高服务质量过程中的学习成本，而且可以很快提高服务水准，使企业集中优势力量发展其核心业务。

5. 服务个性化

随着社会生活水平的不断提高，服务需求日益呈现多元化和个性化的发展趋势。为了顺应市场变化，许多企业加强服务市场细分，针对不同消费群体提供个性化服务，甚至出现“一对一”式的服务，提高消费者的满意度和忠诚度。

6. 服务增值化

在服务消费中，消费者不仅要享受服务的核心价值，而且要考虑与服务消费相关的货币成本、心理成本等。因此，企业在适应市场变化过程中逐渐注重服务增值化，不仅向消费者提供基本服务，而且考虑到消费者在服务消费中“顾客整体价值”和“顾客整体成本”，使消费者获得增值服务。

---

① 刘厚钧. 市场营销学［M］. 北京：北京理工大学出版社，2006.

第三节 客户关系管理

从广义角度来看，除服务产品之外，服务营销还包括产品的服务营销，即如何利用服务作为工具来促进商品的销售。因此，客户关系管理成为服务营销管理的一项营销职能。随着市场竞争日益激烈，企业对客户关系管理的关注在急剧升温。随着经济一体化和电子商务的迅猛发展，企业的营销管理从以产品为中心的模式向以客户为中心的模式转变，以科学的管理理念和先进的信息技术来实现全方位的顾客沟通与顾客满意。因此，客户关系管理成为服务营销中最显著的管理模式。

一、客户关系管理的概念

美国是客户关系管理的发源地。早在20世纪80年代初产生了“接触管理”，专门负责收集客户与公司联系的所有信息。到20世纪90年代中期“接触管理”演变为支持资料分析的“客户关怀”。随后基于数据库技术、互联网和电子商务，出现了“一对一营销”，强调网络资源共享和资源管理，以实现企业与客户的“一对一”交互和沟通。

关于客户关系管理的定义，人们有着不同的理解。“客户关系管理”概念提出者卡特耐特·格卢普认为，客户关系管理就是为企业提供全方位的管理视角，赋予企业更完善的客户交流能力，最大化客户的收益率。赫威兹·格卢普认为，客户关系管理的焦点是自动化和改善销售、市场营销、客户服务和支持等领域的客户关系有关的商业流程。客户关系管理既是一套原则制度，也是一套软件和技术。美国管理家简哈利代在他的《汽车制造商建立客户关系管理资料库》一文中界定客户关系管理：“是数据库营销的一种高度发展的形式，即在先进的电脑软件技术的支持下，利用从客户那里收集到的信息，建立一种更加有效的直接的营销方式。”它的目标是缩减销售周期和销售成本、增加收入、寻找扩展业务所需的新的市场和渠道以及提高客户的价值、满意度、营利性和忠实度。①

客户关系管理是指通过培养企业的最终客户、分销商和合作伙伴对企业及其产品更加积极的偏爱或偏好，留住他们并以此提升企业业绩的一种营销策略。② 客户关系管理是一种倡导企业以客户为中心的管理思想和方法。要真正理解客户关系管理，应该从管理思想、软件产品、管理系统三个不同层面入手。这三个层次是层层递进的：① 客户关系管理思想是客户关系管理概念的核心，没有客户关系管理的管理思想作指导，客户关系管理软件的开发就失去了灵魂和方向。② 客户关系管理软件正是结合了先进的客户关系管理思想和先进的业务模式，并采用信息产业的最新成果，为客户关系管理思想的实现提供了现实的信息平台。③ 企业要想得到一个良好运作的客户关系管理系统，要选择好适合自己的管理系统。

---

① 李晏墅，乔均. 现代市场营销学［M］. 南京：东南大学出版社，2006.

② 金润圭. 市场营销［M］. 北京：高等教育出版社，2004.

网络与通信设备的普及，不仅改变了客户与企业的关系，而且改变了企业传统的客户关系管理，客户关系管理被赋予新的特征。客户关系管理旨在通过与顾客建立稳固关系，为顾客建立持续的卓越价值，从而创造顾客终身价值。顾客终身价值是每个顾客在未来可能为企业带来的收益总和，由三部分构成：历史价值、当前价值和潜在价值。通过保留顾客时间长度、提高顾客份额和扩大顾客范围，企业可以有效地提高顾客终身价值，从而增加顾客权益①。

1. 在企业与客户的交互关系中客户占有主导地位

客户关系管理不仅要利用信息技术全方位服务客户，使客户真正成为企业的核心，而且客户的主导地位改变了企业的营销战略与策略组合，越来越多的企业正在转向“客户关系型”，并且逐步形成一种趋势。

2. 客户关系管理的目标不是获得客户而是保留客户

客户关系管理的焦点不是获得客户，而是保留客户，以客户为中心的企业早已深谙此道。为达到此目标，它们使用了各种广告促销手段。但是，随着获得客户成本的急剧增加，企业必须考虑如何才能保留已有客户并与他们发展长久关系以实现顾客终身价值。

3. 客户关系管理的实质是建立企业的学习关系

“学习关系”是企业通过网络提供方便和价值，与客户建立的一种开放而真诚的信息交流，从而使得企业可以与每个客户互动沟通，彼此获得最大的长期价值和收入，客户与企业的相互依赖性和忠诚度会极大增加。通过密切关注客户告知的信息，不断地向顾客学习，实时地调整产品与服务，为客户提供更加个性化服务，从而在传递信息和卓越顾客价值的交互中处于有利位置。

4. 客户关系管理的核心是实现客户与企业的实效沟通

沟通是市场营销的基本功能之一，也是企业与顾客交流与接触的主要目的。通过沟通，企业可以更好地了解顾客，消除误解，提高顾客满意度。客户关系管理提供了全方位的沟通手段且使之自动化，沟通的发展趋势也由企业的“独角戏”向双向互动交流转变，由单向信息传递向客户与企业之间的双向沟通发展。这种趋势的标准就是互动和交流。企业通过多种沟通渠道向客户发布信息和提供服务，不仅克服了传统商务在时间与地域的限制，更为重要的是通过更具实效的沟通能更好地满足客户的需要。

5. 客户关系管理的基础是个性化的客户数据

个性化的客户数据是在客户的兴趣、偏好等客户数据基础上实现现有客户交互的定制过程。这就意味着企业可以利用个性化为客户提供个性化的沟通与服务，同时提供最大限度的隐私保护。客户关系管理被看作是数据库营销的一种高度发展形式，在先进电脑软、硬件的支持下，利用从客户那里得到的信息，建立企业的客户数据库。

6. 客户关系管理恶化的关键是管理理念而不是技术

企业通过与客户不断的交互，提供信息和客户交流空间，以便了解客户和影响客

① 陆雄文. 管理学大辞典［M］. 上海：上海辞书出版社，2013.

户的行为，进而留住客户，不断增加企业的利润。在客户关系管理中，管理理念是主要的，技术是实现管理理念的手段。实施客户关系管理，关键在于企业在组织、流程以及文化等方面的变革。尤其是中国的企业，仅从技术改进上追赶国外企业是远远不够的，重要的是管理理念的更新。

二、客户关系管理的功能

通过实施客户关系管理，能够分析和了解处于动态过程中的客户状况，从而搞清楚不同客户的利润贡献度，以便选择应该供应何种产品给何种客户，在合适的时间，通过合适的渠道去和客户进行交易。客户关系管理具有以下几个方面的功能。

1. 客户关系管理具有重塑企业营销的功能

企业实施客户关系管理就是要全面重塑企业营销功能。这种重塑来自企业所处竞争环境的变化，企业正是从一个大量市场产品和服务标准化、寿命期长、信息含量小，在一次性交易中交换的竞争环境向新的全球竞争的环境转变；在新的竞争环境中，产品和服务个性化、寿命期短、信息含量大，并处在客户基础不断变化的交易过程中，企业经营从以“生产设备”为支点转变为以“客户”为支点。在这样的环境中，客户、竞争和品牌成为密不可分的要素，能否准确而快速地捕捉客户机会和迎合客户需求，决定了企业的生存和发展。企业需要一个信息畅通、行动协调、反应灵活的客户关系管理系统。

2. 客户关系管理策划可以提升客户关系管理水平

客户关系管理不是一个孤立的解决方案，是企业管理的重要组成部分。如果仅从某些方面去解决企业的问题，就永远不能从根本上解决企业面临的营销问题。在电子商务时代，企业从大量生产体系转向灵活的竞争体系，客户关系管理要满足客户在“丰富客户价值”“通过合作提高竞争力”“建立适应变化的组织”“充分利用人员与信息的杠杆作用”等方面的需要，最终帮助企业造就一个稳定获利的经营基础。

3. 客户关系管理可以提高目标执行的准确性和速度

目标执行的准确性和速度决定企业的生存和发展，客户关系管理工作重心的转移必须灵活，以适应工作对象的变迁。一般来说，工作重心体现了对未来的策划与开拓、对现在的响应与服务、对过去的分析与评价。客户关系管理的逻辑架构应该有利于系统目标的快速实现和升级。

三、客户关系管理的影响因素

客户关系管理的实施，企业应关注以下六个方面的影响因素。

1. 高层领导的支持

高层领导一般是营销副总或总经理，是客户关系管理的支持者，其作用体现在三个方面：① 高层领导为客户关系管理设定明确的目标。② 高层领导是客户关系管理的推动者，向客户关系管理项目提供为达到设定目标所需的时间、财力和其他资源。③ 高层领导的支持能确保企业内部充分地认识客户关系管理工程的重要性。在项目出现问题时，高层领导激励员工解决这个问题而不是打退堂鼓。

2. 要专注于流程

成功的客户关系管理项目团队应该把注意力放在客户关系管理的流程上，而不是过分关注于客户关系管理的技术。企业要充分认识到技术只是促进因素，不是客户关系管理的解决方案。因此，好的客户关系管理项目小组开展客户关系管理工作后的第一件事就是花费时间去研究现有的营销、销售和服务策略，并找出改进方法。

3. 技术的灵活运用

在成功的客户关系管理项目中，企业对信息技术的选择总是与要改善的特定营销问题紧密相关。如果营销部门想减少新营销人员熟悉业务所需的时间，企业应选择营销百科全书功能。选择的标准应该是，根据业务流程中存在的问题来选择合适的技术，而不是调整流程来适应技术要求。

4. 组织良好的团队

客户关系管理的项目团队应该在四个方面有较强的能力：① 营销业务流程重组的能力。② 对营销系统进行客户化和集成化的能力。③ 能对信息管理提出明确的要求，如网络大小的合理设计、对用户桌面工具的提供和支持、数据同步化策略等。④ 项目团队具有改变管理方式的技能。

5. 分步实现

“欲速则不达” 这句话很有道理。通过营销流程分析，可以识别营销业务流程需要重组的领域，并确定实施优先级，每次只解决几个最重要的问题，而不是毕其功于一役。

6. 营销系统的整合

营销系统各个部分的集成对客户关系管理的成功很重要。提高客户关系管理的效率和效益有一个过程，它们依次是：终端用户效率的提高、终端用户有效性的提高、团队有效性的提高和企业有效性的提高。

四、客户关系管理的程序

客户关系管理的实现依赖于企业管理者的高度重视，有赖于企业员工的支持，更依赖于企业切实地改变日常的营销管理工作。如何发现企业与客户的互动所存在的问题？如何有效地激励营销人员解决这些问题？如何获得营销人员对客户关系管理系统的拥护……这是一门大学问，是企业领导应该时时关注的问题。企业客户关系管理策划的全程性操作流程可做如下归纳。

1. 识别客户

识别客户就是寻找合适的方法以建立持续更新的客户信息，使企业能够在客户信息变化中辨识和确认客户的身份和偏好及其对企业具有的潜在价值。这些信息为持续的交互充实了内容，并有助于建立和维系客户关系不间断的沟通。识别客户的目的就是帮助企业回答三个问题：谁是我们的客户？客户的需求和期望是什么？客户的潜在价值是什么？

许多企业自以为很了解客户，认为拥有大量的诸如人口数据统计报告、客户心理描绘图等客户信息就等于了解了客户。事实上，客户绝对不是企业的“固定资产”，随着客户的成长、发展和改变，客户信息成为商业平衡中流动的、持续发展变化的要素。企业只有能够很好地回答以上三个问题，才能够不断地获取最新的客户资料，真正地了解客户。这些信息包括客户的特性信息、偏好信息和潜在价值信息等。

2. 客户的差异化分析

不同客户之间的差异主要体现在两个方面：客户对企业的商业价值不同和客户对产品的需求差异。因此，合理地分析客户之间的差异，可以帮助企业更好地配置资源，使产品或服务的改进更有成效，牢牢抓住最有价值的客户，取得最大限度的收益。

客户的差异化分析主要有五种方法：① 识别企业的“金牌”客户。企业可以运用上年度的销售数据或其他现有的较简易的数据，来预测本年度占到客户总数目5%的“金牌”客户是哪些；其次，识别出占到客户总数目20%的“牵后腿客户”，他们往往一年多都不会下一单，或者总是令企业在投标中遭淘汰。② 选择出几个本年度最想与之建立商业关系的客户。对于每个客户，至少记录下三个以上的联系人姓名，把这些客户信息添加到数据库中。③ 总结上年度对企业的产品或服务多次提出抱怨的客户。派一个素质过硬的营销人员尽快与这些客户联系，检查销售订单的完成情况。④ 查看上年最大的客户在本年的订货情况。列出这些客户信息，赶在竞争对手之前去拜访这些客户。⑤ 根据客户给企业带来的价值，对客户进行分类，减少对拖后腿客户的市场投入与其他花费，把节约的资金投向高价值的客户。

3. 与客户保持良好有效的沟通

客户关系管理的核心就是实现企业与客户之间良好有效的沟通。事实上，沟通不是独立存在的一个模块，它像一条实现企业与顾客接触与交流的链子，始终贯穿于客户关系管理的客户识别、差异性分析以及企业的自我调整的每一个流程。通过降低与客户沟通的成本，增加与客户沟通的收益。与客户沟通的方式有两大类别：一是个人互动沟通——日常形式的口头交流——传递企业普通的服务项目，如电话沟通、面对面沟通的人员沟通；二是客户与虚拟团队之间的“团队沟通”——与呼叫中心、网站人员、电子邮件的自动方式的语音或文字沟通。

4. 调整产品或服务以满足每个客户的需要

想把客户锁定在这种学习与服务的关系中，企业就必须因人而异地提供“个性化”的产品或服务。这可能会涉及大量信息分析工作，而且调整点往往并非全部在于客户直接需要的产品，也可能是这种产品“周边”的某些服务，诸如提交发票的方式、产品的包装样式等。如何根据每个客户的需要来调整和改进产品或服务？这不能闭门造车，而是要去学习，调动销售、营销以及企业相关部门和人员去向客户“学习”。通过学习（企业与客户的双向学习），企业可以更好地为客户提供“个性化”的产品和服务。例如，改进客户服务过程中的纸面工作（信封、传真等），节省客户时间，节约公司资金；使发给客户的邮件更加个性化；替客户填写各种表格；等等。只有设身处地地为客户着想，才有可能创造性地开展“个性化”服务。

5. 客户关系管理的评估

为了更有效地管理客户关系，企业必须对客户关系管理进行评估。有评估，就有不足；有不足，就有改善；有改善，就有发展。建立客户关系管理评估体系主要有三个目的：一是辅助决策制定。企业实施客户关系管理评价方法会因不同部门决策制定方式的不同而有所差异。当企业制定有关客户的营销战略时，应寻求客户评价来协助特定的决策制定者或决策制定流程，这种有关客户的决策一般是以“如何管理客户关系”为中心的。二是指导实施中的策略或活动。客户关系管理评价体系并不是仅仅用来协助营销管理人员全面制定计划、制定决策，而且可以用来引导与客户相关的日常活动。这与影响决策制定相关，但又有些不同于决策制定。评价客户活动不仅有助于公司决定采用哪一种客户战略，而且有利于一线营销人员和经理完成经常性的任务。三是预测未来的状态。企业需要使用客户关系管理技术来协助预测客户的需求，或者预测未来的潜在客户或市场态势。

营销案例

沃尔玛：转型与平衡①

（一）案例介绍

创建于1962年的沃尔玛1996年进军中国，目前已经在中国89个城市开设了146家店铺，包括沃尔玛购物广场、山姆会员店、沃尔玛社区店三种业态，是名副其实的零售业巨头。然而，近两年沃尔玛在中国屡次陷入“关店门”。2013年4月，沃尔玛相继关闭了上海闵行店、无锡红星路店和深圳园岭店；11月，沃尔玛关闭了江苏淮安店、连云港店、合肥长江路店；等等。据相关报道，沃尔玛还将继续关闭盈利不顺的店面，大概占全国店面的9%。

针对沃尔玛的关店潮，外界质疑声不断，实际上沃尔玛在关店的同时也在不断开店。首先，沃尔玛宣布向三、四线城市下沉，旗下的惠选超市正在积极布局三、四线城市，以湖南为例，仅2013年11月，沃尔玛就已经开出3家新店；其次，沃尔玛从2002年开始就加快拓展小型社区超市，预计到2016年将开出500家。经过半个多世纪的风雨，沃尔玛迄今仍保持着相当大的活力。在传统零售业面临各类电商企业冲击的今天，沃尔玛关店和开店背后的深层次原因究竟是什么？其传统优势能否在未来市场中继续发挥作用？

1. 水土不服的对华战略

从一开始，沃尔玛的中国之行就有些姗姗来迟，不仅如此，沃尔玛来到中国以后，并没有充分发挥原有优势，本土适应能力也明显不足。

（1）无法复制核心竞争力。沃尔玛采取的是典型的低成本战略，之所以能实现低成本，根本原因是其建立了以信息系统为核心的物流体系。但是受政策限制，沃尔玛的通信卫星无法在中国使用，其全球采购系统很难在中国市场发挥优势，而且沃尔

① 帅萍，秘舒月．沃尔玛：转型与平衡［J］．销售与市场（管理版），2014（4）：75-77.

玛在中国的物流系统也不能像美国本部那样高效，难以实现跨地区的连锁配送，这极大地影响了沃尔玛在中国低价战略的实施。

（2）面临更激烈的市场竞争。这里不仅有国际大型零售商家乐福、乐购、麦德隆、大润发、卜蜂莲花等，而且还有地方传统的百货商场、小区附近十分接地气的便利店等。面对激烈的市场竞争，沃尔玛中国内部却问题重重，以文化适应为例，中国高权力差距的文化特征，在一定程度上决定了大多数基层员工不会主动给领导提出建议和要求，照搬美国的管理模式加大了员工和管理层的隔阂。

（3）互联网时代响应力不足。随着综合电商平台的快速发展和垂直电商的继续深化、细化，天猫、京东、苏宁易购、亚马逊、聚美优品等电商品牌日益崛起，它们的出现大大改变了人们固有的消费习惯，从购买精神层面的书籍到日常生活用品，网购已成为生活中不可或缺的行为。然而，当中国的零售电商品牌在社区和垂直方向上延伸之际，沃尔玛却未能在新领域中崭露头角，最后不得不通过收购的形式加以弥补。

2. 智慧时代的“三条腿”战略

（1）延伸一、二线城市的传统优势。沃尔玛的传统优势在于其是以强大的信息系统为依托的大型连锁店。但在众多竞争对手和电子商务的双重夹击下，沃尔玛必须调整一、二线城市的传统经营模式，从系统管理的角度夯实大型超市的基础，将优势向更为便利的社区店延伸。

（2）深耕三、四线城市。相对一、二线城市而言，中小城市的消费特征明显不同，如生活节奏相对较慢、对大品牌的信赖度更高、价格驱动性强等。三、四线城市较小的规模与沃尔玛本土的商业环境更为接近，因而沃尔玛可以充分发挥资本优势，以大型超市为主体快速布局，尽快推进信息系统的升级，将响应速度优势转变为竞争优势，进而满足这些城市价格敏感型消费者的需求。

（3）继续探索共生模式。随着移动互联网的继续深化，线上模式正日益向主流商业模式演进。以线下模式为孵化器，沃尔玛很早就开始涉足电子商务，但是线上线下模式的竞争性和文化差异，决定了沃尔玛的电商业务势必会受到传统模块的钳制。因此，收购一个有电商基因的企业，以独立事业部促成其内在生长动力，既能发挥沃尔玛既有的铺货优势，又能洞悉电子商务的逻辑，沃尔玛走出了与时代对接的关键一步。

3. 迷雾隐现

尽管沃尔玛的“三条腿”战略已经相当清晰，但战略落地的困难仍然不小。

（1）一、二线城市的传统领域竞争压力重重。尽管沃尔玛试图守住大型超市这块既有阵地，为社区店和电商布局赢得更多的砝码，但竞争对手不会因为沃尔玛的战略调整而消失，日益缩小的市场中会出现更加激烈的竞争，唯有精益服务才是赢得竞争的出路。与此同时，社区店虽说更具未来导向，但这个市场同样存在大量竞争对手，全家、7-11、联华等社区店的服务模式都已相当成熟，要想取而代之，意味着沃尔玛必须有更为合理的商业模式。

（2）三、四线城市中大型超市的红海将不期而遇。向三、四线城市寻求拓展机会早已成为业界共识，制造业和服务业都不例外。2010年，中国连锁企业排名前十位的零售企业就已经迈出了进军三、四线城市的步伐，其他外资零售巨头也在新增网点中向三、四线城市下沉。未来几年内，三、四线城市中的大型超市仍存在较大的利润空间，但市场空白被填满后，竞争对手之间将很快陷入白热化状态，沃尔玛或许会面临与一、二线城市相似的竞争态势。

（3）强手如云的电商零售业。如今，国内电商领域已经形成了京东、天猫、苏宁易购、亚马逊等多个巨头，以及不断涌现的垂直电商和社区电商，就连物流行业的顺丰都已经涉足生鲜行业。在这种形势下，沃尔玛想借助1号店占有一席之地，无论是电商经营模式还是物流系统，都很难说有绝对优势。

沃尔玛的关店和开店，有公司战略不适应本土的问题，也有互联网时代的转型因素，这既是沃尔玛的战略思考，也是许多面临电商冲击的零售企业的思索方向。

（二）案例实训

1. 作为一家服务性企业，从服务营销的角度分析，你认为沃尔玛关店有哪些原因？

2. 面对复杂的市场竞争环境，你认为沃尔玛在未来几年可采取哪些服务策略？为什么？

学习思考

1. 如何理解服务和服务营销的内涵？
2. 服务营销的7Ps策略主要包括哪些方面？
3. 服务营销策略具有哪些发展趋势？
4. 如何理解服务营销、客户关系管理的营销目标？
5. 客户关系管理与服务营销的理论联系是什么？
6. 客户关系管理具有哪些特点和功能？
7. 企业应当如何进行客户关系管理？

科研练笔

1. 现代物流企业的服务策略研究
2. 电子商务企业的客户关系管理策略研究

营销实战

调查一家电子商务企业和一家日用消费品制造企业的经营现状，对比这两家企业的服务营销策略，并对日用消费品制造的服务营销提出相应对策和建议？

关键术语对译

服务 Service
服务营销 Services marketing
有形展示 Physical evidence
顾客关怀 Customer care
顾客服务 Customer service
服务组织 Service organization
服务能力 Serviceability
客户关系 Customer relationships
现代服务业 Modern service industry
营销癖 Marketing mania
售后服务 Post-purchase
服务质量 Service quality
服务的国际化 Internationalization of services
工业产品和服务 Industrial goods & services
客户关系管理 Customer relationship management
全方位服务的批发商 Full-service wholesalers
高接触服务系统 High-contact service system
服务渠道策略 Service channel strategy

推荐阅读

1. 克里斯托弗·洛夫洛克，约亨·沃茨．服务营销（第6版）[M]．谢晓燕，赵伟韬，译．北京：中国人民大学出版社，2010．

2. 瓦拉瑞尔·A．泽丝曼尔，玛丽·乔·比特纳，德韦恩·D．格兰姆勒．服务营销（第5版）[M]．张金成，白长虹，杜建刚，等，译．北京：机械工业出版社，2011．

经典链接

1. 巴黎高等商学院
2. 麦肯锡咨询公司

参考文献

[1] 克里斯蒂·格鲁诺斯．服务市场营销管理[M]．吴晓云，冯伟雄，译．上海：复旦大学出版社，1998．

[2] 王超．服务营销管理[M]．北京：中国对外经济贸易出版社，1999．

[3] 李晏墅，乔均．现代市场营销学[M]．南京：东南大学出版社，2006．

[4] 刘厚钧．市场营销学[M]．北京：北京理工大学出版社，2006．

[5] 王信东，杭建平，负晓哲，等. 市场营销学 [M]. 北京：社会科学文献出版社，2006.

[6] Payne A.. The Essence of Services Marketing, Englewood Cliffs, NJ: Prentice-Hall, 1993.

[7] 金润圭. 市场营销 [M]. 2 版. 北京：高等教育出版社，2004.

[8] 魏琦，李莉. 从麦当劳看服务营销 [J]. 技术经济与管理研究，2005 (3): 116-117.

[9] 李晏墅. 服务营销：21 世纪企业营销立足之道 [J]. 南京师大学报，2001 (5): 30-35.

[10] 盛宇华，李金生. 基于人际关系的营销控制力模型及其实证分析 [J]. 经济管理，2007 (20): 8-13.

[11] 李晏墅. 我国企业经营诚信的缺失与重建 [J]. 南京师大学报（社会科学版），2002 (4): 52-57.

[12] 贾利军，李晏墅，李金生. 系统论视角下的营销发展进程解析 [J]. 南京社会科学，2009 (9): 34-39.

[13] 李金生，李晏墅，周燕. 现代营销决策研究新进展及启示 [J]. 南京社会科学，2013 (12): 29-35.

第十三章
绿色营销

营销寓言

老槐树的教训

啄木鸟每天都给森林里的树木看病。一天啄木鸟停在老槐树上，发现树上有几个虫眼，就对老槐树说："槐树老哥，你身体表层有虫子了，让我帮你啄掉吧。"老槐树笑呵呵地回答道："你有点小题大做了，我这条命活了好几百年了，风吹雨打，什么灾难没有经历过，区区几条虫算什么，过几天就没了。"啄木鸟听它这么说就走开了。过了不久，啄木鸟又停在老槐树上，它看见虫眼比以前多了，而且有些虫眼扎得好深，进入本质层了，就急忙对老槐树说："槐树老哥，你身上的虫眼越来越多了，而且都快进入心脏了。"老槐树还是轻蔑地说："没关系的，我的抵抗力强，扎几个虫眼是常有的事。"啄木鸟看老槐树这么顽固，就不理它了。过了好长一段时间，啄木鸟再停在老槐树上的时候，发现老槐树已经死了。①

学习启示

老槐树因为相信自己抵抗力好，三番五次地拒绝啄木鸟为它医治，结果小病慢慢发展成大病，最后病死了。某些企业，面对社会经济的发展变化，不注重环境保护和可持续发展，认为这些如同老槐树身上的小"虫眼"，不会对自己的健康产生影响。但是，当环保和可持续发展成为发展主流时，小"虫眼"就会阻碍这些企业的生存和发展，甚至给企业带来毁灭性的打击。因此，企业作为社会系统的一部分，其生存和发展与所处的环境息息相关。保护生态环境、促进经济与环境的协调发展，既是企业自身生存与发展的需要，也是企业不可推卸的社会责任。海尔集团、美的集团、格力集团等电器行业的代表性企业都秉承绿色环保理念，在发展的同时转变消费者落后的消费观意识，不断创新，

① 陈志刚. 影响人一生的100个营销寓言［M］. 北京：光明日报出版社，2005.

引导消费者做正确的绿色消费行为，提升顾客的满意度，做到了企业自身利益、消费者利益和社会利益及生态环境利益的统一。如何在弘扬生态文明中如何传统营销观念进行创新？企业如何构建完整的绿色营销体系？……通过本章的学习，了解绿色营销的形成，理解绿色营销的内涵和特征，掌握和运用绿色营销的策略体系，运用绿色营销的管理。

第一节 绿色营销概述

一、绿色营销的兴起

现代产业的高速发展和都市规模的不断扩大，给人类带来了日益丰富的产品和发达的物质文明，但全球也面临着日益恶化的危机状况，主要表现在：一是环境问题日益严峻。随着工业化时代的到来，英国、法国和美国都曾陷入水污染的困境。现在水环境的恶化又在发展中国家重演。例如，在印度约有 4 500 万人喝不到洁净水，每年有近 100 万儿童死于饮用不洁水等原因造成的多种疾病①。我国七大江河干流及主要支流中近半数的河段受到污染。工业化还导致垃圾泛滥，不仅占据了大量土地，而且污染了空气、土壤和地下水，导致了温室效应、酸雨和臭氧层遭破坏等，所有这一切，大大威胁着全人类的生存和发展。二是资源日益紧缺。人类正面临大部分资源利用已达极限的挑战，河流遭受严重污染，耕地大面积沙漠化，森林遭到乱砍滥伐，导致资源缺乏，甚至枯竭。世界自然保护基金会（WWF）于 2002 年 7 月 9 日发表的名为《活着的地球》报告所言，如果按照目前消耗自然资源的速度和全球人口增长速度测算，未来人类对自然资源的“透支”程度将以每年 20%的速度不断增加。这意味着到 2050 年人类所要消耗的资源将是地球生物潜力的 1.8~2.2 倍。② 20 世纪 90 年代以来，世界范围内的环保浪潮一浪高过一浪。1992 年在里约热内卢举行的联合国环境与发展大会上通过了《21 世纪议程》，要求各国政府根据本国情况制定各自的可持续发展战略、计划和对策，标志着世界已进入保护环境、崇尚自然、促进持续发展的“绿色时代”。

随着全球环境保护意识的增强，世界各国都强调经济发展应与环境保护相协调。在 20 世纪 70 年代，美国人对环保的热情引来了“地球日”的诞生，1978 年德国首先执行“蓝色天使”计划，1991 年英国执行“大地环境研究计划”，着重研究温室效应，加拿大于同年推出五年环保“绿色计划”，日本也相继推出“绿色星球计划”和“新地球 21”计划。有资料显示，77%的美国人表示某个公司的环境信誉会影响其购买决定，40%的欧洲人更喜欢购买“绿色产品”。为了限制和拒绝有公害产品进入市场，国际社会开始用法律手段保护环境，1989 年重新修订了《蒙特利尔公约》。中国的绿色工程始于绿色食品开发，1984 年在广州出现了全国第一家无公害蔬菜生

① 陈友泉，等. 生命之源拉响警报［N］. 城市导报. 1998-04-02.

② 孙佳华. 50 年后：两个地球都不够用［N］. 解放日报，2002-07-11.

产基地。20 世纪 90 年代政府相继颁布了《环境保护法》《中国 21 世纪议程》等，从中国的具体国情和环境与发展的总体出发，提出了促进经济、社会、资源、环境以及人口、教育相互协调，可持续发展的总体战略和政策措施方案，对企业进入市场进行了严格的界定和限制。

绿色发展是构建高质量现代化经济体系的必然要求，是解决污染问题的根本之策。2013 年 5 月 24 日，习近平总书记在中央政治局会议上就指出，“要正确处理好经济发展同生态环境保护的关系，牢固树立保护生态环境就是保护生产力、改善生态环境就是发展生产力的理念，更加自觉地推动绿色发展、循环发展、低碳发展，决不以牺牲环境为代价去换取一时的经济增长。”2015 年五中全会后，绿色发展成为未来中国发展的五大理念之一。在全面建成小康社会的攻坚阶段，如何补上生态环保短板，是“十三五”期间中国必须破解的发展难题。2017 年，习近平总书记进一步指出：“我们既要绿水青山，也要金山银山。宁要绿水青山，不要金山银山，而且绿水青山就是金山银山”，把生态文明建设融入各方面建设的全过程，建设美丽中国，努力开创社会主义生态文明新时代。2018 年习近平在全国生态环境保护大会上指出，要加快构建生态文明体系，加快建立健全以生态价值观念为准则的生态文化体系，以产业生态化和生态产业化为主体的生态经济体系，以改善生态环境质量为核心的目标责任体系，以治理体系和治理能力现代化为保障的生态文明制度体系，以生态系统良性循环和环境风险有效防控为重点的生态安全体系。要全面推动绿色发展。①

经济发达的国家已经基本形成了如图 13-1 所示的以绿色消费为主线的消费链条。

图 13-1 经济发达国家的绿色消费链

二、绿色营销的概念

1. 绿色营销的含义

人们对绿色营销的认识有一个演变的过程，至今尚无确切统一的定义。英国威尔斯大学肯·毕提教授在《绿色营销——化危机为商机的经营趋势》一书中认为，绿色营销是一种能辨识、预期及符合消费的社会需求，并且可带来利润及持续的经营的管理过程。麦克尔·杰·保罗斯基认为，绿色营销意味着企业的任务是确立目标市场需求、欲望兴趣，比竞争者更有效地提供满足顾客的商品，提供商品的方式应对消费者与社会福利两者都有利。我国有学者认为，绿色营销是以环境问题作为推进点而展开的营销实践。② 这种观点以环境为中心，强调要利用绿色问题来推销产品，而并不是真正意义上的帮助解决环境问题。还有学者认为，绿色营销是为实现企业自身利益、消费者需求和环境利益的统一，而对产品和服务的观念、定价、促销和分销的策

① 习近平：建设美丽中国，改善生态环境就是发展生产力［EB/OL］. 人民网，2016-12-01.

② 万后芬. 企业必须重视“绿色营销”［J］. 北京经济瞭望，1994（1）：19-22.

划和实施过程。① 这种观点以利益为中心，强调企业在实施绿色营销时，要正确处理消费者需求、企业利益和环境保护之间的矛盾，把三者利益协调起来，统筹兼顾。

综观诸多学者对绿色营销含义的界定，大多是从环境保护的角度出发，注重企业在经营活动中要体现“绿色”。因此，绿色营销是指以促进可持续发展为目标，为实现经济利益、消费者需求和环境利益的统一，市场主体根据科学性和规范性的原则，通过有目的、有计划地开发及同其他市场主体交换产品价值来满足市场需求的一种管理过程。绿色营销的最终目标是可持续发展，而要实现该目标必须注重经济利益、消费者需求和环境利益的统一。实际上，绿色营销既是环境保护意识与营销观念相结合的一种现代市场营销观念，也是实现经济持续发展的重要战略举措。它要求企业在营销活动中，必须注重经济与生态的协同发展，以确保企业的长期经营。随着经济社会的快速发展，消费者逐渐认识到绿色环保的重要性，并将这种意识贯彻到日常的消费行为之中，因此消费者体验从原来仅强调“使用价值体验”中增加了“生态价值体验”，也可以说是一种消费者的责任感。如果企业能在生态价值层面与消费者的意识达成共识，则企业能够自然而然地与顾客建立稳固关系。

2. 绿色营销的功能

（1）绿色营销倡导绿色文明。通过绿色营销活动，增强消费者的绿色消费意识，改善消费者的生活质量，提高消费层次。同时，倡导绿色文明，让消费者自觉或不自觉地承担起保护自身生存环境的责任。一份全球性的调查报告显示，77%的美国消费者以环境保护者自居，愿意为无污染产品及能再循环使用的包装多付钱。根据对北京和上海两大城市的调查，79%～84%的消费者希望购买绿色产品。可见通过绿色营销的活动，协调了企业利益与保护环境的关系，使经济的发展既能满足当代人的需求，又不危害和威胁后代的生存和发展，从而实现了社会经济的可持续发展。

（2）绿色营销有助于企业树立良好的形象。企业形象是各类公众对企业的综合评价，良好的企业形象是企业建立稳固市场地位不可缺少的条件。绿色营销促使企业营造清洁和安全的工作环境，有利于职工的身心健康。同时，通过绿色营销，把企业自身利益目标融入消费者和社会的利益之中，消除了企业有损消费者及社会利益的短视症，从而提升了企业的整体形象。例如，世界上最大的化学工业公司——杜邦公司1990年就已成为全球化工行业中首家回收氟利昂的公司，有助于提升它在消费者心目中的品牌形象。

（3）绿色营销有助于企业追求合理的经济效益。企业作为营利性的经济组织，无疑应该把获利作为其重要的经营目的，追求良好的经济效益是其开展各类经济活动的主要动因。而绿色营销促进了资源的合理配置，提高了资源配置和使用的效率。同时，随着消费者绿色意识的增强，购买绿色产品成为时尚和趋势，通过绿色营销，有利于企业占领市场，扩大市场的占有率，绿色市场构成了企业发展的新的增长点和新

① 戴巧珠. 发展“绿色”战略，增长竞争优势［J］. 外国经济与管理，1992（11）：27-30.

的利润源。例如，中国海尔集团生产的绿色电冰箱在获得“欧洲环境标志”以后，就能畅通无阻地进入欧洲市场，其产品有1/3销往海外，成为我国家电行业的龙头企业。

3. 绿色营销的特征

作为新兴的营销理论，绿色营销具有绿色观念、绿色消费、绿色体制和绿色科技等特征。

（1）绿色观念。绿色观念是绿色营销的指导思想。随着环境保护意识的增强，人们的思维方式、价值观念及消费心理和行为都发生了变化，人们开始关心消费的环境代价，呼唤既无污染又有益健康的绿色产品。而绿色营销以满足消费者的绿色需求为出发点，为消费者提供生产、流通、消费过程中有效防止环境污染及损害健康的产品。它所追求的是人类的长远利益与可持续发展，重视企业经营与自然环境关系的协调，力求实现人类行为与自然环境的融合发展。

（2）绿色消费。绿色消费是开展绿色营销的前提。正如马斯洛需要层次理论指出的，人们的需求总是由低层次向高层次方向发展，绿色消费属于较高层次的消费观念。在人们的温饱等低层次的生理需求基本获得满足之后，便会产生提高生活质量，包括对健康、安全、无害的产品需求等高层次的消费需求。例如，人们开始关注服装对人体健康等方面的安全保护，在购买汽车时已经在考虑排放标准，无氟冰箱已进入千家万户等。因此，满足绿色需求，是绿色营销的前提和出发点。

（3）绿色体制。绿色体制是绿色营销的法制保障。绿色营销要求企业不仅要考虑作为一个经济性组织应注重的经济效益，而且要考虑作为一个社会成员应承担的社会责任和应注重的社会效益。因此，在竞争性的市场上，必须有完善的政治与经济管理体制，制定并实施环境保护与绿色营销的方针、政策，制约地方政府、部门和企业的短期行为。如1989年修正的《蒙特利尔公约》明确规定，发达国家必须在2000年以前，发展中国家必须在2010年前停止氯氟烃的消费；国际市场将逐步禁用易产生有害气体和异味的塑料食品包装袋。所有这些为绿色营销提供了法制保障。2018年3月，英国女王下令在英国王室禁止使用部分塑料制品，用来向公众示范降低塑料污染的决心。①

（4）绿色科技。绿色科技是绿色营销的物质保证。物质进步对绿色营销的推广具有重要意义。从企业角度看，实施绿色营销需要投入相应的资源，从某种意义上说，就意味着成本的增加。而通过技术进步，就有可能削减成本上升的压力。近几十年来科学技术的迅猛发展，适应了可持续发展的需要，不但大大降低了产品的生产成本，而且化解了企业开展绿色营销所导致的成本增加，也为环境保护、资源节约等提供了技术保障。例如，以亚特兰大为基地的界面公司（Interface Corporation），从出售地毯转为出租地板覆盖物服务。它使用的是一种新材料，所需的材料用量减少97%，而且生产成本更低，全部可以回收。②

① 英国女王颁布“禁塑令”禁王室产业使用塑料制品［EB/OL］. 人民网，2018-03-02.

② 王乃粒，诸大建. 自然资本论：关于下一次革命［M］. 上海：上海科学普及出版社，2000.

三、绿色营销与传统营销的区别

与传统营销相比，绿色营销在营销观念、营销目标和营销手段等方面具有显著差异（见表 13-1）。

表 13-1 传统营销模式与绿色营销模式的比较

模式	营销观念	营销目标	外界干扰力量	政府作用
传统营销	市场	经济效益	弱	监督
绿色营销	市场 生态	经济效益 社会利益	强	引导 监督

1. 营销观念不同

传统营销立足于市场经济条件，其关注与研究的中心是消费者需求、企业自身条件和竞争状况三个方面，并认为只要满足消费者需求、改善企业条件、创造比竞争者更有利的优势，就能取得市场营销的成效。而绿色营销认为，企业生产经营的关键问题不是在传统营销因素条件下，协调企业、消费者与竞争者三者之间的关系，而是要顺应可持续发展战略的要求，注重地球生态环境保护，促进经济与生态协调发展，以实现企业利益、消费者利益、生态环境利益的统一。

2. 营销目标不同

传统营销方式注重的是刺激消费，并使其无限扩张，即企业以最大规模求效益，消费者以同等价格获取更多商品为趋向，最终导致的是资源严重浪费。而绿色营销则不同，企业追求的是消费需求与有效需求的统一和资源利用边际效益的最大化，即企业不仅要注重自身经济效益，更要考虑全社会的利益。在了解市场需求的同时，更要了解市场需求的满足情况，以避免重复引进、重复生产带来的社会资源的浪费。同时，要注重选择和发展有益于人们身心健康的业务，放弃那些高能耗、高污染、有损消费者身心健康的业务，为促进社会的发展、造福子孙后代做贡献。

3. 营销手段不同

传统营销强调采用各种手段达到营销目标，往往却忽视了营销手段的负面影响。而绿色营销更注重企业的社会责任和社会道德，强调营销组合中的“绿色”因素：注重绿色消费需求的调查与引导，注重在生产、消费及废弃物回收过程中降低公害、符合绿色标志的绿色产品的开发和经营，并在定价、渠道选择、促销、服务、企业形象树立等营销全过程中都要考虑以保护生态环境为主要内容的绿色因素，从而促进全社会的绿色文明的发展。

第二节 绿色营销体系

绿色营销并不是一个简单的概念，而是一个完整的系统工程，包括绿色产品策略、绿色价格策略、绿色渠道策略和绿色促销策略等。每一环节都有自己独特的内涵，各部分彼此联系，相互影响。

一、绿色产品策略

绿色产品的开发过程是企业履行环保义务的关键所在，也是绿色营销的支撑点。绿色产品策略主要包括整体绿色产品、绿色包装和绿色标志等内容。

1. 整体绿色产品

绿色产品是指在生产、使用及处理过程中符合环境要求，对环境无害或危害极小，有利于资源再生和回收利用的产品。① 从市场营销角度，整体绿色产品就是从产品的这一价值整体为出发点，以诱导和满足消费者绿色消费需求为目的，在企业中树立绿色产品整体营销观念，推行整体绿色产品的设计、开发、生产、营销（见图13-2）。

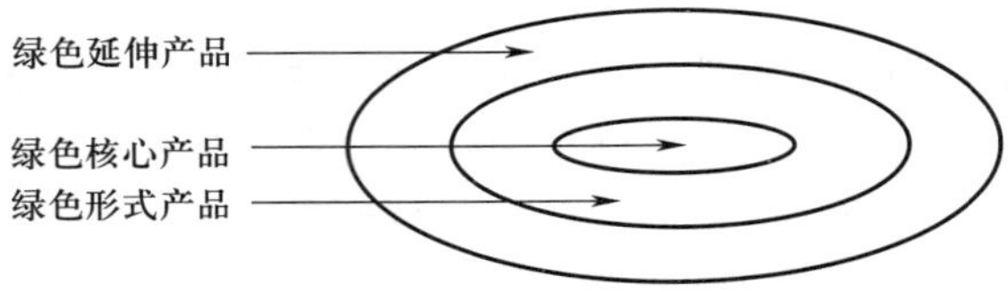

图 13-2 整体绿色产品的构成

（1） 绿色核心产品。

核心产品是指产品的使用价值或核心利益，是消费者购买产品的真正目的，是回答消费者为什么要购买商品，也就是购买商品获得什么利益的问题。例如，空调可以降温或取暖；汽车可以代步等。而绿色核心产品是指企业为顾客提供的绿色产品和服务中所包含的、能满足其绿色需要的利益。除了考虑消费者自身的短期利益外，还必须考虑消费者自身长期的和社会的利益，是一种可平衡于消费者个人消费需求和社会可持续发展之间的利益。例如，人们使用可降解的快餐盒，一方面是为了能方便地吃到廉价且卫生的饭菜，另一方面也是希望自己不要制造污染。因此，绿色核心产品具有道德的因素在其中。

（2） 绿色形式产品。

形式产品是指产品的基本形态。绿色核心产品必须借助相应载体才能实现核心利益，而绿色形式产品就是绿色核心产品的实现形式，是广大消费者可实实在在感受到的产品实体，主要包括质量、式样、造型、品牌、包装等方面。具体说来包括：

① 绿色质量，即产品内在质量与外在质量的统一。要求产品具备原材料的自然性、生产过程的安全性、功能设计的合理性、使用过程的无害性和恰当的产品使用寿命等，同时在外观上美观、轻巧、使用后的废弃物容易处理或能再生利用。

② 绿色材料，即制造产品所用的材料是绿色的，对人体无毒无害。如无氟利昂的喷雾剂，不含添加剂的食品，以及不损害皮肤的化妆品。同时，绿色材料的使用不会造成污染或资源浪费。

---

① 万后芬. 绿色营销［M］. 北京：高等教育出版社，2001.

③ 绿色包装。传统包装的残留物往往会成为污染源，而过度包装会造成资源的浪费。绿色包装符合生态平衡要求，有利于环境保护和节约使用资源。

④ 绿色功能，即产品在使用过程中不会产生污染或能多次使用，从而节约资源。例如可充电电池因可以重复使用数百次，大大节省了物质材料。此外还有绿色标志、绿色标准和绿色品牌等。

（3）绿色延伸产品。

延伸产品是指消费者在购买与使用过程中所获得的形式产品以外的附加利益，如产品的赠品、免费送货、售后服务等。绿色延伸产品主要是指企业提供延伸产品的绿色化，主要包括：

① 废品回收。商品使用寿命结束后，生产企业负责将商品收回进行处理。

② 再循环。企业将废品中可以继续使用的零部件拆下，用于新产品的生产，或重新回炉，用作生产的原料。

③ 无害处理。废品中不能再利用的部分要进行适当的处置，不能对环境、社会产生危害。

④ 多次使用。产品及其包装能多次使用，从而节约资源，减少对各种资源的消耗。

⑤ 绿色服务。在提供绿色产品的同时，向消费者提供维修、安装等方面的服务和必要的信贷服务；开展绿色消费咨询和消费教育，从而引导消费者的绿色需求。

2. 绿色包装

绿色包装是指无害少污染的符合环境保护要求的各类包装物品，包括环境保护和资源再生。[①] 绿色包装是绿色产品策略的重要组成部分，可以增强产品的吸引力，提升企业绿色形象，是现代商品包装的新策略。实施绿色包装通常遵循下面的原则和策略。

（1）坚持包装发展与生态环境保护同步原则，即把包装废弃物对环境的污染限制在萌芽状态，减少到最低限度，避免走“先污染，后治理”的道路。

（2）实施绿色包装系统工程。绿色包装工作涉及很多方面，从包装物本身到包装物的生产过程、使用过程以及废弃、回收，直到再使用或废弃处理。实施绿色包装系统工程，就是要把与绿色包装相关的各个方面、各个环节统筹安排，全面规划，有机地联系起来，实现包装全过程、全方位的绿色。

（3）加强绿色包装管理。推进绿色包装第一需要政策的支持，应明确提倡什么、限制什么、禁止什么、强化产业政策引导。例如，我国于 2010 年 4 月 1 日起实施《限制商品过度包装要求——食品和化妆品》标准，包括各项详细的限制包装用纸规定。第二要依靠科学技术发展绿色包装。要依靠科技进步，节省资源、减少包装废弃物，加强废弃物的回收复用和再生利用的研究，使包装发展与环境保护步入良性循环的轨道。第三要加强包装与环境的宣传，树立绿色包装意识。通过宣传，使绿色包装的思想深入人心，并转化为自觉的行动。第四要建立健全配套规章制度，使人们在实

---

① 万后芬. 绿色营销［M］. 北京：高等教育出版社，2001.

施过程中有章可循。

(4) 贯彻“3R1D”原则，即包装要做到减量化（Reduce）、重复使用（Reuse）、再循环（Recycle）和可降解（Degradable）。减量化即最大限度地减少使用包装材料。在发达国家，企业有不少减少包装材料的策略，如改小包装为大包装、减少包装材料的厚度、简化包装等。减少包装不但可以直接减少资源消耗，而且可以减少污染，减轻消费者负担。重复使用即多次使用同一包装物。目前许多国家生产啤酒、饮料、矿泉水等产品的企业都采用可重复充装的容器，这样做不仅可以节约资源，减少废弃物量，节省成本，而且可以减轻消费者的负担。再循环即循环使用包装材料，它可以起到和重复使用一样的效果。据测算，每回收一吨废纸可以节省 3 立方米的废物填埋空间，同时，可节约 17 棵树。可降解即使用可分解的包装材料以降低甚至去除污染。如日本一些商店使用“光分解性”塑料袋，在 3 个月后开始脆化，然后再溃裂分解。

(5) 积极开发和利用绿色包装材料。积极开发低能耗、高功能、防污染的绿色包装材料是实施绿色包装的重要一环。要大力提倡采用木、竹、柳枝、藤条等天然材料制作的包装，积极进行材料生态化的改造。

3. 绿色标志

标志是一种用于识别的符号。绿色标志是对产品的环境性能的一种带有公证性质的鉴定证明。产品带有绿色标志，意味着它是绿色产品，证明产品在生产、使用和最后处置过程中都符合特定的环境保护要求，对生态环境无害或危害较少。绿色标志是一种认证制度，是以行政法规或公认的权威机构制定的统一标准为依据，受到法律保护。

实施绿色标志，首先要求企业重视绿色标志和绿色认证工作。长期以来我国的一些企业只重视产量，不重视质量，后来质量意识增强了，但环境意识却没有多大提高，反映出我们的企业绿色意识的落后，因此，要进行教育和引导，使企业充分认识到，实施绿色标志，可以全面提高企业的综合素质，提高企业和产品的形象，增加企业的竞争力。其次，企业要以争取获得绿色标志为契机，提高各项管理水平。绿色产品不是自封的，取得绿色标志是证明产品是绿色产品的有效途径，因此，产品绿色标志的取得和维护是企业绿色营销活动的核心内容之一。

二、绿色价格策略

绿色价格策略是绿色营销体系的重要组成部分，绿色产品定价是否恰当，价格策略是否合理，不仅影响到消费者的利益，而且影响到企业绿色营销的成败。

1. 绿色产品价格的构成和影响因素

一般来说，绿色产品价格普遍高于非绿色产品的价格，原因在于：① 绿色产品品质高于非绿色产品，消费者愿意为此支付较高费用。例如，纯净水的价格远高于自来水的价格，但因消费者对水质较为关注，因而较愿意为合格的纯净水支付额外的差价。② 企业为生产、经营绿色产品，增加了研制经费，生产成本、管理成本与销售成本都有所提高。按照马克思主义劳动价值理论，价格是由生产成本、流通费用、税金和利润等因素构成的。而价格构成中的成本不是指企业的个别成本，而是指社会的平均成本。按此推论，绿色价格就是由绿色生产成本、流通费用、税金和利润等因素所构成的。同样，绿色成本是指社会平均绿色成本。探讨社会绿色成本的构成要素，除了要考虑企业传统的各项成本因素外，还应该考虑生态环境成本。这是绿色价格构成中具有本质意义的因素。

按照可持续发展理论，生态环境成本应包括以下几个方面：① 自然资源和环境的有偿使用费。按照“补偿论”（即对造成的资源破坏而进行赔偿）的观点，自然资源具有稀缺性。因此，对自然资源的使用必然要产生代价，这部分费用要计入生态环境成本。② 生态环境的维护、补偿费。生态环境经常会受到侵袭，环境遭污染，为了确保经济的正常运行，必须对生态环境争取维护、补偿措施，由此付出的费用构成了生态环境的成本。③ 生态环境的预防、治理费。企业在生产经营过程中为避免可能发生的生态环境破坏，需要采取相应的措施，投入一定的人力、物力和财力，形成预防费用。同时，在生态环境遭受破坏后，为了减轻和消除其带来的损害，需要一定的治理费用，这也构成了生态环境的成本。

上述生态环境成本加上其他正常费用以及税金和必要的利润，构成了绿色产品的价格。此外，还有一些因素影响着绿色产品的价格：① 消费者的绿色需求状况。绿色产品价格水平的高低最终取决于消费者的接受程度，如果消费者的绿色意识强烈，绿色需求旺盛，那么他们愿意为绿色产品支付相对高一点的价格；反之，则相反。② 绿色产品的供求关系状况。供求是决定和影响商品价格的重要因素。当绿色产品的供应小于该产品的需求时，价格就会上涨；反之，则会下跌。③ 绿色的竞争与垄断状况。在高度竞争的条件下，绿色产品的价格主要受供求关系的影响；在垄断市场的条件下，绿色产品的价格较多地受管理者和生产者的影响。④ 政府导向。政府对绿色产品持扶持的态度，在各项政策、法规中给予适当的鼓励和优惠，必将影响产品的定价。

2. 绿色产品定价策略

企业进行绿色营销时，应根据目标消费者需求情况、产品成本、竞争状况等因素，采取相应定价策略，以适应企业的营销目标。

（1）新产品定价策略。产品定价是新产品开发过程中的一个重要环节。它的正确与否直接关系到新产品上市的成败。绿色产品可视为新产品。根据不同情况绿色产品可分别采取新产品定价策略中的撇脂定价、渗透定价等策略。

① 绿色产品的撇脂定价策略，即绿色产品投入市场时，采取尽可能高的价格策略，以尽快收回绿色成本，并获得相应利润。这种策略适合于：第一，产品有鲜明的“绿色特色”，如无毒、天然等；第二，面对的是一个绿色消费意识较强的市场；第三，产品的“绿色工艺”受专利保护。

② 绿色产品的渗透定价策略，即以相对较低的价格，吸引较多的顾客，提高市场占有率。这种策略适合于：第一，潜在需求较大，且随着市场的发展而变为现实需求；第二，产品的成本会随着生产经营经验的积累而下降；第三，随着市场占有率的扩大，单位产品成本会下降；第四，对价格较为敏感，低价能够刺激购买；第五，有比较好的竞争环境，低价不会引起恶性竞争。

（2）绿色产品组合定价策略。绿色产品组合定价策略是指在绿色营销中，为了减少资源浪费、提高资源的利用率，必须实施资源的综合开发利用，绝不能为了某种资源的开发而把其他资源作为废物摒弃。同时还要提高废品的回收、综合利用率。这就要求企业改变产品结构，实行产品组合定价。绿色产品组合定价策略是根据绿色产品的需求、绿色产品生产成本和绿色产品生产资源利用三方面实施定价的一种策略。通常情况下，对有强烈需求的绿色产品，如无毒、无害、安全、健康的产品，实行高价位的策略；而对为提高资源利用率的副产品则实施低价。通过此价格策略，减少资源消耗，保护环境，协调企业、消费者和生态环境之间的关系，达到企业持续发展的目的。

（3）绿色产品的认知价格定价策略。认知价格也称为理解价格或可接受价格，是指被消费者理解和接受的价格。通常按照某种产品的市场可接受的价格水平作为定价的基本依据，再综合考虑其他因素后确定价格水平的一种策略。在我国，目前绿色产品中的大多数还不能完全实行成本导向定价，而比较适宜采用认知价值定价策略，即把价格变量与其他营销组合变量协调起来，从而达到增加销售的目的。通过绿色产品的定位、绿色产品的质量、绿色产品的促销，以及企业绿色形象的塑造，在消费者心目中建立起独特的认知价值，再根据消费者的认知价值确定相应价格。认知价值定价的关键是协调营销组合的价格要素和非价格要素，一方面使消费者的期望值与产品体验价值一致，另一方面使产品的定价与消费者的认知价值一致。只有这样才能让消费者觉得物有所值，对产品满意。

三、绿色渠道策略

渠道策略是市场营销成功的关键。企业的产品或服务必须经由一定的渠道才能到达消费者手中。绿色营销同样离不开销售渠道，并且由于绿色产品的特殊性，其分销渠道有自己的特点，选择的策略也与一般产品有所不同。

1. 绿色渠道的类型和特点

绿色渠道也称绿色产品分销渠道或配销通路，是指绿色产品从生产者手中转移到消费者手中所经过的由众多执行不同职能，具有不同名称的各中间商连接起来形成的通道。[①] 根据有无中间环节和中间环节的多少，可将绿色产品分销渠道分为以下几种基本类型（见图 13-3）。

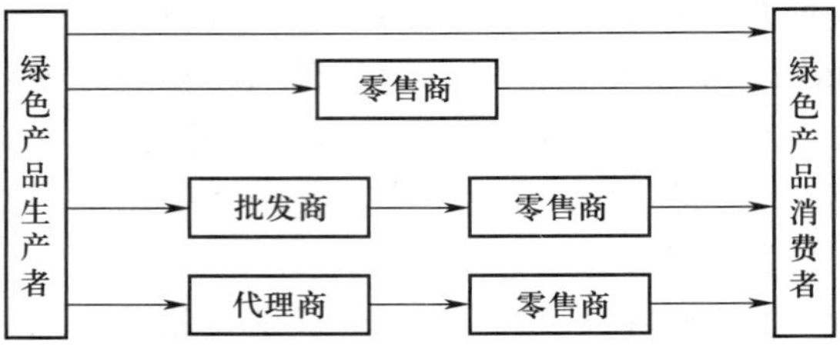

图 13-3 绿色产品分销渠道基本类型

① 万后芬. 绿色营销［M］. 北京：高等教育出版社，2001.

（1）零层渠道。零层渠道也称直接渠道，指没有中间商参与，产品由生产者直接销售给消费者的渠道类型。例如，企业通过自设的门市部、专卖店等来销售其产品。

（2）一层渠道。一层渠道是只包含一层销售中间机构的渠道类型。例如零售商，包括连锁店、超市等。

（3）二层渠道。二层渠道是包含两层销售中间机构的渠道类型。

基于绿色产品的特性，渠道层次相对较短。作为绿色产品的分销渠道，除了前向渠道（企业通过渠道将自己的产品或服务传递到用户手中）外，还有后向渠道（产品和服务从用户手中流向生产企业），如制造商的回收中心、专业废品收购企业等，都不失为一条重要的绿色渠道。

绿色渠道具有以下特点：① 产销一体化和国内外一体化。考虑到绿色产品的特殊性，要求生产和销售的有机结合。同时，考虑到绿色产品的国际化需要，也要求全面实行绿色产品生产、分销系统的国内外一体化。② 专门化与大众化相结合。由于绿色产品在包装、储运、销售、定价、消费等方面都有其独特的要求，以免在这些环节上造成二次污染，因此，绿色产品更有相对独立而专门的分销渠道及其网络。同时，作为人们日常生活的消费品，绿色产品更能达到便民、利民的目的。所以，绿色渠道要具有大众化的特点。③ 具有层次性和针对性。由于受消费观念与经济水平的限制，加之考虑绿色产品的成本较高，因此市场定位主要是面向高层次的，满足典型目标顾客的要求，具有较强的针对性。同时，也兼顾到不同层次消费者的需求。例如在分销点的选择上，既可以开设绿色产品连锁店，也可以在商场、超市设绿色产品专柜等。

2. 绿色渠道的选择策略

绿色渠道一旦建立便很难变动，因而绿色渠道的选择必须十分谨慎。通常情况下，绿色渠道的选择主要考虑以下几方面的内容。

（1）确定分销渠道类型。确定分销渠道类型是要确定渠道模式或渠道长度。是直接销售还是间接分销？是利用一层渠道还是两层渠道？是利用经销商还是委托代理商？企业可以沿用传统渠道模式，也可以创新渠道或同时采用多种渠道模式。通常情况下，企业会根据产品的特点、市场因素以及企业自身情况等因素确定分销渠道类型。例如，易碎和鲜活的产品应尽量减少中间环节；产品技术性能复杂，售后服务要求高的，渠道应该短些；市场范围大，潜在购买者多，可以通过若干中间商转售给最终消费者；产品质量好、信誉高的，可以自销或采用特许经营或多家经营渠道等。

（2）确定中间商数目。绿色产品生产企业要决定在每一渠道层次利用中间商的数目，即决定渠道宽度。一般而言，有密集分销、选择分销和独家分销可供选择。密集分销是指通过更多的批发商、零售商为其推销产品，目的是扩大市场占有率。例如，绿色消费品中的便利品就可以采用这种方式。选择分销是指在某一地区挑选几个最合适的中间商来推销其产品，目的是稳定市场竞争地位，维护产品良好信誉。比较适用于消费品中的选购品，尤其是有一定知名度的绿色产品。独家分销是指在某一地区仅选择一家最合适的中间商专门推销其产品，目的是控制市场、控制自己和中间商的服务水平。

（3）规定分销渠道成员的条件与类型。分销渠道成员的条件与类型主要包括价格政策、销售条件、区域划分权以及其他特殊服务等条件与责任。一般适用于具有特异型的产品。例如专利技术、名特优新产品，特别是绿色产品中的大件商品，如新能源汽车、绿色家电等。

3. 绿色渠道的管理

绿色渠道承担着将绿色产品从生产者手中传递到消费者手中的责任，而绿色渠道是由众多的渠道成员、销售环节所组成，涉及企业内外各个方面，因此必须加强对绿色渠道的管理，以确保其职能的实现。

（1）绿色渠道的分类管理。由于绿色渠道是由许多不同类型的中间商构成的分销网络，因此，首先要对各种渠道类型进行评估，以便确定企业可以选择的中间商类型。其次要为绿色产品分销选择渠道成员。一般应选择具有绿色信誉的中间商，他们通常不经营与绿色产品相排斥、竞争的产品，对绿色产品有比较全面的了解，便于他们专心地推销绿色产品。最后，对绿色渠道进行分类管理。如前所述，绿色渠道有多种类型，其管理方式也应该具有不同的特点。

（2）绿色渠道的评估与激励。对绿色渠道成员的工作业绩要定期进行评估。评估标准包括销售配额完成情况、平均存货水平、送货时间、损坏和遗失物的处理情况、在促销与培训计划方面的合作情况、贷款回收状况以及对顾客提供服务的情况等。企业可以通过较高利润、交易中的特殊照顾、奖金等额外酬劳、合作性资助等经济利益来奖励经营实绩优异、绿色信誉好的渠道成员，使他们保持工作的最佳状态。

（3）绿色渠道的调整与完善。为了适应市场环境的变化，企业必须定期对绿色渠道进行调整和完善。当市场环境发生较大变化时，比如消费需求发生变化、市场扩大或缩小、新的绿色产品问世、新的竞争者出现等，或者当企业本身发生重大变化时，例如经营目标调整、经营范围调整、经营战略调整等，都应该对原有的绿色渠道进行相应的调整和完善。例如，随着互联网时代的到来，网购成为消费者购物的方式之一，针对这种新的营销方式和渠道的出现，绿色渠道也应进行适当的调整和完善。

四、绿色促销策略

绿色促销策略就是围绕绿色产品而开展的各类促销活动的总称，其核心是通过充分的信息传递，来树立企业及产品的绿色形象，使其与消费者的绿色需求相吻合，巩固企业的市场地位。在绿色促销中，绿色广告、人员推销、公共关系、营业推广具有重要的作用，与传统的促销手段具有不同的特征。

1. 绿色广告

绿色广告同其他广告相比更强调企业产品的“绿色”特征，宣传企业的绿色形象，把绿色产品信息传送给广大消费者，刺激绿色消费需求。对绿色广告结构进行分析，有利于企业选择适当的广告方式，传播重要的绿色信息，高效地实现预定的目标。

（1）对绿色广告的特征进行分析。绿色广告的特征包括三个变量：第一，广告者的类型：是制造商、零售商，还是非营利组织？第二，广告的内容：宣传的是产品、服务，还是公司形象？第三，广告主角。

（2）对广告的绿色程度进行分析。广告的绿色程度是指广告中“环境关注”的程度。有的广告用词较为含糊，例如“环境友好”，就被标志为“浅色”；有的广告围绕环境事项进行讨论，被标志为“深色”。这种划分有助于判断绿色广告中的“环境关注”程度。

（3）对绿色广告目标进行分析。通常广告有四种目的：第一，促销绿色产品或绿色服务；第二，促销绿色企业形象；第三，传播绿色消费理念，影响消费者行为；第四，以公益组织或慈善机构成员的形式来赢得消费者的支持。

在对绿色广告结构深入分析的基础上，再对绿色产品的广告媒体进行选择。各种不同的传播媒介都有其特定的对象和特点，因此在选择媒体时，要充分考虑各种媒体的特性，结合产品的特征、广告接受者的偏好及广告预算水平，选择最适宜的媒介。各种主要媒体的特点见表 13-2。①

表 13-2　主要媒体特点

媒体	视觉特点	听觉特点	信息容量性质	保存性	成本	目标受众	时效性便利性
报刊	直观形象	无法表现声音动态	信息量大，可表达抽象性能	较易保存（杂志尤好）、重要性高	投入较少	较稳定，但受众范围有限	较差、不适宜登时效性强的广告
电视	视觉形象生动逼真，可直接展示产品形态色彩	听觉效果好	信息量小，较难表现复杂而理智的信息	不易保存	成本较高	受众面广、影响大	较好
广播	形象性差	听觉效果良好	较大	不易保存	成本较低	较稳定	传达信息较便捷且可将注意力分配到其他事物上
网络	形象性好	听觉效果较差	大	容易保存	成本较低	具有针对性	传达信息便捷、有较好的时效性

除此之外，绿色广告还应注意以下一些问题：① 正确选择绿色目标受众。由于绿色广告承担着向消费者传递企业和产品信息的使命，因此营销人员必须正确选择绿

① 万后芬. 绿色营销［M］. 北京：高等教育出版社，2001.

色目标受众，才能达到预定的广告诉求效果。例如，很多广告锁定女人（尤其是母亲）及儿童，是一个十分不错的选择。这是因为在人们的观念中，这两个群体都是弱势群体，特别需要关爱，因此，涉及这类群体的广告容易吸引眼球。② 确保绿色广告信息的正确性。绿色消费者通常会对广告持怀疑态度，这就要求绿色广告在传播信息时必须可信、真实，实事求是，才能提高消费者对绿色产品的可信度。现在随着媒体隔三岔五地曝光一些企业的不环保、不道德行为，使消费者对企业的可信度大打折扣。③ 绿色广告要有自己的特点。现在很多绿色广告采用田园风光、大海森林为背景，没有自己的特点，制作手法雷同，因而不能带来震撼人心的效果。而格力集团董事长董明珠为格力空调所做的广告词“使用光伏电源，不用电费”既抓住了求实、求廉消费者的心理，又符合环保理念，因此引起消费者的关注。

2. 绿色人员推销

绿色产品作为一种新产品，很多消费者可能对它缺乏了解，因而通过推销人员可以直接向消费者介绍产品的功能、产品的使用方法及其对环境的保护作用，还可以当场回答消费者提问。例如朗诗集团在推销自己的房子时，就安排营销人员着重介绍产品的恒温、舒适、低耗、环保等特色，以吸引消费者。因此人员推销不失为绿色促销的重要手段之一。

要使人员推销取得比较理想的效果，首先要求推销人员掌握产品的绿色特征以及企业在经营过程中的绿色表现。其次，要求推销人员了解消费者对绿色消费的兴趣所在以及对绿色产品的需求，回答消费者关心的环保问题。第三，推销人员应能协调消费者和企业之间的关系，并将有关绿色产品的信息反馈给企业，便于企业及时地调整和改进。

3. 绿色公共关系

绿色公共关系是树立企业及产品绿色形象的重要传播渠道。在绿色营销中，企业只有通过良好的公共关系，展示自己在绿色营销领域所做的努力，才能在公众心目中树立起良好形象。绿色公关能帮助企业更直接更广泛地将绿色信息传播到广告无法达到的细分市场，给企业带来竞争优势。

（1）绿色公共关系的主要对象。

绿色公共关系的主要对象包括消费者、政府、环境保护组织和大众媒体。

① 消费者。消费者是绿色公关中的最重要对象。由于消费者对绿色产品的认知不够全面和确切，因而公关人员必须有效地将绿色产品的信息传达到目标消费者，才能使绿色产品为消费者所知晓，并吸引其购买。例如，告知人们使用天然气不仅可以省钱，更重要的是，它是一种清洁能源，更干净。

② 政府。随着经济的发展，政府对保护生态环境、实现可持续发展日益重视。公关人员要遵守国家的法律、法规，同政府的发展目标保持一致，注意与政府之间的沟通，获得其好感，与政府之间保持良好的合作关系，或获得政府的有力支持，创造一个较为宽松的适宜发展的生存空间。

③ 环境保护组织。环境保护组织在绿色消费中起着重要的作用。它们拥有高度的社会责任感和一定的环保专业知识，在社会公众心目中具有良好的形象，建立了很高的

威信，对大众舆论和社会心理都具有很大的影响力。例如，绿色和平组织，生态保护组织等，如果企业的绿色产品能够得到他们的认可，就可以吸引社会公众的关注，引导舆论朝着有利的方向发展。所以，公关人员要重视和发展与环境保护组织的关系。

④ 大众媒体。新闻媒体对生态环境的关注程度日益提高，通过他们的舆论导向，可以帮助人们树立绿色消费观念，传播环境保护的思想，引导人们的绿色消费时尚，改变人们的生活方式等，所以要保持与大众媒体的良好合作关系，充分利用好这一信息传播的主渠道。例如，美国三大汽车公司的总裁都曾在美国 ABC 的 Nightline 节目上，解释和回答有关公司在系列绿色事件中的态度和角色，为企业树立了比较好的绿色形象。

（2）绿色公共关系的方式。

绿色公共关系的方式主要包括演讲、事件、出版物、新闻、信息服务机构和公众服务活动等。

① 演讲。企业管理者在一些会议和其他公众场合发表关于绿色问题的演讲。例如，1991 年美国营销协会召开绿色营销会议时，宝洁、可口可乐、柯达等美国的一些著名大公司的高级管理人员纷纷在会上发表演讲，通过此种演讲，向公众表达了企业对绿色问题的关注。

② 事件。绿色企业可以安排特殊事件来吸引消费者对本公司绿色新产品及公司其他事务的注意。这些事件包括新闻发布会、技术鉴定会、展览会及对环保组织或环境工程提供资助等可接触到消费者的方式。例如，有些企业对全国环保先进工作者评选颁奖活动给予赞助。

③ 出版物。公司在很大程度上依赖沟通材料来接触和影响目标市场。这些出版物包括绿色小册子、文章、视听材料和公司的业务通讯及杂志，可以告诉消费者产品所具有的绿色特性以及这种产品是如何生产或通过哪种绿色渠道到达目标市场。

④ 新闻。公共关系专家的一个重要职责就是善于发现和创造有关公司、产品及人物的新闻。公关人员不仅要掌握制造新闻故事的技巧，而且要掌握人际关系技巧和营销技巧，让媒体愿意接受新闻稿件或参加新闻发布会等。

⑤ 信息服务机构。某些企业和行业通过自身建立的信息服务机构、信息中心提供绿色信息，用以回答外界对企业的质询、疑问，并向消费者进行劝导。

⑥ 公众服务活动。公司通过慈善事业，特别是对有关保护环境的事业在时间或资金上给予支持，用以提高公众对公司的好感。

4. 绿色营业推广

绿色营业推广是企业用来传递绿色信息的促销补充方式。绿色产品作为一种新产品，需要有新的消费者，营业推广就是一种可行的促销方式。通常通过免费试用样品、馈赠、竞赛、优惠、有奖销售等形式来吸引消费者的眼球，让消费者真正得到实惠，从而增加消费者的“回头率”，提高企业知名度，稳定企业的市场份额。例如，浙江千岛湖养生堂饮用水有限公司在其生产的“农夫山泉”净水推进上海市场时，选择了 100 万名小学生作为赠送对象，并配合以公益广告，很快打开了市场销路。

第三节 绿色营销管理

绿色营销战略是一项系统工程。在我国绿色浪潮兴起之初，在各种基础都较薄弱的条件下，要想迅速发展绿色营销事业，除了依靠企业建立的绿色营销评价指标体系（如图 13-4 所示）以外，政府部门的大力支持是不可缺少的。

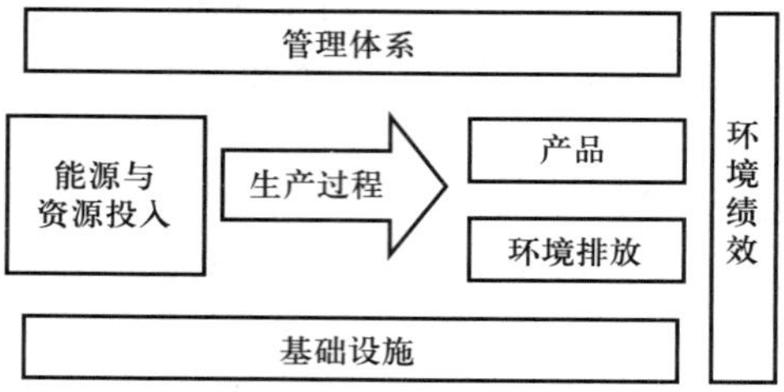

图 13-4 企业绿色营销评价指标体系

一、政府对绿色营销的管理

1. 把绿色营销纳入国民经济和社会发展的规划之中

在我国，国民经济和社会发展规划是宏观调控的主要形式，是合理配置资源的重要方式。把绿色营销纳入国民经济和社会发展规划，是政府发挥其职能和作用的重要方面，也是绿色营销切实有效进行的有力保证。在纳入规划的基础上，制定出绿色环境政策目标。例如工业污染控制规划目标、城市污染控制规划目标、水域污染控制规划目标、生态环境建设规划目标等，作为企业绿色营销具体行动的指南。

2. 完善绿色营销的法律体系

绿色产业发展的快慢主要取决于政府所选取的环境目标高低和环境管理标准的宽严。严格的环境法规，是企业开展绿色营销的强制保证。从 20 世纪 70 年代开始，我国开始加强环境立法，除在《中华人民共和国宪法》中列入保护环境和自然资源条款外，还制定了一批法律、法规、环境标准和行政规定。目前，我国已形成了相对比较完整的环境法体系，共八个方面：《中华人民共和国宪法》；《中华人民共和国环境保护法》；环境保护暂行法规；环境保护标准；环境保护行政管理机构组织法规；民法、刑法、经济法中有关环境保护的法规；地方环境保护基本法；国际环境保护公约。除此之外，我国还建立了与环境保护相协调的经济法律和社会法律，例如《中华人民共和国反不正当竞争法》对欺骗性交易等不正当竞争行为做了规定和限制；《中华人民共和国消费者权益保护法》对消费者享有的健康等权利，经营者应承担的义务及责任都做了具体规定；《中华人民共和国劳动法》，对职工的劳动条件、环境安全等做了具体的规定。

3. 绿色营销中的政策支持

为了实现社会经济的可持续发展和推进绿色营销，政府在发挥其管理职能中，应该实行正确的绿色政策。

（1）实行绿色产业政策。要调整产业结构，鼓励环保产业和节能产业的发展，严格限制浪费资源、污染环境的产业的发展，建立节约型的社会经济体系。当今世界，产业结构发展的趋势是，向资源利用合理化、废物产生减量化的生态工业发展模式转换，高投入低产出，资源能源消耗高的产业正逐渐消亡，一个以绿色产品为特征的新的全球性产业结构将风靡全球。

（2）实行绿色产品政策。要严格限制生产方式落后，浪费资源、污染环境的落后产品，大力发展低消耗、无污染、有利于人类长期健康的绿色产品。例如，生产可自然分解或生物降解的新型塑料，取代化肥等生产所采用的重金属催化剂，推广使用高辛烷值的无铅汽油，应用生物技术造纸和杀虫等。国际知名的化妆品公司雅诗兰黛、资生堂、迪奥推出的以植物成分代替化学成分的绿色香水，正成为时尚女性的最爱。

（3）实行绿色消费政策。要提倡和鼓励有益于人类长期健康发展的、无污染和节约资源的消费方式和消费内容。提倡朴实无华，讲究自然和谐，实用有效，节约；反对浪费和过度消费，反对过分装饰及不必要的包装效果。

（4）实行绿色增长方式政策。改粗放式的增长方式为集约经营的方式。政府应通过对产业发展的倾斜政策，尽可能发展轻污染、无污染的产业，加大那些技术含量高、加工层次深、产品附加值大的技术密集型，资本密集型产业的投入。

（5）实行绿色科技政策。要依靠科技进步，加强对资源的综合利用、重复利用、循环利用，推进废物资源化工作，使经济增长更多地依靠节约资源、降低消耗来实现。在这个方面，一些发达国家做了榜样。例如，英国利用高温处理技术，从废弃轮胎中提取各种燃料油，利用旧轮胎发电。德国建立了废旧电器回收责任制，所有电器公司均需回收废旧电器，以便再提炼利用。这些举措不仅节约了大量资源，而且减少了对环境的污染。

（6）在政策资金方面加大对绿色环保产业的扶持。绿色环保产业是被动产业，没有政府或企业的投入，就不会有环保业的兴盛。目前我国对环保产业在税收方面（企业所得税、增值税、固定资产投资方向调节税、土地使用税等）给予了一定的优惠政策，但是缺少资金和其他优惠政策扶持仍是目前的突出问题。因此，对绿色产业更进一步实行倾斜政策，完善绿色奖励政策，绿色企业可享有减免税、优惠贷款、加速折旧、发行绿色债券等权利，建立绿色基金和绿色银行，积极扶持绿色产业发展。

4. 加强绿色监督和调控

绿色营销是一项十分艰巨复杂的系统工程，除了需要政府的政策支持外，还需要加强绿色监督和调控。

（1）建立绿色管理机构。推进绿色营销这项工作，必须有相应的强有力的机构和组织的参与。我国于1993年年初成立了“中国绿色食品发展中心”，并于1994年加入了“有机农业运动国际联盟”。目前，我国已在各省、自治区、直辖市设立了绿色食品办公室，确定了绿色食品环境监测及环境质量评价机构，制定并颁布了绿色食品标志管理规章和办法。除了专门的政府机构负责此项工作外，还应鼓励和引导成立一些中介组织、民间或半官方的组织或机构，同时，要注意不同机构之间的职能划分，形成有机的统一整体，保证绿色管理机构的合理、高效运行。

（2）制定相关的绿色标准。为了适应环境保护的需要，1996 年国际标准化组织（ISO）推出了系列环境管理标准 ISO14000。它主要包括环境管理体系、环境审核、环境标志、环境行为评价、产品标准中的环境因素等。ISO14000 被称为企业生存的“绿色护照”。我国在 1996 年就逐步推行 ISO14000 认证，一些参加认证的企业也取得了较好的效果，但是应该承认，还不普及，有必要进一步推广。

（3）加强对绿色营销的调节工作。对绿色营销进行必要的调节，是各级政府发挥管理职能的重要方面。借鉴国外的经验，结合我国的实际，可以采取一些调节措施，如税收调节，即对那些需要鼓励的对象或项目实行减免税的优惠，而对那些需要限制的对象或项目课以较重的税赋。

二、绿色宣传和绿色教育

绿色营销作为一项系统工程，需要企业、政府等方面的努力，也离不开社会各界的共同努力。舆论宣传部门、教育部门、社会团体具有教育公众树立绿色意识、传播绿色信息、监督绿色营销等功能，对绿色营销的健康发展具有重要的作用。

1. 绿色宣传

（1）宣传部门对绿色营销活动的影响。

① 传播绿色知识。作为发展中国家，我国多数人尚未重视环境问题。在这种情形下，绿色宣传具有很强的前瞻性，它传播环境知识，倡导绿色消费，培养消费者的绿色意识，刺激消费者的绿色需求，从这个意义上讲，宣传部门堪称绿色营销的启蒙者。

② 发挥舆论监督作用。宣传部门借助媒体一方面可以及时报道和表彰环保方面的先进事迹，为绿色企业树立良好的公众形象，为绿色产品开展广泛的宣传；另一方面对污染、破坏生态环境的违法行为进行公开曝光和揭露，发挥新闻舆论的监督作用。通过媒体宣传，公众可以及时了解各类生态事件，拉近公众与事件的距离，扩大事件的社会影响，有助于推进绿色环境运动的发展。

③ 宣传绿色企业和绿色产品。绿色产品大多成本和生产工艺以及市场开拓费用较高，所以价格也较高，一般消费者难以接受。通过对绿色产品的宣传，使消费者了解绿色产品的优点和优势，这样可以加深公众对企业和产品的了解程度，扩大市场的需求量。给绿色企业发放特殊标志，可以利于消费者进行区分，从而增加信任度。例如，通过宣传，人们了解到美国安利公司生产的每一项日化产品都具有生物降解性能，不污染土壤水源。而且产品多采用浓缩包装，因而较其他同类产品减少 50%～70%的塑胶包装材料。同时公司还自设种植园，并且不使用农药和化学肥料，安利公司的产品及公司本身自然受到绿色消费者的青睐。

（2）各种绿色宣传活动。

要使可持续发展思想和绿色理念深入人心，必须大张旗鼓地进行各种绿色宣传活动。1972 年 6 月 5 日至 6 月 16 日，联合国在瑞典首都斯德哥尔摩召开人类第一次环境会议，会上建议联合国将此次大会的开幕日 6 月 5 日作为“世界环境日”，此建议在 1972 年 10 月第 27 届联合国大会上获得通过。此后每年的“世界环境日”活动都有不同的主题（见表 13-3）。

表 13-3 历年世界环境日主题

年份	主题	年份	主题
1974	只有一个地球	1997	为了地球上的生命
1975	人类居住	1998	为了地球上的生命——拯救我们的海洋
1976	水：生命的重要来源	1999	拯救地球就是拯救未来
1977	关注臭氧层的破坏，水土流失，土壤退化和滥伐森林	2000	让我们行动起来
1978	没有破坏的发展	2001	世界万物，生命之网
1979	为了儿童和未来——没有破坏的发展	2002	让地球充满生机
1980	新的10年、新的挑战——没有破坏的发展	2003	水——20亿人生命之所系
1981	保护地下水和人类食物链，防治有毒化学品污染	2004	海洋存亡　匹夫有责
1982	纪念斯德哥尔摩人类环境会议10周年——提高环境意识	2005	营造绿色城市，呵护地球家园
1983	管理和处置有害废物，防治酸雨破坏和提高能源利用率	2006	沙漠和荒漠化
1984	沙漠化	2007	冰川消融，后果堪忧
1985	青年、人口、环境	2008	转变传统观念，推行低碳经济
1986	环境与和平	2009	关注气候变化
1987	环境与居住	2010	多样的物种，唯一的地球，共同的未来
1988	保护环境、可持续发展、公众参与	2011	森林：大自然为您效劳
1989	警惕，全球变暖	2012	绿色经济：你参与了吗？
1990	儿童与环境	2013	思前，食后，厉行节约
1991	气候变化——需要全球合作	2014	提高你的呼声，而不是海平面
1992	只有一个地球——一齐关心，共同分享	2015	促进可持续的生活方式
1993	贫困与环境——摆脱恶性循环	2016	改善环境质量，推动绿色发展
1994	一个地球，一个家园	2017	人人参与，创建绿色家园
1995	各国人民联合起来，创造更加美好的世纪	2018	塑战速决
1996	我们的地球、居住地、家园		

中国也从 2005 年开始，在每年的环境日提出符合中国特色的主题（见表 13-4）。

表 13-4 历年中国环境日主题

年份	主题
2005	人人参与，创建绿色家园
2006	生态安全与环境友好型社会
2007	污染减排与环境友好型社会
2008	绿色奥运与环境友好型社会
2009	减少污染，行动起来
2010	低碳减排，绿色生活
2011	共建生态文明，共享绿色未来
2012	绿色消费，你行动了吗?
2013	同呼吸，共奋斗
2014	向污染宣战
2015	践行绿色生活
2016	改善环境质量，推动绿色发展
2017	绿水青山就是金山银山
2018	美丽中国，我是行动者

除此之外，与保护环境有关的宣传日有：① 2 月 2 日“世界湿地日”。② 3 月 22 日“世界水日”。③ 6 月 17 日“世界抗荒漠化及干旱日”。④ 12 月 29 日“国际生物多样性日”。

2. 绿色教育

教育是人类知识传承的主要方式，教育不仅使人们学到了各种科学文化知识，而且对个人的人生观、价值观的形成起着十分重要的作用。加强绿色教育是确立绿色思想、转变消费观念至关重要的一环。开展绿色教育，使消费者了解环境问题的严重性，增强消费者的生态、环境意识，教育人们控制无节制的消费欲望；树立合理消费，注重生态效应的绿色消费观念；提高消费者的素质，使绿色消费观念成为每一个消费者的信念，使人们特别是年轻一代懂得保护地球、减少污染、重视环保、节约资源，懂得珍惜自己的生态环境；让越来越多的消费者明确绿色消费是高尚的、理智的，使绿色消费真正成为一种受尊敬的高尚的社会流行。

开展绿色教育，尤其离不开学校教育。由于学校教育具有专业化、全程性的特点，因此具有很强的渗透作用，可以更深地植入环境保护的理念，影响价值观念，引导出保护环境的绿色行为。1996 年 8 月，国务院做出了《关于环境保护若干问题的决定》，明确指出在大、中、小学开展环境教育。这就为加快环境教育，普及环境知识，培养专业人才以及绿色营销的深入展开打下了坚实的基础。同时这种教育是终生的，不能仅仅停留在学生时代的教育，组织和社区也应该承担起延续教育的任务，形成无缝对接，使教育活动始终“在线”。

营销案例

巴塔哥尼亚（Patagonia）的绿色营销①

（一）案例介绍

巴塔哥尼亚于1973年由冲浪和登山爱好者依冯·乔伊纳德（Yvon Chouinard）成立，是集服装、背包、鞋品在内的高端户外品牌，秉承“制造更好的产品，避免不必要的环境伤害，通过商业经营寻找解决环境危机”的使命，制造全球户外人士及高端消费者钟爱的产品。巴塔哥尼亚位于美国加利福尼亚州南部的文图拉，在17个国家或地区拥有直营店，2012年在北京开了第一家门店，2014年进驻天猫，2017年销售收入约2亿美元。2018年，全球最具创新力公司50强榜单中，苹果第一，腾讯第四，巴塔哥尼亚名列第六。巴塔哥尼亚在全球最具创新力公司50强榜单的入选评语称：“它在履行社会使命的同时发展业务”。

巴塔哥尼亚从1993年开始呼吁环保，100%使用有机棉面料，推出回收塑料饮料瓶制成服装面料。其2000年与独立蓝标标准合作，对生产供应链的环节进行评估审查，保证符合环保标准和消费安全；2001年创立“1% For The Planet”（1%地球税）联盟，承诺每年将销售收入的1%捐给草根环保组织；2006年开展衣物回收活动；2015年支持草根活动者和鲑鳟类保护协会；2016年至今，呼吁保护塔斯马尼亚西北最后幸存的冈瓦纳天然原始雨林，并动员社会力量保护公共用地。

巴塔哥尼亚的绿色营销策略主要从绿色研发策略、绿色价格策略、绿色广告策略、绿色促销策略和绿色5Rs（Reduce-Repair-Reuse-Recycle-Reimagine）策略五个方面展开。

在绿色研发策略方面，巴塔哥尼亚采用的研发策略着眼于减少对环境不必要的影响，就面料而言，巴塔哥尼亚使用天然的有机棉和可回收、可再生的材料，为消费者提供高品质、高性能的环境友好型产品。迄今为止，巴塔哥尼亚的全球门店已回收了1 200万个塑料瓶用作服装面料的来源，大大减少了对石油的依赖。

在绿色价格策略方面，绿色价格是指企业将其环保方面的支出计入成本，成为绿色价格的一部分，这就意味着绿色产品的价格高于非绿色产品。巴塔哥尼亚致力于使用环保面料并融合高科技，为全球户外探险家、高端消费者和环保人士提供能够永久使用的高质量户外运动装备，因此其产品定价偏高。

在绿色广告策略方面，绿色广告是指在广告中加入环保观念，宣扬生态保护、资源节约、适度消费的绿色消费观。自成立44年以来，巴塔哥尼亚没有发布过一条电

① 朱蓉，方刚. 户外运动品牌的绿色营销策略分析：以巴塔哥尼亚为例［J］. 商场现代化，2019（1）：25-26.

视广告。直到2017年，巴塔哥尼亚才投入70万美元用于一分钟的电视广告来呼吁保护美国的公共土地。这则广告和巴塔哥尼亚的主营业务没有关系，但是这看似不相关的广告，却充分显示了社会责任感和保护下一代土地遗产的超前环保意识，巩固了其在消费者心目中作为环保先锋的形象。

在绿色促销策略方面，绿色促销就是摒弃以往单纯鼓励消费的传统模式，引导消费者绿色消费，把大部分的促销力量投入到环保相关的公益活动。北美黑色星期五（“黑五”）是全民购物狂欢节，各大商家无不进行各种促销暗示消费者购买。而在2011年的“黑五”，巴塔哥尼亚在美国《时代周刊》上发布了一则标语为“Don't Buy This Jacket”（别买这件夹克）的广告，并阐明生产一件R2冲锋衣需要135升水，释放20磅[1]二氧化碳。然而这样的反消费主义广告语，却赢得了消费者的倾心，巴塔哥尼亚“黑五”的销售额比去年同天提升了30%。在2016年的“黑五”，巴塔哥尼亚将当天的全部销售额约1 000万美元尽数捐出，用于环保事业。2017年以来，巴塔哥尼亚鼓励消费者不必通过买衣服间接捐出爱心，而是直接向公益组织捐献钱物。

在绿色5Rs策略方面，巴塔哥尼亚具体是从以下五方面来实施5Rs战略的。第一，制造耐穿的衣服，倡导不买不需要的；第二，提供售后修补服务；第三，帮助你卖掉或赠送你已经不需要的衣服，使其能够重复利用；第四，回收穿破了的衣服，使其不会被扔到垃圾山或焚烧炉；第五，和你一起期待这样的未来图景——我们将只使用自然能够降解的东西。2017年巴塔哥尼亚在全球已建立54家Reno修补中心，同时消费者还可以在官网找到能以6种语言显示的衣物保养和维修建议。

巴塔哥尼亚作为一家中小型规模的非上市公司，2016年的销售额达到8亿美元，是2010年的两倍之多。阔别已久的Capilene系列羊毛制品再次回归，并荣获2018年ISPO金奖，其发展如此迅速，且全球知名度高、影响力大，主要得益于其科学有效的绿色营销策略的实施，在制定公司发展规划和进行生产、营销、管理时，都时刻注意绿色环保意识的渗透，不仅身体力行，还将可持续发展的理念分享给公司员工、消费者、同行。

（二）案例实训

1. 巴塔哥尼亚是如何践行绿色营销的？

2. 你认为巴塔哥尼亚的绿色营销策略可如何加以完善？

学习思考

1. 什么是绿色营销？绿色营销有哪些功能？

2. 绿色营销具有哪些主要特征？与传统营销有何差异？

3. 如何理解和运用绿色产品策略？

4. 绿色价格策略主要包括哪些内容？

---

① 1磅约为0.45千克。

5. 企业应当如何运用绿色渠道策略？
6. 如何创新绿色营销模式和策略？
7. 你认为企业应当如何开展绿色营销策略管理？

科研练笔

1. 国内酒店行业的绿色营销策略研究。
2. 国内外绿色营销研究新进展及营销启示。

营销实战

调查一家汽车生产企业，分析该企业是如何开展绿色营销的。

关键术语对译

绿色营销	Green marketing
绿色消费	Green consumption
绿色体制	Green system
绿色产品	Green product
绿色包装	Green packaging
绿色渠道	The green channel
绿色广告	Green advertising
绿色监督	Green supervision
绿色教育	Green education
绿色观念	The concept of green
绿色科技	Green science and technology
绿色文明	Green civilization
绿色价格	Green price
绿色标志	Green sign
绿色促销	The green promotion
绿色公关	Green public relations
绿色宣传	Green propaganda

推荐阅读

1. 沈根荣. 绿色营销管理［M］. 上海：复旦大学出版社，1998.

2. 刘飞燕. 绿色消费：未来消费的必然选择［J］. 消费经济，2001，17（4）：14-15.

经典链接

1. 科尔尼管理咨询公司
2. 贝恩公司

参考文献

[1] 刘飞燕. 消费者行为学 [M]. 南京：南京师范大学出版社，2011.

[2] 马洪，刘中一，王梦奎. 中国发展研究：国务院发展研究中心研究报告选 [M]. 北京：中国发展出版社，1998.

[3] 刘飞燕. 关注农产品安全，倡导绿色消费 [J]. 商业研究，2002 (24)：147-149.

[4] 万后芬. 绿色营销 [M]. 北京：高等教育出版社，2001.

[5] 梅莉，左鹏. 绿色营销 [M]. 北京：中国财政经济出版社，2003.

[6] 温立虎. 绿色营销导论 [M]. 广州：中山大学出版社，2000.

[7] 陈志刚. 影响人一生的100个营销寓言 [M]. 北京：光明日报出版社，2005.

[8] 陈友泉，等. 生命之源拉响警报 [N]. 城市导报，1998-04-2.

[9] 孙佳华. 50年后：两个地球都不够用 [N]. 解放日报，2002-07-11.

[10] 刘彦. 绿色营销与企业发展 [J]. 中国科技论坛，1995 (1)：30-33.

[11] 万后芬. 企业必须重视"绿色营销" [J]. 北京经济瞭望，1994 (1)：19-22.

[12] 戴巧珠. 发展"绿色"战略，增长竞争优势 [J]. 外国经济与管理，1992 (11)：27-30.

[13] 王乃粒，诸大建. 自然资本论：关于下一次革命 [M]. 上海：上海科学普及出版社，2000.

[14] 陈春雷. 维他奶：时尚的"轻"营销 [J]. 新营销，2012 (12)：57-58.

[15] 李晏墅. 我国企业经营诚信的缺失与重建 [J]. 南京师大学报（社会科学版），2002 (4)：52-57.

[16] 贾利军，李晏墅，李金生. 系统论视角下的营销发展进程解析 [J]. 南京社会科学，2009 (9)：34-39.

[17] 李晏墅. 营销创新的灵魂：理念创新 [J]，经济管理，2006 (16)：16-20.

[18] 李晏墅. 知识经济时代市场营销的理念与战略创新探析 [J]. 苏州大学学报，2002 (1)：17-21.

第十四章
知识营销

营销寓言

对老虎发命令

有一个人在荆州做官时，山上的老虎常出来吃人和家畜。老百姓要求县官除去老虎。于是，县官下了一道驱逐老虎的命令，让人刻在很高的岩石上。凑巧那只老虎因故离开了荆州，县官就得意地认为他的命令生效了。不久，他被调到另一个地方做官。该地老百姓非常强硬，不容易治理。既然在岩石上刻命令就能制服凶恶的老虎，他认为用同样方法也能镇住识文断字的老百姓。于是他便让人也将命令刻在岩石上。结果，他不但没有治理好这个地方，反而因治理不当而被罢官。①

学习启示

县官墨守成规，既没有客观地调查、分析和掌握百姓的需求，也没有运用政治智慧有所作为，来满足百姓的需求。过去获得成功的经验，并不一定在新环境里奏效。面对新的市场需求，市场环境变了，顾客的消费心理变了，更需要企业能够充分发挥营销创造力，拓展营销的新领域，适时开展知识营销。知识型产品是对自然资源依赖程度低、对知识依赖程度高的产品②，是知识密集型、技术含量大、附加值高的创新产品。随着移动互联网、大数据、云计算、人工智能等新一代信息技术的快速发展，诞生了电子支付、电子商务、共享经济。苹果的Siri、百度的无人驾驶系统，还有击败了人类围棋冠军的智能机器人Alpha Go等知识型产品或服务层出不穷，令人惊叹。如何理解和发挥市场营销的创造力？如何实施知识营销策略？如何进行市场营销流程的重造和创新……这就需要通过本章的学习，了解知识营销的形成和发展，理解知识营销的内涵和特征，理解和运用知识营销策略和方法，设计和实施知识营销的业务流程。

---

① 王璞. 对老虎发命令 [J]. 人才资源开发，2016 (23)：79.

② 陆雄文. 管理学大辞典 [M]. 上海辞书出版社，2013.

第一节 知识营销概述

随着科学技术的进步和经济社会的发展，知识和信息逐渐成为一种重要的生产要素，知识成为影响企业获得竞争优势的关键因素。越来越多的企业致力于通过知识学习、知识生产、知识运用和知识转移等方式发挥知识在技术自主创新中的重要作用，以赢得核心竞争优势，创造丰厚的企业价值。在此发展背景下，知识营销应运而生。

达尔·尼夫的《知识经济论》宣告了知识经济时代的到来，人们越来越注重知识经济时代个人和企业的各项活动及其相关变化。① 世界经济与合作发展组织（OECD）于1996年发布了题为《以知识为基础的经济》报告，第一次正式使用“知识经济”的概念。随着知识经济对社会生产的影响不断深入，知识对旧的生产方式、生活方式、思维方式、价值观念、教育模式、市场行为、经营管理及领导决策等方面产生重大冲击，乃至对人类社会产生深刻的影响。在市场营销领域，人们提出了知识营销。

一、知识营销的产生

知识经济是建立在知识与信息的生产、储存、使用和消费基础上的经济。随着社会经济的快速发展和市场环境的不断变化，知识和信息对企业生产经营的影响日益广泛，企业在研发、生产、销售、人力资源等多个领域发生变化。在市场营销领域，消费观念、经营模式、营销方式、管理职能等方面发生了一系列转变，催生了知识营销的新模式。

1. 生产经营型企业向知识型企业转变

生产经营型企业向知识型企业的转变主要涉及产品研发、产品营销和营销管理等多个方面。① 在产品研发方面，知识要素在企业中的地位和作用日益突出，企业通过人才培养、组织学习、激励创新等多种方式进行知识投入，进行产品创新和工艺创新，引进智能型生产设备和工具，采用适应性强和个性化的柔性作业方式，生产知识含量高、多样化的产品，以满足多元化和个性化的特殊需要。② 在产品营销方面，企业在销售产品中要向公众宣传与产品有关的知识和技能，让公众在物质和知识方面均获得收益。③ 在营销管理方面，由于信息技术的发展，特别是互联网技术的广泛应用，为营销创新提供了新的条件。企业根据营销创新的需要，重新设计营销组织体系，调整营销管理模式，提高营销人员的综合素质，以适应市场的快速变化，把企业建成善于知识学习和知识运用的创新型组织。

2. 知识传播成为重要的营销方式

在知识经济时代，消费者的知识水平和消费能力普遍提高，消费观念、消费习惯和消费结构等方面发生不同程度的变化，个性化、智能化和全球化的消费需求逐渐成为一种市场发展趋势。这就需要企业必须具有高素质的营销人员，能够掌握各种营销

---

① 达尔·尼夫. 知识经济［M］. 樊春良，译. 珠海：珠海出版社，1998.

技巧，将与产品相关的知识传播给顾客。如果营销人员缺乏产品的先进技术、生产工艺、使用功能等相关知识，就无法对消费者进行产品宣传与推广，就不能满足消费者在选购和使用中的知识需求，消费者会对产品的功能和价值产生怀疑，营销就很难取得成功。因此，知识传播成为企业市场营销活动中的重要方式。

3. 知识管理成为重要的营销管理模式

知识管理的内容主要有：知识资产的创造、使用、保存和转让，人力资源的投资、开发、管理、运用，企业文化的提炼、形成和推广，知识资源的采集、创新、延续和使用等方面。在制定和实施知识营销策略中，企业要以市场为核心，充分整合与市场营销相关的信息和技术等营销知识资源，并与企业经营战略相协调，促进企业内部知识和外部知识的高度融合，从而优化市场营销的整体效果。知识管理有助于解决企业在信息管理、技术开发、市场分析等被管理职能分割的状况，从而把人力资源与信息资源、技术资源和营销战略加以有机结合，在市场营销中发挥重要作用。

4. 知识产权保护意识日益增强

在知识经济时代，消费者的知识需求在整个消费需求中的比重逐渐加大，知识产权及其知识保护成为关乎市场营销成败的重要因素。在发展创新型经济中，产品技术更新周期越来越短，产品更新换代的速度加快，新知识的寿命的不断缩短。面对高额的创新成本和激烈的技术竞争威胁，企业高度重视知识产权保护，健全知识产权保护的管理职能，呼吁并参与市场法治体系的建设，以保持企业在知识竞争中的优势。

5. 消费者关注人文精神需求

随着个性化、智能化和全球化的消费需求逐渐成为一种市场趋势，人们除了考虑产品或服务的使用价值和经济价值之外，更加关注产品或服务所蕴含的人文内涵，例如“生态消费”“生命观念”“地球村经济”“理智消费观”“知识消费”及“循环经济”等，在产品消费中兼顾身体健康、精神愉悦、环境保护、陶冶情操等人文需求，并进而发展成为理性消费的取舍标准。因此，关注人文精神需求成为市场需求发展的新趋势。

正是在市场营销中发生的一系列转变，知识营销成为企业在市场营销中转变经营观念、创新营销策略的必然选择，反映了产业结构优化升级和发展创新型经济的客观要求。

二、知识营销的内涵

对于知识营销的内涵，许多学者提出了不同的观点和看法：李霁友认为，知识营销是企业在国内外市场竞争中，运用知识和信息推动商品、服务等高层次经营销售的行为和方式，也就是说企业的销售额和销售量主要取决于知识和有效信息的积累与使用。① 刘清华认为，知识营销是营销组织在营销过程中注重提高知识含量，以营销信息流为主导，以知识创造市场的营销方式。② 罗江认为，知识营销是用知识架起知识

① 李霁文. 试论知识营销的特点及发展趋势［J］. 江苏商论，1999（6）：44.

② 刘清华. 论知识营销及其一般方法［J］. 商业研究，1999（8）：43-45.

生产到知识消费的桥梁，也就是把知识经济时代的营销工作和营销过程知识化。① 梁幸平认为，知识营销是指依靠知识资本的积累，信息的运用，技术及其产品的不断创新，普及消费知识，不断创造和满足市场需求，靠智能快速地创造企业价值，实现企业营销战略的一种管理活动。②

尽管理论界对知识营销的内涵没有形成统一的看法，但是对知识营销已经形成共性的认识：① 知识营销的主要方式离不开对消费者的教育；② 消费者教育的目的在于使消费者更加了解产品，熟悉产品；③ 消费者最终因重新认识到企业的产品而萌发对产品的需求。③ 因此，我们认为，知识营销是企业通过知识积累增加产品或服务的知识含量和人文内涵，运用各种营销手段向消费者进行知识传播，以不断引导和满足消费者的知识需求的营销策略和营销方式。

三、知识营销的特征

知识营销是一种全新的营销观念和营销方式，具有产品服务的知识性、营销人员的专业性、市场需求的引导性、营销管理的创新性、营销效益的综合性等特征（见图 14-1）。

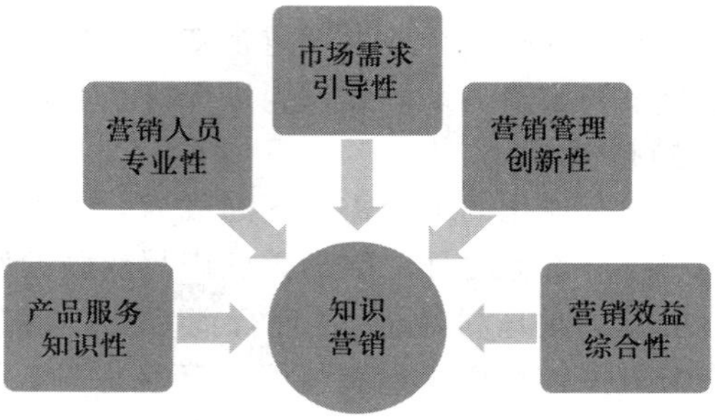

图 14-1 知识营销的特征

1. 产品服务的知识性

产品服务的知识性是知识营销中的产品服务具有较高的知识含量和人文内涵。在工业经济时代，消费者比较关注商品的物质需求；而在知识经济时代，消费者不仅关注商品的物质需求，而且关注商品所包含的知识、信息、技术、服务、管理、商誉、文化品位等知识含量和人文元素。因此，为了适应市场变化和满足市场需求，企业需要随时了解相关的市场动态和信息，及时引进新的技术设备，在知识营销中向产品或服务注入一定的知识含量和人文内涵，增加商品的高附加价值。因此，知识营销中的产品服务具有较高的知识性。

---

① 罗江. 浅论知识营销 [J]. 合肥联合大学学报，1999 (6)：36-39.
② 梁幸平. 试论知识营销 [J]. 中国工业经济，2000 (10)：62-66.
③ 杨学兵. 重析知识营销的概念与动因 [J]. 商业研究，2003 (22)：75-78.

2. 营销人员的专业性

营销人员的专业性是从事知识营销的企业和人员应具有经营管理和产品生产等方面的专业知识和能力。随着商品的知识含量和人文内涵不断增加，对营销人员知识、能力和素质提出了更高的要求。如果企业的营销人员不熟悉产品所包含的知识、技术、服务以及人文内涵，就很难解答消费者的疑问，导致消费者对产品的质量、性能、知识含量等方面产生怀疑，降低营销成功的可能性。因此，知识营销不仅要求营销人员掌握经济学、管理学、市场营销学等方面的专业知识，而且还要能够具备与产品相关的生产技术、生产工艺和服务水准等方面的专业知识，同时营销能够把产品的性能、使用、相关知识等给消费者做详尽的介绍和说明。因此，从事知识营销的人员需要具有较高专业水准和人文素养。

3. 市场需求的引导性

市场需求的引导性是知识营销注重企业能够发现、引导和创造消费者的现实需求和潜在需求。在知识经济时代，企业通过先投入研究开发新技术，并将新技术转化为新产品，通过大众媒体或小众媒体对消费者进行教育，影响和改变消费者的消费结构和消费水平，激发消费者的潜在需求，使消费者了解和接受新产品。因此，知识营销比较注重对市场需求的引导，甚至能够创造合理的消费需求，从而表现出市场需求的引导性。

4. 营销管理的创新性

营销管理的创新是企业在市场细分、目标市场选择和营销策略等方面进行营销创新。一方面，知识营销非常重视不同消费者的不同偏好，及时推出消费者需要的商品和服务，满足不同层次消费者的需求。另一方面，知识营销在于理性地引导消费者，创造新的需求市场。由于市场需求是弹性的，企业和营销人员通过各种手段和途径，对消费者进行知识含量和人文内涵方面的教育，激发消费者产生新的市场需求；针对新的市场需求开发和生产新产品，知识营销促进企业处于“生产—销售—再生产—再销售”的良性循环之中。因此，知识营销推动企业不断开展营销管理创新。

5. 营销效益的综合性

营销效益的综合性是知识营销注重经济效益、社会效益和生态环境效益相结合。知识经济给企业的生产经营管理提供了良好的经济社会环境。在生产经营过程中，企业不仅要关注自身的经济效益，而且要考虑到社会效益和生态效益。经济社会的可持续发展已经成为人类社会的发展趋势，当经济效益与社会效益或生态效益发生矛盾时，企业应顾全大局，首先考虑社会效益和生态效益。①

四、知识营销与传统市场营销的区别

根据知识营销的概念和特征，与传统营销相比，知识营销在营销环境、营销产品、营销方式、营销结果等方面具有显著差异。

---

① 罗瑛. 论知识营销［J］. 浙江社会科学，2001（1）：58-59.

1. 营销环境的不同

传统营销是工业经济时代的产物，资本在企业生产经营中占据重要地位。知识营销是知识经济时代形成和发展起来的营销理念、营销策略和营销方式，知识和信息在企业生产、经营管理中的地位和作用日益突出，消费者掌握较高水平的知识、能力和素质，消费理念、消费结构和消费层次等方面均发生了变化。传统营销和知识营销的营销环境具有明显不同。

2. 营销产品的不同

在传统营销方式中，消费者主要关注产品的使用价值和价值，也会在一定程度上关注产品所蕴含的文化内涵，但往往忽视产品的知识含量，因而企业生产的产品主要满足消费者的物质需求。在知识营销方式中，消费者不仅要关注产品的使用价值和价值，而且要更重视与产品相关的知识含量和人文精神，因而企业在满足市场需求中不仅向消费者介绍产品的功能和质量，而且向消费者进行相关产品的教育。传统营销和知识营销在知识层次和人文内涵等方面存在差异。

3. 营销方式的不同

传统营销主要靠广告、人员促销、公共关系促销等方式向消费者传达产品信息，企业处于营销信息传递的主动方，而消费者通常是被动接受，信息反馈速度缓慢并且有限，成本也较高。知识营销运用互联网等现代通信技术和通信手段，使企业与消费者之间“一对一”式的沟通和交流，了解和反馈消费者的消费需求，大大降低了营销沟通成本，提高了营销沟通的效率。

4. 营销结果的不同

传统营销的出发点和归宿通常是企业，以企业为中心来开展营销活动，最终实现企业利润的最大化。知识营销更关注消费者的需求，企业在满足消费者需求的过程中获得自身的发展。同时，企业在营销活动中不仅要考虑自身的经济效益，而且要关注社会效益和生态效益，将经济效益、社会效益和生态效益相统一。①

第二节 知识营销策略

知识营销并不仅是满足于巩固已有的市场份额，提高既有的市场占有率，而是把工作重心着眼于开拓新市场和创造新需求。知识营销是在对传统营销理论进行变革和创新的基础上，以“知识”为着眼点的营销思维体系。知识营销不同于传统市场营销，是传统市场营销在知识经济时代发展的新阶段。因此，知识营销策略包括知识营销的产品策略、价格策略、分销渠道策略和促销策略。

一、知识营销的产品策略

知识营销的产品策略是企业通过发现现实需求、引导潜在需求和创造新需求，在与消费者进行双向互动的营销沟通中开发新产品的策略。知识营销的产品策略强调实

① 周九常. 知识营销及其管理［J］. 情报杂志，2003（12）：5-7.

现两个转变：一是产品开发策略的转变，即由“发现需求”向“创造需求”转变；二是产品开发方式的转变，即由“单向产品开发”向“双向互动开发”转变（见图14-2）。

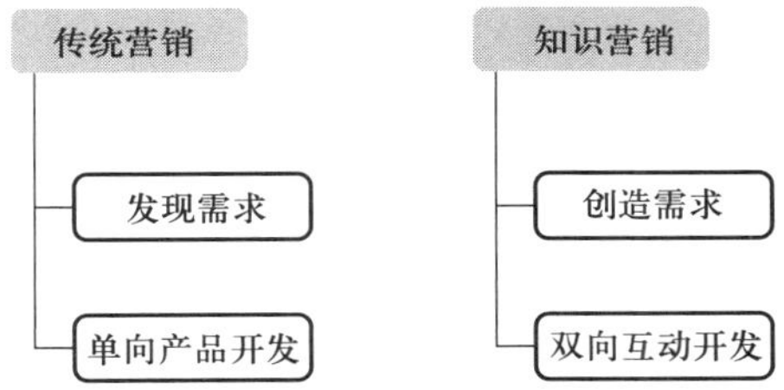

图 14-2 知识营销的产品策略转变

1. 产品开发策略的转变

在知识管理中，产品开发策略的转变是从“发现需求”转变到“创造需求”。传统营销理论认为，企业应通过市场调查、市场分析发现消费者的潜在需求，进而生产出产品来满足这些需求。在知识经济时代，这种发现市场需求的方式逐步丧失其实际意义。这是因为，高新技术产品和市场发展速度较快，许多消费者通常很难理解并接受高新技术和高新产品的实际价值和现实意义，往往经过很长一段时间也不会接受这些产品。例如，当世界上第一台个人计算机出现在市场上时，人们并不知道该如何使用这台机器，也不了解它的诸多功能，如果运用市场调查、分析预测肯定会得出“没有多少人需要这种产品”的错误结论。因此，在运用知识营销策略时，企业应当改变传统的目标市场选择的思路，先要对消费者宣传产品的前沿知识和高新技术，使消费者认识到这些产品的实际价值，从而在消费者群体中起到引导或创造一种新的需求。所以，以引发和创造市场需求为基础的产品开发策略逐渐取代传统产品开发策略。

2. 产品开发方式的转变

产品开发方式的转变是企业在知识营销中采取与消费者双向互动式的产品开发，来代替传统的单向产品开发方式。在传统营销理论中，产品开发是以企业为主体的单向开发模式，消费者是被动地接受企业开发的产品。在知识经济时代，消费者需求具有个性化、智能化和多元化等特点，企业的规模化生产已经无法适应市场发展的需要，而为不同消费生产具有个性化特点的产品。因此，企业在产品开发中要与消费者进行“一对一”的互动沟通，让消费者参与到企业的产品开发过程中，使企业开发的新产品充分地反映消费者的个性化需求。例如，通用汽车公司别克汽车制造厂，积极引导顾客参与设计自己订购的汽车，客户可以自己选择车身、车型、发动机、轮胎、颜色及车内结构，通过模拟现实界面，客户可以看到由自己参与设计出来的汽车，并可以不断更换部件，直到满意为止。这种做法有效地提高了顾客满意度。更重要的是，这种客户满意是始于产品生产阶段，因而为企业积累了宝贵的顾客资源。所以，知识营销主导的双向互动产品开发方式必将替代传统的单向产品开发方式，占据知识经济时代产品开发的主导地位。

二、知识营销的价格策略

与传统市场营销不同，知识营销的价格策略主要运用理解价值定价法和网上定价法等定价方法。

1. 理解价值定价法

在工业经济时代，企业主要采取成本导向定价法，即以企业生产商品的全部成本为基础，加上企业预期利润的定价方法。在知识经济时代，随着科学技术的飞速发展，产品的前沿知识和技术含量日益加大，原材料成本在总成本所占比例不断降低，而研究和开发成本则快速增加。据估算，一辆汽车的原材料成本占总成本的40%，半导体芯片的原材料成本只占总成本的13%，但它的研究、开发和试验等知识型加工费用高达70%。所以，传统营销理论中以成本导向的定价方法逐渐在知识营销失去应有的价值，理解价值定价法不断为企业所采用。

所谓理解价值定价法，是消费者根据其对产品价值的全面了解和认知，为产品制定合理的价格。例如，甲骨文公司向顾客大量提供与其服务相关的信息（如业务咨询能力、为顾客量身定做解决方案的能力、在线支援及培训支援能力等），其目的就是通过加强产品和服务的知识传播来形成公司对消费者的价值诉求，提高消费者对公司产品和服务的认知程度，进而制定出合理的价格。

2. 网上定价法

在传统营销理论中，产品定价是以企业利益为中心，企业不了解消费者对产品价格的接受程度，消费者通常是被动地接受产品的价格。在知识经济时代，现代通信技术为企业与消费者之间的沟通和交流提供了便捷的途径，以互联网为技术支撑的网上定价法逐渐成为一种新的定价方法。

所谓网上定价法，是企业与消费者借助于互联网对产品价格进行反复协商，从而获得一个双方都能接受的价格。从企业的角度来看，企业可以通过互联网建立与消费者的交流平台，并将交流获得的营销数据整理进营销数据库；再根据营销数据库的信息和数据（如消费者的消费心理、消费结构、家庭状况、购买习惯、对价格敏感程度等）进行分析，从而初步确定消费者能够接受的价格水平。从消费者的角度来看，消费者通过互联网了解到企业对于某个产品的价格水平，然后根据自己愿付能力通过电子邮件或在线交流等方式与企业进行议价。最终，两方根据议价结果确定该产品的最终成交价。由此可以看出，网上定价法可以兼顾企业与消费者的利益，达成两者的共赢。①

三、知识营销的分销渠道策略

根据知识经济的发展要求，知识营销的分销渠道策略是在4Ps营销组合中的分销渠道策略的基础上采用虚拟化策略和扁平化策略。

---

① 冷克平，郑爽，邢凯旋. 知识营销与传统营销的比较研究［J］. 技术经济与管理研究，2005（2）：87-88.

1. 虚拟化策略

在知识经济时代，信息高速公路使通信技术和物流方式产生了根本性变化，为虚拟化的分销渠道构建提供了技术条件。分销渠道的虚拟化策略是企业通过现代通信技术和物流方式，传输产品和服务的非实物性的分销渠道。例如手机版的报纸、娱乐休闲信息等，产品或服务订单、发货单、转移支付等，数字化的期刊、音乐、软件等，数字化的健康、购物等方面咨询服务。这些产品或服务的营销都可以通过虚拟化分销渠道来实现。

虚拟化策略一方面可以提高产品或服务的流通效率，比传统的分销渠道缩短流通时间，提高了产品或服务分销速度；另一方面，它能够大大降低企业的物流成本，同时可以在提高流通效率中缩短资金周转周期，提高资金使用效率，降低资金成本。这些运营成本的降低，使企业能够更好地让利于消费者，提高顾客整体价值乃至顾客让渡价值。对于消费者来说，虚拟化策略提供了便捷的购物或享受服务的途径，适应了知识经济时代快节奏的工作、学习和生活方式，从而获得价值增值服务。

2. 扁平化策略

在工业经济时代，企业需要建立复杂的分销渠道，形成商流、物流、货币流、信息流、促销流为一体的产品流通路径。以物流为例，企业需要通过运输商、中间商、经销商等多层流通环节，才能将产品从企业流通到消费者手中。这些分销渠道大大提高了企业的物流成本，同时流通效率也比较低。这种分销方式很难满足知识经济时代的消费需求。因此，分销渠道扁平化成为经济社会发展的新需要，扁平化策略便应运而生。

扁平化策略是企业通过优化供应链提高产品或服务流通效率而建立的分销体系。分销渠道扁平化并不是减少供应链中一个或几个环节，而是根据消费者的消费需求和增值服务需要，通过分销渠道的优化和调整，极大地缩小企业与消费者之间的距离，大大提高产品或服务的流通效率，使消费者能够更便捷地购物或享受服务。

四、知识营销的促销策略

根据知识经济时代信息和知识的传播特点，知识营销在市场促销中更多地运用网络广告和售前服务策略，构成了知识营销的促销策略。

1. 网络广告策略

网络广告策略是企业通过现代通信技术，运用声、光、色、文字等多媒体手段有针对性地向消费者营销宣传的促销策略。在传统营销理论中，广告宣传往往是针对所有目标受众，很少考虑目标受众的个体差异性，并且广告宣传多以灌输方式为主。随着经济社会环境的变化，传统的广告方式已经很难适应知识营销的需要，取而代之的是网络广告策略。

与传统广告宣传相比，网络广告策略具有四个鲜明的特点：一是网络广告能够对消费者进行有针对性的、差异化宣传，从而避免了传统广告针对所有目标消费群体千篇一律的宣传；二是网络广告能够与消费者进行交互式的沟通和交流，克服了传统广告灌输式的劝导；三是网络广告借助现代通信技术进行营销信息的传播和反馈；四是网络广告能够集声、光、色、文字等多媒体手段于一体进行营销宣传，增强了广告的感染力。因此，网络广告极大地提高了促销和沟通的效用，有助于建立消费者与企业的关联，使两者达成共鸣。

2. 售前服务策略

售前服务策略是企业在产品销售前对消费者进行产品相关知识和人文精神的宣传和教育，以增进消费者对产品理解和对企业忠诚的促销策略。在工业经济时代，企业比较注重售后服务，例如产品安装、维修和保养等。这种营销方式一般是以消费者充分了解产品为前提的。在知识经济时代，产品的功能日趋复杂，产品的相关知识往往使消费者很难理解和接受，因而传统的营销方式逐渐丧失其生命力，售前服务策略逐渐为企业所青睐。

售前服务策略的促销重点是在产品销售前对消费者进行产品知识的宣传，提高消费者对产品的认知程度。例如，比尔·盖茨斥资2亿美元，成立盖茨图书馆基金，为全球一些低收入地区图书馆配备最先进的电脑，又捐赠软件让公众接受电脑知识。可以明显看出，比尔·盖茨所做的就是“先教电脑，再卖电脑”的售前服务策略。设想一下，如果没有之前的知识服务，没有加强电脑知识传播与扩散的力度，怎么会有今天不断攀升的电脑普及率。因此，售前服务策略尤其适用于高技术含量产品的营销宣传，是促进企业快速抢占市场、赢得竞争优势的有力工具。①

综上所述，知识营销在产品、价格、分销渠道和促销等四个方面对传统营销策略进行理论创新和发展，是适合新的经济时代的产物。当然，知识营销的产品策略、价格策略、分销渠道策略和促销策略的运用需要借助于现代科学技术和手段，往往事先要进行一定的资金、技术等方面的投入，才能更好地发挥这些营销策略的作用和价值。

第三节 知识营销的流程与方法

一、知识营销的业务流程

在工业经济时代，传统营销的业务流程是从市场调查开始，经过市场细分、市场定位、目标市场选择，再设计产品策略、价格策略、分销渠道策略和促销策略（见图14-3）。整个业务流程以企业为中心，其基本前提是消费者对产品或服务具有充分的了解。

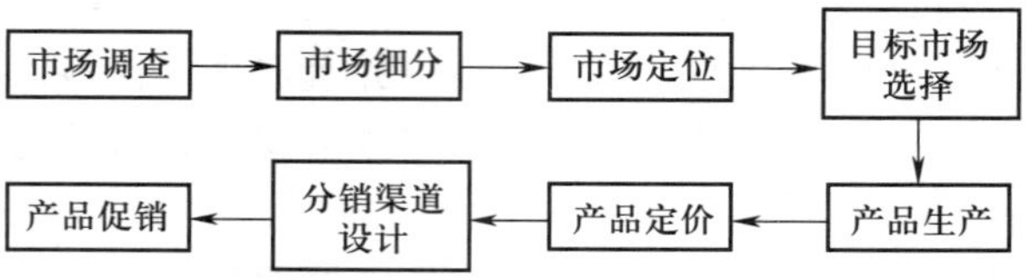

图14-3 传统营销的业务流程

① 冷克平，郑爽，邢凯旋. 知识营销与传统营销的比较研究［J］. 技术经济与管理研究，2005（2）：87-88.

在知识经济时代，知识与信息已经成为产品或服务中不可缺少的构成部分，直接影响消费者对产品或服务的选择和消费。与传统营销相比，这是知识营销的重要特征。因此，知识营销业务流程也发生相应的变化，即技术或产品创新→产品试用与完善→市场调研→市场细分→市场定位→知识沟通→知识服务→消费者（见图14-4）。①

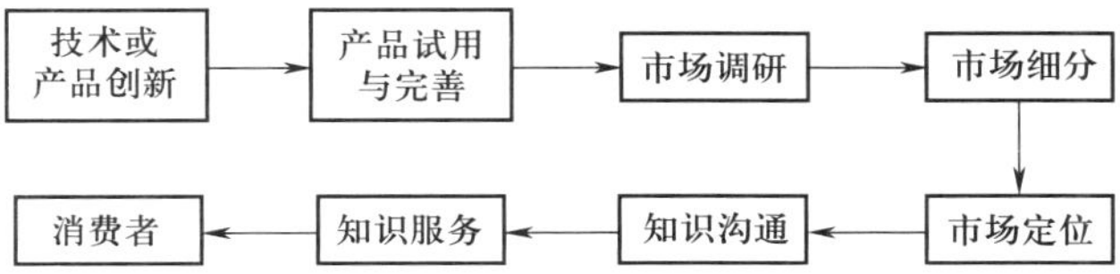

图 14-4　知识营销的业务流程

1. 技术或产品创新

与传统营销不同，知识营销更加注重发现消费者的潜在需求，引导和创造现实的消费需求。其中，潜在需求可能是消费者已经有明确的期望，也可能是消费者没有想象到的。例如，未来的数字化住宅应当具备哪些功能，能够满足业主哪些方面的需要？很多消费者很难做出明确的回答。因而，企业通常根据自身的资源、能力和条件，先进行技术或产品创新。通过技术创新或产品创新，让消费者认识到技术或产品创新的现实价值，从而使消费者激发对新产品的需求。

2. 产品试用与完善

由于技术创新或产品创新不一定十分成熟，需要将新产品让少数消费者先试用。在消费者试用之后，企业根据消费者的要求对新产品进行修改和完善，从而使新产品逐渐趋于成熟。例如，在 IT 领域，许多电子商务就是这样研发的。这也意味着企业不必像传统的产业那样首先对市场进行市场调查，了解顾客需要什么，然后生产产品来满足人们的需求。当然，它也不同于生产导向型、产品导向型和推销导向型的营销方式，它们所处的经济时代、市场供求状况、企业生产能力和消费者等方面均存在明显区别。

3. 市场调研

企业将试用与完善后的新产品推荐给消费者，并向消费者介绍产品的功能、价值及相关知识，进而调查和分析消费者对新产品的需求。如果没有现实的产品及相关知识，消费者不会轻易接受该新产品。例如，20 世纪 50 年代末，爱克森-施乐公司决定把复印机的技术专利转让给 IBM。IBM 为此做了市场调研，结果表明，即使研制的复印机完全占据了各类复印纸的市场，仍然不能收回投资，因此 IBM 决定不进入复印机领域。最后爱克森-施乐公司抱着复印机会具有良好的市场开发前景的坚定信念，坚持将复印机推向市场，同时注意引导顾客的潜在需求，最终获得了巨大的成功。这表明，知识产品的生产与上市不能像市场营销那样一开始就过分依赖于市场调研与预测所提供的信息，也不能依赖于市场定位、细分所选定的目标顾客。这是知识

① 陈又星，李春海. 知识营销的业务流程［J］. 经济论坛，2003（11）：46-47.

营销业务流程不同于市场营销业务流程的一个重大差异。

4. 市场细分和市场定位

在市场细分和市场定位上，知识营销与传统营销的市场细分和市场定位比较相似，其目的都是为产品寻找合适的目标消费群体。因而，传统营销中的市场细分和市场定位的相关理论和方法可以直接加以运用，这里不再赘述。

5. 知识沟通

知识沟通是企业对目标消费群体进行产品知识与人文内涵的教育和沟通，以提高消费者对创新产品的认知度和认同度。由于新产品的知识与信息含量较高，目标消费群体接受新产品、新知识和新的人文内涵需要一个过程，需要消费者摆脱传统消费观念的影响和束缚，以便更好地理解和接受新产品。例如，云媒体、果酸激素、珍奥核酸等专业术语令消费者在选择商品时不知何去何从。在知识沟通中，企业需要运用各种手段向消费者介绍新产品及其相关知识，解释消费者的疑惑，建立企业与目标消费群体的关联。

6. 知识服务

知识服务是企业在消费者选购和使用产品过程中向消费者介绍产品功能、使用方法等方面专业知识的活动。具有前沿知识或高新技术的产品往往具有复杂的专业知识，消费者在选择、购买和使用产品过程中不免会产生很多疑惑，这就需要销售人员、售后服务人员能够向消费者明确地讲解和说明，使消费者在购买产品中能够充分了解产品的特性和性能，在使用产品过程中充分发挥产品的最大效用。因此，知识营销要求企业、中间商或经销商的销售人员、售后服务人员必须熟练掌握产品的专业知识，提高销售人员和售后服务人员的专业水准，从而提高知识服务的质量和水平。

正确分析知识营销与传统市场营销两种业务流程之间的差异，有助于企业在知识信息经济中正确地研究和开发出能够创造新需求的产品，并借助于知识服务来更好地满足消费者的潜在需求，以在激烈的市场竞争中立于不败之地。①

二、知识营销的方法

知识营销是一项系统工程，营销人员不仅应该具有正确的营销观念和专业理论，还要能够合理运用知识营销的方法。每个企业所用知识营销方法，会因行业或产品等方面的特性不同而有所差异。②

1. 知识型营销人员的培养

知识营销的整个业务流程是由知识型营销人员通过创造性的工作完成的，知识型营销人员的知识和能力水平的高低及其利用程度从根本上决定了知识营销的成败。与传统营销不同，知识营销的中心从以往只注重业务量的增长转向注重质的提高，从降低成本和提高效率转向开拓新需求和提高顾客忠诚度。知识型营销人员存在的价值不

---

① 陈又星，李春海. 知识营销的业务流程［J］. 经济论坛，2003（11）：46-47.

② 李晏墅，乔均. 现代市场营销学［M］. 南京：东南大学出版社，2006.

再只是推销产品和服务，而是充当咨询顾问；不再是单纯向顾客推销产品，而应成为消费者购买的参谋。知识型营销人员要适应知识经济时代千变万化的市场需求，知识面广，对技术创新带来的营销观念、营销策略有一定程度的认识，还要将自己培养成为洞悉消费者行为、熟悉业务分析的专家。

为了有效培养知识型营销人员，一方面企业需要通过一定的组织制度和企业文化对知识型营销人力资源进行选拔、培训、考评、激励和管理，为知识型营销人员提供有利的物质条件、文化氛围和制度保障；另一方面，知识型营销人员需要加强自我学习和自我管理，树立不断学习、勇于探索和创新的信息，加强自身的职业生涯规划，并利用一切有利条件进行学习，提升自身的专业素养。

2. 全员营销意识的贯彻

知识营销并不是一项销售工作，而是涉及产品的研发、生产、销售、服务等各个领域，需要企业的全体员工的共同努力才能实现。因而企业需要贯彻全员营销意识。要贯彻全员营销意识，企业首先要打破传统的职能界限划分，融合整个企业的职能部门和岗位，成为一个有机的整体。其次，企业让全体员工（尤其是非营销部门的员工）形成一致的顾客价值意识和企业价值意识，从而提高企业开展知识营销的能力。

3. 树立以顾客利益为中心的营销观念

在知识营销中，实现顾客价值和实现企业自身的价值，不但不相互矛盾，而且在一定程度上前者可以被看作是后者的一个实现条件。企业只有在充分考虑顾客的利益，不断实现顾客的价值，才能在竞争激烈的市场上获得顾客的信任，赢得顾客的忠诚，从而给企业以最大的回报。①

4. 利用现代信息技术与消费者沟通

在知识沟通中，企业不仅要能运用传统促销手段，例如，举办知识讲座，利用电视、广播、报纸、杂志等传统媒体，进行科普知识宣传，而且还能够运用现代信息技术与消费者进行沟通，例如进行虚拟市场调研、产品设计、定制生产、网上宣传促销、网上直销、网上知识服务，真正实现知识营销所要求的网络化、智能化和定制化。

5. 长期化和终身化的顾客教育与培训

事实表明，顾客教育与培训在知识营销中具有非常重要的作用，能够创造顾客和保持忠诚顾客。企业对顾客进行长期化和终身化的教育与培训的内容是多方面的，可以是对顾客进行产品使用知识和操作技能的培训，主要包括产品的鉴别、挑选、使用、维护、保养、升级辅助等内容；也可以是向宣传企业文化，启发顾客尝试新产品，教育客户改变旧观念及传统的生活方式。顾客教育与培训不应只是销售前后的短期行为，随着产品不断更新换代，知识型营销人员应该将其落到实处，做到长期化和终身化。

① 周九常. 知识营销及其管理［J］. 情报杂志，2003（12）：5-7.

6. 营造愉悦的营销体验

在知识营销中，产品试用与完善、知识沟通和知识服务等环节均离不开消费者对新产品的知识体验，因而营造愉悦的营销体验显得十分重要。营造愉悦的营销体验包括三个方面：一是知识型营销人员的知识服务。知识型营销人员在知识服务中不仅态度谦和，情绪饱满，而且能够向消费者提供专业的咨询和产品应用方案。二是知识型营销人员的知识沟通。知识型营销人员在知识沟通中要能够从消费者的角度进行换位思考，根据不同宣传对象有针对性进行讲解，做到易听易懂，不能一味套用专业术语，并能对消费者的提问做出准确的回答。三是知识沟通或服务的环境和氛围。为了营造愉悦的营销体验，企业需要精心设计和布置知识沟通或知识服务的环境，并提供合适的技术和设备等方面的支持。例如，用电脑动画模拟产品的使用情境，并且尽量请顾客亲自参与整个过程，让其充分体会到身临其境的乐趣，将顾客购买产品的经历变成一次愉悦的情感体验，知识营销就容易成功。

企业在运用知识营销的策略和方法时，还需要注意以下几个方面的问题。

（1）选择合适的知识沟通方式。并非知识沟通方式越新颖，沟通效果就越好。例如，一些中老年消费者不熟悉网络，如果利用网络与他们沟通就会存在障碍。因此，企业要根据消费者的认知能力选择合适的沟通方式。

（2）不能随意地创造需求。知识营销中的技术创新或知识创新通常需要在资金、技术、设备和人才等方面做出大量投入。如果技术创新或知识创新不能在试用与完善后被消费者接受，企业就要蒙受重大损失。因此，企业要在更高层次上对顾客需求进行调查和预测，从而提高技术创新或产品创新的成功率。

（3）知识营销不是传统市场营销的一个具体方法。知识营销是一种理念和思想，企业在设计营销战略时，应该将知识营销的策略和方法纳入决策过程中去。

（4）关注知识型营销人员的需求。在知识营销中，消费者需求的满足需要依靠知识型营销人员。如何让知识型营销人员更好地满足消费者需求，首先要关注知识型营销人员的需求。企业应当根据知识型营销人员的需求，从物质层面和精神层面采取相应的激励措施，以充分调动知识型营销人员的工作意愿，有效地发挥他们的工作能力。①

营销案例

绿源：常青树的密码②

（一）案例介绍

1996 年，绿源起步于浙江金华。基于产品研发的初步成形以及对市场的坚定期

① 桂煜航. 关于知识营销及其方法的研究［J］. 科技进步与对策，2002（7）：83-84.

② 王玉，张旭. 绿源：常青树的密码［J］. 销售与市场，2013（11）：58-63.

待，1997年7月，绿源公司成立。星星之火可以燎原。终端推销成了绿源引爆市场的导火索，其终端网点迅速拉开，得以快速发展。2000年以后，绿源已经直面大陆鸽、小羚羊、千鹤等当时的电动车领导品牌的竞争。2005年，绿源坐上了行业第一的宝座。这期间，绿源的品牌主张更多地体现在对终端的建设、对经销商的一系列培训和对消费者的贴心服务上，用品质赢得消费者口碑，以达到润物细无声的效果。理性是绿源品牌建设的基调，而且，每年都实现了30%~50%的稳定增长，这种状态，一直保持到2012年。

2012年，低调潜行多年的绿源开始变革。此时，绿源不仅是行业翘楚，而且位列行业第一阵营多年。这年12月，绿源签约王力宏作为形象代言人。王力宏的内外兼修和绿源的秀外慧中相匹配，蜕变已经开始。随之而来的是铺天盖地的电视广告，其广告投放力度已经与爱玛、雅迪并驾齐驱，在行业内遥遥领先，彰显了绿源战略转型的决心和信心。目前，电动车行业格局初定，由绿源、新日、爱玛、雅迪等“四大家族”领军行业发展。那么，绿源背后的成长逻辑到底是什么？

1. 品牌战略——适度的张扬

绿源为自己品牌发展注入特有的内涵：专业、专注、亲情、理性。基于这样的品牌宗旨，绿源在品牌推广上也是徐徐图之。先是小火慢炖，待时机成熟，则大火引爆，以成燎原之势。从品牌建设初级的内功修炼，到用品质赢得消费者口碑，达到润物细无声的效果。彼时，理性是绿源品牌建设的基调。2012年是个分水岭，以请王力宏代言为里程碑事件，绿源开始在构筑品牌高度上大刀阔斧地进行战略投入。

2013年《中国好声音》第二季强势来袭，绿源携手王力宏助阵《中国好声音》。除去常态的广告轰炸，绿源在8月28—30日策划了一场竞猜互动活动，如加入绿源电动车微信平台，并且竞猜任一组PK胜方，就有机会获得王力宏演唱会门票、签名CD、签名照片、纪念版T恤等。活动发布仅3天，微信收到的回复信息近5 000条。同时，在结合线上活动的同时也在线下推出系列主题活动，一夜之间，绿源遍布全国各地的终端门店焕然一新，门头喷绘、橱窗海报、X展架等均更换成了王力宏助阵《中国好声音》的主题活动……

从线上的互动，到线下让利，这种线上线下互动的营销模式，最终达成多方共赢，绿源的整合营销显得得心应手。而全国几千家门店在短短几天内步调一致，显示出绿源团队强大的执行力。

另外，值得一提的是，绿源是电动车行业最早应用网络营销的企业，通过微博、微信、微电影等新媒体营销平台的整合应用，有效地提升了绿源的品牌知名度。如2012年绿源筹备了电动车行业首部微电影《在路上》，为电动车行业带来一股新风尚。这部影片承载了绿源15年的文化内核和理念宗旨，是电动车行业首个尝试利用微电影进行品牌历史描述的企业。在2012年企业社会责任与公共关系高峰论坛上，《在路上》还被评为2012“最具公众影响力”公益微电影。

2013年，绿源突破性地联合媒体开始执行系列公益活动，在全国11个省份展开媒体、消费者互动活动，打造“爱在路上”等系列主题活动，突破了行业单一的促销模式，销售增长的同时，也使绿源的品牌力得到进一步的提升。这种系统的、立体的品牌战略无不加速了绿源的快速发展。

2. 产品突破——小步快跑，快速迭代

绿源告诉我们的品牌真相是：只要你是实体产品，产品永远比品牌重要。电动车是一个门槛较低的行业，90%以上的中小品牌，在新品开发上放弃了自主研发。在2006—2011年间，电动车企业开始井喷式发展，行业迎来了“车海时代”，但随着市场的饱和与消费者需求的不断变化，同质化的问题逐渐浮出了水面。

一直以来绿源豪华款在行业内有口皆碑，南方市场销量极佳，北方市场由于对简易款车型的忽略而显得相对薄弱。从2012年开始，除了安全舒适的标准维持不变以外，绿源通过产品设计的突破和升级，推出了多款轻巧、简约、极具时尚个性色彩的简易款车型，引发了新一轮电动自行车市场的设计竞赛。2012年4月，在上海举办的第22届中国国际自行车展览会上，绿源共展出了14款车型，其中，绿源LS-2L车型在展会开幕仪式的创新产品评选颁奖仪式上获得了创新产品奖。绿源开始重视简易款产品的研发，并迅速崭露头角，很多自主原创的设计被同行争相学习和模仿。更重要的是，产品的快速迭代，成就了个性化消费时代绿源品牌形象的时尚转型。

绿源的时代骑士MG-4820TY车型的推出，更是引领了电动车行业的时尚潮流。该车前面液压减震，碟刹，配有鞍座锁，配有原装电池防盗铁板，液晶显示仪表，前大灯采用汽车氙气大灯原理，灯光特别亮，同时灯罩采用绿源特别开发的新型散热材料，可以承受200℃以上高温，是一款上档次、有品位的高端专利车型，深受年轻一族的喜爱。

不仅如此，在设计创新的基础上，品质的管控也是绿源产品的差异化所在。一辆电动车的生产完成，需要经过几次质检？在绿源，至少要经历5个轮次：（1）配件要通过企划中心、技术中心、质量中心这几关，符合需求，才有可能供货。（2）配件要送到检测中心检测，并且符合绿源企业标准，绿源内部所生产的配件也不例外。（3）配件到货后，要经过进货检验部门的检验，检查合格后才能入库。（4）在流水线上，总共有近十道检查流程，如流水线巡检，成品车检验，复检，试骑检测，包装出厂检验等。（5）经销商产品入库时也需检验。另外消费者选定车型时，维修工装车时也要经过整体调试。

3. 技术创新——执着的安全久远

作为电动自行车行业领域的开拓者之一，绿源集团以技术研发起家，从研发出第一辆电动自行车起，绿源始终把技术创新作为长久之道。绿源内部有完备的生产制造体系，使得绿源能够对电池、电机、控制器、充电器、车架、轮毂、表面处理等一系列的关键部件进行自主研发和制造。绿源还在行业内首次预言锂电池取代铅酸电池将是大势所趋，率先进军锂电车领域，掀起了电动自行车行业的“二次革命”。例如智能充电器。绿源当前已经在采用第五代充电器，是内嵌微电脑的智能充电器，巧妙地把CPU、MCU引入充电器中，加入防热失控功能，为消费者的安全增加一道保险墙。接下来，绿源甚至构想研发有显示功能的充电器，实现人机对话。再如轮胎革命。真空轮胎加上补胎液，绿源就可以让电动车驾驶者至少3年无破胎之忧。

4. 管理变革——组织的执行力

在变化的环境中“创造性地适应”一直是绿源坚守的准则。绿源的管理变革从来没有停止过。早在2003年，绿源提出“学习海尔，创新绿源”的口号，在企业内部讲管理、讲数据、讲信息化。绿源现在拥有行业一流的信息技术平台。利用OA（办公自动化）系统和ERP（企业资源计划）系统实现对信息、资源的有效管理和调控。日常办公、销售订单、仓储管理、采购配套、网上结算等一系列工作均可通过IT平台进行，保证了整个管理体系顺畅、高效、准确地运转，使产供销融为一体。

2006年，绿源引入丰田的PPS精细化管理，在这个基础上形成绿源的生产管理系统LPS。这直接带来的是成本的节约，形成全员参与的意识，从生产到制造，再到管理，提倡并让每一个员工参与其中。

2012年7月，绿源开始打造分公司模式，变过去的集权制为“联邦制”，激活市场主体，实现集团总部、销售团队、核心经销商的三合一，目前全国已有9家分公司。过去绿源要管理2 000多个经销商，点多面广，出现很多市场断层和盲点，现在集团只要管好十几家销售子公司，就能纵向到底、横向到边。

5. 企业文化——利益共同体

绿源始终坚定地认为：人力资源是最宝贵的财富、最优质的资产，比任何设备、厂房和金钱都更有价值，更值得骄傲！绿源员工比较稳定，人员流动较小，经销商也大多具备非常高的忠诚度。可以看到的是，在企业内部，员工的精神风貌极佳，经销商亦经常来企业交流学习，厂商关系十分融洽。这些都是绿源的总部政策能高效执行的关键。

绿源在团队内部打造了独具特色和魅力的绿源文化，用“三个一”培养出组织成长的容器：(1) 一个共同的价值观：绿源一贯认为企业应该向每个员工负责，同时员工也应该承担对企业的责任，并通过自身的努力为企业的发展做出贡献。我们彼此以诚相待，团结协作，为了共同的价值目标不懈努力。(2) 一个温暖和睦的大家庭：我们每个人亲如兄弟姐妹，彼此尊重，和谐相处。在这个大家庭里，我们共同享受工作和生活遇到的风风雨雨，共同面对一次次的机遇和挑战，因为我们是一家人。(3) 一所共同学习进步的学校：学习创新、持续进步是绿源这所学校的校训。我们努力为每一位绿源人创造一个良好的学习氛围，这里有一群永不知足、求知若渴的人，也有一群乐于分享、诲人不倦的人。我们期望着每个人都能和绿源一起进步和成长。

（二）案例实训

1. 绿源公司的成功是否与知识营销有关？为什么？

2. 结合所学知识营销理论，你认为绿源公司今后可以采取哪些营销措施？

学习思考

1. 如何理解知识营销的内涵和特征？

2. 如何理解和运用知识营销的产品策略、价格策略、渠道策略和促销策略？

3. 与传统市场营销相比，知识营销的业务流程具有哪些特殊性？

4. 知识营销主要采用哪些营销方法？

科研练笔

1. 经济转型中的知识营销策略研究。

2. 高技术企业知识型营销人员的开发策略研究。

营销实战

调查一家智能手机的应用程序商店（例如苹果手机的iTunes商店、安卓手机的Play Store、黑莓手机的BlackBerry App World）的运营方式，并分析其知识营销策略。

关键术语对译

知识营销 Knowledge marketing　　人文精神 Humanism
经济效益 Economic benefit　　社会效益 Social efficiency
生态效益 Eco-efficiency　　高技术产业 High-tech industries
创新扩散理论 Diffusion of innovation theory
高峰负荷定价 Peak-load pricing　　清理定价 Clearance pricing
产品开发流程 Product development process
网络广告 Online advertising　　直复营销 Direct response marketing
售前服务 Before sale service　　云媒体 Cloud media
知识服务 Knowledge services　　全员营销 Full marketing
知识型营销人员 Knowledge marketing personnel
知识沟通 Knowledge communication

推荐阅读

1. 李晏墅，胡海. 营销创新：企业经营智慧的觉醒［M］. 北京：人民出版社，2004.

2. 梁幸平，任君庆，等. 知识营销［M］. 修订版北京：经济管理出版社，2002.

经典链接

1. 达特茅斯大学塔克商学院
2. 罗兰贝格国际管理咨询有限公司

参考文献

[1] 达尔·尼夫. 知识经济 [M]. 樊春良译. 珠海：珠海出版社，1998.
[2] 李霁文. 试论知识营销的特点及发展趋势 [J]. 江苏商论，1999 (6)：44.
[3] 刘清华. 论知识营销及其一般方法 [J]. 商业研究，1999 (8)：43-45.
[4] 罗江. 浅论知识营销 [J]. 合肥联合大学学报，1999 (6)：36-39.
[5] 梁幸平. 试论知识营销 [J]. 中国工业经济，2000 (10)：62-66.
[6] 杨学兵. 重析知识营销的概念与动因 [J]. 商业研究，2003 (22)：75-78.
[7] 罗瑛. 论知识营销 [J]. 浙江社会科学，2001 (1)：58-59.
[8] 周九常. 知识营销及其管理 [J]. 情报杂志，2003 (12)：5-7.
[9] 冷克平，郑爽，邢凯旋. 知识营销与传统营销的比较研究 [J]. 技术经济与管理研究，2005 (2)：87-88.
[10] 陈又星，李春海. 知识营销的业务流程 [J]. 经济论坛，2003 (11)：46-47.
[11] 李晏墅，乔均. 现代市场营销学 [M]. 南京：东南大学出版社，2006.
[12] 桂煜航. 关于知识营销及其方法的研究 [J]. 科技进步与对策，2002 (7)：83-84.
[13] 王玉，张旭. 绿源：常青树的密码 [J]. 销售与市场，2013 (11)：58-64.
[14] 李金生. 国家自然科学基金面上项目“高技术企业自主创新的风险传递、公众风险认知与创新投资关系研究”阶段性研究成果.
[15] 李晏墅. 知识经济时代市场营销理念与战略创新探析 [J]. 苏州大学学报，2002 (1)：17-21.
[16] 李晏墅，卞曰瑭，李金生. 基于经营安全的企业社会责任演化机理 [J]. 经济管理，2009 (5)：89-94.
[17] 贾利军，李金生，李晏墅. 从主体性管理到主体间性管理：管理范式的后现代转型 [J]. 江苏社会科学，2010 (1)：73-78.
[18] 李晏墅，陈晓东. 核心竞争能力研究若干学术流派述评 [J]. 经济学动态，2003 (3)：83-85.
[19] 李金生，丁丽. 企业知识联盟动力机制研究 [J]. 南京师大学报（社会科学版），2008 (2)：68-73.
[20] 李金生，李晏墅，周燕. 现代营销决策研究新进展及启示 [J]. 南京社会科学，2013 (12)：29-35.

第十五章
网 络 营 销

营销寓言

蜘蛛与狮子

狮子是草原上的杀手，具有敏捷的身手和强有力的下颚与利爪。它捕猎的对象主要是老弱病残的动物，很少捕食成年的猎物；捕猎方式很单一：首先是确定目标，绕到目标的背后潜伏起来，紧接着慢慢靠近目标，最后扑向目标再咬住目标的颈部使其窒息。它的捕猎成功概率仅为20%。蜘蛛虽然没有狮子的利爪和牙齿，却有一套独特的捕猎方式——蛛网。蛛网的结构复杂，不仅能困住猎物，而且能消耗猎物的体力和探测危险的来临，通过振动来传达猎物掉入网中的信息，蛛网自身的特殊结构也能使它承受很大的拉力而不被破坏。蛛网还可以扩大蜘蛛的狩猎和警戒范围。蜘蛛狩猎的成功率达到80%。

学习启示

蜘蛛与狮子两者本身是无法比较的，但是从狩猎成功率的比较可以发现，蜘蛛是网络式狩猎，事半功倍；狮子是单一式狩猎，事倍功半。对于一个公司的生存和发展来说，“蛛网”模式是一种较为切实可行的、具有仿生意义的营销策略，即采取双向沟通的网络式营销。现代企业如何巧妙地利用蛛网模式开展网络营销，从而快速有效地提高企业的市场竞争优势，这就需要通过本章的学习，认识网络营销与传统营销的异同，理解网络营销的内涵，掌握网络营销策略的价值及其应用。

第一节 网络营销概述

一、网络营销的产生

21世纪，人类迅速进入数字化时代，网络营销改变着工业化社会传统的物化营销模式。互联网对于传统的市场营销最具革命性的影响就在于缩短了生产与消费之间的距离，减少了商品在流通中诸多环节，消费者可以直接在网上完成购买行为。根据《2019年全球数字报告》，2019年互联网用户为43.9亿，每天增加100万用户。以互联网为核心支撑的电子商务市场营销已经逐渐成为商业市场上最重要的交易形式之一。

1. 网络营销的技术条件

互联网是一种集通信技术、信息技术、时间技术为一体的网络系统。互联网上各种各样的服务，特别是连接、传输、互动、存取各种信息的功能，使得互联网具备了商业交易与互动沟通的能力。现代通信技术的发展为网络营销的产生提供了条件。①

网络营销的产生是科技发展、消费者价值观变革、商业竞争等综合因素所促成的。国际互联网正迅速进入人们的日常生活，渗透到社会政治、经济、文化的各个领域，并带来社会经济和人们生活方式的重大变革。越来越多的企业已认识到国际互联网对企业经营发展的重要作用。

2. 网络营销的观念条件

消费者的观念随着科技的发展、社会的进步和文明程度的提高而不断变化，为建立在互联网之上的营销提供了条件和可能。网络营销中，消费者所扮演的角色由被动向主动转变，使得企业越来越重视为顾客创造价值。

（1）消费主动性的增强。由于商品生产的日益细化和专业化，消费者购买的风险感随着选择的增多而上升。消费者会主动通过各种途径获取与商品有关的信息，并进行分析比较，以减少购买失误。

（2）对购物方便性的追求。消费者工作负荷较重，希望购物方便，以尽量节省时间和精力。对于那些对某些品牌的商品形成固定偏好的消费者，这一需要尤为重要。

（3）个性消费的回归。消费者以个人愿望为基础挑选和购买商品或服务，心理认同感是购买决策的先决条件，以商品多样性为基础的独享成为社会时尚。

（4）价格是影响购买的重要因素。虽然现代市场营销倾向于以各种策略来削减消费者对价格的敏感度，避免恶性价格竞争，但价格始终对消费者产生重要的影响。

（5）对购物乐趣的追求。现代人的生活丰富多彩，购物活动不仅是消费，也是

---

① 卢泰宏，杨晓燕．互联网教程［M］．广州：广东经济出版社，2000.

心理需要，很多消费者以购物为生活内容的一部分，从中获得享受。

当今企业正面临前所未有的激烈竞争，市场正由卖方垄断向买方垄断演变，消费者主导的营销时代已经来临。在买方市场上，消费者将面对更为纷繁复杂的商品和品牌选择，这一变化使当代消费者心理与以往相比呈现出一种新的特点和趋势。正是由于技术发展和消费观念的变化，网络营销应运而生。

二、网络营销的概念及特点

1. 网络营销的概念

目前理论界对“网络营销”还没有形成一个公认的、完善的定义。在国外，网络营销有许多说法，如 Cyber Marketing、Internet Marketing、Network Marketing、E-Marketing 等。不同的说法有着不同的含义，Cyber Marketing 主要是指在虚拟的计算机空间（Cyber，计算机虚拟空间）进行运作的营销活动；Internet Marketing 是指在互联网上开展的营销活动；Network Marketing 是在网络上开展的营销活动，这里的网络不仅指互联网，还可以是一些其他类型的网络，如增值网络 VAN。目前，比较通用的英文是 E-Marketing，E-表示是电子化、信息化、网络化含义，既简洁又直观明了，而且与电子商务（E-Business）、电子虚拟市场（E-Market）等进行对应。①

纵观现有各种观点，从“营销”的角度出发，我们认为可将网络营销定义为：以互联网为主要手段以实现一定营销目标的营销活动。

2. 网络营销的特点

市场营销过程中最本质的是组织和个人之间进行信息传播和交换，互联网具有营销所要求的这一特性，这使得网络营销呈现出以下特点。

（1）多媒体化。互联网可以传输多种媒体信息，使得为达成交易而进行的信息交换拥有多种形式，充分发挥营销人员的创造性和能动性。

（2）超前性。互联网是一种功能强大的营销工具，兼具渠道、促销、电子交易、互动顾客服务、市场信息分析与提供等多种功能。它所具备的“一对一”营销能力，符合定制营销与直复营销的未来趋势。

（3）人性化。互联网上的促销是“一对一”的、理性的、消费者主导的、非强迫性的和循序渐进式的，而且是一种低成本与人性化的促销，可以避免推销员强势推销的干扰，顾客也能够调整他们所看到的信息和认识信息的速度和顺序。企业可通过信息的提供与交互式交谈，与消费者建立长期良好的关系。

（4）交互式。互联网一方面可以展示商品型号，连接资料库提供有关商品信息的查询；另一方面可以和顾客做互动双向沟通，收集市场情报，进行产品测试与消费者满意调查等，是设计产品、提供商品信息和服务的最佳工具。

（5）跨时空。企业能有更多时间和更大的空间进行营销，每天可以 24 小时随时

① 薛辛光. 网络营销学［M］. 北京：电子工业出版社，2003.

随地提供全球性营销服务。①

三、网络营销与传统营销

网络营销对传统营销形成了冲击。作为一种全新营销理念，网络营销具有很强的实践性，它的发展速度是前所未有的。网络营销不仅对传统营销战略、营销策略产生深远的影响，对传统营销方式产生巨大的冲击，而且与传统营销相整合，推动营销理论发展。②

1. 网络营销对传统营销战略的影响

互联网具有的平等、自由等特性，使得网络营销降低了跨国公司所拥有的规模经济的竞争优势，从而使小企业更易于在全球范围内参与竞争；同时由于人人都能掌握竞争对手的产品信息与营销作为，因此营销成败的关键在于如何适时获取、分析、运用这些从网络上获得的信息，从而采用极具优势的竞争战略。

2. 网络营销对传统营销策略的影响

（1）对传统产品策略的冲击。首先，网络营销是对传统的标准化产品的冲击。厂商通过互联网可以迅速获得关于产品概念和广告效果测试的反馈信息，从而更加容易地对消费者的行为方式和偏好进行跟踪。怎样更有效地满足各种个性化的需求，是每个参与网络营销的公司面临的一大挑战。其次，网络营销适应了品牌的全球化管理，对现代企业的一个主要挑战是如何对全球品牌和共同的名称或标志识别进行管理。是实行统一形象品牌策略，还是实行有本地特点区域品牌策略，以及如何加强区域管理等问题，都是现代企业面临的现实问题。

（2）对价格策略的影响。对于网络营销来说，互联网先进的网络浏览和服务器会使变化不定的且存在差异的价格水平趋于一致。这对于执行差别化定价策略的公司来说确实是一个严峻的挑战。

（3）对传统营销渠道的冲击。在网络营销中，生产商可以通过互联网与最终用户直接联系，中间商的重要性因此有所降低。这造成两种后果：一是由跨国公司所建立的传统的国际分销网络对小竞争者造成的市场进入障碍明显降低；二是对于目前直接通过互联网进行产品销售的生产商来说，其售后服务工作是由各分销商承担。

（4）对传统促销策略的影响。从人员推销、广告、营业推广和公共关系等促销方式来看，网络营销对广告的影响最大。网络广告可以较少地受到时空的局限，尽可能地将必要的信息一一罗列，其高效性也为企业创造了便利条件。

3. 网络营销对传统营销方式的冲击

随着网络技术迅速向宽带化、智能化和个人化方向发展，用户可以在更广阔的领域内实现声、图、像、文一体化的多维信息共享和人机互动。网络营销将导致大众市场的终结，并逐步体现市场的个性化，最终以每一个用户的需求来组织

---

① 李东. 网络营销与传统营销的比较研究［J］. 商业时代，2004（8）：29-31.

② 陈雅芝. 论网络营销与传统营销的差异［J］. 现代管理科学，2003（6）：57-58.

生产和销售。

4. 网络营销与传统营销整合

网络营销作为新的营销理念和策略，凭借互联网的特性对传统经营方式造成了巨大的冲击，但这并不等于说网络营销可以完全取代传统营销。网络营销是对传统营销在新的技术条件下的一种整合。随着技术的发展，在很长一段时间内网络营销与传统营销在很长一段时间内将是相互影响和相互促进的局面，最后实现融洽的内在统一。①

（1）传统营销是网络营销的理论基础。网络营销区别于传统营销的根本原因是网络本身的特性和消费者需求的个性回归。在这两者的综合作用下，使得传统营销理论不能完全胜任对网络营销的指导。但不管怎样，网络营销仍然属于市场营销理论的范畴。事实上，网络营销在某些方面强化了传统市场营销理论的观念，但在有些地方也改写了工业化大规模生产时代营销理论的一些观点。

（2）两种营销理论的整合——网络整合营销理论。网络在营销中所起到的作用是使顾客这个角色在整个营销过程中的地位得到提高。网络互动性使顾客能够真正参与到整个营销过程，顾客不仅参与的主动性增强，而且选择的主动性也得到提高，因为网络信息丰富的特征使顾客的选择余地变得很大。这样，网络营销要求把顾客整合到营销过程中来，从他们的需求出发开始整合营销过程。

网络整合营销的基础是信息网络，主要具有三个方面的特性：① 统一性，即企业用一个声音说话，消费者无论从哪种媒体所获得的信息都是统一的。② 互动性，即企业与消费者之间展开富有意义的交流，能够迅速、准确、个性化地获得并反馈信息。③ 目的性，即企业的一切营销活动都应围绕企业目标来进行，实现全程营销。在网络营销中，企业和顾客之间的关系变得非常紧密，甚至牢不可破，形成了"一对一"的营销关系。上述这个理论框架称为网络整合营销理论，体现了以顾客为出发点及企业和顾客不断交互的特点。在传统的4Ps营销组合理论指导的单向营销决策链的基础上，网络营销的决策过程逐步发展成为双向的营销决策链。

（3）两种营销理论的发展——网络"软营销"理论。软营销理论是针对工业经济时代以大规模生产为主要特征的"强式营销"提出的新理论，强调企业的营销活动必须尊重消费者的感受和体验，让消费者能舒服地主动接受企业的营销活动。

在网络上，以企业为主动方的强势营销是难以发挥作用的。网络的特点决定了在网上提供信息必须遵循一定的规则，即"网络礼仪"（Netiquette）。网络礼仪是网上一切行为都必须遵守的规则，网络营销也不例外。"软营销"的特征主要体现在"遵守网络礼仪的同时通过对网络礼仪的巧妙运用，从而获得一种微妙的营销效果"。这正如丝丝春雨"随风潜入夜，润物细无声"。

（4）两种营销理论的创新——网络直复营销理论。传统营销理论的直复营销与

① 史达. 论网络营销与传统营销的整合［J］. 商讯商业经济文荟，2004（1）：6-8.

网络营销相结合，产生了网络直复营销理论。根据美国直复营销协会（ADMA）为直复营销下的定义，直复营销是一种为了在任何地方产生可度量的反应或达成交易而使用一种或多种广告媒体进行相互作用的市场营销体系。基于互联网的直复营销更加吻合“直复营销”的理念，主要表现在四个方面：① 直复营销作为一种相互作用的体系，强调直复营销者与目标顾客之间的“双向信息交流”，以克服传统市场营销中单向信息交流过程中营销者与顾客之间无法沟通的致命弱点。② 直复营销活动的关键是为每个目标顾客提供直接向营销人员反映的通道。企业可以凭借顾客反映找出不足，为下一次直复营销活动做好准备，减少营销费用。③ 直复营销在任何时间、任何地点都可以进行“信息双向交流”。④ 直复营销活动的效果都可测定。网络营销作为一种有效的直复营销策略，离不开网络营销的可测度性、可度量性、可评价性和可控制性。因此，利用网络营销这些特性，可以大大提高营销决策的效率和营销执行的效用。①

四、新型网络营销

随着网络营销逐渐成为电子商务发展进程中的一种常态，网络营销的形式也逐渐发生着变化，其中最显著的一个变化就是由电脑向移动终端的转变，囊括了微博和微信等在内的新媒体软件，不断丰富着网络营销的新阵地。

1. 微博营销

微博营销以微博作为营销平台，每一个听众（粉丝）都是潜在营销对象，企业利用更新自己的微型博客向网友传播企业信息、产品信息，树立良好的企业形象和产品形象，并且通过每天更新内容跟大家交流互动，或者发布大家感兴趣的话题，来达到营销的目的。该营销方式注重价值的传递、内容的互动、系统的布局、准确的定位，微博的火热发展也使得其营销效果尤为显著。微博营销涉及的范围包括认证、有效粉丝、话题、名博、开放平台、整体运营等，当然，微博营销的缺点在于：有效粉丝数不足、微博内容更新过快等。2012 年 12 月新浪微博推出企业服务商平台，为企业在微博上进行营销提供一定帮助。

微博营销具有立体化、高速度、便捷性、广泛性和高效率等特点：① 立体化。微博可以借助多种多媒体技术手段，以文字、图片、视频等展现形式对产品进行描述，从而使潜在消费者更形象直接地接受信息。② 高速度。微博最显著特征就是传播迅速。一条热度高的微博在各种互联网平台上发出后，凭借短时间内的转发就可以抵达微博世界的每一个角落。③ 便捷性。微博营销无须严格审批，从而节约了大量的时间和成本。④ 广泛性。通过粉丝形式进行病毒式传播，同时名人效应能使事件传播呈几何级数放大。⑤ 高效率。通过对企业产品的常见问题解答（Frequently Asked Questions）提高效率，并且能很快帮助客服与顾客建立互相了解的一个通道。

微博营销可通过多个方面达到营销的目的或效果：① 官方微博：有效实现品牌建立和传播。② 领导人：树立行业影响力和号召力，引导行业良性发展，传播企业

① 沈凤池. 电子商务基础［M］. 北京：清华大学出版社，2005.

价值观。③ 市场：产品曝光和市场推广。④ 客户：发现目标客户，精准互动营销，完成客户转化和订单销售，全面分析营销效果。⑤ 客服：无处不在的主动客服，服务真实客户。⑥ 公关：企业的口碑实时监测，确保危机公关。⑦ 营销推广：自媒体宣传，产品广告营销活动宣传。

2. 微信营销

微信营销是网络经济时代企业营销模式的另一创新，是伴随着微信的火热而兴起的网络营销方式。微信不存在距离的限制，用户注册微信后，可与周围同样注册的"朋友"形成一种联系，用户订阅自己所需的信息，商家通过提供用户需要的信息，推广自己的产品，从而实现点对点的营销。

微信营销是在手机或者平板电脑中的移动客户端进行区域定位营销，商家通过微信公众平台，结合转介率微信会员卡管理系统展示商家微官网、微会员、微推送、微支付、微商城、微团购、微活动和全景展示，已经形成了一种主流的线上线下微信互动营销方式。

微信一对一的互动交流方式具有良好的互动性，精准推送信息的同时更能形成一种朋友关系。基于微信的种种优势，借助微信平台开展客户服务营销也成为继微博之后的又一新兴营销渠道。

据中国电子商务研究中心（China E-Business Research Center）监测数据显示，截至 2018 年第一季度，微信公众账号总数达 10.4 亿个，日均发微信次数 380 亿，由此可见这一新型网络营销方式正如火如荼地发展着。微信在给予阿里巴巴威胁的同时，也给品牌商带来了更多的商机。

当然，微博和微信因其功能不同使得两者的网络营销传播效果和适用人群也不尽相同：微博的天然特性更适合品牌传播，作为一个自媒体平台，微博的传播广度和速度惊人，但是传播深度及互动深度却不及微信。因此，可以把微博试想成一个人下面有几万人听众的演讲场合，而把微信想成两个好友冬日下午在茶楼泡上一壶普洱茶席地而坐，前者具备广度，后者具备深度。

第二节 网络营销的市场细分与定位

一、网络营销环境

网络营销环境是对企业的生存和发展产生影响的各种外部条件，即与企业网络营销活动有关联因素的部分集合。优秀的营销人员要善于分析市场营销环境，捕捉市场营销机会，躲避和克服环境威胁，以确保在激烈的市场竞争中立于不败之地。①

1. 网络营销的社会文化环境

社会文化环境中一个很重要的因素是一个国家或地区的教育水平。教育水平与经

① 菲利普·科特勒. 营销管理：分析、计划、执行和控制（第 9 版）[M]. 梅汝和，梅清豪，张桁，译. 上海：上海人民出版社，1999.

济发展水平往往是一致的。一般来讲，教育水平高的地区，消费者对商品的鉴别力强，容易接受新事物、接受新产品，也更有条件上网浏览，并在网上购买商品。因此，在教育水平高的地区重点推出网络营销比较容易获得成功。另外，越来越多的人有机会接受高等教育，更给网络营销提供了最重要的人才资源的支持。消费者受教育多，对产品鉴别能力也强；同时对产品质量、品牌也就比较挑剔，要求突出消费个性。

2. 网络营销的法律环境

互联网给予人类从未有过的自由空间，同时也造成了负面的影响。例如，计算机犯罪猖獗、知识产权和个人隐私受到严重地侵犯、国家安全受到严峻挑战和威胁等。要解决社会信息化所带来的问题，使信息社会始终处于良性、有序的发展之中，就必须把社会信息化纳入规范化、法制化的轨道，运用法律手段对新的社会关系予以规范和调整，制定出适应信息化社会的法律制度。

3. 网络营销的技术环境

网络营销的技术基础是网络技术。没有强大的信息与网络技术作支撑，也就谈不上网络营销。科技环境作为经营总体环境的一部分，不仅影响企业的内部环境，而且影响经济环境和社会环境。生产力水平的提高主要依靠设备的技术开发，新生产工艺的创造和新的生产流程。科学技术的发展为提高营销效率提供了更新、更好的物质条件。例如，随着智能手机和移动互联网的发展，短视频运营、社群粉丝运营、内容运营、活动运营等新媒体营销迎来井喷式发展。网络的普及，既满足了消费者的要求，也提高了企业的营销效率。科学技术既为网络营销提供了物质手段，也为网络营销提供了科学理论和方法。①

二、网络营销的市场细分

网络营销的市场细分是企业在调查研究的基础上，依据网络消费者的购买欲望、购买动机与习惯爱好的差异性，把网络营销市场划分成不同类型的群体，每个消费群体构成企业的一个细分市场。市场是一个综合体，是多层次、多元化的消费需求的集合体，任何企业都不可能满足所有消费者的需求。网络营销要取得理想的效果，就得定义自己的目标市场。网络营销市场细分是企业进行网络营销的一个非常重要的战略步骤，是企业认识网络营销市场、研究网络营销市场，进而选择网络目标市场的基础和前提。网络市场细分作为一个过程，一般要经过五个步骤（见图15-1）。②

1. 明确研究对象

企业要根据战略计划规定的任务、目标及选定的市场机会等决定将要分析的产品市场，进而确定市场研究。例如，决定是将某一产品的整体市场还是从中划分出来的局部市场作为细分和考察的对象。

---

① 沈凤池. 网络营销［M］. 北京：中国电力出版社，2005.

② 杨坚争，等. 网络营销教程［M］. 北京：中国人民大学出版社，2002.

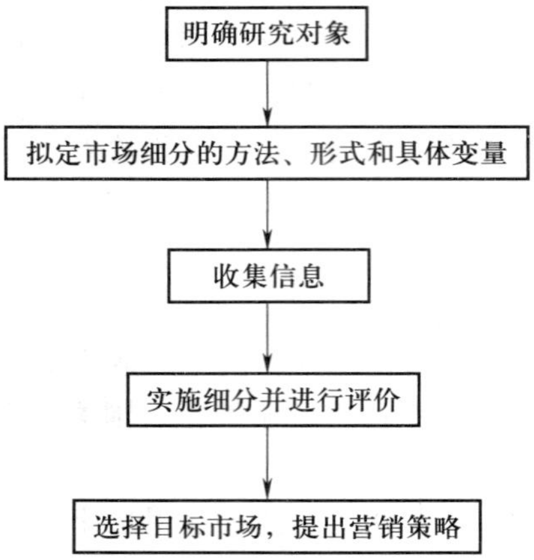

图 15-1 网络营销的市场细分程序

2. 拟定市场细分的方法、形式和具体变量

企业根据实际需要拟定采用哪一种市场细分的方法，进而选择市场细分的形式。最后还要确定具体的细分变量，将其作为有关的细分形式的基本分析单位。

3. 收集信息

企业对将要细分的市场进行调查，取得与已选细分方法、细分形式及细分变量有关的数据和必要的资料。

4. 实施细分并进行分析评价

企业运用科学的定性和定量方法分析数据，合并相关性高的变量，找出有明显差异的细分市场，进而对各个细分市场的规模、竞争状况及变化趋势等方面加以分析、测量和评价。

5. 选择目标市场，提出营销策略

企业要根据市场细分结果来决定营销策略：① 如果分析细分市场后，发现市场情况不理想，企业可能放弃这一市场；② 如果市场营销机会多，需求和潜在利润令人满意，企业可根据细分结果提出不同的目标市场营销策略。[①]

三、网络营销的目标市场定位

1. 网络目标市场的选择

网络营销目标市场选择得恰当与否，关系到企业的经营成果及市场占有率，而且影响到企业的生存与发展。因此，在对网络营销市场进行细分之后，要对各细分市场进行评估，分析各细分市场是否值得开发。一般而言，企业考虑要进入的目标市场，应具备一些基本条件：① 有一定的规模和发展潜力；② 竞争者未完全控制；③ 符合企业目标和能力。[②]

① 沈凤池. 电子商务基础［M］. 北京：清华大学出版社，2005.

② 冯英健. 网络营销基础与实践［M］. 北京：清华大学出版社，2002.

2. 网络目标市场选择策略①

（1）产品市场集中化策略。产品市场集中化策略是在众多的子市场中，企业只选择一个细分市场，并且集中力量生产或经营一种产品，供应给这一细分市场。当企业的资源有限，细分市场并无竞争对象，或是企业在此单一细分市场拥有关键的成功要素时，企业可以考虑采用这种策略。

（2）产品专业化策略。产品专业化策略是企业在某个专业领域享有良好的声誉，可以凭单一的专业化产品、服务满足数个细分市场的需要。企业面对所有的细分市场只生产经营一种产品，好比供各类顾客使用的书籍。

（3）市场专业化策略。市场专业化策略是企业集中满足某一特定顾客群的各种需求，向同一细分市场提供不同类型的产品。

（4）选择性的专业化策略。选择性的专业化策略是企业有选择性地进入几个不同的细分市场，并向这些细分市场分别提供不同类型的产品。如果各细分市场之间相关性较小，且各细分市场都有着良好的营销机会与发展潜力，同时也符合企业的目标和资源水平，就可采用此种策略。

（5）全面覆盖策略。全面覆盖策略是企业全方位进入各细分市场，为所有细分市场提供他们所需要的所有产品或服务。这种策略通常只有那些拥有丰富资源的大型企业才适合采用。

3. 网络目标市场进入策略②

网络目标市场进入策略是指企业在所选择的目标市场范围内采取何种方式为目标顾客服务。企业进入目标市场的策略通常有三种：无差异性营销策略、差异性营销策略和集中性营销策略。

（1）无差异性营销策略。无差异性营销策略是企业把整个网络市场看作一个需求类似的网络目标市场，只推出单一的标准化产品来吸引范围很广的购买群体中的大多数人，并使用统一营销组合策略。这种策略最大的优点是成本的经济性。但这种策略的缺点也很明显，即不能满足消费者的不同需要，而且难以适应网络营销能为消费者提供个性化服务的特征。

（2）差异性营销策略。差异性营销策略是将整个市场划分为若干个子市场，从中选择两个以上或者全部细分市场作为目标市场，根据不同的目标市场采用不同的营销组合策略。这种策略具有突出的优越性：一是它能深入地为每一细分市场服务，满足不同顾客群的需要，增加总销售量，树立良好的市场形象，有效地分散经营风险；二是企业在多个子市场上经营，可以在一定程度上降低经营风险。这种策略的缺点：一是增加销售成本，因为产品众多，对于每个产品的子市场都需要进行独立的营销；二是使企业的资源配置不能有效的集中，使企业产品难以形成集中优势。

（3）集中性营销策略。集中性营销策略指企业不是面向整体市场，也不是把力

---

① 沈凤池. 网络营销［M］. 北京：中国电力出版社，2005.

② 刘明辉，钨钢. 网络营销策略［J］. 北方经贸，2003（6）：73-75.

量分散使用于若干个细分市场，而是集中力量进入一个细分市场，为该市场开发一种理想的产品，实行高度专业化的生产和经营。这种策略的优点：一是企业可深入了解特定细分市场的需求，提供较好的服务，有利于提高企业的地位和信誉；二是实行专业化经营，有利于降低成本。只要网络目标市场选择恰当，集中营销策略常为企业建立坚强的立足点，获得更多的经济效益。这种策略的缺点：一是市场区域相对较小，企业发展受到限制；二是企业有较大的经营风险，一旦目标市场发生变化，企业会因没有回旋的余地，从而陷入困境。

第三节 网络营销策略

网络营销策略是企业根据自身在市场中所处地位的不同而采取的一些网络营销组合，包括网络营销的产品策略、网络营销的价格策略、网络营销的渠道策略、网络营销的促销策略和网络营销的服务策略。企业通过最佳的营销组合来满足目标市场的需求，以实现预期的经营目标。①

一、网络营销的产品策略

1. 产品组合策略

产品组合策略是网络营销企业向网上目标市场所提供的全部产品或业务的组合或搭配。借助网络的特性，网络营销可以做到“零库存”“先销售，后生产”“虚拟店铺”，企业可以比较灵活地从产品组合的长度和深度对产品组合进行调整。企业在调整自己的产品组合时可选择以下策略。

（1）扩充产品组合策略。产品组合扩充策略包括扩大企业网上营销的产品范围，在原有产品线内增加新的产品项目。

（2）缩减产品组合策略。从产品组合中剔除那些获利很少甚至不获利的产品大类或产品项目，使企业可以集中力量发展获利多的产品大类和产品项目。

（3）产品线延伸策略。产品线延伸策略是突破企业网络营销原有经营档次的范围，包括向上、向下和双向延伸三种方式增加产品线的长度。②

2. 新产品开发策略

在网络营销中的新产品开发策略是以用户为中心、让顾客参与新产品的开发、在网络上开展产品试销和借助网络实现新产品的市场开拓。③

（1）以用户为中心进行新产品开发。由于企业和顾客可以通过互联网进行互动式的沟通，顾客的想法与意见、愿望可以通过现代化的手段，以较低的成本、在较快的时间内传达到企业手中。同时，企业也可以利用各种手段广泛地发现顾客的新需求。因此，企业应充分利用网络优势，充分了解顾客的意愿，为企业的新产品开发提

① 杨坚争，等. 网络营销教程［M］. 北京：中国人民大学出版社，2002.

② 沈凤池. 网络营销［M］. 北京：中国电力出版社，2005.

③ 沈凤池. 网络营销［M］. 北京：中国电力出版社，2005.

供新的创意和构思。

（2）让顾客参与新产品的设计。在新产品的开发和研制中，顾客不仅可以通过简单地接收测试来表达感受，而且可以主动参与和协助产品的研制开发工作。企业的供应商、经销商也可以通过网络协助企业开发新产品。

（3）在网络上开展产品试销。在网络上进行新产品的试销比较容易获得成功。在网络试销过程中，企业可以方便地通过各种方式，及时获取顾客对新产品的反映，了解顾客的意见和建议，并据此对新产品做出调整，提高新产品开发成功率。

（4）借助网络实现新产品的市场开拓。借助网络销售渠道开展销售、投入网络广告、实施网络公共关系、开展网络营业推广等，帮助企业成功打开新产品市场。

3. 品牌策略

除了传统营销中的品牌策略之外，网络营销的品牌策略还包括一个特殊的组成部分：企业网站域名。企业域名是企业在网络中的地址和门牌号，顾客正是通过对企业域名的选择与识别，实现对企业网站的选择和识别的，从而影响企业网络营销活动的效率和效益。

既然企业域名是构成企业品牌的一个组成部分，那么选择一个什么样的域名就变得相当重要。企业应注意以下几点：① 企业域名应与企业的名称或商标相同或具有相关性；② 企业域名应简单、易记、上口；③ 企业应采用多个域名，减弱域名的识别和独占性；④ 企业域名应注意国际化，使自己的域名在世界各地都能够被接受；⑤ 企业应对域名进行多方位的宣传，扩大域名的知名度。

二、网络营销的价格策略

由于网络的无限联通性和信息广泛性，使网络营销定价具有全球性、低价位和顾客主导等特点。因此，网络营销的定价策略与传统营销的定价策略有所不同，其营销策略主要包括以下五种。

1. 低价定价策略

借助互联网进行销售，比传统销售渠道的费用低廉。因此，网上销售价格一般来说比流行的市场价格要低。由于网上的信息是公开和易于搜索比较的，因而网上的价格信息对消费者的购买起着重要作用。低价定价策略主要包括直接低价定价策略和折扣策略。

（1）直接低价定价策略。直接低价定价策略大多采用成本加一定利润来定价，有的甚至是零利润。因此，这种定价在公开价格时就比同类产品要低。它一般是制造业企业在网上进行直销时采用的定价方式，例如，戴尔公司计算机定价比同性能的其他公司产品低 10%~15%。采用低价策略的基础是前面分析中指出的，企业可以利用互联网节省大量的成本费用。

（2）折扣策略。折扣策略是对原价进行折扣的方式来定价的。这种定价方式可以让顾客直接了解产品的降价幅度以促进顾客的购买。这种价格策略主要用在一些网上商店，它一般按照市面上的流行价格进行折扣定价。例如，Amazon 的图书价格一般都会打折，而且有时折扣达到三至五折。

如果企业想要拓展网上市场，但产品价格又不具有竞争优势时，则可以采用网上促销定价策略。由于网上的消费者面很广而且具有很大的购买能力，许多企业为打开网上销售局面和推广新产品，采用临时促销定价策略。促销定价除了前面提到的折扣策略外，比较常用的是有奖销售和附带赠品销售。①

2. 定制生产定价策略

定制生产是按照顾客需求进行生产，以满足网络时代顾客个性化需求。由于消费者的个性化需求差异性大，加上消费者的需求量又少，因此企业实行定制生产必须在管理、供应、生产和配送各个环节上，都适应这种小批量、多式样、多规格和多品种的生产和销售变化。

定制生产定价策略是在企业能实行定制生产的基础上，利用网络技术和辅助设计软件，帮助消费者选择配置或者自行设计能满足自己需求的个性化产品，并同时承担自己愿意付出的价格成本。目前这种允许消费者定制定价订货的尝试还只是初级阶段，消费者只能在有限的范围内进行挑选，还不能完全要求企业满足自己所有的个性化需求。

3. 使用定价策略

使用定价策略是顾客通过互联网注册后可以直接使用某公司的产品，顾客只需要根据使用次数进行付费，而不需要将产品完全购买。采用按使用次数定价，一般要考虑产品是否适合通过互联网传输，是否可以实现远程调用。比较适合的产品有软件、音乐、电影等。另外，采用按次数定价对互联网的带宽提出了很高的要求，因为许多信息都要通过互联网进行传输，如果互联网带宽不够将影响数据传输，势必会影响顾客租赁使用和观看。

4. 拍卖定价策略

网上拍卖是目前发展比较快的领域，经济学认为市场要想形成最合理的价格，拍卖竞价是最合理的方式。网上拍卖由消费者通过互联网轮流公开竞价，在规定时间内价高者赢得。目前国外比较有名的拍卖站点是 eBay，它允许商品公开在网上拍卖，拍卖竞价者只需要在网上进行登记即可，拍卖方只需将拍卖品的相关信息提交给 eBay 公司，经公司审查合格后即可上网拍卖。

5. 免费定价策略

免费价格策略是市场营销中常用的营销策略，主要用于促销和推广产品。这种策略一般是短期和临时性的。在网络营销中，免费价格不仅仅是一种促销策略，还是一种非常有效的产品和服务定价策略。网络营销中产品实行免费策略是要受到一定环境制约的，并不是所有的产品都适合于免费策略。互联网作为全球性开放网络，可以快速实现全球信息交换，只有那些适合互联网这一特性的产品才适合采用免费价格策略。免费价格策略一般与企业的商业计划和战略发展规划紧密关联，企业要降低免费策略带来的风险，提高免费价格策略的成功性。

① 沈风池．网络营销［M］．北京：中国电力出版社，2005.

三、网络营销的渠道策略

与传统营销的渠道策略相比，网络营销渠道策略的不同之处主要体现在网络直销策略和新型中间商策略。

1. 网络直销策略

网络直销与传统直销渠道一样，都没有营销中间商，生产商即网络直销商，它们通过网络渠道直接销售产品。与传统直销渠道相比，网络直销策略具有明显优势：① 利用互联网的交互特性，网络直销渠道从过去单向信息沟通变成双向直接信息沟通，加强了生产者与消费者的直接联系。② 网络直销渠道可以提供更加便捷的相关服务。③ 网络直销具有明显的高效性，通过减少传统分销渠道中的流通环节，有效降低成本。此外，网络直销渠道可以利用互联网技术来构造有效的物流系统，也可以通过互联网与一些专业物流公司进行合作，建立有效的物流体系。

2. 新型中间商策略

网络的信息资源丰富、信息处理速度快，基于网络的服务可以便于搜索产品，但在产品（信息、软件产品除外）实体分销方面却难以胜任。因此，目前出现了许多基于网络）提供信息服务中介功能的新型中间商，即电子中间商（Cybermediaries）。与传统中间商一样，电子中间商起着连接生产者和消费者的桥梁作用，同样帮助消费者进行购买决策和满足需求，帮助生产者掌握产品销售状况，降低生产者为达成与消费者交易的成本费用。

四、网络营销的促销策略

1. 网络促销

网络促销是利用互联网来进行的促销活动，也就是利用现代化的网络技术向虚拟市场传递有关产品的服务的信息，以激发需求，引起消费者购买欲望和购买行为的各种活动。[①] 与传统促销方式相比，网络促销在时间和空间观念上、在信息传播模式上以及在顾客参与程度上都发生了较大的变化。网络使时空得到了很大的拓展，订货和购买可能在任何时间、任何地点进行。独有的、双向的、快捷的、互不见面的信息传播模式，为网络促销提供了更加丰富多彩的表现形式。网络中消费者的概念和客户的消费行为都发生了很大的变化，他们直接参与生产和商业流通的循环，进行大范围的选择和理性的购买。因此，营销人员应深刻理解网络促销的特性，制定行之有效的网络促销策略。

2. 网络促销的形式

（1）网络广告。网络广告和站点促销是主要的网络营销促销形式。网络广告已经形成了一个很有影响力的产业市场，因此企业的首选促销形式就是网络。网络文告类型很多，根据形式不同可以分为旗帜广告、电子邮件广告、电子杂志广告、新闻组

① 纪宝成. 市场营销学教程［M］. 北京：中国人民大学出版社，1995.

广告、公告栏广告等。网络广告主要是借助网上知名站点（如ISP或者ICP）、免费电子邮件和一些免费公开的交互站点（如新闻组、公告栏）发布企业的产品信息，对企业和产品进行宣传推广。

（2）站点推广。站点推广是利用网络营销策略扩大站点的知名度，吸引上网者访问网站，起到宣传和推广企业以及企业产品的效果。站点推广主要有两大类方法：一类是通过改进网站内容和服务，吸引用户访问，起到推广效果；另一类是通过网络广告宣传推广站点。前一类方法费用较低。而且容易稳定顾客访问流量，但推广速度比较慢；后一类方法，可以在短时间内扩大站点知名度，但费用不菲。①

（3）销售促进。销售促进是企业利用可以直接销售的网络营销站点，采用一些销售促进方法如价格折扣、有奖销售、拍卖销售等方式，宣传和推广产品。

（4）关系营销。关系营销是借助互联网的交互功能吸引用户与企业保持密切关系，培养顾客忠诚度，提高企业收益率。

3. 网络促销的程序

根据国内外网络促销的大量实践，网络促销战略的实施程序由四个方面组成，即确定网络促销对象，设计网络促销组合，制定网络促销预算方案，衡量网络促销效果。

（1）确定网络促销对象。网络促销对象是针对可能在网络虚拟市场上产生购买行为的消费群体提出来的。随着网络的迅速普及，这一群体也在不断膨胀。这一群体包括三部分人员：产品的使用者、产品购买的决策者和产品购买的影响者。

（2）设计网络促销组合。促销组合是一个非常复杂的问题，主要通过网络广告促销和网络站点促销两种促销方法展开。企业应根据网络广告促销和网络站点促销两种方法的特点和优势，以及自己产品的市场情况和顾客情况，扬长避短，合理组合，以达到最佳促销效果。

（3）制定网络促销预算方案。在网络促销实施过程中，企业感到最困难的是预算方案的制定。在互联网上促销，对于任何人来说都是一个新问题，所有的价格、条件都需要在实践中不断学习、比较和体会，不断地总结经验。

（4）衡量网络促销效果。在网络促销的实施过程中，企业必须对已经执行的促销内容进行评价，衡量一下促销的实际效果是否达到了预期的促销目标。对促销效果的评价依赖于两个方面的数据：一是要充分利用互联网上的统计软件，及时对促销活动的好坏做出统计。这些数据包括主页访问人次、点击次数、千人广告成本等；二是销售量的增加情况、利润的变化情况、促销成本的降低情况，有助于判断促销决策是否正确。此外，还应注意促销对象、促销内容，促销组合等方面与促销目标之间的关系，从而对整个促销工作做出正确的判断。

网络促销是一项崭新的事业，要在这个领域取得成功，科学的管理起着极为重要的作用。在衡量网络促销效果的基础上，企业对偏离预期促销目标的活动进行调整是

① 姚立新. 电子商务与网络营销［M］. 北京：中国财政经济出版社，2000.

保证促销取得最佳效果的必不可少的程序。同时，在促销实施过程中，企业要不断地进行信息的沟通和协调，以保证企业促销的连续性和统一性。

五、网络营销的服务策略

网络营销服务是借助互联网技术更好地适应顾客的个性化发展需要，满足顾客更高层次的需求，提高顾客满意程度，培养顾客对企业的忠诚度。网络营销服务的本质是让顾客满意。网络营销服务利用互联网的特性可以更好地满足顾客不同层次的需求，使企业与顾客的关系更加密切。①

1. 网上产品服务策略

根据顾客与企业发生关系的阶段，可以分为销售前、销售中和销售后三个阶段。网络营销产品服务相应也划分为网上售前服务、网上售中服务和网上售后服务。

(1) 从交易双方的需求可以看出，企业网络营销售前服务主要是提供信息服务。企业提供售前服务的方式主要有两种，一种是通过自己网站宣传和介绍产品信息；另一种方式是通过网上虚拟市场提供商品信息。此外，企业还应该提供产品的相关信息，如同类产品的比较信息，使准备购买的顾客“胸有成竹”，保证顾客在购买后可以放心使用。

(2) 网上售中服务主要是指销售过程中的服务。这类服务是指产品的买卖关系已经确定，等待产品送到指定地点的过程中的服务，如了解订单执行情况、产品运输情况等。②

(3) 网上售后服务就是借助互联网直接沟通的优势，以便捷的方式满足客户对产品帮助、技术支持和使用维护等需求的企业为客户提供的服务。网上售后服务有两类：一类是基本的网上产品支持和技术服务；另一类是企业为满足顾客的附加需求提供的增值服务。

2. 网上个性化服务策略

个性化服务，也称定制服务，就是按照顾客特别是一般消费者的要求提供特定服务。个性化服务包括三个方面：服务时空个性化、服务方式个性化和服务内容个性化。服务时空个性化是在人们希望的时间和希望的地点得到服务；服务方式个性化是根据个人爱好或特色来进行服务；服务内容个性化，不再是千篇一律，千人一面，而是各取所需，各得其所。

一般网站提供个性化服务要注意下面几个问题：① 个性化服务是众多网站经营手段中的一种，是否适合你的网站应用，应用在网站的哪个环节上，是需要具体情况具体分析的。② 应用个性化服务首先要做的是细分市场，细分目标群体，同时准确地确定不同群体的需求特点。这几个方面的因素决定着个性化服务的具体方式，也决定着个性化服务的信息内容是什么。③ 市场细分的程度越高，需要投入个性

---

① 屈云波，靳丽敏. 网络营销 [M]. 北京：企业管理出版社，1999.

② 李琪. 网络营销 [M]. 长春：长春出版社，2000.

化服务中的成本也会相应提高，而且对网站的技术要求也更高，网站经营者要量力而行。①

营销案例

一颗橙子引发的狂欢②

（一）案例介绍

1. 营销背景

作为前红塔集团的领导，褚时健用18年打造出中国最大烟草帝国。75岁的褚时健出狱后开始承包2 400亩的荒林种橙，直到85岁，2 400亩果园硕果累累。而这个关于褚橙的故事在微博、微信上广泛发酵，企业界大佬纷纷致敬，更有人一次购买1 500箱，让员工们尝尝“人生”的味道，给客户们品品“励志”的滋味。

随着褚时健的传奇故事在各大网络论坛、微博及微信圈中流传，第一次进京的褚橙很快火遍京城，更引起了企业界大佬们的响应。王石感慨褚时健在低谷的反弹力，潘石屹、柳传志等也主动转发，助推起第一波传播高潮。

2014年，当褚橙销售季再次到来，这次他们有了全新的目标——放眼全国性市场，将销售额提升10倍。如果说当时，褚时健的故事触动了“60后”“70后”的偶像情结，那么这次则需要贴近更为活跃、作为消费主流的“80后”“90后”人群。

2. 营销方式

在线上，社交媒体是在年轻人中打开知名度、制造话题热点的一大阵地。线下推广时，选择目标群体相匹配的广告平台是投放的关键。而植入白领、消费主力人群每天必经生活空间的楼宇电视，如分众传媒，成为突围的首选。其受众群年龄集中在20~45岁，对时下热点反应迅速，同时有自己的个性、生活方式和追求态度，自成一个有独特个性的社群。从线上到线下，社交化媒体对品牌的蓄势，与生活化媒体的落地植入，两者间的组合战引起极大的想象空间。

（1）褚橙线上持续发酵。

沿袭“励志橙”的主线，褚橙营销打出了一批青年人向褚时健致敬。蒋方舟、赵蕊蕊、“三国杀”黄凯、“嘀嘀打车”张博等“80后”名人相继讲述自己的励志故事，拍摄成系列视频，在优酷上点击超过百万。

褚橙还将幽默元素融入其中。在预售期内，售卖网站上就推出一系列个性化包装，那些上印“母后，记得一颗给阿玛”“虽然你很努力，但你的成功，主要靠天赋”“谢谢你，让我站着把钱挣了”“我很好，你也保重”等诙谐温馨话语的包装箱，推出没多久就在网上显示“售罄”。

① 沈凤池. 网络营销［M］. 北京：中国电力出版社，2005.

② 顾春晓. 一颗橙子引发的狂欢［J］. 销售与市场（评论版），2014（8）：71-72.

褚橙上市后，相继有名人在微博上晒出别出心裁的包装盒：雕爷牛腩的创始人雕爷秀出“即使你很有钱，我还是觉得你很帅”，《后宫·甄嬛传》作者流潋紫贴出“微橙给小主请安”，都引起了粉丝群的热烈回应和讨论。直至韩寒秀出送给他的“一个”褚橙。随后，韩寒发文“我觉得，送礼的时候不需要那么精准的”附图是一个大纸箱，上面仅摆着一个橙子，箱子上印着一句话：“在复杂的世界里，一个就够了。”微博一发出，便引来众多粉丝会意打趣，很快得到300多万人次阅读，4 000多个转发评论。褚橙这一波幽默营销的高潮可谓达到了顶点。

借由这些极具记忆点的文案，褚橙的励志故事在年轻人群中充分打开了认知，引发了病毒式的传播。人们的情绪被持续煽动，引起的高期待和购买欲也在不断积累、发酵。

（2）生活化媒体：落地引爆销售。

随着社交平台积累的情绪蔓延到高潮，随着褚橙广告在分众楼宇电视正式上线：“85年跌宕人生，75岁再次创业，结出2 400亩累累硕果。”15秒的简洁广告，打动人心的文案，配合楼宇电视屏下方3个互动屏联动，高度提炼了褚时健的励志故事。最后打出“人生总有起落，精神终可传承”的标语，以及“本来生活独家发售”的落款，则是点睛之笔。当品牌故事从之前微博、微信孕育的能量，落到真实可感的生活场景的时候，数千万量的储橙被倾囊而出，转化为汹涌的销售力。楼宇电视全天高频次投放，则提供了到达率的坚实保障。广告一经播出，3周投放期内，褚橙销售额更是突破了7 000万元。

3. 营销效果与启示

这一波购买热，又引爆了褚橙在社交媒体上的新一轮传播。配合更多具有幽默元素的意见领袖营销，褚橙在年轻人群中口碑相传，白领消费群体争相购买，一颗橙子引发了生活方式和品位的流行。传统媒体也频频报道，乃至引起了全媒体的生态发酵。

社交媒体和生活化媒体的组合战，在褚橙一役里完美收官。两者引爆的惊人销售数字和巨大影响力，对广告营销给出了完美的回馈。社交媒体上积聚的品牌势能，在场景化、生活化媒体上一旦落地，其引发的化学反应不可估量。

（二）案例实训

1. 你认为网络营销是如何促成褚橙引发的“狂欢”的？

2. 结合上述案例，分析网络在市场营销中发挥了怎样的作用？

3. 你认为什么类型的公司或者产品适合微博、微信等新型网络营销方式？

学习思考

1. 简述网络营销的概念和特点。

2. 与传统营销相比，网络营销具有哪些优点？

3. 网络营销环境与传统营销环境具有哪些区别和联系？

4. 如何进行网络营销的市场细分？

5. 网络营销主要有哪些营销策略？

科研练笔

1. 如何进行网络营销的目标市场定位才是有效的？

2. 论述网络营销是未来营销发展的必然趋势。

营销实战

信息技术的普及，使许多企业兼具传统营销和网络营销两种营销方式。请选择某一种产品，试从营销战略和策略两个方面比较其在传统营销及网络营销中的异同点。

关键术语对译

网络营销 Online marketing

电子商务 E-Business

定制营销 Customized marketing

网络礼仪 Netiquette

软营销 Soft marketing

微信营销 WeChat marketing

电子中间商 Cybermediaries

电子虚拟市场 E-Market

互联网实时统计 Internet Live Stats

直复营销 Direct marketing

网页促销 Webpage promotion

微博营销 Microblog marketing

虚拟商业街 Virtual malls

个性化服务 Customized service

网络营销策略 Internet marketing strategies

国际电信联盟 International Telecommunication Union

美国直复营销协会 American Direct Marketing Association

中国电子商务研究中心 China E-Business Research Center

推荐阅读

1. 朱迪·斯特劳斯，雷蒙德·弗罗斯特. 网络营销（第5版）[M]. 时启亮，孙相云，刘芯愈，译. 中国人民大学出版社，2010.

2. 江礼坤. 网络营销推广实战宝典 [M]. 北京：电子工业出版社，2014.

经典链接

肯德基宅急送官网

参考文献

[1] 卢泰宏，杨晓燕. 互联网教程［M］. 广州：广东经济出版社，2000.

[2] 薛辛光. 网络营销学［M］. 北京：电子工业出版社，2003.

[3] 李东. 网络营销与传统营销的比较研究［J］. 商业时代，2004（8）：29-31.

[4] 陈雅芝. 论网络营销与传统营销的差异［J］. 现代管理科学，2003（6）：57-58.

[5] 史达. 论网络营销与传统营销的整合［J］. 商讯商业经济文荟，2004（1）：6-8.

[6] 沈凤池. 电子商务基础［M］. 北京：清华大学出版社，2005.

[7] 菲利普·科特勒. 营销管理：分析、计划、执行和控制（第9版）［M］. 梅汝和，梅清豪，张桁，译. 上海：上海人民出版社，1999.

[8] 沈凤池. 网络营销［M］. 北京：中国电力出版社，2005.

[9] 杨坚争，等. 网络营销教程［M］. 北京：中国人民大学出版社，2002.

[10] 刘明辉，鸽钢. 网络营销策略［J］. 北方经贸，2003（6）：73-75.

[11] 冯英健. 网络营销基础与实践［M］. 北京：清华大学出版社，2002.

[12] 姚立新. 电子商务与网络营销［M］. 北京：中国财政经济出版社，2000.

[13] 屈云波，靳丽敏. 网络营销［M］. 北京：企业管理出版社，1999.

[14] 李琪. 网络营销［M］. 长春：长春出版社，2000.

[15] 朱瑞庭. 网络营销［M］. 北京：高等教育出版社，2009.

[16] 刘向辉. 网络营销导论［M］. 北京：清华大学出版社，2014.

[17] 胡海，吴越，钱丽莉. 虚拟社区的消费者参与效用与网络购买意向［J］. 江海学刊，2012（6）：218-222.

第十六章
全球营销

营销寓言

所长无用

春秋战国时期，鲁国有一个人擅长编草鞋，他的妻子则擅长织白绢。他想举家迁到越国去。友人劝阻他说：“你到越国去，一定会贫穷的。”“为什么?”这位鲁国人吃惊地问。“草鞋是用来穿着行走的，但是越国人习惯赤足走路；白绢是用来做帽子的，但越国人习惯于披头散发。你所拥有的这些长处，到了越国却没法将其发挥出来，你的这种搬迁不是让你自己更加贫穷吗?”①

学习启示

许多企业都有营销成功的历史，在面对新的市场环境时极易陷入“路径依赖”的误区。原有的“成功”的营销思路和策略可能在新环境中成为束缚企业发展的桎梏。企业在赢得营销成功之后，要走向全球市场，就需要制定出适合企业自身的全球营销策略。企业走向全球营销的内在动因是什么？全球营销与国内营销和多国营销的区别是什么？企业如何构建全球营销体系？……这需要通过本章的学习，了解全球营销的形成动因，理解全球营销和全球营销体系的内涵，掌握全球营销目标的构成及其进入方式，进而能够合理地对企业的全球营销进行管理。

① 感动. 所长无用 [J]. 理财，2005 (8)：51.

第一节　全球营销概述

一、全球营销的产生动因

全球营销是企业把全球市场作为一个统一的市场，在全球一体化的视野下实现全球资源有效整合的新型营销理论。1983 年，美国哈佛大学商学院教授西奥多·莱维特在《哈佛商业评论》上发表了“市场全球化”的文章，提出了全球营销的概念。① 随后，一些国际企业纷纷响应并采用了该营销理论，并将该理论应用于跨国营销中，取得了显著成效。进入 21 世纪以后，全球营销的理论为越来越多的国际企业所接受。一般而言，促使全球营销理论得以被迅速地传播和广泛地应用的根本原因可以归结于经济利益，即利益最大化的动机引发了企业的全球营销。具体来说，全球营销的动因可以归结为以下五个方面。

1. 科技发展动因

由于科学技术的迅猛发展，特别是信息、通信和网络技术的普及和应用，克服了过去由于地理位置的不同所造成的各国、各地区人们彼此之间在交流方面的不便，那些被分割的小市场正被现代网络所重新整合，一个全球大市场的格局正在形成；传统的营销理念已经不再适应企业全球市场营销活动的需要。因此，企业开始对原有的营销理念进行重新审视，认为有必要引入新的营销理念——全球营销。

2. 企业扩张动因

企业在国内市场得到充分发展后，往往具有向外扩张的冲动。这是由资本逐利的特性所决定的。企业积极展开全球营销活动，一方面可以扩大企业的目标市场，加速本国产品的对外输出；另一方面也可以磨炼自身的生产能力，加快技术进步，提高经营管理水平。

3. 国际合作与交流动因

由于世界经济的发展，企业在全球多方位合作的不断加强，加上互联网的普及和应用，信息在全球各地间的传递十分迅速，使得各国民众可以很方便地进行多层次、多方位的频繁交流，势必导致各国、各地区的人们在文化意识形态领域内的融合度不断得以提高，增强人们对某一种或某类产品的某种趋同性需求，在追求本土化的基础上增加了全球标准化需求的成分。这种需求上的变化给一些企业的全球化营销活动提供了契机，使得企业进行大规模的标准化生产成为可能。

4. 资源利用动因

企业采用全球营销的理念来指导自己的营销活动，有利于企业站在一个全球战略的高度上来合理配置自己的资源，甚至还可以实现资源在全球市场上的合理流动；另

① 吉庆华. 从营销环境的变迁看全球营销观念的发展［J］. 昆明大学学报（综合版），2004（2）：18.

外，全球营销还可以拓宽企业的生存空间，如可以利用全球市场发展中各子市场之间需求的时间差，采用产品市场转移的方法以应对某一子市场上产品生命周期缩短的情况。

5. 政府政策动因

政府通过政策鼓励企业开展全球营销活动，是因为通过企业的企业营销可以加速企业的成长壮大，平衡进出口贸易、参与国际分工，从而促进本国经济的发展。

二、全球营销的内涵

1. 全球营销的概念

关于全球营销的概念，许多专家和学者从各自研究角度做了阐述。西奥多·莱维特认为，全球营销是在不同的国家以相同的促销方式，通过相同的分销渠道，以相同的价格销售相同的产品。① 詹妮特和汉那森把全球营销定义为“旨在提出一个针对整个全球市场的单一产品战略，同时包括多个国家或市场，目的是在多个市场取得同一性”。② 杨竹青和杨路明认为，全球营销是跨国经营的最高阶段，是以全球市场为目标，将企业的产品、经验及资源集中于全球市场，通过全球性的布局与管理，使其在世界各地的营销活动形成一个战略整体，并努力获取全球性竞争优势的一系列经营活动。③ 徐培则认为，全球营销是国际营销发展的高级阶段，它不能简单地理解为侵入几个国别市场，而是要求将全球看成一个统一的大市场，在对其进行营销调研的基础上，进行市场细分并选择自己的目标市场。④

综合学者们的观点，我们可以给全球营销下这样一个定义，全球营销是企业以全球市场作为自己的目标市场，将不同国家和地区的各种资源进行合理的组合、配置和利用，为企业提升竞争力提供支撑，力求在全球范围内满足目标顾客的需求，最大限度地创造更多的顾客价值。

2. 全球营销、国内营销和多国营销的比较

全球营销是企业从事跨国营销活动处于高级阶段时所选用的一种新型的、实用的营销理论。这一理论不同于企业原有的国内营销和多国营销理论。为了能进一步弄清全球营销理论的内涵，下面列出一个表格，将全球营销的主要内涵与其他两种营销理念做一个比较（见表 16-1）。

---

① Levitt T.. The Globalization of Markets [J]. Harvard Business Review, 1983, 64: 92-102; 转引自吴晓云，袁磊. 论全球营销战略及整合的全球营销战略模型 IGMS [J]. 南开管理评论，2003 (6): 57-62.

② 范英，姜法奎. 全球营销，还是本地营销 [J]. 云南经济管理干部学院学报，2000 (4): 24-27.

③ 杨竹青，杨路明. 论全球营销中的物流策略 [J]. 科技情报开发与经济，2005 (7): 115-117.

④ 徐培. 试论市场全球化下的全球营销战略与中国企业的对策 [J]. 经济师，2002 (7): 180-181.

表 16-1 全球营销与国内营销和多国营销的比较

比较项目	国内营销	多国营销	全球营销
营销指导思想	以国内目标顾客的需求为中心，结合考虑顾客、企业和社会长短期的利益	以国内外目标顾客的需求为中心，结合考虑顾客、企业和社会长短期的利益	以全球目标顾客的需求为中心，结合考虑顾客、企业和社会长短期的利益
营销目标	占据更多的国内市场份额，争取获得市场领先地位，并创造卓越的顾客价值	国内、国外市场并重，注重开拓有市场前景、具有潜在顾客价值的国际市场	以全球市场为目标，在全球范围内合理配置资源，打造全球竞争优势，追求全球顾客价值最大化
营销重点	国内市场	国内、国外市场并重	全球市场
营销活动范围	国内市场，相对较小	国内和部分国际市场，相对适中	全球市场，相对较大
外部营销环境	连续变化可能性较大，一般相对较为稳定	连续变化和稳定程度适中	连续变化可能性无法准确确定，稳定性比较小，通常是暂时稳定
营销机会与威胁	营销机会相对较少，同时威胁也较小	营销机会相对适中，同时威胁也适中	营销机会相对较多，同时威胁也较为严重
营销资源配置效果	一般	较好	好
营销参与人员	主要是国内企业内部的营销人员，相对参与人员较少	主要是国内外企业内部营销人员和外部的有关人员，相对参与人员较多	全球市场上的利益相关者，参与人员众多
参与人员的国籍	一般均为本国公民	本国公民为主，还包括了一些东道国的公民	追求参与者无国籍的思想，众多不同国籍的参与者
营销文化的差异性	相对较小	比较适中	差异较大
营销人员的素质要求	相对较低	相对适中	相对较高

续表

比较项目	国内营销	多国营销	全球营销
营销人员的管理	相对较易	相对适中	相对较难
营销调研的难易程度	相对较易	相对适中	相对较难
营销组合策略	以产品、价格、渠道和促销四大传统的策略为主，再加上一些新的手段	以产品、价格、渠道和促销四大传统的策略为主，再加上一些新的手段	以产品、价格、渠道和促销四大传统的策略为主，再加上一些新的手段
营销费用和时间	相对较小和较短	相对适中	相对较大和较长
产品标准化与差异化	通常进行产品标准化生产，差异化生产考虑不多	以产品标准化生产为主，考虑局部差异化的生产	产品差别化与差异化的生产并重

第二节 全球营销体系

一、全球营销体系的内涵

企业要想实现全球营销，应当从战略的角度制定全球营销体系。全球营销体系是企业进入全球市场的指南和行动方案，规范着企业营销活动的内容和企业的营销理念。全球营销体系是指跨国经营企业，尤其是跨国公司为自己在全球市场上顺利地开展营销活动所构建的营销活动体系。它主要包括全球营销理念构建体系、全球营销环境分析体系、全球营销目标构成及进入体系、全球营销战略设计体系、全球营销运作体系（见图 16-1）。

二、全球营销理念构建体系

全球营销理念是企业在全球营销活动中所依据的指导思想和行为准则，是企业经营哲学和思维方法的体现。全球营销理念构建体系包括全球消费者中心理念、追求全球营销整体利益理念和寻求全球环境保护与企业可持续发展的理念三个部分。

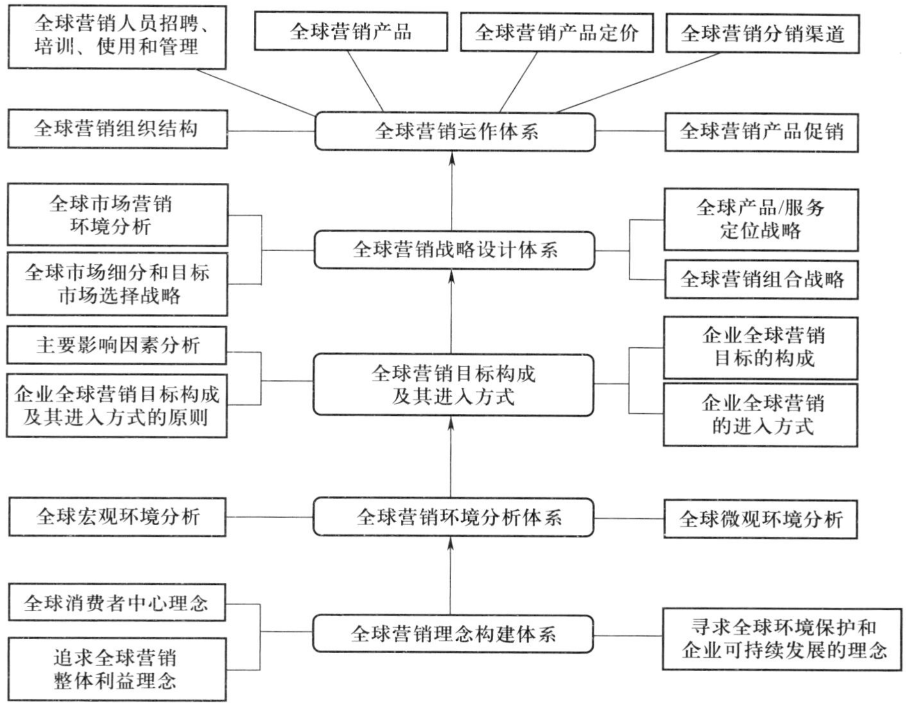

图 16-1　全球营销体系的框架结构图

1. 全球消费者中心理念

全球消费者中心理念是企业在开展全球营销的过程中，以消费者的需求为中心，企业的一切活动必须从全球市场上消费者实际和潜在需要出发，充分考虑消费者、企业、社会的短期和长期利益，生产并提供能够满足全球消费者需要的产品和服务。

2. 追求全球营销整体价值理念

追求全球营销整体价值理念是企业在全球市场上开展营销活动的过程中，在思考和解决市场营销问题时，用系统论的观点来分析市场营销问题，以企业全球营销的整体价值为重，最大限度创造顾客整体价值。

3. 寻求全球环境保护和企业可持续发展的理念

寻求全球环境保护和企业可持续发展的理念是 20 世纪 70 年代后席卷全球的一种新的营销理念。1992 年联合国在巴西里约热内卢召开的环境与发展大会上提出了《21 世纪议程》，强调必须迅速地建立全球可持续发展长远战略。1996 年国际标准化组织在全球推出了 ISO14000 系列的环境标准。这个议程和全球性标准的推出，标志着由联合国倡导、各国企业所寻求的全球环境保护和企业可持续发展的理念已经深入人心，已经成为全球营销企业所必须拥有的现代营销理念之一。

三、全球营销环境分析体系

企业要想在全球市场上顺利地进行营销活动，首先需要对全球营销环境尤其是目标市场的营销环境进行分析。一般来说，企业所面临的全球营销环境主要包括宏观和微观环境两个部分。

1. 宏观环境分析

全球营销活动所面临的宏观环境主要包括政治、法律、社会文化、经济、自然地理、人口、科技等环境。

（1）政治环境。政治环境是指企业在开展全球营销活动时，在目标市场国家或区域所遭遇到的政府政策倾向、政府有关机构与人员以及所执行的方针、政策等。政治环境的稳定与否，直接决定了企业是否可以在该目标市场上顺利开展全球营销活动。政治环境包括东道国的社会性质、政府干预程度、政治风险和东道国的国际关系等。

（2）法律环境。法律环境是指企业在全球目标市场上开展营销活动时，所遇到的法律、法规和条例。企业只有充分地了解进入国家或地区相关的法律才能经营，避免不必要的法律纠纷。除此之外，企业还应了解自己国家关于全球营销的相关法律及国际法的基本规则，这样企业才能在进行全球营销活动中以一个合法的“公民”身份去融入目标市场国或区域中去，才能更好地开展营销工作。企业在进行国际化经营中所面临的法律环境一般由三部分组成：母国法律、东道国法律和国际法。

（3）社会文化环境。社会文化环境是指世界各国、各地区在长期的发展过程中，所形成的在社会阶层、相关群体、价值观念、生活方式、消费习惯、审美观念、风俗人情、偏好、宗教信仰等方面的环境。对于开展全球营销的企业，一定要重视这种文化上的差异性，采取灵活的、差异化的营销策略，结合自身的竞争优势，针对不同的目标市场，有的放矢地开展文化营销活动。

（4）经济环境。经济环境是指由于世界各国或地区在长期的发展过程中，由于各自发展速度的不同和产业发展的不平衡，导致了各国或各地区经济发展水平和产业结构的差异。一个国家的经济发展水平决定了国民的收入水平，而收入又决定着消费者的购买力和产品需求。因此，一国的经济环境会因经济水平的差异影响到企业全球营销活动中的产品生产、定价、促销等多个环节。

（5）自然地理环境。自然地理环境是由世界各国或地区的山川、河流、地形、地貌、矿藏、动植物分布、气温、气压和湿度等环境因素所构成。全球营销主要是将自然地理环境因素作为划分不同社会文化背景的一个先决条件来加以考虑，还应注意到自然地理环境在一定程度上会影响到企业产品的设计、使用和维护。

（6）人口环境。人口环境主要指世界各国和地区的人口总数、人口分布情况、人口密度、人口年龄结构、人口受教育情况、家庭、人口消费倾向、人口的出生率、离婚率、死亡率等。人口总数的多少在一定程度上也反映了目标市场的需求与购买力。因此，企业在开展全球营销活动过程中，对人口环境要做深入、细致地分析，力图从中找出有利可图的目标市场。

（7）科技环境。科技环境一般是指企业开展全球营销时所面临的目标市场国家或地区的科学技术的发展情况。各国或地区科技环境的差异，能够引导企业全球营销目标市场的正确选择，并为产品的营销提供了方向。

2. 微观环境分析

相对于宏观环境而言，企业进行全球营销活动所面临的微观环境在一些方面企业是可以加以控制和影响的，主要包括企业自身运作环境分析、企业主要竞争对手分析、企业资源供应情况分析、企业下游单位情况分析、目标市场上各类公众实情分析等方面。

（1）企业自身运作环境分析。企业自身运作环境分析主要是通过分析企业内部各个部门的运作，了解企业内部各部门之间协同作业的关系及其各自的运作能力。通过对自身运作环境的分析，企业要搞清楚自己所拥有的资源情况、现有资源的利用能力、企业自身竞争的优势等状况。

（2）企业主要竞争对手分析。企业主要竞争对手分析主要是通过对企业在全球市场上特别是对其目标市场上的主要竞争对手的分析，找出竞争对手的优势和劣势，结合自身的资源和优势，从中找出与之抗衡的竞争策略。

（3）企业资源供应情况分析。企业资源供应情况分析主要通过分析企业上游资源企业的实际情况，例如上游企业的资源供应能力、它们是否也为竞争对手服务、它们内部的人事调整等情况，使企业能够充分地把握上游企业的实际运作情况，从而保证本企业能够获得稳定的资源供应，使企业能够正常地开展各项营销活动。

（4）企业下游单位情况分析。企业下游单位情况分析主要是指对那些销售和购买本企业产品和服务的企业、团体和个人进行分析。在全球目标市场上，通过对他们的分析和研究，企业可以充分了解他们的实际需要和潜在需求，能够根据他们的这些需要，研制并提供能够满足他们需要的产品和服务。

（5）目标市场上各类公众实情分析。目标市场上各类公众实情分析是指企业在开展全球营销活动过程中，必须对全球市场，尤其是目标市场国家或地区市场上的各类公众的实情加以分析和把握。这类公众主要包括政府机构公众、金融公众、传媒公众、群众团体公众、购买本企业产品和服务的公众及未购买本企业产品和服务的公众等。

四、全球营销目标构成及其进入方式

1. 影响因素分析

一般来说，影响企业全球营销目标构成及其进入方式的因素主要有企业国际化的发展阶段、开展全球营销的出发点、全球营销思路、政府、政策的稳定性及有关的投资政策等方面。

（1）企业国际化的发展阶段。全球营销目标构成及其进入方式是与其发展的阶段相一致的。全球营销可以细分为初级阶段和高级阶段。其中，初级阶段的全球营销通常只是个别的职能实现了全球化，例如采购或生产等；高级阶段的全球营销则几乎在所有可能产生竞争优势的环节都实现了全球化，通过全球网络在全世界范围内进行采购、生产、研发等活动。①

（2）企业开展全球营销的出发点。全球营销目标构成及其进入方式也与企业开展全球营销的初衷是相吻合的。一般来讲，有什么样的出发点，企业就会采用怎样的目标构成和进入方式。例如追求获取资源的企业，就会将那些资源丰富的国家或地区作为其目标，并结合自身的实力选择合适的进入方式，如合资进入模式。

（3）企业高层决策者的全球营销思路。企业高层决策者的全球营销思路也会影响到其全球目标的构成及其进入方式。例如，欧美跨国经营企业的高层决策者在思考如何去开展全球营销活动时，首先会考虑到收益的最大化；日本跨国经营企业的高层决策者则首先会考虑市场占有率，然后才会考虑到收益的最大化。另外，有的决策者比较谨慎，往往喜欢采用渐进式的发展思路，即希望逐渐从全球营销的低级阶段向高级阶段发展；而有些决策者则比较敢于冒险，喜欢采用跳跃性的发展思路。

（4）东道国政府、政策的稳定性以及有关的投资政策。东道国政府及其政策的稳定性会影响企业全球营销目标的构成和进入的方式。东道国政府及其政策是否稳定，决定了全球营销企业是否将该国作为开展国际营销活动的目标国家。如果一些国家投资政策要求开展全球营销的企业在东道国投资时，东道国的有关企业一定要占有股份的话，进入方式只能采用合资的方式，而无法采用独资的形式。因此，东道国的政策会影响投资者的选择进入方式。

此外，还有一些其他性因素也会影响到企业全球营销目标构成及进入方式，如交易成本、区域性经济协定和规模经济等。交易成本反映了企业在市场每项交易所花费的成本，这关系到企业利润的高低。因此，企业在全球营销时，在其他同等条件的情况下选择那些交易成本较低的市场作为目标市场。区域性经济协定反映了某一区域贸易一体化的趋势。经济协定降低了企业进入各国市场的贸易壁垒，诱使企业进行全球营销，同时其区域性经济协定（最惠国待遇）也影响了企业全球营销目标市场的选择。规模经济反映了量大标准化生产的绝对优势。进行标准化产品生产的企业会考虑全球市场的需求，加速全球营销的进程。而规模经济又要求企业应选择产品需求旺盛的国家或地区，从而形成相应的规模优势。因此，规模经济的要求影响着企业目标市场的选择与进入。

2. 企业全球营销目标的构成

全球营销目标是由企业全球经营的出发点所构成的，包括全球合理配置自身的资源、全球资源的获取（自然资源、劳动力、优惠的政策等）、全球企业内部无形资产的共享、全球规模经济的实现、降低或躲避国内或区域市场的竞争程度、延长产品的生命周期、寻求全球多方位的合作等。这一营销目标的构成可能是上述某一个单一目标，更有可能是上述出发点的一种组合。

---

① 魏李鹏，施华森. 中国企业全球营销战略刍议 [J]. 商业研究，2001 (12)：133.

3. 企业全球营销的进入方式

根据美国著名营销学专家沃伦·J. 基根和马克·C. 格林的观点，企业开展全球营销，进入全球市场的主要进入方式有三种，即许可经营、投资和战略联盟三种。①

（1）许可经营。许可经营也称为许可贸易，是指以一种合同或契约的形式，规定本企业（许可方）向国外一家企业（被许可方）提供本企业的商标、专利、专门技术、版权、管理诀窍、营销技巧等无形资产的使用权，同时收取一定许可使用费的一种全球营销的经营形式。许可经营合同或契约对上述无形资产使用的期限、范围、次数、权限、相关法律和仲裁都做了详细的规定。企业采用这种进入方式，可以克服东道国所设立的贸易保护主义的壁垒，能够以较低的成本进行全球营销，且风险比较小。同时，在一定程度上，可以促进本企业有关产品和相关有形产品的出口。例如，麦当劳和肯德基在采用全球许可经营的同时，通常要求被许可方购买它们的中央厨具设备。

（2）投资。公司通过出口或许可经营在母国以外取得经验后，经理人员往往希望能以更加广泛的方式参与市场，这时海外直接投资（FDI）成为他们的首选。海外直接投资的形式很多种，如建立合资企业与以独资或控股方式进行投资。其中合资是最主要的投资形式。

① 合资。合资，又称为合资经营，是指本国企业在开展全球营销，向国外有关目标国家渗透的过程中，与各东道国的相关企业达成共同投资的协议，组建共同经营、共获收益和同担风险的企业，并以此东道国合资企业为依托，在全球市场上特别是该东道国市场上开展营销活动。企业采用这种进入方式，能够受到东道国政府的欢迎，可以享受东道国政府所提供的有关优惠政策和廉价的劳动力，还可以充分利用东道国合资另一方企业原有的资源，能够帮助企业比较顺利地进入那些开采自然资源的行业。

② 独资或控股。独资企业是指从事全球营销的企业在有关目标国家，采用单独直接投资的方式进入，在有关东道国建立独资企业的一种进入方式。独资进入的方式，可以分为两种，即并购和新建。并购是从事全球营销的企业通过兼并和收购的方式，收购目标国家有关企业的一种行为。新建主要是指从事全球营销的企业在目标国家直接投资新建企业。企业采用独资形式进入，能够对东道国的市场营销终端进行有效的控制，并可以及时获取目标市场顾客反馈的信息，更为直接地获取全球营销的经验，并且所获利润独享。但是，如果东道国政府明令限制外国公司拥有全资企业，这时企业只能考虑多数控股和部分控股的进入形式。这也暗示着企业在选择目标市场进入方式的时候一定要关注目标国家政府的政策。

（3）战略联盟。战略联盟是顺应经济全球化和互联网发展要求而产生的一种新型合作伙伴关系。它不同于传统意义上的合资企业。传统的合资企业基本上是针对某一国市场或是针对某一具体问题而构成的联盟，而战略联盟伙伴关系更加注重长期战

① 沃伦·J. 基根，马克·C. 格林. 全球营销学（第 4 版）[M]. 傅慧芬，郭晓凌，戚永翎，译. 北京：中国人民大学出版社，2009.

略联合，目标是全球性的，而不仅仅是局部市场。不同区域之间建立战略联盟关系一方面可以形成优势互补，强强联合的局面；另一方面也有利于企业全球营销战略的顺利实施。随着信息化的发展，“关系企业”有可能将是战略联盟发展的下一个阶段。这种企业是由来自不同行业和不同国家的公司组成的群体，其共同的目标将使“关系企业”在行动上几乎如同一个公司。

五、全球营销战略设计体系

全球营销战略设计是以全球中心主义为导向的。在全球中心主义导向的指导下，企业结合自身谋取最大收益的目标，制定出全球营销战略。从运作的角度来研究企业的全球营销战略，并将总公司的营销战略设计与各子公司的营销战略设计相结合，从总体上来设计和把握公司（企业）的营销战略。一般来讲，全球营销战略设计包括以下几个方面。

1. 全球市场营销环境分析

全球市场营销的环境远比国内市场或区域市场的环境要复杂得多，具有多变性、不确定性和机会与威胁共存的特征。全球营销环境包括四个方面的市场环境分析，即总公司（本企业）所在国的市场营销环境分析、东道国市场环境分析、第三国市场环境分析和区域市场环境分析。不同区域环境都会关联到全球营销战略体系的设计，从而影响到目标市场的营销实践活动。

2. 全球市场细分和目标市场选择战略设计

企业开展全球市场营销活动，应当考虑对全球市场的细分，选择相应的目标市场。国外消费者市场细分的标准主要有地理标准、人口标准、心理标准和行为标准。

要使得全球市场的细分工作富有成效，企业应做好四个方面的工作：① 全球市场细分应根据需求差异性的大小决定市场细分标准的多少。② 注意全球市场细分的标准不是一成不变的，而是动态的。对于某一个具体国家或地区而言，在不同的时期，企业所采用的细分标准也会发生变化。③ 企业应通过计算细分成本和细分后子市场的收益来决定是否需要进一步地细分。如果收益大于细分成本则可以考虑进一步进行细分，反之则不可再细分。④ 市场细分后所选出的目标市场应符合市场细分的基本条件，即需求的差异性、细分标准和子市场的可衡量性、子市场的可进入性、子市场的可营利性和子市场的可操作性。

3. 全球产品/服务定位战略设计

全球产品/服务定位战略的设计往往会影响到企业产品和品牌，乃至企业在全球消费者尤其是目标顾客心目中的形象。因此，企业在进行全球产品/服务定位战略设计时，不仅要考虑到当前目标市场的进入和企业生存，而且还要考虑到企业的未来发展。全球产品/服务定位战略可在高端战略、中端战略和低端战略中进行选择。

（1）高端战略。高端战略是将全球产品/服务定位在市场的高端，产品/服务采取高价格，提供高标准的产品和服务。当企业想树立其产品、品牌和企业形象，拥有着某种优势（如区位优势、独特的产品/服务等）情况下就采用这种战略。企业采用高端战略可以通过高质高价的方式，占领高端市场，获取高额的利润；同时，可以在公众面前树立起高贵的形象，引起广大消费者联想，增加无形资产的价值。例如轿车中的法拉利、宝马和奔驰，服务业中的麦肯锡咨询公司等均采用高端定位的战略。

（2）中端战略。中端战略是企业为目标市场提供一个中等质量和价格的产品/服务，目的在于占据目标市场上的中档顾客市场。企业采用这种战略，一旦占据了中档市场，可以以此为依托而向高端和低端两个方向进行延伸。

（3）低端战略。低端战略是企业为目标市场上的顾客提供低端产品/服务，虽然价格比较低，但是一般质量是有保证的。低端战略主要是针对某国或某地区对产品/服务价格较为敏感的、低收入的目标顾客所制定的战略。一旦这个战略获得成功，企业就可以采用向上延伸的战略，逐渐向市场的中端和高端发展。

对于一个全球营销的企业而言，究竟是采取哪种产品/服务定位的战略，主要取决于目标市场上的实际需求和获取该种需求能力的情况。有时，在同一个国家或地区的不同子市场上会采用不同的产品/服务战略才能行得通。

4. 全球营销组合战略设计

（1）全球标准化营销战略设计。全球标准化营销战略是指从事全球营销的企业在全球目标市场上推出统一的标准化的产品/服务、采用统一的标准化的定价模式和价格、统一的标准分销渠道、统一的标准促销手段、统一的品牌等统一标准化的营销战略来开展全球营销活动。

企业采用全球标准化战略的好处在于：① 可以使企业实现规模经济，降低企业总体的运作成本，赢得成本领先的竞争优势，为企业在全球市场上价格战略的竞争模式奠定基础。② 采用统一的品牌策略，有助于树立品牌整体的形象，节省品牌设计、印制和宣传的费用；同时，可以采用品牌延伸的策略来降低新产品/服务推出的成本。③ 采用标准化运作，可以加速全球市场上扩张速度，尽可能地抢占市场上有利的位置，为后来者设置障碍。例如，全球快餐业巨头肯德基和麦当劳在实施全球营销战略的过程中就采取全球标准化营销战略，结合许可经营的市场进入方式，在全球各地迅速推进，抢占了国际市场。

（2）本土化营销战略设计。全球本土化营销战略实质是一种适应性战略。这种战略的设计主要是用来适应不同国家、不同地区的不同目标顾客在需求上的差异性。全球本土化战略是要求全球营销企业应根据不同目标市场的具体情况，有的放矢地设计出符合当地实情的营销战略。这样才能够在其运作过程中更好地去满足广大目标顾客的需求。

总的来讲，企业应将上述全球标准化营销战略和全球本土化营销战略的设计融合在一起，在具体战略设计时，既能注意保留一部分全球标准化营销战略的内容，又能够结合各目标市场的具体情况，加入全球本土化营销战略的成分。

六、全球营销运作体系

全球营销运作体系包括全球营销组织结构设计、全球营销人员招聘培训、使用和管理、全球营销产品设计及运作、全球营销产品定价设计及运作、全球营销产品分销渠道设计及运作和全球营销产品促销设计及运作。

1. 全球营销组织结构设计

著名企业战略专家艾尔弗雷德·D. 钱德勒认为，企业的组织结构是紧跟战略而制定的。因此，全球营销组织结构的设计是以企业战略为指导的。全球营销组织结构可以分为以下四种形式。

（1）全球产品型组织结构。全球产品型组织结构是以企业的产品线为中心，将不同的产品线划归不同的产品部门经理来管理。各产品线的营销管理部门彼此之间权力相当，隶属于企业总部分管营销的副总裁。在企业营销总部设有营销顾问机构，并聘有营销顾问，例如营销战略设计人员、市场调研与预测人员、公关人员和律师等。

这种产品型组织结构，具有以下优点：① 能使营销人员关注并重视某一类产品的营销工作；② 能够有利于营销经理有效地指挥、控制和协调产品的营销活动，有助于企业产品营销效率的提高；③ 有利于营销人员对产品线有关专业技术知识和营销技巧的熟悉和丰富；④ 能对企业的目标顾客进行较为详尽的产品宣传和介绍，及时对产品的各项指标进行跟踪分析，迅速进行必要的修改甚至创新。采用这种组织结构的主要缺陷是在一定程度和范围内会造成资源浪费现象。如果不同产品线的营销部门共存于同一目标市场上，彼此之间缺乏整体营销观念，只考虑部门的利益，则会引发恶性竞争。

（2）全球地区型组织结构。全球地区型组织结构是以全球营销的区域为中心，将不同的区域划归不同的区域部门经理来管理。各区域的营销管理部门彼此之间权力相当，都隶属于企业总部分管营销的副总裁。与全球产品型组织结构相似，在企业营销总部设有营销顾问机构，在该机构中有一些营销的顾问，例如营销战略设计人员、市场调研与预测人员、公关人员和律师等。

全球地区型组织结构有利于企业克服不同目标区域市场之间的差异，尤其是文化差异，迅速地抢占市场，在目标区域市场上进行营销渗透和拓展；同时有助于企业针对不同区域市场环境变化的情况迅速做出反应。此外，还可以培育企业与某区域市场内目标顾客的良好关系，从而在一定程度上打造出企业形象。采用这种组织结构主要的不足是：各区域之间可能会缺乏必要的横向交流，从而不利于彼此之间的合作和相互学习；同时也会阻止资金、技术等方面的转移，不利于企业整体营销竞争能力的增强。若企业缺乏正确的指导和必要的协调，各地区营销分部就会出现本位主义和利己主义倾向，不利于企业整体收益最大化的实现。

（3）全球矩阵型组织结构。全球矩阵型组织结构形式，通常是每位分支机构的营销经理均要向两位不同的营销副总经理汇报工作，并且还要接受他们的共同管理。一般而言，企业总部营销部门下设若干个产品和地区分部，在分部之下又会设立若干个地区/产品分支机构。

企业采用全球矩阵型组织结构，能够使企业对外部环境变化情况有较为清晰的认识，能够及时掌握各方意见和动态，做出较为正确、科学的决策。但是采用这种组织结构，其缺陷也是显而易见的：① 这种双重或多重领导及汇报方式会削弱企业营销活动的应变能力和反应速度。② 要保证这种组织结构的正常运行，企业通常需要花费大量的协调费用。③ 如果企业不能很好地将下属各分部和中间商的运作及利益通盘考虑并加以整合的话，会使各分部及中间商从各自利益出发，做出损害企业其他营销分支部门利益的举动，从而引起内部的矛盾，给企业营销活动的顺利开展造成了很大的麻烦，甚至会导致该组织结构的失灵。

（4）全球混合型组织结构。全球混合型组织结构是全球营销企业把两种或更多营销分部的划分标准结合在一起，构建成一种混合式的组织结构形态。采用这种组织结构的出发点是为了保持各子公司营销业务的多样性，能针对各区域内需求差异性较大的目标顾客需求的多样化来予以满足。其缺点是由于组织机构的复杂，会导致管理、协调费用的大幅度提高，给企业造成一定的负担。

2. 全球营销人员招聘、培训和使用

全球营销活动顺利开展离不开营销人员的努力和合作。因此，营销人员是开展全球营销活动的关键因素，对他们的招聘、培训和使用进行系统安排是很有必要的，这会影响到他们在开展全球营销活动中的具体表现和最终绩效。

（1）全球营销人员的招聘。一般来说，全球营销人员的来源主要有两个途径，即从企业内部招聘和从企业外部招聘。所招聘的人员可能来自企业总部所在国、东道国和第三国。企业内部招聘的人员有三种来源，即来自企业总部（该总部不在东道国）、来自东道国的其他子公司或来自第三国的分公司。营销人员的企业外部招聘也有三种来源，即来自企业总部所在国、来自东道国和来自第三国。一般来说，从事全球营销的企业会将内部招聘和外部招聘相结合，根据具体的情况来决定采用哪种招聘的方法。有时甚至可以在某一个海外子公司营销人员招聘时，某些营销岗位采用企业内部招聘，而其余营销岗位则采用外部招聘的形式。

（2）全球营销人员的培训。全球营销人员的培训对全球营销工作的顺利进行至关重要。一般来讲，全球营销人员培训的内容有：① 营销人员的伦理道德和素质培训。② 与企业有关的基本知识（如企业的历史概述、企业的文化、企业产品种类及其制造工艺技术等）和应该具备的基本能力（如语言表达能力和与人沟通的能力等）。③ 有关营销的专业知识、实际的运作技巧和能力。④ 东道国环境，尤其是东道国文化。⑤ 工作职责的理解和把握。企业力图通过培训来提升营销人员的工作能力，使营销人员在进行全球化营销过程中遇到的问题能够得到一一化解。

（3）全球营销人员的使用。由于全球营销人员的来源国不同，他们有着不同的国籍和不同的文化背景。企业在使用这些营销人员时，应该合理配置，一方面保证营销人员文化背景与目标国家相匹配，另一方面力图使其能力与岗位相匹配。通过一系列的有效沟通和激励手段来激发他们工作的积极性，从而达成企业全球营销的目标。这些激励措施主要有晋升、学习机会的获得、带薪休假等。

3. 全球营销产品设计与运作

根据全球营销战略思想，全球营销的产品设计分为两种情况：一是为全球目标市场设计并生产出标准化的产品；二是为东道国市场设计并生产出本土化的产品。作为全球营销的企业需要考虑如何去平衡这两种情形。全球标准化产品生产可以使得企业形成规模经济，降低成本，但无法满足全球不同目标市场上消费者的不同需求；而全球本土化产品的生产又会加大企业生产的成本。针对这个问题，企业既可以通过实际统计，从而估算出全球标准化产品和本土化产品需求的具体数量，然后来安排营销活动；也可以利用技术革新实现大规模定制营销的方式，将两者加以整合，从而解决这个问题。

4. 全球营销产品定价与运作

企业在进行全球营销的产品定价与运作体系的制定过程中，要综合考虑多个方面的情况：① 企业全球营销产品的定价导向。② 企业定价所反映的企业本身的内涵，例如产品的内在核心竞争力等。③ 东道国目标市场消费者的实际消费需求及各个目标市场上消费需求弹性的大小。④ 东道国政府的政治环境、经济环境。⑤ 国际货币汇率的稳定性。另外，开展全球营销的企业还可以通过制定转移价格来实现收益最大化的目标。

5. 全球营销产品的分销渠道设计与运作

企业要做好全球营销产品分销渠道设计与运作工作，需要正确地找出影响全球营销产品分销渠道设计与运作的主要因素。一般来说，影响全球营销的产品分销渠道设计与运作体系的因素主要有：① 企业开展全球营销活动的能力；② 全球目标市场消费者的需求特征；③ 企业自身产品的特性；④ 全球目标市场上中间商的实际情况。一般而言，全球营销企业需要综合考虑这四个因素来选择适当的分销渠道。

6. 全球营销产品的促销设计与运作

在全球营销的产品促销设计与运作中，企业应综合考虑其影响因素：① 全球市场上各国或各地区政府或有关机构所颁布的法律和法规；② 各国或各地区所具有的独特的风俗和民情；③ 各国或各地区目标顾客的受教育程度；④ 各国或各地区经济发展的水平高低。作为全球营销企业在进行产品促销方案设计和运作时，必须综合考虑上述四个方面的因素，以取得较为满意的促销效果。

第三节 全球营销管理

企业要保证全球营销活动目标的实现，做好全球营销的管理工作是必不可少的。一般来说，全球营销的管理工作主要包括对目标市场、营销战略、营销人员等方面的管理。

一、全球营销的目标市场管理

全球营销的目标市场管理主要包括目标市场上消费者需求的管理、本企业产品的目标市场定位管理和竞争对手态势的动态管理等。

1. 消费者需求的管理

美国著名的营销学专家菲利普·科特勒曾经说过，营销经理的任务是刺激消费者对本企业产品的需求，是影响需求的水平、时机和构成，以帮助企业达成自己的目标。[①] 因此，全球营销目标市场的管理应对消费者的需求进行管理。企业要通过一切手段来管理目标市场上消费者的需求强度、需求时机和需求层次的构成，可以通过宣传产品的独特性能，强调本企业产品与竞争者产品的差异，从而吸引那些有很强新奇心理的消费者购买；企业通过增加多层次需求的满足如增加产品的性能、改变产品的包装和提升产品的品牌知名度、美誉度来满足消费者同时产生的多层次需求，例如产品质量有保证、包装能够吸引人、著名品牌等。通过这种需求的管理，控制目标顾客的需求，使之与企业的实际生产能力相匹配，为企业全球营销的成功铺平道路。

2. 目标市场定位管理

企业根据外部环境（特别是消费者的需求情况）和企业自身的资源，利用市场细分的方法来确定产品在目标市场上的定位。值得注意的是，目标市场的定位是一个动态的过程。因此，对产品定位管理的工作中心不仅仅在首次的产品定位上，其大量而长期的管理工作在于如何通过对市场环境的洞察，来对原有产品的定位进行不断地修正，甚至进行重新定位以达到目标市场定位有效性的目的。企业通过正确的目标市场定位，可以抵御竞争对手的进攻，赢得市场的成功。

3. 竞争对手态势的动态管理

由于目标市场环境的不断变化，需要企业为目标市场提供的产品、定位和战略等进行不断地修正和调整。跟踪和把握竞争对手的动态，对企业在全球市场上开展营销活动尤为重要。竞争对手态势的动态管理是全球市场调研和预测工作的重要组成部分，通过对竞争对手营销目标、营销战略、市场细分、目标市场的选择和定位、产品、价格、分销渠道和促销等的观测和分析，有助于企业制定出相应的对策，从而在竞争过程中占据有利地位，赢得竞争的成功。应该注意的是，这一管理过程应该是一个动态、连续追踪和不断分析、研究和预测的过程。

二、全球营销战略的管理

全球营销战略是企业在未来一段时间内所要到达到的全球营销的预期成果，是企业在营销方面的战略规划的核心，也是日常各项营销活动的指导思想。对全球营销战略的管理一般包括以下几个方面。

1. 全球营销目标的制定

全球营销目标的制定主要包括新产品的开发，新产品投放市场的时机、数量和价格，营销资源投入的方向以及数量大小，目标市场的规模，各营销业务单位规模的扩大和缩小，老产品的目标市场转移和放弃等。

2. 全球市场需求动态的洞察与管理

企业要努力追踪全球各市场上，尤其是各目标市场上消费者的偏好变化趋势，及时做好相应的应对准备工作。同时，企业要学会把握时机，积极通过创造需求的方

---

① 陶鹏德，吴作民. 市场营销［M］. 南京：河海大学出版社，1994.

式，来引导目标市场上消费者的需求朝着有利于企业成功开展全球营销的方向变化。企业对消费者需求的管理，不仅要做到对显性需求的管理，而且要做到善于挖掘潜在需求，并对其进行预先的管理，同时，更要学会对创造出的新需求进行管理。通过成功的需求管理，以达成企业的全球营销目标。

3. 全球营销企业营销组合战略的管理

全球营销企业营销组合战略的管理包括产品制造、产品定价、产品分销渠道和产品促销等方面的管理。

（1）产品制造的管理。产品制造的管理包括产品生产管理和员工工作质量管理。产品生产管理是指产品原材料来源、设备的正常运作和供应的管理，即对生产该产品的原料、零配件、半成品及水、电、气（汽）等的供应；运输、搬运、质量检验；设备安装、设备调试、设备维修和保养等的管理。员工工作质量管理主要是指要对员工在生产中的操作、质量执行实际标准等所进行的管理。企业只有抓好这两方面的工作，才可能保证产品制造的质量。

（2）产品定价管理。产品定价管理要将企业的定价目标和导向、东道国市场消费者的需求实情、东道国政府的有关政策相结合，然后正确地给产品制定合适的价格。一般来讲，全球营销企业的定价目标包括三个方面：① 收益最大化的目标。这一目标不是一味地追求短期或长期的收益最大化，而是寻求一种产品在整个生命周期中所创造的收益最大化，寻求目标顾客所创造的价值最大化。② 市场份额最大化。企业追求市场份额最大化，就是追求企业在目标市场上的领先地位，巩固企业在市场上已有的地位。③ 竞争与合作的成功。企业是市场的组成部分，在激烈的市场竞争中，作为企业不仅要掌握竞争的方法和手段，更要懂得合作的意义与可能，力争在竞争与合作的环境中成长壮大。

（3）产品分销渠道管理。产品分销渠道管理包括出口环节分销渠道的管理、出口与进口环节分销渠道的管理和进口环节分销渠道的管理。企业对产品分销渠道的管理，不仅要对中间商进行管理，而且要对物流系统和最终的消费者进行管理。通过对产品分销渠道的管理，企业可以使产品能够迅速、保质、安全地转移到最终消费者手中，并且通过对分销渠道的管理，及时洞察和挖掘目标顾客的需求特征、购买动机、信息来源、购买影响因素、购买时机和场所，从而为企业及时研制和推出新产品奠定基础。

（4）产品促销管理。企业对产品促销的管理包含的内容比较繁多，包括促销费用管理、媒体选择的效果比较、目标顾客的信息来源渠道分析、目标顾客的感知类型分析、促销手段的连续促销时间和地点、促销手段的有效组合、教会目标顾客学会正确识别产品的标志，并合理地挑选适当的产品等方面。企业希望通过对产品促销的管理，全面提升促销的实际效果，达到促销成本最低、促销效益最大化的目的。

三、全球营销人员的管理

企业有效、合理地管理全球营销人员，有助于全球营销目标的顺利达成。一般来说，全球营销人员的管理包括以下几个方面。

1. 全球营销人员的招聘、培训和使用

全球营销人员的招聘应该根据不同地区、不同国家、企业的不同性质、产品的不同特性、人员的素质高低、文化的差异程度、企业进入东道国的不同方式等，来综合考虑是采用从企业内部招聘还是从企业外部招聘，是从企业总部招聘、东道国其他子公司中招聘还是从第三国的子公司中招聘；是从企业总部所在国招聘、东道国招聘还是从第三国招聘。所有这一切都需要综合考虑，然后根据岗位的具体要求来决定。

对全球营销人员的培训管理是一个连续的管理过程。只有不断、连续地对营销人员进行培训，才能及时了解并掌握新的理论和新的管理手段，更好地做好营销工作。此外，营销人员还应养成自觉关心最新营销管理理论的习惯，学会营销管理知识的自我更新。

企业营销人员的正确使用，一方面可以尽量避免在营销过程中失误的产生，降低了营销运作的成本；另一方面，可以树立广大营销人员完成工作的信心，激发起他们的斗志，从而能够努力地工作。企业要做到既保持营销人员使用的稳定性，又要根据其实际的工作能力和特长，进行动态地调整，力争使其能力和特长能够与其工作的岗位要求相匹配，最大限度地发挥营销人员工作的积极性、主动性和首创性。企业既要为营销人员开展营销活动创造出和谐、愉快的氛围，又要给他们一定的压力，使他们的能力和学识能够在营销工作中得以不断地提高，全面提升他们对企业的满意度和忠诚度，使得企业的营销工作能够稳步地前进。

2. 全球营销人员的绩效考核管理

全球营销人员的绩效是指他们开展营销工作的收益，既包括带给企业的有形绩效，如利润、销售额、业务增长率等，也包括为企业所创造的无形绩效。例如企业与东道国公众关系的改善、企业品牌价值的增加、企业形象的提升等。企业在衡量一位全球营销人员绩效的时候，不仅要关注其有形的绩效，而且要关注其无形的绩效；不仅要关注其短期的绩效，而且要关注其长期的预期绩效；不仅要关注营销人员为所在子公司所创造的绩效，而且还要关注营销人员为整个企业所创造的绩效。只有这样才能鼓励营销人员从总体上去把握绩效，从整体上去完成绩效。有必要强调的是，企业应该努力将部门的营销绩效与营销人员个人的营销绩效相区分，尽可能地将那些无法定量化的指标进行定量化处理，力争公正、公平、透明地去考核每一位营销人员的绩效。

3. 全球营销人员的薪酬管理

全球营销人员的薪酬管理比较复杂，薪酬设计受到多个方面因素的影响：① 营销人员为企业所创造效益的情况；② 竞争对手的薪酬情况；③ 子公司所处的区位；④ 全球营销人员的工作年限、家庭负担等情况。因此，全球营销人员的薪酬管理需要遵循的原则：一是薪酬管理要遵循适中原则，需要动态地开展薪酬管理工作；二是企业在发放相应的薪酬时，要分清子公司、部分和个人三者的工作绩效，正确评价营销人员的绩效，公正、公平、透明地支付薪酬。

4. 全球营销人员的个人职业生涯管理

企业要想保持营销队伍的稳定，就必须留住相关的营销人员，充分发挥营销人员的工作热情，就必须站在每一位营销人员的立场上，为他们自身的前途和发展考虑。企业为每一位营销人员所设计的个人职业生涯，使得他们的工作有了努力的方向和动力，使他们更能感受到企业的温暖，更愿意留在该企业中，产生了一种工作的归属感，有利于企业营销工作长期、稳定地得以开展。

企业应对已经制定的每位营销人员的职业生涯采用动态的管理。这是因为职业生涯设计是根据当前的情况而做出的。随着个人工作经验的不断丰富，能力的不断提高，原先设计的个人目标可能已经显得太低，需要进行调整，以便建立起更高的奋斗目标。当然，也不排除原先目标设定过高，实际无法达成，也需要做相应地调整。总之，只有做好全球营销人员的个人职业生涯的管理工作，才能稳定好营销队伍，才能保证营销目标的顺利实现。

营销案例

光明收购维他麦①

（一）案例介绍

2013 年 11 月 6 日，光明食品（集团）有限公司与 Lion Capital LLP 基金联合宣布，光明食品对英国著名品牌食品企业维他麦（Weetabix Food Company）60%股份的并购已经完成交割。这次交易可以称得上是中国食品行业最大宗的海外并购，企业价值为 12 亿英镑（包括了企业的股权和负债）。

近两年以来，光明集团也成功地完成了四次海外并购。除了收购英国维他麦 60%的股权之外，此前还收购了新西兰新莱特乳业 50%的股权、澳大利亚玛纳森食品 75%的股权以及法国迪瓦波尔多葡萄酒公司 70%的股权。

开拓海外市场将有助于借助当地品牌优势提升自身的影响力。对于光明食品而言，此次并购关注的不仅是如何将该品牌引入国内，同时也是在彰显自己国际化运作的能力。

1. 收购背景分析

（1）投行。投融资界是一个提供专业投融资信息服务的平台，通过解决项目信息不对称的问题，来帮助政府、企业、金融机构等完成项目和资金的对接。到目前为止，光明已经接洽了 25 家国内外银行，融资不是问题。

（2）政府。在 2009 年 12 月 15 日召开的全国商务工作会议上，商务部明确指出，2010 年，要大力实施“走出去”战略，鼓励有条件的我国优势企业积极开展对外投资和跨国经营。光明集团就是落实科教兴市主战略的主战场，是服务全国、服务

① 张冉. 论企业品牌扩张与公司并购：以光明收购维他麦为例［J］. 现代商业，2014（30）：132-133.

“三农”，加快社会主义新郊区、新农村建设的主力军。

（3）经济环境。2012 年全球都是经济萎靡、外需不振，这使中国经济的增长遭遇到巨大的挑战。根据上海快消品研究中心对产业全年的监测，2012 上半年中国快消品并购市场急剧遇冷，一度进入了资本寒冬期。全年 392 亿元人民币的总交易金额仍然比上年下降了 44%。

2. 并购动因分析

（1）核心能力。光明和维他麦的核心业务一致，光明食品收购运作多年的成熟品牌维他麦希望借助海外渠道将产品推向国际市场，可获国际市场认可和国内消费者的信任，也希望能将海外的品牌带入中国市场形成差异化竞争。

（2）经营协同效应。光明的销售渠道可以和维他麦优良的产品进行组合、一流的生产标准和产品创新优势进行结合从而达到优势互补的效果。

（3）财务协同效应。通过收购，降低了维他麦的企业负债。光明集团收购有 75%负债率的维他麦公司具有一定的债务风险，但是光明可以通过两个途径减轻风险压力。

（二）案例实训

1. 结合案例，分析光明收购维他麦可能遇到哪些问题？你认为企业应如何解决？

2. 结合本案例谈谈企业通过并购方式进入国际市场的优劣。

学习思考

1. 比较全球营销与国内营销和多国营销。
2. 简述全球营销体系的内涵及其框架。
3. 哪些因素影响企业全球营销目标构成及其进入方式？
4. 简述全球营销战略管理的主要内容。
5. 简述全球营销人员管理的主要内容。

科研练笔

1. 高新技术企业的全球营销战略研究。
2. 东道国文化差异与目标市场进入方式的关系研究。

营销实战

调查华为公司进入欧洲市场的历程，谈谈本国企业实行全球营销应考虑到哪些必要的因素。

关键术语对译

全球营销 Global marketing
许可经营 Licensing
独资 Sole proprietorship
对外直接投资 Foreign direct investment
全球营销管理 Global marketing management
标准化营销战略 Standardized marketing strategy
本土化营销战略 Localization marketing strategy
战略联盟 Strategic alliance
合资 Joint venture
营销组合 Marketing mix

推荐阅读

1. Vrontis D., Sharp I.. The Strategic Positioning of Coca-Cola in Their Global Marketing Operation [J]. The Marketing Review, 2003 (3): 289-309.

2. 菲利普·R. 凯特奥拉，约翰·L. 格雷厄姆. 国际市场营销学（第10版）[M]. 周祖城，等，译. 北京：机械工业出版社，2000.

经典链接

中国互联网协会

参考文献

[1] 吉庆华. 从营销环境的变迁看全球营销观念的发展 [J]. 昆明大学学报（综合版），2004 (2): 17-21.

[2] Levitt T.. The Globalization of Markets [J]. Harvard Business Review, 1983 (516): 92-102.

[3] 吴晓云，袁磊. 论全球营销战略及整合的全球营销战略模型 IGMS [J]. 南开管理评论，2003 (6): 57-62.

[4] 范英，姜法奎. 全球营销，还是本地营销 [J]. 云南经济管理干部学院学报，2000 (4): 24-27.

[5] 杨竹青，杨路明. 论全球营销中的物流策略 [J]. 科技情报开发与经济，2005 (7): 115-117.

[6] 徐培. 试论市场全球化下的全球营销战略与中国企业的对策 [J]. 经济师，2002 (7): 180-181.

[7] 魏李鹏，施华淼．中国企业全球营销战略刍议 [J]．商业研究，2001 (12)：133-135.

[8] 沃伦·J. 基根，马克·C. 格林．全球营销学（第4版）[M]．傅慧芬，郭晓凌，戚永翎，译．北京：中国人民大学出版社，2009.

[9] 陶鹏德，吴作民．市场营销 [M]．南京：河海大学出版社，1994，12.

[10] 时海涛，于峰．吉利收购沃尔沃案例分析 [J]．现代商业，2011 (8)：250-251.

[11] 张冉．论企业品牌扩张与公司并购——以光明收购维他麦为例 [J]．现代商业，2014 (30)：132-133.

[12] 李晏墅．服务营销：21世纪企业营销立足之道 [J]．南京师大学报（社会科学版），2001 (5)：30-35.

[13] 李晏墅，卞曰瑭，李金生．基于经营安全的企业社会责任演化机理 [J]．经济管理，2009 (5)：89-94.

[14] 李晏墅，陈晓东．核心竞争能力研究若干学术流派述评 [J]．经济学动态，2003 (3)：83-85.

[15] 菲利普·科特勒，加里·阿姆斯特朗．市场营销：原理与实践（第16版）[M]．楼尊，译．北京：中国人民大学出版社，2015.

[16] 李晏墅．国家统计局全国统计科学研究计划重点项目“现代企业的营销发展与统计应用体系研究”的研究成果.

第十七章
营销理论创新

营销寓言

模　仿

一个人想做一套家具，在树林里砍倒一棵树，并把它锯成木板。在锯树的时候，他把树干的一头搁在树墩上，自己骑在树干上；还往锯开的缝隙里打一个楔子，然后再锯，过了一会儿又把楔子拔出来，再打进一个新地方。一只猴子坐在一棵树上看着他干这一切，心想，原来伐木如此简单。这人干累了，躺下打盹时，猴子爬下来骑到树干上，模仿着人的动作锯起树来，锯起来很轻松。但是，当猴子要拔出楔子时，树一合拢，夹住了它的尾巴。猴子疼得尖声大叫，极力挣扎，把人给闹醒了。最后被人用绳子捆了起来。①

学习启示

"看人挑担不吃力，事非经过不知难"。猴子模仿人锯树，只是注意到形式，而没有把握其本质，更谈不上与时俱进地来赋予其新意。随着市场环境的变化、科技创新与进步，企业不能简单地套用营销理论和营销方法，也不能只模仿别的企业的做法，如何避免在营销实践中"被夹住尾巴"？如何在不断变化与发展的市场环境中与时俱进？如何有效地开展营销创新？……通过本章的学习，理解创新与营销创新的内在关系，了解三个经济时代的营销创新，领悟营销理念创新的历程及其思维范式，从而理解并掌握营销创新策略。

---

① 佚名. 模仿的猴子［EB/OL］. 世铝网，2013-07-10.

第一节 创新与营销创新

随着市场的变化、科技的进步、经济的增长和社会的发展，新的营销理念、营销思维不断涌现，不断实现市场营销的理论创新和实践创新。当人类社会逐渐步入知识经济时代，我国企业迎来了新的机遇和挑战。企业要抓住市场机遇，成功应对挑战，关键在于市场营销的理念创新和行动创新。营销创新，是企业应对新时代的全新姿态和参与国内、国际市场竞争做出的战略选择和行动纲领。营销创新成为企业经营创新的核心，逐步受到企业的高度重视。

一、时代呼唤创新

创新集中体现了人类一切活动的本质。它不仅表现为人类经济社会发展的直接动力，而且上升为现代社会经济发展战略的重要内容和发展模式。人类跨入的21世纪，是一个以知识、智力和创新能力为基础的知识经济时代。在这个时代，科学技术的发展更加迅猛，综合国力的竞争日趋激烈，经济全球化趋势日趋明显，企业间的竞争达到了白热化的程度，创新已上升为一种企业战略和国家战略，成为全社会普遍认同的价值观念。建设创新型企业和发展创新型经济分别成为企业和国家的发展战略。知识经济时代呼唤创新。①

1. 创新不仅表现为人类经济社会发展的直接动力，而且上升为现代社会最重要的发展资源以及财富增长的源泉

随着知识经济时代的到来，标志着主要依赖有限资源的垄断和资源消耗来实现社会经济发展、财富增长的时代逐渐走向终结。知识经济时代要解决的难题是：如何让有限的资源支持经济的无限发展和财富的无限增长？如何让几乎可以看作是常量的物质资源保证人类经济社会的可持续发展？这需要从根本上改变传统的资源观、财富观和经济增长方式，使人们充分利用创新理念、创新思维、创新智慧、创新精神和创新实践，实现社会经济发展模式和财富增长方式的转变。

资源是有限的，但创新性劳动所形成的价值是无限的。只有依靠创新，一个民族才能从根本上解决有限资源与无限增长之间的矛盾。从一定意义上说，创新也是一种资源。在知识经济时代，创新资源应该得到自觉的开发和有效的利用。与自然资源相比，创新资源的显著特征是它的“无限性”，即这种资源能无限地再生，无限地被开发，无限地被人们所利用，因而成为社会经济发展和财富增长永不枯竭的源泉。所以，我们应该把创新看作是社会经济发展战略的重要内容，形成一种崭新的经济发展模式，即“创新—发展”模式。

2. 在知识经济时代，创新理念和创新行动比技术因素更为重要

从农业经济演进为工业经济，技术因素是最革命的力量。依靠技术进步，实现经济发展与财富增长，是工业经济时代最为本质的特征。因此，科学技术被誉为工业经

① 李晏墅. 三个经济时代的营销创新［J］. 经济管理，2004（15）：71-74.

济时代的“第一生产力”。在知识经济时代，科学技术在社会经济发展和财富增长的过程中仍将发挥重要的作用。但是，在未来的经济发展和财富增长中，创新将是比技术因素更为重要的力量，创新对经济社会的发展所产生的振兴作用，是任何生产要素无法比拟的。知识化的生产方式使得产业结构和就业结构日趋智能化，从而提供智能化商品和智能化服务的产业将成为最为夺目的朝阳产业。同时，随着从业者素质的日趋提高，知识型的劳动者将构成社会经济活动的主体。在这个意义上，许多发达国家的领导人提出了“头脑强国”的理论。依靠创新意识的觉醒、创新精神的弘扬、创新能力的提高，实现民族的振兴、国家的富强，已经成为当今世界范围内的共同选择。

3. 在知识经济时代，一个民族人民的创新意识、创新精神、创新能力的发扬和提高程度，决定着一个国家的发展状况

“创新力”作为一个崭新的概念，已经成为综合国力的核心内容。人类社会的发展历史证明，一个国家经济发展的程度直接取决于国民创新能力发挥的程度。今天，创新已是一种具有高度组织性的活动，人类的创新活动已进入了一个完全自觉的状态，表现在经济社会发展的各个方面、诸多领域。作为综合国力的核心内容，“创新力”不仅表明综合国力外延的扩大，而且表明综合国力内涵的重大变化。这是因为，“创新力”同时渗透于综合国力的所有要素之中，使原有要素发生了质的变化。因此，充分发挥全体国民的创新力，提高一个国家的创新力，是增强一个国家综合国力的关键。①

二、创新与营销创新

21 世纪是全球化、市场化和信息化的世纪，市场营销环境发生了根本性的变化。企业要想生存和发展，必须及时进行营销创新。正如世界著名管理学大师彼得·德鲁克所说，“为了将来，你只需一种能力：创新和测量创新结果。”②

“创新”一词源于美籍奥地利经济学家熊彼特 1912 年所撰写的《经济发展理论》一书。在该书中，他认为创新就是“生产要素和生产条件的重新组合”。③ 他指出创新应包含五个方面的内容：① 新产品的生产；② 应用新的生产方式；③ 开辟新的市场；④ 找到并控制原材料的新来源；⑤ 运用新的组织形式。从熊彼特对创新所做的定义和他认为创新应包含的内容来看，创新与企业的市场营销有着密切的联系。

1. 营销创新的内涵

关于营销创新的概念，许多学者从各自研究的角度进行了解释和描述。有的学者认为，营销创新的本质在于开拓新市场，寻找新客户。④ 有的学者认为，营销创新是企业在营销过程中将可以利用或获得的一切资源要素进行改造、创造或重组，以最大

① 李晏墅，胡海. 营销创新：企业经营智慧的觉醒［M］. 北京：人民出版社，2004.

② 戴布拉·艾米顿. 知识经济的创新战略：智慧的觉醒［M］. 金周英，侯世昌，等，译校. 北京：新华出版社，1998.

③ 熊彼特. 经济发展理论［M］. 何畏，易家祥，等，译. 北京：商务印书馆：1990.

④ 蒋瑗瑗. 怎样做到营销创新［J］. 经济论坛，2001（18）：32.

限度提高企业营销效率和经济效益的活动。① 还有学者认为，营销创新就是不断创造、发现和引导需求，并将其转化为企业盈利机会，不断以其相应的营销组合来满足需求的过程。② 虽然，这些学者对营销创新所下的定义各不相同，但都包含了现代营销创新的精髓，那就是只有通过营销创新，才能真正提升企业营销乃至企业整体的竞争力，才能使企业不仅适应动态市场环境中顾客需求的变化，而且能够具有超前意识，能够时刻充当市场竞争的领先者角色，在及时、超前满足或创造并引导顾客需求的同时，使企业获取长期稳定的高额收益。

因此，营销创新就是企业运用创新的营销思路，不仅在营销理念上强调创新，而且在营销战略、营销方法、营销管理等诸多方面进行持续的创新活动，力争达到全面提升企业的营销竞争力乃至企业整体竞争力的效果，能更好、更持久地满足顾客不断变化中的需求，从而使企业能够长期地获取稳定的收益，使企业不断地发展和壮大。③

2. 营销创新的内容

营销创新的内容十分丰富（如图 17-1 所示），下面主要介绍营销理念创新、营销范围创新、营销队伍创新、产品创新四个方面。

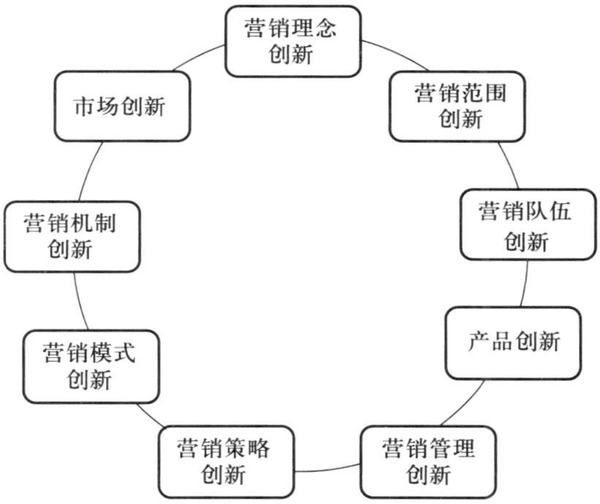

图 17-1 营销内容的构成

（1）营销理念创新。营销理念是企业进行营销实践的根本的指导思想和行为准则。它贯穿于企业营销活动的全过程，并起着主导作用，直接影响企业营销战略和营销策略的制定和实施。企业营销理念的创新是企业开展一切营销创新的前提和保证。营销理念决定着企业采用何种方式进行营销活动，决定着企业成长的路径。因此，研究营销创新首先必须研究营销理念创新。

随着社会经济的发展，企业的营销理念经历了一系列的转变过程，即从生产理念到推销理念，从推销理念到营销理念，再从营销理念到社会营销理念；从交易营销理

① 曾晓洋. 知识经济条件下的营销创新与企业可持续发展［J］. 华中师范大学学报，2000（4）：96.
② 邹开军. 企业营销创新初探［J］. 中南财经政法大学学报，2002（4）：122-124.
③ 李晏墅. 三个经济时代的营销创新［J］. 经济管理，2004（15）：71-74.

念到关系营销理念；从“灰色”营销理念到“绿色”营销理念；从被动适应市场需求的营销理念到主动出击创造需求的营销理念；从追求完美推销技巧的营销理念，到追求市场份额的营销理念，再到追求市场顾客份额的营销理念，等等。企业的营销理念不仅要随着市场环境的变化而不断创新，以适应市场上消费者的需求的变化，而且企业还要有敏锐的眼光，能及时洞察市场上消费者需求变化的趋势，从而能够提前进行营销理念的创新，处处走在市场变化之前，招招领先。

（2）营销范围创新。随着社会的发展和科学技术的不断进步，由于人们受教育水平的不断提高和生活水平的持续改善，在需求方面有了重大的改变，即由重视产品转变到不仅注重产品，而且注重服务，同时注重产品在制造、使用和遗弃后对人类所居住的环境的影响；由重视有形产品的实体转到不仅注重产品的物质形态，更注重包含在其中的无形资产，例如品牌、商标、名气、声望等；由接受大众化的产品和服务转变到追求个性化的产品和服务；由被动地逛商店购物转变到主动地在网上寻求满足需求的方式等。

所有这些转变都表明，营销创新的范围已经从单纯的产品创新扩展到了一个更为广阔的领域。这不仅包含了原先产品创新的内容，而且包含了营销战略创新、技术创新、无形资产创新、营销管理创新、营销方法和手段创新等创新内容。从系统论的角度来看，企业原先营销范围仅仅包含中间商和处于终端的顾客，其创新的范围主要集中于这两者之中。现在企业不仅要针对这两者进行营销创新，而且要针对企业的整条价值链进行营销创新活动，营销创新的范围已经涉及与其有关的所有利益群体、组织和个人。

（3）营销队伍创新。营销队伍创新可从两个层面上展开：一是营销队伍的组织结构和人员构成的创新；二是营销队伍人员创新能力的培养和激发。营销队伍的组织结构是企业营销活动赖以支撑的架构。科学的营销组织能增强企业的营销能力和营销绩效。因此，企业必须根据市场需求环境的变化，对企业原有的营销组织结构进行相应的创新性的调整，使营销组织能够及时对市场上的需求变化情况做出反应。通过这种组织结构的变动使企业能够更加贴近市场，更加贴近顾客。

与传统的营销组织结构相比，这种新的营销组织结构是以顾客的满意为中心，真正体现以市场为导向的营销原则，便于企业进行营销协调和信息沟通，实现整合营销。对于营销人员的构成而言，企业要根据外部市场环境并充分结合内部自身条件，选择好不同层次和不同级别的营销人员构成企业的营销队伍，使自己的营销队伍形成一定的人才梯队，从而在充分节约人才组合成本的基础上，更好地完成营销任务。对于后者则要求企业要有创新的举措，根据不同营销人才能力和不同的营销业绩，制定出不同的任务标准和激励措施。在考核方面，由原来的单纯根据业绩考核的方式转到根据能力和业绩相结合的考核方式。

（4）产品创新。产品创新是企业营销创新活动的核心。没有产品创新，谈营销创新是没有任何意义的。因此，企业必须首先明确产品创新的源头是顾客。企业在产品创新初始阶段，就应该认真调研顾客的需求，预测产品创新的方向。在理性消费时代，消费者更加注重产品价值的最大化，使其在购买产品和享受服务中能实现其增值。因此，企业必须用服务创新实现价值创新，以培养顾客忠诚。同时，企业进行产品创新，还要重视产品创新和服务创新的连续性。要做到这一点，企业必须以技术创新来推动产品创新。没有技术创新，产品创新就成了无源之水、无本之木，那样谈营销创新也是没有意义的。

三、三个经济时代的营销创新

在人类历史发展的不同阶段，创新有不同的表现形式，形成与一定时代或社会发展阶段相适应的特征。从总体上来看，人类社会已经经历了农业经济时代，一些国家正在经历着工业经济时代，而另外一些国家已经进入了知识经济时代。这三个经济时代都有着不同时代特点的创新，而这些创新都或多或少地与产品的营销有关。①

1．农业经济时代的营销创新

漫长的农业经济时代，涌现出众多的创新活动和创新成果，许多创新活动和创新成果至今仍令人们敬佩不已。但是，农业经济时代的创新，从总体上讲是一个自然的过程。营销创新也不例外。在人类早期，创新是缓慢且缺乏关注的，其效益也是十分低下的。

进入农业经济时代，为了使以土地开发为主的社会生产力得以发展。在此阶段，人们开始关注与开发土地资源有关联的劳动工具的创新。例如，从石器工具到青铜器工具，从青铜器工具再到铁器工具的发展过程等。但是，当时的农业经济是属于一种自给自足的自然经济形态。由于受到土地和家庭等方面的制约，人们的创新活动受到了时间和地理等因素的限制，从而使这种创新活动的扩展范围大大受到了限制，创新技术的传播速度也大打折扣。那个时期的创新范围主要集中在对劳动工具的创新和改良上；营销活动虽偶有出现，但营销创新却十分有限。农业经济时代的营销创新表现出以下五个特点。

（1）营销创新活动是一种被动的行为。人类要生存，就要不断提高自己对环境的适应能力，需要寻找新的办法去适应自然，然后再去征服自然、改造自然。这一过程就表现为最早的创新活动，当时的产品交换就这么简单。

（2）营销创新活动是一种自发的过程。农业经济时代的营销创新往往是在遇到原有营销手段、营销经验不能适应营销环境的挑战时所寻找的对策。这种营销创新既无预先的营销理念和营销目标，也没有相应的营销计划安排，总体属于一种自发的营销状态。因而那时的营销创新，具有偶然性、随机性和不确定性。

（3）营销创新的过程是缓慢的。某一项营销创新活动往往是几代人的努力才完成的，甚至需要更为漫长的时间。一项创新活动的完成到另一项创新活动的开始往往需要很长时间。

（4）营销创新是在民间分散进行和完成的。农业经济时代的营销创新是各行各业营销者多年经验的积累。师徒相传、父子相传，使营销活动不断地绵延和发展。由于缺少营销创新的交流和有效的组织，因而其营销创新的效果是十分有限的。

---

① 李晏墅．三个经济时代的营销创新［J］．经济管理，2004（15）：71-74．

（5）营销创新是在人类创新意识未激活的状态下进行的。由于古代文化的局限，营销创新的意识、思维、理论的缺乏，使人类沉睡的营销创新意识、欲望没有得到应有的开发。因而，那时的营销创新缺乏内在需求的激励，缺乏精神动力，主要表现为经验的产物，不可能体现为人类自我价值的实现。

农业经济时代虽然有许多营销创新的成果，但是当时的社会环境决定了它不能形成科学的理论，更不能形成新的知识体系，甚至我们可以说，当时的营销是游离于创新活动之外的。我国是个农业大国，小农经济的历史特别悠久，古代农业社会的残余在今天不仅严重地存在，而且其消极影响仍十分严重。在相当长的时期内，在一定的地区要实现营销创新是很艰难的。

2. 工业经济时代的营销创新

马克思曾对资本主义大工业做过高度评价，强调大工业作为一种生产方式，其技术基础是革命的。这种革命性的特点就蕴含着创新的动力、机制及能量。工业经济正是依靠不断地创新，包括营销创新，实现了社会经济的加速发展。工业经济时代营销创新，从根本上说是取决于经济利益的驱动和竞争机制的作用。无情的经济竞争和市场法则，迫使企业通过创新，特别是通过营销创新来降低成本、提高效率，从而在竞争中处于有利的地位。利益是工业经济时代营销创新的内在动力，竞争是工业经济时代营销创新的外在压力。从这个意义上讲，工业经济时代的营销创新既是一个自觉的社会过程，又是一个被迫的自然过程。当然，工业经济时代的营销创新之所以成为可能，还取决于一系列有利于营销创新的社会条件和社会环境。工业经济时代的营销创新表现出以下五个特点。

（1）营销创新的过程不断加快。20 世纪以前，许多重大的产品发明往往需要几十年的努力才能完成。20 世纪以后，特别是 20 世纪下半叶以来，许多重大的产品发明往往只需要几年的时间甚至更短。随着社会经济的发展，产品的市场寿命周期越来越短，使企业的营销创新不断加速。所以，工业经济时代营销创新的过程在不断加快，新的营销概念和思路不断涌现。在营销手段上，从 4Ps 到 10Ps，再到 4Cs 和 4Rs；在营销研究的方法上，从静态研究走向静态与动态相结合的比较研究。

（2）营销创新的效益显著提高。在工业经济时代，任何一项营销创新都极大地推动了社会经济的迅速发展。例如，著名营销大师科特勒“权力营销”的思想，就使得可口可乐和摩托罗拉迅速进入了法国市场和中国市场，从而大大地推动了法国饮料业和中国电信业的巨大发展，给法国饮料业和中国电信业带来了丰厚的经济效益。

（3）营销创新的意识自觉觉醒。工业经济时代营销创新过程的加速，取决于经济利益的驱动和竞争的加剧，但是不得不承认人们创新意识的觉醒是工业经济时代营销创新飞速发展的另一重要原因。也就是说，随着工业经济的发展，营销创新已上升为企业的一种内在需求。在工业经济时代，企业如果忽视营销创新，就会在激烈的市场竞争中落伍。

（4）营销创新受科学理论的指导。农业经济时代营销创新是自发的，而工业经济时代的营销创新，有了科学的营销理论、思维和方法做支撑。这样营销创新的活动、成果就表现为科学思想的结晶，也使营销创新过程逐渐成为规律的过程，使人们能够根据营销创新的规律，更加自觉地开展营销创新活动。这种建立在科学原理基础上的营销创新，能有效地生发出新的营销知识体系，使营销创新的成果升华为新的营销理论，从而使营销创新的思维、技能得到有效的扩散、传递，为营销创新过程的继承、发展创造了重要的前提。

（5）营销创新的组织化和程序化。工业经济时代的营销创新具有明确的目标和科学的规划，从而形成了程序化的营销创新。工业经济时代的营销创新已不再是凭经验的积累而分散在民间的个体性自发行为，而是企业的一种组织化行为，并且能得到政府及社会各界的广泛支持。这种政府及社会各界的广泛支持的营销创新的环境和氛围在农业经济时代是不可思议的。

工业经济时代的营销创新达到了新的高度，推动了工业经济的快速发展。我国工业经济的发展并不很充分，农业经济、工业经济和知识经济等经济形态同时并存，将构成今后相当长的一段时间内我国企业营销创新的总体格局。

3. 知识经济时代的营销创新

在知识经济时代，由于科学技术的迅猛发展和物质文明、精神文明的同步发展，创新呈现出前所未有的欣欣向荣的局面。政府、党团组织、企业、团队、社区、居民等均重视创新活动，均在有关部门的指导下自觉地积极有组织地从事着创新活动。营销创新不仅致力于产品创新，而且还将营销创新的范围扩张到无形世界产品的创新上，例如人类的理念创新、思维的创新、企业无形资产的创新（如商标、企业或品牌声誉的创新）、服务的创新等。可以说，营销创新在知识经济时代表现为更高层次、更深内涵、更广范围上的创新，不仅追求营销创新的数量，更注重追求营销创新的质量和速度，营销创新成为时代进步的催化剂和内在永续推动力。知识经济时代的营销创新主要具有以下四个特点。

（1）企业的营销创新已上升为一种企业战略。农业经济时代的营销创新是分散在民间的个体行为，工业经济时代的营销创新成为企业行为，而知识经济时代营销创新上升为企业意志。企业为了适应知识经济对营销的挑战，高瞻远瞩，精心策划，把营销创新工程作为企业发展中最重要的战略来抓。企业的营销创新力度进一步加大，越来越多的企业开始重视营销创新工作。这种创新工作已经跨越了企业的边界，甚至国界。不同国家的企业，在营销创新方面往往通过彼此之间签署契约而结成合作伙伴，从营销理念创新，如网络营销、文化营销等，到营销手段创新、产品创新，到营销组织队伍创新、营销服务创新全面展开。

（2）企业的营销创新已上升为一种普遍的价值观。在知识经济时代，营销创新的经济意义更为显著，营销创新的机制也更为灵活、有效，营销创新的制度也更为健全、完善。更为突出的是营销创新已成为一种普遍的价值观，已上升为一种时代精神。企业营销创新的自觉程度、创新的层次、创新的能力和创新的效果等，都将成为人才价值、知识价值和企业行为价值等一系列价值判断的更为重要的标准和内容。在知识经济时代，营销创新不再仅仅是一种某一方面或几方面的行为，而是涉及企业营销的诸多层面，涉及营销创意、能力、方式、效果和应用等诸多环节，涉及营销规划、组织、管理、体制、机制等诸多因素。

（3）企业营销创新过程的“软化”。知识经济时代的营销创新不仅能上升为科学的新的营销理论，并形成完整的知识体系，使其更为有效的扩散，更为重要的是使整个营销创新过程“软化”了，即营销创新不再是简单地从应用开始，仅表现为根据某种需要而进行的营销技术等方面的改进乃至新的发明，而是从营销理念和营销思维开始。这种营销创新从知识发端，表现为知识进步和知识更新的结果。在知识经济时代，营销理念和营销思维的创新是营销创新工程得以推进的最为重要的因素。

（4）营销创新注重“以人为本”。无论是农业经济时代，还是工业经济时代的营销创新，一个显著的特征是以物为中心，见物不见人，不是崇尚人的创新精神，使人的创新能力机械地服从于创新利益的追求。知识经济时代的营销创新，表现为人的创新潜能的释放，内在价值的体现，创新责任的升华和人类的自我超越。这样的内在价值的驱动，是真正意义上的创新基调，由此决定了人们营销创新的自觉性。实现以人为本的营销创新，决定了企业重视对员工创新意识、创新精神和创新能力的培养与训练，重视客户满意度和忠诚度的提升。

知识经济时代的营销创新达到了人类营销创新前所未有的程度。要想在激烈的市场竞争中求得生存和发展，企业必须认真研究知识经济时代营销创新的特点，按照知识经济的要求，把握营销创新的先机，实施营销创新工程，使企业的营销创新与社会经济的发展同步运行。

4. 三个经济时代企业营销创新的比较

三个经济时代企业营销创新的比较，可以通过表 17-1 来说明。①

表 17-1 三个经济时代营销创新的比较

比较项目＼经济时代	农业经济时代	工业经济时代	知识经济时代
财富来源	土地、劳动力	科学技术	知识
组织制度	农场主管理	阶层等级制度	网络机构
教育情况	被动的学徒式	培训和开发	主动学习式
市场范围	地区为主	国内为主	全球化
战略思路	—	竞争战略	合作加竞争战略
领导方式	强制	命令、控制和监督	指导、教导、指引、协调和自我管理
市场驱动力	卖方驱动	前期卖方驱动 后期市场（买方）驱动	客户驱动
促销重点	有形产品	有形产品为主	有形产品、无形产品都关注

① 李晏墅，胡海. 营销创新：企业经营智慧的觉醒［M］. 北京：人民出版社，2004.

第二节　营销理念创新

营销理念是企业营销行动的指南。众多成功企业的营销实践证明，没有正确的理念，就没有企业营销认识上的统一；没有认识上的统一，就不可能有企业营销的成功。企业营销的创新，首先必须是营销理念的创新。

一、理念创新是营销创新的灵魂

无数营销实践证明，只有不断进行营销理念的创新，企业才能领先市场。企业的营销活动是为了满足目标顾客的需求，实现企业的经营目标而进行的一系列的有意识的活动。这一系列的活动都是在特定的营销思想指导下进行的，这些营销指导思想就是营销理念。随着社会经济的发展，企业的营销理念也在不断发生变化。市场营销理论创立一百年来，市场营销的理念也从生产导向型、推销导向型、市场营销导向型向社会营销导向型转变。在营销理念的演进过程中，产生了4Ps、10Ps、4Cs和4Rs等一系列的新营销理念。这些营销理念的演进既反映了营销实践的变化，又指导着企业营销不断地向前发展。

企业的营销活动，除了受消费者需求的制约外，受到诸多社会因素的制约，企业的营销活动必须满足社会提出的不断变化的需求。在知识经济时代，企业必须确立社会营销的理念，即企业的营销活动在满足消费者需求能获取预期利润的同时，要能增进社会的利益。这种营销理念需要从以下几个方面进行创新。

1. 主动创造市场

随着知识经济的到来，企业必须主动超前地创造市场、创造消费，并能引导消费者的需求变化。企业不应该只生产和提供消费者现时需要的商品，而要在不断研究中制造将会对顾客有用的东西。这是因为，现时市场内的产品竞争是有限的，而技术开发创造出来的市场是永无止境的。所以，企业必须由仅关注产品、价格、服务的竞争层次提升到高层次的技术竞争层次，主动创造市场、创造消费并引导消费者需求的变化。

2. 关注品牌营销

企业在营销过程中必须增强品牌意识，强化品牌管理，在社会公众中树立起良好的品牌形象。品牌不仅是产品品牌，而且包括企业品牌。在某种意义上说，企业品牌比产品品牌还重要。企业营销要想取得成功，必须重视品牌管理、广告管理、宣传通路管理、生产管理、人力资源管理、销售管理、知识管理等品牌建设的系列管理。

3. 重视公众满意

在知识经济时代，营销活动必须确立公众满意的持续营销的理念，需要企业在营销活动中充分体现环保意识和社会意识，向消费者提供科学、无污染、有利于节约资源使用和保持生态平衡的产品和服务，引导并满足消费者有利于环保及健康的消费需求。“顾客是上帝”的理念必须加以修正，公众才是真正的“上帝”。

4. 坚持整体竞争

在知识经济时代，企业营销中的竞争更加剧烈，企业要想在竞争中取胜，必须认识到单靠个体力量与对手竞争是很难取胜的。企业必须与厂商联手，借助于产供销整个价值让渡系统的力量协同竞争。因此，企业在营销活动中不仅将注意力集中于和顾客的关系，而且应扩大到与供应商、分销商、竞争对手、公共机构及企业内部员工等各种关系。

二、营销理念创新的哲学

创新是知识经济时代最为流行的名词，是知识经济时代最为稀缺的资源。营销理念的创新需要从哲学的角度来思考。①

1. 营销创新是一种生活方式

先哲柏拉图曾指出："真正的创造者是需要。"如果你不需要某样东西，你就不会去积极地改造它。当人们意识到某种需要时，才会开始思考并去实现它。所有发明创造的要诀：发现需求，然后开动你的脑子去研究它。无论是坦克还是方便面，都是某种需要的结果。应对21世纪，企业市场营销的环境与过去相比发生了根本的变化，企业要想在市场营销中取胜，唯一的办法就是不断地进行市场营销的创新。从哲学的角度说，营销创新是一种需要，也是一种生活方式。在今天，营销创新已经成为这个世界真正的精英——企业家的生活方式。任何企业要想不被时代所淘汰，就必须接受这种现代的生活方式。

2. 营销创新是一种营销的重新组合

营销创新简单地说，就是"重新组合"，创新出更大的价值，实现"1+1>2"。企业家正是利用"创新就是重新组合"，并使"1+1>2"的原理而成其为企业家。在商业社会中，是没有等式可言的。当你抱怨生意难做的时候，也许有人正因点钞票而累得气喘吁吁。这里的差别在于：你认为1+1应该等于2，而他认为1+1永远大于2。营销没有创新，即不进行重新组合，营销也就是1+1等于2而不会大于2。这种重新组合，包括东西方思维的组合、不同企业间的组合、企业内部各要素的组合及企业营销战略与策略的组合等。组合即是创新，组合就会产生"1+1>2"的奇迹。

3. 营销创新是一种关系的革新

一切营销活动谈创新都是人和人之间的关系在起决定性的作用。美国英特尔公司前总裁葛罗夫曾指出：华人这个民族对财富几乎有着一种与生俱来的创造力，也就是说中国人特别会赚钱。因此，今天这个世界级富翁里面华人巨富不乏其人。但今天的世界级企业里就很少有华人办的企业，这与华人的世界级富翁的数字是很不协调的。葛罗夫先生的话启示我们在营销创新中如何重视人与人的关系，创造出一个有利于企业营销活动开展的组织平台。在这里能够真正实现团队使命，把蛋糕做大，每个人都会得到更多。注重人与人关系的塑造本身就是一种创新。在营销活动中，关系就是生

① 李晏墅. 三个经济时代的营销创新［J］. 经济管理，2004（15）：71-74.

产力。

4. 营销创新鼓励差异

天底下任何事物都不会完全相同，创新就是要与众不同，就是要“边缘化生存”或“差异化生存”。只有“和而不同”才能形成互补。一味模仿是难以成功的。营销创新亦不例外。

5. 营销创新是一种有无相生

创新的本质是“生”。“生”是另辟蹊径，而不是固守旧法。创新，必须跨越已有的成果，不为传统的营销经验所左右。正如日本索尼公司创始人盛田昭夫所说：“我们总是强调‘无中生有’，从没有中生产出某种新东西。”搞营销创新，没有“无中生有”的精神，将无以创新。

三、营销理念创新中需要注意的问题

在进行营销理念创新的过程中，企业应注意以下几方面的问题。

1. 营销理念创新思想应融入企业文化

将营销理念创新思想融入企业文化，企业在进行营销创新时就能较为主动地投入，在行动上就会自觉地养成营销创新的习惯，而不会产生某种程度的抵触，这有利于营销创新活动持续性地开展。

2. 营销理念创新是一个扬弃的过程

企业进行营销理念创新并不是对原有的营销理念全盘否定，而是一个扬弃的过程。因此，企业应将营销理念的创新看成是对原有营销理念的一种变革、一种补充、一种完善的过程。

3. 营销理念创新应贴近实际

企业在开展营销理念创新时，要符合各国市场环境变化的实际情况，不能一味地不顾本国市场的实情，而机械地采用并抄袭别国的营销创新理念。

第三节 营销策略创新

基于营销理论和营销理念的创新，现代市场营销学界提出了文化营销策略、定制营销策略、合作营销策略和内部营销策略。

一、文化营销策略

人类社会已进入了21世纪，市场环境发生了巨大的变化。一方面，由于信息技术的迅猛发展，新产品不断涌现，某些产品的市场已饱和；加上市场上很多产品同质性较大，单凭价格战已经不能激发起人们的购买兴趣。另一方面，由于科学技术的迅速发展，生产力水平的不断提高，人们的生活水平得到了极大的提高。人们的需求逐渐从生理方面转到了心理方面。这种心理方面的需求，又与他们所处的环境有关，即受到其文化环境的影响。同时，人们的需求还受到他们各自的文化素质，如价值观、理念和人生哲学等的影响。因此，有些企业开始思考新的促销方式，文化营销正是在

这种背景下产生的。

1. 文化营销的内涵

文化营销是企业营销人员根据商品的特色，将企业文化融入商品及其相关服务之中，引起顾客在价值观、文化理念、人生哲学等方面产生共鸣的营销方式。文化营销是一种深层次的软营销方式。企业通过分析消费者文化层面的需求，发现并挖掘出某一目标顾客群的环境文化背景和文化内涵，然后将其附着在产品之中，通过产品的品牌和包装等载体使消费者能够在众多的产品中识别出代表某一文化的产品。同时，企业通过产品的营销促销宣传活动，向广大的目标顾客传递有关的同质文化信息，激发出他们的文化认同和共鸣，促使他们产生强烈的心理需求和购买动机，并最终完成购买行为。文化营销的实质在于企业通过文化价值和理念的营销活动，使广大消费者产生共鸣，从而实现消费者对企业产品的购买行动。

2. 文化营销的作用

文化营销可以从对外作用和对内作用两个角度进行理解。① 从对外作用的角度，文化营销具有两层含义：一是指某一市场上企业目标顾客的环境文化；二是指某一市场上企业目标顾客自身的文化内涵。其中，前者是指目标顾客的环境背景，后者是他们的文化素质，包括他们的价值观、理念、人生哲学等；前者对后者有影响作用，而后者对消费者如何选购产品和消费起着决定性的作用。② 从对内作用的角度，文化营销包含两层含义：一是指企业的文化，即企业员工不论是高层还是低层人员所共同拥有的价值观、经营理念和人生哲学等；二是指企业员工自身的文化内涵。同样，前者是企业的总体文化，后者是企业员工个体的个性化文化；前者制约着后者，而后者会对前者产生能动的影响力。如何将这四种不同层面的文化有机地融合起来，对于企业顺利地开展文化营销活动是至关重要的。

（1）文化营销能够满足消费者的心理需求。企业开展文化营销活动，从深层次上迎合消费者心理上的不同文化需求，有针对性地满足消费者的心理需要。文化营销在情感上培养消费者对企业产品、品牌乃至企业的感情，做到以情交友、以情激情，使企业与广大消费者产生共鸣，促成交易的形成。同时，文化营销能够彰显消费者的身份、地位和声誉，满足消费者的显示心理。

（2）文化营销能够增强商品的识别能力。企业开展文化营销活动，通过对该产品的包装、品牌等注入某种文化的内涵，使其在纷繁的同类产品中脱颖而出，迅速吸引消费者的注意力。特别是当市场上产品同质性程度较高的情况下，采取文化营销的方式，可以取得较好的效果。同时，企业开展文化营销活动，还可以全面增加产品的附加值。例如，在每年的情人节，花店出售的玫瑰在价格上就比平时的价格高出许多。

（3）文化营销能够增强商品的核心竞争力。企业开展文化营销活动，将文化的内涵引入整体产品中，具有一定的核心竞争力的特征，具有较高的不易模仿性。实体营销方式易于竞争对手的模仿，而文化营销是从无形的情感上激发消费者需求，在满足他们心理、文化或情感层面的需求中实现销售商品的目的。文化营销是将满足消费者需求的较低层次与较高层次相结合，以实现企业与顾客的“双赢”，树立企业品牌和产品品牌。

3. 运用文化营销策略的注意事项

（1）文化营销策略要有充分的市场调研。为了保证企业文化营销活动的顺利进行，企业首先必须进行深入细致的市场调研工作，特别是对目标市场的文化环境以及目标顾客的基本文化内涵情况进行调研，对企业的外部文化因素进行准确而全面的把握，以正确指导产品研发和文化营销活动。

（2）文化营销策略要以商品的使用价值为基础。企业在强调和开展文化营销时，绝不能忽视产品的使用价值，即作为开展文化营销活动的载体——产品的质量和特性必须得以保证。只有在提供优质产品的前提下开展文化营销，企业才能做到有形与无形产品的更好结合，从而创造出从生理到心理等多方面满足消费者需求的整体产品形象。

（3）文化营销策略要整合各类文化要素。要顺利地开展文化营销活动，企业必须将企业的内部文化要素和外部文化要素加以有机地整合：一方面，要让企业的内部文化因素能适应外部文化因素的要求；另一方面，要通过内部文化因素去影响外部文化因素，力争创造出新的既符合企业生存和发展需要，又与目标市场上目标顾客心理文化需求相吻合的内含某种文化特征的产品和服务。

二、定制营销策略

定制营销是20世纪90年代以来在企业营销界普遍运用的一种新型的营销策略。随着人类社会经济的不断发展，人们的收入和生活水平得以大幅度地提高。人们的需求逐渐从满足自身较为低级的需求，转变到向开始追求那些较为高级的需求，消费者不断提出个性化的需求，希望能在商品消费中既符合自身要求，又能体现出与众不同。面对市场需求的这种变化，定制营销被提到企业的营销日程。信息技术和柔性化生产系统的发展，为企业实现定制营销提供了技术条件。因此，定制营销理念在全面提升企业的竞争能力和满足消费者的个性需求，发挥了积极的指导作用。因此，定制营销策略一经提出，就受到了企业的普遍关注。

1. 定制营销的含义

定制营销是企业将每一位顾客视作一个单独的细分市场，根据顾客的个性需求来进行市场营销组合，以满足每位顾客的特定需要的营销方式。定制营销注重的是消费者的个性化和多样化需求。初看起来定制营销是对过去手工工匠式生产销售的一种“回归”，但这不是一种简单的往复，而是一种螺旋上升式、具有很深内涵的回归。定制营销既可以克服消费者需求多样性和个性化给企业生产和营销工作所带来的难度，又可以克服企业供给与市场需求之间的长期矛盾。①

2. 定制营销的特征

一般来讲，定制营销具有以下几个方面的特征：

（1）营销方式的柔性化。定制营销能够真正做到顾客是营销的主角，通过顾客

① 李晏墅，胡海. 营销创新：企业经营智慧的觉醒［M］. 北京：人民出版社，2004.

的参与，企业能够真正地生产并销售顾客需要的产品。同时，企业可通过库存的减少，降低运营的成本，扩大利润空间。

（2）营销沟通的互动性。定制营销可以增进企业与顾客的关系，在进一步培养顾客对企业、产品、品牌、商标等忠诚的基础上，通过双向沟通互动形式，实现企业的创新战略，获得彼此之间“双赢”的结果。

（3）商品需求的个性化。定制营销缩短了顾客选购商品的时间，为广大顾客提供实现自我意识，展现个性的空间，容易赢得广大顾客的心。同时，可以大大缩短中间环节，在节约成本的基础上，可以迅速地将产品传递到顾客手中，并能创造出一定的让利空间。

（4）产品定位的双向性。定位营销从传统的企业定价转向根据顾客认同价值进行定价，由单方面企业自主定价转变为厂家与顾客双方协商定价。

3. 大规模定制营销

大规模定制营销是在定制营销的基础上结合大规模生产的特点而产生的，是对原有定制营销方法的进一步完善和补充。它既具有定制营销的特征，又可以较好地解决定制营销中给企业造成成本上升的问题，即通过对定制产品进行分解，对分解的零部件实行标准化模块管理，对实现了标准模块化的零部件实行规模化生产，从而降低生产产品的成本，最后通过对不同模块的组合生产出符合消费者个性化和多样化需求的产品。

除了拥有定制营销的主要特点之外，大规模定制营销还拥有另外两个特点：

（1）低成本化。企业通过对市场上消费者定制需求的情况，来大规模进行标准化模块零件的生产，可以大大地降低企业的生产成本。

（2）网络化制造。大规模定制生产企业以市场需求为导向，通过柔性制造系统与网络化制造的有效整合所形成的按需生产。大规模定制能够增强企业的灵活性和应变能力，缩短产品的生产周期，提高设备的利用率，改善产品质量。

4. 运用定制营销策略的注意事项

企业采用定制营销策略时必须注意以下几个方面的问题：

（1）建立快速反应的营销信息管理系统。消费者需求的多样性和个性化，企业在实施定制营销策略中要广泛利用计算机和网络技术，构筑企业的数字神经系统，全方位改造企业，以降低成本和费用，增加产量与销售，提高企业的市场反应速度。

（2）选择合理的定制营销方式。企业要根据自身产品的特点和客户的需求情况，正确地选择定制营销方式，以取得时间优势。

（3）构建敏捷柔性的生产制造系统。企业的生产制造系统要具备快速调整的能力，使企业的生产线具有更高的柔性和更强的加工变换能力，从而使生产系统能适应不同品种、式样的加工要求。

（4）完善的网络交易系统。定制营销策略的实施，需要借助互联网发布产品信息进行产品宣传，建立电子商务进行产品需求的收集与整理，通过电子支付系统实现网上交易，通过完备的物流支持系统（或第三方物流）来实现产品配送。

三、合作营销策略

随着科学技术的不断发展，全球经济一体化的进程不断加快，国际企业的分工不断加剧，影响企业生存和发展的因素越来越多。单靠单个企业的力量已经难以适应新形势的要求。因此，开展合作营销成为企业应对新的市场环境的一种选择。

1. 合作营销的内涵

作为一种营销理念和营销策略，合作营销已经被许多企业纳入了经营战略体系之中。合作营销早在许多年之前已被一些企业所采用，但没有被上升到一个理论的高度。1966 年，著名的营销专家艾德勒（Adler）第一次在《哈佛商业评论》上发表了名为“共生营销”的文章，认为共生营销是由两个或两个以上的企业联合开发一个营销机会，给出了合作营销的早期名称和内涵。①

合作营销是企业为了达到增强市场竞争能力，获取紧缺资源，增加产品在特定市场上的销售量和利润，或者为了更好地赢得若干公众的合作，是以产品价值链为合作平台，与有关政府、多家企业、组织、团体、公众进行多方面的合作，以期获得双赢或多赢的合作效果。②

2. 合作营销的方法

开展合作营销主要是沿着产品价值链的纵向和横向展开的。

（1）沿产品价值链纵向开展的合作营销。企业沿产品价值链纵向开展的合作营销包括企业内部各部门之间的合作、企业与供应商之间的合作、企业与营销中介之间的营销合作和企业与顾客之间的营销合作。③

① 企业内部各部门之间的合作。企业内部各部门之间的合作是企业各个部门在总体战略目标的指导下，彼此之间围绕着共同的目标进行分工协作，各负其责，通过内部整合，充分发挥协同作用，为市场制造并提供富有竞争性的产品和服务，以满足消费者的需求。

② 企业与供应商之间的营销合作。供应商不仅为企业的日常生产提供所需的原材料，如燃料、动力系统、设备、各种零部件和半成品，而且供应商的供应速度和产品的质量好坏直接影响到企业为市场上提供最终产品的速度和质量。因此，企业应搞好与供应商之间的合作工作。

③ 企业与营销中介之间的营销合作。企业与营销中介之间的合作对企业获取竞争优势，抢占市场同样也是重要的。这种合作主要有四种类型，即企业与中间商之间的营销合作、企业与广告商之间的营销合作、企业与金融机构之间的营销合作和企业与物流机构之间的营销合作。

④ 企业与顾客之间的营销合作。企业所做的一切都是为了顾客。可以想象若没有顾客的存在，企业也就没有存在的必要。因此，企业必须建立并不断加强与顾客之

---

① 何峰，龚健，熊中明. 略论合作营销 [J]. 北方经贸，2002（5）：98-100.

② 李晏墅，胡海. 营销创新：企业经营智慧的觉醒 [M]. 北京：人民出版社，2004.

③ 方家平. 合作营销——营销观念的革命 [J]. 经济师，2001（2）：43-46.

间的合作。企业与顾客在诸多方面开展全面合作，对企业和顾客来说都是有益的。

（2）企业沿产品价值链横向开展的合作营销。企业沿产品价值链横向开展的合作营销包括企业与企业之间的资源互补合作、产品合作和市场合作。

① 企业与企业之间的资源互补合作。企业与企业之间的资源互补合作包括两个方面：一是在新产品研发上进行技术互补，这样做一方面有利于发挥合作各方的技术优势，另一方面可以降低研发风险。二是企业之间通过合作进行优势资源的整合，以期获得整体的竞争优势。①

② 企业与企业之间的产品合作。企业与企业之间的产品合作包括两个方面：一是企业通过各自产品的强强组合，以赢得市场上消费者的青睐，并取得竞争优势。二是某一企业提供无形资产（如管理经验、专利技术或品牌），而另一些企业提供有形的物质资源，在此基础上进行合作。

③ 企业与企业之间的市场合作。市场是企业竞争的最显眼的战场，各国企业面对全球市场特别是前景看好的别国市场都想千方百计地挤进去，但是由于各国或区域贸易的壁垒，往往难以如愿以偿地。为了克服这个困难，各国企业往往通过彼此之间的市场合作来达到各自的目的。

（3）企业与其他方面的营销合作。企业与其他方面的营销合作包括企业与政府有关机构之间的营销合作和企业与公众之间的营销合作。

① 企业与政府有关机构之间的营销合作。各国政府有关机构所出台的一些政策和法规，通常会对企业的营销活动特别是企业的国际营销活动产生重大影响。有一些政策法规可能有利于企业的发展，而另外一些政策法规又可能会给企业的生存带来威胁。因此，企业必须加强与目标市场的政府有关机构的合作，不但要充分理解现有的政策法规和条例，而且还应通过合作说服和诱导政府部门制定出有利于企业生存和发展的政策法规和条例，从而为企业的发展创造有利的环境。

② 企业与公众之间的营销合作。公众是那些与企业或企业产品接触的组织（如党团组织、环境保护组织、少数民族组织、宗教组织等）、团体（消费者协会、各种专业或学术协会等）或个人。虽然公众有时不是企业产品的消费者，但他们的一言一行都会对企业产品乃至企业的形象产生影响。企业通过与公众之间的合作（例如开展社会公益活动等），一是可以认真听取公众的意见，能够改进企业的营销工作，以增强自身整体的竞争能力；二是通过与公众的合作，企业可以树立起良好的社会形象，赢得社会公众的广泛支持和合作，为企业发展创造出良好的环境氛围；三是通过与公众的合作，企业可以在公众中创设出良好的口碑，培养出一批对企业产品忠诚的消费群。

3. 合作营销应注意的问题

（1）明确开展合作营销的目标。企业在合作营销前必须制定出合作营销的目标。合作营销的目标包括战略性目标和阶段性目标。企业不仅要从整个战略的高度来指导合作营销活动的开展，而且还要对合作营销的各个阶段设立分目标。

---

① 牛琦彬，郑仕敏. 略论战略营销联盟［J］. 中国石油大学学报，1997（3）：23-25.

（2）慎重选择合作伙伴。合作伙伴的选择对于企业顺利地进行合作营销是至关重要的。一个好的合作伙伴在营销合作中能创造出“1+1>2”的协同效果，而一个差的合作伙伴不仅不能给企业带来额外的收益，而且还会给企业原先正常的营销活动带来危害。因此，企业应十分慎重地挑选合作伙伴，应在对合作伙伴全面调查、认真分析的基础上进行取舍。

（3）学习合作伙伴的优点。企业一旦选择了自己的合作伙伴以后，就应努力学习对方的长处，不断克服自己的弱点。通过营销合作既达到共同发展、共同营利的目的，又要努力达到增强补缺的效果。

（4）注重企业文化的融合。企业在开展合作营销活动时，由于合作各方所处的文化环境、企业文化和企业成员各自文化背景的差异，在合作过程中往往会产生一系列的问题。因此，要顺利开展合作营销活动，就必须首先创造出一个包容各种文化的合作氛围。

四、内部营销策略

内部营销理念是以市场为导向的市场营销理念向企业内部延伸而产生的一种新型的营销理念。内部营销理念有助于从企业内部挖掘企业的潜能，充分调动企业内部员工工作的积极性，全面提升顾客的满意度，促进企业可持续发展。

1. 内部营销的含义

里纳德·伯瑞和帕若舒曼（1991）最早提出内部营销，认为内部营销是企业通过能够满足雇员需求的分批生产来吸引、发展、刺激、保留能够胜任的员工。① 约翰逊、西莫尔和盖达认为，内部营销是企业努力使组织中的所有成员了解组织的目标，并通过对员工的培训、推动和评价来达到预期的目标。② 我国也有学者认为，内部营销是从经营企业的人力资源为出发点和手段来有效达到“顾客满意”这一营销的核心目的，是由内而外实施的一种市场营销战略。③ 综上分析，内部营销应包含两层含义：一是企业把员工作为顾客来看待，以人为本，主动为员工创造舒心的工作环境；二是企业员工之间被别人都当作顾客和伙伴来看待，在工作时相互关心、相互配合，共同完成既定的任务。④

2. 内部营销的运作思路

通过内部营销的内涵，企业要顺利地实施内部营销策略，必须遵循合理的运作思路。

（1）树立“以人为本”的营销管理理念，是正确开展内部营销活动的重要前提。这里的人既包括企业员工，也包括外部人员（特别是目标顾客）。企业必须本着先通过企业内部营销活动的方式，全面提升员工对企业的满意度，进而通

① Berry L. L., Parasuraman A.. Marketing Services: Competing Through Quality [M]. New York: Free Press, 1991.

② 王剑峰. 企业内部营销浅探 [J]. 企业活力, 2002 (7): 48-49.

③ 孙涛，邢以群. 企业内部营销及其实施策略探讨 [J]. 技术经济与管理研究, 2003 (4): 85-86.

④ 李晏墅，胡海. 营销创新：企业经营智慧的觉醒 [M]. 北京：人民出版社, 2004.

过员工优质的工作质量来全面提升企业外部人员（特别是目标顾客）的满意度，从而培育出一大批对产品、品牌乃至企业都很推崇且在消费上十分忠诚的顾客群。①

（2）制定明确的且为员工所知晓的奋斗目标，是开展内部营销活动的有力保证。企业在开展内部营销活动时，必须首先提出一个组织中全体成员为之奋斗的远景和近景目标，并将此目标实现后的收益准确无误地告诉大家，使大家都有一个营销活动的中心。在该奋斗目标的指引下，员工们就能彼此之间更加关心。

（3）积极提倡员工之间“顾客+合作伙伴”的关系，是开展内部营销活动的基础。员工彼此之间看成“顾客”，是指企业的员工必须处处为他人（特别是产品生产的下游员工）的工作着想，努力把在下游生产的同事当成是自己的顾客，为他们提供优质的产品原料和服务，努力通过自己的辛勤劳动来保证在下游工作的同事顺利工作和满意度的提高。员工彼此之间看成“合作伙伴”，是指大家为了一个共同的目标而结合在一起工作，大家必须明白只有真正协调统一的努力，才能达到目标。

（4）重视员工的培训工作，是企业开展内部营销活动的重要内容。企业必须重视对员工的培训工作，具体的培训内容主要包括企业的发展历史、企业文化、企业的组织结构及其相互之间的关系、企业所规定的各项规章制度、与人沟通和交流的有关技巧和知识、企业生产营销的有关知识、企业产品或服务的知识、新的生产工艺和方法、客户开发和管理方面的知识等。通过培训全面提高员工的各方面素质，使他们能够胜任好岗位的要求；同时可以通过频繁的交流和沟通，充分了解自己的工作对企业总体目标实现的影响和自己与其他员工在工作上的联系。

（5）建立科学合理的员工绩效管理体系，是企业顺利开展内部营销的关键。企业制定出合理的绩效管理对于促进内部营销的成功尤为重要。一般来说，对于员工的绩效考核可以从四个方面来进行，即自我述职、下属评议、上级评价和同级评价。在绩效考核时员工还必须将自我成绩与为组织其他人员所做贡献区分开来进行考核。企业在绩效考核标准的制定上要以客观、实事求是、能调动内部员工积极性为原则。对于企业那些完成要求或超额完成规定要求的员工要及时进行奖励，而对那些没有完成任务的员工要分清原因，再决定是否给予适当的惩罚。

营销案例

洋河：“蓝色”创新的中国梦想②

（一）案例介绍

2003 年 8 月，洋河率先推出“绵柔型白酒”。经过数十年的潜心磨砺，洋河凭借

① 卢泰宏，王海忠，杨晓燕，等. 百年营销实战创新经典回放［J］. 销售与市场，2000（3）：10-11.
② 王悦彤. 洋河：“蓝色”创新的中国梦想［J］. 销售与市场，2014（4）：68-71.

绵柔之力在市场掀起“蓝色风暴”，充分显示了以营销创新的不菲成绩。

1. 品类创新，我的眼里只有你

（1）占领心智高地。中国白酒分类，过去按香型分为浓香、酱香、清香等。但对于消费者来说，香占的比重很小，最主要的是味，因为酒不是香水，酒是要喝的，且一般的消费者很难分辨出白酒的香型。于是，洋河在“味”上做文章，同时确保舒适、健康，率先打出“绵柔”大旗，绵柔型白酒改变了人们对传统白酒烈性辛辣的认识，它有白酒的度数，却有着绵爽、柔和、舒适的饮用体验。无论是饮前、饮中还是饮后，都不会给饮用者造成压力，这正契合了现代消费者的饮食习惯。

（2）视觉标志吸引。在洋河蓝色经典推出之前，白酒企业推出的产品，其包装颜色不外乎红、黄、紫等。洋河推出的以蓝色为主色调的蓝色经典系列，从外包装上颠覆了人们传统观念对白酒包装的思维定式。蓝色，不仅契合母品牌洋河的蓝色印象，更重要的是蓝色与海洋、天空的色彩高度吻合，并将绵柔型白酒的冷静与睿智表现得淋漓尽致。蓝色作为开放和包容的象征，成为现代时尚的标志色，意味着更高的品位，是洋河差异化策略的重要表现。

（3）品牌为品类代言。从品牌模式上说，洋河蓝色经典采用主副品牌模式，它既借助了母品牌资产，又差异化地塑造了新产品形象，成为洋河品牌升级的助推器。“洋河+蓝色经典”的品牌组合模式，避免了蓝色经典毫无根据地进入中高端市场，又有效地借助了洋河在江苏的影响力，为蓝色经典成功上市提供了有力的品牌支持。随着市场对品牌认知的不断提升，洋河以蓝色经典为品牌背书，将主品牌变为副品牌，将副品牌提升为主品牌，放飞“天之蓝、梦之蓝”，使得天之蓝和梦之蓝不需要更多蓄势，仅在宣传上稍做调整，就拉开了蓝色经典系列产品的段位，成功进入白酒中高端市场。在品牌诉求上，洋河独具一格谈情怀。“世界上最宽广的是海，比海更高远的是天，比天更博大的是男人的情怀。”

2. 模式创新，演绎从 1 到无穷大

（1）兼取所长的“1+1>2”。洋河的 1+1 模式就是分公司和办事处直接做市场，经销商起配合作用，并通过“1+1 厂商合作模式”把中小经销商培养成为一流经销商，在一定程度上保证了其经销商对洋河品牌的忠诚度。尤其是随着洋河蓝色经典旺盛的增长势头，无论是总经销还是二批商都获得了稳定的收益。

（2）核心驱动的“4×3>12”。洋河蓝色经典是依靠相对健全的系统营销整合，在个别子系统形成竞争优势时，比如蓝色经典的价格系统、整合传播系统、渠道建设系统等建立竞争系统以后，整个营销系统能紧密围绕企业战略目标设定，快速、高效运转起来。

（3）执行力的无穷大。洋河人执行力强，一方面是团队自我完善、自我提升的结果；另一方面也与精细化目标管理体系有关。无论是战略还是差异化的具体决策均离不开科学的执行，执行力是“洋河”的整体战略控制下的系统化整合的有效手段，它系统整合到每一个人的价值体系中。

（4）互联网的永动机。2013 年 11 月 15 日开始运行的“洋河 1 号”App 正是对这一思想的践行。“洋河 1 号”是洋河自主开发管理的电商平台，用户可通过电话和手机 App 客户端下单，由公司地面经销商直接配送，半小时左右到货。

（二）案例实训

1. 在白酒行业，洋河蓝色经典的营销创新主要体现在哪些方面？为什么？

2. 联系中国白酒行业的发展现状，你认为洋河蓝色经典在营销策略上还可以尝试哪些创新。

学习思考

1. 如何理解营销创新的内涵？
2. 比较三个经济时代的营销创新。
3. 如何理解营销理念创新在营销创新中的地位和作用？
4. 如何理解文化营销策略的内涵？企业应如何运用文化营销策略？
5. 定制营销的内涵是什么？企业应当如何运用定制营销策略？
6. 企业应当如何运用合作营销策略？
7. 内部营销策略的内涵是什么？企业应当如何实施内部营销策略？

科研练笔

1. 知识经济视野下企业营销策略创新研究。
2. 快速消费品的文化营销策略研究。

营销实战

选择一家你所熟悉的企业（该企业是在 2000 年之前创立的），调查该企业的经营发展历程，分析该企业在不同发展阶段的营销创新。

关键术语对译

创新	Innovation	营销创新	Marketing innovation
知识经济	Knowledge economy	工业经济	Industrial economy
营销理念	Marketing concept	产品创新	Product innovation
文化营销	Cultural marketing	定制营销	Customized marketing
大规模定制营销	Mass customization marketing		
柔性制造系统	Flexible manufacture system		
第三方物流	Third party logistics	合作营销	Co-Marketing

内部营销 Internal marketing　　外部营销 External marketing

内部组织结构 Internal organizational structure

绩效管理 Performance management　　营销研究 Marketing research

推荐阅读

1. 李晏墅，胡海. 营销创新：企业经营智慧的觉醒［M］. 北京：人民出版社，2004.

2. 谭昆智. 营销创新［M］. 北京：清华大学出版社，2012.

经典链接

普渡大学克兰纳特管理学院

参考文献

［1］李晏墅. 三个经济时代的营销创新［J］. 经济管理，2004（15）：69-72.

［2］李晏墅，胡海. 营销创新：企业经营智慧的觉醒［M］. 北京：人民出版社，2004.

［3］戴布拉·艾米顿. 知识经济的创新战略：智慧的觉醒［M］. 金周英，侯世昌，等，译校. 北京：新华出版社，1998.

［4］熊彼特. 经济发展理论［M］. 何畏，易家祥，等，译. 北京：商务印书馆，1990.

［5］蒋瑗瑗. 怎样做到营销创新［J］. 经济论坛，2001（18）：32.

［6］曾晓洋. 知识经济条件下的营销创新与企业可持续发展［J］. 华中师范大学学报，2000（4）：96-102.

［7］邹开军. 企业营销创新初探［J］. 中南财经政法大学学报，2002（4）：122-124.

［8］何峰，龚健，熊中明. 略论合作营销［J］. 北方经贸，2002（5）：98-100.

［9］方家平. 合作营销：营销观念的革命［J］. 经济师，2001（2）：43-46.

［10］牛琦彬，郑仕敏. 略论战略营销联盟［J］. 石油大学学报，1997（3）：23-25.

［11］Berry L. L.，Parasuraman A.. Marketing Services：Competing Through Quality［M］. NewYork：Free Press，1991.

［12］王剑峰. 企业内部营销浅探［J］. 企业活力，2002（7）：48-49.

［13］孙涛，邢以群. 企业内部营销及其实施策略探讨［J］. 技术经济与管理研究，2003（4）：85-86.

[14] 卢泰宏，王海忠，杨晓燕，等. 百年营销：实战创新经典回放 [J]. 财会月刊，2000 (15)：7-9.

[15] 李金生，李晏墅. 高技术企业原始创新风险传递效应模型研究 [J]. 中国工业经济，2012 (1)：110-119.

[16] 贾利军，李晏墅，李金生. 系统论视角下的营销发展进程解析 [J]. 南京社会科学，2009 (9)：34-39.

[17] 李金生，李晏墅，周燕. 现代营销决策研究新进展及启示 [J]. 南京社会科学，2013 (12)：29-35.

第五篇　营销管理篇
Part Ⅴ　Marketing Management

第十八章
营销工程与应用

营销寓言

乞丐、石块和棍子

很久以前，一个乞丐讨饭的时候遭到一条狗的攻击，这令他惊惧不已。再次去讨饭的时候，他便捡了一个石块防身。不幸的是，这次他遭到了两条狗的攻击。他虽有一个石块防身，还是被狗咬了。下次讨饭的时候，他便揣了两个石块放在身上。可是他遭到三条狗的攻击。再次讨饭的时候，他索性揣了四个石块在身上，可他遭到了群狗的攻击，仍然还是被狗咬了。最后，为了有效地对付狗的攻击，他不得不背着一篓子石块去讨饭。后来，有一次乞丐大着胆子放下石块拿起棍子还击狗，结果令他大吃一惊，三下两下就能将狗打散，既可以打单狗，也可以打群狗。①

学习启示

一根棍子胜过无数的石块，思维一转天地宽。沿着一条思维发展下去不仅不能解脱，也许会被束缚得更紧。当我们被传统的东西压得喘不过气来的时候，也许我们应该大着胆子去试一试——扔掉“石块”，拿起“棍子”。在市场营销活动中，企业如何借助一定的“工具”将营销理论更好地与营销实践相结合？如何利用营销工程理论在营销理论与营销实践之间架起一座桥梁？进入以大数据、移动互联网、人工智能等为代表的新一代信息技术时代，传统企业如何对市场营销信息进行数据分析，有效地提高营销决策的科学性和合理性？如何更加迅速地、有效地对营销问题做出精确的决策……这就需要通过本章的学习，理解营销工程的内涵，掌握营销决策模型的内涵和类型，了解营销工程的发展趋势，掌握并运用营销决策模型。

---

① 佚名. 乞丐、石块和棍子 [J]. 现代妇女，2008 (8)：32.

第一节 营销工程概述

一、营销工程产生的背景

随着互联网经济的快速发展，企业的宏观营销环境、市场竞争、消费需求等方面的市场信息与日俱增。如何提高企业的营销数据分析能力和营销决策能力，成为诸多企业迫切需要解决的重要问题。正是在应对市场环境的变化和发展过程中，营销工程便应运而生了。

1. 商业模式的变化

随着现代科学技术的迅猛发展，传统的人员推销、长渠道的分销网络等商业模式难以适应纷繁复杂的市场环境，新型的商业模式发挥着越来越重要的作用，例如，电子商务、网络营销、“一对一”营销、定制营销等。这些新型的商业模式需要企业改变传统的以主观经验判断为主营销决策方式，确立具有更为客观、科学和规范的营销决策理念和营销决策技术。

2. 营销数据的高速增长

随着宏观营销环境和微观营销环境的变化和发展，政治、经济、社会、技术等宏观环境信息层出不穷，个性化的消费需求、激烈的市场竞争、不断创新的生产技术等方面的营销数据呈爆炸式增长的态势，且数据结构更为复杂。例如，在线公司亚马逊书店每天从服务器的日志上取下 300 亿字节的数据。仅仅依靠人脑或普通的数据汇总程序已经无法进行这些营销数据的筛选、整理和分析，需要具有相对专业性的营销决策工具才能应对复杂的营销问题。

3. 营销业务流程的重组

在知识经济时代，传统的营销业务流程逐渐削弱其应有的价值和作用，需要企业进行营销业务流程的优化和重组，以提高营销效率和营销效益。在业务流程的优化和重组中，企业的营销组织开始向扁平化、专业化和柔性化的方向发展，不同层级的营销人员需要处理越来越多的营销数据。这就需要企业的营销人员能够借助现代信息网络和计算机技术来提高营销决策能力。

4. 现代科技的发展

随着现代科学技术的快速发展，尤其互联网技术的发展和高性能个人计算机的普及，营销人员越来越依赖计算机开展工作。同时，数据分析和处理的技术和工具的不断出现。例如，管理信息系统（MIS）、客户关系管理（CRM）、企业资源计划（ERP）、决策支持系统（DSS）等。计算机和数据库都是通过局域网（LANs）和广域网（WANs）进行连接，将各个系统可以通过数据接口整合在一起。这些技术创新为营销工程的产生准备了技术条件。

这些方面的变化迫使企业的营销工作从概念判断技能转变到通过搜集数据、建模、分析和计算机模拟来进行营销决策，即营销工程。在国外，许多专家和学者研究营销工程方法已经有半个多世纪，而且许多国际知名公司通过使用营销工程方法中的决策模型实现了营销决策的程序化和科学化，提高了营销决策的准确性，取得了积极的成果和建模经验。①

二、营销工程的发展历程

营销工程起源于营销模型，而营销模型最初是由运筹学和管理科学现成模型的演变、改进和创新而来的。作为营销工程的基础之一，营销模型乃至营销工程经历了五个发展阶段（见图 18-1）。

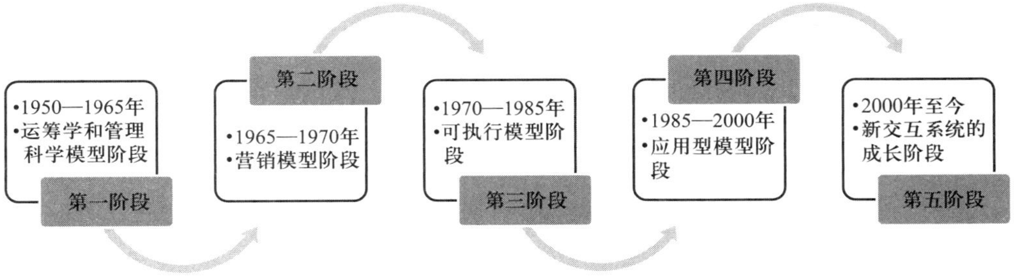

图 18-1　营销工程的发展历程

1. 第一阶段（1950—1965 年）：运筹学和管理科学模型阶段

运筹学和管理科学模型阶段的代表人物有 Cyert 和 March。他们提出了一种模型的分类方法，即把模型分为描述型模型、预测模型和标准化模型。这一阶段营销工程的特点是直接应用运筹学和管理科学来解决营销问题。运筹学和管理科学的工具包括对客户选择行为进行数学建模、计算机模拟、随机过程建模以及动态建模。差分方程和微分方程是动态建模的首要选择。

2. 第二阶段（1965—1970 年）：营销模型阶段

营销模型阶段的代表人物有 Lee 和 Massy。他们运用计量经济学方法建立模型。这一阶段营销工程的特点是使用适合于营销问题的模型，更大更为复杂的模型用于市场营销的现实问题。这些更加完整的大型模型能更好地获取市场的真实信息，但是缺点在于这些模型不够简洁。

3. 第三阶段（1970—1985 年）：可执行模型阶段

可执行模型阶段的代表人物有 Little 和 Leeflang。Little 提出了决策微积分概念，Leeflang 著有《数学模型在营销中的运用》一书。这一阶段的模型更加注重方便和实用，而且可以反映现实。

4. 第四阶段（1985—2000 年）：应用型模型阶段

应用型模型阶段的代表人物有 Gary L. Lilen 和 Rangaswamy。他们提出了营销工程概念，并且著有《营销工程——计算机辅助营销分析和计划》一书。在这一阶段，专家和学者们增加了营销模型对营销决策实践的研究，而且营销学术界产生了对营销决策支持系统的兴起。研究的热点在于营销决策支持系统（MDSS）。在这一时期模

① 加里·L. 利连，阿温德·朗格斯瓦米. 营销工程与应用［M］. 魏立原，成栋，译. 北京：中国人民大学出版社，2005.

型的使用开始规范化，由此产生了事后分析以及对结果普遍意义的分析。

5. 第五阶段（2000 年至今）：新交互系统的成长阶段

在新交互系统的成长阶段，技术的变化促进了新的交互系统（new exchange systems）的成长，对于新的营销模型方法来说，存在着很多的机会和需求。①

三、营销工程的内涵

自从菲利普·科特勒 1971 年总结了营销模型及其在决策中的价值以后，营销模型就显示出越来越重要的实践意义。营销工程是建立在当代管理科学、统计学和认知科学的基础之上，运用市场营销理论和现代计算机技术，将各种文字模型、图形模型和数学模型综合运用于营销决策和预测的技术和方法。营销工程在营销理论与营销实践之间架起一座桥梁。营销工程是根据计算机决策模型用来分析、计划和实施营销战略和战术，是一个通过计划、设计、决策支持结构化和营销管理支持系统将营销数据和知识用于营销实践的、系统的过程（见图 18-2）。

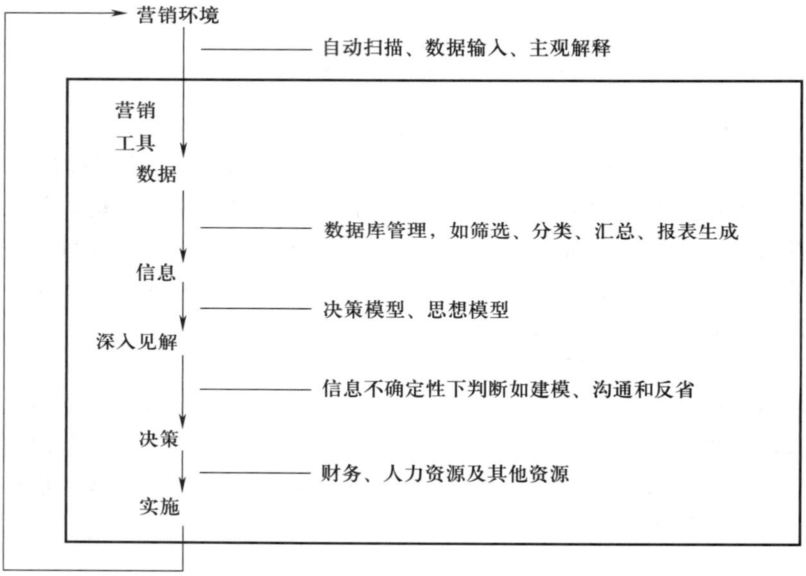

图 18-2 用于制定决策的营销工程方法

图 18-2 概要地介绍了营销决策所用的营销工程方法，即用营销模型将有关的营销环境的主观和客观数据转化为营销决策所需的信息并辅助决策实施，揭示了营销工程的深刻内涵。

1. 营销工程是营销决策的工具

营销工程要求营销人员利用营销数据和信息以及决策模型来做营销决策。然而，营销工程并不仅仅是营销数据和信息的分析，而是帮助营销人员提高营销决策能力的

① 王海滨，仇向洋. 营销学的新发展——营销工程［J］. 现代管理科学，2003（10）：14-15.

一种系统性过程。营销工程能够帮助企业清楚地了解如何以及为什么做营销决策，并且激励企业在做这些营销决策的时候使用营销工程。

2. 营销模型需要营销判断

营销模型是简单化的，是对现实情况不完全的代表。企业在使用营销模型中，必须根据市场营销理论来选择、判断和调整营销决策模型。对于战略性决策，企业运用营销战略理论选择和判断，将宽泛的营销思想转化为营销战略和营销策略。对于操作性决策，企业运用营销策略等理论选择和判断营销计划和营销措施，使之符合企业的营销战略。营销模型结果通常得出对目前营销活动的建设性改变，显示出了企业期望目标与实际所准备之间的差距。

3. 营销工程的系统性

当面临某一营销问题时，企业需要具有系统的营销工程技术和方法来支持企业的营销决策。例如，用细分市场的工具来选择一个细分市场，为细分市场的顾客定制产品、选择目标市场并为产品定位，以及发展促销计划和推出广告。当营销数据不断增加时，单个营销决策模型就不能满足营销决策的需要，而需要系统的营销决策模型来解决某一营销决策问题。

4. 营销信息需要转变为营销决策和行动

企业已经很难凭借拥有市场信息就获得竞争优势。在复杂的市场环境中，企业需要对营销信息进行筛选、整理和分析，并根据营销数据分析结果做出科学、合理的营销决策，才能发挥营销信息所具有的价值。因此，营销工程不再强调拥有营销信息，而是注重将营销信息转变为营销决策和营销行动。

5. 营销工程将营销理论研究与实际操作相联系

在企业的营销活动中，没有营销理论支持的营销实践容易走弯路，而没有营销实践的营销理论研究缺乏实际价值。在高度不确定的市场环境中，营销人员要更多地依靠营销工程的技术和方法，以市场营销理论为指导，分析来自市场的各类营销信息，使营销理论与营销实践充分结合，提高营销理论的实践性和营销实践和理论性。①

因此，营销工程专注于营销模型同营销人员之间的互动和计算机技术的结合应用，注重营销模型与营销人员的经验相结合，进而在营销理论、营销模型与营销实践之间建起一座桥梁。营销工程就是把存在于学者研究成果中的大量富有价值的模型通过计算机转化成营销人员手中的利器。

第二节　营销工程的应用

营销工程是根据计算机决策模型用来分析、计划和实施营销战略和营销策略，是一个通过计划、设计、决策支持结构化和营销管理支持系统将营销数据和营销理论系统地运用于营销实践的过程。从某种意义上说，营销工程的本质是构建和运用营销决

---

① 加里·L. 利连，阿温德·朗格斯瓦米. 营销工程与应用［M］. 魏立原，成栋，译. 北京：中国人民大学出版社，2005.

策模型。营销决策模型是营销实践与营销理论相结合的一个程序化的表达。与营销实践相比，营销决策模型能更容易地针对一个具体的营销决策目标做出信息处理和决策研究。因此，营销工程能够更加迅速地、有效地对营销问题做出精确的决策。营销工程实现了从头脑决策模型到营销决策模型的转变。

一、营销决策模型的内涵

营销决策模型是营销理论与营销实践相结合的程序化表述，比营销实践或营销理论更易于对特定的营销目标进行分析和决策。因此，营销决策模型涉及程序化表述和特定的营销目标。其中，程序化是指营销决策模型并不是完全反映营销实践，而仅仅是专注于营销问题的某些方面，是对营销实践中各种营销现象和整个系统的简单化的描述；表述是指营销决策模型只是使用文字、图形和数学公式对营销实践中的基本特征进行简单类比，在反映营销实践中的作用远远不如营销决策模型改变人们思维方式的作用强；特定的营销目标反映了营销决策模型所体现的特定营销决策目的，有针对性地对某个特定营销问题进行沟通交流。因此，营销决策模型是企业围绕特定的营销目标，运用文字、图形和数学公式对营销现实所做的程式化的表述。营销决策模型由模型目的、模型假设、模型变量和模型关系构成。

1. 模型目的

营销决策模型必须具有一个明确的目的，反映营销决策模型的结构和适应范围。例如，ADBUDG 模型就是专门设计帮助经理们来产生一个好的广告预算；聚类分析通常用于识别有吸引力的细分市场。有的模型会有几种用途，例如，ADBUDG 模型通过仿真还可以模拟不同广告水平条件下的销售效应，预测广告的销售效果。

2. 模型假设

模型假设提供了一个营销决策模型的内容和框架，使营销人员能够更加清晰地加以评价或修改。例如，一个用于评估某种产品的广告预算模型包含下列假设：① 产品销售同其广告相关；② 如果广告增加，销售也会增加；③ 存在一个销售的最大值，广告根本不可能使销售超过最大值；④ 增加的广告将会减少顾客对于价格的敏感性。

3. 模型变量

模型变量是一个营销问题的各个方面或维度。模型变量包括两种类型：一是可控变量，即企业可以控制的营销变量，例如广告投入的水平、新产品的功能等；二是非可控变量，即企业无法控制的变量，例如供应商和竞争者、人口年龄等。总之，可控变量和非可控变量都可以定义为自变量。相反的是，因变量就是由一组自变量来确定其价值的变量。例如，在许多营销决策模型中，通常是由广告投入水平和产品功能来驱动产品销售，尽管因变量和自变量之间的差别并不总是非常明显，但是它依然是有用的。

4. 模型关系

模型关系是各个模型变量之间的营销联系，具体来说，就是一个营销变量变化是如何来改变或影响另一个模型变量。例如，假设包装设计的变化会增加顾客的注意力。大多数营销决策模型均使用数学函数来表示自变量是怎么表现的（例如广告支出），并且如何影响应变量（例如销售）。①

二、营销决策模型的类型

根据不同的划分标准，营销决策模型可以有不同的类型，在营销工程中发挥不同的作用。

1. 根据模型表达的形式不同，营销决策模型可以分为文字模型、图形模型和数学模型

（1）文字模型。文字模型是用词语来描述的营销决策模型。例如，Lavidge 和 Steiner（1961）指出，广告驱动顾客的心智状态沿着以下的链式变化：

“意识→知识→喜欢→偏好→确信→购买”

这个营销模型刻画了由广告和广告发生结果影响模型变量，提出广告的增加将会引起意识的增强，而意识的增强将会引起知识的增加，甚至还会引起购买的增加。可是，它不能具体说明这些变量在广告增加的条件下，其增加量的大小。文字模型容易解释，而且可以直觉地理解，很多营销决策模型都始于文字模型，适用于无法量化或缺乏量化的营销问题。

（2）图形模型。图形模型是用图和表来表示的营销决策模型，包括路线图、组织图和流程图。这些模型描述了营销问题的总体特征，帮助营销人员更好地掌握营销问题。与文字模型相比，图形模型是简洁的，并且在显示关系时图形模型更加显性，可以帮助说明和识别市场营销现象的关键问题，对市场营销现象进行辅助沟通和分析，能在文字模型与数学模型之间架起一道桥梁。例如，菲利普·科特勒提出了“营销战略三角模型”就是图形模型（见图 18-3）。在营销战略三角模型中，科特勒认为，公司的营销战略业务由公司战略、公司战术和公司价值三个维度构成。其中，公司战略旨在赢得“心智份额”，即在顾客的心智中占据一定的位置，由市场细分、目标市场和市场定位构成，核心要素是定位；公司战术是为了赢得“市场份额”，即用与众不同的营销策略来吸引顾客，由差异化、营销组合和销售构成，核心要素是差异化；公司价值则意在“心理份额”，是让顾客内心接受，由品牌、服务和流程构成，核心要素是品牌。②

（3）数学模型。数学模型是用数学方程式来表示营销关系的营销决策模型。例如，广告费用与销售额的关系通常由两个重要的特征组成：市场饱和与利润缩小。其中，市场饱和是指在某个点之后额外的广告量将无法增加销售额；利润缩小是指广告每增加一个单位将会导致销售额的增加日益缩小。这个模型关系可以用方程式表示：

---

① 加里·L. 利连，阿温德·朗格斯瓦米. 营销工程与应用［M］. 魏立原，成栋，译. 北京：中国人民大学出版社，2005.

② Kotler P., Kartajaya H.. Repositioning Asia: From Bubble to Sustainable Economy［M］. New York: John Wiley & Sons, 2000.

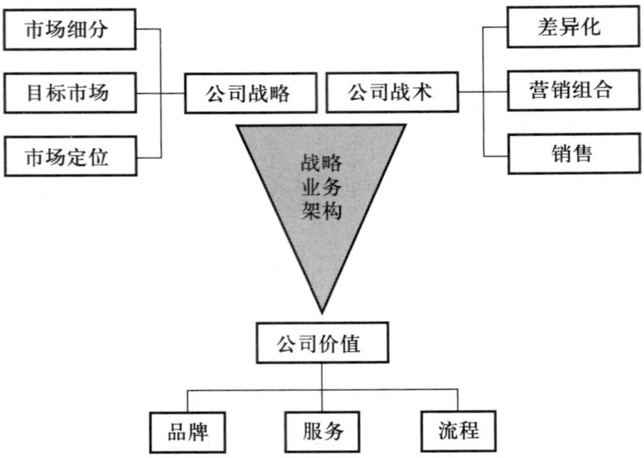

图 18-3 营销战略三角模型

$$销售额=\alpha\ (1-e^{-bx})$$

其中，α 是产品的市场潜能（即在无穷大的广告点达到的最大销售额）；x 是假定的广告费用；而 b 是参数，代表在广告费用增加时，销售额接近市场潜能的比例。

数学模型具体说明了营销模型变量之间关系的本质与强度，能够让营销人员找到一个独立变量（例如广告），分析这个独立变量是如何变化并影响这个模型的变化方向以及从属变量（例如销售额）。数学模型的缺点是营销人员在处理数学表达式时不是很灵活。

2. 根据模型所涉及的管理问题的不同，营销决策模型分为描述性模型和标准化模型

（1）描述性决策模型。描述性决策模型是描述某项营销活动可能产生的营销结果的营销决策模型，主要回答的问题是："假如做了决定，将会发生什么?" 例如，营销人员对是否要引入一种新产品的决定，可能取决于引入该产品会对整个产品线的潜在总销售量带来什么变化。通过描述性决策模型，营销人员可以通过"模拟"来评估营销活动的后果。例如，营销人员可用描述性决策模型计算采用不同营销方案后产品线的潜在销售量。描述性决策模型一般适用于两种情况：① 通过识别形成营销关系链的营销变量找到营销现象的解释（或诊断方案），例如新产品的销售量低是因产品设计差而导致的重复购买率低引起的；② 将营销模型输入值延伸到建立模型时所用参数范围之外来预测模型可能的输出，例如下个月的销售额会是多少?

（2）标准化决策模型。标准化决策模型是说明在给定条件下应当采取的营销行为的营销决策模型，主要回答的问题是："在给定条件下最理想的行动方案是什么?" 例如，营销人员想确定一家新商店的最佳位置或确定某种产品的最佳广告支出。标准化决策模型能够帮助营销人员探索不同情境下某一决策选择的价值。通常在只有很少的决策选择时，营销人员主要运用描述性决策模型；当营销人员面临很多选择时，则

可以运用标准化决策模型。①

三、营销决策模型的应用范围

营销决策模型可以运用市场营销活动的各个领域或环节的决策行为之中，具体包括下列这些应用范围。

1. 市场细分与选择目标市场

为了完成一个可靠的市场细分研究，企业必须明确营销决策目的，定义一个样本，收集相关数据并加以数据分析和数据解释。营销工程提供了多种模型来处理市场细分问题，包括聚类分析、判别分析、交叉分类和回归分析等方法。

2. 市场定位

营销工程提供了感觉图谱和偏好图谱等方法，可以帮助企业更好地在消费者心目中定位企业的产品和服务。这些图谱可以帮助企业更好地理解市场的竞争结构，从而可以对产品和服务进行定位以从目标市场获得良好的反映。

3. 战略市场分析

为了制定市场战略，企业需要恰当地定义市场，然后评估、预测市场需求，营销工程提供了定性判断方法（例如专家意见集成法、德尔菲法等）、产品与市场分析方法、时间序列分析法、因果分析法等多种预测销售量的方法。

4. 市场战略决策

当企业进入市场，分析一个企业的产品组合和市场时，营销决策模型成为分配战略资源的中心。例如，共享经验模型、产品组合模型、层次分析模型等工具，便于营销战略资源的分配决策。

5. 新产品决策

开发新产品是企业发展的必要战略。营销工程提供了联合分析模型、Bass 模型和 Assessor 预先试验营销预测模型。企业可以在新产品开发的早期使用这些模型，用来帮助企业合理地决策应该在新产品做多少投入。

6. 广告和沟通决策

营销工程在广告和沟通决策中分为广告预算、媒体规划和广告文案等三个方面。其中，广告预算主要采用判断性广告词、使用历史性的跨部门的数据以及时间序列数据来评估可能的市场反应；媒体规划主要采用试探性模型；广告文案的制作和决策主要采用专家系统（ADCAD）。

7. 销售人员和分销渠道决策

在销售人员和分销渠道管理方面，企业可以运用营销工程的分配销售人员的 Syntex 模型、平衡销售区域的 Hess 和 Samuels 模型、设计营销人员薪酬方案的 MSZ 模型、计划销售拜访的 Callplan 模型和新销售终端定位的重力模型。

8. 价格与促销决策

营销工程在价格决策中可以运用基于成本定价的决策模型、基于需求定价的决策

---

① 加里·L. 利连，阿温德·朗格斯瓦米. 营销工程与应用［M］. 魏立原，成栋，译. 北京：中国人民大学出版社，2005.

模型和基于竞争定价的决策模型，同时还可以采用交互式定价的决策模型、产品线定价的决策模型和价格歧视的决策模型。在促销决策方面，营销工程提供了促销效果的模型集、个人对于促销的反应等方面的模型。①

四、营销工程的运用

营销工程可以帮助营销人员理解和接受营销理论，加强并改善企业与利益相关者之间的相互沟通。企业在运用营销工程时应当注意下列问题。

1. 掌握营销工程运用的可能性

在运用营销工程进行营销决策时，企业应当选择有可能证明成功的营销问题和结论。一个喜欢否定决策的模型（例如，不做产品促销）的成功应用可能要比一个喜欢肯定决策的模型（例如，做产品促销）的应用的影响要小得多。当企业领导同意对某些营销问题的解决方案时，营销人员就有可能通过设置更多精确和便于解释的目标和期望来证明营销工程的价值。对于有可能运用营销工程进行营销决策的问题，营销人员应当先建立反映营销现实的营销决策模型，再考虑其与营销理论的适应性，从而得出可执行的解决方案，最终解决营销问题。

2. 营销模型的运用注重由易到难

企业在运用营销工程中应当先解决能够理解和熟悉的营销问题，再去分析和解决不熟悉的或复杂的营销问题，即做到由易到难。例如，如果企业已经掌握各细分市场的足够的营销数据，并且打算找出利润空间最大的目标市场。这时运用营销工程的市场细分技术就可以很快获得分析结果。解释很简单："我们在顾客前一次购买行为的基础上，把那些更可能对企业未来的促销会有积极反应的顾客作为目标顾客。"当企业掌握的营销数据不足或面临复杂的营销问题时，就可以在上述分析的基础上确定需要调查增加营销数据，或将复杂的营销问题进行分解，从而提高营销工程的决策效率和决策效果。

3. 明确营销决策的原因

在运用营销工程时，营销人员应根据营销目标明确营销决策的原因。例如，营销决策是为了寻找营销活动的理由，还是预测市场的发展趋势？是分析营销成本，还是评价营销活动的可能收益？是分析营销活动的影响因子，还是营销活动之间的相互关系？等等。对于这些问题的回答，既有助于营销人员更好地明确营销目标，也能更好地理解营销工程的内在机理。

4. 兼顾模型开发的成本和收益

营销工程的决策模型可以分为成熟模型和不成熟模型，不同类型的模型其成本和收益存在一定的差异。对于成熟的营销决策模型而言，企业通常只需购买营销工程软件就可以直接加以运用，此时主要考虑软件购置成本和决策收益之间的关系；对于不成熟的营销决策模型而言，企业需要设计和开发营销决策程序，此时就需要考虑营销决策模型的开发和决策收益之间的关系。因此，营销工程的决策模型应用需要兼顾成

① 王方华，李乃和．营销工程［M］．上海：上海交通大学出版社，2006.

本和收益。例如，销售队伍分配模型执行起来非常便宜。它只要有判断用的数据就可以成功地使用了。而且它通过重新分配营销努力能够使目前的销售收入增加 5~10 个百分点。就像 Schrage 指出的，当不应用他们的机会成本明显比应用成本高时，人们就会应用它。①

第三节 营销工程的发展

在未来的企业营销活动中，营销决策支持技术的发展能够更适合帮助营销人员处理营销信息：从不相关的营销信息中筛选出有价值的营销信息，并从营销信息中得到有价值的营销结论。许多大企业正在合作开发营销信息系统（MKIS），目的是用营销信息支持和加强企业的业绩。以前信息系统的主要功能是提供对信息的快速检索，随着信息技术的不断发展，营销信息系统逐渐与营销决策模型相结合，增强企业使用营销工程的能力。本节将结合营销工程发展的六个趋势探讨其远景。

一、营销数据仓库

传统的营销信息系统主要收集有关订单处理和存货控制的营销信息，服务于财务部门或人员对营销行为的监控和管理。随着市场环境不断发展变化，企业的营销信息不仅在数量层面急剧增加，而且营销信息的结构更为复杂，传统的营销信息系统的数据结构不能有效收集和处理外部营销环境和内部营销环境的各类信息，营销数据仓库成为营销工程的一个新的发展趋势。

营销数据仓库是指为支持营销决策而收集、整理和分析的各类营销信息的数据库，为营销人员乃至企业高层经营人员的营销决策或经营决策提供支持和服务。从数据内容和数据结构来看，营销数据仓库要比传统的营销信息系统更为复杂。营销数据仓库还可以支持营销决策以外的其他决策，例如生产管理、促销管理等。与此同时，营销数据仓库能够与企业其他领域的已经使用的业务数据库进行无缝链接，将各类业务数据在营销决策中进行共享。

在营销工程的发展中，企业能够在几乎完全不同的数据库上建立数据仓库，并使用不同的数据仓库来支持多领域的决策。为了从这种大型的数据库中得到最大价值，企业需要生产大量的营销模型。② 这需要对数据的联机分析处理（OLAP），即共享多维信息的、针对特定营销问题的联机数据访问和分析的快速软件技术。③

二、联机分析处理

在传统的营销信息系统中，企业广泛的分析工具是二维的电子数据表格，反映的

---

① Schrage M.. Serious Play [M]. Boston: Harvard Business School Press, 2000.

② Blattberg R. C., Kim B. D., Ye J.. Large Scale Data Bases: The New Marketing Challenge [J]. //Blattberg R. C., Glazer R., Little J. D.. The Marketing Information Revolution [M]. Boston: Harvard Business School Press, 1994.

③ 王方华，李乃和. 营销工程 [M]. 上海：上海交通大学出版社，2006.

营销现状相对比较简单。随着营销数据仓库的发展，营销信息结构出现了多维化，营销决策人员通常需要对营销数据从多个维度对营销问题进行分析。例如，时间（与去年相比我们做得如何?）、产品和地区（城市消费者选择我们的哪个产品?）。像IBM、Oracle 和 Sybase 等数据库供应商在它们的数据库管理系统中提供了多维数据分析工具，而联机分析处理成为营销工程发展趋势之一。

联机分析处理的特点在于增强营销决策所需信息的在线数据检索。随着企业在营销决策中需要集成的营销数据、营销决策模型越来越多，联机分析处理能够帮助营销人员进行复杂的营销信息检索，从而提高开展复杂营销决策的能力。例如，企业可以在营销数据仓库的基础上集成一个营销决策模型库，营销人员就可以获得联机支持来帮助回答“为什么在北京的促销比在上海的利润更高?”还可以帮助他们决策是否要减少在上海的促销活动。①

三、营销智能系统

现在许多营销人员往往是在确认了营销决策问题之后才被动地使用营销工程。许多企业一天便可产生海量数据。例如，企业有 5 个分公司，需要将 10 个产品系列、30 个品种的产品销往 200 多个地区，1 000 多个零售网点，每天新增加的顾客达 10 万左右；企业每天会收到大量的顾客反馈意见等。企业如何对这些海量数据进行差别化分析，以反映个性化的市场需求？如果沿用以往被动地使用营销工程，就很难发挥营销工程的真正价值。因此，营销决策人员希望营销工程能够自动对这些海量数据进行智能化处理，并对数据分析进行解释。营销智能系统将是这一决策需求的产物。

营销智能系统是企业运用自动分析代理程序对海量数据进行筛选，并运用神经网络与其他建模技术和方法进行数据挖掘，用于识别营销数据的隐含问题，以引起营销人员注意的决策支持系统。营销智能系统包括海量数据处理方法和专家系统。其中，海量数据处理方法是采取营销决策模型和数据仓库与顾客建立关联的智能系统，帮助企业自动完成建模并自动加以实施。例如，市场细分和目标市场选择自动系统能识别出有价值的细分市场，然后把电子邮件发给细分市场或安排销售访问。专家系统是对筛选后的海量数据自动建立营销决策模型的智能系统，对于输入条件（例如信用认证、自动分析和报告书写等）变化很大的重复性决策问题是特别有用的。在这种情况下，企业可以适当地提前确定营销问题的结构和输入的变化范围；同时专家系统还可以自动生成营销人员所需关于常规性营销数据统计分析报告。企业可以使用这些系统，通过改善服务以及帮助顾客使用产品和解决问题，来提高它们的获利能力。②

四、营销模拟

营销模拟是根据现代营销理论运用计算机系统对营销决策的实施过程和结果进行

① 加里·L. 利连，阿温德·朗格斯瓦米. 营销工程与应用［M］. 魏立原，成栋，译. 北京：中国人民大学出版社，2005.

② 加里·L. 利连，阿温德·朗格斯瓦米. 营销工程与应用［M］. 魏立原，成栋，译. 北京：中国人民大学出版社，2005.

模拟和预测的技术和方法。它能够帮助企业对营销决策的实施情况进行模拟，预测这些营销决策可能达到的行动结果。营销模拟可以运用于三个方面：一是营销教育与培训；二是市场测试；三是市场预测。

营销模拟可以运用于营销教育与培训。许多企业使用市场模拟来学习营销的概念（像 MarkStrat 和 InduStrat 的商业模拟软件正在广泛地被工商管理硕士 MBA 课程所使用）和探究与理解不同的决策选择所带来的结果。

营销模拟可以运用于市场测试。除了在营销培训中被使用，营销模拟在实际的营销决策中正越来越多地被使用。例如，在进行真正的手术之前，外科医生可以在由计算机模拟的复制病人身上进行第一次复杂的外科手术。这个过程被称为预先学习。营销人员也可以做相同的事情——实际操作之前在模拟的市场中进行决策。例如，联合分析报告通常包括一个市场模拟器，营销人员可以使用这个模拟器来测试他们在联合分析过程中没有注意到的选择。企业可以在竞争投标石油合同和广播频率的情况下使用模拟（就像我们简化的投标分析软件）。

营销模拟可以运用于市场预测。营销人员运用营销工程进行模拟营销决策在未来一段时间内的实施过程和可能达到的营销结果，从而帮助营销人员明确在变化多端的未来应该做些什么，从而能够更好地进行风险分析和风险防范。这将有利于营销人员在未来可能发生的突发事件中及时采取应对措施。①

五、营销决策支持组件

组件是描述多种用来提高营销群体决策效率和效果的计算机和通信系统。营销决策支持组件可以使营销项目团队成员进行营销信息共享（例如报告、PPT 演示等），也可以帮助营销项目团队成员制定和记录营销决策。营销决策支持组件可以避免项目合作在时间和空间等方面的障碍，从而提高群体决策和群体合作的效率和效益。例如，普华永道（PwC）是一家全球领先的会计师事务所，拥有世界上最大的 Lotus Notes 数据库，用来支持合作性的决策。该所大约 40 000 名员工（咨询师）每人都有一个 Lotus Notes 程序。通过该程序他们可以进入整个公司的 Lotus Notes 数据库以及个人项目专用的数据库。普华永道有了这个系统以后，能够将特殊的专门知识在公司内部共享，并且可以迅速地组织和支持那些特别的团队，让他们决策去利用可能出现的机会。

未来企业能够通过营销决策支持组件来推动营销工程的发展。作为在这方面的尝试，Ventana 公司已经开发了一个群组系统（Group System），企业可以使用这个软件建立有很多人参与的电子头脑风暴法。②

六、友好的用户界面

传统的营销分析技术或软件具有较强的专业性，营销人员通常需要经过系统的专业

---

① 加里·L. 利连，阿温德·朗格斯瓦米. 营销工程与应用［M］. 魏立原，成栋，译. 北京：中国人民大学出版社，2005.

② 王方华，李乃和. 营销工程［M］. 上海：上海交通大学出版社，2006.

培训或学习才能很好地运用这些程序。但是，人们总是喜欢那些按照日常生活习惯设计出来的软件，而且希望他们所要使用的软件都是越简单易用越好。这对营销工程软件的友好性提出了更高的要求。友好的用户界面将决定未来营销工程软件的发展方向。

友好的用户界面是营销工程软件隐藏那些初学者用不着的东西（包括那些最新技术的运用），而突出那些对于使用者来说最重要的输入和输出系统，使营销人员更易学习和使用。为了使得更多的客户使用他们的产品，软件供应商们必须提供那些用户容易掌握的产品。

七、营销工程的发展远景

图 18-4 从三个维度总结了营销工程的发展远景：① 模型用户的类型；② 模型所支持决策任务的类型；③ 增强营销工程的模型技术。

20 世纪 80 年代中期以前，营销工程主要靠专业分析人员使用，然后将分析报告交给决策人员。这些专业分析人员所用的是在大型计算机上的通用分析程序（例如线性规划软件包）来生成预测结果，并得出最优分配资源的计划。未来的营销工程能支持更多类型的用户（例如客户服务代表）、使用更多的技术（例如联机分析处理、智能系统和组件系统），采用更多方法（例如采用模拟程序来解释市场事件）加强决策。营销工程是概念性营销与系统化的营销实践之间的桥梁，将会成为营销管理的重要工具。①

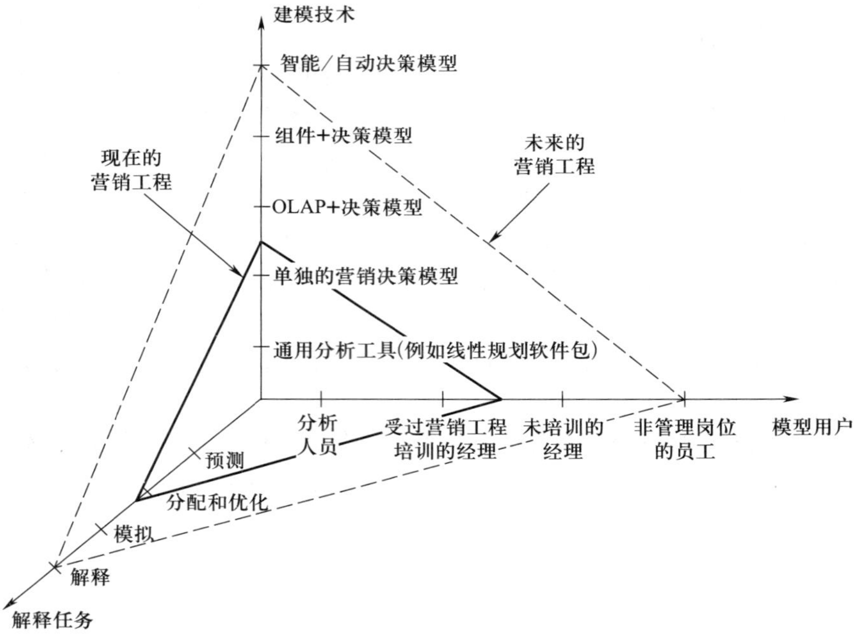

图 18-4 营销工程的发展过程

① 加里·L. 利连，阿温德·朗格斯瓦米. 营销工程与应用［M］. 魏立原，成栋，译. 北京：中国人民大学出版社，2005.

资料

营销工程软件（1.0版）介绍①

营销工程软件（1.0版）由三种不同类型的软件模块组成：

1. 在营销工程软件主菜单下直接运行的Windows程序：

- Cluster Analysis（聚类分析程序）
- Multinomial Logit Analysis（多项式分对数分析程序）
- Positiioning Analysis（市场定位分析程序）

2. 在Excel下加载运行的电子报表模型：

- ADBUDG（广告预算模型）
- ADVISOR（沟通计划模型）
- ASSESSOR（预测试市场模型）
- Bass Model（巴斯模型）
- Choice-based Segmentation（基于选择的市场细分模型）
- Competitive Advertising（竞争广告模型）
- Competitive Bidding（竞争性投标模型）
- Conglomerate Promotional Analysis（Conglomerate促销分析模型）
- GE：Portfolio Planning（GE业务组合规划模型）
- Learning Curve Pricing（学习曲线定价模型）
- PIMS（PIMS战略模型）
- Promotional Spending Analysis（促销费用分析模型）
- CALLPLAN（销售拜访计划模型）
- Sales Resource Allocatlon（销售资源分配模型）
- Value-in-use Pricing（使用价值定价模型）
- Visllal Response Modeling（可视反应模型）
- Yield Management for Hotels（饭店收益管理模型）

3. 与主菜单关系松散，激活后就可执行的独立程序：

- ADCAD（广告文案设计程序）
- Analytic Hierarchy Process（层次分析程序）
- Conjoint Analysis（联合分析程序）
- Decision Tree Analysis（决策树分析程序）
- Geodemographic Site Planning（地理人口网点规划程序）
- Neural Net Forecasting（神经网络预测程序）

① 加里·L. 利连，阿温德·朗格斯瓦米. 营销工程与应用［M］. 魏立原，成栋，译. 北京：中国人民大学出版社，2005.

营销案例

孩子王：经营用户关系的新零售革命①

（一）案例介绍

孩子王是一家由数据驱动、基于用户关系经营的创新型家庭服务品牌，主营母婴商品零售与增值服务，为准妈妈及0~14岁儿童提供衣、食、住、行、玩、教、学等购物及成长服务的综合性解决方案，拥有实体门店、线上PC端购物商城、移动端app等全渠道购物体验。孩子王2017年中期取得营收26.62亿元，同比增长38.83%；净利润6 145.73万元，同比增长206.66%。

深入看具体的数据，你会更加惊讶：孩子王会员达到1 379万，销售收入95%来自会员，5%来自散客，用户的会员转化率高达76%，会员复购率在80%以上，其中50%的会员达2个月购买3次的频率，会员单客平均收入（Average Revenue Per User，ARPU，它是衡量会员质量的重要指标）为1 224元。一个万达店中，占1/35~1/40面积的孩子王，可以贡献14%的客流量，首家门店员工人均创造利润约120万元，与阿里巴巴和“世界零售之王”7-11人效比肩。

那么，问题来了，在各大电商和零售巨头纷纷布局新零售，探索新模式的背景下，孩子王凭什么劈开一条血路，脱颖而出？

（1）社区商务模式：从流量思维到超级用户思维

社区商务模式（Community Business Mode）是一种以社区范围内的居民为服务对象，以便民、利民、满足和促进居民综合消费为目标的属地型商业，具有经常性、便利性的特点，但不一定价格低廉。孩子王的社区，是以意见领袖和孩子王育儿顾问、合作伙伴为主体的用户进行精神消费的一个场所，包括知识分享、社交、儿歌或故事分享、购物笔记、动态圈子、关注等内容。

孩子王社区商务的核心是把服务体验做好，来为会员提供更多商品和服务，并把线上线下的库存、用户、订单等打通，真正成为中国新家庭一站式商品和精神消费平台：不仅仅能购买商品，还能通过社区给新家庭提供一个精神消费的场所，通过app社区、微信咨询、会员动态，用文字、图片、声音、视频等各种形式，把育儿、生活经验、情感交流、互动分享的内容展现给用户。

为了打造好社区商务，孩子王还建立了独家的妈妈在线互助交流平台，举办各种亲子活动。平台按照宝宝年龄、居住区域来划分，可在线交流育儿经，有专家在线咨询，有分门别类的育儿知识、丰富多彩的线下活动。这些系统化的独家活动，正是为了更好地培养孩子的多种能力，并且深入浅出，寓教于乐。孩子王还首创了“妈妈后援团”，团员们全是25~45岁的妈妈，育儿经验丰富，她们负责配送商品，解决了陌生男性上门送货的种种不便。孩子王还配置了2 000多名育儿顾问，提供专业化的

① 范鹏. 孩子王：经营用户关系的新零售革命［J］. 销售与市场（管理版），2018，（3）：71-73.

贴心服务，注重人性化的关怀。如为带着婴儿购物的顾客提供全程陪护，为哺乳期的妈妈提供专区，包括售前、售中、售后服务，这种全程化社区商务的营销模式，在国内还是第一家。

在会员管理上，孩子王关注的不是流量，而是典型的超级用户思维，在企业和消费者之间，建立一种可持续可信任的关系。孩子王把会员营销看得很重，通过线上内容和线下活动，来深度经营用户关系，从店面95%的流量来自会员就可以看出这一点。在其他零售企业都在追求规模的情况下，孩子王追求的是精准，不通过大规模地投放广告带来流量，反而把预算放在精准经营超级用户上，以海量会员数据与精准营销为基础，以会员资产为核心，通过提升会员数量与会员单客平均收入，打造领先的会员经营模式。因此，孩子王在用户黏性与客单价上均具有极大的优势。

（2）数据赋能：盘活用户的数据资产

在孩子王看来，未来纯靠卖商品已几乎没有生存空间，为了经营好用户关系，也必须借助数据赋能。

孩子王把营销和用户的数据资产结合，精准地为用户推荐商品。一方面，总部成立了精准营销部门，专门负责大数据分析；另一方面，致力于打造全员育儿顾问模式，门店销售员都是持有国家颁发证书的育儿顾问。孩子王所有员工都有一个叫“人客合一”的工具，通过它，员工可以看到所管理顾客的购买情况，并得到大数据推送的一些分析，比如某位顾客是否达到当月预期购买值，其消费额在整个育儿顾问体系里的排名、奖励情况等。“人客合一”还会推送信息告诉员工，什么时间应该给某位顾客打电话了，某位顾客多久没有激活了、应该怎么激活等。

为保障数据赋能，孩子王还建立了数据中台，将资源数据化、电子化。根据领域不同，中台分为商品、商品池、用户、订单、库存、触达、支付、账户系统、积分系统、领券、发券、促销、红包等内容。一系列的举措，都是为了有效盘活顾客的数据资产，最大化数据的价值。要让数据有“力量”，必须有三个特点：一是参与度，获得的数据不仅要让供应链参与进来，还要让消费者以及相关利益者也没有距离感。二是温度，有效的数据必须是有情感的，如果获取的数据不是消费者的真实想法，那只能算是滥竽充数。三是黏度，通过数据的挖掘可以改变消费者购物的频率，而企业可以在消费者没有需求或者即将有需求之前创造满足感，改变消费频率。

数据赋能只是手段，借助大数据、云计算等新型技术，盘活数据资产，其根本目的还在于最大化提升用户体验，重塑企业与用户关系。

（3）消费场景：极致化会员的用户体验

为了提升用户体验，线下的场景体验是必不可少的，强调线上和线下融合越来越成为零售企业实践升级转型的共识。

围绕着用户体验和强化用户关系，孩子王在场景的打造上也是颇费功夫，线下门店已经升级迭代到了第六代。孩子王G6智慧门店实行“降维零售”：大幅减少产品展示，转而增加互动空间。虽然产品展示空间减少，但是产品的精准度却大幅提升，通过科学精准的品类管理，比一般母婴商店节约30%的货架，留出更多的互动空间，确保更好的娱乐体验。孩子王大胆将“商品+服务+体验+文化+社交+O2O”整合为一体，从一家售卖母婴用品的零售商，转型为新家庭的全渠道服务商。

为了满足消费升级下用户的需求，G6 智慧门店在产品品质区间分配上也做了相应的调整。中端及中高端商品 8 000 余种，占比超 45%，其中引进纯进口品牌 130 个，覆盖 102 个商品分类。门店还为会员推出专属及定制商品，倾情打造独有商品，以稳定客户关系，提升客户的黏性和忠诚度。

G6 智慧门店，是孩子王一直倡导的“单客经济”的具体体现。孩子王 CEO 徐伟宏表示，商业零售正在从价格型消费向价值类消费、体验式消费、个性化消费转变。通过基于人性服务的数字化精准营销，孩子王的单客产值是资本市场同行业企业的 2~7 倍，这也是新零售下以用户关系经营为核心，实现服务效率最大化的市场表现。

在新零售的实践中，孩子王其实就干好了一件事——经营用户关系，具体包含三个关系，即人和商品的关系、顾客和顾客之间的关系、顾客和员工之间的关系。通过构建以人性服务为核心的社区商务模式，借助数据赋能和消费场景打造，深入重塑用户关系，极致化用户体验，最大化挖掘会员消费的价值，并反作用于供应链，为每一位会员提供个性化育儿解决方案。这颠覆了传统零售业的商业逻辑，重构了“人、货、场”这三大关键要素，围绕着用户关系发起了一场零售革命。在竞争如此激烈的红海市场——母婴行业，孩子王市值已超过 140 亿元，找到了自己的新零售商业模式，成了行业龙头。

（二）案例实训

1. 在本案例中，你认为孩子王公司的新零售体现了哪些营销工程理论？
2. 在现代营销中，你认为孩子王公司还可以运用大数据开展哪些营销创新？

学习思考

1. 营销工程产生的背景是什么？
2. 营销工程与市场营销学理论之间的关系是什么？如何理解营销工程的内涵？
3. 企业应当如何合理地运用营销工程的理论和方法？
4. 如何理解营销决策模型的内涵及其营销价值？
5. 营销工程具有哪些发展趋势？

科研练笔

1. 基于××营销模型的新产品开发策略研究。
2. 基于营销工程的农产品促销策略研究。

营销实战

调查一家上市公司的市场数据，试用营销工程的分析技术和方法制定价格策略。

关键术语对译

营销信息　Marketing message　　信息结构　Message structure

事后分析　Meta-analyses　　新交互系统　New exchange systems

营销信息系统　Marketing information system

商业模拟　Business Simulation　　营销数据仓库　Marketing data warehouse

营销决策支持系统　Marketing decision support systems（MDSS）

营销工程　Marketing engineering　　商业模式　Business model

企业资源计划　Enterprise resource planning（ERP）

决策支持系统　Decision support system（DSS）

营销决策模型　Marketing decision model

联机分析处理　On-line Analytical Processing（OLAP）

营销智能系统　Marketing intelligence system

推荐阅读

1. 加里·L. 利连，阿温德·朗格斯瓦米. 营销工程与应用［M］. 魏立原，成栋，译. 北京：中国人民大学出版社，2005.

2. 郭国庆，王霞，刘成斌. 营销决策模型［M］. 北京：首都经济贸易大学出版社，2011.

经典链接

1. 耶鲁大学管理学院

2. 埃森哲咨询公司

参考文献

［1］加里·L. 利连，阿温德·朗格斯瓦米. 营销工程与应用［M］. 魏立原，成栋，译. 北京：中国人民大学出版社，2005.

［2］王海滨，仇向洋. 营销学的新发展. 营销工程［J］. 现代管理科学，2003（10）：14-15.

［3］王方华，李乃和. 营销工程［M］. 上海：上海交通大学出版社，2006.

［4］Schrage M.. Serious Play［M］. Boston：Harvard Business School Press，2000.

［5］Blattberg R. C.，Kim B. D.，Ye J.. Large Scale Data Bases：The New Marketing

Challenge [J]. //Blattberg R. C., Glazer R., Little J. D.. The Marketing Information Revolution [M]. Boston: Harvard Business School Press, 1994.

[6] 王方华，李乃和. 营销工程 [M]. 北京：上海交通大学出版社，2006.

[7] 贾利军，李金生，李晏墅. 从主体性管理到主体间管理：管理范式的后现代转型 [J]. 江苏社会科学，2010 (1): 73-78.

[8] 李晏墅. 江苏省人民政府社科研究项目“市场经济条件下企业信誉机制研究”的研究成果.

[9] 李晏墅，李金生. 基于技术形成机理的自主创新决策模型研究 [J]. 中国工业经济，2007 (6): 107-114.

[10] 李金生，李晏墅. 高技术企业原始创新风险传递效应模型研究 [J]. 中国工业经济，2012 (1): 110-119.

[11] 李金生，王晓云. 用户参与和企业技术创新绩效关系模型研究：以吸收能力为调节变量 [J]. 科技进步与对策，2017 (11): 81-87.

第十九章
营销策划、组织与控制

营销寓言

众 酒 成 水

在一次隆重的丰年庆典中，部落大酋长要求每一户家庭都捐出一壶自己酿的酒，并且将捐来的酒都倒在一个大桶里，准备在庆典最后让大家共享。当由几个人抬着的大桶经过各家门口时，只见每户人家都郑重其事地倒下自家酿的酒，很快桶就装满了。终于到了可以共享美酒的时刻了，酋长拔掉了木塞子，在每个人的杯中都注满了酒。当大伙一饮而尽时，却发现喝下去的都是清水。①

学习启示

人人都以为自己的一点点小问题不会影响到大局。导致大家喝的都是清水的根源是缺乏一个明确的约束机制，也可以说是存在管理上的漏洞。企业的市场营销需要建立完善的管理体系。杰克·韦尔奇说："企业目标达成的关键就在于企业的执行力。没有执行力，一切都是空谈。"如何建立市场营销的管理与控制体系？如何让每个营销人员切实履行各自职责？如何提高市场营销战略和营销策略的实施效果……这就需要通过本章学习，理解市场营销策划的深刻内涵和基本原理，掌握市场营销策划的原则和程序，设计有效的市场营销组织，掌握并运用市场营销控制的程序和路径。

著名的市场营销大师艾伯特·埃默里曾经说过，"市场营销只不过是文明化的战略冲突。在这场战争中，绝大多数战役的胜利是依靠文字、创意和严谨的思维取得的"。而文字、创意和严谨的思维就是进行营销策划的过程，市场营销策划是企业营销管理中不可缺少的一个环节。

---

① 陈兴俊，成刚. 众酒成水［J］. 现代领导，2007（2）：47.

第一节 市场营销策划

一、市场营销策划的内涵

“凡事预则立，不预则废。”（《礼记·中庸》）市场营销策划是当前营销管理中比较热门的话题，但是营销策划具有什么含义，营销策划要干什么等问题，人们并不十分明确。要理解市场营销策划，就首先需要了解策划，因为市场营销策划只是策划的一种类型，是策划在市场营销领域中的运用。①

1. 策划

策划一词最早出现在《后汉书·隗器传》中“是以功名终申，策画复得”之句。其中，“画”与“划”相通互代，“策画”即“策划”，意思是计划和打算。最近几十年，“策划”又增加了新的内涵，如设计、谋策、安排，有时也称为“咨询”或“企划”等。归纳起来，策划就是对某件事、某项工作有何计划和安排，用什么计谋，采取何种谋策，然后加以综合实施运行，以达到预期的实施效果。对于“策划”，国内外没有形成统一的看法。日本策划家和田创认为，策划是通过实践活动获取更佳效果的智慧，是一种智慧创造行为的过程。美国出版的哈佛管理丛书认为，策划是一种程序，“在本质上是一种运用脑力的理性行为”。

综合各种观点，策划是人们运用科学方法、系统方法和创造性思维，对企业的资源、能力和条件进行组合和优化配置，并制订具体行动方案以达到预期目标的行为。

策划作为一个活动过程，是一种运用知识进行创造性思考的理性行为，具有预见性或前瞻性的行为，需要找出事物的主客观条件和因果关系，选择或制定出可采用的技术、方法和措施。

2. 市场营销策划

市场营销策划是策划在市场营销领域的具体运用。市场营销策划是营销人员运用市场营销理论，综合考虑企业内部和外部的各种要素，激发为顾客创造价值的创意，为顾客传递价值而制定出有目标的、可能实现的行动方案的过程。市场营销策划具有预见性、系统性、创意性和可行性等特点（见图 19-1）。②

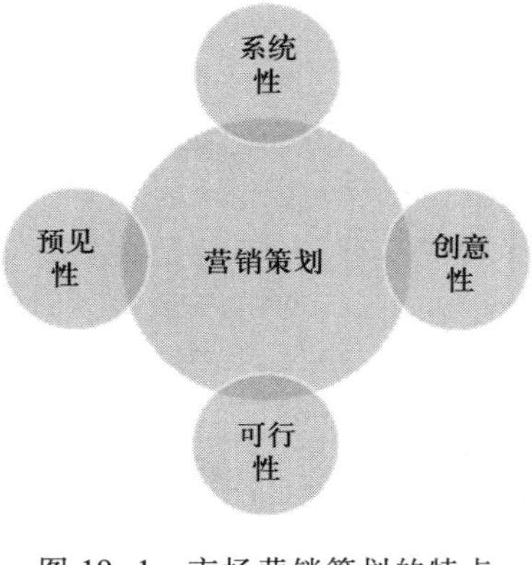

图 19-1 市场营销策划的特点

（1）预见性。预见性是市场营销策划要能够对未来一段时间将要发生的营销活动进行事先考虑和安排。企业通过市场营销策划对未来营销活动可能带来的经济效益和可行性进行评估，并事

① 任锡源. 营销策划理论与实务［M］. 北京：首都经济贸易大学出版社，2006.

② 李晏墅，乔均. 现代市场营销学［M］. 南京：东南大学出版社，2006.

先制定好应变的对策和措施。

(2) 系统性。市场营销策划不仅要能够全面考虑企业内外各个方面的影响因素，而且要分析这些要素在不同阶段的变化和发展，从而系统地制定未来的行动计划，从而表现出系统性的特征。

(3) 创意性。市场营销策划所制定的营销活动方案要具有一定的创造性，设计的营销措施要做到较大程度的创新，以取得显著的营销效果，从而表现出较强的创意性。

(4) 可行性。市场营销策划方案最终要付诸实施，要求营销策划方案必须要具有较高的可行性，在技术、资金、人力资源等方面具备足够的保障条件，并且对未来进行风险分析和风险防范，才能实现策划方案预定的营销目标。

二、市场营销策划原理

市场营销策划原理是对市场营销策划活动进行理性指导的思想和知识体系。一般来说，市场营销策划原理包括整合原理、人本原理、差异化原理、效益原理、互动效应原理和心理学原理等。

1. 整合原理

市场营销策划是系统性的活动过程，需要全面考虑营销策划对象的各个要素之间的关系，以形成完整的策划方案，达到优化的策划效果。整合原理要求市场营销策划围绕企业整体目标，系统地整合各种营销理论、营销技术和方法的优势，统筹内外部营销环境的各个要素，形成产品功能组合、营销方式组合、企业资源组合、企业各种职能组合等方面的策划思路和灵感，以达到资源优化配置的效果。

2. 人本原理

人本原理是市场营销策划以人为本，通过激励人的积极性和创造性作为企业开展营销活动的理论系统。这里的“人”，既包括企业内部的股东、经营管理人员和基层员工，也包括消费者、供应商、合作伙伴等利益相关者。人本原理要求营销人员在市场营销策划中要兼顾两个方面：一是要运用激励手段来激发企业员工在营销方案策划和实施中的积极性和创造性，不能撇开“人”的因素而孤立地设计企业活动；二是要体现与利益相关者共赢的思想，把企业行为紧密地与利益相关者的利益联系在一起。

3. 差异化原理

差异化原理是市场营销策划在不同时期、对不同主体、视不同环境而权变地做出选择的理论体系。市场营销策划没有固定的模式，营销策划工作要能够因时、因地、因人、因事而异，不能一味刻舟求剑、生搬硬套。不同的策划主体和客体，不同的时间和环境条件下的市场营销活动应当是千差万别的。

4. 效益原理

效益原理是市场营销策划应以成本控制为核心，追求营销活动的经济效益和社会效益为目的的理论体系。一方面，市场营销策划不能追求表面完美而无实效，不能只是以文字、图表和数值等来表现策划设定的内容，还应包括实施的具体说明和修正。

另一方面，市场营销策划应当兼顾营销策划的成本和期望收益（包括经济效益和社会效益等），追求满意的成本—收益比。

5. 互动效应原理

互动效应是各种媒介组合宣传所产生的营销策划效果，有时也称为策划的立体效果。企业通过各种宣传媒体的互动关系形成各类营销宣传的互动效应，追求市场营销策划的理想的或最佳的效果。在市场营销策划过程中，企业要根据不同宣传媒介的优势和不足，将不同营销宣传的方式和手段进行整合，形成营销宣传媒介的优势互补，从而提高受众对营销宣传的理解和接受程度。

6. 心理学原理

营销人员通常会运用心理学的一些基本原理指导市场营销策划。这些心理学原理包括动机理论、学习理论和信念与态度理论。

（1）动机理论。最流行的动机理论主要有弗洛伊德理论、马斯洛理论和赫茨伯格理论。弗洛伊德理论认为，形成人们行为的真正心理大多是无意识的，人在成长和接受社会支配的过程中有很多欲望受到抑制，这些欲望既无法消除，也无法完善地加以控制，它时常在梦境中、在脱口而出的谈话中和神经质的行为中表现出来。因而，一个人不可能真正懂得其受激励的真正动因。马斯洛理论和赫茨伯格理论在管理学等教材中已经介绍，这里就不再赘述。

（2）学习理论。人们在实践中不断地学习。学习是由于经验而引起的个人行为的改变。一个人的学习是通过驱动力、刺激物、诱因、反应和强化的相互影响而产生的。由于市场营销环境不断变化，新产品、新品牌和新技术不断涌现，消费者的购买行为必须经过多方搜集有关信息之后，才能做出购买决策，这本身就是一个学习过程。在市场营销策划中，营销人员可以通过把产品与强烈的驱动力联系起来，利用刺激物的诱因对消费者提供正面强化，来建立产品的需要。

（3）信念与态度理论。人们通过实践与学习获得自己的信念与态度，而信念与态度又反过来影响人们的购买行为。信念是个人对某些事物所持有的描述性思想。企业应关注人们头脑中对其产品或服务所持有的信念，即本企业产品和品牌的形象。态度是个人对某些事物或观念长期持有的好与坏的认识上的评价、情感上的感受和行动倾向。态度能使人们对相似的事物产生相对一致的行为。

此外，在市场营销策划过程中，营销人员还应注意到消费者心理变化的规律，运用其他心理学原理，例如潜移默化心理、疲劳反感心理、色彩心理和习以为常心理等。①

三、市场营销策划流程

市场营销策划具有一个通用的流程，包括明确策划目标、分析营销现状、开展创意策划、制定行动方案和撰写营销策划书等环节（见图 19-2）。

① 任锡源. 营销策划理论与实务［M］. 北京：首都经济贸易大学出版社，2006.

图 19-2 市场营销策划流程

1. 明确策划目标

确定目标是企业营销策划的首要步骤，是市场营销策划工作的起始点。营销人员需要提出营销策划问题，确立营销策划目标，并对营销目标加以量化。

（1）提出营销策划问题。在市场营销策划之初，营销人员首先要慎重设定营销问题，把营销策划问题简单化和明确化。彼得·德鲁克在从事营销咨询工作时，对问题的设定总是慎之又慎。当客户提出一大堆的难题向德鲁克请教时，德鲁克却避而不答，反而向客户说："你最想做的事是什么呢?""你为什么要去做呢?""你现在正要做什么呢?""你为什么这样做呢?"德鲁克不替客户"解决问题"，而是替客户"设定问题"。从德鲁克的反问中，我们可以认识到，合理设定营销策划问题有助于帮助营销人员理清思路，把握营销策划的核心所在。

（2）确立营销策划目标。明确营销策划问题后，市场营销策划就要确立具体的期望目标。市场营销策划的目标有以下几种：① 当企业面临生存危机时，例如资金无法周转、产品大量积压等，企业的营销策划目标是维持生存。② 获取当前最高利润。例如，如果某企业在推出某一产品时，就计划在将来另一时间推出另一种替代品，那么此时应把获得当前最高利润作为第一目标。③ 提高市场占有率。提高市场占有率是增加企业利润的重要方式，也是战胜竞争对手的重要标志。④ 获取优异的质量。把生产最优质的产品作为主要目标是许多企业的常用策略。

（3）量化营销策划目标。目标的量化处理，可以使市场营销策划方案实施有数量标准衡量。例如，把"尽可能大量地降低成本"作为策划目标。所谓"尽可能"是降低10%的成本还是降低30%的成本？这种表述则有可能导致对营销策划内容的不同理解，难以达成共识。而营销策划的量化目标就是要明确具体的策划要求。例如，该产品的销售利润必须达到26%，市场占有率由13%提高到20%，扩大10%的销售网点，等等。

2. 分析企业的营销现状

为了能做出符合实际的市场营销策划，在拟定营销策划方案之前，营销人员应围绕目标有针对性地了解企业的营销现状，即根据市场营销策划的问题，对市场情况和企业实力进行综合的调查和分析，为开展营销策划提供丰富的市场信息和重要的决策依据。

3. 开展创意策划

市场营销策划目标的确定、营销现状的分析，是进行创意策划的依据。在创意策划的环节，如何激发创意成为关键。

（1）确定营销策划的线索。营销策划线索的寻找大致可从两方面进行：一是从第二手资料中获得。营销人员可以通过查阅报纸、杂志等第二手资料，并对其中的信息进行选择、加工、整理和组合，可以获得营销策划线索。二是个人或群体的思考。营销策划人员或策划团队凭借自身所掌握的知识和信息，进行周密的思考，研究并确定营销策划的线索。

(2) 形成营销策划创意。营销人员根据营销策划的目的和要求，将营销策划的线索转化为具体的营销策划创意。

4. 制定营销策划方案

形成营销策划创意之后，营销人员就要将其进一步具体化，形成营销策划方案，具体步骤：一要使营销方案具体化。营销方案具体化主要是对以下内容加以明确：营销目标、实现营销目标所需要的条件、营销战略与战术、营销方案策划的步骤与时间、营销方案策划的人员与经费、营销策划方案的效果与评估、营销策划方案实施的附加条件等。二要设计营销行动日程表。营销行动方案应注意时间性。各项任务何时开始，何时结束，都要十分具体，应有行动日程表。

5. 撰写营销策划书

当营销策划方案确定后，营销人员就要将其撰写成书面材料，以供决策层审批和实施人员依照方案操作。因此，市场营销策划书应当做到简明、清晰、具体，并具有较强的可操作性。①

第二节 营销组织设计

市场营销活动是通过一定的组织机构来完成的。市场营销计划的执行与市场营销活动的控制自然也离不开有效的市场营销组织。市场营销组织是企业内部涉及市场营销活动的各个职位及其结构，是保证市场营销策划和营销计划有效执行的重要手段。

一、市场营销组织的演进

市场营销组织是为了实现企业的营销目标而设计职能部门和岗位，它的组织形态经历了由简单到复杂的一个演变过程，即由单纯的销售部门到具有辅助性职能的推销部门，由独立的市场营销部门到现代营销部门和现代营销企业等阶段（见图19-3）。②

1. 单纯的销售部门

20 世纪 30 年代以前，受传统营销观念的影响，企业的市场营销组织主要采取单纯的销售部门，如图 19-4（a）所示。单纯的销售部门的任务是销售产品，生产什么就销售什么，生产多少就销售多少；销售部门通常设立从事销售工作的销售队伍和从事其他营销职能的部门（主要从外部雇用）；而销售部门的总体工作由一位销售副总经理管理总体分管。

① 任锡源. 营销策划理论与实务 [M]. 北京：首都经济贸易大学出版社，2006.

② 李晏墅，乔均. 现代市场营销学 [M]. 南京：东南大学出版社，2006.

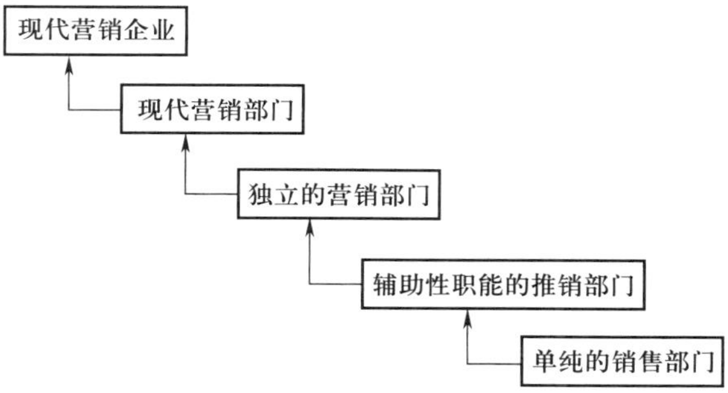

图 19-3 市场营销组织的演进①

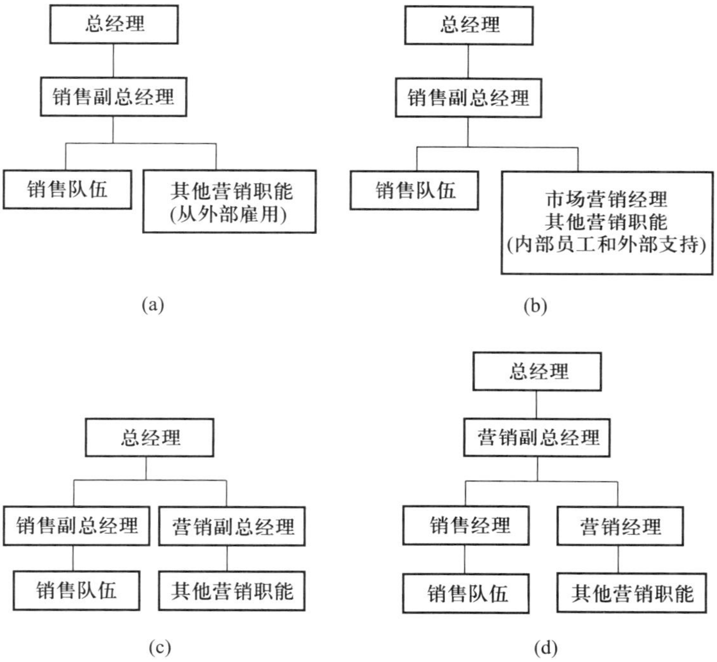

图 19-4 四种营销组织形式

2. 具有辅助性职能的推销部门

20 世纪 30 年代以后，随着市场竞争日趋激烈，企业采取具有辅助性职能的推销部门，如图 19-4（b）所示。与单纯的销售部门相比，具有辅助性职能的推销部门增设了市场营销经理，开展销售以外的其他营销职能（由内部员工来执行）。

3. 独立的市场营销部门

随着业务规模和业务范围不断扩大，企业逐渐设立独立的市场营销部门，如

① 张群，石宝丽. 市场营销学［M］. 西安：西北工业大学出版社，2005.

图 19-4（c）所示。独立的市场营销部门直接由总经理领导，分为销售和营销两项并列职能。这两项职能分别由一位副总经理负责，市场营销工作在企业中的地位得到明显的提升。

4. 现代营销部门

与独立的市场营销部门不同，现代营销部门更突出了市场营销的重要性，如图 19-4（d）所示，销售和其他营销职能均隶属于营销部门，也就是说，销售成为市场营销职能的一个组成部门，由专门的营销副总经理全面负责，下辖所有营销职能部门和销售部门。

5. 现代营销企业

现代营销企业是贯彻了“全员营销”的思想，将市场营销职能贯穿于其他职能部门，如生产部门、研发部门等。这种组织形态是将企业的销售和市场部门从企业的其他职能中相对独立地分离出来，转变成一个具有法人资格的独立经营销售业务的经营实体，此时生产部门与销售部门在经济上是独立核算。①

进入 21 世纪，企业营销环境正逐渐发生着深刻的变化，对企业营销管理提出新的挑战。企业唯有进行营销组织再造，变革原有营销组织结构和业务流程中的不适应因素，实现营销主体和营销环境的动态平衡，才能使营销管理发生飞跃性的变化。②

二、营销组织的设计步骤

市场营销组织的设计通常需要考虑到许多因素。这些因素包括企业规模、市场情境、产品特征、行业特点和技术特性等。同时，设计营销组织能够对企业与外部环境做到整体协调，讲求组织精简和适当的管理幅度与层次相结合，从而提高营销组织的运行效率，实现营销组织设计的有效性目标。营销组织设计通常遵循以下设计步骤（见图 19-5）。③

1. 分析营销组织环境

营销组织是在不断变化着的社会经济环境中运行的，受到营销组合环境因素的

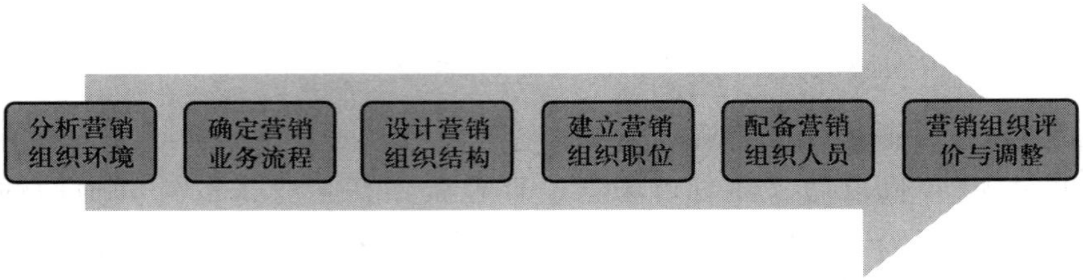

图 19-5 营销组织的设计步骤

① 王信东，杭建平，等. 市场营销学［M］. 北京：社会科学文献出版社，2006.
② 刘厚钧. 市场营销学［M］. 北京：北京理工大学出版社，2006.
③ 刘厚钧. 市场营销学［M］. 北京：北京理工大学出版社，2006.

影响和制约。作为企业组织结构的组成部门，营销组织既要充分考虑到企业的资源、能力和条件，紧密围绕企业战略目标，又要结合企业的外部营销环境，充分考虑到外部营销环境对营销组织的影响因素。

2. 确定营销业务流程

根据营销组织环境的分析，设计营销组织需要充分考虑市场营销业务与企业核心业务流程之间的关系，对企业市场营销的业务流程进行设计或再造，使市场营销业务流程不仅能够有助于实现企业的经营战略和营销目标，而且能够提高营销组织的运行效率，为建立营销组织的职位和设计组织结构准备条件。

3. 设计营销组织结构

根据营销组织的业务流程，企业进行营销组织结构的设计。设计营销组织结构的首要问题是营销组织结构要与市场营销业务流程，特别是市场营销的核心业务流程相适应，要能够从组织结构上保证营销业务流程的运行效能，同时还要使各个职位与所要建立的组织结构相适应。此外，营销组织是随着市场和企业目标的变化而变化的。所以，设计营销组织结构要立足于将来，为未来营销组织结构的调整留下更多的余地。

4. 建立营销组织职位

企业在设计营销组织结构之后，还要建立营销组织职位，使这些营销组织活动有所归附。为此通常需要考虑三个要素，即职位类型、职位层次和职位数量，以弄清楚各个职位的权力、责任及其在组织中的相互关系。职位的权力和责任的规定，主要体现在工作说明书上。工作说明书包括职位名称、主要职能、职责职权与组织中其他职位的关系、职位资质要求以及与外界人员的关系等。

5. 配备营销组织人员

根据营销组织职位的要求和工作说明书，来配备营销组织人员及其编制。在配备营销组织人员时还需要考虑到应聘者的能力和素质情况，做到以人为本，使营销组织的人员配备与人员的工作意愿、工作能力能够有机结合，从而确保营销组织的运行效率。

6. 营销组织评价与调整

为了不使营销组织变得呆板、僵化和缺乏效率，企业必须适当地、经常地对营销组织进行评价与调整。在营销组织评价中，企业通常需要考虑外部环境的变化、组织主管人员的变动、组织的运行效率和营销职位之间的各种关系等因素，并根据评价结果再对营销组织进行适当的调整。

综上所述，企业营销组织的设计和发展大体要遵循以上六个步骤。这六个步骤相互联系，相互作用，形成一个动态有序的整体，以保持和提高市场营销组织的生机和活力。

三、常用的营销组织模式

现代企业的市场营销组织模式主要有职能式营销组织模式、地区式营销组织模式、产品经理式营销组织模式、市场管理式营销组织模式、产品-市场式营销组织模式和事业部制营销组织模式。

1. 职能式营销组织模式

职能式营销组织模式是最为常见的一种营销组织形式（见图 19-6）。这个组织模式是根据市场营销的核心业务流程中关键营销职能设立相应的部门，如市场调研、促销、销售等下属部门。

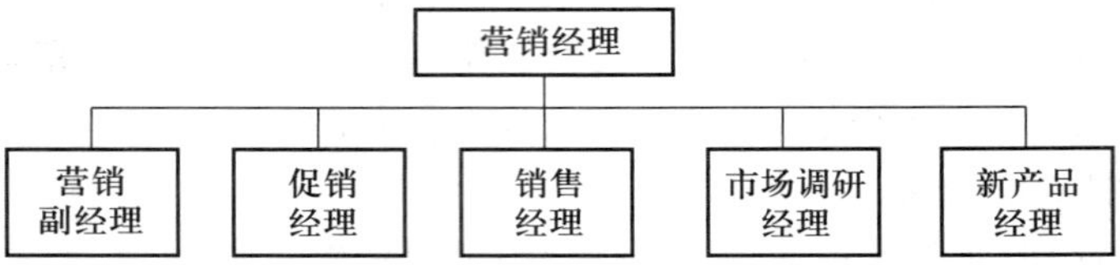

图 19-6 职能式营销组织模式

2. 地区式营销组织模式

地区式营销组织模式是根据营销业务的地区分布而设立相应的职能部门（见图 19-7）。在这种组织模式下，先设立区域性销售经理负责该区域的销售工作，再根据下属的地方差异设立相应的销售人员。

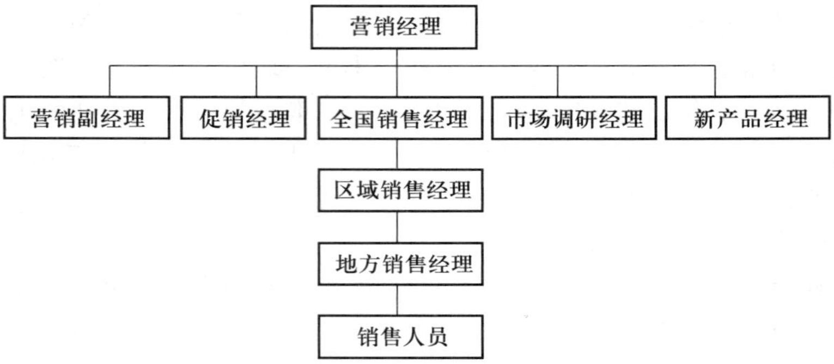

图 19-7 地区式营销组织模式

3. 产品经理式营销组织模式

产品经理式营销组织模式是根据企业的产品线或产品项目设立营销部门（见图 19-8），主要适用于企业的产品系列较多，而且产品之间的差异较大的营销情况。

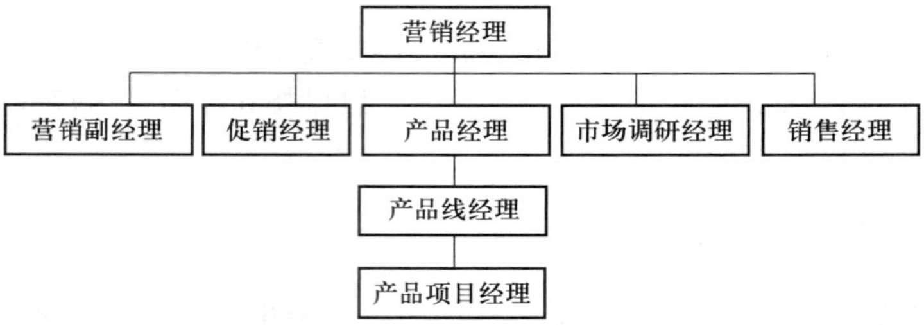

图 19-8 产品经理式营销组织模式

4. 市场管理式营销组织模式

市场管理式营销组织模式是根据市场细分的结果设立相应的营销职能部门（见图 19-9）。例如，某钢铁公司将钢材分别出售给铁路部门、建筑业和加工业，该公司就设立铁路市场经理、建筑市场经理和加工市场经理。

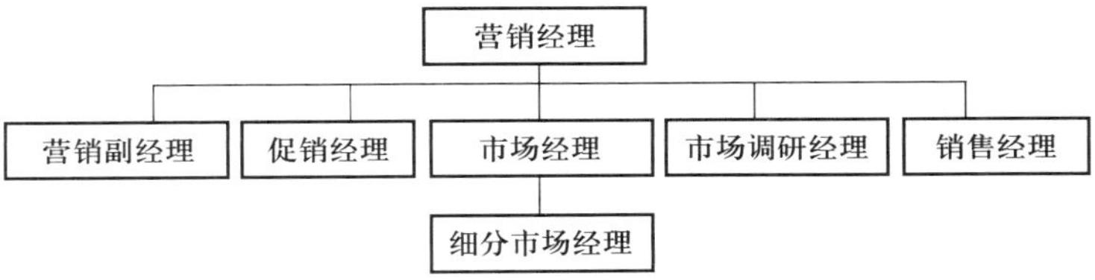

图 19-9 市场管理式营销组织模式

5. 产品-市场式营销组织模式

产品-市场式营销组织模式是把产品式与市场式营销组织相结合而形成的矩阵组织形式（见图 19-10）。在这种营销组织模式中，产品经理负责产品的销售利润和计划，寻找产品的更多用途；市场经理则负责开发现有的和潜在的市场，着眼于市场的长期需求，而不是推销某种具体产品。这种营销组织模式主要适用于多元化经营的企业。它存在的问题是费用高、矛盾多和权责界限不清等。

图 19-10 产品-市场式营销组织模式

6. 事业部制营销组织模式

随着多元化公司的规模进一步扩大，企业把各大产品部门或市场部门升格为各处独立的事业部，在各事业部分别设置营销职能部门，建立自成体系的事业部制营销组织结构。这一营销组织模式存在的问题是营销职能如何在总部与事业部之间划分。①

第三节 市场营销控制

企业面临着复杂多变的市场环境，为了保证营销战略、营销策略和营销计划的贯彻和实施，管理者必须重视市场营销控制工作。市场营销控制是营销管理人员对营销计划的执行过程和效果进行检查与评估，掌握两者之间的偏差程度及其原因，并采取修正措施以确保营销计划的有效执行。

① 彭代武. 市场营销［M］. 北京：高等教育出版社，2004.

一、市场营销控制的程序

市场营销控制是一个非常复杂的过程。一般而言，市场营销控制过程可以分解为五个步骤，即确定控制对象、确定控制标准、确定检查方法、分析偏差原因和采取改正措施，从而构成了市场营销控制的程序（见图 19-11）。

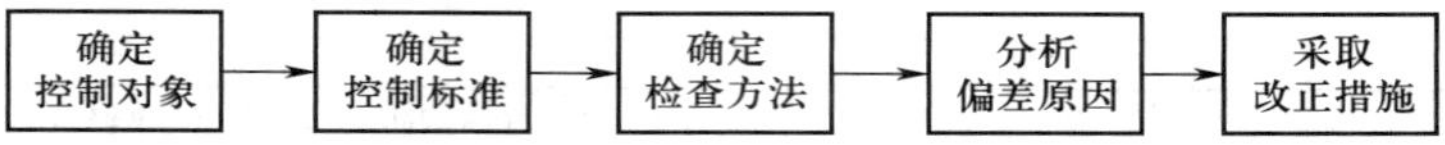

图 19-11 市场营销控制的程序

1. 确定控制对象

确定控制对象就是要确定对哪些营销活动进行控制。在决定市场营销控制对象时，企业应当权衡营销控制对象及其控制的利弊，使控制成本小于控制活动所带来的收益。最常见的市场营销控制的对象包括营销收入、营销成本和营销利润等，其他（如市场调查、新产品开发、营销策划、销售人员的工作效率、广告促销等）营销活动也应该通过控制加以评价。因此，企业可以根据实际情况对控制对象加以选择。

2. 确定控制标准

通常情况下，企业的营销计划和营销目标就是市场营销控制的控制标准，例如销售额、销售利润率、市场占有率等。如果企业的营销计划或营销目标不够具体时，企业还需根据营销控制的需要确定具体的、分解的衡量标准。因此，衡量标准应当做到全面、具体、量化，便于评价。

3. 确定检查方法

确定了控制标准后，企业就要把控制标准与实际结果进行比较。对于两者的检查方法有很多种，例如直接观察法、统计法、访问法和问卷调查法等。此外，企业营销信息系统或企业资源计划（ERP）提供的各种信息也可用来作为检查对照的依据。任何检查都是在一定的频率和范围前提下进行的。检查频率是指检查的时间间隔，取决于控制对象是否经常变动。检查范围取决于实际情况与营销计划进行对照比较，还是进行局部的、单项的检查。

4. 分析偏差原因

营销执行结果与营销计划或营销目标发生偏差的原因主要有两种：一是营销计划或营销目标存在的问题；二是营销执行中出现问题。如果这两种原因交织在一起，就会加大偏差分析的难度。在营销控制过程中，企业应当全面掌握营销执行情况，从营销偏差入手，客观地分析产生偏差的原因。

5. 采取改正措施

根据营销偏差产生的原因，采取相应的改进或调整措施。对于营销偏差的原因不同，企业可以采用不同的调整措施。当营销偏差是由常规性原因导致的，营销控制人员可预先制定相应的调整措施，在偏差出现时加以实施；当营销偏差是由突发的、非常规性的原因导致时，营销控制人员需要制定应急措施加以调整，以保证计划目标顺利实现。①

二、年度营销计划控制

年度营销计划控制是企业在本年度内检查实际绩效与营销计划之间的偏差，并采取改进措施，以确保年度营销计划的完成。年度营销计划控制主要开展销售额分析、市场占有率分析、市场营销费用率分析、财务分析和利益相关者态度分析。

1. 销售额分析

销售额分析是评价和检查销售队伍的年度销售计划与销售实绩之间的关系。销售额分析可以采用两种方法：一是总量差额分析，即分析销售实绩的不同影响因素及其作用；二是个别销售分析，即对个别产品或地区销售额未能达到的预期份额的分析。

2. 市场占有率分析

市场占有率分析是评价和检查企业与竞争对手的销售水平之间的关系，通常采用全部市场占有率分析、可达市场占有率分析和相对市场占有率分析。

（1）全部市场占有率分析。全部市场占有率分析是评价企业的销售额在全行业销售水平中所占比重。使用这个指标控制必须做两项决策：一是要以单位销售量或以销售额来表示市场占有率；二是正确认行业范围，即明确本行业所应包括的产品、市场等。

（2）可达市场占有率分析。可达市场占有率分析是评价企业的销售额在企业所服务市场中所占比重。所谓可达市场包括两种情况：一是指企业产品最适合的市场；二是企业市场营销努力所能影响的市场。企业可能有近100%的可达市场占有率，却只有相对较小百分比的全部市场占有率。

（3）相对市场占有率分析。相对市场占有率分析是评价企业的销售额与竞争企业相比的市场占有水平，分为两种类型：一是与前三个最大竞争者相比的相对市场占有率分析；二是与市场领导者相比的相对市场占有率分析。

与前三个最大竞争者相比的相对市场占有率分析是评价企业的销售额与前三个最大竞争者的销售总额之间的相对水平。例如，某企业有30%的市场占有率，其最大的三个竞争者的市场占有率分别为20%、10%和10%，则该企业的相对市场占有率是30/40=75%。一般情况下，相对市场占有率高于33%即被认为是强势的。

与市场领导者相比的相对市场占有率分析是评价企业销售额与市场领导者销售额的相对水平。如果相对市场占有率超过100%，表明该企业是市场领先者；相对市场占有率等于100%，表明企业与市场领先竞争者同为市场领导者；相对市场占有率的增加表明企业正接近市场领先竞争者。

3. 市场营销费用率分析

市场营销费用率分析是评价和检查企业在执行营销计划中营销费用的使用情况。对于营销费用的控制，主要是看营销费用率是否在一定的容忍区间或范围内波动。如

① 刘厚钧. 市场营销学［M］. 北京：北京理工大学出版社，2006.

果营销费用率超出其容忍区间或范围，需要分析导致这一现象的内在因素，从而采取有效措施加以调控。

4. 财务分析

财务分析是营销控制人员对营销费用与销售额和其他营销控制指标进行全面的财务分析。财务分析决定企业如何以及在何处展开活动，获得盈利。尤其是利用财务分析来判别影响企业资本净值收益率的各种因素。

5. 利益相关者态度分析

利益相关者态度分析是评价和检查顾客、顾客、经销商以及其他利益相关者的态度及其变化情况。如果发现利益相关者对本企业或产品的态度发生了变化，营销控制人员就应分析其态度变化的原因，并较早地采取行动，争取主动。①②

三、营销盈利能力控制

营销盈利能力控制是企业评价和检查市场营销成本和盈利能力之间的比较关系。企业通过营销盈利能力控制来测定不同产品、不同销售区域、不同顾客群体、不同渠道以及不同订货规模的盈利能力，有助于营销管理人员决定各种产品或市场营销活动是扩展、减少还是取消。营销盈利能力控制主要分析和评价市场营销成本和盈利能力。

1. 市场营销成本

市场营销成本直接影响企业利润，由如下指标构成：① 直接推销费用，包括促销人员的工资、奖金、差旅费、培训费、交际费等。② 促销费用，包括广告媒体成本、产品说明书印刷费用、赠奖费用、展览会费用、促销人员工资等。③ 仓储费用，包括租金、维护费、折旧、保险、包装费、存货成本等。④ 运输费用，包括托运费用等。如果是自有运输工具，则要计算折旧、维护费、燃料费、牌照税、保险费、司机工资等。⑤ 其他市场营销费用，包括市场营销管理的人员工资、办公费用等。

2. 盈利能力指标

企业考察盈利能力的指标主要有：① 销售利润率。销售利润率是销售利润与销售额之间的比率。② 资产收益率。资产收益率是企业所创造的总利润与企业全部资产的比率。③ 净资产收益率。净资产收益率是税后利润与净资产所得的比率。净资产是总资产减去负债总额后的净值。这是衡量企业偿债后的剩余资产的收益率。④ 资产管理效率。资产管理效率主要通过资产周转率和存货周转率来分析。其中，资产周转率是一个企业以资产平均总额去除产品销售收入净额而得出的全部资产周转率；存货周转率是产品销售成本与存货（指产品）平均余额之比。

为了评估和控制市场营销活动，有的企业专门设置了“市场营销控制员”的岗位。市场营销控制员一般都在财务管理和市场营销方面受过良好的专业训练，能够担负复杂的财务分析以及制定市场营销预算的工作。

---

① 王信东，杭建平，等. 市场营销学［M］. 北京：社会科学文献出版社，2006.

② 刘厚钧. 市场营销学［M］. 北京：北京理工大学出版社，2006.

四、营销效率控制

营销效率控制的目的在于提高人员推销、广告、促销和分销渠道等市场营销活动的效率，市场营销经理必须重视若干关键指标。这些指标表明上述市场营销组合因素的有效性以及应该如何引进某些资料以改进执行情况。营销效率控制指标主要包括销售人员效率、广告效率、促销效率和分销渠道效率。

1. 销售人员效率

对于销售人员效率可以采用以下指标进行分析和评价：① 每个销售人员每天平均的销售访问次数；② 平均访问时间；③ 每次销售访问的平均收益；④ 每次销售访问的平均成本；⑤ 每次访问的招待成本；⑥ 每百次销售访问而订购的百分比；⑦ 每个期间新增的顾客数；⑧ 每个期间流失的顾客数；⑨ 销售成本对总销售额的百分比；⑩ 其他相关指标。

2. 广告效率

广告效率的高低可以通过以下几项指标来衡量：① 每一媒体类型、每一媒体工具接触每千名购买者所花费的广告成本；② 顾客对每一媒体工具注意或阅读的百分比；③ 顾客对广告内容和效果的意见；④ 广告前后顾客对产品态度的衡量；⑤ 受广告刺激而引起的询问次数；⑥ 其他相关指标。

3. 促销效率

促销效率的评价和控制可以采用以下指标：① 由于优惠而销售的百分比；② 每一销售额的陈列成本；③ 赠券收回的百分比；④ 因示范而引起询问的次数；⑤ 其他相关指标。

4. 分销渠道效率

提高分销渠道效率是探索节约流通时间、降低流通费用、更好地满足用户和消费者需要的问题。分销渠道效率是对企业存货水准、仓库位置及运输方式进行分析和改进，以达到最佳配置并寻找最佳运输方式和途径。例如，分销网点的市场覆盖面，销售渠道中的各级各类成员——经销商、制造商代表、经纪人和代理商发挥的作用和潜力，分销系统的结构、布局以及改进方案，存货控制、仓库位置和运输方式的效果，等等。[①]

营销案例

优衣库与 ZARA：如此不同，却同样成功

（一） 案例介绍

通过运用制造和销售一体化的手法，优衣库改变了日本基本款休闲装的常识，

① 王信东，杭建平，等. 市场营销学［M］. 北京：社会科学文献出版社，2006；刘厚钧. 市场营销学［M］. 北京：北京理工大学出版社，2006.

ZARA 则改变了世界时装的常识。

1. 品牌战略和商业模式比较

（1）目标顾客和品牌战略定位。优衣库是不区分目标顾客的年龄，把大多数人都能穿的基本款休闲装作为“零件”来提供的品牌，以市场最低价格不间断地提供无论何时何地、任何人都可以穿着的有时装性和高品质的基本款休闲服装。ZARA 的目标顾客主要是职业女性，是通过欧洲流行服装款式的搭配来展示风格的品牌。

（2）门店陈列和服装设计原则。因为面对不同的顾客需求和购买心理，优衣库是按商品种类，即外套、衬衣、T 恤、裤子等种类陈列展示的卖场；ZARA 是搭配展示风格型卖场，将外套、上衣、裙子、裤子等多种服装的穿着方法通过实际搭配展示出来。

（3）门店的销售周期。优衣库的商品有效期管理原则是“千方百计避免缺货”。在集中供给第一批货品后，以周为单位，根据商品的销量，通过追加或减少订单加以调节，保证顾客看中的商品随时有货。ZARA 的供货原则是“货架上永远都是新款商品”，每周都有新品上市；在每季之初，生产的商品数量仅为整季预测销量的 25%左右，然后在每周一和周五，分两次各按 50%的比例追加生产畅销商品，并与新款商品一起配送给全世界的门店。

（4）价格点的设定及价格策略。优衣库最早注意到多数顾客无须犹豫就可购买 1 900 日元商品这个现象，就把 1 900 日元定为自己的商品价格点，即优衣库的衬衫、女性上衣等的市场最低价格。在 ZARA 门店，花一半的钱就可以买到有着百货商店品质的服装，门店商品的高速周转是其经营的生命线。

（5）促销策略。优衣库每周五都在报纸中附加广告传单，印有从周五到下周一限期 4 天的特价商品。这是门店根据上一周的顾客反应，对销售没有达到预期的产品进行限期特价，促进销售。ZARA 几乎不做广告，只把门店看作最大的宣传广告，不惜重金精心挑选地理位置好且有代表性的建筑物开店。ZARA 的顾客每年来店频次达到 17 次，远高于行业平均的 3. 5 次。

2. 门店选址和运营策略

（1）门店选址。优衣库采取大国优势开店策略，而 ZARA 则采用全球分散开店策略。截至 2013 年 8 月，优衣库共有门店 1 299 家，其中 853 家在日本，另有 446 家分布在 13 个国家，而截至 2014 年 1 月，ZARA 门店总数为 1 991 家，西班牙国内 454 家，其他 86 个国家有 1 537 家。从 2013 年开始，优衣库才开始加快在人口众多的中国等国开店的速度，到 2015 年 8 月国外门店数量开始超越国内。而 ZARA 利用在全世界开店的方式，巧妙地把目标顾客狭窄的劣势变为优势。

（2）物流策略。对优衣库来说，时刻保证商品不缺货的物流是重要的，而对 ZARA 来说，全年稳定且有固定节奏的物流是重要的。优衣库用“以纸箱为单位”的物流方式降低成本。2018 年 4 月，客户在电商网站订购的商品在店面领取，优衣库开始提供免费送货服务。ZARA 秉持“服装是生鲜品”的理念，商品从工厂发货后，48 小时运抵世界各地的门店。ZARA 物流费用仅占销售额的 1%。从 2016 年年底起，

ZARA 开始深度践行全渠道策略。

（3）门店陈设。优衣库的理念是“让顾客自己动手”，商品陈设目标是让顾客一眼可以看到自己想要的商品；卖场分为女装区、男装区、童装区和配饰区，各部又按外套、裤子、裙子、衬衫等种类分配货架，顾客可以马上找到自己想要的货品，然后找到自己的尺码。ZARA 是搭配展示风格型卖场，各个系列品牌每季大约设定五个流行主题，在每个主题区搭配展示外套、上衣、裤子和裙子等。2018 年 2 月 ZARA 研发了“智能运营”系统，提供声波技术追踪门店客流、为消费者提供服务的虚拟助手等。

3. 风险管理

（1）产品上货策略。针对不受潮流影响且每季都需要的基本款商品，优衣库是全部售完型，优衣库根据门店的销售情况，在调整了各种颜色和尺码的销售差后，再追加生产，在一定程度上实现了以 SKU 为单位的生产，以防商品缺货或积压。而 ZARA 是追加生产型，季初新品上架只是一个出发点，全世界的门店每周在固定的两天上新，商品平均销售周期是 4 周。

（2）售罄策略。优衣库通过降价和集中处理的方式来清仓。针对各门店在清仓时出现的不平衡，经过总监和库存管理者协调，会把商品集中到地区内销售能力好的门店进行清仓处理，那些库存较少的商品再次降价，摆放在门店的可移动货柜上销售。ZARA 却是通过推出新风格来实现售罄。ZARA 的店长和各系列品牌的负责人一直在关注着商品的消化率和周转率。他们会把销量不好的商品摆到顾客容易看到的地方，并改变搭配方法，或者结合周一和周五的新品上架重新调整摆放位置，使消费者获得新的搭配灵感，激发他们的购买欲，清仓进度也会加快。

（二）案例实训

1. 比较优衣库和 ZARA 两家公司在营销管理上的异同之处。

2. 根据上述比较分析结果，结合所学知识，你认为优衣库和 ZARA 可以在哪些方面进行营销管理创新？

学习思考

1. 如何理解营销策划在市场营销中的作用和地位？企业如何合理地组织营销策划？

2. 营销组织具有哪些演进阶段？企业应当如何根据自身情况设计营销组织？

3. 市场营销控制具有哪些步骤？企业应当从哪些方面进行营销控制？

科研练笔

1. 基于 ERP 的销售管理系统研究。

2. 现代企业营销风险管理研究——以××公司为例。

营销实战

根据营销案例“新日：绿色交通领航者”，新撰写一份有关智能电动车的营销策划方案。

关键术语对译

营销管理 Marketing management
营销控制 Marketing control
营销计划/方案 Marketing program
营销沟通 Marketing communication
营销策划 Marketing planning
管理咨询 Management consulting
营销环境审计 Marketing environment audit
营销过程和职能 Marketing flows and functions
新产品创意 New-product ideas
组织结构 Organizational structure
目标与战略领域的审计 Objectives and strategy area audit
新产品创意 New-product ideas
支出控制 Pay-off control
产品经理审计 Product manager audit
盈利性/盈利能力 Profitability
盈利性分析 Profitability analysis

推荐阅读

1. 张云起. 营销风险管理［M］. 北京：高等教育出版社，2011.
2. 王学东. 营销策划：方法与实务［M］. 北京：清华大学出版社，北京交通大学出版社，2010.

经典链接

1. 西班牙 ESADE 商学院
2. 波士顿企业管理顾问公司

参考文献

［1］李晏墅. 市场营销学［M］. 北京：高等教育出版社，2008.
［2］李晏墅，乔均. 现代市场营销学［M］. 南京：东南大学出版社，2006.
［3］任锡源. 营销策划理论与实务［M］. 北京：首都经济贸易大学出版社，

2006.

[4] 张群，石宝丽. 市场营销学 [M]. 西安：西北工业大学出版社，2005.

[5] 王信东，杭建平，等. 市场营销学 [M]. 北京：社会科学文献出版社，2006.

[6] 刘厚钧. 市场营销学 [M]. 北京：北京理工大学出版社，2006.

[7] 彭代武. 市场营销 [M]. 北京：高等教育出版社，2004.

[8] 盛宇华，李金生. 基于技术因素的营销控制力模型及其实证分析 [J]. 中国工业经济，2004 (7)：98-104.

[9] 李金生，李晏墅. 高技术企业原始创新风险传递效应模型研究 [J]. 中国工业经济，2012 (1)：110-119.

[10] 李金生，宋丹丹，胡荣. 技术自主创新的公众风险认知偏差形成机理研究 [J]. 中国科技论坛，2016 (11)：115-120.

[11] 李金生，李晏墅，周燕. 现代营销决策研究新进展及启示 [J]. 南京社会科学，2013 (12)：29-35.

[12] 盛宇华，李金生. 基于人际关系的营销控制力模型及其实证分析 [J]. 经济管理，2007 (20)：8-13.

第二十章 组织市场的营销管理

营销寓言

鱼竿和鱼

有两个饥饿的人得到了一位长者的恩赐：一根鱼竿和一篓鲜鱼。其中，一个人要了一篓鱼，另一个人要了一根鱼竿。他们分道扬镳了，得鱼的人在原地燃起灶火煮熟了龟，狼吞虎咽，就连汤都喝了个精光。不久，此人饿死在空空的鱼篓旁。另一人提着鱼竿忍饥挨饿，艰难地走向海边，可当他快见到大海时，已浑身无力，结果带着万分遗憾撒手人间。

又有两人，他们同样得到了一根鱼竿和一篓鱼。于是商定共同去找寻大海，每天只煮一条鱼，然后一起分享。经过遥远的跋涉，来到海边，开始了以捕鱼为生的日子。几年后，他们盖了房子，娶了妻子，还生了儿子，并有了自己建造的渔船，过上了幸福安康的生活。①

学习启示

为了获取长久性价值，资源的拥有者之间一般需要相互合作。现代市场中，为了创造更大的市场价值，企业之间不仅仅是竞争关系，也不仅仅是合作，而是更多体现为价值共创的过程。价值增长、价值共创多在企业之间的商业行为中形成，不同于面对终端的营销行为，这是企业与企业之间的营销活动，称之为组织之间的市场营销。

组织之间的市场营销，所涉及的销售金额和产品项目数量远远高于消费者市场。很多商业活动并不直接发生在企业与消费者之间，在最终产品进入终端市场之前，产品的形成过程会涉及众多的企业、政府部门、银行的组织的商业活动。区别于消费者的营销活动，组织间营销活动的特性是什么？如何有效地管理组织市场的商业活动，取得价值与利润的同步增长？……通过本章的学习，将了解组织市场和组织市场营销的内涵与特殊性，理解组织市场营销中的活动主体与活动类型，掌握组织市场营销管理的基础、原则与流程。

---

① 李玲. 长者给的鱼竿和鱼［J］. 民营科技，2006（1）：46.

第一节 组织市场营销

一、组织市场的内涵

在产品形成的整个价值增值过程中，大部分企业并不面对终端市场，而是面对各种类型的组织单位，原材料供应商面对制造型企业，制造型企业面对流通企业等。绝大多数的营销活动是发生在组织与组织之间。例如，华为是全球领先的信息与通信（ICT）基础设施和智能终端提供商，致力于把数字世界带入每个人、每个家庭、每个组织，构建万物互联的智能世界。华为的经营范围包括程控交换机、传输设备、数据通信设备、宽带多媒体设备、电源、无线通信设备、微电子产品、软件、系统集成工程、计算机及配套设备、终端设备及相关通信信息产品、数据中心机房基础设施及配套产品等。但我们大多数人对华为的印象，仅仅是赞叹其手机等产品的精美，然而在其经营领域中，这类终端消费领域的产品只占华为业务的将近一半（以 2018 年为例，华为消费者业务营收为 3 488.25 亿元，占总营收的 48%左右）。华为业务的另一个重要组成部分是致力于提供信息与通信技术的整体解决方案供应商，除了面对终端市场，更多情况下，华为会面对诸如中国电信、西门子这样的运营商及企业客户。可见，华为既有消费品市场，也有组织市场。

相对于消费品市场来说，企业、公共机构或政府之间便形成了组织市场。组织市场是由公司、公共机构或政府组成的市场，它们购买产品和服务可能是为了自用，也可能将之用于生产自己的产品和服务，还有可能是连同其他产品和服务一起转售给别的企业、公共机构和政府。① 例如，富士康为苹果的代工、顺丰为电商公司提供的快递服务、吉利汽车进行的采购活动等都属于组织市场中的交易活动。与消费品市场一样，组织市场同样是研究市场中的交易行为，以及围绕交易的达成所发生的一系列相关活动；不同于消费品市场买方主体为自然人，在组织市场中，买方主体更多体现为法人。相应的，组织市场营销就是理解、创造以及向目标市场和顾客交付价值的过程。

1. 组织市场与消费品市场的比较

组织市场和消费品市场的主要区别有三个，即买方不同、买方需求不同、市场规模和地域性不同。

（1）买方不同。

组织市场是由各种组织机构形成的对企业产品和劳务需求的总和，买方主要是企业，特点是买方较少，购买量较大。消费品市场是指个人或家庭为满足生活需求而购买或租用商品的市场，购买对象主要是消费者个人或家庭，特点是购买者较多，购买量较小。这一特性决定了组织市场中的买方大都以大客户的形式出现，往往特别需要进行客户关系管理。例如，电脑、手机等产业链中的配套企业（如屏幕膜生产企

---

① 詹姆斯·C. 安德森，詹姆斯·A. 纳罗斯. 组织市场管理：理解、创造和传递价值（第 2 版）[M]. 王永贵，译. 北京：北京大学出版社，2007.

业)，为了达到快速响应，争取订单，往往采取预测生产的方式，但快速变换的市场迫使电脑、手机等产品竞争更新换代，如果不能快速得知产品变更信息，很容易导致各类配套企业的过量生产，形成库存的压货现象，尤其是屏幕膜等不可逆的产品，其损失往往是致命的打击。主机厂商根据市场需求，调整生产计划，但其生产计划改变的信息却很少能通过市场活动向配套企业进行传递，要准确获知生产性信息，配套企业对主机厂商的大客户关系管理便显得尤其重要。

(2) 买方需求不同。

组织市场通常是为消费品市场提供产品，因此不能随便对其生产方式或运营模式做变动，在某种程度上组织市场的买方需求是一种衍生性需求；消费品市场更多地受到消费者个人因素和价格水平等的影响，消费品市场的产品通常是满足买方的自身需要，且产品的可代替性较高，买方较多，因此买方需求较为复杂多样。虽然从形式上看，组织市场中买方需求波动较小，较简单，但是在实质上组织市场中买方需求的复杂性远高于消费品市场。在消费品市场中，消费者从用户体验的角度感知产品或服务的功能属性，而对其内在技术的构成方式并不会太多关注。例如，当顾客在使用手机时，对其图片显示、摄像清晰度等较为关注，但很少去深入了解其背后的实现原理。在组织市场中的买方不仅考虑商品的功能，而且会考虑实现商品功能的技术构成。同一功能的技术实现会有多种方式，导致组织市场竞争不仅仅是产品的竞争，同时也是技术的竞争，甚至涉及行业规则的竞争。由于组织市场买方的需求特性，卖方竞争不仅仅关系到市场占有率及利润份额，甚至会影响到企业的生死存亡。

(3) 市场规模和地域性不同。

组织市场的买方数量较少，但购买量稳定，市场规模通常较大且较为固定，市场所在地域分布较为集中；消费品市场的买方数量较多，购买较分散，市场规模通常不大，且市场交易场地更换频繁，市场所在地域分布较为分散。随着互联网及交通技术的快速的发展，地域的限制被逐渐打破。在一般情况下，组织市场中买方购买量具有一定的规模性，卖方通常会集中在某一或某些领域进行较为专业的生产及供应，市场所在地域的集中慢慢演变为所在行业的集中，并且试图以行业的集中来缓解对单一买方需求的依赖，行业信息能够提供客户大体的需求信息和采购条件。

2. 组织市场与工业品市场的比较

工业品市场，又称之为生产资料市场，是为人们的生产服务的，提供的商品是生产资料。工业品市场的特点是：① 市场需求是派生性需求；② 购买频率不高，但每一次购买数量较大；③ 购买者多属理智型，需求弹性相对小；④ 要求提供更为周到的技术服务；⑤ 顾客集中，且较为稳定。

组织市场的发展源自工业品市场，并且两者之间存在着一定的交集。例如，交易主体都是以组织单位为主，需求都是从消费者对消费品的需求引致或派生等。随着组织市场理论的成熟，组织市场的相对特性也逐渐呈现。组织市场和工业品市场的主要区别体现在三个方面，即交易对象、交易目的和交易行为。

(1) 交易对象的不同。

工业品市场中的交易对象以生产资料为主，主要涉及供应链中的上下游交易；组织市场中的交易对象泛指一切生产要素，并且对传统的劳动、资本和土地生产三要素进行拓展，包含土地、劳动力、资本、技术、经济信息和经济管理等，涉及价值网络中的各项价值创造活动。在工业品市场中，主体之间的交易对象大多是为了生产需要而进行的生产资料的转让，而组织市场中的交易对象随着时代的发展，真正体现了生产要素新的内涵。生产性企业在开发区向园区租地、人力资源服务公司向银行进行大堂经理的派遣、公司之间的技术转让和交易、券商对拟上市公司进行的上市辅导服务、猎头提供的高端人才的猎聘服务都属于组织市场中的交易活动。

（2）交易目的的不同。

工业品市场购买行为，也称产业市场购买行为，是各个产业组织为满足本身的生产和业务需要而产生的购买行为，是工商企业和其他组织为生产、加工、出售、出租商品和劳务等营利需要或为提供服务等非营利需要而购买物质产品及服务的行为。也就是说，工业品市场中的交易活动大多以达成买方生产和业务需要为主要目的。组织市场中的交易活动主要目的是为了实现价值增值，其市场管理活动是理解、创造以及向目标市场和顾客交付价值的过程。与工业品市场不同，组织市场的交易的特点在于：① 不再简单局限于满足一方需求，而是同时满足了交易各方的发展需求。② 不仅仅是为了自身业务需要，更多是为了给最终用户提供增值性服务。例如，快递公司与电商公司之间在资源互补基础上所达成的合作性交易，其主要目的是为了给用户提供更便捷的服务，从而实现多方共赢的局面。

（3）交易行为的不同。

在工业品市场中，根据企业采购的目标和需要的不同，可分为三种购买行为类型：① 直接续购型，即企业按常规和一贯需求继续向原供货单位重复订货。② 调整重购型，即企业部分地调整或改变所要采购商品的规格、质量及价格等要求后对原产品的继续购买行为。③ 新购型，即企业第一次采购某种生产资料。在新购型的购买行为中，由于缺乏对此种生产资料的经验积累，需要多人参与购买决策且决策项目多，决策过程也较复杂。

组织市场的交易行为类型，不再单纯由采购方的目标和需要所简单决定，而是形成于多主体所构建的价值网络中；同时由于交易对象不仅仅是有形商品，使得组织市场中的交易行为更加复杂与多样：① 链式交易型，即以传统供应链为基础所形成的交易活动。例如，原材料供应商与制造商、制造商与流通商间的交易行为。② 模块集成型，即在一定规则基础上，将各模块进行集成性供应。例如，手机厂商全球采购进行手机的系统集成，超市为各类商品提供的卖场服务。③ 专长推动型，即由自身在某一领域形成的特定专长所推动的交易活动。例如，券商对拟上市公司的上市辅导，维修公司为某大楼提供的电梯保养服务。④ 合法赋予型，即由合法性地位所赋予形成的交易活动。例如，银行为企业提供的贷款业务，稀缺资源（石油等）的交易活动。

二、组织市场营销的内涵

在营销理论的发展过程中，“组织市场营销”的概念是随着组织之间开展营销活动而形成的，大致可分为工业品营销、企业间营销和组织营销三个阶段。

（1）工业品营销阶段。工业制造企业与它们的供应商之间的营销活动，早在19世纪中叶就已经非常普遍。在20世纪中期以前，工业品营销并不是大家所关注的一个单独领域。然而，消费品和工业品在营销活动中出现了种种不同的现象，并且工业品营销的重要地位也逐渐体现，在此基础上，工业品营销的体系概念初现端倪，并最终发展为学术研究的一个单独领域。关于组织市场营销的研究是从20世纪50年代后才开始的。早期组织间的营销活动更多体现为工业品营销，即被认为主要是工业制造企业向其经营相关企业进行营销的过程。

（2）企业间营销阶段。随着研究的深入以及第三产业的发展，人们认识到不是所有的组织都从事制造业，“工业品营销”这一术语无法表达商业组织间的营销，因而在20世纪80年代，“工业品营销”逐渐为“企业间营销”（Business to Business Marketing）所替代，组织营销的定义范围及其研究领域扩展到所有的工商企业。

（3）组织营销阶段。由于企业间营销往往意味着这一领域仅局限于工商组织，而营销原理不仅仅限于工商组织，应该适用于所有的组织：从慈善机构到戏院，从军队到政府部队。随着现代市场经济的不断发展和组织理论的不断完善，营利性组织、非营利性组织和政府等组织之间存在着营销关系，市场导向的理念被广泛地运用于各类组织的经营和管理中，“组织市场营销”这一术语诞生了①。从20世纪90年代末，组织营销开始被越来越多的学者所接受。伴随着对营销组织内涵的深入认识，组织营销的研究领域也相应地得到不断的扩展，组织市场构成的复杂性和购买行为的特殊性，促成了“组织市场营销”研究成为营销理论与实践研究的重要内容。

三、组织市场的营销主体关系

从原材料到最终产品的形成，涉及众多围绕价值增值而发生的关联性活动。当这些活动发生在组织内部，我们称之为生产或制造；当这些活动发生在组织之间，我们称之为交易。简单而言，组织市场中的活动主体便是进行组织间交易的交易双方。例如，房地产公司会将某一标段承包给施工单位，施工单位在建房时会向建筑企业购入钢筋等建筑材料，建成后房地产公司又会委托销售公司进行房屋销售。这些环节中，施工单位、销售公司向房地产公司提供外包性服务，施工单位、销售公司作为卖方，房地产公司作为买方；建筑企业向施工单位提供原材料，建筑企业作为卖方，施工单位作为买方。可见，组织市场中的活动主体所承载的具体身份，远比消费市场中复杂。在组织市场中，由于组织主体可能会同时参与多项交易活动，所以组织市场中的活动主体都是内嵌于各种错综复杂价值交易和交换活动中，其主体地位的确定往往根据交易活动本身的性质而定。当活动主体间发生不同类型交易活动时，相应的组织市

① 周南，汪涛．组织市场营销：市场营销学科重要的研究方向［J］．武汉大学学报（哲学社会科学版），2008（6）：851.

场类型也便形成，具体包括生产者市场、中间商市场、非营利组织市场和政府市场等。

在传统的企业经营战略管理理念中，一个重要问题是构建企业价值链和产业价值链。企业经营的核心问题就是“在价值链上定位”和“将战略建立在独特的经营活动上”。在这种思维模式下，任何区别于将最终产品交付于终端消费者的活动，都涉及组织市场。上游的供应商提供输入，居中的业者提供附加价值，再交给下游的顾客。从这样的角度来看，战略就是“企业在特定价值链进行正确定位的艺术”①。因此，组织市场的营销战略思维模式是：确认正确的事业、正确的产品、正确的附加价值活动，也就是组织市场中活动主体进行营销的目的都是为价值增值做准备。这一思维模式有一个很重要的前提，即价值增值的各项活动可以有效地在价值链上进行区分。但是，在互联网经济时代，互联网经济所塑造的协同创新、分布合作等新特征，使得传统的营销假设瞬间被击破。价值网络的思想打破了传统价值链的线性思维和价值活动顺序分离的机械模式，围绕顾客价值重构原有价值链，使价值链的各个环节以及各不同主体按照整体价值最优的原则相互衔接、融合以及动态互动。组织市场中的利益主体在关注自身价值的同时，更加关注价值网络上各节点的联系，冲破价值链上各个环节的壁垒，提高网络在组织市场中的营销主体之间相互作用及其对价值创造的推动作用。

在组织市场的营销体系中，越来越多的企业处于顾客、供应商和竞争对手组成的战略网络中，其本质是在专业化分工的生产服务模式和相应的网络治理框架下，通过一定的价值传递机制，使处于价值链上不同阶段和具有某种专用资产的相对固化的企业及利益相关者彼此组合在一起，共同为顾客创造价值。在此推动下，组织市场中的活动主体将交易、合作、竞争融为一体，促进相互学习，形成开放创新，从而为顾客创造新的价值（见图 20-1）。

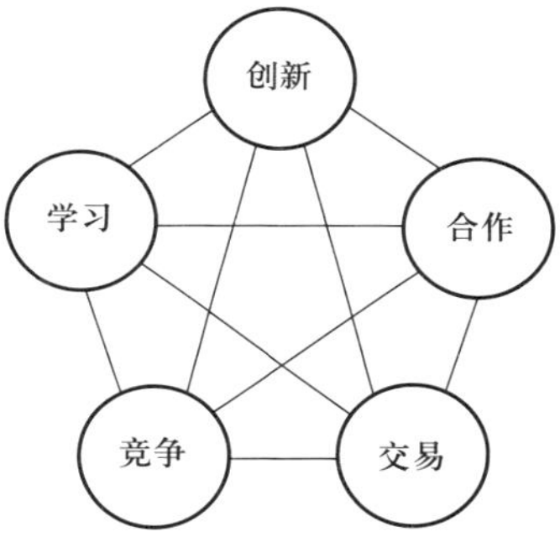

图 20-1　组织市场营销中主体间关系

四、组织市场的营销行为

1. 基于供应链关系的营销行为

组织市场主体在激烈的市场竞争压力下为了突出自身的优势，通过网链状的供应链体系进行分工和交易，分享供应链所带来的价值增值。组织市场与消费品市场和工业品市场的区别主要体现在组织对组织的生产要素提供，显示了组织之间上下游的关系。基于供应链关系的营销行为是组织市场主体之间依托所在产业的供应链的上下游关系而开展的组织营销活动。例如，原料供应商为生产制造商提供原材料。值得注意的是，这里的供应链营销行为不包括最终的消费者。

① 迈克尔·波特. 竞争优势［M］. 陈丽芳，译. 北京：中信出版社，2014.

2. 基于业务辅助关系的营销行为

在组织市场中，部分组织市场主体承担着为其他组织市场主体提供辅助性增值的职能，这些组织市场主体之间并不是明确意义上供应链中上下游的关系，其主要功能是促进不同组织主体之间的合作、交易和学习等，为组织的进一步发展创造条件。基于业务辅助关系的营销行为是指组织市场主体中的某一方根据双方的合作关系、交易和学习向另一方提供辅助性增值职能的营销行为。例如，物流活动，有效地加快了两个组织市场主体之间实现生产资料的转移速度，同时为组织市场主体的经营决策提供了重要依据。

3. 基于服务性关系的营销行为

组织市场主体在动态地配置自身功能和服务时有时会由于成本、技术程度、业务发展要求和企业愿景等多个方面的因素，寻求利用其他组织的资源来促进本企业的发展。此时就会出现利用本组织资源为其他组织提供相关服务的现象，产生了组织市场主体的服务性活动。基于服务性关系的营销行为是指某组织市场主体为其他组织在提供相关经营管理服务的基础上而形成的营销行为。例如，在管理咨询行业中各类的咨询公司，运用专业的知识和特殊的经验，用脑力劳动提供具体服务。它们为其他企业的发展提供了经营管理的咨询服务，促进这些企业持续健康地发展，体现了服务性活动的重要性。

4. 基于金融关系的营销行为

在组织市场中，商业银行、证券公司等金融机构的经营业务大多涉及货币的流通和回笼，贷款的发放和收回，存款的存入和提取，以及汇兑往来等经济活动。这些金融组织在组织市场中有着关于货币、货币流通、信用等直接相关的经济活动就是所谓的金融类活动。基于金融关系的营销行为是指组织市场主体围绕金融业务的有效运行而展开的营销行为。例如，企业买卖股票、债券、基金等有价证券以及这些有价证券的衍生品，以获取差价和利息收入。

5. 基于非营利关系的营销行为

基于非营利关系的营销行为是指组织市场主体在追求效率的基础上不以营利为出发点所从事的一系列营销活动。例如，政府在城市共享单车的采购与投放是以方便群众、绿色出行为出发点。

第二节 组织市场的营销管理

一、组织市场的营销管理基础

1. 组织市场营销中的客户知识

组织市场中的客户知识包含所有能对产品或服务提供企业的经营决策有帮助的来自客户方面的知识，主要包括与客户的消费特点和行为有关的知识，客户购买决策和过程，客户对当前产品或服务的看法和意见、未来的需求、产品改进方向，以及客户对产品所进行的市场活动等方面知识。

组织市场营销中客户知识主要由产品/技术层面的客户知识、系统层面的客户知识和战略层面的客户知识构成①，如图 20-2 所示。

（1）产品/技术层面的客户知识。产品/技术层面的客户知识是客户拥有的与企业提供的产品/服务相关的知识。这类知识包括客户当前使用的技术、客户的产品和服务及其对于客户的重要性，客户对于产品的颜色、规格、形状、质地、风格等偏好和要求，竞争性产品吸引客户的特性，以及新产品或服务趋势等。

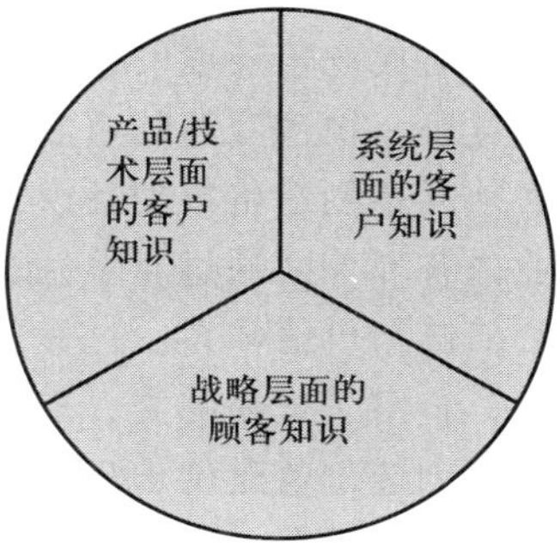

图 20-2 组织市场客户知识构成的三维度模型

（2）系统层面的客户知识。系统层面的客户知识是与客户采购决策、采购流程等相关的知识。这类知识关系到组织市场的客户内部不同部门之间的关系，企业的营销人员面对组织客户时需要关注几个重要问题：谁是购买过程的主要参与者？每个参与者对于决策的影响如何？客户的决策制定过程是怎样的。

（3）战略层面的客户知识。战略层面的客户知识是客户的发展目标、客户的目标客户的需求以及竞争战略等方面的知识。客户的竞争对手以及客户自身的差异化战略、市场定位和长期的愿景、客户的营销战略、客户与其他供应商的关系等客户知识对企业而言都很重要。

2. 组织市场营销中的关系管理

随着跨界融合的时代理念不断深入，作为一种开放型组织，企业的边界也逐渐模糊，一些组织活动实现了跨组织转移。结合组织市场中的知识管理，某一些组织析出的知识直接被其他组织吸收、消化和并入自身的知识库。更为关键的是，另一些组织析出的知识要素有意识地与异质来源的知识要素在特定场所中按照一定的发生机制实现聚集、链接和融合。在这些知识要素的联系、接触、碰撞和交互作用过程中，组织势必产生各种知识界面问题。有边界，势必就有两者之间的关系管理。在互联网经济的时代中，关系的错综复杂，使得组织市场中的关系管理不仅要考虑一次交易活动的利益主体间关系，而且应以动态的网络思维对待组织市场中的关系管理。

组织市场中的关系管理主要由识别与选择关系对象、创建网络能力、增进组织间互信和创建网络规则构成。① 识别与选择关系对象。组织要想管理好关系，首先必须拥有正确的关系对象，关系对象的选择除了考虑其自身要素外，更要结合以往跨组织活动的情况综合考虑。② 创建网络能力。在互联网时代中，关系的建立与维护不再是简单的双边关系，而是涉及价值网络中复杂的互动关系。组织网络能力是包含网络愿景能力、网络建构能力、网络管理能力等的系统化组织能力。③ 增进组织间互信。信任是建立在过去长期的交往和交易基础上的，组织间互信具有累积性和相互性。④ 创建网络规则。网络规则通常是一种事实规则，实质是市场治理的“价格机

① 尚晓燕，王永贵. 组织市场上顾客知识体系的构成与测量：基于中国企业的实证研究［J］. 管理评论，2015，27（2）：67-76.

制”和组织治理的“命令机制”的关系协调机制。

3. 组织市场营销中的价值管理

新时代竞争环境的快速变迁，价值创造的基本思维逻辑已经发生了改变。在全球性的竞争、快速变迁的市场，以及不断推陈出新的科技环境下，组织市场中的各类主体必须开拓创造价值的新模式。从新经济中的新产业关系看来，迈克尔·波特提出的产业内各环节间通过竞争性、对立性、议价性市场交易相互联结，构建一个垂直整合式价值链与价值体系。这是静态的产业世界观。互联网改变了交易场所，拓展了交易时间，丰富了交易品类，加快了交易速度，减少了中间环节。① 互联网时代厂商与顾客共同创造价值是价值创造的基础，在组织市场中就需要通过各种组织间的互动活动，不断为消费者提供价值增值。

组织市场营销中的价值管理包括五个方面：① 注重挖掘传统市场边界之外的潜在需求，特别是长尾末端的需求。② 注重超越传统产业市场边界，往往进行跨界经营，推出新产品或新服务处于价值链的高端或具有独特性，具有较高的效用价值。③ 注重追求针对社群消费者心理需求与社会需求的效用创新，注重为消费者创造产品的功能价值、情感价值、学习价值的机会。④ 注重市场顾客的消费体验，强调厂商组织的所有活动都是顾客体验，即从产品研发、设计环节开始，再到生产、包装、物流配送、渠道终端的陈列和销售环节都有消费者体验，以获得边际效用递增。⑤ 非常重视来自需求方的范围经济，使得消费者之间的效用函数相互依赖，非相互排斥。② 这一系列的价值增值活动，都不可能由单一企业所提供，而必须以组织市场营销的方式进行系统性的创造。

二、组织市场营销的管理原则

1. 价值管理原则

在组织市场营销中，由于不直接面对终端市场，可能缺乏对价值的准确理解，所以要求组织市场管理者来制定营销战略时，必须更加注重培育顾客导向或市场导向的能力。大多数的组织市场管理人员在已经意识到：供应商企业需要帮助现有顾客或潜在顾客把提供物的特征转化为利益。在这一转化过程中，供应商企业需要站在顾客的角度来考虑问题。也就是说，供应商企业必须要使用有说服力的语言来向客户阐述自己所提供的市场供应物的价值。组织市场管理人员必须再进一步，对这些利益进行转化，把它们转化为从顾客的角度所具有的价值。

2. 流程管理原则

组织市场的营销管理是由一系列相互关联、彼此依赖的组织市场营销流程所构成的总体业务流程。组织市场的营销管理包括三个核心业务流程，即产品开发管理流程、供应链管理流程和顾客关系管理流程。① 产品开发管理流程是了解顾客的需要和偏好、预测可能发生的变化，据此制定相应的解决方案来满足顾客的需求，促使顾

① 李海舰，田跃新，李文杰. 互联网思维与传统企业再造［J］. 中国工业经济，2014（10）：135-146.

② 罗珉，李亮宇. 互联网时代的商业模式创新：价值创造视角［J］. 中国工业经济，2015，57（1）：95-107.

客愿意为这种解决方案支付相应费用的流程。② 供应链管理流程是整合各种物质投入的采购，同时把这些投入有效和高效地转化为顾客解决方案的流程。③ 顾客关系管理流程是识别顾客、创造顾客知识、与顾客建立并维持良好的关系以及塑造顾客对企业及其产品的感知的流程。

3. 跨界经营原则

从互联网的技术创新层面看，互联网以跨界融合突破为标志，与制造、能源、材料、生物等技术加速交叉融合，引领新一轮科技革命。伴随“互联网+”时代的到来和信息技术的迅速发展，企业可以跨越既有的产业分工体系去覆盖更大的业务面，跨界经营的趋势愈演愈烈。组织市场中跨越边界的经营活动存在着两大目标：① 围绕经营互补。无论是产品开发还是品牌联盟，两者之间一定要有效互补，而且不但是资源、技术与功能的互补，而且是基于体验的互补，因为当一个文化符号还无法诠释一种生活方式或者再现一种综合消费体验时，就需要几种文化符号联合起来进行诠释和再现。② 围绕顾客体验。围绕目标消费群体的知觉、思维、行为、情感等来开展体验。

4. 关系管理原则

组织间的工作关系对组织市场营销获得成功起着很大的决定性作用。组织间的工作关系镶嵌于商业网络之中，而商业网络是由各种组织间相互关联的关系所构成。组织间的工作关系和商业网络是一个复杂的经济现象，存在于经济活动中的各个层次（见图 20-3）。在个体层次上理解工作关系和商业网络时，个体层次的工作关系构成了工作活动的一部分。同时，在营销职能领域理解工作关系和商业网络时，组织间关系可能存在于同一组织内部或不同组织之间。例如，企业内部的市场营销部与研发部或供应商企业的市场营销部与客户企业的采购部之间。此外，组织间的工作关系还可以从组织单位的层次理解，例如客户企业与供应商间的工作关系、分销商和制造商间的合作关系。①

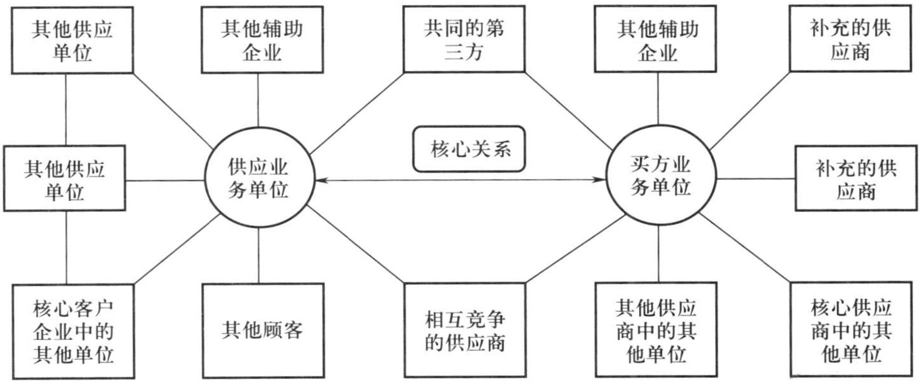

图 20-3 组织市场中双边组织中的相互关系

① Anderson J. C., Håkansson H., Johanson J.. Dyadic Business Relationships within a Business Network Context [J]. Journal of Marketing, 1994, 58 (4): 1-15.

三、组织市场营销的管理过程

1. 理解价值需求

2013 年 9 月，时任诺基亚公司 CEO 的奥利拉在记者招待会上公布同意微软收购其手机业务时说：“我们并没有做错什么，但不知为什么，我们输了。”新经济的发展，组织必须要紧跟，甚至是预测市场中的价值发展动向。作为商业活动的主要驱动力，组织的价值创造改变了商业模式。价值创造的前提是能充分准确地理解价值需求，从市场感知出发，了解市场中的知识流程，以对待顾客的方式对待客户企业，从客户企业的行为活动中学习了解企业的价值主张，进而制定市场营销战略，将对价值需求的理解沉淀于企业战略之中。因此，组织市场营销的管理过程由市场感知、以对待顾客的方式对待客户企业、制定市场营销战略等阶段性活动构成。

（1）市场感知。市场感知是一个市场驱动学习的过程，能够了解现有的顾客、潜在的顾客、竞争对手以及对企业产生影响的其他参与者。市场感知是生成市场知识的流程，可以为企业中的个体（如组织市场管理者、销售人员、经理人员）的决策提供参考信息和指导。市场感知的目的在于获取并测试市场观点、生成并运用市场知识，以此为决策提供信息和指导。市场感知包括界定市场（市场细分）、监控竞争（竞争对手分析、改进监控绩效）、评估顾客价值（价值评估方法、顾客价值管理）、获取顾客反馈（顾客满意度测量、顾客价值分析）等活动（见图 20-4）。

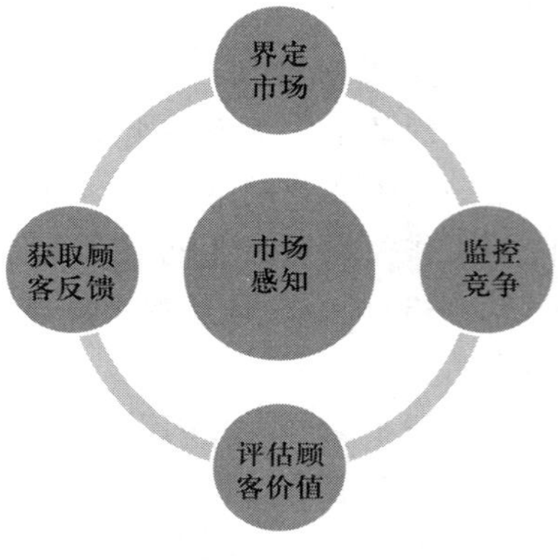

图 20-4 市场感知的活动

（2）以对待顾客的方式对待客户企业。以对待顾客的方式对待客户企业是一种学习的流程，可以获知客户企业如何依赖供应商网络来增加供应物的价值（见图 20-5）。与一般顾客相似，组织市场中的客户企业存在购买者行为。组织市场营销者应了解组织购买者对不同的市场营销刺激会做出怎样的反应。在组织内部，购买行为由两个主要部分构成：一是采购中心。采购中心由采购决策所涉及的所有人组成，也就是组织市场中的购买决策者及购买活动的执行者。二是采购决策过程。采购决策过程是受组织市场营销组合及其他因素刺激时，购买决策及行为形成的过程。

（3）制定市场营销战略。市场营销战略的关键在于如何利用企业的资源在市场上获取短期或长期的成功，企业将要采取何种营销行动方案，以及如何通过在实施营销活动中所积累的经验和知识对营销行动方案进行动态调整。市场感知和以对待顾客的方式对待客户企业，有助于组织市场中的管理人员理解特定的细分市场和客户企业重视什么，组织市场流程中“理解价值需求”的环节，最终还需要通过制定市场营销战略所体现。例如，IBM 在发展的不同阶段有着明确的市场营销战略，在创业阶段

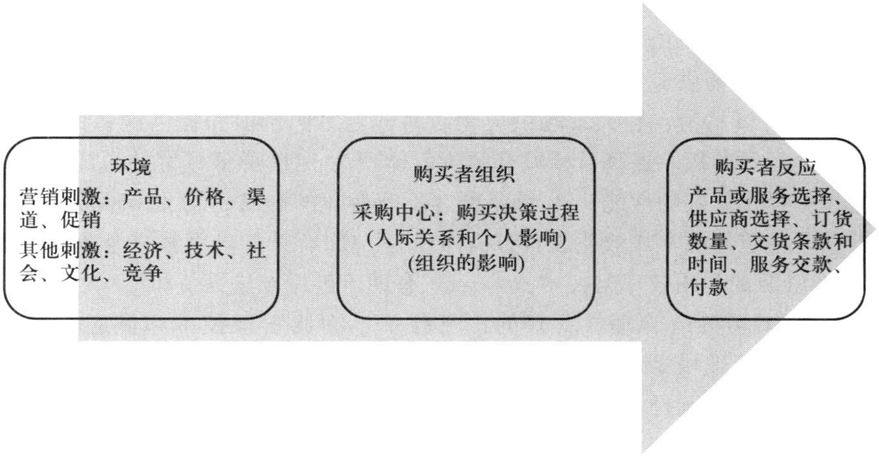

图 20-5　组织购买者行为模型①

专注于穿孔卡，第二次世界大战期间转向军需生产，第二次世界大战结束至20世纪50年代进行军需计算机投资，20世纪60年代至80年代进入PC时代，20世纪90年代从硬件向软件和服务转型，由PC制造商向IT信息服务提供商转型。现在IBM已发展为整体解决方案提供商，提供综合性的服务来解决客户问题。发展至今，IBM彰显了领先的市场战略活动，业内评论IBM是为“明天而生”，目标在于让世界的运转更加智能化，涉及个人、企业、组织、政府、自然和社会之间的互动，而这些互动蕴含着提高性能、效率和生产力的机会。随着地球体系智能化的不断发展，IBM的发展为客户企业或组织提供更有意义的、崭新的发展契机。

2. 创造价值

（1）关于市场供应的系统性管理。关于市场供应的系统性管理是以能够为目标细分市场和客户企业创造出最优异的顾客价值的方式，把产品、服务和技术等系统组合在一起的过程。关于市场供应的系统性管理包括清晰地描述当前的市场供应物、评估客户价值和供应成本、通过市场细分来开发和制造富有柔性的市场供应物、准备创造和交付富有柔性的市场供应物等。其中，柔性市场供应物是相对于传统供应物的观点所提出。在组织市场营销中，越来越多的企业已经发现市场中的几个重要的转变：① 市场变得支离破碎，客户企业要求更多的定制化程度更高的供应物；② 客户企业在需求方面的要求变得更加苛刻，并且不愿意妥协；③ 客户企业已把质量标准看成是最低标准。在这种情况下，组织市场营销的管理者开始意识到，无论多么精确地进行市场细分，细分市场内部的差异仍是不可忽视的，并刺激了柔性市场供应物观点的形成。柔性市场供应物主体由无附加的解决方案所构成，同时配有各种精选的可选方案。

（2）新市场供应物的创造性开发。新市场供应物的创造性开发是将一种新的想

① 菲利普·科特勒，加里·阿姆斯特朗. 市场营销（第16版）[M]. 楼尊，译. 北京：中国人民大学出版社，2015.

法转化为商业化的市场供应的全部过程，包括确定开发目标和目的、制定总体项目计划、项目管理和实施、项目后的学习和提高等活动。市场供应物的创造性开发的主要目的是比以前的市场供应物能更好地满足目标细分市场和顾客的需求和偏好，价值创造的方式总体可概括为：扩大市场供应物对目标顾客的价值和提供这些市场供应物所花费的成本之间的差额。提高目标顾客的价值体现为：① 降低顾客的总成本；② 在顾客使用过程中提供更好的性能；③ 满足顾客不断变化的需求；④ 将产品开发所获益处与顾客分享。在节约成本或效益改善方面体现为：① 有助于巩固客户企业的市场地位；② 提高企业资源的利用效率与技术诀窍；③ 有助于进行方法更新和组织改善。

（3）组织市场渠道管理。新兴的信息技术、物流管理技术和供应链管理技术，使组织市场渠道管理增添新的任务。传统的渠道管理仅仅从直接渠道和间接渠道的角度，对市场渠道进行选择与管理，而组织市场营销中可以将直接销售人员、传统的经销商、网络社区的在线销售商以及第三方服务提供商系统整合起来，优化渠道管理，以完善的渠道构建和更新的增值网络，为客户企业创造价值。

3. 交付价值

交付价值是市场营销学里的一种学术表达方式，帮助顾客获取价值就是帮助自己获利，交付价值的本质是一种双赢的互利方式。在组织市场营销中有效获取客户企业，明确交付价值的对象，通过维持经销商伙伴关系为交付价值创造基础条件，进一步通过维持顾客关系向客户企业交付更高的价值。

（1）获取客户企业。市场营销就是发现、挽留和提升有价值顾客的一门科学和艺术。获取顾客就是探寻新的商业关系、评估潜在顾客的需求与供应商之间的相互匹配程度、确定重点、进行首次销售和完成订单并使顾客完全满意的过程。在组织市场中新顾客的获取或新商业关系的建立方式一般有三种类型：① 线索型顾客，即组织市场管理者从数据库中产生的可能的客户名称；② 问询型顾客，即主动建立与供应商之间联系的顾客；③ 潜在顾客，即供应商经过市场分析与资格审查所识别出的、认为有销售和利润潜力的顾客。

（2）维持经销商伙伴关系。供应商必须和经销商一起努力，向目标客户企业交付价值。经销商伙伴关系是指能相互认可，彼此相信各自的成功需要依赖另一方，各个企业或组织把焦点锁定在共同满足顾客市场的需求，并为此付出协调一致的努力。维持供应商伙伴关系包括：① 供应商及其经销商履行所做出的向顾客交付价值的承诺；② 提升他们各自所交付的价值；③ 开展富有成效的合作。

（3）维持顾客关系。维持顾客关系是随着时间的推移，以卓越的方式满足双方都认同的顾客要求，并通过满足双方认同的利益来选择性地追求连续性和成长的过程。为了交付价值，供应商和客户企业的管理人员必须对顾客需求和偏好形成详细而深入的理解，并且围绕这些需求和偏好的变化进行积极的沟通。供应商必须预测到这些需求并且做出有效的回应，通过就定制化而又富有柔性的市场供应物展开营销活动，供应商要努力在顾客眼中成为不可或缺的一部分。维持顾客关系包括：① 战略性地思考双方的关系；② 以市场供应物为载体交付优异的价值；③ 追求连续性和成长；④ 持续地进行顾客关系管理。

营销案例

从材料源头抓起，把原材料供应链打通①

（一）案例介绍

20世纪90年代，温州童鞋以“低价量大”的优势迅速占领市场，全国各地的童鞋批发市场里充斥着“温州话”，只要有童鞋市场的地方，就有温州童鞋。但是辉煌过后总会遭遇瓶颈。随着奥运风潮兴起，学生校服全部改以运动衫为主，而温州童鞋则是以皮鞋为主，与运动衫完全不搭配。市场风向的转变，使得温州童鞋遭遇严重打击，市场份额持续下滑。

与此同时，由原国家质量监督检验检疫总局和国家标准化管理委员会发布的《儿童鞋安全技术规范》强制性标准于2016年正式实施，该标准大大提升了儿童鞋的材料和制鞋标准，从而加大了企业的制造成本。面对政策调整与市场转变，企业该如何应对？温州市工商联执委、温州市童鞋商会会长、温州市森林大王儿童用品有限公司董事长杨事晨给出的回答是——合力抱团，提质增效，助力温州童鞋品牌建设。

“现在路过温州鞋的市场，会发现买温州鞋子的人还是很多的。温州童鞋原来是以革的鞋为主，革的鞋档次比较低嘛。这两年很多都是真皮的，特殊面料的，比如说飞织啊、网面这样的，更加舒适。因为温州是时尚之都嘛，全国各地的客户，经销商、代理商，有些大型的商场，还有授权的，那些客户都到温州来，有的来采购，有的来授权，有的来加盟，有的来贴牌，各种情况都很多。我们的产品正好是这一批家长最喜欢的产品，所以在温州就有点优势出来了。”杨事晨说。

杨事晨还说，这两年在童鞋界感觉到机会来了，“商会成立5年了，大家就抱团在一起。因为我们童鞋企业都比较小，都属于小微型企业，单个特别突出的企业没有，所以大家都是抱团抱在一起。我们的企业不大，有的材料做不到完全定制，但是如果现场采购，我们就有可能碰到一些不合格的事情，不单是成本问题，是根本采购不到，所以行内企业就是要抱团联合采购，就是大家一起在某几个点上采购，要求给我们的品质一定是要过环保这一关的，我们现在硬件设施基本上都可以了。现在大拆大整之后，大家都搬到工业区，厂房标准化了，大家也看到了希望，设备也能大胆投入了。我们只要把原材料这一关把好，解决掉的话，接下来温州童鞋还是蛮有前景的。”

温州童鞋在沉寂了一段时间后，决定成立温州市童鞋商会，通过众多中小微童鞋企业互相抱团的形式，形成合力，从鞋材料源头抓起，抱团去采购优质的原材料，从根本上实现“做大做强”。

杨事晨介绍，现在他们的自有品牌都是有设计团队整体设计的，所有童鞋企业对

---

① 佳晨. 森林大王［N］. 中华工商时报，2018-05-31.

自己的品牌都非常重视。“大家都在朝着做品牌方向发展，然后做品牌第一位的要求就是要有品质。如果没有品质，你怎么做品牌？所以，这两年所有企业在硬件上，在设备、厂房还有引进专业的技术人员方面都很重视，就是要慢慢把我们的品质提升起来。同时，我们现在的主攻方向还有‘品位’，你单有品质还不够，产品还要有品味，一定要有企业自己的文化，或者一些故事内涵。现在，我们都在尽自己最大的力量，所以，我们也看好温州的前景。”

（二）案例实训

1. 在温州童鞋行业发展中，童鞋的营销管理主要有哪些活动？

2. 温州童鞋是怎样实现顾客价值创造的？

学习思考

1. 相对于消费品市场，组织市场具有哪些主要特征？

2. 简述组织市场和工业品市场的区别与联系。

3. 如何理解组织市场营销中进行商业活动的活动主体？

4. 组织市场主要有哪些营销行为？

5. 阐述组织市场营销的管理基础与原则。

6. 简述组织市场的营销管理流程。

科研练笔

1. 互联网经济时代的组织市场营销策略研究。

2. 基于价值创造的组织市场的营销关系模型研究。

营销实战

随着消费者需求的日益复杂，任何企业都不可能单独完成任何产品所有研发、生产及销售活动。请挑选某一商品（例如计算机、手机等），调查和分析该商品生产企业的营销策略。

关键术语对译

组织市场	Business market	客户企业	Business customer
衍生需求	Derivative demand	价值网络	Value network
理解价值	Understanding value	创造价值	Creating value

交付价值 Delivering value　　新市场供应物 New market offerings
柔性市场供应物 Flexible market offerings

推荐阅读

1. Velu C. Evolutionary or Revolutionary Business Model Innovation through Coopetition? The Role of Dominance in Network Markets [J]. Industrial Marketing Management, 2016, 53: 124-135.

2. W. 理查德·斯科特，杰拉尔德·F. 戴维斯，斯科特，等. 组织理论：理性、自然与开放系统的视角 [M]. 高俊山，译. 北京：中国人民大学出版社，2011.

经典链接

中国供应商网

参考文献

[1] 詹姆斯·C. 安德森，詹姆斯·A. 纳罗斯. 组织市场管理：理解、创造和传递价值（第2版）[M]. 王永贵，译. 北京：北京大学出版社，2007.

[2] 周南，汪涛. 组织市场营销：市场营销学科重要的研究方向 [J]. 武汉大学学报（哲学社会科学版），2008 (06)：851.

[3] 迈克尔·波特. 竞争优势 [M]. 陈丽芳，译. 北京：中信出版社，2014.

[4] 尚晓燕，王永贵. 组织市场上顾客知识体系的构成与测量：基于中国企业的实证研究 [J]. 管理评论，2015，27 (2)：67-76.

[5] 李海舰，田跃新，李文杰. 互联网思维与传统企业再造 [J]. 中国工业经济，2014 (10)：135-146.

[6] 罗珉，李亮宇. 互联网时代的商业模式创新：价值创造视角 [J]. 中国工业经济，2015，57 (1)：95-107.

[7] 李晏墅，李金生. 基于技术形成机理的自主创新决策模型研究 [J]. 中国工业经济，2007 (6)：107-114.

[8] 李金生，李晏墅. 高技术企业原始创新风险传递效应模型研究 [J]. 中国工业经济，2012 (1)：110-119.

[9] 李金生，王晓云. 用户参与和企业技术创新绩效关系模型研究：以吸收能力为调节变量 [J]. 科技进步与对策，2017 (11)：81-87.

[10] 贾利军，李晏墅，李金生. 系统论视角下的营销发展进程解析 [J]. 南京社会科学，2009 (9)：34-39.

[11] 李金生，李晏墅，周燕. 现代营销决策研究新进展及启示 [J]. 南京社会科学，2013 (12)：29-35.

[12] 菲利普·科特勒，加里·阿姆斯特朗. 市场营销：原理与实践（第 16 版）[M]. 楼尊，译. 北京：中国人民大学出版社，2015.

第三版后记

“潜心积虑以求精微，随事体察以验会通，优游涵养以致自得。”编著者力图将多年从事营销研究、营销教学和营销咨询的感悟融于本书之中，谋编著者之自得，以达读者之大观。

本书由南京师范大学商学院李金生教授和李晏墅教授主持编著，负责全书的体系设计、统稿和审定。具体章节编著分工如下：李晏墅（南京师范大学商学院教授），第一章、第二章、第七章、第八章、第十四章和第十七章；李金生（南京师范大学商学院教授），第三章、第十章、第十一章、第十八章和第十九章；臧书霞（南通理工学院教授），第九章和第十二章；刘飞燕（南京师范大学商学院教授）和吴军红（南京师范大学商学院讲师），第四章和第十三章；贾利军（华东师范大学商学院副教授），第五章和第十五章；胡海（南京师范大学商学院副教授），第六章和第十六章；李晋（南京师范大学商学院副教授），第二十章。

在本书的编写过程中，我们参考了国内外诸多专家和学者的论文、著作与教材，借鉴和吸收了大量的最新成果，在此向各位专家和学者表示诚挚的谢意！

本书的编写得到高等教育出版社童宁副编审和韦寅蕾编辑的鼎力支持和帮助，在此致以衷心的感谢！

“行之力，则知愈进；知之深，则行愈达。”市场营销学是一门“知”“行”紧密结合的学科。市场营销学理论会随着社会经济的发展而不断更新，我们亦将对本书不断加以修订。由于编著者的能力有限，书中难免有错误或不妥之处，谨请专家和学者批评指正！

李金生　李晏墅

2019 年 6 月

教学支持说明

建设立体化精品教材，向高校师生提供整体教学解决方案和教学资源，是高等教育出版社“服务教育”的重要方式。为支持相应课程教学，我们专门为本书研发了配套教学课件等相关教学资源，并向采用本书作为教材的教师免费提供。

为保证该课件及相关教学资源仅为教师获得，烦请授课教师清晰填写如下开课证明并拍照后，发送至邮箱，jingguan@pub.hep.cn 或 weiyl@hep.com.cn，也可通过市场营销教学交流QQ群628911490，进行索取。

咨询电话：010-58581020，编辑电话：010-58556265

证　　明

兹证明________________大学________________学院/系第________学年开设的____________________课程，采用高等教育出版社出版的《　　　　　　　　》（　　　　主编）作为本课程教材，授课教师为____________，学生____________个班共________人。授课教师需要与本书配套的课件及相关资源用于教学使用。

授课教师联系电话：____________________ E-mail：____________________

学院/系主任：________（签字）

（学院/系办公室盖章）

20____年____月____日